KB070593

# 한국 사회학의 미래

## 사회학의 위기진단과 미래전망

나남
nanam

나남신서 1821

한국 사회학의 미래
사회학의 위기진단과 미래전망

2015년 9월 5일 발행
2015년 9월 5일  1쇄

지은이 • 趙大燁 · 申光榮 外
발행자 • 趙相浩
발행처 • (주) 나남
주소 • 413-120 경기도 파주시 회동길 193
전화 • (031) 955-4601(代)
FAX • (031) 955-4555
등록 • 제 1-71호(1979.5.12)
홈페이지 • http://www.nanam.net
전자우편 • post@nanam.net

ISBN 978-89-300-8821-3
ISBN 978-89-300-8001-9 (세트)
책값은 뒤표지에 있습니다.

나남신서 1821

# 한국 사회학의 미래

## 사회학의 위기진단과 미래전망

조대엽 · 신광영 외 지음

# The Future of Korean Sociology

Diagnosis and Prospect

*by*

Dae-Yop Cho & Kwang-Yeong Shin et al.

nanam

# 사회학 50년과 한국 사회학의 미래

## 1. 한국 사회학 50년과 고려대 사회학 50년을 돌이켜보며

이 책은 고려대 사회학과 창립 50주년을 기념하는 학술대회에서 발표된 논문들을 하나의 단행본으로 엮은 것이다. 2013년 10월 말 고려대 100주년 기념관에서 고려대 사회학과와 한국사회연구소 주관으로 사회학과 설립 50주년을 기념하는 학술대회가 있었다. '한국 사회학의 미래: 사회학연구의 위기진단과 미래전망'이라는 대주제로 이틀에 걸쳐 열린 큰 행사였다. 이 학술대회는 고려대에서 사회학이 제도적으로 출발한 이후의 50년이 곧 한국 사회학의 50년과 다르지 않고 '한국 사회학의 미래'는 바로 이 50년의 성과를 딛고 모색되어야 한다는 문제의식에서 구상되었다. 기념학술대회를 치른 지 1년 반이 더 지난 후 이제야 학술대회의 성과를 묶어 단행본으로 출간하게 되었다.

출간이 더뎠던 것은 많은 원고를 취합하는 일의 지지부진함이 당연시되는 학계의 부적절한 상식 탓도 있지만 일이란 것이 늘 생각하는 이에게만 몰리는 불공정한 윤리 탓도 크리라 여겨진다. 그나마 원고를 일찍 넘겨준 필진에 대한 염치가 이제라도 출간을 마무리하는 큰 힘이 된 듯싶다. 무엇보다도 이 책이 고려대 사회학과 창립 50주년 기념사업의 하나로 시작되었다는 점에서 우선 한국 사회학 50년과 함께한 고려대 사회학과의 50년 궤적을 간략히 살피는 것이 출간의 속뜻을 더할 수 있을 듯하다.

고려대 사회학과는 2014년 8월에 소천하신 백석 홍승직 선생님의 주도적 역할로 1963년에 설립되었다. 문과대학이 이과대학과 분리되기 직전에 문리과대학 문학부 사회학과로 출발했는데 국내 남녀공학의 민간 대학으로는 처음이었다. 주지하듯이 이 시기는 한국 사회에서 본격적으로 근대화가 추진된 시기였다. 국가주의 산업화 전략에 국민 또한 '우리도 한번 잘 살아보자'는 조국 근대화의 구호에 발 벗고 부응했던 열망의 시대이기도 했다. '돌격적' 산업화의 한가운데에서 과학적 조사기법의 실증주의 사회학을 기반으로 고려대 사회학과가 설립된 것은 급박한 근대화의 열망에 부응하는 시대의 응답이었다.

창설 초기에는 이만갑, 이해영, 이효재, 황성모 교수를 비롯해서 한국 사회학의 기반을 닦은 많은 사회학 교수가 출강해 고려대 사회학과의 정착을 도왔다. 1960년대에는 최재석 교수, 임성희 교수가 부임해 교수가 세 명으로 늘었으며, 1966년에 설립된 고려대 부설 사회조사연구소는 한국 최초의 전문 사회조사기관으로 사회학 발전의 토대가 되었고 고려대 사회학과에 실증적 학풍을 심는 데 기반이 되었다. 1967년 대학원 사회학과 석사, 박사학위 과정이 설치됨으로써 학문후속세대를 양성할 수 있는 제도가 구비되었고 이 해에 사회학과 첫 졸업생 18명이 배출되었다.

1970년대는 유신체제의 삼엄한 감시와 통제가 일상화된 긴장의 시대였다. 유신체제가 수립되기 이전 1971년에 이미 교련반대 시위의 격화로 대학에 휴교령이 내려졌으며 위수령과 휴교령이 거듭되면서 1975년 긴급조치 4호는 고려대라는 한 대학을 겨냥해 휴교령을 내리기도 했다. 사회학과 학생은 1960년대 이념 서클을 주도한 데 이어 유신체제에 대한 저항운동에도 적극 참여했다. 유신체제의 번득이는 감시의 눈길 아래 대학은 한편으로는 새로운 저항을 모색했고 다른 한편으로는 허무주의로 휘청거렸지만 그런 가운데에도 교수와 학생의 학술적 노력은 이어졌다.

1970년대 고려대 사회학과에는 이순구 교수, 임희섭 교수, 양춘 교수가 부임했으며 새로운 교수의 충원은 학과의 교수학습 분위기를 크게 일신했다. 1979년에는 홍승직, 임희섭 교수 등이 주도한 《한국사회개발연구》 시리즈가 아세아문제연구소에서 첫 출간되었다. 이 시리즈는 '경제개발'에 경도된 시대에 '사회개발'에 대한 학술적 · 정책적 관심을 불러일으키는 데 기여했다.

1980년대의 대학은 진보적 사회변혁을 꿈꾸는 소장학자와 학생의 토론과 실천으로 가득 찼으며 고려대 사회학과 대학원에도 실천적이고 내생적인 한국 사회학을 모색하는 시도가 확산되었다. 마르크스주의 패러다임에 기초한 이 같은 학술적 실천의 흐름은 사회학의 주류 패러다임과 팽팽한 긴장을 만들었으나 생산적인 상호토론은 찾아보기 힘들었다. 무엇보다도 이 시기는 졸업정원제를 중심으로 한 새로운 교육정책으로 교육제도가 요동친 시기였다.

1981년 고려대 사회학과에는 졸업정원제와 계열별 모집의 효과로 221명의 역대 최대 인원이 입학했고 1982년에 계열별 모집을 폐지하고 학과제로 전환했다. 고려대 사회학과 학부 학생은 이 시기에 민정당 중앙정치연수원 점거농성과 건대항쟁, 전방입소 거부, 명동성당 농성 등을 주도함으로써 학생운동에 헌신하는 한편, 대학원생은 누적된 학술적 역량을 보다 체계적으로 제도화하기 시작했다. 1982년에 '고려대 사회학 연구회'가 발족되어 정기 학술회의를 개최하고 1983년에 학술지 〈고려사회학 논집〉 1집을 창간한 것은 대학원을 중심으로 한 고려대 사회학의 괄목할 만한 성장을 보여주었다.

1990년대 사회학 분야는 민주화와 정치적 개방의 사회변동을 가장 빠르게 반영하면서 새로운 패러다임과 새로운 영역을 확대시켰다. 고려대 사회학과 또한 이 시기에 새로운 교수진이 충원되면서 새로운 교과목과 연구분야가 크게 확충되었다. 노동, 과학기술, 세계화, 국제이주와 다문화, 환경, 범죄와 일탈 분야의 사회학을 새롭게 추가함으로써 연구분야와 교과목을 풍성하게 했다.

이 시기 고려대의 사회학은 훨씬 더 폭넓고 안정적인 학술 제도를 갖추기 시작했다. 특히 1996년 설립된 고려대 부설 한국사회연구소는 학과 연구기반을 획기적으로 넓히는 계기가 되었다. 2015년 6월 200회에 이른 '사회학 콜로키엄'이 연구소를 기반으로 정례화되어 사회학 논의의 새로운 거점이 되었고 학술심포지엄의 정례화, 학술지 〈한국사회〉의 창간, 연구소 부설 데이터분석센터의 설치 등으로 사업이 확대되었다. 1990년대 대학의 가장 큰 변화는 1999년에 도입된 학부제였다. 학생의 전인교육과 전공 선택의 폭을 넓힌다는 취지로 3학년 진급 시 전공을 선택하는 이 제도의 시행은 학과의 정체성과 결집력을 크게 떨어뜨려 학생의 개인화와 대학의 해체화를 가속하는 결과를 가져오기도 했다.

1997년의 외환위기 이후 그리고 2000년대 이후 한국의 대학은 신자유주의의 세계화경향 속에서 기부금경쟁, 실적경쟁의 무한궤도로 들어섰다. 고려대 사회학과 또한 이 같은 급격한 변동에 적응하는 가운데 학과 나름의 내적 역량을 제고하는 데 힘을 쏟았다. 고려대 사회학과는 2006년에 교육부가 주관하는 BK 21사업에 선정되어 '갈등사회의 도전과 21세기 실용사회학 인재양성 교육연구단'을 출범시켰고 이 사업은 2013년 2월에 종료되었다. 또한 학과의 교수들은 SSK사업에도 다수 선정되었다.

2007년부터 대학원에는 학위논문 프로포잘 제도가 공식화되었으며 대학에 만연한 경쟁과 개별화 경향에 대응해 사회학과 학생회가 부활되었고 대학원생은 월례발표회를 정례화하기도 했다. 사회학과의 역량을 강화하는 연속선에서 한국사회연구소 또한 2000년대 이후 왕성한 활동을 벌였다. 2007년 사회학 콜로키엄 100회를 기념하는 심포지엄 '한국사회 어디로 가나?: 권위주의 이후의 권위구조, 그 대안의 모색'은 학계와 언론의 주목을 받았고 2010년에는 연구소 학술지 〈한국사회〉가 한국연구재단 등재후보지를 거쳐 등재지가 되었으며 《한국의 문화변동과 가치관》(2002), 《한국사회 어디로 가나?》(2005), 《한국인의 갈등의식》(2009) 등을 비롯한 연구소총서도 연이어 출간하였다. 특히 2013년에는 지자체 공무원을 대상으로 하는 '공공성 아카데미'가 상설 교육프로그램으로 운영되어 연구소 역량을 강화시키기도 했다.

이 시기에 대학의 시장화와 물신화경향에 대한 학생의 저항이 빚은 이른바 '고대생 출교사건'이 학교와 학과의 깊은 상처로 남기도 했다. 그럼에도 불구하고 2000년대 고려대 사회학과에는 학과의 역사에 대한 성찰이 있었고 미래에 대한 모색을 시도함으로써 새로운 사회학과의 그림을 그리기 시작했다. 학과 내부적으로는 새로운 커리큘럼의 확충과 이수과정의 재편을 위한 시도가 거듭되었으며 학과 창립 50주년을 기념하는 준비와 새로운 미래를 향한 도전이 시작되었다. 2008년 사회학과 창립 45주년을 기념하는 행사 '사회학과의 밤'에는 약 2백 명의 교우가 참석한 가운데 '사회학과 발전위원회'와 '사회학과 50년사 발간준비위원회'를 발족하는 등 50주년을 향한 준비를 선언했다. 그리고 2013년 고려대 사회학과는 창립 50주년을 맞으며 새로운 출발을 시작했다.

올해로 학과 창립 52주년을 맞은 고려대 사회학과는 지난 반세기의 역사에서 나름의 학풍을 형성한 것으로 보인다. 반세기의 세월에 걸쳐 수많은 문제를 고민하고 공유하며 누적시킴으로써 고려대 사회학 공동체가 드러낸 나름의 학풍은 규범주의, 인문주의, 실증주의 학풍으로 요약할 수 있다.

첫째, 고려대 사회학과는 무엇보다도 학문과 실천, 나아가 일상의 삶에서 비교적 규범을 중시하는 에토스를 가졌다는 점에서 '규범주의' 학풍을 떠올려 볼 수 있다. 규범은 개인의 행위와 태도를 이끄는 공동체의 가치가 상식, 관습, 법, 이념, 종교 등의 형태로 구현된 원칙을 말한다. 따라서 규범주의는 이러한 규범을 지향하고 추구하는 것이 일종의 가치체계로 강화됨으로써 사회학과의 학풍으로 자리 잡은 것이다.

교수는 학술 및 교육활동과 현실참여에 있어서 결코 아카데미즘의 규범을 넘어서지 않았으며 보수적 지향을 가진 교수라고 하더라도 학문 내적으로는 진보성을 허용함으로써 학술적 자유를 보장하는 등 아카데미즘의 규범을 존중했다. 또한 고려대 사회학과의 규범주의 학풍에는 인륜적 규범주의가 배였다. 사제 간의 존경과 사랑, 선후배 간의 끈끈한 형제애 등 특별한 인륜적 관계를 바탕으로 하는 규범주의는 다른 대학이 감히 흉내 내기 어려운 학풍이다.

규범주의 학풍은 어느 시점에선가 공동체와 사회에 대한 책임윤리로 확장됨으로써 실천적 규범주의가 강조되는 경향을 보이기도 했다. 학내에서나 국가적 사안에 대해서나 사회학과가 주도적 목소리를 내는 경우가 늘어나기도 했다. 학문이 요구하는 책임윤리를 지키며 아울러 시대가 요구하는 책임윤리에 충실한 것 또한 규범주의 전통을 뚜렷이 하는 데 기여했던 것이다.

둘째, 고려대의 사회학에는 인문주의 학풍이 두드러진다. 무엇보다도 사회학과가 문·사·철의 메카라고도 할 수 있는 문과대학에 소속되었다는 점이 영향을 미쳤다고 할 수 있다. 고려대 사회학과는 학과 창립 20년의 시점에서도 사회학과의 학풍에 대한 바람이 강렬했다. 당시 바람직한 학풍수립을 위한 문제의식으로 한국의 역사적 현실에 대한 이해, 인류의 장래를 위협하는 전쟁과 공해, 소외의 방지, 이론과 경험의 변증법적 조화 등이 제시되었다.

이러한 학풍의 지향은 말하자면 역사, 인간, 인식의 문제를 제기한 것이라고 할 수 있다. 역사와 인간 그리고 인식의 문제를 학문공동체가 소망하는 학풍으로 언급한 것이야말로 무엇보다도 인문주의적 관점을 뚜렷이 드러낸 것이라고 할 수 있다. 이러한 인문주의는 문과대학 소속의 인문계 학과가 당연히 공유하는 정신일 수 있지만 적어도 사회과학을 추구하는 사회학과에 적용될 때 훨씬 더 뚜렷한 학풍으로 부각될 수 있었다.

셋째, 고려대 사회학과가 한국 사회학계에 뚜렷하게 각인시킨 핵심적 학풍은 다른 무엇보다도 '실증주의' 학풍이라고 할 수 있다. 1950, 1960년대 미국 사회학의 주류였던 구조기능주의 패러다임은 이른바 '근대화론'으로 제3세계에 전파되었고 그 방법적 핵심은 실증주의였다. 1963년 고려대 사회학과를 설립하고 기반을 닦은 홍승직 선생님의 사회학은 바로 이 같은 실증적 방법의 전통을 잇는 사회심리학적 사회학이었다. 따라서 고려대 사회학과는 실증주의 사회학을 가장 미국적 원형으로 직수입한 셈이 되었다.

사회학과의 실증주의 학풍이 실질적으로 확산되는 데에는 1972년 부임한 임희섭 교수의 기여를 빼놓을 수 없다. 임희섭 교수는 고려대 사회학과에 실질적으로 새로운 연구와 교육의 지평을 여는 변화를 가져왔다. 특히 '한국인의 법의식 연구', '한국의 법률직 연구' 등의 전국 표본조사를 실시하면서 사회학과 학생들을 서울, 부산, 대구, 광주 등지에서 조사활동에 직접 참여하게 한 것은 실증적 학풍을 실질적으로 확산시키는 중요한 계기가 되었다.

1960년대와 1970년대에는 실증적 학풍이 고려대 사회학과의 가장 뚜렷한 경향으로 나타났다. 여기에는 '사회조사연구소'의 영향이 컸다. 1966년에 발족한 사회조사연구소는 사회학과의 주요 연구기반이 되었다. 사회조사연구소는 1971년에 아세아문제연구소 여론조사연구실과 통합되어 아세아문제연구소 사회조사연구실로 바뀌었는데 사회학과 학생이 사회조사에 대한 관심을 높이는 데 실질적으로 기여했다.

지난 50년의 역사 속에서 만들어졌고 동시에 50년의 역사를 이끌었던 사회학과의 규범주의, 인문주의, 실증주의 학풍은 지난 50년을 매듭짓는 학풍으로 머무는 것이 아니라 사회학과의 미래를 향한 새로운 추동력으로 작동한다. 무엇보다도 고려대 사회학과의 학풍은 인간에 대한 사랑, 역사에 대한 책임, 미래를 향한 도전의 정신을 배양했다.

고려대 사회학과 50년사의 제호는 '시대를 품어라. 세상을 열어라'로 지어졌다. 여기에는 바로 고려대 사회학과의 학풍으로부터 배양된 이러한 새로운 시작의 비전 3가지를 담았다. '시대를 품어라' 구호에는 시대를 움직이는 주체로서의 사람에 대한 존중과 애정이 담겼으며 당대만을 품으라는 의미를 넘어 당대를 만든 역사에 대한 성찰과 책임의식으로 현재를 뜨겁게 끌어안을 수 있는 사회학과가 되어야 한다는 메시지가 담겼다. '세상을 열어라'에는 사람이 근본인 세상을 열어야 한다는 점에서 인간에 대한 애정과 역사에 대한 책임을 동시에 반영한다.

아울러 '시대'와 '세상'은 현재를 넘어 새로운 시대를 품고 미래의 세상을 열어가는 사회학과가 되어야 한다는 점에서 미래를 향한 도전의 정신을 담았다.

## 2. 사회학의 긴 위기와 한국 사회학의 미래를 생각하며

이 책의 원형이 되었던 2013년의 학술대회 '한국 사회학의 미래: 사회학의 위기 진단과 미래전망'에는 고려대 사회학 50년의 성과와 비전을 바탕으로 한국 사회학의 미래에 대한 고민이 담겼다. 한국에서 사회학이 소개된 것은 구한말이었지만 사회학의 학술적 연구가 시작된 것은 아무래도 해방 후부터이고 전문 분야별로 체계적인 연구가 이루어진 것은 〈한국사회학〉(1964)이 발간되고 '한국사회학대회'(1966)가 시작된 1960년대라고 할 수 있다.

바로 고려대 사회학과가 창립된 시점이 한국 사회학이 제도적 요소를 갖추기 시작한 시점이다. 따라서 한국 사회학이 실질적으로 발전했던 50년의 시간은 고려대의 사회학 50년과 정확하게 일치한다. 1960년대 이래 한국의 사회학은 양적으로나 질적으로 크게 성장했다. 특히 1990년대부터는 비판사회학과 탈근대 사회학의 조류가 추가되면서 사회학은 새로운 연구분야로 왕성하게 확장되었다.

그러나 우리 시대의 사회과학은 멀리는 베를린 장벽의 붕괴와 2008년 세계 경제위기의 예측 실패, 가깝게는 한국의 IMF외환위기의 예측실패가 한국 사회과학의 실패를 여실히 드러내기도 했다. 오늘날 대부분의 사회과학과 함께 한국의 사회학은 전혀 예기치 못한 현실의 사회변동 앞에서 대책 없이 허둥대는 모습을 드러낸 지 오래다. 탈냉전, 탈근대, 민주화, 지구화, 정보화의 거대 경향 속에서 폭주하는 '새로움'을 설명하고 예측하는 데 무력감을 드러냄을 자성하지 않을 수 없다. 어쩌면 불확실성이 점점 더 증대하고 섣부른 예측을 거부하는 유연한 질서로 가득 찬 오늘날의 현실은 사회학의 긴 위기를 예고하는 것인지도 모른다.

그래서 사회학의 미래, 한국 사회학의 미래를 걱정하고 고민하고자 한다. 이제 한국의 사회학은 돌이켜보기에도 충분한 시간이 흘렀지만 불확실한 미래를 전망하기에도 충분할 만큼 위기적 현실이 누적된 것으로 보인다. 그래서 이 책에는 한국 사회학의 지난 성과는 무엇이고, 오늘의 위기는 어디에서 오는 것이며, 나아가 사회학의 새로운 미래를 위해 우리는 무엇을 할 것인가라는 문제의식과 내용을 담았다.

이 학술대회는 애초에 5개의 세션으로 구성되었다. 4개의 세션은 세션별로 사회학의 주요 분야를 나누어 4편의 논문으로 구성해 총 16편의 논문이 발표되었고 마지막 제5세션은 '한국 사회학의 현실과제와 미래전망'이라는 주제로 6명의 패널이 참여하는 종합토론 형식으로 진행되었다.

이 책에서는 단행본의 구성을 보다 간결하게 하기 위해 마지막 세션의 토론을 포함하지 않았다. 머리글을 다시 쓰고 학술대회 당시의 기조발표문을 싣고 본문으로는 총 16편의 논문을 4부 16장으로 구성했다. 제1부는 계급 · 계층연구, 정치사회연구, 경제사회연구, 산업노동연구 등으로 구성되며 제2부는 사회사연구, 비교역사연구, 지역사회연구, 북한 및 통일연구 등으로 구성되었다. 제3부는 가족연구, 여성연구, 이주 및 다문화연구, 일탈 및 범죄 연구 등으로 구성되었고, 제4부는 환경사회연구, 정보사회연구, 의료사회학연구, 과학기술사회학연구 등으로 구성되었다. 독자의 편리를 위해 각 장을 간략히 소개하고자 한다.

제1장에서 신광영은 2000년대 계급 · 계층연구의 성과를 종합적으로 평가하고 향후 과제를 다룬다. 무엇보다도 국내의 계급 · 계층연구가 양적으로 크게 증가했다는 점을 강조하는데, 이 같은 증가는 연구자 수의 증가와 연구대상이 되는 새로운 이슈의 등장 때문인 것으로 본다. 신광영은 우선 외환위기 이후 사회양극화라는 대중담론의 실체를 계급 간 불평등과 계급 내 불평등으로 구분해서 연구동향을 다룬다. 나아가 2000년대 이후 다양한 계급연구의 동향을 계급문화와 계급인식, 계급과 정보격차, 계급과 건강불평등 그리고 계급과 교육의 관계 등으로 구분해서 살펴본다.

2000년대 이후 계급연구의 주요 특징은 계급을 설명변수로 다양한 사회현상을 설명하는 경험적 연구가 크게 늘어났지만 독립변수로서의 계급에 대한 이론적 논의나 경험적 분석은 상대적으로 적어 많은 연구결과에서 혼란을 일으킨다는 점을 지적한다. 나아가 급격하게 변화하는 현실의 변화내용에 대한 이론적이고 역사적인 이해의 필요성과 계급현실과 정치적 선택 간의 간극에 대한 이해의 필요성도 전망한다.

제2장에서 조대엽은 정치사회 및 사회운동 분야의 시기별 연구동향과 현재 연구경향의 특징을 살핀 후 향후 정치사회학의 과제를 전망한다. 정치사회학 분야의 연구흐름은 사회학분야의 학술적 성과가 누적되는 시점을 1960년대로 보

고 1970년대는 사회운동연구의 새로운 시작, 1980년대는 국가연구의 부활, 1990년대는 시민사회와 사회운동연구의 개방, 2000년대 이후는 시민사회의 다양한 정치적 욕구에 대한 관심의 증폭 등으로 특징짓는다. 이 같은 정치사회학 분야의 연구동향은 현실 정치현상과 사회과학 패러다임 그리고 이론의 관계에서 추월과 해체라는 두 가지 위기경향을 드러낸다는 점을 강조한다.

정치사회 및 사회운동 연구분야가 이러한 위기를 넘어서기 위해서는 보다 규범지향적 이론의 구축과 분석이 필요하다는 점에서 이른바 '신규범주의론'을 제안한다. 오늘날 사회변동의 특성으로 볼 때 신규범주의의 '규범'은 체제이데올로기나 마르크스주의 패러다임과 같은 거대규범을 지향하는 것이 아니라 현실적으로는 사회적 공존을 가능하게 하는 자율적이고 미시적 규범에 주목하고 학술적으로는 중범위적 이론을 강조한다.

제3장에서 한준은 경제 및 조직사회학 분야의 연구동향을 개괄하고 이를 비판적으로 평가한 후 향후 연구방향을 전망한다. 이 분야의 연구는 1960, 1970년대 근대화와 경제사회적 발전에 대한 관심, 1980년대 후반 조직과 경제에 대한 관심확대, 1990년대 경제와 조직 이론의 다양화, 2000년대 이후 경제와 조직연구의 전성기 등으로 특징지을 수 있다. 한준은 이 분야 연구가 시장의 사회적 구성이나 개인 경제행위의 사회적 배태라는 전제를 공유하며 조직이 환경에 대해 개방된 체계이며 조직이 환경에 적응하는 데에는 네트워크 제약, 구조적 관성, 제한된 합리성, 정당성 추구 등의 요인에 따른 한계가 존재한다는 점을 강조한다.

2010년 이후 이 분야 연구의 현실과 과제로는 이론적으로 중요하고 현실적으로 적합한 연구 주제를 발굴하고 현실에 대한 분석과 비판의 건강한 균형을 적절히 유지하는 것을 든다. 또한 학제 간 교류와 소통의 중요성, 이론이 경험적 연구를 이끌고 경험적 연구가 이론의 구성과 재구성의 기초가 되는 중범위적 이론의 중요성을 강조한다.

이병훈은 제4장에서 산업 및 노동 분야 연구의 전반적 흐름과 특징을 살핀 후 향후 이 분야의 과제를 전망한다. 이 분야의 연구는 1987년 이전에는 권위주의적 노동통제에 따라 크게 제약되었으며 1987년 노동자 대투쟁 이후 노동현장에 대한 소장학자의 관심확대에 따라 연구성과가 크게 늘어났다고 본다. 특히 최근

10년간의 연구동향을 집중분석하며 주요 연구주제로 비정규직 노동, 노동시장 분절, 일자리 이동(노동시장), 사회적 합의, 산별교섭(노사관계), 산별노조, 노동운동 재활성화, 노동자 정치세력화(노동운동), 1960~1970년대 노동자 생활세계, 노동자 계급정체성, 신자유주의 구조조정과 노동자태도, 서비스산업 노동자 특성, 현대생산방식, 공공부문 구조개편 등을 든다.

나아가 이 분야 연구의 과제로 영세기업, 자영자 및 무급가족노동자, 프리랜서 등 소외된 노동시장의 직종 · 업종 · 기업 부문에 종사하는 노동자실태, 기존 노동사연구에서 다루지 못한 시대 · 지역에 대한 역사적 연구의 확대 등을 강조하며 학제적 공동연구의 모색, 기존 연구성과를 바탕으로 한 이론화, 연구를 통한 사회적 개입과 영향력 확대 등을 제시한다.

정근식은 제5장에서 사회사연구의 성과와 나아갈 방향에 대해 한국사회사학회의 형성과 발전과정이라는 '제도사적' 측면에서 접근한다. 1980년 사회사연구 모임의 출발, 1984년 한국사회사연구회, 1996년 한국사회사학회 등으로 발전하는 과정에서 정기학술지 체제의 도입과 편집위원회, 운영위원회의 구성을 갖춘점을 돌아본다. 최근 10년간의 학계 지형변화와 함께 닥친 위기로는 학회의 구심력 약화 경향을 들고 이를 넘어설 수 있는 전망으로는 학회의 의제설정능력 강화, 계량적 연구방법의 확대, 사회사관련 교육의 제도화, 학제 간 연구 지원체계 발전, 심포지엄과 워크숍 결과물의 체계적 축적, 국제적 차원의 연구확장 등을 든다.

김동노는 제6장에서 역사사회학 분야의 제도화와 변화과정을 살핀 후 향후 전망을 탐색한다. 시기별로 1960년대 역사학과 사회학의 접목경향, 1970년대 사회학의 새로운 하위분야로서 역사사회학의 등장, 1980년대 이후 사건사와 문화에 대한 관심증대 등의 특징을 살핀다.

이 분야의 연구경향은 정치사회학 분야와 근대성 또는 민족 관련 연구의 비중이 높고 연구대상 시기로는 일제강점기와 통시적 연구의 비율이 높은 것으로 본다. 1990년대를 기점으로 거시구조이론이 줄어들고 미시사건사나 문화에 대한 관심이 증가하는 특징을 보인다. 이 분야 연구의 거시에서 미시로의 전환은 연구의 다양성을 가져옴으로써 새로운 가능성을 열어준 반면, 역사사회학의 공통 기반을 무너뜨려 학문의 파편화와 단절을 초래했다는 점에도 주목한다. 이 분야 연구의 미래전망으로는 사건사에서 구조이론으로 나아가는 새로운 거대이론의 구축이 필요하고 방법론 측면에서는 내러티브와 분석적 방법을 종합할 필요가 있다는 점을 강조한다. 한국의 경우 '식민지 근대성'에 관한 이론화와 함께 구조와 사건, 분석과 내러티브라는 대립적 지향의 변증법적 통합을 과제로 제시한다.

제7장에서 김영정은 지난 20여 년간 사회학 분야의 지역연구 동향과 특징을 분석한다. 김영정은 지역연구를 지역사회학적 관점을 따르는 지역(region) 연구, 지방사회학적 관점을 따르는 지방(local) 연구, 공간의 관점에서 접근하는 공간(space) 연구로 구분한 후, 전통적인 지역연구 분야의 주제가 크게 다양화된 점을 강조한다. 나아가 연구자의 관심이 지역연구 관점에서 지방 및 공간연구 관점으로 급격하게 이동하면서 서구 정치경제학 이론, 특히 구조주의 마르크시즘에 주목하는 경향이 나타난 점도 중요하게 본다.

지난 20년간 한국의 지역연구는 정책적·규범적 연구에 치우친 점을 문제 삼으며 이러한 연구경향은 전통적인 사회학적 지역연구의 정체성을 해칠 가능성이 있다고 진단한다. 이 분야 연구의 향후 전망에 대해 현장문제 중심의 사례연구의 활성화와 구조주의 마르크시즘 이론 중심의 편협한 이론적 지향에서 벗어나기 등을 과제로 든다.

제8장에서 조한범은 북한·통일 연구동향을 검토하고 새로운 통일론을 제안한다. 이 분야에서는 냉전구도가 완화되고 민주화운동이 확산된 1980년대 중반부터 객관적 사료를 바탕으로 한 북한연구가 등장하기 시작했고, 이후 2000년 제1차 남북정상회담을 통한 남북교류의 활성화에 따라 연구가 활기를 띠면서 주제는 보다 세분화·다양화하는 경향을 보였다.

조한범은 북한연구가 여전히 남북관계라는 현실 때문에 한계를 갖는다는 점을 지적하면서, 특히 방법론적 측면의 한계에 주목한다. 북한체제의 특수성에 주목하는 내재적 접근법 혹은 역사적 접근법의 북한 특수주의적 편향, 비교발전론적 접근법의 사회주의 근대화의 특수성 간과 문제 등을 비판하면서 북한연구가 비교사회주의론적 관점에서 출발해야 한다는 점을 강조한다. 정전 60년을 지나면서 한국 사회에서는 민족 패러다임이 약화된 반면 자본주의 합리성 패러다임이 강화되었다. 이에 따라 통일 역시 새로운 관점에서 모색될 필요가 있으며 이는 분단으로 인한 민족생태계의 단절에 대해 성찰적 인식을 가지고 한민족생태계를 복원하고자 시도하는 '성찰적 통일론'을 대안으로 삼는다.

제9장에서 함인희는 지난 50여 년간의 가족사회학 연구성과를 정리하고 향후의 방향을 모색한다. '가족사회학'의 본격적 출발은 1960년대 이후로, 이 시기 가족연구 분야는 미국 실증주의의 영향을 받았으며 1970년대에는 도시 가족을 중심으로 가족기능과 관련된 연구가 늘었다. 1980년대 이후 가족주의, 성과 사랑, 가족관계, 가족정책, 사회구조와 가족관계 등 연구주제가 다양화되었다. 1990년대에는 IMF 외환위기 및 세계화로 인한 가족의 변화(저출산·고령화, 결혼이주가족)에 관한 연구, 가족과 시장 또는 가족과 국가관계에 초점을 맞춘 연구 등으로 연구주제가 확대되었다. 함인희는 이 분야 연구의 주변화 경향, 성별화 현상, 한국가족의 특수성을 설명하는 이론 및 방법론의 취약성 등을 비판하고 이를 극복하기 위해 학제적 연구의 모색 및 정책지향성을 강화하는 한편, 가족연구 주제 및 방법론의 지평을 확대할 것을 제안한다.

제10장에서 이재경은 여성사회학 연구의 동향과 특징, 한계를 검토한 후 여성사회학의 확장과 적극적 지식생산을 제안한다. 한국 사회학에서 '여성'에 대한 연구가 본격화된 것을 1980년대 이후로 보고 이 시기 사회학 연구에서 여성 또는 성 불평등을 주제로 한 논의의 확대에 주목한다. 1990년대에는 여성연구의 양적 확장이 있었고 2000년대 이후 기존의 가족, 노동 이외에도 성매매, 섹슈얼리티(*sexuality*), 몸(*body*), 이주여성, 돌봄(*care*) 등으로 연구주제가 다양화되었으며 연구영역이 사적 영역에서 공적 영역으로 확대되는 경향도 보였다. 이재경은 지난 50여 년간 여성연구의 주제와 영역은 확대되었으나 '여성사회학'은 여전히 주변화, 성별화되는 경향을 보였고 이러한 경향은 학문 공동체 내에서 성별위계와 불평등을 (재)생산하는 기제로 작동했다고 지적한다. 이 같은 한계를 넘어서기 위해 이 분야는 연구주제의 확장, 타 전공분야와의 협력 확대, 연구방법론의 정교화가 필요하다고 강조한다.

이혜경은 제11장에서 국제이주 및 다문화 분야의 연구동향을 검토하고 미래를 전망한다. 한국 사회에서 국제이주와 다문화에 관한 관심은 1990년대 이후 본격화되었으며 2006년 이후 '다문화 열풍'이라고 불릴 정도로 연구가 급증했다. 국제이주와 관련된 연구경향은 1980년대 말 이후 변화가 있었다. 한국이 1980년대를 기점으로 '노동송출국'에서 '노동이민국'으로 변했기 때문에 연구경향 또한 해외취업에 관한 연구가 주류를 이루던 것에서 외국인 국내유입에 관한 연구로 변화되었다.

이혜경은 사회학 분야에서 국제이주 및 다문화 관련 연구의 증가는 고무적이지만 대부분의 연구가 결혼이민자 가족을 대상으로 한다는 점을 문제 삼는다. 이 분야 연구의 미래발전을 위해 국제이주와 민족연구의 연계, 다문화정책에 대한 한국적 브랜드 모색, 초국가주의에 관한 연구 등의 필요성을 강조한다. 또 사회학의 위기극복을 위해 국제이주와 다문화에 관한 시각을 사회학적 관점으로 전환해야 하며 나아가 다문화 시대를 맞아 사회통합방안에 대한 사회학적 개입의 필요성을 제안한다.

제12장에서 이성식은 일탈 및 범죄 분야의 연구동향을 검토하면서 주요 관심 영역과 한계, 향후과제에 대해 전망한다. 국내에서 일탈 및 범죄사회학 연구의 흐름은 1970년대 도입기, 1980년대 부흥기, 1990년대 도약기, 2000년대 발전기로 구분한다. 시기별 특징으로는 1970, 1980년대는 일탈 및 범죄원인에 대한 이론검증이 주류를 이루었고 1990년대에는 일탈 및 범죄 유형별 실태와 원인에 관한 연구가 추가되었으며 2000년대는 일탈 및 범죄 관련 사회학 이론을 범죄유형별로 적용하는 데 관심이 모아진 것으로 본다.

이성식은 1990년대 이후 일탈 및 범죄 분야가 전공자 증가, 학회 및 연구기관의 확충으로 연구기반이 공고화되었으나 다양하고 심도 있는 저술의 부족, 한국의 일탈·범죄에 관한 독자적 이론의 한계, 개인 중심의 분석, 범죄 관련 연구주제의 제약, 공동연구의 부족 등을 넘어야 할 과제로 제시한다.

제13장에서 박재묵은 환경사회학 분야의 연구동향을 살피고 향후의 방향을 예측한다. 한국에서 이 분야 연구가 본격화된 것은 1990년대라고 할 수 있다. 1990년대 이후 약 20년 동안 대학의 교과로 수용되고 독립된 연구영역을 확보했으며 연구활동의 기반도 갖추었다.

박재묵은 지난 20년의 환경사회학 성장기간에 원자력·위험·재난, 대규모 개발사업, 환경운동 등의 영역에서 의미 있는 성과가 있었던 것으로 평가한다. 아울러 최근 사회학계의 전반적 침체가 환경사회학에도 영향이 있으나 적어도 환경사회학 분야의 미래는 지속가능하다는 점을 강조한다. 그 이유로 첫째, 환경사회학의 태동을 가져왔던 기후변화, 유독성 화학물질과 같은 환경문제가 상존하고, 둘째, 현재의 침체 분위기는 성장 뒤에 오는 바닥 다지기의 의미가 크기 때문에 향후에도 안정적 성장을 지속할 것으로 전망한다. 특히 환경사회학자가 환경오염과 파괴의 원인, 그 영향 및 해결방안을 사회학적으로 설명하고 제시해야 하는 사명을 얼마나, 어떻게 성취하느냐가 환경사회학의 미래를 좌우할 것이라고 강조한다.

제14장에서 윤영민은 지난 20여 년간 정보사회학 분야의 변화를 제도적 관점으로 설명한다. 이 분야는 1990년대 들어 제도화되었다. 1990년대 후반 사회학은 침체되기 시작한 데 비해 고속통신망의 구축으로 인한 인터넷 보급의 급증과 온라인 게임, e-비지니스, 인터넷 뱅킹, 언론, 온라인 사교육 등과 같은 인터넷 사용확대는 정보사회학에 대한 요구를 증가시켰다. 이 분야의 연구는 1990년대 중반 이전에는 정보통신기술의 발전에 따른 사회변동을 내다보는 거시적 미래연구가 주를 이루었다. 이후 정보통신기술의 발전과 함께 미래예측이 아닌 실증적 연구가 등장했다.

윤영민은 정보사회학의 시대적 적응과 빠른 성장이 성공적 제도화를 의미하는 것은 아니라는 점을 강조한다. 즉, 정보사회학 관련 논문이나 저서의 증가 폭이 적고 학과 및 학자의 수가 여전히 소수에 불과하며 한국정보사회학회의 역할이 크지 않았기 때문이라는 것이다. 나아가 정보사회학의 제도적 과제로 고유영역의 확보와 공학적 지식에 대한 이해의 필요성을 제시하고 이것이 가능할 때 사회학이라는 학문 속에서 정보사회학의 미래가 있다고 말한다.

제15장에서 조병희는 보건의료 사회학의 연구동향을 분석하고 발전방향을 제시한다. 우선 서구 사회학에서는 사회학 이론의 대가가 보건사회학 연구에서도 두드러진 업적을 내면서 전반적으로 연구를 활성화시켰으나, 한국에서는 보건사회학 연구가 크게 활성화되지 못했다는 점을 지적한다. 건강과 질병문제가 사회학의 주요 관심사가 되지 못하고 건강과 질병현상에 대한 이론적 관심과 관련연구가 많지 않으며 보건사회학 분야의 연구자 중 상당수는 사회학적 관점보다는 보건학적 관점을 갖는다는 것이다.

따라서 건강증진과 관련된 행태와 정책에 대한 연구는 상대적으로 과잉일 정도로 많지만 건강위험에 대한 대중의 인식, 질병이환 과정에서 환자의 주체적인 질병경험에 대한 연구, 의료의 무차별한 영역확장과 사회적인 것의 의료화, 국가와 의사의 관계, 병원과 의료시장의 구조변화 문제, 의료신기술이 초래하는 사회관계의 변화 등과 같은 핵심적인 사회학적 주제가 제대로 다루어지지 않는다고 말한다. 향후 보건사회학은 사회학의 한 분과로 성장해야 하고 동시에 사회이론 전공자가 건강과 질병문제를 함께 연구하는 풍토가 만들어져야 함을 제시한다.

이 책의 마지막 장에서 김환석은 과학기술과 사회라는 학제적 연구분야의 지난 50년 연구동향과 함께 향후의 방향을 전망한다. 우선 김환석은 이 분야의 50년 역사를 1960년대 중반에서 1970년대 중반까지 사회운동의 문제의식과 결부된 연구관심의 대두시기, 1970년대 중반에서 1990년대 중반까지 급진적 성격을 넘어 학문적 체계화와 인식론적 심화의 시기, 1990년대 중반 이후 현재까지 급진성과 학술성이 결합되어 실천지향적 학문이 전개되는 시기 등으로 구분한다.

지난 50년 동안 이 분야에서는 다양한 이론의 변천과 풍부한 연구성과, 과학기술과 사회의 관계모색을 위한 실천적 함의도 제시된 것으로 평가한다. 나아가 한국에서 이 분야 연구의 미래전망에 대해 무엇보다 과학기술과 사회분석이 정치적, 문화적 분석이어야 한다는 점, 한국사회에 미치는 영향과 결과에 대해 평가하고 바람직한 실천적 개입을 촉진해야 한다는 점, 인류가 보다 평등한 참여를 통해 형성하는 새로운 학문적 실천이 되기 위해 한국의 독특한 역사적 맥락에 바탕을 둔 비서구적 요소가 분석 틀과 내용을 풍부하게 만들어야 한다는 점 등을 제시한다.

## 3. 함께한 인연에 감사하며

아무리 작은 일이라도 하나의 결과가 얻어지려면 많은 분의 손길과 발길이 닿아야 한다. 게다가 일에 보탠 마음까지 떠올리면 감사의 인사를 드려야 할 분이 적지 않다.

무엇보다도 이 책은 고려대 사회학과 50주년을 기념하는 학술대회를 토대로 만들어졌기 때문에 이만한 규모의 학술대회를 당연하게 생각하고 흔쾌히 지원해 준 고려대 사회학과 교우회에 감사드려야 한다. 교우회는 언제나 학과와 연구소의 든든한 후원자이다. 특히 김명용 당시 교우회장의 헌신적 후원에 깊이 감사드린다. 또 당시 학과장으로 학술대회에 필요한 제반 사항을 제공해준 이명진 교수의 노고에 감사드린다. 어떤 일에나 말로만 일하는 사람이 있는가 하면 발로 뛰는 사람이 있는 것이 세상사이다. 학술대회의 전체 과정을 발로 뛰며 꼼꼼하게 챙기고 마지막 세션의 패널로까지 참여해준 김수한 교수에게 고마운 마음을 전한다.

당시 학술대회는 한국 사회학계 원로 선생님에서 신진학자까지 모두 모여 한국 사회학의 미래를 논의하는 자리를 만들기 위해 구상되었다. 그래서 각 세션의 좌장으로 주요 대학 사회학과에서 퇴임하신 원로 선생님을 모셨다. 반가운 마음으로 함께해 주신 임희섭 고려대 명예교수, 송복 연세대 명예교수, 이동원 이화여대 명예교수, 김경동 서울대 명예교수께 감사의 인사를 올린다.

발표논문에 대해 토론해주신 16분의 토론자 선생님께도 감사의 말씀을 드린다. 충북대 서관모 교수, 전북대 정철희 교수, 서울대 한신갑 교수, 고려대 김원섭 교수, 숙명여대 김혜영 교수, 고려대 임인숙 교수, IOM 이민정책연구원 정기선 선임연구위원, 동국대 곽대경 교수, 한국학중앙연구원 김경일 교수, 원광대 김흥주 교수, 고려대 정일준 교수, 서울대 통일평화연구소 김병로 교수, 한국농촌경제연구원 허장 선임연구위원, 경희사이버대 민경배 교수, 경희대 김종영 교수, 가톨릭대 이영희 교수께 감사드린다.

제5세션의 사회와 패널로 참석해서 한국 사회학의 현재와 미래를 다양한 방면에서 비판적으로 전망해 주신 고려대 박길성 교수, 경남대 북한대학원 이수훈 교수, 조희연 서울시 교육감(당시 성공회대 교수), 강원대 김원동 교수, 아주대 공유식 교수께도 깊은 감사의 인사를 드린다.

학술회의 이후 약 1년 반이 넘는 시간을 보낸 데는 16편의 논문을 필진에게서 다시 모으고 조금씩 다른 방식으로 쓴 개별 논문을 가급적 통일된 방식으로 만들기 위한 편집과 교열의 과정이 그만큼 길어졌다. 한국사회연구소의 부소장직과 〈한국사회〉의 편집장을 맡고 있다는 이유로 원고취합의 성가신 일을 선뜻 맡고 끈기 있게 마무리해 준 김원섭 교수의 보이지 않는 노고가 무엇보다도 컸다. 고마운 마음을 전한다.

교정쇄를 다시 필진에게 돌려보내면 언제 다시 회수될지 알 수 없다는 익숙한 불안감에 전체 교열작업을 박사과정 학생들에게 분담했다. 일 만들기 좋아하는(?) 지도교수를 둔 탓에 늘 시달리는(?) 든든한 제자 홍성태, 박정민, 이재경, 이현경에게 미안함과 고마운 마음을 함께 전한다. 특히 오랜 시간 자료와의 싸움 끝에 박사논문을 마무리한 홍성태에게 각별한 고마움과 축하의 마음을 전한다. 교열에 함께해 준 박사과정 최지영에게도 고마운 마음이다.

한 권의 저술을 출간하는 데는 저술에 얽힌 많은 인연과 노력이 있기 마련이다. 그 가운데 가장 가까운 인연이 고려대 사회학과 학부와 대학원에 재학하는 학생이고 졸업한 교우이다. 재학생과 교우는 고려대 사회학의 이름으로 뿜어내는 모든 힘의 가장 강력한 원천이다. 재학생과 교우 모든 분에게 감사의 인사를 드린다. 그간에 고려대 사회학과와 한국사회연구소에 닿은 수많은 인연치고 소중하지 않은 것이 없다. 일일이 적어 감사의 마음을 전하지 못하는 결례에 대해 용서를 바랄 뿐이다.

끝으로 선뜻 출간을 맡아준 나남출판사에 감사드린다. 책 만들기를 업으로 사람의 정신세계를 푸르게 가꾸는 데 헌신하다가 이제는 나무와의 대화로 세상을 푸르게 하는 일을 또 하나의 업으로 삼은 나남출판 조상호 회장께 감사드린다. 편집 실무를 맡은 김민경, 김민교 선생께도 고마운 마음을 전한다.

고려대의 사회학은 50년 역사의 경계를 넘으며 '사람에 대한 사랑'과 '역사에 대한 책임' 그리고 '미래를 향한 도전'의 정신으로 시대를 품고 세상을 열어 나아갈 것을 다짐했다. 이 같은 다짐을 토대로 만든 이 책이 사회학의 미래를 여는 데 조금이나마 보탬이 되었으면 한다. 오늘날 아카데미즘에는 맹목적 경쟁과 양적 수치에 목을 매는 비극의 그림자가 짙게 드리워졌다. 이 책이 이 비극의 궤도를 뛰어넘어 새로운 사회학의 '시대'와 새로운 사회학의 '세계'를 여는 탈출과 실현의 전망을 찾는 데 작은 몸짓이라도 되었으면 더 이상의 바람이 없겠다.

2015년 7월
북악산 기슭 안암 언덕에서
고려대 제 10대 한국사회연구소장    조 대 엽

나남신서 1821

# 한국 사회학의 미래

사회학의 위기진단과 미래전망

차 례

# 기조발표문
## 복합전환 시대의 한국 사회학

김 문 조

## 1. 시대 진단

현대 사회는 전환이 일상의 하나로 여겨질 만큼 급변한다. 변화 자체
가 더 이상 논급할 필요성이 없는 '사회적 사실'(*social fact*)로 받아들
여지는 것이다. 질주사회, 유연사회 혹은 유동사회 등으로 불리는
이런 상황에서 사회정학보다 사회동학(社會動學)의 중요성이 배가되
어, 사회구조의 분석을 넘어 사회적 역동성에 대한 탐구가 긴요한 시
대적 과업으로 대두한다. 이 같은 현대적 정경을 정치적·경제적·
사회적·문화적 차원에서 일별해 보도록 하자.

### 1) 정치적 차원

'통치에서 협치로'(*from government to governance*)라는 명제로 축약할
수 있는 분권화가 권력 세계의 특징적 현상으로 드러난다. 권력 구도
가 집권적·수직적 형태에서 분권적·네트워크적 형태로 변화하면서

권력의 소재도 다변화하여, 주도적 세력집단의 연대를 기반으로 한 헤게모니 시대(*hegemonic age*)가 다양한 세력 간의 이합집산을 전제로 한 후(後)헤게모니 시대(*post-hegemonic age*)로 이행된다(Lash, 2007).

## 2) 경제적 차원

성장이 목표이자 가치로 간주되던 단계가 종료하고 탈(脫)성장론(저속성장, 제로성장, 마이너스성장 등)이 새로운 대세를 형성하는 시대가 다가온다. 탈성장 이념의 확산과 더불어 기호가치와 체험가치가 사용가치와 교환가치를 대신한 부가가치의 기축으로 등장하며(Baudrillard, 1981; Schulze, 1992), 첨단기술의 확산과 더불어 생산-유통-소비 경제활동 전반에서 가치사슬의 혁신이 촉진된다(Porter, 2013/1985).

## 3) 사회적 차원

가장 괄목한 변화는 강화된 역능과 권리의식을 지닌 시민사회의 성장이라고 말할 수 있다. 국가의 실패(*state failure*)와 시장의 실패(*market failure*)의 틈새에서 성장한 능동적 시민층으로 인해 국가-신민형 시민사회의 2분 모형이 국가-시장-시민사회의 3분 모형으로 대체된다(Cohen & Arato, 1992; 박형준, 2001). 여기에 '약한 관계의 강한 효과'를 조장하는 뉴미디어의 위력이 더해져 다양한 욕구를 내재한 시민사회의 역량이 날로 신장된다(Gillmor, 2004).

## 4) 문화적 차원

문화적 차원의 변화는 신세대의 가치관 변화에서 여실히 드러난다. 이는 일련의 포스트 명제, 예컨대 탈산업주의, 탈물질주의 혹은 탈인습주의와 같은 새로운 가치관을 대변하는 신세대 의식을 통해 확인할 수 있다(Bell, 1999/1973; Inglehart, 1977; Deflen, 1994; 홍승직, 1994).

또 새로운 가치관의 확산으로 정체성이나 진정성 대신 표출성이나 전시성에 집착하는 다중자아적 '외면인'(homo apparentis)이 증가 일로에 있다(김홍중, 2009).

이처럼 오늘날의 사회변동은 강도나 속도와 같은 양적 측면을 넘어 그 범역이 다원화될 뿐 아니라 영역별 변화들이 서로 교차적·중첩적으로 얽혀 돌아간다는 점에서 지난날의 사회변동과는 질적으로 변별된다. 지금 시대가 복합전환적 국면으로 지칭되는 것은 이 때문이다(김철규 외, 2013; 박길성, 2013). 이는 복합전환의 양상이 복선적 경로를 넘어 다중나선형의 융복합적 형태를 취한다는 점에서 절감할 수 있다. 그 결과 사회체계는 체계이론가들이 제시하는 복잡계 혹은 복잡성 정도가 소정의 임계치를 넘어선 초(超)복잡계를 지향한다(Luhmann, 1997; 김종길, 1993; 김문조, 2013).

이처럼 변화의 양상이 다면적·중층적·복합적인 까닭에 사회학의 태두 오귀스트 콩트가 제기했던 '예측하기 위해 본다'라는 정언(定言)의 실현이 어려워진다. 더구나 사회적 복잡성은 사회체계의 자유도(degree of freedom)를 배가시켜 사회적 불확실성이 증가한다. 사회적 불확실성의 증가로 인한 혼돈의 와중에서 계몽시대의 구각을 벗어나지 못한 사회학은 학문적 정체성은 물론이요, 존재의 이유마저 추스르지 못하는 난국을 헤어나지 못한다.

그러나 미래사회학자 벨은 '조직화된 복잡성'이 증대할 후기산업사회에는 기능적 효율성을 중시하는 경제학화 양식(economizing mode) 대신 주관적, 공동체적, 윤리적, 환경적 요소 등에 대한 광범위한 기준들을 폭넓게 고려하는 사회학화 양식(sociologizing mode)이 각광받게 될 것으로 진단하면서 사회학 전성시대의 도래를 암묵적으로 시사한다(Bell, 1999/1973). 사회교육, 사회자본, 사회연결망, 사회병질(sociopath), 사회적 미디어, 사회적 기업, 사회생태학 등 '사회 혹은 사회적'이라는 수식어가 부착된 용어가 성행한다는 사실은 벨의 낙관적 기대를 뒷받침한다(유승호, 2012).

　　이상과 같은 지체적 학문 현황에 반한 유망한 현황을 고려할 때, 사회학의 미래는 복합전환기적 혼돈 자체에 있다기보다 그러한 도전에 대한 사회학의 지적 응전, 보다 구체적으로 급변하는 사회현실에 말미암은 사회학의 '학문적 지체'(academic lag) 현상을 극복할 수 있는지 아닌지에 달려있다.


## 2. 한국 사회학의 위기


사회학은 산업혁명, 프랑스혁명 및 계몽사상을 중심으로 한 지식혁명이 중첩된 서구 사회의 근대적 변환기에 태동한 학문으로 알려졌다. 자유노동의 증가, 길드체제의 와해, 매뉴팩처 및 공장제 대공업의 융성 등을 특징으로 하는 경제적 변혁과 절대왕정이라는 구체제를 대신해 부르주아계급이 지배세력으로 등장하는 정치적 변혁 그리고 이성중심·인간중심 사고, 기계론적 세계관, 진보적 사회관을 주조로 하는 사상적 변혁에 대한 지적 반응의 일환이었다는 것이다(Turner et al.,

1995). 이런 이유로 사회학은 사회적 위기의 산물로 간주된다.

그러나 오늘날의 사회학은 자신을 잉태했던 '개탄스러운 혼돈상태'를 방불케 하는 새로운 혼돈상태에 적절히 대처하지 못함으로써 퇴행을 거듭한다. 퇴행의 징후는 다양한 시각이나 접근을 통해 끊임없이 거론된 '사회학 위기론'을 통해 역력히 인지할 수 있다.

초국적 수준에서의 사회학 위기론은 대체적으로 사회학이 자연과학 분야 혹은 사회과학 내에서는 경제학과 같은 전문화가 진척되지 못하고 있다는 자성에 기초한 전문성 위기, 사회학적 연구성과가 사회적 복리 향상에 크게 활용되지 못했다는 평가에 근거한 실용성 위기라는 양대 논제를 주축으로 진행되었다(Cole, 1994; 김경동, 1985; 임희섭, 1998; 김문조, 1999).

이외에도 기존 질서의 분석에 주력하면서 파생되는 사회학 지식의 이념적 보수성을 소재로 한 정당성 위기, 추상적 혹은 현학적인 사회학 지식이 사회 각계로 널리 확산되지 못하는 현상을 문제시하는 소통성 위기, 사회학이 소속된 사회현실의 특수성을 제대로 반영하지 못한다는 비판에 근거한 적합성 위기 등도 사회학 위기론의 단골 메뉴에 포함시킬 수 있다(Gouldner, 1970; Sztompka, 1979; 신용하, 1976; 이재열·정진성, 1994).

하지만 지난 반세기간 한국 사회학의 중추 역할을 담당해온 고려대 사회학과의 창립 50주년을 맞아 '한국 사회학' 발전을 위한 성찰적 소회를 피력하는 이 글에서는 근자에 우리 사회에서 사회정의 및 사회통합이 긴박한 사회적 과제로 꼽힌다는 현실에 주목해 학문적 공공성 및 종합적 사고력 증진을 한국 사회학의 도약을 위한 핵심적 요건으로 설정한 후, 이에 관한 집중적 논의를 통해 한국 사회학의 활로를 탐색해 보고자 한다.

## 1) 사회학의 공공성

### (1) 밀스의 사회학적 상상력

사회학 분야에서 지식체계로서의 사회학과 탐구대상으로서의 사회체계의 간극 해소를 통해 사회학의 공공성 증진을 제기한 선각적 학자로는 신변적 문젯거리를 구조적 거시세계와 연결시켜 개인의 체험을 역사사회적 맥락에서 인식시켜주는 정신적 자질로서의 '사회학적 상상력'을 역설한 밀스(C. W. Mills)를 꼽을 수 있다. 즉, 사회학적 상상력은 개인의 문제를 공공의 문제로 전환시킬 수 있는 통찰력인 바, 사회과학의 프로메테우스적 이상의 실현을 위한 공공성의 발원지라는 것이다(Mills, 1959).

밀스는 '관념이 내용(사실)에 비해 과대하면 거대이론의 함정에 빠지기 쉬우며, 내용(사실)이 관념을 삼켜버리면 독단적 경험주의의 함정에 빠지기 쉽다'면서 거대이론의 공허한 사변주의 및 양적 방법론에 매몰된 편협한 경험주의를 사회학적 상상력을 저해하는 '위협의 쌍두마차'라고 경고하면서 사회학적 상상력 제고방안으로 연구생활과 일상생활의 일체화를 향한 연구활동의 일상화를 강조하였다(Mills, 1959).

### (2) 뷰러웨이의 공공사회학

공공사회학적 문제 제기의 원천은 막스 베버로 소급할 수 있다. 베버는 지적 창의성을 요하는 학문세계와 '악마적 힘들의 교차지'인 사회현실을 이어주는 가교 역할이 바로 사회학에게 주어졌음을 논급했다. 베버(M. Weber)는 《직업으로서의 정치》에서 사회적 대의 실현을 위한 뜨거운 열정과 소정의 거리를 두고 현상을 관조하는 냉철한 균형감각, 거기에 행위 동기에 대한 심정윤리(*Gesinnungsethik*)를 넘어 행위 결과에 대한 문제의식을 지닌 책임윤리를 강조하면서 사회과학의 공공적 사명을 주지시킨 바 있다(Weber, 1965/1919).

그로부터 긴 세월이 지나 2004년, 뷰러웨이는 미국사회학회 회장 취임 강연에서 사회학이 무엇이며 그 학문적 목표는 무엇이어야 하는가를 재론하면서 사회학을 학술적 청중을 위한 도구적 지식으로서의 전문사회학, 학술적 청중을 위한 성찰적 지식인 비판사회학, 일단 학계 외부의 청중을 위한 도구적 지식으로서의 정책사회학 및 학계 외부의 청중을 위한 성찰적 지식인 공공사회학(*public sociology*)으로 유형화하였다. 그리고는 '사회를 위한 사회학'이라는 공공사회학적 사명을 온전히 실현하려면 공공사회학의 범역이 〈그림 1〉의 타원형 부분과 같이 확장되어야 한다고 주장하며 사회학의 공공적 역할을 강조하였다(Burawoy, 2005).

**〈그림 1〉 공공사회학의 포괄 영역**

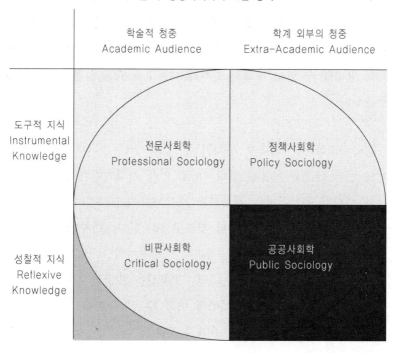

## (3) 한국 사회학의 공공성

사회학의 공공성 문제가 지식체계로서의 사회학과 현실로서의 사회체계 간의 간극에서 파생한 것으로 간주한다면 그 대안에 해당하는 공공사회학적 성과의 효시는 추상화 경향을 더해가는 요건적 기능론을 반성하면서 머튼(R. K. Merton)이 이론세계와 현실세계의 접합을 목적으로 제기한 중범위이론에서 찾아볼 수 있다. 근거이론, 민속방법론 혹은 합리적 선택론 같은 것들도 이론세계와 현실세계의 접합을 향한 후속적 시도에 포함시킬 수 있다. 문제는 이들 모두가 자체적 패러다임을 구축한 연후에는 구조기능론의 경우와 다름없이 지적 성채 안에 칩거해 공공적 기능을 외면하는 전례를 답습했다는 점이다.

부르디외(P. Bourdieu)가 '먹물주의'(homo academicus)라고 질타한 지적 봉건성(intellectual feudalism)을 타파하기 위해 일상생활의 사회학이라든가 현장사회학과 같은 중위사회학(meso-sociology) 혹은 대중성 확장을 목표로 한 대중사회학 계열의 《괴짜사회학》과 같은 책자나 연구물이 나돈다. 그러나 이들 역시 고작해야 해자를 건너 성곽의 안과 밖을 왕래할 수 있는 부교를 설치하자는 것과 같은 불완전한 시도에 불과하다.

공공사회학은 사회학과 사회현실, 넓혀 말해 지식세계와 사회세계의 간극 해소를 목표로 한다. 이로 인해 지식기반사회를 넘어 지식과 사회가 등치관계를 강화하는 지식사회-고도지식사회 단계에서 공공사회학의 중요성이 배가할 것으로 예상된다. 하지만 그러한 지적 노력이 사회 문제의 해결능력이나 사회참여의 욕구증진이라는 실천적 차원으로 접합되지 않는다면, 공공성을 표방한 지식의 양산은 결코 진정한 의미의 공공사회학에 이를 수 없다(조대엽, 2007; 김문조, 2013). 이런 견지에서 본다면 논문을 위한 논문 생산에 천착하는 성과주의적 학문관, 학문활동 및 평가방식은 반드시 개선되어야 한다고 본다.

## 2) 종합학문으로서의 사회학

### (1) 고전사회학자들의 학문관

과학적 단계에 제반 학문의 정상부에 위치할 사회학을 '학문의 꽃'으로 간주한 콩트(A. Comte)는 바로 그러한 위상과 속성을 함유한 사회학의 탐구대상이 특정 분야에 한정되어서는 안 된다고 역설했다. 이러한 보편지적(普遍知的) 경향이 스펜서, 마르크스, 뒤르켐, 베버, 짐멜과 같은 고전사회학자에게 전수되어 대부분의 고전사회학자는 사회, 인간, 역사, 역사, 종교, 문학, 과학, 예술 등 지식 전반에 관한 종합사상가로 활약했다. 이러한 연구전통은 삼라만상을 포괄하는 종합이론의 구축을 이상으로 했던 파슨스(T. Parsons) 시대를 분기점으로 퇴조하기 시작한다. 1950년대까지 주도적 이론체계로 군림한 구조기능주의론이 갈등이론을 위시한 대안이론들에 도전받기 시작한 1960년대에 들어서며 사회학이 분할의 시기로 접어들기 때문이다(Gouldner, 1970).

더구나 1990년대 이후 사회학이론은 날로 파편화되어 소수 이론들이 각축하는 단계를 넘어 백가쟁명(百家爭鳴)의 과(過) 분화(hyper-differentiation) 상태로 돌입한다(Turner, 2002). 사회학에 '다중 패러다임의 학과'(multiple paradigmatic discipline)라든가 '사회학자들이 하는 일'이라는 혼란스러운 정의가 부착되면서 전공별 분화가 가속화된 것은 이때부터이다.

그러나 금세기 초입에 들어서면서 전문성에 대한 일방적 찬양이 퇴조하는 대신 탈(脫)경계, 통섭, 혼합, 혼성 등을 내세운 융합이 오히려 바람직한 사회적 목표나 이상으로 권고된다. 따라서 분화-세분화의 원리, 이성과 이분법적 세계관 및 명판성의 원칙 등에 입각한 근대적 사유양식은 적합성의 한계를 드러내며 설득력을 상실해간다(김문조, 2013).

더구나 금융자본의 횡포, 사회 양극화, 지구온난화, 신종 바이러스 등 최근 인류사회를 위협하는 심각한 문제점은 어느 특정 분야에 귀속시킬 수 없는 복합적 위기를 야기한다. 이러한 현대적 위기에 대한 효과적 대응을 위해서도 종합적 사고능력에 입각한 종합적 지식체의 창출이 절실히 요망된다. 종합과학을 지향하고자 했던 고전사회학자의 통합적 학문관이 다시금 각광받게 된 것이다.

## (2) 하버마스를 넘어서

하버마스(J. Habermas)는 교수취임 강연을 정리한 책자 《인식과 관심》(1968)의 서문에서 학문의 유형을 분석적 관심이 인도하는 자연과학, 해석적 관심이 인도하는 인문학, 비판적 관심이 인도하는 사회과학으로 구분한 바 있다. 이때 인식을 이끄는 관심은 이론적 진술이 실제세계와 연결되는 방식을 결정하는 선험적 요소로서 다음과 같이 관심사에 따른 3가지 형태의 학문이 존재한다는 것이다(Habermas, 1971/1968).

- 경험적·분석적 학문:
  기술적 관심(*descriptive interest*), 즉 명제의 논리적 구성이나 검증방법에 대한 관심에 의해 인도되는 자연과학에 해당.

- 역사적·해석적 학문:
  실천적 관심(*practical interest*)에 의해 인도되는 학과(인문학에 해당). 이때 실천이란 일상생활에서의 상호작용(현상학자들이 이야기하는 간주관성)을 전제로 한 이해라는 인식작용을 뜻함.

- 비판적 학문:

  해방적 관심(*emancipatory interest*)에 의해 인도되는 사회학, 정치학, 경제학 등의 사회과학으로, 비판적 과학은 이론적 언표를 넘어서서 인간해방의 문제까지를 다룸으로써 외적 억압을 벗어난 자율성과 책임의식을 제고함.

그러나 하버마스의 견해와는 달리 사회과학, 특히 어느 학문 분야보다 종합과학적 성격이 농후한 사회학은 분석적, 해석적, 비판적 관심 모두를 필요로 한다. 뿐만 아니라 지식의 파편화와 더불어 사회적 복잡성과 역동성이 더해가는 오늘날의 사회학에는 전술한 3가지 관심 유형은 물론이요, '종합적 관심'이 인도하는 메타사회학의 창발이 절실히 요청된다. 따라서 태생적으로 통합학문적 속성을 지닌 사회학이 종합적 관심에 의해 융복합적 도전과제에 대한 응전력을 갖춘 메타사회학적 소명을 온전히 수행할 때 지식세계와 현실세계의 증진을 동시적으로 추구할 수 있는, 존중받는 학문으로서의 지위를 견지할 수 있으리라 생각한다.

## (3) 한국 사회학의 종합학문적 역할

현대 사회의 인간관계는 날로 복잡화, 경량화, 다양화되고 인간 이외의 생명체나 죽은 사물까지 중요한 '행위자'로 등재된다(Latour, 2005). 뿐만 아니라 복잡계로서의 사회체계는 다원성, 중첩성, 복합성, 이질성, 우연성, 신생성 등과 같은 속성이 부가되어 일관성을 지닌 통합적 존재로 인식하는 것이 불가능할 만큼 혼돈스러운 모습을 보인다. 흘러 넘치는 지식정보나 옵션으로 과부하가 걸려 모종의 조율을 필요로 하는 최근의 사회적 풍경이 바로 그러한 진단을 뒷받침한다.

이상과 같은 보편적 한계점과 더불어 권위주의의 잔재하에 독단적 조직운영과 제도적 오작동으로 불만이 누적된 한국사회에서는 사회체계의 총체적 재구성이 여실히 갈망되는 실정이다. 더구나 혼돈과 불화의 위험이 산재한 복합전환기의 우리 사회는 사회정의 및 사회통합의 저해 요소를 색출하고 독해하는 방식과 더불어 그들을 적절히 제어해 새로운 사회질서를 창출할 수 있는 종합적 사고력이 각별히 요구된다. 한국 사회학은 인접 학문의 지식을 적극 수용한 확장된 사회학적 상상력을 통해 융복합적 도전과제에 효율적으로 대처할 수 있는 메타사회학적 관점을 발양해나가야 할 것으로 본다.

## 3. 무엇을 할 것인가?

사회학 연구의 주체는 사회학자인 만큼, 사회학의 학문적 위기는 곧 학자적 위기와 연동된 것이라고 할 수 있다. 우리 사회학계가 제도 및 인력 면을 포함한 다양한 측면에서 중첩적 위기 국면에 직면해있음이 사실이라면, 벨이 예고한 사회학화 양식의 시대는 본인의 학문을 옹호하기 위한 입에 발린 말이었나? 결코 그렇지 않다고 본다. 어떤 학문보다도 성찰성이 강한 사회학은 자체적 한계를 박차고 도약할 수 있는 희망적 학문의 표상인 까닭이다.

복합적 위기상황을 돌파할 수 있는 지적 소임을 다하기 위해서는 공공성과 종합적 사고 역량의 온축이 필수적이다. 그러나 '경쟁력 강화'를 앞세워 국내외 저명학술지 등재논문 수효만 헤아리는 기존의 소(小)성과주의적 학술지원 체제는 상기 두 가지 요건 모두와 대척적 입장에 놓였다. 시한부 게재가능성을 우선시하게 되면 전문성이라는 미명하에 창의적 착상을 기대할 수 있는 종합적 사유역량이 위축될 뿐 아니라 공공적 가치를 외면한 쪼잔한 연구물이 양산될 가능성이 높다.

경쟁력 향상을 위한 제도적 조치가 필요치 않다는 것이 아니다. 하지만 경쟁력은 학문발전의 필요조건일 뿐이지 충분조건이 될 수 없다. 기술 세계에서 칭송받는 '경박단소'(輕薄短小) 경향은 주어진 사회현실을 가급적 넓고 깊게 통찰해야 하는 사회과학의 세계에서는 공공성과 종합적 사유를 가로막는 독소조항임을 지각할 필요가 있다. 아울러 종합학문으로 태동했기에 초(超) 개방적 학문으로 큰 그림을 그려야 할 소명이 주어진 사회학에 대해서는 그러한 왜소화 경향이 치명적 맹독임을 숙지해야 할 것이다.

과열경쟁을 조장해온 신자유주의적 생활양식이 탈(脫) 경쟁원리의 거센 도전에 직면하게 된 현시점이야말로 오랜 기간 외면된 사회학적 자산을 되찾아 새로운 삶의 전망을 제시함으로써 학문적 존엄성을 회복할 수 있는 '지적 명예혁명'을 본격적으로 기획해야 할 적기(適期) 라는 생각이 든다.

## 참고문헌

김경동, 1985, 《현대의 사회학》, 박영사.

김문조, 1999, "한국 사회학의 위기", 임희섭 편, 《사회과학의 새로운 지평》, 나남, 275~217쪽.

____, 2013, 《융합문명론: 분석의 시대에서 종합의 시대로》, 나남.

김종길, 1993, "니클라스 루만(N. Luhmann)의 일반 체계이론", 〈한국사회학〉, 27권 2호, 25~251.

김철규 외, 2013, "복합전환 시대의 사회불안과 공존", 〈2013년도 WCU-BK 연구계획서〉.

김홍중, 2009, 《마음의 사회학》, 문학동네.

박길성, 2013, 《사회는 갈등을 만들고 갈등은 사회를 만든다》, 고려대출판부.

박형준, 2001, 《성찰적 시민사회와 시민운동》, 의암출판사.

신용하, 1976, "한국 사회학의 발전과 방향", 〈서울대 사회과학논문집〉, 1집.

유승호, 2012, 《당신은 소셜한가?: 소셜미디어가 바꾸는 인류의 풍경》, 삼성경제연구소.

이재열·정진성, 1994, "21세기를 대비하는 한국 사회학교육의 과제", 한국사회학회 편; 《21세기의 한국 사회학》, 문학과 지성사.

임희섭, 1998, "한국 사회학의 회고와 전망", 〈한림대학교 사회학과 10주년기념 학술대회 발표문〉.

조대엽, 2007, 《한국의 사회운동과 NGO》, 아르케.

홍승직, 1994, 《사회발전과 한국인의 가치문제》, 일신사.


Baudrillard, J., 1981, *For a Critique of the Political Economy of the Sign*, Telos Press.

Bell, D., 1999[1973], *The Coming of Post-Industrial Society*, Basic Books, 김원동·박형신 역, 2006, 《탈산업사회의 도래》, 아카넷.

Burawoy, M., 2005, "For public sociology", *American Sociological Review*, 70(1), pp. 4-28.

Cohen, J., & Arato, A., 1992, *Civil Society and Political Theory*, MIT Press.

Cole, S., 1994, "Why sociology doesn't make progress like the natural sciences", *Sociological Review*, 58, pp. 110-130.

Deflen, M., 1994, *Habermas, Morality and Law*, Sage.

Gillmor, D., 2004, *We, the Media: Grassroots Journalism by the People, for the People*, O'Reilly.

Gouldner, A., 1970, *The Coming Crisis of Western Sociology*, Basic Books.

Habermas, J, 1971[1968], *Knowledge and Human Interests*, Beacon Press.

Ingelhart, R., 1977, *The Silent Revolution: Changing Values and Political Styles Among Western Publics*, Princeton University Press.

Lash, S., 2007, "Power after hegemony", *Theory, Culture & Society*, 24(3), pp. 55-78.

Latour, B., 2005, *Reassembling the Social: An Introduction to Actor-Network -Theory*, Oxford University Press.

Luhmann, N., 1997, *The Theory of Society*, Stanford University Press.

Mills, C. W., 1959, *The Sociological Imagination*, Oxford University Press,

강희경·이해찬 역, 2004, 《사회학적 상상력》, 돌베개.

Porter, M., 2013〔1985〕, *Competitive Advantage: Creativity and Sustaining Superior Performance*, Free Press.

Ritzer, G., & Smart, B. (Eds.), 2001, *Handbook of Social Theory*, Sage.

Schulze, G., 1992, *Erlebnisgesellschaft: Kultursozilogie der Gegenwart*, Campus Verlag.

Sztompka, P., 1979, *Sociological Dilemmas: Toward a Dialectical Paradigm*, Academic Press.

Turner, J., 2002, "Sociological theory today", In Turner, J. (Ed.), *Handbook of Sociological Theory*, Plenum.

Turner, J. et al., 1995, *The Emergence of Sociological Theory* (3$^{rd}$ ed.), Wadsworth, 김문조 외 역, 1997, 《사회학 이론의 형성》, 일신사.

Wallerstein, I., 2004, *The Uncertainties of Knowledge*, Temple University Press, 유희석 역, 2007, 《지식의 불확실성: 새로운 지식 패러다임을 찾아서》, 창비.

Weber, M., 1965〔1919〕, *Politics as a Vocation*, Fortress Press, 전성우 역, 2007, 《직업으로서의 정치》, 나남.

# 1부

# 정치사회 · 경제사회 · 불평등

# 1

## 2000년대 계급연구의 현황과 과제*

신 광 영

## 1. 서 론

이 글은 외환위기 이후 한국에서 이루어진 사회계급(이하 계급)과 계층에 관한 연구를 전반적으로 평가하고, 향후 계급연구의 과제를 논의하고자 한다.[1] 외환위기 이전까지의 계급연구가 주로 이론적 수준에서 계급구분과 계급구조의 논의에 집중되었다면, 외환위기 이후의 계급연구는 신자유주의적 세계화의 영향에 따른 국내 계급과 소득 불평등, 건강 불평등, 정보 불평등, 교육 불평등, 해외지역의 계급 불평등과 계급정치로 확대되었다.

외환위기 이후 대규모 기업 구조조정과 대량해고로 인하여 새로운 계급상황이 대두되면서 이를 경험적으로 분석하고 비판적으로 논의하는 경험적 계급 및 계층 연구가 활성화되었다.

---

\* 이 글은 2013년 〈경제와 사회〉 100호, 114~137쪽에 게재된 논문을 보완한 글이다.
1 기존 계급연구 동향에 대한 리뷰는 신광영(1990, 2004: 제1장)과 양춘(2002)을 참조할 것.

1997년 외환위기는 한국사회 전체를 질적으로 변화시켰다. 외환위기를 계기로 한국사회는 경제적 차원에서뿐만 아니라 정치적, 사회적, 문화적 차원에서 큰 변화를 거듭한다. 정치적으로는 1961년 이후 최초로 권위주의 정권에서 민주적 정권으로 정권교체가 이루어졌다. 새로이 집권한 민주당 정권이 국제통화기금의 관리하에 신자유주의적 경제개혁을 주도하였다. 한국에서 이루어진 신자유주의 경제개혁은 '워싱턴 컨센서스'의 핵심내용을 구성하는 노동시장의 유연화와 공기업 민영화, 금융자유화, 국내시장 개방 등을 포함하였다.[2]

사회안전망을 제대로 갖추지 못한 상태에서 이루어진 신자유주의적 경제개혁은 곧바로 불평등 심화와 빈곤 확대로 이어졌다. 기업 구조조정에 따라 실업자가 양산되고 비정규직 고용과 같은 불안정 고용이 급증하였다. 그 결과 근로빈곤층의 증가로 고용불안정 계층과 빈곤층이 크게 늘어나면서 단기간에 '사회 양극화'라 불리는 '불평등 심화와 빈곤 확대' 현상이 나타났다.

이는 곧바로 경제적 차원을 넘어 사회적 차원의 위기로 확대되어 이혼율, 자살률, 범죄율 급증 등의 사회해체 징후로 나타났다. 한국사회는 외환위기를 전후해 질적으로 달라진 모습을 보이기 시작한 것이다.

한국 사회학계는 이러한 사회경제적 변화를 세밀하게 추적하고 비판적으로 진단하여 사회위기의 해법을 찾고자 했다. 2000년대 한국 사회학계는 외환위기 이후 한국사회가 어떻게 변하는지를 여러 차원에서 경험적으로 분석하는 연구를 축적하였다.

한편으로는 한국의 급격한 사회경제적 변동이 사회학적 연구에

---

2 1989년 윌리엄스(J. Williamson)가 사용한 워싱턴 컨센서스의 본래적 의미는 10개 정책 제안에서 출발하였지만 그 내용이 점차 확대되어 시장근본주의와 동일한 의미로 사용되었다. 워싱턴 컨센서스 개념의 역사에 대해서는 윌리엄슨(Willamson, 2004)을 참조할 것.

필요한 풍부한 사례를 제공했다고 볼 수 있다. 그러나 다른 한편으로 괴로운 현실을 분석하는 작업이기에 연구자에게는 정신적으로 고통스러운 과정이기도 했다.

2000년대 들어서 계급연구는 외환위기 전후로 크게 변화된 구조와 계급 불평등에 대한 분석에서부터 노동계급 내 분화, 계급정치와 계급투표에 이르기까지 대단히 다양한 영역에서 이루어졌다. 그리고 세계화와 더불어 한국뿐만 아니라 해외지역 계급연구도 상당히 늘어났다. 이것은 부분적으로 한국 사회학계의 관심이 한국을 넘어 자본주의 사회 일반으로 확대되었음을 보여주는 것이다.

이 글에서는 외환위기 이후 2000년대 한국 사회학계에서 이루어진 계급·계층 연구의 성과를 종합적으로 평가하고 이에 기초하여 향후 한국 사회학이 한국사회를 비판적으로 이해하는 데 반드시 필요한 계급·계층 연구의 과제를 논의한다. 여기에서의 연구성과는 국내 학술지에 발표된 국내외 연구자의 성과를 중심으로 논의하며, 필요한 경우에 한하여 해외 학술지에 발표된 국내 연구자의 연구나 해외 연구자의 연구를 제한적 수준에서 다룰 것이다.

이 글의 구성은 다음과 같다. 먼저 다음 절에서는 외환위기 이후의 계급 불평등 연구를 다룬다. 사회 양극화라는 대중적 담론의 실체인 계급 간 불평등과 계급 내 불평등 연구를 살펴본다.

그다음 2000년대 들어서 다원화되는 계급연구의 동향을 계급문화와 계급의식, 계급과 정보격차, 계급과 건강 불평등 그리고 계급과 교육과의 관계를 다룬다.

그다음은 세계화 시대의 국내의 계급에 대한 연구동향을 살펴본다.

그리고 종합적으로 2000년대 한국에서 이루어진 계급·계층 연구의 성과와 한계를 살펴보고, 향후 연구과제를 논의한다. 기존의 계급·계층 연구가 제대로 밝혀내지 못한 이슈와 연구자가 제대로 관심을 기울이지 못한 주제이지만 21세기 한국사회를 이해하는 데 중요하다고 생각되는 연구과제를 중심으로 향후 연구과제를 논의한다.

## 2. 외환위기와 계급 불평등 연구

외환위기는 현대 한국사회의 이해에 질적 전환을 가져온 것으로 평가된다. 외환위기 이후에 변화된 한국사회는 경제적 차원뿐만 아니라 사회적 차원과 정치적 차원에 이르기까지 포괄적 변화를 야기하였다는 점에서 일부 연구자는 외환위기 전후를 구분하여 외환위기 이후의 한국사회를 '97 체제'라고도 부른다(고원, 2006; 김종엽 편, 2007; 김호기, 2007; 손호철, 2009; 이병천, 2011; 조희연·서영표, 2009).

97 체제 논의가 담고 있는 내용은 매우 다르지만 이러한 논의는 외환위기가 한국사회의 질적 변화를 야기했다는 점과 그것이 한국의 사회변화, 정치변동과 경제구조의 전환을 이해하는 데도 중요하다는 점을 공통적으로 인정한다.

외환위기는 한국사회 전체의 위기로 확대되었을 뿐만 아니라 한국 사회학계를 포함한 사회과학계의 위기로도 진전되었다. 한국 사회과학계가 외환위기를 예측하지 못했고, 이후 외환위기의 원인과 전개과정에 대한 면밀한 분석도 제대로 하지 못했기 때문이다. 그 이후에 나타난 사회위기(사회 양극화, 자살급증, 이혼증가와 인구위기 등)에 대한 구체적 진단과 분석도 아직 체계적으로 이루어지지 못한 것이 현실이다.

주로 이론적 수준에 머문 체제 비판과 한국사회 변화의 내용에 대한 면밀한 진단이 제대로 이루어지지 못했기 때문이다. 환자의 질병 원인을 구체적으로 진단하지 못한 채 일반적 수준의 처방만을 언급

하는 의료 수준에 비유될 수 있을 것이다. 3

그럼에도 불구하고 외환위기 전후의 계급연구는 연구주제의 차이뿐만 아니라 연구에 사용하는 자료에서도 큰 차이를 보였다. 외환위기 이전의 계급연구에서는 자료의 직접 이용보다 통계청이나 정부부처에서 발간한 2차적 자료 이용이 많았다. 이론적으로 계급을 논의하고 그에 기초하여 한국사회의 계급구성을 분석하는 연구가 중심을 이루었기 때문에 종사자 지위, 직업, 고용상태와 관련하여 이미 수집된 센서스 자료가 많이 이용되었다.

반면 외환위기 이후의 계급연구는 계급구성에 대한 논의보다 계급이동, 계급의식, 투표와 같은 사회정치적 현상을 설명하기 위하여 설명변수로서의 계급이 사용되었기 때문에 서베이 자료를 직접 분석하는 연구가 크게 증가하였다. 주된 이유는 사용 가능한 양질의 서베이 데이터가 축적되기 시작됐기 때문이다. 1998년부터 노동연구원에서 수집한 한국 노동소득 패널조사 자료가 대표적이다. 이 패널조사는 외환위기 이후 급격히 변한 노동시장의 상황 파악을 위한 목적으로 시작되어, 이전 정부의 주먹구구식 노동정책에서 보다 체계적이고 과학적인 노동정책으로의 정책 전환에 크게 기여했다.

또한 이를 계기로 마이크로 데이터를 이용한 경험적 연구의 활성화와 다양화로 다른 종류의 패널조사를 유행하게 만들었다는 점에서 한국 노동소득 패널조사는 사회학뿐만 아니라 사회과학계에서 획기적인 역할을 했다고 볼 수 있다. 4 계급연구와 관련하여 이 패널조사 자료를

---

3 이러한 문제는 비단 한국 학계에서만 나타난 현상은 아니다. 영국 사회과학계의 위기를 둘러싼 최근 차카라보티(A. Chakrabortty)와 갬블(A. Gamble)의 논쟁은 이러한 분위기를 반영한다. 영국과 미국의 경제학 위기에 대한 일반적 논의는 훗지슨(Hodgson, 2011)과 존슨(Johnson, 2009)을 참조할 것.

4 현재 11개 정도의 대규모 패널조사가 진행된다. 대표적으로 한국노동소득패널조사 이

이용한 연구가 지속적으로 축적되었다(김영미·한준, 2007; 남춘호, 2002; 신광영, 2009; 신광영·이성균, 2000; 이병훈·윤정향, 2006; 이성균, 2001).

외환위기 이후 두드러지게 나타난 현상은 한국 계급 불평등 연구의 증가이다. 외환위기 이후 계급 불평등(계급 간 불평등)의 심화 현상뿐만 아니라 계급 내 불평등 심화 현상이 두드러지면서, 계급 불평등 현실에 대한 다양한 경험적 연구가 증가하였다.

외환위기 이후 나타난 계급 불평등 심화 현상은 크게 3가지로 요약된다. 하나는 소득 불평등이 1990년대 초반을 기점으로 변곡점을 그리며 U자형의 추세를 보인다는 점이다. 소득 불평등은 이미 외환위기 이전부터 심화되기 시작했다(신광영, 2013). 1980년대 말에 노동조합의 불평등 약화 효과가 있었지만 1990년대 초반부터 크게 줄어들었고, 김영삼 정부 초기 세계화를 내세우며 탈규제가 이루어지면서 소득 불평등이 다시 늘어나기 시작했다.

둘째로 외환위기 이후 자본가 계급의 소득이 크게 증가하면서 중간계급과 노동계급 소득격차가 크게 벌어지는 현상이 발생했다(신광영, 2004).

마지막으로 비정규직 노동자인 경우 빈곤에 노출되어 있는데 비정규직의 급증으로 노동계급 내부에서 빈곤층이 크게 증가하였다(김위정·김왕배, 2007). 이는 외환위기 이후 주로 자본가 계급의 소득이 크게 증가함으로써 소유계급과 비소유계급 간 소득 양극화가 촉진되었다. 이로 인해 근로 빈곤층의 확대를 낳았으며 이는 곧 계급 불평

---

외에 사업체패널조사, 고령화패널조사(이상, 노동연구원), 한국복지패널조사와 의료패널조사(보건사회연구원), 청소년패널조사(청소년연구원), 여성가족패널조사(여성정책연구원), 교육고용패널조사(직업능력개발원) 등을 들 수 있다.

등의 심화현상이라는 결과로 이어졌음을 의미한다.

노동계급 내부의 불평등 심화는 주로 비정규직 고용을 통한 저임금 노동자층의 증대에 기인했다. 평균적으로 정규직 노동자에 비해 비정규직 노동자의 소득과 복지 수준이나, 삶의 질 차원에서 절대적으로 열악한 상태를 보이지만 비정규직 노동자 모두가 그런 것은 아니고 더 취약한 노동자 집단이 존재한다(남춘호, 2011; 이병훈·김유선, 2003; 이병훈·이시균, 2010).

노동계급 내의 내적 이질성 증대에 따른 계급 내 불평등의 증가는 노동시장 유연화와 여성 차별 현상이 결합되어 단기간에 이루어졌다(이병훈, 2009; 정이환·이병훈, 2000). 노동계급 내부의 양극화는 주로 노동시장 유연화와 맞물려 논의되는 경향이 컸지만 노사관계뿐만 아니라 기업이나 부문에 따른 임금격차가 크게 증가하면서, 노동계급 이질화를 촉진시키는 중요 요인이 되었다(정이환, 2006, 2011).

계급 불평등 논의는 전통적인 사회학 연구주제를 넘어 한국적 상황을 반영하는 논의로 확대되었다. 2000년대 부동산 가격이 폭등하면서 아파트나 주택을 소유한 사람과 소유하지 못한 사람 간의 불평등에 관한 논의로 확대되었다(손낙구, 2003; 신광영, 2003). 이러한 맥락에서 계급과 부동산 소유 불평등에 대한 논의가 등장하였다. 특히 손낙구(2003)는 경제활동과는 관련 없는 부동산으로 6개의 계급을 구분하였다. 제1부동산 계급으로 7%에 해당하는 105만 가구의 다주택 소유자나 부동산 임대 소득자에서부터 4%에 달하는 쪽방이나 비닐하우스 거주자를 제6부동산 계급으로 구분하여 6개 부동산 계급을 분석하였다.

이러한 논의는 경제활동과 관련된 사회적 관계를 근거로 하는 계급 논의가 아니라 부동산 소유 형태와 규모를 통해 계급을 구분한다. 이러한 논의는 이론적 근거가 없다는 점에서 즉흥적 논의라고 볼 수 있다. 그러나 즉흥적 논의가 전혀 불필요한 것이 아니라 보다 이론적인 논의로 나아가는 첫 번째 단계라는 점에서 의미를 지닌다. 특히 부동산 투기와 주거 불평등 문제가 매우 심각한 한국적 현실에서 이러한 문제 제기는 관심거리를 넘어 보다 체계적인 사회학적 연구로 이어질 수 있는 계기를 제공한다.

이러한 논의에 영향을 받아서 이루어진 주택문제를 계급이나 계층과 관련하여 다루는 이후의 연구(장세훈, 2007; 신진욱·이은지, 2012)는 한국사회의 중요한 문제를 사회학적 논의로 이끌어냈다는 점에서 의미 있는 작업이었다.


## 3. 계급연구의 다원화


### 1) 계급문화와 의식

한국 사회학계에서 이루어진 문화적 전환은 서구의 문화적 전환과 매우 다른 궤적을 보여주었다. 서구 학계의 문화적 전환은 주로 신보수주의 등장과 더불어 정치현상에 대한 정치경제학적 접근의 설명력이 약화되면서 문화와 이데올로기의 중요성에 대한 강조뿐만 아니라 경제학적 설명에서 벗어나는 방식으로 이루어졌다(Crompton, 2008: 43-44).

상대적으로 비판적인 사회과학에서 주변적 위치를 차지했던 문화가 현대 사회를 이해하는 데 핵심적인 이론적 지위를 부여받기 시작한 것은 홀(S. Hall)을 중심으로 하는 버밍햄 학파의 마르크스주의 문화연구(*cultural studies*)나 라클라우(E. Laclau)와 무페(C. Mouffe)의 포스트마르크스주의의 영향이 컸다(Hall, 1980, 1988; Laclau & Mouffe, 1985).

이러한 접근은 이론적 관심이 정치경제에서 문화로 전환했음을 의미하며 경제결정론에서 문화 혹은 담론 우위론으로 나아갔다.

한국 사회학계에서 일어난 문화에 대한 관심은 문화연구나 포스트마르크스주의보다는 기존 사회학 내 문화에 대한 접근으로부터 더 큰 영향을 받았다. 홀이나 라크라우와 무페의 논의는 주로 이론적 수준에 머물렀고, 사회학 내 문화에 대한 경험적 연구는 주로 부르디외의 문화자본 개념을 중심으로 이루어졌다(남은영, 2010; 양종회, 2009; 장미혜, 2001, 2002a, 2002b; 조돈문, 2005; 조은, 2002, 2010; 최샛별, 2006).

부르디외는 문화자본의 개념을 경제적 자본 이외에 권력과 지위를 낳는 심리적 태도, 심리적 취향이나 지식의 의미로 제시하였고, 문화자본의 기능을 주로 프랑스 중간계급의 계급재생산과 관련하여 설명하였다(Bourdieu, 1984).

한국에서 부르디외의 문화자본론은 동일하게 수용되지 않았다(조은, 2010: 67~69; 최샛별, 2006).[5] 그러나 계급과 관련된 경험적 연구는 대체로 계급에 따른 문화자본의 유의미한 차이를 밝히는 방식으로 이루어졌다(남은영, 2010; 양종회, 2009; 장미혜, 2001, 2002a, 2002b). 그러나 한국사회에서는 계급에 따른 문화자본의 차이가 성별, 연령, 거주지역 등을 고려하면 그렇게 뚜렷하지 않다는 경험적 연구결과도 제시되었다(한신갑·박근영, 2007). 이는 문화자본의 경험적 조작화의 차이에서 기인하는 바도 크다.

이러한 연구결과는 다른 한편으로 아직도 문화자본의 존재 여부를 둘러싼 경험적 연구가 더 필요하다는 점을 보여준다. 그리고 계급

---

5 조은(2010)은 한국에서 부르디외의 문화자본론 수용이 이론적 문제의식 중심의 수용과 개념의 정확한 조작화에 초점을 맞추는 경험적 연구 중심의 수용으로 나누어질 수 있다고 보았다. 전자는 계급재생산이라는 문제의식과 관련하여 문화자본을 다루고 후자는 정확한 실증적 연구에 더 큰 관심을 기울인다는 것이다.

혹은 계층 간 문화자본의 차이 존재 여부를 넘어 문화자본의 계급 재생산 기능에 대한 연구는 매우 제한적 수준에서 이루어졌다(김종엽, 2003; 장상수, 2008). 전반적으로 문화자본에 관한 양적 연구는 자료의 제약으로 인하여 계급과 문화자본의 조작화가 서로 다르게 이루어졌다. 그리하여 아직까지 이들 연구결과를 서로 비교하는 것은 제한적 의미를 지닌다.

계급문화에 대한 접근은 경제적으로 정의된 계급의 문화, 주로 노동계급 문화를 다루는 방식으로 나타났다. 대표적으로 노동계급 문화에 관한 연구(구해근, 2003; 이성철, 2003, 2009; 이종구 편, 2006, 조돈문, 2011)나 중산층 문화에 대한 연구(남은영, 2007, 2010, 2011)를 들 수 있다. 노동계급 문화에 대한 연구는 노동계급 형성에서 작업장 경험뿐만 아니라 생활세계와 일상적 문화의 중요성에 대한 인식을 바탕으로 한다. 노동계급 문화에 대한 연구는 노동계급 형성관점에서 문화를 다루는 연구(구해근, 2003), 노동계급의 문화적 수용, 저항과 문화적 실천을 다루는 연구(이성철, 2009), 노동자 계급의 의식과 생활세계를 다루는 연구(이종구 편, 2006; 조돈문, 2011)가 서로 다른 차원을 다루지만 노동계급 연구에서 문화가 중요하다는 인식을 공유한다.

중산층 문화를 다루는 연구(남은영, 2011)는 다른 계급문화와 다른 중산층 문화의 형성과 특성을 역사적으로, 또한 서베이 자료를 바탕으로 분석한다. 중산층의 문화예술 소비가 계급과 계층에 따라서 크게 다르게 나타나며 중산계급, 신 중간 계급에서 연극, 영화, 뮤지컬, 오페라, 전시회 등을 관람하는 문화소비뿐만 아니라 골프, 해외여행, 명품구매와 같은 사회적 지위를 드러내는 소비가 노동자 계급에 비해 더 높게 나타난다는 것을 밝혔다(남은영, 2010).

포괄적 계급문화보다 계층의식 혹은 계급의식에 관한 연구도 이루어졌다(강수택, 2003; 남춘호, 2001; 김병조, 2000; 송호근·유형근, 2010; 이병훈·윤정향, 2006; 이병훈·신재열, 2009, 2011; 조돈문, 2006, 2008b). 이들 연구는 정체성을 중심으로 하는 연구와 계급이해(class interest)를 중심으로 하는 연구로 구분된다.

정체성에 관한 연구(김병조, 2000; 이병훈·윤정향, 2006; 이병훈·신재열, 2009, 2011)는 계층 정체성이 소득, 학력, 젠더, 출신 지역에 의해서 영향을 받는 점과 시기적으로 계층 정체성이 동일한 것이 아니라 변하고 있음을 보여준다. 계층 정체성은 응답자의 주관적 계층 지위인식에 대해 묻고 이에 대한 답을 연속변수로 측정하여 분석하였다.6 흥미롭게도 자영업자의 계층의식 분석은 자영업자의 계층 정체성이 정규직 노동자와 비정규직 노동자 중간 정도에 위치한다는 점을 보여주었다(이병훈·신재열, 2009).

대조적으로 계급이해를 중심으로 하는 계급의식에 관한 연구는 구체적 쟁점사항에 대한 의견을 중심으로 노동계급 의식을 분석한다 (송호근·유형근, 2010; 조돈문, 2006, 2008b).7

계급이해를 중심으로 한 계급의식 연구는 계급 이해에 미치는 요인에 대한 상반된 결과를 보인다. 노동조합 조직경험의 중요성을 밝힌 연구(조돈문, 2006, 2008b)와 조직경험보다 공동체적 하위문화가 더 중요하다는 연구(송호근·유형근, 2010)가 그것이다. 이들 연구는 연구대상 자체가 달라서 대립되는 주장이라고 보기는 힘들지만 다른 결과를 내세운다는 점에서 관련 연구가 더 필요하다는 점을 보여준

---

6 계층의식은 계층귀속의식 혹은 계층정체성으로 측정되며 상층, 중층, 하층으로 측정하거나, 하의 하에서 시작하여 상의 상까지 등간 척도로 측정되었다.

7 분석에 사용된 설문은 다음과 같다. 1) 기업체는 노동자와 소비자를 희생시켜 돈을 번다, 2) 파업 중에 기업이 다른 노동자들을 고용하는 것을 법으로 금지해야 한다, 3) 정부가 노사관계에서 기업의 편만 든다, 4) 오늘날 한국의 재벌은 지나치게 힘이 세다. 이러한 설문에 대한 답변(매우 반대부터 매우 찬성까지 5점 척도)을 토대로 계급의식을 측정하였다.

다. 전국 단위 서베이 조사 자료의 노동자(조합원과 비조합원)를 분석한 경우(조돈문, 2006)와 울산 지역 노동조합원만을 분석한 경우(송호근·유형근, 2010)는 대단히 다른 연구대상을 다루어서 연구결과를 비교하는 것이 어렵다.

그러나 두 연구 모두 공통적으로, 계급의식에 대한 논의는 허위의식과 대비되는 성취해야 할 의식이라는 루카치(Lukacs, 1972)의 접근보다는 노동계급을 구성하는 개별 노동자나 집단이 가지는 계급현실에 대한 인식이라는 맨(Mann, 1973)의 접근에서 출발한다. 맨의 접근은 계급의식을 계급에 기초한 집합행동의 동인이 되는 의식으로서 간주하고 노동자가 지니는 가치관, 태도, 정치의식, 세계관 등을 포함한다.

구체적으로 계급의식은 계급인식, 계급정체성, 계급이해 등을 포괄한다. 계층의식에 대한 연구가 단순히 계층귀속의식이나 계층정체성을 넘어 구체적인 정치적 사건이나 사회현실에 대한 의미를 지니기 위해서는 계층의식에 대한 연구도 계급의식 연구와 같은 방식과 결합될 필요가 있다. 또한 최근 활발하게 논의되는 의식형성과 행위에 관한 이론적 논의(Elster, 2007; Kahneman, 2011)가 계층의식이나 계급의식 형성에 관한 논의에 도입될 필요가 있다.

## 2) 계급·계층과 정보격차

20세기 후반 정보화 사회로의 변화로 인하여 정보의 접근과 이용의 불평등과 격차에 대한 새로운 관심이 부각되었다(김문조·김종길, 2002; 김문조, 2005; 박해광, 2003). 정보격차로 불리는 새로운 불평등은 전통적인 불평등의 양상과 달리 기존의 경제적 불평등에 크게 영향을 받지만 경제적 불평등을 낳을 수 있는 새로운 원인이 될 수 있다는 점에서 계급과 계층 불평등의 차원으로 인식된다.

또한 정보격차는 학교와 같은 공식기관이나 제도와의 연관성이 적다는 점에서 가족배경의 영향력이 더 크게 나타날 수 있다. 지식과 정보가 보다 중시되는 사회로의 변화 속에서 계급 간 정보격차는 기존의 계급 불평등을 더욱 심화시킬 수 있다는 점에서 새로운 관심주제가 되었다.

정보격차는 정보의 접근 가능성 격차, 정보의 활용 역량 격차, 정보의 활용 의지의 격차로 이해하고 정보격차가 계급, 성, 세대, 지역 4가지 차원에서 나타나며 정보화가 진전되면서 정보격차는 정보기기 접근 가능성 격차에서 정보이용 능력 격차로 그리고 최종적으로 정보 활용의지의 격차로 전전된다고 보았다(김문조·김종길, 2002).

반면, 다른 연구는 성(性)에 따른 정보기기 소유 격차가 없다면 젊은 세대, 고학력 집단과 신쁘띠부르주아지 계급에서 정보기기의 소유와 이용 정도가 높음, 혹은 정보기기 소유와 이용의 격차로 이해되었다(박해광, 2003).

정보격차의 문제는 주로 집단 범주 간 격차의 존재 유무를 중심으로 논의되었다. 그리고 집단 간 정보격차는 격차의 설명 방식이 추론적 수준에 그치며, 계급과 계층에 따라서 정보 이용이 어느 정도로 다르고 어떻게 다른지에 대한 면밀한 질적 연구가 부재하다. 그리하여 정보격차에 대한 연구의 논의가 계속 추론적 수준에 머무르며 큰 진전이 없다.

심리적 차원이나 이데올로기적 차원에서 정보격차가 어떻게 작동하는지, 그리고 정보격차가 하나의 문화적 자본 격차로 이어지는지에 대한 사회학적 논의가 필요하다. 또한 디지털 기술이 사회적 배제의 주된 요인으로 작동한다는 점에서 계급 간 혹은 세대 간 격차를 낳을 뿐만 아니라 계급 내, 세대 내에서 격차를 낳는다는 점이 강조될 필요가 있다. 소득 불평등, 건강 불평등, 교육 불평등에 추가하여 정보 불평등이 새롭게 등장하였다는 점에서 기존의 불평등과 정보 불평등 간의 관계도 체계적으로 다루어질 필요가 있다(DiMaggio, Hargittai, Celeste, & Shafter, 2004).

### 3) 계급과 건강 불평등

계급연구의 다원화와 관련하여 새로운 중요한 흐름은 계급과 건강 불평등에 관한 연구이다(김진영, 2007; 손미아, 2002, 2004; 오주환 외, 2006, 이미숙, 2005). 1980년대 영국에서 발간된 《블랙 리포트》(*Black Report*) 이후 건강 불평등의 사회적 요인에 대한 연구는 새로운 흐름을 이루었지만 한국의 경우 건강 불평등의 사회적 요인에 대한 관심은 2000년대 들어서 본격화되었다. 계급과 건강과의 관계에 대한 연구는 주로 예방의학이나 의료사회학의 영역에서 경험적 연구에 필요한 데이터의 수집이 이루어지고 연구가 축적되면서 계급연구의 새로운 흐름으로 등장하였다.

경제적 불평등의 결과이자 경제적 불평등을 지속시키는 건강 불평등은 계급과 직접 연관된 경제적 조건, 주거환경, 음식과 영양, 음주나 흡연 등의 생활습관에 직접 영향을 받는다. 건강 불평등은 나이가 많아질수록 더욱 확대되어 74세 정도까지 계속 확대된다(김진영, 2007). 건강 불평등은 전형적으로 누적 불평등의 속성을 지닌다. 그리고 사회경제적 지위에 따라서 건강 불평등뿐만 아니라 사망률도 달라지는 것으로 밝혀졌다(오주환 외, 2006; 윤태호 외, 2007; 정최경희, 2009).

이러한 연구는 질병을 생의학적 모형(*bio-medical model*)으로 이해하고자 했던 전통적 접근에서 벗어나 사회적 요인이 질병이나 사망에 영향을 미친다는 사회학적 접근을 시도한다는 점에서 통합적 접근을 모색한다.

그러나 2000년대에 이루어진 계급과 건강 불평등에 관한 연구는 대체로 설명변수인 계급에 대한 이론적 논의를 결여하는 경우가 많아서 계급과 건강 불평등에 관한 연구라고 보기 힘든 경우가 많다. 구체적으로 이들 연구에서 직업이나 소득을 중심으로 계급을 조작화하여 사회학적 관점에서 계급과 건강 불평등에 관한 연구라기보다는 직업이나 사회경제적 지위와 건강 불평등에 관한 연구라고 보는 것이 타당하다.

직업이 기술적 분업의 차원이라면, 계급은 사회적 분업 차원에 관한 것이다.[8] 계급과 건강 불평등에 관한 연구가 보다 엄밀한 계급 개념과 경험적 조작화를 바탕으로 계급과 건강 불평등 간의 관계에 대한 이해와 더불어 계급과 건강 불평등 간의 관계의 내용, 즉 기준을 밝히는 것이 필요하다.

2000년대 들어서 이루어진 계급과 건강 불평등 간의 관계에 대한 새로운 발견은 주로 상관관계를 중심으로 이루어졌다. 계급은 경제활동과 관련된 문제만이 아니라 일상생활, 가족 관계, 이웃 관계, 음식 섭취, 건강과 여가활동을 포함하여 총체적으로 개인과 가족의 삶을 규정하는 요인이이다. 그러므로 계급으로 포괄되는 삶의 어떤 요소가 건강 불평등이나 건강 격차를 만들어내는지에 대한 면밀한 분석이 필요하다. 통계적 상관관계 수준을 넘어서 생의학적 요인과 사회적 요인이 어떻게 상호영향을 미치는지에 대한 이해가 이루어져야 한다.

---

8 동일한 직업 종사자인 경우에도 계급은 대단히 다를 수 있다. 예를 들어 라이트 (Wright, 1997)의 계급이론에 따르면 직업이 의사인 경우 대형 병원에 고용된 의사는 전문직 피고용자로 중간계급에 속하며, 지역의 작은 개인병원 개업의사는 쁘띠부르주아지에 속하며, 민간 병원을 소유하고 다른 의사와 간호사를 고용하는 병원장은 자본가 계급에 속한다.

## 4) 계급 · 계층과 교육

계급은 경제활동을 하는 개인과 가족의 경제적 상태나 소비 수준에 영향을 미칠 뿐만 아니라, 자녀의 교육과 여가활동에도 직접 영향을 미친다. 세대 간 계급이동에 대한 관심은 일찍이 1920년대 소로킨(P. Sorokin)의 문제 제기 이래로 오래된 사회학적 관심사 중의 하나였다. 교육은 현대사회에서 사회이동에 중요한 수단으로 기능한다. 고등교육 기관이 늘어나고 전문적 교육이 강화되면서 교육은 고소득 직업이나 직장을 갖는 데 중요한 자격조건으로 간주된다.

20세기 교육 기회의 확대와 관련하여 등장한 관심은 계급이동에 대한 관심이다. 교육을 통한 세대 간 계급이동이 근대 사회의 특징이 되었고, 세대 내나 세대 간 계급이동이 쉽다면 현재의 계급 불평등은 큰 이슈가 되지 못하기 때문이다. 현재의 계급 불평등이 문제되는 것은 그것에서 벗어나는 것이 어렵기 때문이다. 그러므로 계급이동의 정도는 한 사회의 개방성 혹은 유동성을 보여줄 뿐만 아니라 계급형성과 계급갈등에 영향을 미치는 요소가 된다.

일찍이 마르크스(K. Marx, 1978〔1852〕: 111)가 관찰한 것처럼, 19세기 미국에서처럼 계급이동이 쉬운 사회에서는 유럽에서와 같은 급진적 사회주의 노동운동이 일어나기 힘들다. 현재 계급에서 벗어날 가능성이 높기 때문에 현재 계급위치에 근거하여 무엇을 추구하기보다는 다른 계급으로의 이동을 도모하기 때문이다.

19세기와는 달리 오늘날 계급이동은 주로 고등교육을 통해서 이루어진다. 20세기 들어서 발달한 고등교육제도는 노동계급 자녀에게 새로운 상승이동의 통로로 인식되었고 교육을 통한 상승이동이 이루어졌다. 문제는 교육 기회 자체가 계급에 따라서 불평등하게 주어진다는 점에서 계급과 교육이 중요하게 다루어졌다. 한국의 경우 상급학

교로의 진학에서 계층 간 격차는 더 벌어지며, 교육 계층화는 낮은 단계에서 더 크게 나타난다(방하남·김기헌, 2003).

한국에서 대학 수가 늘어나면서 고등교육 기회가 늘었지만 자녀의 교육에 미치는 부모의 계급 효과는 남성의 경우 크게 달라지지 않았고 여성의 경우는 오히려 더 강화되었다(장상수, 2004). 성별 교육격차는 줄어들었지만 여성의 경우 계급에 따른 교육격차는 더 커졌다. 부모의 사회경제적 지위는 자녀의 교육열망에 영향을 미쳐서 자녀의 교육성취로 이어진다(장상수·손병선, 2005). '학력사회'라고 불리는 한국사회에서 학력 간 보수격차는 상대적으로 크기 않지만 학력은 경제적 보상보다 직업과 승진에 중요하게 작용하며 화이트칼라와 블루칼라를 구분 짓는 중요한 요소로 작동한다.

부모의 계급과 자녀교육과의 관계에 대한 연구에서 골드소프(J. H. Goldthorpe)의 계급분류를 사용하거나(장상수, 2004), 계층을 파악하기 위하여, 부모의 학력(수학 년 수)과 직업(사회경제적 지위 점수, 방하남·김기헌, 2003), 계급을 파악하기 위하여 부모의 숙련도(숙련, 미숙련)와 직종(생산직과 사무직)을 기준으로 한 분류가 사용되었다(김위정·염유식, 2009).

이러한 차이에도 불구하고 공통적으로 밝혀진 점은 부모의 계급과 교육이 자녀교육에 미치는 영향이 크다는 점이다. 사교육의 발달로 교육에 동원할 수 있는 경제적 자원도 중요하지만, 교육에 대한 인식과 정보도 자녀교육에서 대단히 중요한 역할을 담당하기 때문에 부모의 교육수준이 자녀교육에 미치는 영향이 크다.

단적으로 교육수준에 따라서 자녀교육에 대한 관심과 직접적 영향이 달라진다는 점이다. 그리고 교육수준이 높은 서비스 계급이 자녀교육에서 기존 교육제도를 가장 적극적으로 이용한다(장상수, 2004).9 나아가 계급에 따른 교육활용과 교육투자 격차는 하강 이동을 피하려는 상대적 위험회피 성향, 성공 가능성 인식과 자원의 계급별 차이에 근거한다는 브린과 골드소프(Breen & Goldthopre)의 '합리적 행위론'을 계급별 사교육 격차를 설명하는 데 적용하기도 하였다(김위정·염유식, 2009).

중간계급의 경우 국내 사교육을 넘어서 해외 조기교육 등 새로운 교육기회를 적극적으로 활용한다. 이러한 점은 여성의 경우에 특히 두드러진다. 또한 자녀 조기해외유학은 상징자본으로서의 영어를 자녀들에게 교육시키기 위한 세계화 시대 중간계급 전략으로 인식되었다(조은, 2004; Park & Abelmann, 2004).

교육과 계급·계층과의 관계에 대한 연구에서 나타나는 문제점은 연구마다 계급과 계층에 관한 조작적 정의가 다르다는 점이다. 이것은 이론적 수준의 계급·계층을 경험적 연구에 적용할 때 자주 발생하는 자료의 문제에 기인하는 점도 있다. 그리하여 특히 계급이라는 용어를 쓰지만 내용적으로는 계급이 아니라 직업집단이나 계층 분류인 경우도 있다.[10] 보다 근본적으로는 계급에 관한 이론적 논의를 하지 않는다는 점이다.

이것은 골드소프의 주장처럼 기업이 가족 소유에서 벗어나 주식회

---

9 골드소프(J. H. Goldthorpe)의 서비스 계급 개념은 고용계약의 성격을 노동 계약(*labor contract*)와 서비스 계약(*service contract*)으로 구분하고, 노동에 대한 감시의 난이도와 인적 자본의 특이성을 기준으로 산출물 특정이 용이하고, 생산과정이 단순하여 고용주가 개인의 능력을 쉽게 평가할 수 있는 경우에 노동 계약이 이루어지며, 피고용자가 고용주의 이해관계를 대리하고, 피고용자의 행위를 감시하기 어려우며 또한 전문적 지식과 활동이 중심이 되는 경우 서비스 계약이 이루어진다고 보았다. 주인 대리인 관계(*principal-agent relationship*)를 중심으로 계급을 분류하며 전통적 자본가는 자영업자와 같은 계급으로 분류하는 것이 특징이다. 보다 자세한 내용은 골드소프(Goldthorpe, 2000: ch. 10)를 볼 것.

10 계급에 관한 논의는 골드소프의 초기 계급모형인 EGP 5계급 모형을 사용하는 경우(장상수, 2004)와 계급을 숙련 사무직, 숙련 노동직, 비숙련 사무직, 비숙련 노동직으로 분류하는 경우(김위정·염유식, 2009)는 아주 다른 방식으로 계급을 구분한다,

사 형태로 바뀐 지 1세기 이상 지난 사회에서 기업 소유주라는 의미를 지닌 고전적 의미의 자본가는 사라졌다. 그럼에도 불구하고 자본가를 자영업자와 같은 계급으로 분류하는 것은 타당하지 않다. 더구나 아직도 가족 소유기업이 지배적 형태인 재벌과 같은 자본가의 존재를 인정하지 않은 골드소프의 분류는 한국사회 계급분석에 적합하지 않다는 비판을 면하기 힘들다.


## 4. 세계화와 계급연구


동구권 해체 이후 지구적 자본주의의 확대 발전으로 자본의 활동영역은 전 지구적으로 확장되었다. 한국의 경우, 외환위기를 계기로 지구적 자본주의에 더욱 깊숙하게 편입되었다. 이는 한편으로 한국 자본에게 초국적 자본이 될 수 있는 새로운 기회를 제공하는 동시에 초국적 자본이 한국에서 활동할 수 있는 기회가 커졌다는 것을 의미한다.

이러한 경제적 변화 속에서 국내의 계급구성원은 각기 다른 방식으로 세계화에 적응하고 대응하였다. 자본가 계급 중에서도 재벌 기업은 초국적 자본전략을 취하여 외환위기 이후 본격적으로 내수 중심보다 수출 중심, 해외시장 중심의 기업경영 전략을 취했다.

한국 자본의 지구적 진출은 전자, 자동차, 철강 등 제조업 분야에서 우선적으로 이루어졌다. 그 결과 일부 국내 자본가 계급이 다국적, 초국적 자본가 계급으로 탈바꿈하면서 점차 국가의 통제에서 벗어나기 시작했다. 기업 활동의 중심이 국내시장에서 글로벌 시장으로 이동하면서 과거 국가주도형 발전기의 국가와 재벌과의 관계도 질적으로 바뀌었다.

## 1) 세계화와 계급연구

일부 자본가 계급의 세계화 추세와는 반대로, 2000년대 사회학계에서 지배계급으로서의 자본가 계급에 대한 연구는 오히려 줄어들었다. 사회학 내에서 이루어진 자본가 계급 일반에 대한 연구는 극소수 연구자에 의해서만 이루어졌다(공제욱, 2000; 김윤태, 2010). 또한 특정 자본가 기업에 대한 사례연구도 매우 적었다(조돈문, 2007; 조돈문·이병천·송원근 공편, 2008).

이것은 사회학 내의 연구가 주로 세계화의 피해자라고 여겨지는 비정규직 노동자 연구에 집중된 것과 크게 대조된다. 외환위기 이후 더욱 빠르게 초국적 자본가 계급으로 탈바꿈한 재벌에 대한 연구 부재는 결과적으로 한국사회 지배계급의 실체를 제대로 파악하지 못하는 결과로 이어졌다.

세계화와 관련된 중간계급 연구는 거의 없었지만 독특한 모습으로 나타난 한국 중산층의 기러기 가족에 대한 연구가 세계화와 관련하여 이루어졌다(조은, 2004, 2008). 신자유주의적 사회변화 속에서 보다 확실한 소득과 직업을 보장하기 위한 중산층의 교육전략은 자녀의 조기유학이나 해외유학으로 나타났다.

'기러기 가족'이라는 한국 중간계급의 독특한 가족 형태는 '도구주의 가족관'을 보여준다. 중간계급 내에서 세계화를 내세우며 영어 능력을 중시하는 추세가 교육, 고용, 승진 등 사회전반으로 확산되면서 영어 능력은 쉽게 획득할 수 없는 능력(영어 자본론)이라는 인식이 크게 확산되었다. 그 결과 이를 획득하기 위한 전략으로 조기유학과 기러기 가족이 크게 증가하였다.

이주노동자 연구도 전형적으로 세계화와 관련된 계급연구 중 하나이다(그레이, 2004; 박경태, 2005). 이주노동자 운동이 노동운동에서 점차 이주노동자 인권향상과 복지증진을 도모하는 복지운동으로 바뀐다(박경태, 2005). 이것은 이주자 노동문제를 계급적 관점에서 바라보기보다는 인종과 국적 차원에서 바라보는 인식이 더 커진다는 것을 의미한다. 이러한 인식은 비단 이주노동자 운동에만 한정된 것은 아니다. 한국의 노동연구자가 한국사회를 국민국가와 동일시함으로써 외국인 노동자를 노동계급으로 인식하지 못하는 것이 현실이다. 노동조합 조직도 한국인 중심으로 조직되고, 법과 제도도 국적에 따라서 다르게 적용되고, 연구자의 인식도 암묵적으로 국민국가의 틀에 사로잡혀 있다.

암묵적으로 국가와 사회를 고정된 실체로 인식하고 사회 분석도 국민과 국민국가로 한정하는 '영토의 덫'(territorial trap)에서 벗어나지 못한다(Agnew, 1994; 이광근, 2013). 그 결과 외국인 노동자는 노동계급 논의에서 완전하게 빠졌다. 일찍이 외국인 노동자 연구를 노동계급 연구에 포함하여야 한다는 주장이 제기되었지만(김진균, 2008), 이후 한국 노동자 연구에서 외국인 노동자들은 포함되지 않았다. 그리하여 그레이(2004)는 한국의 이주노동자를 "계급 밖의 계급"이라고 불렀다.

## 2) 계급연구의 세계화

세계화와 맞물려 나타난 한국 사회학계의 새로운 계급연구 흐름 가운데 하나는 해외지역의 계급연구가 크게 늘어났다는 점이다. 다른 사회의 계급에 대한 연구는 비교적 관점에서 한국의 계급상황에 대한 이해를 제고하는 동시에 제도적 요인과 정치적 요인을 계급 논의에 포함시켜 시간적, 공간적 차원을 고려한 추상적 계급론이 구체적 수준에서 이루어질 수 있는 계기를 제공했다.

대표적으로 브라질의 노동계급과 정치(조돈문, 2005c, 2008a, 2009b), 스웨덴의 계급, 정치와 교육(신광영, 2000, 2012), 스웨덴 계급타협(이주희, 2006), 중국 단위체제의 해체와 노동체제(백승욱, 2001, 2007), 일본 중간계급의 붕괴(이종구, 2009) 등에 관한 연구는 국내의 계급 논의 지평을 확대시키는 데 기여했다.

이들 나라에서 계급구조, 계급운동과 계급정치는 대단히 다르다. 브라질 노동자당의 계급정치는 스웨덴 사민당의 계급정치와도 다르고 중국 공산당의 정치와도 다르다. 현실사회의 계급관계에 대한 해외 지역 연구는 계급에 대한 이론적 연구뿐만 아니라 구체적 사회 속에서 역사적으로 존재하는 계급이 현실정치 속에서 어떻게 드러나는지를 잘 보여준다. 그것은 계급론의 이론적 의미뿐만 아니라 실천적 의미에 대한 인식을 제고하는 데도 기여한다.

제1세계의 전형적 노동계급 조직과 계급정치를 발전시킨 스웨덴의 국가 차원의 계급타협과 계급정치(신광영, 2000)와 부문별 계급타협(이주희, 2006)에 관한 연구는 계급운동과 계급정치의 제도화가 높은 수준에서 이루어진 사례를 보여준다.

제3세계의 노동계급정치는 브라질 연구에서 찾을 수 있다(조돈문, 2005c, 2008a, 2009b). 2002년 브라질 노동자당의 선거 승리에 대한 분석(조돈문, 2009)은 노동자 정당이 대중연합 정당의 성격을 지녔음에도 불구하고 계급적 토대를 유지하며 카르도주 정부의 경제적 성과에 힘입어 경제적 이슈보다 사회적 이슈가 더 부각되면서 노동자당의 룰라가 대통령으로 당선될 수 있었음을 밝힌다. 이는 선거가 경제적 이슈뿐만 아니라 계급적 기반과 국면적 상황의 상호작용이 중요함을 밝힌다.

해외지역의 계급연구는 계급구조, 계급형성과 계급정치의 역사성과 다양성을 보여준다는 점에서 계급에 관한 이론적 논의와는 다른 계급에 대한 사회학적 이해를 제고하였다. 중국과 일본의 계급 불평등체제의 강화와 스웨덴 계급정치는 정치와 계급 불평등 간의 관계를 잘 보여준다. 그리고 노동운동을 중심으로 하는 계급운동의 진화와 다양한 형태로 등장한 계급정치가 어떻게 역사적으로 또한 사회적으로 변하는지를 보여주었다. 사회구성체 수준에서의 계급에 관한 논의뿐만 아니라 국면 수준에서의 계급에 관한 연구가 이루어지면서 계급론의 이론적 논의를 진전시키는 계기를 제공한다는 점에서 의의가 있다. 더 나아가 해외지역의 계급연구는 한국사회의 정치경제, 계급구조와 계급정치 문제를 비교적 시각에서 이해할 수 있는 기반을 제공한다.

## 5. 계급연구의 한계와 향후 계급연구의 과제

2000년대 한국에서 계급연구는 양적 차원에서 크게 늘었다. 계급에 대한 이론적 논의는 크게 줄었지만 계급에 기초한 다양한 격차와 불평등이 사회학 내의 여러 하위 영역에서 다루어지면서 계급을 설명변수로 하는 경험적 연구가 크게 증가하였다. 또한 세계화와 더불어 해외지역의 계급연구도 어느 정도 이루어져서 계급 불평등과 계급정치에 대한 이해도 높아졌다. 이러한 계급연구의 양적 증가와 연구영역의 확장을 통해서 다양한 영역에서 나타나는 계급구조, 계급형성과 계급운동 및 계급정치에 관한 사회학적 인식이 크게 높아졌다.

이와 같은 성과에도 불구하고 2000년대 들어서 이루어진 계급연구에서 몇 가지 문제점이 드러났다. 계급연구의 문제점은 한국 사회학계에서 사용되는 계급이나 계층에 관한 이론적 차원의 문제점과 경험적 연구 차원에서의 문제점으로 구분될 수 있다. 이론적 차원의 문제는 계급과 계층에 관한 이론적 논의에서 나타나는 문제뿐만 아니라 이론화되지 않은 계급적 이슈에 관한 문제를 포함한다. 그리고 경험적 연구 차원의 문제는 경험적 연구가 본질적으로 내재한 자료와 방법론의 문제이다.

## 1) 이론적 차원

1990년대 이후의 계급론 연구는 한국 자본주의의 변화와 그에 따른 계급구조의 변화와 계급 내 구성의 변화를 분석하는 데 상당한 성과를 거두었다. 특히 노동계급 내의 정규직과 비정규직의 분화는 노동계급 운동의 약화를 가져오는 결정적 계기로 작용했다는 점에서 노동계급 형성의 장애요인으로 기능하였을 뿐만 아니라 정규직 중심의 조직 노동운동의 방향성을 둘러싼 혼란을 가져온 요인으로도 작용하였다.

비정규직 고용의 급증은 세계화와 관련하여 여러 나라에서 공통적으로 나타난 현상이라는 점에서 '불안정 노동'의 관점에서 논의가 이루어지지만 한국의 경우에는 아직 그러한 논의는 등장하지 않았다. 다시 말해 불안정 노동자를 불안정한(precarious) 프롤레타리아트라는 점에서 '프리캐리아트'(precariat)로 개념화하려는 논의가 이미 등장하였지만 한국에서는 이러한 논의가 본격적으로 제시되지 않았다.

많은 연구가 비정규직 문제를 계급론적 차원에서 다루기보다는 노동시장 분절 차원에서 다뤄서 노동경제학적 접근과 큰 차이를 보이지 않는다. 스탠딩(G. Standing)은 비정규직 노동자를 프리캐리아트라고 규정하고 계급 형성과정에 있는 계급이라고 논의한다(2011).[11]

---

11 스탠딩은 오늘날 세계화된 자본주의 사회의 계급구조는 엘리트, 살라리아트(salariat),

66

프리캐리아트는 프롤레타리아트처럼 안정된 계약관계를 갖지 못하고 기업이나 국가의 복지를 바탕으로 형성되었으나 국가와 자본과의 안정된 관계를 갖지 못하는 새로운 계급이라고 보고 절단된 사회적 지위를 지녔다고 보았다. 역사적으로 글로벌 자본주의의 형성은 대단히 새로운 변화이며 프리캐리아트도 새롭게 등장하는 계급으로 인식한 것이다.

경제적 자본, 사회적 자본, 문화적 자본을 토대로 한 영국 계급구조에 관한 최근 연구도 전통적 계급구성과는 다른 7개 계급〔엘리트, 기성 중간계급, 기술을 지닌 중간계급, 새로운 풍요로운 노동자, 전통적 노동계급, 새로운 서비스 노동자(경제적으로 상대적으로 어렵지만, 높은 수준의 문화자본을 가진 노동자), 프리캐리아트(가장 박탈된 계급)〕으로 구성된 계급구조를 제시한다(Savage et al., 2013). 12

계급론은 변하는 불평등 사회체제를 이론적으로 이해하기 위한 논리적 구성물이다. 자본주의체제가 급격하게 변하는 현실에서 변화의 내용을 이론적으로 또한 역사적으로 이해하고 계급관계의 변화를 이론적으로 반영하기 위해서는 다양한 논의가 필요하다. 2000년대 들어서 이전의 자본주의 사회에서의 계급에 관한 책이 많이 번역되었다〔대표적으로 톰슨(E. P. Thompson, 1966), 윌리스(P. Willis, 1977) 등〕. 반면에, 새롭게 등장하는 글로벌 자본주의하에서의 계급에 관한 새로

---

프로피션스(*proficians*), 노동계급과 프리캐리아트(*precariat*) 5계 계급으로 구성되었다고 보고, 프리캐리아트는 글로벌 자본주의에서 등장하는 새로운 계급이라고 주장하였다(Standing, 2013).

12 영국의 6개 대학 연구자들과 BBC 방송사가 전국 161,400명을 대상으로 조사한 영국계급조사(Great Britain Class Survey, GBCS)를 실시하였다. 경제자본, 사회자본과 문화자본을 중심으로 잠재계급분석(*latent class analysis*) 기법을 이용하여 영국의 계급을 전통적 계급모형인 상층계급, 중간계급과 노동계급 3계급 모형이 아니라 7계급 모형이 존재한다는 연구결과를 발표하였다(Savage et al., 2013).

운 논의는 많이 소개되지 못했다.[13]

## 2) 경험적 차원

### (1) 자료와 인식의 문제

2000년대 들어서 대규모 패널조사와 횡단적 서베이 조사가 증가하면서 데이터와 관련된 많은 난점이 해소되었다. 1차 자료의 부족으로 정부 간행물에 의존하였던 이전의 연구와는 달리, 계급연구에 필요한 많은 작업을 1차 자료를 이용하여 직접 수행할 수 있었다. 그러나 서베이 자료가 지니는 근본적 한계를 고려하지 않은 경우가 많아서 한국의 계급 불평등을 제대로 파악하지 못하는 문제점을 간과하는 경우도 많았다.

서베이 조사가 지니는 방법론적 한계는 대표성과 관련된다. 일반적으로 서베이 조사는 연구대상인 모집단을 충분히 대표하여 표본자료의 분석을 통해서 모집단의 속성을 파악할 수 있다는 점을 전제로 한다. 계급연구의 가장 큰 문제는 사회적으로 지배적 위치에 있는 계급이 서베이 조사를 통해서 대표되지 않는다는 것이다(신광영, 2003).

예를 들어 계급 불평등을 연구하고자 하는 경우 현재 취업자 수인 2천5백만 명 정도가 모집단에 해당하고 이 가운데 1천 명을 표본으로 한다면 2만5천 명 중 1명이 표본에 들어올 확률이 된다. 재벌가 전체가 2만5천 명에 이른다고 하여도 표본에 들어올 가능성은 1명에 불과하다. 실제로 표집이 된다고 할지라도 최상류층이나 대자본가를 대

---

13 대표적으로 스클레어(L. Sklair)의 *Transnational Capitalist Class*(Routlege, 2001)이나 로빈슨(W. I. Robinson)의 *A Theory of Global Capitalism: Production, Class, and State in a Transnational World*(Johns Hopkins University Press, 2004)를 들 수 있다.

상으로 면접조사나 전화조사가 허용되지 않기 때문에 부유층의 대다수는 수집된 자료에 포함되지도 않는다. 그 결과 실제로 주요 패널조사에서 나타난 고소득자들은 전문직 고소득자의 일부만 포함되었고 재벌은 물론, 대자본가들이 전혀 포함되지 않았다.[14]

자료의 문제뿐만 아니라 연구자의 관심에서 벗어난 주제가 한국 자본가 계급에 관한 연구이다. 앞에서 살펴본 것처럼 노동과 노동계급에 관한 연구는 많이 축적된 편이나, 지배계급으로서의 자본가 계급에 대한 연구는 대단히 적다. 민주화와 더불어 자본가 계급의 계급정치도 변한다. 외환위기 이후 자본과 국가 간의 관계도 크게 변했다. 이러한 변화 속에서 자본가 계급은 어떻게 지배력을 유지, 확대하고자 하는가? 자본가 계급에 대한 연구의 부재는 사회의 지배구조를 제대로 이해하지 못하는 결과를 낳았다.

또한 한국의 자본가가 초국적 자본가로 급격히 변하는 현실에서 자본가 계급에 대한 인식과 논의는 국내적 시각에서 벗어나지 못하는 것이 현실이다. 다시 말해서 이미 국민국가를 넘어서는 초국적 기업으로 성장한 한국의 재벌에 대한 인식이 "한국"이라는 지리적 공간 틀에서만 인식된다. 초국적 자본가 계급으로서의 재벌에 대한 연구도 매우 부족한 상태이다.

---

14 노동연구원이 수집하는 2010년 한국노동소득패널 자료에서 연 소득이 가장 높은 순서로 5억, 4억, 3억7천2백만 원 순으로 나타났다. 한국보건사회연구원이 수집하는 한국복지패널의 경우도 2012년 개인소득 최고액수는 4억3335만 원, 3억4972만 원, 3억 원 순으로 나타났다. 이러한 점은 모든 패널 자료에서 중기업 이상의 자본가 계급이 빠져있다는 것을 의미한다. 자료에는 일반 대중에게 알려진 상층 자본가가 전혀 없기 때문에 자료에서 나타난 한국의 현실과 실제 현실 간의 괴리가 크게 존재한다.

## (2) 계급과 정치의 탈구 현상

민주화 이행 이후 한국 민주주의가 제대로 공고화되지 못하는 중요한 이유 가운데 하나가 계급이 정치적으로 중요한 의미를 지니지 못하기 때문이라는 인식이 지배적이다. 그러나 이러한 진단은 절반만 타당하고 절반은 틀렸다고 볼 수 있다. 먼저 자본가 계급의 이해관계는 국가기구와 국가정책을 통해서 잘 대표된다. 일시적으로 김영삼 정권 초기의 금융실명제 실시와 노무현 정권 초기 자본과 국가 간 약간의 긴장이 있었으나, 김영삼 정권은 곧바로 세계화와 경제활성화로 돌아섰고, 서민의 지지로 집권한 노무현 정권은 정책적으로 삼성경제연구소에 의존하는 역설을 보였다. 그 이후 기업 친화적 정권이 연이어 등장하면서 총자본의 이해는 확고하게 보장되었다.

반면, 노동계급은 지속적으로 정치적 배제에서 벗어나지 못했다. 스스로 노동계급을 대변한다는 정당은 제도권 정치에서 실질적인 정치력을 발휘하지 못하였다. 일반 노동자가 노동자 계급정당이라 자칭하는 정당을 지지하지 않아서 나타난 결과이기도 하다. 또한 민주화 이후의 여러 선거에서 빈민과 노동자가 보수정당을 지지하는 비율이 높아 노동계급 지지에 기초한 노동계급 정당의 정치가 활성화되지 못했다.[15]

두 차례 선거에서 비정규직 노동자들도 보수정당을 더 지지하는

---

15 계급투표가 존재하는 것과 계급투표에 의해서 다수의 유권자를 구성하는 노동자와 노동자 가족의 지지에 의해서 친노동자 정당 후보가 당선되는 것과는 다르다. 계급투표가 존재한다는 것은 계급 간 지지정당이나 지지후보가 다르다는 것을 의미한다. 30%의 노동자들이 A 후보를 지지했는데, 5%의 자본가들이 A 후보를 지지한 경우에도 계급 간 투표에서 유의미한 차이를 보일 수 있다. 그러나 그 정도의 지지만으로 A 후보가 당선되기는 힘들다. 계급 간 투표의 차이는 있지만 계급투표에 의해서 A 후보나 정당이 선거에서 승리하기는 힘들다. 한국에서도 계급투표가 존재한다는 주장(Kim, 2010)과 동아시아에서 계급투표가 부재하다는 주장(MaCllister, 2007)을 참조.

상황이 나타나면서 실질적 의미의 계급정치는 현실화되지 못하고 있다. 하위 소득계층의 경우 2012년 대통령 선거에서 52.4%가 박근혜 후보를 지지한 반면 37.3%만이 문재인 후보를 지지하였고, 상위 소득자인 경우 46.1%가 박근혜 후보를 지지한 반면 문재인 후보 지지는 43%였다(고원, 2013: 154). 따라서 하위 소득계층에서 보수 후보에게 더 높은 지지를 보여주었다. 그 결과 하위 소득계층에서는 노동계급 정당은 고사하고 보수야당에 대한 지지도 낮아서 사회계급과 정당 투표 간의 심각한 탈구현상이 나타났다.

그렇다면 왜 빈곤층과 노동자들이 보수정당을 더 지지했는가? 이에 대해 두 가지 견해가 등장하였다. 하나는 이데올로기적 관점에서 노동자의 보수화에 따른 결과로 보는 견해이다. 노동계급의 보수화를 경험적으로 검증한 연구는 노동자의 보수화가 전반적으로 진행되었으며, 주된 원인은 계급구성이나 물질적 조건의 변화보다 대항 이데올로기의 취약함에 있다는 것이다(조돈문, 2006).

민주노총 노동자만이 보수화가 나타나지 않았는데 이는 지배 이데올로기에 대항하는 대항 이데올로기를 갖췄기 때문이었다. 이러한 양상은 조직 노동자들의 집단적 정체성과 쏠림 투표에서도 유사하게 나타났다(이종래, 2003). 투표에서 객관적인 경제적 조건이나 계급위치보다 조직과 이데올로기가 중요하다는 것이다. 이러한 논의는 2007년과 2012년 대선 결과를 논의하지는 않지만, 조직과 이데올로기의 중요성을 강조한다는 점에서 두 차례 선거 결과에도 적용할 수 있을 것이다.

다른 하나는 전략적 상호작용 관점에서 계급과 세대를 가로지르는 새로운 정치적 균열을 강조하는 견해이다. '50대 이상의 연령집단과 소득 하위계층' 대 '20~40대 연령계층과 소득 중간계층' 간의 투표에서의 균열이 뚜렷하게 나타났다는 것이다(고원, 2013). 이것은 경제적 이해관계 차원뿐만 아니라 다른 정치적 이슈(북한 관련문제 등)나 가치구조에 영향을 받는다는 것을 의미한다. 이것은 세대와 계층 간의 중첩을 통하여 젊은 세대의 지지를 동원하는 것은 나이 든 세대의 이탈을 가져오며, 나이 든 세대에 저소득층이 많기 때문에 세대와 계층 간의 중첩이 나타났다고 보았다. 국면 수준의 분석이라는 점에서 구조적 분석(사회학적 분석이나 경제학적 분석)과는 다른 설명방식을 보여준다.

두 가지 분석은 불확실한 정치적 국면에서 계급·계층, 생애과정과 세대 간의 복합적인 동학(動學)을 다루지만 여전히 노동계급과 저소득층의 정치적 성향이 현재와 같이 보수당 지지로 기울어졌는지는 제대로 설명되지 않는다. 또한 지역별로 지지후보의 극심한 편차가 존재하는데 경제적으로 어려운 저소득층의 보수당 지지가 지역별 편차를 제외하고서도 잘 설명되지 않는다. 2002년 대통령 선거에서는 저소득층이 노무현 후보를 압도적으로 지지했기 때문이다.[16]

21세기 한국사회의 변화를 이해하는 데 무엇보다도 계급현실과 정치적 선택 간의 간극에 대한 이해가 필요하다. 21세기 한국의 계급 불평등은 심화되지만 한국의 계급정치는 오히려 계급 불평등을 완화시키는 추세에 반하는 방식으로 이루어졌고 그 토대는 저소득층의 보수당 지지에 있다. 계급적 현실과 계급투표와 계급정치 간의 탈구 현상은 중요한 연구과제로 남았다. 또한 비교적 관점에서 볼 때 계급·계층 연구에서 계급과 정치 간의 조응도가 높은 사회가 있는가 하면 조응도가 낮은 사회도 있다. 다른 사회와 비교하여 계급과 정치의 탈구현상이 한국에서 두드러진 이유를 밝히는 동시에 그러한 간극이 왜 최근에 와서 더 커졌는지에 대한 이유도 설명되어야 한다.

---

16 2002년 대선에서 150만 원 미만의 저소득층의 노무현 후보 지지는 49.0%이었고, 이회창 후보 지지는 34.3%이었다(고원, 2013: 154).

# 6. 결론

이 글은 외환위기 이후 주로 2000년대에 이루어진 국내 사회학계의 계급과 계층 연구의 내용을 검토하고 향후 연구과제를 논의하였다. 외환위기 이후 16년 동안 한국사회는 큰 변화를 겪었고 또한 현재도 변화를 거듭한다. 서구 산업 자본주의가 거친 변화의 3백 년을 반세기만에 겪은 한국사회는 특히 외환위기 이후 신자유주의 경제개혁과 세계화의 흐름 속에서 단기간에 심대한 변화를 겪었다.

외환위기 이후 국내 사회학계에서 이루어진 계급과 계층 연구는 양적으로 크게 증가하였다. 이는 연구자 수의 증가와 더불어 새로운 이슈가 다양한 사회분야에서 등장하였기 때문에 연구대상의 폭이 넓어진 결과이다. 기업 구조조정과 노동시장의 구조변화로 인한 계급 불평등의 증가와 근로 빈곤층의 급증으로 노동계급 내 불평등이 크게 증가하였다. 또한 정보화와 더불어 계급 간 정보격차가 벌어지면서 정보기기에 대한 접근성과 활용능력의 차이로 정보화 사회로의 변화는 기존 불평등에 추가적 불평등을 낳아 전체적으로 불평등을 더 심화시킨다. 경제적 조건과 주거, 음식과 건강관련 행태 등에서 누적된 불평등은 건강 불평등으로 이어지면서 유병율과 수명 등에서 계급 간 격차가 커진다.

2000년대 들어 이루어진 계급연구의 큰 흐름은 계급을 설명변수로 하여 다양한 사회현상을 설명하려는 경험적 연구가 대폭 늘어났다는 점이다. 이를 통하여 계급사회로서 한국사회가 지닌 계급 불평등의 양상을 다양하게 분석하고 사회학적으로 밝히고자 하였다.

그러나 독립변수로서의 계급에 대한 이론적 논의나 엄밀한 경험적 논의는 상대적으로 적어 많은 연구결과에서 혼란을 불러일으킨다.17 계급을 학력이나 직업분류와 같이 단순한 변수로 인식하여 통계적 분석을 시도하는 경우가 많아 독립변수로서의 계급과 종속변수로서의 사회현상 간의 인과적 관계에 대한 이론적 논의가 취약한 경우가 많았다. 이는 단적으로 계급의 경험적 조작화를 지나치게 단순하게 다루었기 때문에 나타난 결과이며 부분적으로 한국 사회학계에서 계급과 계층에 대한 제대로 된 이론적 논의가 없었기 때문에 나타난 결과라고도 볼 수 있다.

이전과는 달리 2000년대 들어서 한국의 계급정치는 오히려 약화되는 양상을 보여주었다. 노동계급을 대표하는 여러 정당 내의 갈등과 취약한 조직 기반 그리고 계급정치에 대한 유권자의 낮은 인식 등이 정당과 선거를 통해서 이루어지는 제도권 계급정치의 저발전을 낳았다. 유럽과 비교해 볼 때 한국에서는 계급, 정당, 투표와 정책 간의 연결고리가 단절되었기 때문에 서구와 같은 계급정치와 여러 사회정책을 기대하기 힘들다.

또한 1980년대나 1990년대와는 달리 노동계급 연구자들의 전문성은 크게 강화된 반면, 실천성이 크게 약화되면서 학계와 정치와의 관계도 약화되었다(조돈문, 2005). 위와 같은 이유로 한국사회에서 자본가 계급정치는 활성화된 반면 노동계급정치는 극도로 취약한 상태에서 벗어나지 못한다. 소득, 건강, 교육 등의 계급 불평등 문제도 이러한 정치적 맥락을 배경으로 한다는 점이 강조될 필요가 있다.

---

17 2000년대 들어서 계급에 관한 이론적 논의는 대단히 드물다. 예외적으로 서관모 (2003, 2005)는 이론적 이슈를 계속해서 제기하고 있다.

# 참고문헌

강수택, 2003, "신자유주의 구조조정과 노동자 사회의식의 변화", 〈경제와 사회〉, 58호, 66~90쪽.

고 원, 2006, "한국사회 정치변형 변화와 신진보주의 국가전략노선 구상", 〈동향과 전망〉, 68호, 141~172쪽.

____, 2013, "정치 균열의 전환과 2012년 대통령 선거", 〈동향과 전망〉, 88호, 143~176쪽.

공제욱, 1989, "1950년대 한국사회의 계급구성", 〈경제와 사회〉, 3호, 227~263쪽.

____, 1998, "IMF 구제금융 이후 한국자본주의의 재벌구조 개편", 〈경제와 사회〉, 38호, 73~90쪽.

____, 2000, "한국전쟁과 재벌의 형성", 〈경제와 사회〉, 46호, 54~87쪽.

구해근, 2002, 《한국 노동계급의 형성》, 창작과 비평.

____, 2007, "세계화 시대의 한국 계급 연구를 위한 이론적 모색", 〈경제와 사회〉, 76호, 255~289쪽.

김동춘, 2006, 《1997년 이후 한국사회의 성찰: 기업사회로의 변환과 과제》, 길.

김문조, 2005, "정보화와 사회불평등 체제의 변화", 김성국 편, 《21세기 한국사회의 구조적 변동》, 민음사.

____, 2008, 《한국사회의 양극화: 97년 외환위기와 사회불평등》, 집문당.

김문조·김종길, 2002, "정보격차(Digital Divide)의 이론적·정책적 재고", 〈한국사회학〉, 36권 4호, 123~155쪽.

김병조, 2000, "한국인 주관적 계층의식의 특성과 결정요인", 〈한국사회학〉, 34집 여름호, 241~268쪽.

김영미, 2010, "자본주의 다양성 관점에서 본 젠더와 계급의 교차성", 〈한국여성학〉, 26권 3호, 65~89쪽.

김영미·한 준, 2007, "금융위기 이후 한국의 불평등구조의 변화", 〈한국사회학〉, 41집 5호, 35~63쪽.

김왕배, 2012, 《산업사회의 노동과 계급 재생산》, 한울.

김위정·김왕배, 2007, "세대 간 빈곤이행과 영향요인에 관한 연구", 〈한국사회학〉, 41집 6호, 1~36쪽.

김위정·염유식, 2009, "계급 간 사교육비 지출 격차에 관한 연구: 합리적 행위

이론의 관점에서", 〈한국사회학〉, 43집 5호, 30~61쪽.

김윤태, 2012, 《한국의 재벌과 발전국가: 고도성장과 독재, 지배계급의 형성》, 한울.

김인춘, 2006, "계급정치와 서유럽의 사회민주주의: 새로운 전환의 조건", 〈경제와 사회〉, 72호, 95~124쪽.

김종엽 외, 2007, 《87년 체제론: 민주화이후 한국사회의 인식과 새 전망》, 창비.

김종엽, 2003, "한국사회의 교육 불평등", 〈경제와 사회〉, 59호, 55~77쪽.

김진균, 2008, 《한국사회와 평화》, 문화과학사.

김진영, 2007, "사회경제적 지위와 건강의 관계: 연령에 따른 변화를 중심으로", 〈한국사회학〉, 41집 3호, 127~153쪽.

김호기, 2007, "87년 체제인가, 97년 체제인가", 〈사회비평〉, 36호, 12~26쪽.

남은영, 2010, "한국 중산층의 소비문화: 문화자본과 사회자본의 함의를 중심으로", 〈한국사회학〉, 44집 4호, 126~161쪽.

_____, 2011, 《한국사회 변동과 중산층의 소비문화》, 나남.

남춘호, 2001, "노동시장과 계급의식 분석: 성별직종격리에 대한 새로운 접근; 누적 불이익 모형 대 회전문가설", 〈산업노동연구〉, 7권 1호, 115~158쪽.

_____, 2002, "경제위기와 실업문제: 경제위기 이후 노동시장의 구조개편과 장기실업 및 반복실업", 〈산업노동연구〉, 8권 2호, 71~112쪽.

_____, 2011, "고용의 질 지수를 이용한 노동시장의 불평등과 양극화추세 분석", 〈경제와 사회〉, 92호, 305~350쪽.

박경태, 2005, "이주노동자를 보는 시각과 이주노동자 운동의 성격", 〈경제와 사회〉, 67호, 88~112쪽.

박해광, 2003, "정보격차의 새로운 경향", 〈경제와 사회〉, 59호, 78~102쪽.

방하남·김기헌, 2003, "한국사회의 교육계층화: 연령코호트 간 변화와 학력단계별 차이", 〈한국사회학〉, 37집 4호, 31~65쪽.

백승욱, 2001, 《중국의 노동자와 노동정책》, 문학과 지성사.

_____, 2007, 《중국 노동자의 기억의 정치》, 그린비.

서관모, 1990, "신중간제계층과 계급분석", 〈경제와 사회〉, 4호, 40~63쪽.

_____, 2003, "계급이론과 역사유물론-맑스주의 개조의 쟁점들", 〈경제와 사회〉, 59호, 8~31쪽.

_____, 2005, "계급과 대중의 변증법과 발리바르의 마르크스주의 개조 작업", 〈마르크스주의 연구〉, 2권 2호, 8~37쪽.

손낙구, 2008, 《부동산 계급사회》, 후마니타스.

손미아, 2002, "사회계급과 건강행위가 유병률에 미치는 영향", 〈예방의학회지〉, 35권 1호, 57~64쪽.

_____, 2004, "부모의 사회계급이 1995-2001년도 출생아의 저체중에 미치는 영향", 〈보건행정학회지〉, 14권 1호, 148~168쪽.

손호철, 2009, "'한국체제' 논쟁을 다시 생각한다: 87년 체제, 97년 체제, 08년 체제론을 중심으로", 《6월 항쟁 22주년 기념 학술대토론회: '한국 민주주의와 87년체제'》, 한국언론재단, 6월 9일.

송호근·유형근, 2010, "한국 노동자 계급의 의식결정 요인", 〈경제와 사회〉, 87호, 237~262쪽.

신광영, 2000, "스웨덴 계급 타협의 형성과 위기", 〈한국사회학〉, 34집 4호, 897~927쪽.

_____, 2003, "한국의 사회계급과 불평등 실태-서베이 자료 분석을 넘어서", 〈경제와 사회〉, 59호, 32~54쪽.

_____, 2004, 《한국의 계급과 불평등》, 을유문화사.

_____, 2006, "서비스 사회와 계급구성의 변화", 〈동향과 전망〉, 68호, 82~109쪽.

_____, 2008, "세계화 시대 계급론과 계급 분석", 〈경제와 사회〉, 77호, 238~255쪽.

_____, 2009, "계급, 세대와 불평등", 〈경제와 사회〉, 81호, 35~60쪽.

_____, 2012, "스웨덴의 계급과 교육", 〈교육비평〉, 30호, 63~81쪽.

_____, 2013, 《한국사회 불평등 연구》, 후마니타스.

신광영·조돈문·조 은, 2003, 《한국사회의 계급론적 이해》, 한울.

신진욱·이은지, 2012, "금융화 시대의 주택체제 변동의 4가지 경로", 〈경제와 사회〉, 95호, 218~253쪽.

양 춘, 2002, "한국사회 계층연구 동향과 전망", 〈한국사회학〉, 36집 1호, 1~21쪽.

양종회, 2009, "문화적 취향의 분화와 계급", 〈한국사회학〉, 43집 5호, 170~209쪽.

오주환·최용준·공정옥·최지숙·진은정·정성태·박세진·손미아, 2006, "우리나라의 1995-2004년도 출생코호트에서 부모의 사회계급이 영아사망률과 소아사망률에 미치는 영향", 〈Journal of preventive medicine and public health〉, 39권 6호, 469~476쪽.

유범상, 2012, "한국사회의 계급갈등과 진리의 정치", 〈동향과 전망〉, 84호, 193~221쪽.

유팔무 · 김원동 · 박경숙, 2005, 《중산층의 몰락과 계급양극화: 1990년대 한국 중산층에 관한 연구》, 소화.

윤도현, 2001, 《계급이여 안녕? 선진 자본주의의 계급과 복지국가》, 한울.

윤태호, 2002, "사회계급 분포와 사망률과의 연관성", 〈보건행정학회지〉, 13권 4호, 99~114쪽.

윤태호 · 김준연 · 유승흠 · 김정만 · 이용환 · 홍영습 · 이상이, 2007, "부모의 사회경제적 지위와 어린이 사망의 연관성", 〈보건과 사회과학〉, 20권, 29~46쪽.

이광근, 2013, "자본주의 세계경제와 일국적체제의 구조화", 〈한국사회학〉, 47집 2호, 349~380쪽.

이미숙, 2005, "한국 성인의 건강 불평등", 〈한국사회학〉, 39집 6호, 183~209쪽.

이병천, 2012, "한국경제 '97체제'의 특성에 대하여: 상장 제조업에서 수익추구와 주주가치 성향의 분석", 〈동향과 전망〉, 86호, 78~133쪽.

이병훈 · 김유선, 2003, "노동생활 질의 양극화에 관한 연구-정규 · 비정규의 분절성을 중심으로", 〈경제와 사회〉, 60호, 129~149쪽.

이병훈 · 손향미, 2005, "복수 노조의 교섭 사례 비교연구", 〈동향과 전망〉, 65호, 229~258쪽.

이병훈 · 신재열, 2009, "기혼 남녀의 사회계층의식에 관한 연구", 〈동향과 전망〉, 76호, 205~232쪽.

_____, 2011, "자영자의 계층의식에 관한 연구", 〈경제와 사회〉, 92호, 247~274쪽.

이병훈 · 유범상, 2001, "노동법의 형성과 집행에 관한 노동정치 연구", 〈한국사회학〉, 35집 2호, 177~204쪽.

이병훈 · 윤정향, 2006, "사회계층의식의 변동에 관한 연구", 〈경제와 사회〉, 70호, 111~140쪽.

이병훈 · 이시균, 2010, "취약노동자집단의 실체에 관한 연구: 정규직 · 임시일용 노동자들을 중심으로", 〈경제와 사회〉, 87호, 204~236쪽.

이상봉, 2011, "경제 불평등 구조 분석", 〈한국사회학〉, 45집 2호, 25~57쪽.

이성균, 2001, "노동시장과 불평등: 경제위기와 노동시장 지위변동; 계급적 지위와 종사상 지위를 중심으로", 〈산업노동연구〉, 7권 2호, 67~97쪽.

이성철, 2003, "노동자 계급과 문화적 실천에 관한 이론적 연구", 〈경제와 사회〉, 60호, 150~174쪽.

_____, 2009, 《노동자 계급과 문화실천》, 인간사랑.

이종구 편, 2005,《1960-70 노동자의 작업장 경험과 생활세계》, 한울.

\_\_\_\_\_ 편, 2006,《1960-70 한국 노동자의 계급문화와 정체성》, 한울.

이종래, 2003, "노동자 집단의 투표행위와 계급정체성", 〈경제와 사회〉, 58호, 91~120쪽.

이주희, 2006, "스웨덴 금속노조(Metall)의 부문별 계급타협 사례연구", 〈한국사회학〉, 40집 4호, 132~163쪽.

\_\_\_\_\_, 2010, "비정규직과 노동정치: 산업부문간 비교연구", 〈한국사회학〉, 44집 1호, 26~59쪽.

장미혜, 2001, "문화자본과 소비양식의 차이", 〈한국사회학〉, 35집 3호, 51~81쪽.

\_\_\_\_\_, 2002a, "한국사회에서 사회계급별 소비양식의 차이", 〈경제와 사회〉, 53호, 201~231쪽.

\_\_\_\_\_, 2002b, "사회계급의 문화적 재생산", 〈한국사회학〉, 36집 4호, 223~251쪽.

장상수, 2003, "세대 내 계급이동", 〈한국사회학〉, 37집 1호, 21~49쪽.

\_\_\_\_\_, 2004, "학력성취의 계급별·성별 차이", 〈한국사회학〉, 38집 1호, 51~75쪽.

\_\_\_\_\_, 2008, "가족배경, 문화자본, 성적", 〈한국사회학〉, 42집 3호, 63~85쪽.

장상수·손병선, 2005, "가족배경이 학업에 미치는 영향", 〈한국사회학〉, 39집 4호, 298~330쪽.

장세훈, 2007, "주택소유의 관점에 입각한 중산층의 재해석", 〈경제와 사회〉, 74호, 199~226쪽.

정이환, 2003, "분단노동시장과 연대-정규·비정규 노동자간 연대의 연구"〈경제와 사회〉, 59호, 161~192쪽.

\_\_\_\_\_, 2006, "동아시아 노사관계와 임금불평등", 〈한국사회학〉, 40집 2호, 118~149쪽.

\_\_\_\_\_, 2011,《경제위기와 고용체제》, 한울.

\_\_\_\_\_, 2013, "비정규고용 시대의 노동계급형성과 대안적 복지모델", 〈경제와 사회〉, 98호, 351~356쪽.

정이환·이병훈, 2000, "경제위기와 고용관계의 변화: 대기업 사례를 중심으로", 〈산업노동연구〉, 6권 1호, 27~58쪽.

정진상·임영일·조효래·이진동·김영수·김재훈, 2006,《한국 노동계급의 형성: 1987-2003》, 한울.

정철희, 2002, "신계급과 민주주의의 공고화", 〈한국사회학〉, 36집 4호, 35~58쪽.

정최경희, 2009, "한국의 사회경제적 사망 불평등 실태와 과제", 〈보건복지포럼〉, 149호, 5~14쪽.

조 은, 2004, "세계화의 최첨단에 선 한국의 가족: 신글로벌 모자녀 가족 사례연구", 〈경제와 사회〉, 64호, 148~173쪽.

_____, 2010, "부르디외를 빌려도 될까요?", 〈문화와 사회〉, 11호, 65~106쪽.

조돈문, 2004, 《노동계급의 계급형성-남한 해방공간과 멕시코 혁명기의 비교연구》, 한울.

_____, 2005a, "민주노조운동의 동학과 노동문제 연구의 추세", 〈경제와 사회〉, 65호, 12~50쪽.

_____, 2005b, "한국사회의 계급과 문화", 〈한국사회학〉, 39집 2호, 1~33쪽.

_____, 2005c, "룰라 정부 집권 전반부의 사회정책과 계급정체성", 〈동향과 전망〉, 65호, 200~228쪽.

_____, 2006, "한국 노동계급의 계급의식과 보수화", 〈경제와 사회〉, 72호, 11~41쪽.

_____, 2007, "재벌기업 지속가능성 보고서의 이데올로기적 기능: 삼성SDI 사례연구", 〈동향과 전망〉, 70호, 139~172쪽.

_____, 2008a, "브라질 노동자당의 집권과 계급적 기초", 〈동향과 전망〉, 72호, 287~325쪽.

_____, 2008b, "신자유주의 구조조정의 경험과 노동계급 계급의식", 〈경제와 사회〉, 79호, 184~213쪽.

_____, 2009a, "브라질 대통령선거와 계급투표", 〈라틴아메리카연구〉, 22권 1호, 5~42쪽.

_____, 2009b, "비정규직 문제와 정규직 노동자들의 내적 이질성: 공공부문 정규직 노동자 분석", 〈경제와 사회〉, 82호, 95~127쪽.

_____, 2011, 《노동계급 형성과 민주노조운동》, 후마니타스.

조돈문·이병천·송원근 공편, 2008, 《한국사회, 삼성을 묻는다》, 후마니타스.

지은주, 2013, "동아시아 계급정당의 성공과 실패", 《한국정치학회보》, 47권 3호, 131~148쪽.

최 현, 2010, "한국사회 진보의 주체: 민중, 노동자계급, 시민, 다중과 정체성집단", 〈경제와 사회〉, 86호, 95~124쪽.

최샛별, 2002, "상류계층 공고화에 있어서의 상류계층 여성과 문화자본: 한국의 서양고전음악 전공여성 사례", 〈한국사회학〉, 36집 1호, 113~144쪽.

_____, 2006, "한국사회에 문화자본은 존재하는가?", 〈문화와 사회〉, 1권, 123 ~158쪽.

케빈 그레이, 2004, ""계급 이하의 계급"으로서 한국의 이주노동자들", 〈아세아 연구〉, 47권 2호, 97~128쪽.

한국사회학회 편, 2008, 《기로에선 중산층》, 인간사랑.

한신갑·박근영, 2007, "《구별짓기》의 한국적 문법: 여가활동을 통해 본 2005 년 한국사회의 문화지형", 〈한국사회학〉, 41집 2호, 211~239쪽.

홍두승, 2005, 《한국의 중산층》, 서울대학교출판부.


Adiya, C., 2012, "Angry academics can't answer my criticism that there's too little analysis of our current crisis", *Guardian*, 2012. 4. 6.

DiMaggio, P., Hargittai, E., Celester, C., & Shafer, S., 2004, "Digital inequality: From unequality access to differentiated use", In Kathryn M. Keckerman (Ed.), *Social Inequality*, Russell Sage Foundation.

Elster, J., 2007, *Explaining Social Behavior: More Nuts and Bolts for Social Sciences*, Cambridge University Press.

Gamble, A., 2012, "Have the social sciences failed us?" British Academy, Policy Perspectives(http://www.britac.ac.uk, 2013년 10월 7일 접속).

Geoffrey, H., 2011, "Reforming economics after the financial Crisis", *Global Policy*, 2(2), pp. 190-195.

Goldthorpe, J. H., 1997, "The 'Goldthorpe' class schema: Some observations on conceptual and operational issues in relation to the ESRC review of governmental social classifications", In David Rose & Karen O'Reilly (Eds.), Office for National Statistics, *Constructing Classes: Towards a New Social Classification for the UK*, (pp. 40-48), ESRC/ONS.

_____, 2000, *On Sociology, Numbers, Narratives, and the Integration of Research and Theory*, Oxford University Press.

Guy, S., 2011, *The Precariat: The New Dangerous Class*, Bloomsbury Academic.

_____, 2013, *Defining the Precariat: A Class in the Making*, http://www.eu rozine.com/articles/013-04-19(2013년 10월 17일 접속)

Hall, S., 1980, "Cultural studies: Two paradigms", In T. R. Young (Ed.),

*Media, Culture and Society* (pp. 57-72), Academic Press.

John, A., 1994, "The territorial trap: The geographical assumptions of international relations theory", *Review of International Political Economy*, 1(1), 53-80.

Johnson, S., 2009, "The economic crisis and the crisis of economics", Association for Comparative Economics 회장 연설 (2009년 1월 4일).

Kahneman, D., 2011, *Thinking, Fast and Slow*, Faar, Straus and Giroux.

Kim, Wonik, 2010, "Does class matter?: Social cleavages in South Korea's electoral politics in the era of neoliberalism", *Review of Political Economy*, 22(4), pp. 589-6161.

Laclau, E., & Mouffe, C., 1985, *Hegemony and Socialist Strategy*, Verso.

Lukàcs, G, 1972, *History and Class Consciousness: Studies in Marxist Dialectics*, MIT Press.

Mann, M., 1973, *Class Consciousness and Action Among the Western Working Class*, Macmillan.

McAllister, I., 2007, "Social structure and party support in the east asian democracies", *Journal of East Asian Studies*, 7(2), pp. 225-249.

Park, S. J., & Abelmann, N., 2004, "Class and cosmopolitan striving: Mothers' management of english education in South Korea", *Anthropological Quarterly*, 77(4), pp. 645-672.

Savage, M., Devine, F., Cunningham, N., Taylor, M., Li, Y., HJellbrekke, J., Brigitte Le Roux, Fiedman, S., & Miles, D., 2013, "A new model of social class: Findings from the BBC's Great British class survey experiment", *Sociology*, 47(2), pp. 219-250.

Thompson, E. P., 2000, *The Making of the English Working Glass*, 나종일 외 역, 2000 《영국 노동계급의 형성》, 창작과 비평.

Willamson, J., 2004, "A short history of the washington consensus", *Law and Business Review of the Americas*, 15, pp. 7-26.

Willis, P. E., 1977, *Learning to Labour: How Working Class Kids Get Working Class Jobs*, Columbia University Press, 김찬호 역, 2004, 《학교와 계급 재생산》, 이매진.

# 2

## 정치사회 · 사회운동 연구의 동향과 전망
### 정치사회학 연구의 위기진단과 '신규범주의' 정치사회학의 전망

조 대 엽

## 1. 서론: 긴 위기, 오랜 침묵

근대 사회의 질서는 과학적 합리성을 바탕으로 구축되었고 이에 따라 중앙집권화 · 계획화된 국가주도의 질서 속에서 이른바 '발전'의 방향과 정책의 예측가능성을 높였다. 그러나 우리 시대에 와서는 현대과학의 가장 정상적 성과가 생명과 환경을 파괴하는 위험사회적 현실을 드러냈고 국가권력과 시장권력이 결합되어 주도하는 통제되지 않은 성장주의와 개발주의는 이러한 위험을 고도화시켰다.

게다가 1990년대부터 지구적으로 확산된 신자유주의 시장화 경향과 함께 시장과 자본은 국가의 손으로부터도 자유로워져 그야말로 고삐 풀린 망아지 격이 되었다. 어디로 튈지 알 수 없는 이 무서운 욕망의 망아지는 지구화, 정보화, 민주화의 거대 경향을 타고 점점 더 통제할 수 없는 괴물이 되었고, 이러한 사회변동의 과정에서 국가중심의 공적 질서를 해체시키는 '탈중심화'의 경향은 사회변동의 현실에 대한 대응력을 약화시키고 미래에 관한 예측력을 무디게 했다.

다양한 위기의 원천 가운데 사회변동의 위기에 초점을 두면 오늘의 현실은 거대전환의 사회변동에 대한 대응력과 예측력 모두 위기에 처했다. 새로운 사회변동에 대응할 수 있는 능력은 무엇보다도 제도와 자원의 성격에 달렸다. 지난 20년 이상 급속하게 전개된 신자유주의적 사회변동은 공적 규범과 제도를 지속적으로 해체시켰으며, 유지되는 현재의 공적 제도는 새로운 변동의 욕구와 뚜렷한 지체현상을 보임으로써 변동의 위기에 대한 대응력이 약화되었다. 말하자면 '위기대응력의 위기'는 공적 질서의 해체와 지체에 따른 '공공성의 위기'로 나타나는 것이다.

다른 한편 사회변동의 현실에 대한 설명력을 높임으로써 미래에 대한 예측력을 확보하는 것은 사회과학의 몫이다. 사회의 불확실성과 예측불가능성이 확대되는 것은 현존하는 사회과학의 설명력이 한계에 이르렀다는 점에서 사회과학의 실패를 반영한다. 즉, 사회변동의 미래에 대한 예측의 위기는 새로운 것을 설명할 수 있는 새로운 패러다임이 마련되지 못한 데에 따른 사회과학의 위기와 결부된 것이다.

사회변동이나 정치변동에 따라 나타나는 위기는 일종의 전환의 위기라고 할 수 있다. 전환의 위기는 얼마나 장기적으로 구조화된 질서가 전환되는가에 따라 위기상황 또한 비례적으로 길어질 수 있다. 역사적 시간의 단위에 관한 페르낭 브로델(F. Braudel)의 시각을 차용하면 비교적 단기간에 발생했다 소멸하는 '사건사적 전환'의 위기를 들 수도 있고, 약 40~50년의 역사적 시기에 걸쳐 형성된 역사국면이 전환할 때 나타나는 '국면사적 전환'의 위기를 고려해 볼 수도 있다. 나아가 몇백 년에 걸쳐 구조화된 질서가 전환하는 데 따른 '구조사적 전환'의 위기를 떠올려 볼 수도 있다.

역사변동의 시간 길이라는 측면에서 본다면 오늘날 탈냉전의 정치변동은 2차 세계대전 이후, 한국사회에서는 해방 이후 형성된 냉전적 제도와 규범의 위기가 가시화되는 '국면사적 전환의 위기'를 담았다고 하겠다. 그러나 위기적 현실은 근대적 정치질서의 위기라는 점에서 볼 때 새롭게 확산되는 시민사회의 정치적 욕구를 담아내지 못하는 정당정치와 대의민주주의의 또한 국면적 전환보다 훨씬 더 긴 구조사적 전환의 위기이자 근대성의 위기를 드러내는 것으로도 볼 수 있을 것이다.

이처럼 국면사적 전환과 구조사적 전환의 중첩적 과정에서 나타난 오늘날의 위기는 거대전환의 위기라고 할 수 있을 만큼 위기의 기간 또한 장기화된다. 정치적 규범과 제도는 짧게 보아도 1990년대 이후 약 20년 이상 동안 빠르게 해체되었고 남은 제도와 규범은 그 기능이 약화된다. 정치변동의 긴 위기를 겪는 것이다.

다른 한편 정치사회학의 설명력과 예측력 또한 오랜 동반적 위기를 겪고 있다. 사회과학의 거대 프레임으로서의 구조기능주의 패러다임과 마르크스주의 패러다임은 서구와 제3세계에서 1970년대부터 1980년대에 걸쳐 한계를 드러냈지만 실제로 근대 사회의 양대 이념이었던 자유주의와 사회주의를 지탱하는 사회과학 패러다임으로서의 기능이 해체된 것은 1990년대 들어서였다.

기존의 패러다임이 새로운 사회변동의 현실과 방향에 대해 더 이상 설명력을 갖지 못할 때 새로운 패러다임이 등장하는데 이 새로운 패러다임의 등장이 지체되면 위기도 길어진다. 1990년대 이후 정치변동은 위기대응력을 갖지 못함으로써 긴 위기의 시간을 맞았다. 동시에 정치변동에 대한 설명력과 예측력을 확보해야 할 새로운 패러다임은 여전히 뚜렷하지 않아 정치사회학은 오랜 침묵의 시간을 맞은 것이다.

정치사회학 분야는 사회학 영역 가운데 광범위한 연구성과를 거둔 분야이지만, 다른 한편으로 오늘날 사회변동의 위기와 사회과학의 위기를 가장 민감하게 반영하는 분야이기도 하다.

원론적으로 정치사회학은 정치적인 것과 사회적인 것의 관계를 분석하는 학문이고, 그 핵심과제는 정치적인 것을 가능하게 하는 사회적 요인을 밝히는 일이다. 근대 정치사회학의 패러다임에서 정치적인 것은 정부, 정당, 의회, 선거 등 대의적 제도정치 영역에서의 정치행위에 초점이 맞추어졌다. 이러한 대의적 질서는 국가주의 정치질서, 이념정치의 질서, 정당정치의 질서를 축으로 작동했다. 그러나 오늘날 정치적인 것은 사회적이고, 문화적이며, 개인적인 것인 것으로 변화되며 거꾸로 사회적이고 문화적이며 개인적인 것이 정치화되는 시대가 되었다.

변화하는 정치현실을 담아내지 못하는 정치제도는 정치변동의 위기를 드러내고 이러한 변화에 대한 설명력과 예측력을 갖지 못한 사회과학의 패러다임은 정치사회학의 위기를 동반하게 된다. 사회는 끊임없이 변화하고 사회과학은 그러한 변화에 연속적으로 응답해야 한다. 그러나 우리 시대의 현실은 변동의 위기는 길어지는데 응답은 더디어진다. 긴 위기와 오랜 침묵이 이어지는 시대인 것이다.

이 글은 이 같은 정치사회학의 침묵적 현실에 대한 성찰을 바탕으로 정치사회학 연구의 미래를 전망하고 모색하는 것을 목적으로 한다. 한국에서 기존 정치사회학 관련 연구의 흐름을 살피고, 이러한 연구의 지체와 해체적 경향에 주목한 후 향후의 과제를 전망하는 순서로 논의를 진행할 것이다.

## 2. 정치사회·사회운동 연구의 시기별 동향 [1]

정치사회학의 주요 쟁점은 한국에서 근대적 사회과학이 체계적으로 성립되기 이전부터 이미 활발하게 논의되었다. 시기적으로 1890년대 말에서 1909년까지 '국가'에 관한 논의가 당대의 지식인에 의해 전개되었다. 이들에 의해 국가의 이상과 실태, 국가의 기원과 역사, 국가와 사회관계, 국체와 정체, 정당의 역할, 독립국가와 인민의 역할 등의 쟁점이 활발하게 제기되었다. 일제의 무단통치가 본격화되면서 국가론은 자취를 감춘 반면, 이데올로기, 계급, 사회운동 등에 관한 논의가 주로 근대적 교양지를 중심으로 전파되었다(최재석, 1974: 18~21). [2]

비록 학술적 논의는 아니었다고 하더라도 구한말과 일제 강점기에 걸쳐 저항이론과 사회주의적 지향을 통해 활발하게 나타났던 정치사회적 쟁점은 해방 후 미군정과 6·25 전쟁, 1960년대의 박정희체제를 거치면서 크게 위축되었다. 강력한 이념적 통제에 바탕을 둔 국가주의의 그늘 아래에서 정치사회학의 본원적 관심은 요동치는 정치

---

1 이 절의 내용 가운데 2007년까지 연구동향은 기존에 출간된 두 편의 정치사회학 연구사 관련 논문(조대엽, 2004, 2008)의 기초자료에서 발췌했으며, 2008년 이후 연구동향은 주로 〈한국사회학〉과 〈경제와 사회〉에 게재된 논문을 대상으로 했다. 정치사회학의 연구주제 범위가 넓고 2000년대 이후 학술지가 다양해졌기 때문에 더 많은 보완이 필요하다.

2 구한말의 국가론은 〈태극학보〉(太極學報), 〈대한자강회월보〉(大韓自强會月報), 〈대한유학생회학보〉(大韓留學生會學報), 〈대한협회월보〉(大韓協會月報), 〈호남학보〉(湖南學報), 〈서북학회월보〉(西北學會月報) 등 민족단체의 정기간행물을 통해 출간되었으며 일제 강점기의 이데올로기, 계급, 사회운동 등에 관한 논의는 〈개벽〉(開闢), 〈신동아〉(新東亞), 〈학지광〉(學之光) 등 근대적 교양지를 매체로 확산되었다(최재석, 1974: 18~21).

현실과 권력 관계에 대해 침묵할 수밖에 없었다.

그럼에도 불구하고 1950년대와 1960년대에 정치사회학적 연구가 전혀 없었던 것은 아니다. 서얼 층의 신분철폐운동(이상백, 1954), 한국의 파벌개념으로 본 정당구조(고영복, 1967a, 1967b), 한국 민족주의의 주도계층과 리더십(고영복, 1967b), 지역시민의 선거태도(정철수, 1967), 3·1운동에 관한 계층분석(김영모, 1969) 등에 관한 연구가 시도되었다.

1970년대는 유신체제의 삼엄한 통제 아래 정치사회학 연구는 더욱 제약되었다. 학문의 자유가 고도로 제한된 조건에서 흑인민권운동(임희섭, 1970~1971), 서울시 하층주민의 정치능력(양종회, 1973) 등에 관한 연구가 있었다. 독립협회의 사회사상, 만민공동회의 자주민권자강운동, 신민회의 국권회복운동(신용하, 1973a, 1973b, 1974, 1975a, 1975b, 1977a, 1977b), 독립협회의 지도세력, 구한말의 운동, 3·1운동(박영신, 1978a, 1978b, 1979; 김영모 1970) 등에 관한 사회사적 연구나 역사사례연구의 흐름이 통제의 그늘 속에서도 명맥을 유지했다.

1970년대는 당대의 주요 정치현상과 제도를 직접 대면하지 못하고 우회적 방식의 연구경향을 드러냈으나 이 시기에 사회운동 연구의 주요 경향이 등장했다는 점은 연구사적으로 주목할 만하다. 미국의 흑인민권운동을 실증적으로 분석한 임희섭의 연구는 사회운동에 관한 분석적 연구의 효시라 할 만하다. 또 박영신이 시도한 사회운동에 관한 역사사례 분석의 경향도 이 시기에 주요한 흐름으로 나타났다. 이와 함께 본격적인 사회운동 연구의 범주에 들지는 않지만 한국에서 저항운동의 주체를 포괄적으로 규정한 한완상의 '민중' 개념(한완상, 1978; 1980)은 이후 사회운동에 관한 실천적 연구 흐름의 주요한 출발이 되었다. 임희섭의 분석주의와 박영신의 역사주의, 한완상의 실천주의적 접근은 이후 1990년대에 와서 사회운동 연구의 확산과 분화로 이어졌다.

1980년대는 신군부 권위주의체제에 대한 저항운동이 가장 광범하고 격렬하게 전개된 시기였다. 사회과학의 다른 분야도 마찬가지였지만 이 시기 정치사회 및 사회운동 연구분야에서도 1970년대까지 사회학의 주류를 이루었던 구조기능주의 사회학이 쇠퇴하고 마르크스주의 사회학이 새로운 흐름을 이루었다.

따라서 1980년대 정치사회학 영역은 보수적 지향의 이른바 강단사회학과 진보적 지향의 비판사회학의 흐름이 공존하는 이중구조를 이루었다. 정당정치, 정치과정, 지역주의와 지역갈등, 사회변동, 민족주의, 선거와 유권자 등에 관한 주제들이 제도 학계를 중심으로 지속된 반면(온만금, 1984; 문석남, 1984; 송복, 1985; 이효선, 1986; 최재현, 1987; 정학섭, 1987; 김대환, 1987; 차종천, 1988; 유석춘·서원석, 1989), 학술적 실천으로서의 사회운동을 추구하는 과정에서 사회운동사, 농민운동, 지역주민운동, 1980년대 운동의 성격 등에 관한 연구(이우재, 1984; 박연섭, 1986; 장상환, 1986; 이시재, 1988; 조희연, 1988, 1989; 윤수종·김종채, 1990; 정근식·조성윤, 1990; 한상진, 1990)가 비판사회학의 흐름을 형성했으며 종속이론을 매개로 새롭게 복원된 국가연구가 관료권위주의 모델과 세계체제론에 대한 관심으로 집중되기도 했다(한상진, 1983, 1984; 임현진, 1983; 임현진·권태환, 1984).

국가론의 복원은 1980년대 중반 이후 진보적 소장학자가 정통 마르크스주의를 수용하면서 이른바 사회구성체 논쟁의 연장에서 국가성격 논쟁을 촉발시키기도 했다. 이 시기 경험적 국가분석의 다른 한 갈래로 권위주의 국가의 노동통제 방식에 관한 연구가 사회학과 정치학 분야에서 활발했고(송호근, 1990; 임현진·김병국, 1991; 신광영, 1990a; 최장집, 1985, 1988), 이러한 연장에서 1980년대 말에는 종속적 산업화 과정에서의 국가 역할, 자본계급과 국가의 관계 등에 관한 경험적 연구가 시도되었다.

비판사회학의 이와 같은 연구경향은 1980년대 말이 되면 한국사회학회에도 적극 수용되어 기존의 제도 학계와 비판사회학의 학문적 경계와 학술활동의 공간이 점차 개방적으로 변화되는 모습으로 이어졌다.[3]

1990년대는 오랜 군부독재 이후 민주적 정권교체가 이루어짐으로써 한국 민주주의가 공고화되는 시기였다. 이 시기는 정치사회학과 사회운동 분야에서 민주화, 시민사회, 시민운동에 관한 연구가 본격적이고도 분석적으로 이루어짐으로써 정치사회학의 실질적 개방기라고도 할 만했다. 정치체제, 정당, 담론정치 등에 관한 연구(성경륭, 1990, 1993; 강명구·방상훈, 1997)가 있었으나 이 시기에 무엇보다도 주목할 만한 점은 사회운동 연구의 성찰, 6월 민주항쟁, 시민운동의 분화, 지역사회운동 등에 관한 분석적 연구(정철희, 1995, 1996, 1999; 조대엽, 1995, 1996, 1999; 김중섭, 1996)가 본격적으로 등장함으로써 사회운동 연구가 정치사회학의 핵심영역이 될 것을 예고했다는 사실이다. 특히 1990년대에는 1970년대에 출발한 사회운동 연구의 분석주의와 실천주의의 흐름(조희연, 1993, 1999; 유팔무, 1995, 1998; 이홍균, 1997; 김원동, 1999; 조대엽, 1999a, 1999b; 차명제 1999)이 이어지면서 사회운동 분야의 연구성과를 훨씬 더 풍부하게 만들었다.

---

3 1980년대 말 한국사회학회가 주관한 특별 심포지엄은 그 결과물을 모아 1990년에 단행본으로 간행했으며 주제가 대체로 정치사회학과 직접적으로 결부된 것들이었다. 비판사회학적 연구성과라고 할 수 있는 《한국사회의 비판적 인식》(한국사회학회 편, 1990a)을 비롯해서 사회갈등과 지역주의 등의 주제를 본격적으로 다룬 《한국사회와 갈등의 연구》(한국사회학회 편, 1990b), 《한국의 지역주의와 지역갈등》(한국사회학회 편, 1990c) 등이 이 시기의 단행본으로 주목할 만하다.

이와 아울러 이 시기에 주목할 만한 또 하나의 학술동향으로 이른바 '시민사회 논쟁'을 들 수 있다. 1980년대 이래 확산된 비판사회학의 많은 에너지가 1990년대 초에 서구 시민사회론에 관한 서로 다른 해석 (김성국, 1991; 유팔무, 1991, 1993; 임영일, 1992; 김호기, 1993; 백욱인, 1993; 정태석·김호기·유팔무, 1993; 신광영 1994)에 집중됨으로써 계급지향의 사회변혁을 둘러싼 새로운 논쟁의 장이 만들어졌다. 4

1990년대 중반에 제기된 정치사회학의 또 다른 핵심쟁점은 6월 민주항쟁 이후의 민주적 전환에 관한 설명이었다. 이러한 설명은 일정한 논쟁적 구도를 조성하기도 했는데 전략적 선택의 시각, 사회운동론적 해석, 조절이론적 해석 등(임혁백, 1990; 성경륭, 1995; 김호기·김영범, 1995)이 제기되었다. 5

2000년대 정치사회·사회운동 연구분야는 1990년대의 개방기에 이어 훨씬 더 폭넓게 다양화되고 분화되었다. 우선, 1990년대 시민사회 연구는 서구 시민사회론에 대한 해석을 둘러싼 논쟁에 그쳤던 반면, 2000년대는 시민사회에 관한 구체적이고 경험적 분석이 크게 늘었다. 한국 시민사회의 유형화(박형준, 2002; 김호기, 2002), 민주화와 민주주의(정철희, 2002; 신광영·정철희, 2002; Kim, Sang Jun, 2008; 조희연, 2008, 2010; 이승원, 2008; 최종숙, 2009; 조희연·장훈교, 2009; 최장집, 2009), 신뢰와 사회자본(이재혁, 2006; 이선미, 2004; 박병진, 2007; 정병은, 2005; 강수택, 2006), 공론장과 정치참여(신진욱, 2007;

---

4 이 시기 시민사회론은 한국사회학회와 한국정치학회가 공동으로 개최한 학술회의의 주제로 채택됨에 따라 더욱 많은 관심을 불러일으켰다. 그 결과는 《한국의 국가와 시민사회》(한국사회학회·한국정치학회 편, 1992)로 출간되기도 했다.

5 이 시기에 한국사회의 민주적 전환을 주제로 한 단행본들이 공동저술의 형태로 출간되었는데 《전환의 정치, 전환의 한국사회》(임현진·송호근 공편, 1995), 《한국의 국가와 시민사회》(최장집·임현진 공편, 1997) 등이 있다.

이상근·진영재, 2007; 김상돈, 2007), 기업과 시민사회(이상민, 2006; 조대엽, 2007), 지구시민사회와 초국적 동원(임현진·공석기, 2006), 시민사회의 공공성(조대엽, 2009) 등에 관한 연구가 구체화되었다.

시민사회에 관한 분석적 연구의 연장에서 이 시기에 사회운동 연구도 심화되는 경향을 보였다. 시민운동 및 시민단체의 성격(조대엽, 2000, 2001, 2002; 임희섭, 2001a), 선거 국면에서 시민운동의 역할(김호기, 2000a; 조희연, 2001; 박재묵, 2000), 정부 및 기업과의 파트너십 등에 관한 연구가 활발하게 전개되었다.

2000년대 사회운동관련 연구는 연구대상이 확대되었을 뿐만 아니라 연구방법에서도 진일보하는 경향을 보였다. 폭력과 사회운동의 내적 과정(한석정, 2004; 신진욱, 2004a, 2004b; 박선웅, 2007; 엄한진, 2007; 이수인, 2003), 전자정보 공간의 공론장과 촛불집회(김종길, 2003, 2005; 김경미, 2006; 박찬웅, 2006; 윤명희, 2007; 홍성태, 2008; 김철규·김선업·이철, 2008; 이해진, 2008; 홍태영, 2008; 정태석, 2009; 노진철, 2009) 등에 대한 관심이 증폭되었다.

특히 이 시기 사회운동 연구의 새로운 흐름은 사회운동이나 저항행동과 관련된 당사자들의 집합적 기억과 생애체험, 후체험세대의 기억, 공식적 기념행위 등에 대한 연구(권기숙, 2002; 2004; 이희영, 2006a, 2006b; 정호기, 2004; 구은정, 2008; 최정기, 2008)가 시도되었는데 특히 여기에 질적 연구방법의 정교화가 결합되었다.

2000년대에는 외환위기와 관련된 국가성격 문제를 비롯해서 국가 연구가 이전에 비해 구체적으로 시도되기도 했다. 정치부패와 정부신뢰(윤상철, 2000; 서문기, 2001), 국민정체성과 시민권(최현, 2003; 2008; 구정우, 2007; 이철우, 2008; 이영희, 2009), 발전국가와 신자유주의(윤상우, 2005; 송백석, 2005, 2009; 김인춘, 2007; 채오병, 2008), 여성주의 국가 분석(우명숙, 2006), 복지국가(서문기, 2002; 조영훈, 2004, 2006; 한상진, 2005), 북한과 통일(진영재·노정호, 2002; 이효선, 2002; 전태국, 2007) 등의 연구관심이 부각되었다.

이러한 연구 외에도 2000년대의 정치사회 연구는 참으로 다양하게 확대되었다. 이념 및 지식정치(김원, 2008; 신진욱, 2008; 정성진, 2009; 신진욱·이영민, 2009; 박태호, 2009; 방인혁, 2009; 서영표, 2008, 2009; 홍일표, 2009), 농민운동, 민족문화, 국가관계, 조선의 정치문화 등 역사사회학적 분석(한석정, 2003; 김상준, 2001; 김동노, 2007; 채오병, 2007)이 있는가 하면, 여성주의 시각의 운동분석(강현아, 2002; 이혜숙, 2002; 김영란, 2003), 소수자 정치와 시민권(장미경, 2005), 지역정치와 공공 갈등(염미경, 2001, 2007; 김정화·이경원, 2009; Kim, Doo-Sik, 2009), 정당체계(온만금, 2003), 언론권력(박승관·장경섭, 2001), 선거와 지역주의(Seong, Kyoung-Ryung, 2008), 과학기술과 전문성 정치(이항우, 2009), 세대정치(박재흥, 2009; 윤상철, 2009) 등이 이 시기 정치사회학 분야의 연구를 확대시켰다.

2010년대 들어서도 정치사회학 연구는 2000년대의 분화와 다원화의 연속선에서 국가, 시민사회, 사회운동과 관련된 연구가 쏟아지기 시작했다. 먼저 국가와 관련된 주제로는 국가 형성(강진연, 2012; Kang, Jin-Yeon, 2013), 국가폭력(김동춘, 2011), 정부신뢰(이수인, 2010), 발전국가(Kuk, Min-Ho, 2010), 선거정치(김경희, 2012; 김정훈, 2012, 2013; 조희연·이창언, 2013), 국회 법안표결(장덕진·김란우·박기웅. 2012), 북한 및 탈북자 정체성(강진웅, 2010a, 2010b, 2011; 2012) 등이 분석되었다.

시민사회에 관한 연구도 2000년대에 이어 구체화되고 심화되는 경향을 보였다. 민주화 및 민주주의(박주원, 2010; 김정훈, 2010; 장수찬, 2011; 류석진·방인혁, 2012; 정재원, 2013), 공공성의 재구성(조대엽, 2012; 조대엽·홍성태, 2013; 남찬섭·조대엽 2013), 이념 및 지식정치

(홍일표, 2011; 최현, 2010; 윤상철, 2010; 정태석, 2010; 전상진, 2010; 신진욱, 2011; 이항우, 2011; 2012; 조희연·김정훈, 2012; 신진욱. 2013), 시민권(심상용, 2012; 이영희, 2013), 지역정치 및 공공 갈등(장세훈, 2010; 정상호, 2011; 한상진, 2013), 과학기술정치 및 전문성 정치(강윤재, 2011; 정태석, 2012; 이영희, 2012) 등이 시민사회 영역의 정치사회학적 연구를 다원화시켰다.

사회운동에 관한 연구도 새로운 시도가 있었다. '역사 주기론'의 시각(조대엽, 2010)에서 운동분석의 새로운 이론적 시도가 있었고 운동 리더십(홍성태, 2012)에 관한 연구 그리고 촛불집회에 관한 심층적 분석(김종영, 2011; 강윤재, 2011; 황진태, 2011; Kim, Kyung-Mi & Youn-Min Park. 2011; 이항우, 2012)이 시도되었다.

나아가 현대사의 집합체험과 기억, 기념, 운동의 정체성 등(이희영, 2010; 신진욱, 2011, 2011; 정호기, 2012; 김종태, 2012, 2013; 강진웅, 2013)에 관한 연구도 지속되었다.

이 같은 국가, 시민사회, 사회운동 관련 연구 이외에도 지구화 및 신자유주의(임운택, 2010; 서동진, 2011), 분단체제 및 평화체제, 통일(조대엽, 2010; 조대엽·홍성태, 2013; Cho, Dae-yop, 2011; 박순성, 2012; 김연철, 2013; 김용복, 2013; 정영철, 2013)에 관한 연구가 다양하게 시도되었다.

1990년대 정치사회학 분야는 약 10년간 민주적 전환을 거치며 일종의 학술적 개방기를 겪었다. 2000년대 이후 탈근대 정치사회학의 지형은 확장했으나 새로운 이론이나 패러다임의 등장은 여전히 가까워 보이지 않는다. 2000년대 이후 현재까지 폭증하는 연구성과에도 불구하고 정치사회학은 혼돈의 시대를 맞고 있는지도 모른다.

## 3. 정치사회 · 사회운동 연구의 성과와 한계

### 1) 학술적 성과와 한계

사회학이 한국사회에 처음 소개된 것은 구한말로 거슬러 올라가지만 실제로 사회학자의 학술활동이 공론영역을 구성할 수 있을 정도로 제도화된 것은 1957년 한국사회학회의 창립부터였다고 할 수 있다. 학회가 주관하는 연구발표회에서 논들이 발표되기 시작했고 1964년에 학술지 〈한국사회학〉이 창간되면서 학술논문이 보다 체계적으로 생산되기 시작했다. 따라서 시기별로 정치사회 · 사회운동 분야의 연구성과를 본다면 1960년대 이후를 살피는 것이 적절할 수 있다.

1960년대와 1970년대는 이 분야의 연구성과가 지극히 제한되었다. 정치사회학의 학문적 성격상 연구의 촉각은 언제나 지배권력의 움직임을 향했지만 군부의 살벌한 통제는 그러한 관심을 허용하지 않았던 요인이 크다. 그러나 1970년대 들어 그 엄혹한 통제의 틈새에서도 사회운동에 관한 3가지의 연구 조류가 태동했다는 사실은 주목할 만한 성과이다. 미국의 흑인민권운동에 관한 실증적 분석을 시도한 임희섭의 분석주의, 구한말의 독립운동이나 3 · 1운동 등의 역사 사례에 관심을 둔 박영신의 역사주의, 나아가 한완상의 실천주의적 사회운동 연구는 1990년대 중반 이후부터 만개한 사회운동 연구의 분화방향을 가리키는 것이기도 했다.

1980년대 이 분야의 주요 성과로는 국가론의 부활과 국가 영역에 관한 두 가지 논쟁을 들 수 있다.

첫째는 1980년대 초에서 1990년대 초까지 약 10여 년에 걸쳐 전개된 논쟁이다. 그 출발은 서구에서 국가론의 부활과 함께 이를 수입한

국내 주류학계에서 종속이론의 일종인 '관료권위주의 모델'의 적용을 두고 전개되었다. 1980년대 중반부터는 이른바 사회구성체 논쟁 속에서 '식민지 대리통치론' 혹은 '매판군사 파시즘론'과 '신식민지 파시즘론'의 논쟁이 있었다. 1980년대 말 이후에도 노태우 정부의 성격을 둘러싸고 '자유주의로 분장한 파시즘'(김진균, 1991), '완화된 신식민지 파시즘'(김세균, 1991), 신식민지 국가독점자본주의의 상부구조로서의 부르주아민주주의(이성형, 1991) 등의 입장이 논쟁을 이어갔다.

두 번째로 의미 있는 논쟁은 주류학계를 중심으로 보다 경험적 수준에서 국가의 노동통제 방식을 쟁점으로 나타났다. 조합주의적 시각의 국가 코포라티즘론(최장집, 1985, 1988)과 시장기제적 억압의 관점(송호근, 1990)이 제기되었고, 시장기제적 억압론의 맥락에서 '국가단원주의론'(임현진·김병국, 1991)도 등장했다.

1980년대의 국가 논쟁은 이 시기에 사회주의적 지향으로 폭풍처럼 몰아쳤던 민중주의 변혁운동과 더불어 사회과학 영역에 마치 열병처럼 불어닥친 점이 있었지만 다른 한편으로는 사회과학 전 영역에 걸쳐 국가 논쟁만큼 치열했던 경우도 찾기 어려운 것이 사실이다(조대엽, 2005). 특히 국가의 노동통제 방식에 관한 연구는 서구 이론이나 제3세계론에서 설명 틀을 빌리기는 했지만, 한국적 특징을 찾는 의미 있는 성과라고 할 수 있다.

1990년대는 민주화와 함께 정치사회학 분야의 연구가 봇물처럼 터져 나온 연구의 개방기라고 할 수 있다. 특히 1980년대 연구관심이 국가의 폭력성과 억압성에 맞추어졌다면, 탈냉전과 민주화가 빠르게 진행된 1990년대의 연구관심은 새로운 변혁의 가능성을 '시민사회'에서 찾게 되었다. 특히 비판사회학 진영에서 전개된 이른바 시민사회 논쟁은 전통적인 마르크스주의나 자유주의 사회과학에서 사회구성의 축을 국가와 시민사회(경제영역)의 2분 질서로 보는 관점을 넘어, 국가 - 시장-시민사회의 3분 구성을 강조함으로써 '시민사회' 영역의 실천적이고 이론적 지위를 확보하는 계기를 만들었다.

1990년대 정치사회학의 또 다른 학술적 성과로는 사회운동에 관한 분석적 연구가 본격적으로 시도됨으로써 이 시기를 사회운동 연구의 시대로 만든 점이 강조되어야 한다. 민주화운동에 관한 정밀한 분석적 연구나 새롭게 출현하는 시민운동 조직의 분화에 대한 연구가 시도됨으로써 이 시기에 사회운동 연구의 문을 크게 연 셈이 되었다.

1990년대 중반의 연구성과로 민주주의 이행에 대한 분석도 빼놓을 수 없다. 권위주의 정권의 해체와 민주주의로의 이행에 관한 다양한 시각이 제시되었다. 축적전략과 헤게모니 프로젝트론(김호기·김영범, 1995), 사회운동의 역할론(성경륭, 1995), 국가와 정치사회, 시민사회의 상호관계론(조희연, 1995) 등의 시각이 강조되었다.

2000년대 이후 한국사회는 1997년 외환위기 이후 신자유주의 시장체제로 급격한 변화를 겪었다. 이 가운데 정치사회학 분야는 신자유주의에 의한 공동체 해체에 주목하면서 시민사회와 시민운동에 관한 관심이 구체화되었다. 무엇보다도 시민사회 연구가 양적으로 팽창하면서 다양화되었다.

해방 이후 한국사회는 연속적인 정치적 격변을 겪었다. 1960년대 이후에도 격동의 정치변동을 경험했지만 정치사회학 분야에서 의미 있는 연구성과가 누적된 것은 1980년대 이후였다고 할 수 있다. 1960년대에서 최근에 이르기까지 이 분야 학술적 성과의 특징을 종합적으로 보면 대체로 다음과 같이 요약할 수 있다.

첫째, 사회학 패러다임의 응축적 전환이 이 분야 연구성과를 역동적으로 생산했다는 점이다. 1960, 1970년대를 지배했던 구조기능주의 패러다임을 넘어 1980년대의 마르크스주의 패러다임은 국가론논쟁이나 국가의 제도와 정책에 관한 계급적 시각의 경험적 연구를 쏟아내는 계기가 되었다. 1990년대 이후에는 그간에 근대성의 틀 내에서 정치사회현상을 설명했던 구조기능주의와 마르크스주의를 넘어서는 탈근대 정치사회학의 패러다임이 다시 시민사회와 시민운동 연구를 폭발적으로 증가시켰다. 특히 1980년대와 1990년대는 서구에서는 오랜 전환의 시기를 가졌던 사회과학 패러다임이 한국사회에서는 응축적으로 전환됨으로써 연구성과 또한 급속한 속도로 쏟아지는 경향이 있었다.

둘째, 1990년대 이후 정치사회·사회운동 분야의 연구주제가 급속하고도 다양하게 확대되었다. 1980년대 국가 연구가 복원되는 성과가 있었지만 1990년대는 정치사회연구의 해빙기라 할 만큼 많은 연구주제가 새롭게 부가되었다. 민주화와 사회과학 패러다임의 전환에 힘입어, 특히 시민사회와 시민운동에 관한 주제가 획기적으로 확대되었고 2000년대 이후에는 훨씬 더 구체적이고 심층적인 연구과제로 확대되었는데, 현대사의 주요 고비마다 가려져 있었던 정치사적, 운동사적 사건들이 주요 연구쟁점으로 등장했다.

셋째, 연구방법의 지속적 발전이 있었다. 한국에 실증주의 사회학이 본격적으로 도입된 것을 1960년대로 본다면 정치사회학 분야는 이 시기부터 실증적 연구방법이 시도되었다. 앞에서 언급한 바와 같이 1970년대에는 사회운동 연구에도 실증적 방법이 적용되었고 구한말에서 일제 강점기하의 민족국가 건설운동에 대한 연구가 역사 사례분석의 한 흐름을 만들기도 했다. 1990년대 이후 이 분야 연구의 팽창과 함께 실증적 방법도 정교화되어 제도분석이나 네트워크 분석에 발달된 통계적 방법이 적용되었다. 특히 정치사회·사회운동 연구분야에서 2000년대 이후에는 구술사 연구와 같은 질적 방법이 적극적으로 시도됨으로써 연구방법의 지평을 넓혔다.

이 같은 연구성과에는 한계 또한 뚜렷이 동반되었다.

첫째, 무엇보다도 기존의 사회학 패러다임이 정치사회학 분야 가운데 사회운동 분석의 뚜렷한 한계로 작용했다. 구조기능주의는 패러다임 자체가 운동의 일면적 분석의 한계를 갖지만 이 패러다임이 지배했던 시기에는 오히려 억압적 환경이 연구를 제약하는 면이 컸다. 1980년대 마르크스주의 패러다임은 계급혁명적 해석에 치우쳐 사회운동 연구의 학술적 성장을 제약했다. 1990년대 이후 탈근대 정치사회학의 패러다임은 공동체 해체적 현실에서 다종다양하게 나타나는 분열된 저항의 현상 형태를 드러내는 데 몰입함으로써 이론의 질서 또한 해체된 현실을 보여주었다.

둘째, 시민사회의 분출하는 욕망에 대한 관심은 팽창하지만 기존 제도와 제도의 전환에 대한 관심은 미흡했다는 점이다. 이러한 경향은 특히 국가영역에 대한 연구관심을 약화시키는 결과를 가져왔다. 최근 한국의 정치사회학 영역에서 정부관료제나 정당의 사회적 원천에 대한 분석은 찾아보기 쉽지 않다.

셋째, 1990년대 이후 시민운동에 대한 관심이 폭증했음에도 2000년대 이후 시민운동의 변화에 대한 관심은 찾기 어렵다. 온라인이나 SNS와 관련된 시민운동의 변화에 대해서는 연구관심이 폭증했지만 시민운동의 보다 궁극적 변화경로를 설명하는 이론적 전망은 여전히 찾아보기 힘들다.

## 2) 정치사회 실천담론의 성과와 한계

정치사회·사회운동 연구분야는 현실 정치사회의 변화에 민감할 뿐만 아니라 정치사회 영역의 주요 이슈에 담론적 참여와 개입이 왕성한 분야이다. 이 과정에서 이 분야의 학술담론은 실천담론으로 작동함으로써 현실의 정치사회와 정부정책을 선도하기도 하고 때로는 비판적 저항담론을 만들기도 한다.

이 분야의 사회학이 가장 격렬한 저항담론을 형성했던 때는 아무래도 1980년대 민족, 민주, 민중담론에 참여해서 사회구성체 논쟁, 국가 논쟁, 노동정치 논쟁 등을 주도했던 시기였다. 일부의 국가 논쟁과 노동정치 논쟁과 같이 학술적 성과를 남긴 것도 있지만, 당시의 사회구성체론 일반은 혁명의 실현을 위한 이론적 수단으로 제시되었기 때문에 뚜렷한 학술적 한계를 가졌다. 그러나 이러한 실천담론은 현실정치와 맞닿아 있는 이 분야의 본원적 성격과 결부된 것이며, 또 이 같은 실천담론이 실질적으로 저항운동의 이론적 동력으로 작동함으로써 직선제 개헌과 민주화의 성과를 얻었다고 말할 수 있다.

한국사회학회의 학술행사 가운데 일상적 연구성과를 발표하는 전후기 사회학대회가 아닌 특별 심포지엄은 시기적으로 주요한 정치사회적 이슈를 중심으로 논의의 장을 연다는 점에서 실천담론에 가깝다. 1980년대는 비판적 진보학자들의 실천담론이 맹위를 떨치는 가운데 제도 학회로서도 1984년에 '사회갈등과 사회발전', 1989년에 '한국의 지역주의와 지역갈등'이라는 주제의 특별 심포지엄을 개최했다. 이러한 이슈는 비록 '민주화'의 문제에 직접 대면하는 방식은 아니었다고 하더라도 1980년대 민주화 과정에 제도 학계의 문법으로 개입하는 일종의 실천담론이었다고 할 수 있다. 특히 지역주의와 지역갈등에 관한 담론은 1987년 대선과 1992년 대선에서 극단적으로 요동친 지역주의에 대한 비판적 개입의 의미를 담는다.

1990년대는 민주적 정치제도가 공고화되는 시기였다. 이 시기는 실천적 맥락에서 저항과 변혁의 새로운 거점을 시민사회에서 찾고자 하는 비판사회학의 관심이 제도 학계에 영향을 미침으로써 1992년에

'한국의 정치변동과 시민사회'를 주제로 한 학술회의를 한국사회학회와 한국정치학회가 공동으로 개최했다. 1994년에는 김영삼 정부의 개혁정치와 교호적 쟁점으로 '한국사회개혁의 과제와 전망'을 다루었다. 나아가 1997년에는 1987년 이후 민주화 과정을 평가하고 향후의 정치변동을 전망하는 학술회의 '한국 민주화 10년: 평가와 전망'이 한국정치학회와 공동으로 개최되었다.

2000년대 한국사회는 1997년 외환위기 이후 신자유주의 세계질서로 빠르게 재편되는 가운데 정치적으로 크게 위축된 시기였다. 이 시기에 새로운 가능성을 연 것은 남북 정상회담과 남북한의 화해 분위기가 조성된 것이었다. 김대중 정권에 이어지는 노무현 정권의 대북 소통은 남북한의 통합에 대한 기대를 갖게 했다.

신자유주의 시장질서의 거대한 도전에 직면한 국가와 시민사회의 새로운 과제에 대한 현실적 고민은 2001년 한국사회학회와 한국정치학회가 공동으로 개최한 '한국사회의 대변환'이라는 주제에 응축되어 있다. 아울러 2000년 6월 15일 역사적인 남북정상의 만남 이후 남북한의 변화를 전망하는 학술회의가 2001년에 '6·15공동선언 이후 남북한 사회통합'이라는 주제로 개최되었다. 2004년에는 신자유주의 시장화 경향으로 해체되는 공동체를 견인할 수 있는 기업과 시민사회의 새로운 역할을 조망하는 학술회의가 '21세기 한국의 기업과 시민사회'라는 주제로 열렸다.

2000년대 후반에는 주로 2008년에 집권한 이명박 정부의 정책과제와 결합된 담론이 전개되었다. 2008년에는 건국 60주년을 기념하는 한국사회학회의 학술행사 가운데 '한국사회의 정치·사회의식 변화와 전망'이라는 주제가 정치사회학 영역과 비교적 가깝다 할 수 있고, 2010년에는 '한국의 사회갈등과 통합방안'이라는 특별 심포지엄이 개최되었다.

끊임없이 새로운 정치적 수사를 동원하는 이명박 정권은 급기야 '공정사회'를 구호화했는데 새로운 수사가 동원될 때마다 학계는 이론적이고 실증적으로 이를 뒷받침하기 위해 모여드는 경향이 있었다. 2011년에 한국사회학회는 '공정사회: 새로운 패러다임'이라는 주제의 학술회의를 개최했다.

한국사회학회가 주관하는 정치사회 관련 학술적 실천담론이 당대의 뜨거운 쟁점을 직접 다루거나 특정의 쟁점에 대해 보다 본질적 접근을 시도하는 데 주저하는 경향을 보였다면, 2008년에 창립된 한국정치사회학회는 정치사회의 주요 이슈에 더욱 과감하게 직접 부딪히는 방식으로 실천담론을 주도했다. 2008년 창립기념 심포지엄에서 한국 정당정치의 문제를 직접 다루는 '정당정치와 한국사회의 미래'를 시작으로, 2008년 '촛불집회와 한국사회', 2009년 '서울의 현재, 미래의 서울', 2009년 '한국의 사회변동과 정당정치: 전망과 과제', 2010년 '광주항쟁 30년과 한국 민주주의의 미래', 2011년 '한국 복지정치의 대전환' 등을 주제로 한 학술회의가 열렸다.

한국 정치의 가장 심각한 지점은 정당정치라고 할 수 있다. 이러한 정당정치의 문제에 대해 정치사회학은 물론이고 정당정치 연구를 본령으로 삼는 정치학에서도 사회변동에 따른 근본적이고도 실질적 접근은 회피하는 경향이 있었다. 한국정치사회학회에서는 이러한 이슈를 직접 대면했고, 촛불집회, 5·18 민주화운동 그리고 최근 우리 사회의 가장 뜨거운 쟁점이라고 할 수 있는 복지에 관한 정치사회학적 대응을 시도함으로써 기존 학계의 실천담론보다 진일보한 모습을 보이기도 했다.

이와 같이 정치사회와 사회운동 연구분야는 실천적 담론을 통해 꾸준한 현실개입의 성과를 만들었음에도 불구하고 뚜렷한 한계를 갖는 것도 사실이다.

첫째, 1980년대 이래 제도 학계의 정치사회학적 현실개입은 '우회적 담론'을 넘어서지 못했다. 예컨대 '갈등'이나 '지역주의' 이슈를 다루더라도 우리 사회에 핵심적 이념갈등이나 지역주의 확산의 실질적 동력이었던 지역정치적 분할이라는 정치적으로 의도된 지역주의를 직접 공략하지 않고 사회학의 원론적 범주로 접근함으로써 보다 근원적 문제를 우회하는 경향이 있었던 것이다.

둘째, 2000년대 이후 우리 사회의 핵심적 정책과제에 대해 정치사회학분야에서는 눈을 감는 '회피적 실천담론'의 경향을 보였다. 양극화, 복지, 다문화, 고령사회 등의 우리 시대 사회변동의 핵심적인 정책이슈에 대해 다양한 학문분야에서 접근함에도 불구하고 정치사회학은 실질적 삶의 이슈를 정치사회학적으로 해석해내는 데 무력했던 것이다.

셋째, 2000년대 후반의 정치사회적 이슈들은 '동원화된 실천담론'의 한계를 드러냈다. 특히 이명박 정부의 정책과제에 대해 민감하게 수용함으로써 실천담론을 자율적으로 이끌지 못하는 한계를 보였다. 특히 '건국 60주년' 기념 학술행사는 1948년 정부수립 60주년을 기념하는 행사인데, 당시 정권의 몰역사적이고 탈헌법적이라고도 할 수 있는 편중된 역사관에 바탕을 둔 '건국' 개념을 특별한 합의 없이 학회에서 수용함으로써 더더욱 정부 동원적 성격을 드러냈다. 물론 최근의 많은 학술적 실천담론이 학술회의라는 공론장을 통해 가시화되는 경우 후원과 지원금의 향배를 쫓는 경향을 부인할 수 없다. 정치사회와 사회운동 분야에서 현실담론을 선도하는 자발적 이슈 개발에 더 많은 관심과 고민이 필요한 시점이다.

## 4. 정치사회 · 사회운동 연구의 미래

### 1) 현재의 위기: '추월'과 '해체'

한국사회에서 정치영역이 위기적 상황에 든 것은 오랜 일이다. 무엇보다도 현실 정치사회의 위기의 본질은 시민의 앞서가는 정치적 욕구와 변화하지 않는 정치제도의 지체에 있다. 국가 영역의 대의적 질서와 시민사회의 정치적 욕구가 만들어내는 새로운 정치양식 간의 큰 간극이 오늘날 정치위기의 핵심으로 자리 잡은 것이다.

근대 사회구성체를 구성하는 정치질서의 근간으로서 대의적 정치제도는 국가주의정치, 이념정치, 정당정치의 요소로 이루어졌다. 반면에 오늘날 정치의 영역은 국가와 이념과 정당의 영역을 넘어 사회적이고 문화적이며 개인적인 영역으로 확대된다. 적어도 정체된 제도가 시민사회의 정치적 욕구를 담아내지 못함으로써 나타나는 정치변동의 위기는 지구적으로 전개되는 사회경제적 변동과 함께 증대하는 불확실성으로 인해 훨씬 더 가중된다.

이러한 현실 정치변동의 위기는 정치질서를 새롭게 재구성함으로써 넘어설 수 있으며, 새로운 질서는 정치변동에 대한 정치사회학의 설명력과 예측력에 결부되어 있다. 이 점에서 현실 정치변동의 위기가 길어지는 것은 정치사회학의 오랜 위기를 반영한다.

정치사회와 사회운동 연구의 위기는 다른 무엇보다도 정치사회학적 과제로서의 '낡은 것'과 '새로운 것'에 대한 설명과 예측의 위기라고 할 수 있다. 낡은 것은 국가주의와 냉전이념, 정당정치로 구성된 대의적 정치질서이며, 새로운 것은 시민사회의 팽창하는 정치적 욕구가 만들어내는 새로운 정치행위들이다. 오늘날 정치사회 및 사회운동 연구의 현실은 이 같은 낡은 것을 '추월'하고 새로운 것을 '해체'하는 양상을 보인다는 점에 주목해야 한다. 말하자면 추월과 해체의 두 가지 경향이 정치사회학의 현재 위기를 반영하는 것이다.

먼저 정치사회·사회운동 연구의 추월적 경향은 현존하는 대의민주주의의 오랜 질서와 정치사회학 연구에서 일종의 '불균등 발전'을 의미한다. 1960년대 이후 정치사회학 연구의 동향을 보면 적어도 1990년대 중반까지만 해도 현실정치와 사회과학 패러다임의 제약으로 인해 이 분야의 연구가 크게 지체되었다. 사회운동 연구 또한 격렬한 운동의 시대가 지나고 1990년대 중반 이후 본격적으로 연구가 시작됨으로써 정치사회학이 현실정치를 따라 잡지 못하는 지체현상이 뚜렷했다. 어둠이 깃든 후에야 날개를 펼친다는 미네르바의 부엉이론이 정치사회학에도 어울리는 가설로 위안 삼을 수 있었던 시기였다.

그러나 1990년대 중반 이후 정치사회 및 사회운동 연구분야는 새롭게 분출하는 시민사회의 정치적 욕구에 대한 관심이 증대함으로써 연구쟁점이 빠르게 이동했다. 말하자면 1990년대 중반 이후 최근까지 정치사회학은 이전부터 전해진 대의적 정치질서가 여전히 강하게 지탱하는 상태에서 학술적 연구는 이미 탈근대적 정치변동에 주목함으로써 기존의 제도와 정치질서에 대해서는 체계적인 학술적 관심을 가질 겨를 없이 새로운 것으로 이동하는 학술관심의 추월현상을 드러냈던 것이다.

정치변동의 위기현상 가운데 가장 궁극적 위기는 현재의 대의적 제도에 있다. 이러한 대의제의 위기적 현상이 다양하고도 치밀하게 다루어져야 함에도 불구하고 1990년대 중반 이후 정치사회학은 이를 빠르게 지나쳐 새로운 시민정치에 관심을 쏟음으로써 학술연구의 추월적 경향을 보인 것이다. 오늘날 공공적 지지가 크게 약화된 대의민주주의의 요소는 그 자체로 공공성의 위기를 보여주는 것이고,

이러한 공공성의 위기에 대해 보다 체계적 분석이 필요한 조건에서 정치사회학은 이를 추월함으로써 실질적 분석의 공백을 드러냈다.

이러한 분석의 공백지대는 시민사회의 정치적 욕구가 탈근대적 정치양식을 빠르게 확장시킴에도 불구하고 제도영역의 현실정치는 여전히 대의민주주의의 포로가 된 조건에 대한 학술적 관심이 소홀했다는 사실을 보여준다. 무엇보다도 시장화와 개인화의 경향이 시민사회의 해체와 탈공공화를 확대하는 현실에서 새로운 규범과 질서의 구축은 기존 대의민주주의를 재구성함으로써 공공성의 범역을 넓히는 데 있다. 그럼에도 불구하고 정치사회학의 추월적 경향은 대의민주주의에 뿌리를 둔 현실의 위기에 눈감고, 나아가 공공성의 위기에 눈감는 결과를 초래하게 된 것이다.

정치사회·사회운동 연구의 추월경향은 기존의 제도영역 내에서 작동하는 주요 정책에 대한 정치사회학적 무관심을 동반함으로 해서 정책담론을 빈곤화하고 이념화하는 결과를 만들었다. 물론 정책담론에 대한 정치사회학적 개입이 없었던 것은 아니다. 그러나 예컨대 한반도 대운하 건설이나 4대 강 사업 등과 같은 엄청난 공공 갈등을 유발한 대규모 국책 이슈에 대해 정치사회학 분야에서 얼마나 체계적이고 분석적인 개입을 했는지 성찰해 볼 필요가 있다.

뿐만 아니라 양극화, 갈등, 고령화, 일자리, 다문화 사회 등과 같은 당면한 사회변동의 거대 이슈에 대해 정치사회학은 얼마나 성공적으로 개입했는가를 묻는다면 선뜻 답하기 어려운 것이 사실이다. 그러한 개입이 있다고 하더라도 언제나 당위적이고 형식적 논의에 그침으로써 정책의 공급자나 수혜자에게는 늘 등 가려운데 배 긁어주는 격이 되고 말기도 했다.

이 같은 거대 이슈는 단순히 하나의 정책이슈에 머무는 것이 아니라 체제변동이나 거대 전환의 사회변동과 연관된 이슈라고 할 수 있다. 어쩌면 정치사회학 영역에서 거대쟁점의 정책연구는 식물화됨으로써 주요 정책에 대한 정치사회학적 개입의 실패를 가져왔다고 할 수 있을 것이다.

정치사회학의 추월적 경향은 특히 1990년대 중반 이후의 연구에서 역사적 성찰의 취약성과 근원적 분석의 한계를 드러내기도 했다. 비록 2000년대 이후 이 분야 연구에서 현대사의 주요 사건에 대한 역사적 연구가 있으나 그 규모나 접근방식에서 여전히 한계를 보인다. 적어도 정치사회사적 사실에 대한 학술적 연구는 훨씬 더 역사적이며 근원적인 분석이 추구되어야 한다. 우리의 현대사, 특히 정치사회사적 사건은 많은 경우 국내 정치사회적 맥락뿐만 아니라 동아시아나 미국과의 국가 간 맥락이 개입되었다. 정치사회학의 추월경향은 이 같은 역사와 근원을 건너뜀으로써 정치사회적 변동에 대한 설명력과 예측력을 약화시키기도 했다. 현실 정치사회의 긴 위기와 정치사회학의 오랜 침묵은 역사와 근원에 대한 분석의 취약성에 기인한 바가 크다.

이처럼 오늘날 정치사회학의 위기는 연구의 추월경향과 더불어 새로운 정치사회 분석의 해체경향이 동반적으로 나타난다는 데 있다. 시민사회의 정치적 욕구가 분출해내는 새로운 가치, 새로운 정치이슈, 새로운 정치행위에 대한 다양한 쟁점은 무엇보다도 1990년대 이후 현실정치 패러다임으로서의 자유주의와 사회주의의 해체, 사회과학 패러다임으로서의 구조기능주의와 마르크스주의의 해체를 반영함으로써 근대성의 해체적 현실을 일정하게 공유한다.

이 같은 해체경향은 우선 정치사회학 분야 '학술담론'의 해체에 주목할 수 있다. 주지하듯이 근대성의 패러다임 해체는 새로운 대안적 패러다임을 등장시킨 것이 아니라 오히려 탈근대 정치사회학의 해체적 경향이 드러내는 무규범성을 확대시켰다. 신자유주의적 지향이든 포스트마르크스주의 지향이든 간에 근대적 질서의 해체와 관련된 무규범성을 당연시하는 측면이 있다. 따라서 새로운 질서와 관련된 대안적 담론의 출현이나 새로운 해석을 가능하게 하는 패러다임에 대해서는 여전히 침묵하는 것이다. 규범 없이 가능한 질서는 없다. 그러한 규범이 이전의 냉전적 이데올로기와 같이 강력한 통합과 동원을 가능하게 하는 이념은 아닐지라도 적어도 사회구성원의 공존을 가능하게 하는 새로운 규범은 필수적 요건이라고 할 수 있다.

오늘날 정치사회학의 연구관심은 시민사회의 새로운 정치욕구와 관련된 대단히 다양한 쟁점으로 확산되었다. 네트워크, 시민권, 집단지성, 거버넌스, 시장화, 자율화, 복합정체성, 초국적 운동, 탈국가, 민주주의, 지구화 등의 학술담론은 쟁점마다 다양한 접근이 가능하기 때문에 연구관심의 범위가 크게 확장된 사실을 보여준다. 그러나 이와 동시에 각 쟁점에는 근대적 질서에 공유된 규범적 의미가 해체됨으로써 탈규범성이 크게 반영되어 있다. 학술적 지향을 공유하는 패러다임의 규범성뿐 아니라 현실의 사회변동이 지향하는 실천적 규범 또한 해체된 현실에서 정치사회학의 설명력과 예측력은 결코 확보될 수 없다. 탈규범의 정치사회학이 현실정치를 선도하는 담론의 출현과 새로운 정치현상에 대한 해석을 지체시키는 동안 정치사회학 분야에서 '아노미의 시대'는 깊어진다.

'학술담론'의 해체경향이 정치사회학의 위기를 지속시키는 한편 이러한 해체경향을 더욱 가속화시키는 것은 오늘날 한국사회에서 대부분의 학문영역이 겪는 '학술과정'의 해체경향이다. 오늘날 한국의 대학은 신자유주의적 경쟁문화를 진지한 성찰 없이 빠르게 도입함에 따라 거의 모든 학문영역은 논문 편 수 늘리기와 해외저널에 논문 싣기에 몰입한다. 대학과 학계는 학술분야에 맹목적 양화의 비극을 심는

데 혼신의 힘을 쏟음으로써 학문의 주체가 학술과정의 경쟁적 해체를 스스로 독려하는 셈이 되고 말았다. 이 같은 학술과정의 해체적 경향은 연구비 확보경쟁을 동반함으로써 자발적 공동연구를 찾기 어렵게 했고, 근원적이고 누적적 연구를 가능하게 하는 연속적 연구조건을 해체시키기도 했다. 아울러 논문 수 채우기에 급급한 학술과정은 호흡이 긴 의미 있는 단행본과 같은 저술이 자취를 감추는 결과를 가져왔다. 학술적 자생성과 누적성을 해체시키는 이 같은 흐름은 결국 정치사회학의 서구 의존성을 재강화하는 효과를 가질 것이 분명하다. 정치사회학 영역에 아노미와 분열의 시대가 길어진다.

## 2) '신규범주의' 정치사회학의 모색

이제 정치사회 및 사회운동 연구분야의 현재적 위기는 '추월'과 '해체'의 경향에 대한 진지한 성찰을 통해 새로운 전환을 모색함으로써 전환의 가능성을 찾아야 한다. 새로운 모색이 좁게는 정치사회 현상을 해석하는 이론을 모색하는 것일 수 있지만 넓게는 새로운 사회과학 패러다임을 추구하는 과정일 수 있다. 무엇보다도 우리 시대 정치사회학의 위기는 정치사회의 현실과 정치사회학 학술담론의 동반적 해체에 따른 것이기 때문에 현실 정치사회의 당면한 필요와 당위에 바탕을 둔 새로운 규범지향의 학술패러다임이 절실하다.

정치사회 영역의 새로운 질서를 가능하게 하는 규범적 학술담론은 어디에서 출발해야 할 것인가? 추월과 해체의 정치사회학을 새롭게 재구성할 여지를 어디에서 찾을 것인가? 근대성의 규범이 해체되는 조건에서 우리 시대의 사회구성원이 전혀 새로운 지향성을 갖지 못하는 것은 아니다. 신자유주의 시장화의 거대경향 속에서도 삶과 공동체를 방어하기 위한 저항과 실천이 지속되었고, 특히 2008년 세계

경제 위기 이후 새로운 규범을 지향하는 시도는 다양하게 확대된다. 이러한 시도에서 새로운 실천규범과 학술규범의 단초를 찾을 수 있다. 그러한 조건으로 다음과 같은 사실에 주목할 수 있다.

첫째, 국가주의 정치패러다임의 해체경향과 부적합성이 드러나는 조건에서 시민사회 지향의 정치패러다임이 확대된다. 국가주의의 억압적 공공성과는 달리 시민사회 지향의 정치는 훨씬 더 능동성에 바탕을 둔 새로운 공적 질서의 가능성을 제공한다.

둘째, 냉전이념과 이데올로기적 제도의 구속으로부터 벗어나 자아실현과 자기확장의 정치를 추구하는 경향이 확대된다. 2000년대 이후 시민운동의 흐름에서 나타나는 생활정치운동의 주류화 경향에는 이러한 점이 반영되었다.

셋째, 정당정치를 비롯한 대의적 제도는 점점 더 생동감을 잃고 무력해지는 반면, 온라인 네트워크를 통한 대안적 정치결사체의 다양한 실험이 시도된다. 이러한 새로운 정치실험은 기존의 대의적 질서의 해체경향을 반영하는 점도 있지만 다른 한편 새로운 정치질서를 만들어가는 측면을 발견할 수 있다.

넷째, 이 같은 시민사회의 능동정치, 탈이념과 자아실현의 정치, 네트워크 정치의 실험 등은 객체화되고 통제적인 제도중심 정치질서에서 벗어나 '사람' 중심의 정치규범을 공유하는 시도가 늘어난다는 점을 알 수 있게 한다.

다섯째, 협동조합운동과 같은 사회적 경제활동은 단순한 경제활동이 아닌 새로운 삶의 방식을 실험하는 운동이라는 측면에서 일종의 정치양식이기도 하다. 더구나 이 같은 새로운 정치양식은 이전의 근대성의 정치질서가 내재한 침략과 전쟁, 폭력과 착취, 억압과 갈등의 정치를 넘어 협력과 공감의 공적 질서를 추구하는 일종의 대안적 정치패러다임으로 해석할 수도 있다.

현실의 정치사회 변동을 이끄는 이러한 정치지향과 정치양식은 정치사회학의 새로운 패러다임을 모색할 수 있는 가능성을 열어준다. 이러한 모색의 과정에서 추구되는 새로운 정치사회학은 무엇보다도 패러다임의 전환기에 추월과 해체의 위기를 넘어설 수 있는 설명과 해석의 새로운 이론적 규범을 지향해야 하며 현실의 정치사회에서 공적 질서를 재구성함으로써 새로운 실천의 공공적 규범을 생성할 수 있게 하는 요소로 구성되어야 한다.

　이 같은 규범지향과 규범생성의 정치사회학은 패러다임 전환기의 과도적 시대에 새로운 정치사회학, 나아가 사회과학의 새로운 패러다임을 추구하는 사회학적 시도라고 할 수 있다. 이러한 정치사회학은 근대의 질서가 만든 강고한 냉전이념의 해체를 조건으로 한다면 자유주의나 사회주의 혹은 사민주의와 같은 전일적 국가이념에 기반을 둔 것이 아니라 공존 가능한 가치에 기반을 둔 규범적 질서를 추구한다고 하겠다.

　이러한 시도를 새로운 규범형성의 정치사회학으로서의 '신규범주의'라고 부르고 이를 시론적으로 다루어볼 수 있다. 신규범주의 정치사회학은 기존의 사회과학 패러다임이 해체된 오랜 침묵의 시기를 넘어서기 위한 패러다임 전환의 과도기적 시각이라고 할 수 있다. 그런 점에서 마치 구조기능주의 패러다임이 체계화되기까지 인류학을 비롯한 여러 학문 분야에서 기능적 설명방식이 누적되었던 것처럼 중범위적 이론의 축적이 필요할 수 있다.

　신규범주의 정치사회학은 우선 규범지향적이라는 점에서 이상적 객관과학을 추구하기보다는 오히려 마르크스주의와 같은 규범철학이나 역사철학적 전통의 끈을 놓지 않으려는 고민을 반영한다. 무엇보다도 공동체적 삶을 파괴하는 사회변동의 오랜 위기와 이에 침묵하는 사회과학의 오랜 정체 속에서 새로운 패러다임은 공공성 복원의 규범지향을 갖지 않을 수 없기 때문이다.

다른 한편 신규범주의적 시각은 해체된 미래나 불확실성의 지속에 주목하기보다는 새로운 학술규범의 형성을 추구하기 때문에 쿤(T. S. Kuhn)의 정상과학론(*normal science*)이나 패러다임 전환론과 결부되는 사회구성주의 시각에 상응한다. 새로운 패러다임은 과학자와 사회가 합의하는 의미의 구성물이다. 그러한 패러다임을 전제로 한 모든 분석적 활동은 정상과학인 것이다. 이런 점에서 신규범주의적 시각은 사회과학적 맥락에서 패러다임의 해체와 새로운 패러다임의 지체 사이에서 '탈정상과학적' 활동의 누적을 통해 새로운 패러다임과 정상과학을 추구하는 과도기적 이론지향이라고 말할 수 있는 것이다.

신규범주의 정치사회학은 기존의 사회과학 패러다임을 성찰하고 새로운 규범을 추구하는 몇 가지 이론적 전략을 갖는다.

첫째, 신규범주의 이론은 '역사발생론적 접근'을 포함한다. 역사발생론 혹은 역사 맥락적 접근은 정치사회와 사회운동에 관한 보다 근원적이고 비판적인 분석을 가능하게 해준다. 주지하듯이 1980년 대 비판사회학은 혁명적 규범주의라고 말할 수 있는 과도한 규범지향성을 가짐으로써 보다 정교한 분석을 제약했으며 탈냉전의 지구적 변화와 함께 빠르게 쇠퇴했다. 따라서 역사발생론적 접근은 현실의 분석 대상을 낳게 한 역사, 구조, 맥락에 대해 보다 근원적으로 설명함으로써 이전의 비판사회학에 비해 훨씬 더 분석적 정교성을 더하는 이론적 시각이라고 할 수 있다.[6]

---

6 사회운동 분석의 '역사주기론'(조대엽, 2010)은 역사발생론적 접근의 주요 사례라고 할 수 있다. 역사주기론은 특정의 역사적 국면에서 전개되는 사회운동은 역사국면의 프레임의 효과 속에서 형성되는 독특한 역사적 구조를 반영하면서 연속성을 보이는 데 이러한 사회운동 분석의 시각은 무엇보다도 운동 발생과 전개의 역사적 맥락에

여기에는 두 가지 연구의 방향이 가정될 수 있다. 하나는 현실의 규범과 질서, 즉 대의민주주의와 같은 기존 제도와 질서의 정합성에 대해 발생론적이고 역사구조적인 설명을 추구함으로써 성찰적 탐색의 지평을 넓히는 방향이며, 다른 하나는 오늘날의 정치사회 구조에 깊이 내재된 침략과 종속의 정치질서에 대한 역사맥락적 접근을 시도하는 일이다.

둘째, 신규범주의는 '공공성 재구성의 관점'을 지향한다. 우선 신규범주의는 사회해체에 따른 공공성의 위기를 탈근대 해체주의적 입장이 아니라 공적 질서를 새로운 공공성으로 재구성하는 입장을 갖는다. 특히 공공성이 고정된 질서가 아니라 사회적으로 구성된 질서라는 점에서 공적 질서에 대한 의미의 구축이 역사적으로 달리 나타난다는 점을 강조한다. 말하자면 전제적 왕권의 질서에서 형성된 절대적 공공성은 근대 민족국가의 출현과 함께 국가공공성의 질서로 전환되었고 우리 시대에 이러한 국가공공성은 해체적 경향을 띠면서 새로운 공공성의 질서로 재구성되는 것이다. 이러한 공공성 재구성의 관점에서는 기존의 국가공공성을 재구성하는 새로운 공적 질서로서의 중위 수준의 공공성이나 미시 수준의 공적 질서에 주목한다.

공공성을 국가 영역의 질서에 국한된 것이 아니라 보편적 사회질서로 보는 이러한 입장은 중위공공성이나 미시공공성의 보다 정교한 분석적 요소를 구분하거나 공공성을 구성하는 다차원의 질서에 대해 훨씬 더 분석적으로 접근해야 한다. 예컨대 공공성을 구성하는 공민적 질서, 공익적 질서, 공개적 질서 등에 대한 분석적 접근(조대엽, 2012; 조대엽·홍성태, 2013)을 다양한 방식으로 시도함으로써 새로운 공적 질서의 미래규범 생산을 지향해야 할 것이다.

---

주목하는 관점이라고 말할 수 있다.

셋째, 신규범주의 정치사회학은 미시정치와 미시민주주의의 관점을 포괄한다. 근대정치질서의 구심인 국가의 운영원리는 선진사회의 경우 대의민주주의가 보편적이다. 대의민주주의는 근대 사회 구성의 질서를 국가와 시민사회로 구분하고 국가의 영역을 정치와 행정의 제도를 구성하는 정치영역으로 규정했던 것이다. 이 경우 대의정치는 시민의 실질적 삶과 분리된 타자화된 정치구조를 만들었고 그러한 질서는 오늘날 시민의 실질적 정치욕구를 반영하지 못함으로써 점차 퇴화한다. 어쩌면 우리 시대의 새로운 정치와 민주주의는 대의적 절차의 여부가 아니라 사회구성원들이 스스로를 표현하고 실현하는 자기실현과 자기확장의 수준이 어느 정도인가에 따라 판가름되어야 한다.

이 점에서 정치는 개인의 미시적 욕구를 해결해주는 미시적 제도를 구축하고 운영하는 방식으로 바뀌어야 하고 민주주의 또한 형식적 제도의 민주주의를 넘어 실질적 삶의 욕구를 충족시키는 민주주의로 진화되어야 한다. 이런 점에서 신규범주의 정치사회학은 미시적 삶의 과정을 정치화하는 생활정치에 주목해야 하며 나아가 '생활민주주의'의 진화된 정치패러다임을 지향해야 한다.

2000년대 이후 한국의 시민운동은 생활정치운동을 주류화한다. 적어도 시민운동은 운동의 가치를 제도적으로 실현하는 것이 목적이라고 할 때 생활정치의 다양한 이슈들은 중앙정부나 지방정부의 정책적 지향과 결합됨으로써 생활민주주의를 실현하는 새로운 정치질서로 기능할 수 있다. 이러한 새로운 질서는 국가공공성에서 벗어나 '생활공공성'의 규범으로 재구성됨으로써 가능하다.

신규범주의 정치사회학은 이 같은 역사발생론적 접근, 공공성 재구성론의 관점, 생활정치의 관점을 포괄함으로써 광범한 연구과제를 다룰 수 있다. 역사발생론적 시각에서 사회운동 연구는 말할 것도 없고 미국과 일본에 대한 연구 또한 이러한 시각에서 전면적이고도 적극적인 연구가 활성화되어야 한다. 미국이나 일본에 대한 관심은 기존의 국제정치나 국제관계론의 시각을 넘어 한국사회의 현재적 질서가 미국과 일본과의 관계에서 역사적으로 내장된 요소를 역사맥락적 측면에서 드러내고자 하는 분석적 시도와 결합되어야 한다.

통일의 정치사회학 또한 이 점에서 예외일 수 없고 현존하는 정부 및 대의적 제도에 대해서도 이러한 시각의 연구가 폭넓게 시도되어야 한다. 민주주의의 실험적 양식으로서의 생활정치운동과 생활공공성의 다양한 사례들이 미시정치적이고 역사발생론적 시각에서 탐색되어야 하는 것 또한 과제이다. 공공성에 대한 연구가 이데올로기적 편견과 국가중심의 시각에서 벗어나 공공성재구성론과 미시정치적 시각, 역사발생론의 시각에서 다각적으로 연구되어야 하는 것은 신규범주의 정치사회학의 당면한 과제이다.


## 5. 결론: 신규범주의 정치사회학의 전망


우리 시대는 공적 질서의 해체와 학술 패러다임의 해체가 중첩적으로 장기화되는 아노미의 시대를 맞았다. 탈근대성의 확대와 탈냉전, 신자유주의 시장화, 정보화, 지구화의 거대경향은 적어도 국가중심의 근대적 질서를 지탱하는 현실규범을 해체시키고 이러한 현실규범을 대상으로 하는 사회과학의 이론규범을 동반적으로 해체시켰다. 정치사회와 사회운동은 이러한 사회변동에 직접적으로 연관되기 때문에 이를 연구대상으로 하는 정치사회학 또한 이러한 변동에 민감하다.

따라서 오늘날 사회과학은 과학적 분석을 통해 대상세계의 진리를 밝히는 객관적 학술과제와 더불어 파괴되는 공공의 삶을 재구성하고 이를 가능하게 하는 규범지향성이 절실하다. 정치사회와 사회운동 연구분야는 이런 점에서 사회과학의 다른 분야보다 현실개입적이고 규범생성적 이론을 적극적으로 축적해야 하는 과제에 직면했다.

정치사회학 분야의 학술적 위기를 진단하고 미래를 전망하고자 한 이 글은 우선 이 분야의 기존의 연구동향 속에서 그 성과와 한계를 살폈다. 정치사회학뿐 아니라 사회학 분야의 학술적 성과가 누적되기 시작하는 시점을 1960년대로 볼 때 이후 정치사회학 분야의 연구 흐름은 1970년대 사회운동 연구의 새로운 시작, 1980년대 국가 연구의 부활, 1990년대 시민사회와 사회운동 연구의 개방, 2000년대 이후 시민사회의 다양한 정치적 욕구에 대한 관심 증폭 등으로 요약될 수 있다. 이러한 연구동향과 성과의 주요 특징은 그간의 정치사회학 연구가 사회학 패러다임의 응축적 전환과정에서 오히려 연구성과를 역동적으로 생산했다는 점, 1990년대 이후 정치사회·사회운동 분야의 연구주제가 급속하고도 다양하게 확대되었다는 점 그리고 연구방법이 지속적으로 발전된 점 등을 들 수 있다.

이러한 성과에도 불구하고 몇 가지 한계를 들 수 있는데, 첫째는 기존의 사회학 패러다임이 정치사회학 분야 가운데 특히 사회운동 분석의 뚜렷한 한계로 작용했다는 점이다. 둘째, 시민사회의 분출하는 정치적 욕구에 대한 연구관심은 증가했지만 기존의 제도와 제도의 전환에 대한 관심은 부족했다. 셋째, 1990년대 이후 사회운동에 대한 관심, 특히 시민운동에 대한 연구가 확대되었으나 2000년대 이후 시민운동의 경로에 대해서는 연구관심이 크게 줄어들었다.

다른 한편으로 정치사회학 분야는 학문의 특성상 실천담론의 성과와 한계 또한 주목할 지점이다. 이 분야의 실천담론은 꾸준한 현실개입의 성과에도 불구하고 1980년대 이래 제도 학계의 현실개입이 '우회적 담론'에 머물렀다는 점, 2000년대 이후 우리 사회의 핵심정책과 제에 대해 외면하는 '회피적 실천담론'의 경향을 보인 점, 2000년대 후반의 정치사회적 이슈는 '동원화된 실천담론'의 한계를 드러낸 점 등이 지적되었다.

무엇보다도 정치사회·사회운동 연구분야의 현재의 위기는 '추월'의 위기와 '해체'의 위기로 요약될 수 있다. 적어도 1990년대 중반 이전까지 정치사회학 분야는 현실의 정치변동을 설명하는 데 지체되었다. 그러나 1990년대 중반 이후 이 분야는 새로운 시민사회의 정치적 욕구에 대한 연구관심을 증폭시킴으로써 기존 제도에 대한 보다 체계적인 연구의 필요성을 추월하는 결과를 가져왔다. 현실 정치사회의 위기는 다른 무엇보다도 기존의 대의적 제도가 사회변동에 제대로 적응하지 못해서 나타났지만 기존의 제도에 대한 연구의 공백은 이 분야 연구에서 너무 빠른 추월적 연구의 위기를 그대로 보여주는 것이기도 하다.

다른 한편, 근대성을 구축하는 기존의 사회과학 패러다임이 현실의 설명에 무력함을 보이는 반면 새로운 패러다임의 등장은 지체됨으로써 해체의 위기가 깊어진다는 점이 강조되었다. 특히 정치사회학분야의 주요 연구경향에는 근대성의 규범을 바탕으로 공유된 의미가 해체되었기 때문에 우리 시대 정치사회학의 설명력과 예측력의 심각한 위기를 초래했다. 패러다임의 해체에 따른 위기와 함께 학술활동의 해체적 경향은 위기를 가중시켰다. 특히 대학과 학술연구 분야에 신자유주의 경쟁문화의 도입은 학술영역의 성취를 양적 등위로 치환함으로써 맹목적 양화와 경쟁적 해체의 비극을 부르게 되었다.

이 글에서는 이 같은 추월과 해체의 위기에 대응하는 정치사회 연구의 방향을 '신규범주의'로 규정하고 이를 시론적 수준에서 탐색했다. 신규범주의는 새로운 정치사회학이 현실의 공적 질서를 재구성하는 새로운 규범형성에 실천적으로 개입해야 하며 사회과학의 대안적 패러다임으로 이어지는 이론규범을 추구해야 한다는 점을 강조한다. 신규범주의적 접근은 정치사회학을 포함하는 사회과학의 위기가 연속되는 긴 전환의 시대에 모색되는 규범형성의 이론적 지향이다. 오늘날의 사회변동의 특성으로 볼 때 신규범주의의 '규범'은 체제이데올로기와 같은 거대규범을 지향하는 것이 아니라 사회적 공존을 가능하게 하는 자율규범에 주목한다. 이러한 점들에서 신규범주의는 정치사회의 질서를 설명하는 이론체계로 발전될 수 있을 뿐 아니라 정치사회학이 지향해야 할 학술연구의 방향을 지칭하는 것이기도 하다. 이 같은 이론체계와 연구의 방향은 역사발생론적 관점, 공공성 재구성의 관점, 미시정치적 관점 등에 기반을 둔 다양한 중범위적 분석을 통해 추구되어야 한다.

신규범주의의 논리가 보다 체계적이고 실효적인 전망을 갖기 위해서는 몇 가지 중요한 논리적 성찰을 거쳐야 할 것으로 보인다.

첫째, 신규범주의는 기존 패러다임의 해체론과 재구성론 가운데 어떤 입장에 있는가를 분명히 할 필요가 있다. 더불어 '해체'와 '재구성'의 이론적 간격을 보다 면밀하게 탐색할 필요가 있다.

둘째, 무엇이 새로운 것인가에 답해야 한다. 규범주의라고 부를 수 있는 기존의 패러다임과 차이의 내용을 분명히 할 필요가 있다. 신규범주의가 부정하는 현실규범과 이론규범의 내용에 대한 체계적 접근이 필요할 뿐만 아니라 현실규범으로서의 체제이데올로기와 이론규범으로서의 사회과학 패러다임의 연속과 단절의 지점을 밝히는 것도 과제일 수 있다.

셋째, 신규범주의가 지향하는 미래규범의 질서는 무엇으로 개념화할 수 있는가? 말하자면 신규범주의의 유토피아는 어떻게 설정되며, '신규범'의 내용을 무엇으로 호명할 수 있는가에 보다 구체적으로 접근할 필요가 있다.

신규범주의의 논리는 오늘날 추월과 해체, 지체의 문제가 복합적으로 나타나는 정치사회와 사회운동 연구분야를 보다 규범지향적으로 구축하기 위한 고민의 일단이라고 할 수 있다. 이러한 논리의 확장을 위한 성찰의 과제는 어쩌면 우리 시대가 전망하고자 하는 미래의 정치질서, 미래의 패러다임을 보다 분명하게 하고자 하는 바람일 수 있다. 그러나 바람직한 미래규범을 선명하게 드러내는 순간 신규범주의의 과정적 정체성은 보다 경직되고 이념화된 패러다임으로 변화할 수 있다. 신규범주의의 불확실성과 불완전성은 오히려 차별화된 패러다임의 특징을 보여주는 것일 수도 있다.


## 참고문헌

강명구·방상훈, 1997, "정치적 상징과 담론의 정치: '신한국'에서 '세계화'까지", 〈한국사회학〉, 31권 봄호, 123~161쪽.

강수택, 2006, "사회적 연대 담론의 구조와 시민문화", 〈한국사회학〉, 40집 6호, 25~55쪽.

강윤재, 2011, "광우병 위험과 촛불집회: 과학적인가 정치적인가?", 〈경제와 사회〉, 89권, 269~297쪽.

강진연, 2012, "탈식민 국가형성 연구의 비판적 검토와 통합적 시각의 모색", 〈한국사회학〉, 46권 4호, 233~263쪽.

강진웅, 2010a, "북한의 국가권력에 대한 미시적 접근: 호전적 민족주의와 주민들의 삶", 〈한국사회학〉, 44권 2호, 155~194쪽.

_____, 2010b, "남북한의 국가와 가족: 체제 변화와 가족주의의 변형", 〈한국사회학〉, 44권 5호, 139~175쪽.

_____, 2011, "한국 시민이 된다는 것: 한국의 규율적 가버넌스와 탈북 정착자들

의 정체성 분화", 〈한국사회학〉, 45권 1호, 191~227쪽.

_____, 2012, "북한의 항일무장투쟁 전통과 민족 만들기: 민족주의와 권력, 담론, 주체", 〈한국사회학〉, 46권 1호, 24~63쪽.

_____, 2013, "대한민국 민족 서사시: 종족적 민족주의의 전개와 그 다양한 얼굴", 〈한국사회학〉, 47권 1호, 185~219쪽.

강현아, 2002, "5·18 민중항쟁과 여성활동가들의 삶: 여성주의적 접근", 〈한국사회학〉, 36권 1호, 171~194쪽.

고영복, 1967a, "정당과 파벌", 〈사회과학〉, 6권 1호, 129~144쪽.

_____, 1967b, "한국민족주의의 주도층과 리더쉽", 〈국제정치논집〉, 6권, 44~53쪽.

구은정, 2008, "사회운동 참여자들의 구술생애사를 통해 본 운동정체성의 변화: '변혁지향적·폭력적 민중운동 대 개량적·합리적 시민운동' 이분법에 대한 재해석을 중심으로", 〈경제와 사회〉, 78권, 107~132쪽.

구정우, 2007, "세계사회와 인권: 국가인권기구의 설립, 1978-2004", 〈한국사회학〉, 41권 3호, 287-322쪽.

권귀숙, 2002, "대량학살의 사회심리: 제주 4·3 사건의 학살과정", 〈한국사회학〉, 36집 5호, 171~200쪽.

_____, 2004, "기억의 재구성 과정: 후체험 세대의 4·3", 〈한국사회학〉, 38권 1호, 107~130쪽.

김경미, 2006, "인터넷이 집합행동 참여에 미치는 영향: '2002 여중생 추모 촛불집회'를 중심으로", 〈한국사회학〉, 40권 1호, 183~211쪽.

김경희, 2012, "19대 총선을 통해 본 여성 정치할당제의 지속가능성과 여성 정치 세력화", 〈경제와 사회〉, 94권, 118~147.

김대환, 1987, "민족사회학의 전개와 그 과제(Ⅱ): 한국민족주의의 사상사적 고찰", 〈한국사회학〉, 21권 겨울호, 21~41쪽.

김동노, 2007, "일제시대 식민지 근대화와 농민운동의 전환", 〈한국사회학〉, 41권 1호, 194~220쪽.

김동춘, 2011, "냉전, 반공주의 질서와 한국의 전쟁정치: 국가폭력의 행사와 법치의 한계", 〈경제와 사회〉, 89권, 333~366쪽.

김상돈, 2007, "정치참여의 인과구조에 대한 한·미·일 국제비교연구: 비정치적 결사체 가입의 매개효과분석", 〈한국사회학〉, 41권 1호, 221~255쪽.

김상준, 2001, "조선시대의 예송과 모랄폴리틱", 〈한국사회학〉, 35권 2호, 205~

236쪽.

김성국, 1991, "안토니오 그람시의 헤게모니 이론", 〈사회비평〉, 5권, 210~247쪽.

김세균, 1991, "한국에서 민주주의논의에 대한 비판적 검토", 서울대 민교협심포지엄, 〈우리에게 민주주의는 가능한가〉.

김연철, 2013, "동아시아 질서와 한반도 평화체제 전망", 〈경제와 사회〉, 99, 12~35쪽.

김영란, 2003, "한국의 여성운동과 여성복지정책의 변화: 노동과 섹슈얼리티 분야를 중심으로", 〈한국사회학〉, 37권 3호, 187~216쪽.

김영모, 1969, "3·1운동의 사회계층 분석", 〈아세아연구〉, 12권 1호, 53~85쪽.

_____, 1970, "한국독립운동의 사회적 성격: 독립투사의 배경분석을 중심으로", 〈아세아연구〉, 21권 1호, 45~96쪽.

김용복, 2013, "일본 우경화, 한일관계 그리고 동아시아: 과거사 갈등과 영토분쟁", 〈경제와 사회〉, 99권, 36~62쪽.

김 원, 2008, "1987년 이후 진보적 지식생산의 변화: 진보적 지식공동체를 중심으로", 〈경제와 사회〉, 77권, 33~57쪽.

김원동, 1999, "춘천지역의 시민운동: 현황과 과제", 〈동향과 전망〉, 43권 겨울호, 169~214쪽.

김인춘, 2007, "자본주의 다양성과 한국의 새로운 발전모델: 민주적 코포라티즘의 조건", 〈한국사회학〉, 41권 4호, 202~241쪽.

김정화·이경원, 2009, "권력의 두 얼굴: 이명박 정부의 영리병원 허용 논쟁을 중심으로", 〈경제와 사회〉, 82권, 186~215쪽.

김정훈, 2010, "정치적 격변과 한국의 현대성: 근대성의 부재 혹은 과잉?"〈경제와 사회〉, 86권, 10~38쪽.

_____, 2012, "안철수 현상, 그리고 희망 혹은 희망고문", 〈경제와 사회〉, 93권, 104~136쪽.

_____, 2013, "18대 대선의 의미와 진보의 재구성: 파국적 균형을 넘어서", 〈경제와 사회〉, 97권, 121~154쪽.

김종길, 2003, "'안티사이트'의 사회운동적 성격 및 새로운 저항잠재력의 탐색", 〈한국사회학〉, 37권 6호, 145~175쪽.

_____, 2005, "사이버 공론장의 분화와 숙의민주주의의 조건", 〈한국사회학〉, 39권 2호, 34~68쪽.

김종영, 2011, "대항지식의 구성: 미 쇠고기 수입반대 촛불운동에서의 전문가들의 혼성적 연대와 대항논리의 형성", 〈한국사회학〉, 45권 1호, 109~152쪽.

김종태, 2012, "이승만 정부 시기 문명 담론과 선진국 담론에 나타난 국가정체성과 서구관: '대통령 연설문'과 '조선일보'를 중심으로", 〈한국사회학〉, 46권 2호, 150~175쪽.

_____, 2013, "박정희 정부 시기 선진국 담론의 부상과 발전주의적 국가정체성의 형성: '대통령 연설문'과 '조선일보'를 중심으로", 〈한국사회학〉, 47권 1호, 71~106쪽.

김중섭, 1996, "일제하 3·1운동과 지역 사회 운동의 발전: 진주 지역을 중심으로", 〈한국사회학〉, 30권 여름호, 359~387쪽.

김진균, 1991, "신식민지파시즘의 전개와 그 위기", 〈한겨레신문〉, 1991. 5. 16.

김철규·김선업·이 철, 2008, "미국산 쇠고기 수입 반대 촛불집회 참여 10대의 사회적 특성", 〈경제와 사회〉, 80권, 40~67쪽.

김호기, 1993, "그람시적 시민사회론과 비판이론의 시민사회론: 한국적 수용을 위한 비판적 탐색", 〈경제와 사회〉, 19권, 38~58쪽.

_____, 2000, "4·13 총선과 시민운동: 총선시민연대의 활동과 시민운동의 정치적 과제", 〈사회비평〉, 24권 여름호, 142~156쪽.

_____, 2002, "시민사회의 유형과 '이중적 시민사회'", 〈시민과 세계〉, 1호, 38~53쪽.

김호기·김영범, 1995, "권위주의 정권의 해체와 헤게모니 프로젝트: 1987년 대통령 선거를 중심으로", 〈연세사회학〉, 14권, 115~148쪽.

남찬섭·조대엽, 2013, "장애정책조정기구의 특성과 공공성의 재구성", 〈한국사회〉, 14권 1호, 133~179쪽.

노진철, 2009, "2008년 촛불집회를 통해 본 광우병 공포와 무지의 위험소통", 〈경제와 사회〉, 84권, 158~182쪽.

류석진·방인혁, 2012, "'한국적 급진민주주의론'의 급진성과 주체성 연구", 〈경제와 사회〉, 93권, 219~243쪽.

문석남, 1984, "지역격차와 갈등에 관한 한 연구: 영·호남 두 지역을 중심으로", 〈한국사회학〉, 18권, 184~207쪽.

박병진, 2007, "신뢰형성에 있어 사회참여와 제도의 역할", 〈한국사회학〉, 41권 3호, 65~105쪽.

박선웅, 2007, "의례와 사회운동: 6월 항쟁의 연행, 집합열광과 연대", 〈한국사회학〉, 41권 1호, 26~56쪽.

박순성, 2012, "한반도 분단현실에 대한 두 개의 접근: 분단체제론과 분단/탈분 단의 행위자-네트워크이론", 〈경제와 사회〉, 94권, 13~38쪽.

박승관·장경섭, 2001, "한국사회의 이중적 법질서와 언론권력의 관계", 〈한국 사회학〉, 35권 2호, 91~114쪽.

박연섭, 1986, "80년대 농민운동의 비판적 고찰", 《해방 40년의 재인식》, Ⅱ, 돌 베개.

박영신, 1978a, "조선시대 말기 사회변동과 사회운동", 〈현상과 인식〉, 2권 1호, 7~25쪽.

_____, 1978b, "독립협회 지도세력의 상징적 의식구조", 〈동방학지〉, 20권, 147 ~170쪽.

_____, 1979, "사회 운동으로서의 3·1운동의 구조와 과정: 사회학적 역사 인식 의 기초 작업으로서", 〈현상과 인식〉, 3권 1호, 5~32쪽.

박재묵, 2000, "한국 시민운동의 정치세력화 전망: 환경운동연합과 대전지역 시 민운동단체의 지방선거 참여 사례를 중심으로", 〈한국사회과학〉, 22권 1 호, 69~92쪽.

박재홍, 2009, "세대명칭과 세대갈등 담론에 대한 비판적 재검토", 〈경제와 사 회〉, 81권, 10~34쪽.

박주원, 2010, "민주주의의 힘은 어디에서 나오는가: 고대 역사적 경험과 현대", 〈경제와 사회〉, 88권, 155~186쪽.

박찬웅, 2006, "미니홈피와 비공식적 공적 생활의 조건: 공/사 경계의 조율", 〈한국사회학〉, 40권 3호, 124~154쪽.

박태호, 2009, "코뮨주의와 '역사유물론': 역사 속에서 코뮨주의의 위상", 〈경제 와 사회〉, 84권, 108~131쪽.

박형준, 2001, 《성찰적 시민사회와 시민운동》, 의암.

방인혁, 2009, "한국사회성격론 재론과 주체사상: 대안적 비판담론의 구성을 위 하여", 〈경제와 사회〉, 83권, 69~97쪽.

백욱인, 1993, "시민운동이냐, 민중운동(론)이냐: 김세균, 강문구 토론에 대한 비평", 〈경제와 사회〉, 17권, 168~174쪽.

서동진, 2011, "혁신, 자율, 민주화 …그리고 경영: 신자유주의 비판 기획으로서 푸코의 통치성 분석", 〈경제와 사회〉, 89권, 71~104쪽.

서문기, 2001, "한국사회의 정부신뢰구조", 〈한국사회학〉, 35권 5호, 119~146쪽.

_____, 2002, "복지국가형성의 기초조건: 사회발전의 지속가능성에 관하여", 〈한국사회학〉, 36권 5호, 117~142쪽.

서영표, 2008, "영국 신좌파 논쟁에 대한 재해석: 헤게모니 개념에 대한 상이한 해석", 〈경제와 사회〉, 80권, 248~274쪽.

_____, 2009, "21세기 비판이론의 재구성과 주체사상", 〈경제와 사회〉, 83권, 98~116쪽.

성경륭, 1990, "제3세계 정치체제변동의 역동적 패턴에 관한 연구: 탐색적 사건사 분석, 1945-86", 〈한국사회학〉, 24권 겨울호, 27~60쪽.

_____, 1993, "한국정당의 흥망성쇠, 1945-1992: 정치사회학적 분석", 〈한국사회학〉, 27권 여름호, 53~86쪽.

_____, 1995, "한국 정치민주화의 사회적 기원: 사회운동론적 접근", 임현진·송호근 공편, 《전환의 정치, 전환의 한국사회》, 사회비평사.

송백석, 2005, "국가형태와 국가정책: 김대중 정권의 재벌정책분석을 중심으로", 〈한국사회학〉, 39권 3호, 149~184쪽.

_____, 2009, "신자유주의 지구화담론 비판", 〈한국사회학〉, 43권 1호, 188~219쪽.

송 복, 1985, "권력집중화의 사회구조적 요인: 해방 40년의 전개", 〈한국사회학〉, 19권 겨울호, 69~88쪽.

송호근, 1990, "권위주의적 노동정치와 노동운동의 성장: 한국과 남미의 비교연구", 〈아시아문화〉, 6권, 37~68쪽.

신광영, 1990, "아시아 신흥공업국의 산업화와 노조운동: 한국과 대만의 비교연구", 〈아시아문화〉, 6권, 1~36쪽.

_____, 1994, "시민사회 개념과 시민사회 형성", 한림대 아시아문화연구소, 〈아시아문화〉, 10권, 145~180쪽.

신광영·정철희, 2002, "한국사회의 전통과 민주주의", 〈한국사회학〉, 36권 3호, 109~130쪽.

신용하, 1973a, "독립협회의 사회사상", 〈한국사연구〉, 9권, 27~208쪽.

_____, 1973b, 《독립협회의 사회사상연구》, 서울대학교 한국문화연구소.

_____, 1974, 《독립협회의 민족운동연구》, 서울대학교 한국문화연구소.

_____, 1975a, 《독립협회와 만민공동회》, 한국일보사.

_____, 1975b, "만민공동회의 자주민권 자강운동", 〈한국사연구〉, 11권, 205~291쪽.

_____, 1977a, "신민회의 창건과 그 국권회복운동(상)", 〈한국학보〉, 3권 3호, 31~75쪽.

_____, 1977b, "신민회의 창건과 그 국권회복운동(하)", 〈한국학보〉, 3권 4호, 125~188쪽.

신진욱, 2004a, "근대와 폭력: 다원적 복합성과 역사적 불확정성의 사회이론", 〈한국사회학〉, 38권 4호, 1~31쪽.

_____, 2004b, "사회운동, 정치적 기회구조, 그리고 폭력", 〈한국사회학〉, 38권 6호, 219~250쪽.

_____, 2007, "민주화 이후의 공론장과 사회갈등: 1993년-2006년 '조선일보'와 '한겨레신문'의 헤드라인 뉴스에 대한 내용분석", 〈한국사회학〉, 41권 1호, 57~93쪽.

_____, 2008, "보수단체 이데올로기의 개념 구조, 2000~2006: 반공, 보수, 시장 이데올로기를 중심으로", 〈경제와 사회〉, 78호, 163~193쪽.

_____, 2011a, "비판적 담론 분석과 비판적·해방적 학문", 〈경제와 사회〉, 89권, 10~45쪽.

_____, 2011b, "광주항쟁과 애국적 민주공화주의의 탄생: 저항적 시민사회의 정체성 구성에 대한 구조해석학적 분석", 〈한국사회학〉, 45권 2호, 58~90쪽.

_____, 2013, "정당성 정치의 구조와 동학: 막스 베버 정치사회학의 관계론적, 행위론적 재구성", 〈한국사회학〉, 47권 1호, 35~69쪽.

신진욱·이영민, 2009, "시장포퓰리즘 담론의 구조와 기술: 이명박 정권의 정책 담론에 대한 비판적 담론분석", 〈경제와 사회〉, 81권, 273~299쪽.

심상용, 2012, "코즈모폴리턴 공화주의의 지구시민권 구상에 대한 연구", 〈경제와 사회〉, 93권, 137~163쪽.

양종회, 1973, "서울시 하층주민의 정치능력에 관한 사회학적 연구", 〈한국사회학〉, 8권, 107~119쪽.

엄한진, 2007, "프랑스 이민통합모델의 위기와 이민문제의 정치화: 2005년 '프랑스 도시외곽지역 소요사태'를 중심으로", 〈한국사회학〉, 41권 3호, 253~286쪽.

염미경, 2001, "기업권력, 도시활성화 그리고 도시정치", 〈한국사회학〉, 35권 1호, 175~205쪽.

_____, 2007, "지역개발과 주민이해의 정치: 중문관광단지 인근 마을공동체의 사례", 〈한국사회학〉, 41권 3호, 1~31쪽.

온만금, 1984, "정당체계의 형성에 관한 한 연구: 두베르제(Duverger) 이론의 경험적 재분석", 〈한국사회학〉, 18권 겨울호, 118~134쪽.

_____, 2003, "한국 정당체계의 형성과 변화에 관한 이론(1948-2000): 지역주의, 선거법 그리고 정당체계", 〈한국사회학〉, 37권 3호, 135~157쪽.

우명숙, 2006, "한국 여성의 경제적 지위변화와 국가의 역할: 여성주의 국가론의 국가자율성 논의를 중심으로", 〈한국사회학〉, 40권 3호, 62~90쪽.

유석춘·서원석, 1990, "유동표에 대한 판별분석: '87년 대통령 선거", 〈한국사회학〉, 23권 여름호, 120~145쪽.

유팔무, 1991, "그람시 시민사회론의 이해와 한국적 수용의 문제", 〈경제와 사회〉, 12권, 37~57쪽.

_____, 1993, "한국의 시민사회론과 시민사회분석을 위한 개념틀의 모색", 경남대 극동문제연구소 편, 《한국 정치사회의 새 흐름》, 나남.

_____, 1995, "시민사회의 성장과 시민운동", 〈경제와 사회〉, 25권 봄호, 104~121쪽.

_____, 1998, "비정부사회운동단체(NGO)의 역사와 사회적 역할: 시민운동과 정부와의 관계를 중심으로", 〈동서연구〉, 10권 2호, 77~119쪽.

윤명희, 2007, "블로그의 사회적 유형분석: 1인 커뮤니티의 다층화", 〈한국사회학〉, 41권 1호, 156~193쪽.

윤상우, 2005, "발전국가를 준거로 한 중국 성장체제의 평가", 〈한국사회학〉, 39권 2호, 135~162쪽.

윤상철, 2000, "정치적 부패와 국제적 연계", 〈한국사회학〉, 34권 여름호, 269~296쪽.

_____, 2009, "세대정치와 정치균열: 1997년 이후 출현과 소멸의 동학", 〈경제와 사회〉, 81권, 61~88쪽.

_____, 2010, "한국의 비판사회학 1998~2008", 〈경제와 사회〉, 85권, 121~151쪽.

윤수종·김종채, 1990, "80년대 한국농촌사회의 구조와 농민운동", 한국사회학회 편. 《한국사회의 비판적 인식: 80년대 한국사회의 분석》, 나남.

이상근·진영재, 2007, "한국정치과정에 나타난 특정 정치인 지원세력 형성과 정치참여과정: '친노집단들'을 중심으로", 〈한국사회학〉, 41권 2호, 175~210쪽.

이상민, 2006, "기업의 사회적 책임과 주주행동주의: 미국과 한국의 소액주주운동 비교", 〈한국사회학〉, 40권 5호, 99~136쪽.

이상백, 1954, "서얼금고시말", 〈동방학지〉, 1권, 159~329쪽.

이선미, 2004, "자원결사체가 개인 간 신뢰의 상징적 제도인가?", 〈한국사회학〉, 38권 5호, 81~108쪽.

이성형, 1991, "쟁점과 시각: 신식민지 국가독점자본주의론의 주요쟁점에 대한 재검토", 〈사회평론〉, 91권 7호, 328~342쪽.

이수인, 2003, "한국 개신교의 정치적 행위양식의 제도화 기제에 대한 연구: 1970 년대 초반-1980년대 중반", 〈한국사회학〉, 37권 3호, 159~186쪽.

_____, 2010, "일반신뢰와 정부신뢰의 관계와 성별차이에 대한 탐색적 연구: 민 주화를 향한 기대와 사회적 관심 및 정보의 매개 작용을 중심으로", 〈한국 사회학〉, 44권 4호, 162~203쪽.

이승원, 2008, "지구화 시대의 민주주의의 문제: 〈재외동포법〉과 〈국제법〉 개정안 을 통해 본 한국 민주주의에 대한 반성", 〈경제와 사회〉, 79권, 88~111쪽.

이시재, 1988, "사회운동과 사회구조의 제수준: 1980년대 민주화운동을 중심으 로", 고영복 교수 화갑기념논총 《사회운동과 사회계급》, 전예원.

이영희, 2009, "기술과 시민: '국가재난질환 대응체계 시민배심원회의'의 사례", 〈경제와 사회〉, 82권, 216~239쪽.

_____, 2012, "전문성의 정치와 사회운동: 의미와 유형", 〈경제와 사회〉, 93권, 13~41쪽.

_____, 2013, "서울시의 참여적 시정개혁 평가: 서울플랜 수립과정을 중심으로", 〈경제와 사회〉, 98권, 106~133쪽.

이우재, 1984, "70년대 한국사회와 농민운동", 한국기독교사회문제연구원 (편), 《농촌현실과 농민운동》, 민중사.

이재혁, 2006, "신뢰와 시민사회: 한미 비교연구", 〈한국사회학〉, 40권 5호, 61~ 98쪽.

이철우, 2008, "탈국가적 시민권은 존재하는가", 〈경제와 사회〉, 79권, 62~87쪽.

이항우, 2009, "네트워크 사회의 집단지성과 권위: 위키피디아(Wikipedia)의 반 전문가주의", 〈경제와 사회〉, 84권, 278~303쪽.

_____, 2011, "이념의 과잉: 한국 보수세력의 사회정치 담론 전략(2005~2006 년, 2008~2009년)", 〈경제와 사회〉, 89권, 217~268쪽.

_____, 2012, "네트워크 사회운동과 하향적 집합행동: 2008년 촛불시위", 〈경제 와 사회〉, 93권, 244~274쪽.

이해진, 2008, "촛불집회 10대 참여자들의 참여 경험과 주체 형성", 〈경제와 사회〉, 80쪽, 68~108쪽.

이혜숙, 2002, "지역여성운동의 형성과 전개: 진주여성민우회를 중심으로", 〈한국사회학〉, 36권 1호, 195~221.

이홍균, 1997, "시민운동의 현주소, 경실련과 참여연대", 〈동향과 전망〉, 35권 가을호, 80~97쪽.

이효선, 1986, "정치적 통제의 구조적 특성: 50년대의 경험과 그 함의", 〈한국사회학〉, 20권 여름호, 141~152쪽.

_____, 2002, "렉스의 사회변동이론을 통해 본 북한의 갈등과 정치적 변혁의 가능성", 〈한국사회학〉, 36권 4호, 1~33쪽.

이희영, 2006a, "독일 68세대와 과거극복: 나치과거에 대한 세대경험의 연속성과 단절에 대하여", 〈한국사회학〉, 40권 3호, 32~61쪽.

_____, 2006b, "타자의 (재)구성과 정치사회화: 학생운동 참여자의 1990년대 생애체험에 대한 사례연구", 〈한국사회학〉, 40권 6호, 226~260쪽.

_____, 2010, "새로운 시민의 참여와 인정투쟁: 북한이탈주민의 정체성 구성에 대한 구술 사례연구", 〈한국사회학〉, 44권 1호, 207~241쪽.

임영일, 1992, "한국의 산업화와 계급정치", 한국사회학회·한국정치학회 편, 《한국의 국가와 시민사회》, 한울.

임운택, 2010, "한국사회에서 신자유주의의 발전단계와 헤게모니 전략에 대한 이념형적 분석: 네오그람시 이론을 중심으로", 〈경제와 사회〉, 88권, 300~337쪽.

임혁백, 1990, "한국에서의 민주화과정 분석: 전략적 선택이론을 중심으로", 《한국정치학회보》, 24권 1호, 51~77쪽.

임현진, 1983, "종속이론의 가능성과 한계: 한국의 발전연구와 관련하여", 서울대 사회학연구회(편), 《한국사회의 전통과 변화: 이만갑 교수 화갑기념논총》, 범문사.

임현진·공석기, 2006, "지구시민사회의 작동원리와 한국사회운동의 초국적 동원전략", 〈한국사회학〉, 40권 2호, 1~36쪽.

임현진·권태환, 1984, "국가와 국제정치·경제체제: 한국에서의 종속적 발전의 경험", 〈한국사회학연구〉, 7권, 53~80쪽.

임현진·김병국, 1991, "노동의 좌절, 배반된 민주화: 국가·자본·노동관계의 한국적 현실", 사회과학원, 〈사상〉, 11권, 109~168쪽.

임현진 · 송호근 공편, 1995, 《전환의 정치, 전환의 한국사회: 한국의 정치변동과 민주주의》, 사회비평사.

임희섭, 1971, "대중운동 발생의 사회적 여건에 관한 연구: 미국의 Negro Militancy 경우를 중심으로", 〈한국사회학〉, 6권, 5~12쪽.

_____, 2001, "한국시민운동의 문화적 배경과 문화적 결과에 대한 연구", 인문사회과학 편, 《대한민국학술원논문집》, 40권, 147~193쪽.

장덕진 · 김란우 · 박기웅, 2012, "17대 국회 법안표결의 정치경제학: 146개 쟁점 법안에 대한 NOMINATE 분석을 중심으로", 〈한국사회학〉, 46권 1호, 1~23쪽.

장미경, 2005, "한국사회 소수자와 시민권의 정치", 〈한국사회학〉, 39권 6호, 159~182쪽.

장상환, 1986, "농민운동과 농민조직", 〈현상과 인식〉, 10권 4호, 136~164쪽.

장세훈, 2010, "지방자치 이후 지역엘리트의 재생산 과정: 철강도시 포항 사례를 중심으로", 〈경제와 사회〉, 86권, 162~198쪽.

장수찬, 2011, "지방정부와 심의민주주의의 실험: '타운 홀 미팅' 사례연구", 〈경제와 사회〉, 90권, 39~69쪽.

전상진, 2010, "한국 정치의 '편집증 스타일(paranoid style)'?", 〈경제와 사회〉, 85권, 152~182쪽.

전태국, 2007, "사회통합을 지향한 한국통일의 개념전략: 변화를 통한 접근", 〈한국사회학〉, 41권 6권, 204~239쪽.

정근식 · 조성윤, 1990, "80년대 지역문제와 주민운동", 한국사회학회, 《한국사회의 비판적 인식》, 나남.

정병은, 2005, "유권자의 사회자본과 지역주의에 대한 연구: 17대 총선의 두 지역구 사례 비교", 〈한국사회학〉, 39권 5호, 83~118쪽.

정상호, 2011, "지방정부 '구조'와 지방정치 '갈등'의 관계에 대한 연구", 〈경제와 사회〉, 90권, 70~102쪽.

정성진, 2009, "대안세계화운동의 이념과 마르크스주의", 〈경제와 사회〉, 84권, 183~205쪽.

정영철, 2013, "20년의 위기 북미: 대결과 한반도 평화체제", 〈경제와 사회〉, 99권, 63~91쪽.

정재원, 2013, "중부 · 동남부 유럽 탈사회주의 국가들에서의 사회민주주의 정치세력의 발전과 분화", 〈경제와 사회〉, 98권, 134~169쪽.

정철수, 1967, "도시인의 정치의식", 〈한국사회학〉, 3권, 30~44쪽.

정철희, 1995, "한국 민주화운동의 사회적 기원: 미시동원맥락과 프레임의 형성", 〈한국사회학〉, 29권 가을호, 501~532쪽.

_____, 1996, "중위동원과 6월 항쟁: 사회운동조직의 구조적·문화적 통합", 〈한국사회학〉, 30권 봄호, 65~91쪽.

_____, 1999, "한국 대중정치의 사회적 조건", 〈한국사회학〉, 33권 겨울호, 489~510쪽.

_____, 2002, "신계급과 민주주의의 공고화", 〈한국사회학〉, 36권 4호, 35~59쪽.

정태석, 2009, "광우병 반대 촛불집회에서 사회구조적 변화 읽기: 불안의 연대, 위험사회, 시장의 정치", 〈경제와 사회〉, 81권, 251~272쪽.

_____, 2010, "사회학의 위기 논쟁과 비판사회학의 대응", 〈경제와 사회〉, 88권, 94~119쪽.

_____, 2012, "방폐장 입지선정에서 전문성의 정치와 과학기술적 안전성 담론의 균열", 〈경제와 사회〉, 93권, 72~103쪽.

정태석·김호기·유팔무, 1993, "한국의 시민사회와 민주주의의 전망", 학술단체협의회 편, 《한국 민주주의의 현재적 과제》, 창작과 비평.

정학섭, 1987, "한국 민족주의와 민족문화", 〈한국사회학〉, 20권 겨울호, 35~55쪽.

정호기, 2004, "민주화운동 기념사업의 정치·사회적 과정과 자원동원", 〈한국사회학〉, 38권 2호, 221~247쪽.

_____, 2012, "시민사회의 사회운동 기념물 건립과 표상: '5·18'과 '5월 운동'을 중심으로", 〈경제와 사회〉, 94권, 308~338쪽.

조대엽, 1995, "한국의 사회운동연구: 동향과 과제", 〈경제와 사회〉, 27권, 166~191쪽.

_____, 1996, "1990년대 사회운동조직 분화의 유형적 특성", 〈한국사회학〉, 30권 여름호, 389~415쪽.

_____, 1999, "90년대 시민사회의 의식변화와 시민운동의 성장", 〈한국과 국제정치〉, 15권 2호, 119~142쪽.

_____, 2000, "시민운동론의 확장을 위하여", 〈현상과 인식〉, 24권 1호, 141~162쪽.

_____, 2001, "시민운동의 시장적 팽창과 '운동성'의 쇠퇴", 〈스모그〉, 창간호, 132~163쪽.

_____, 2002, "세계화와 한국 시민사회의 '역응성': NGO 및 시민운동 부문을 중심으로", 〈경제와 사회〉, 54권 여름호, 113~148쪽.

_____, 2007, "공공성의 재구성과 기업의 시민성: 기업의 사회공헌활동에 관한 거시구조변동의 시각", 〈한국사회학〉, 41권 2호, 1~26쪽.

_____, 2010, "한반도 평화·통일 운동과 시민적 정체성", 〈사회과학연구〉, 49권 1호, 159~184쪽.

_____, 2012, "현대성의 전환과 사회 구성적 공공성의 재구성", 〈한국사회학회 사회학대회 논문집〉, 893~904쪽.

조대엽·홍성태, 2013, "공공성의 사회적 구성과 공공성 프레임의 역사적 유형", 〈아세아연구〉, 56권 2호, 7~41쪽.

조영훈, 2004, "사회변동, 복지정치, 복지국가의 변화", 〈한국사회학〉, 38권 1호, 161~184쪽.

_____, 2006, "자유주의 복지유형으로서의 일본복지국가: 에스핑-안데르센의 보수주의 유형론 비판", 〈한국사회학〉, 40권 4호, 164~185쪽.

조희연, 1988, "변혁기의 한국사회 80년대 학생운동과 학생운동론의 전개", 〈사회비평〉, 창간호, 124~150쪽.

_____, 1989, "80년대 한국사회와 민족민주운동의 전개", 박현채·조희연 편, 《한국사회구성체논쟁》, Ⅰ, 죽산.

_____, 1993, "민중운동과 '시민사회', '시민운동'", 〈실천문학〉, 32권, 232~270쪽.

_____, 1995, "한국의 민주주의 이행과정에 관한 연구: 1979년 10·26사건에서 1993년 김영삼 정권 성립까지를 중심으로", 임현진·송호근 공편, 《전환의 정치, 전환의 한국사회》, 사회비평사.

_____, 1999, "종합적 시민운동의 구조적 성격과 변화전망에 대하여", 〈당대비평〉, 9권, 320~346쪽.

_____, 2001, "시민사회의 정치개혁운동과 낙천·낙선운동", 유팔무·김정훈 엮음, 《시민사회와 시민운동 2: 새로운 지평의 탐색》, 한울.

_____, 2008, "민주주의의 지구적 차원: '지구적인 민주주의 정체'의 형성과 그 사회학", 〈경제와 사회〉, 79권, 10~37쪽.

_____, 2010, "'외재하는 적'에서 '내재하는 적'과의 각축으로: 한국 민주주의의 구성적 각축과정에 대한 일 연구", 〈경제와 사회〉, 86권, 39~68쪽.

조희연·김정훈, 2012, "진보정치의 위기와 진보의 재구성: '2012년 통합진보당 사태'를 중심으로", 〈경제와 사회〉, 95권, 94~127쪽.

조희연·이창언, 2013, "대안정치성의 접합경쟁, 안철수 현상, 이정희 효과: 진보적 관점에서 본 2012년 한국대선 평가와 그 비판적 함의", 〈경제와 사회〉, 97권, 97~120쪽.

조희연·장훈교, 2009, "'민주주의의 외부'와 급진민주주의 전략: '민주주의의 사회화'를 위한 새로운 연대성의 정치학을 향하여", 〈경제와 사회〉, 82권, 66~94쪽.

진영재·노정호, 2002, "한반도 갈등과 통일논의: 남한 내 인식구조와 통일유형에 따른 갈등양태를 중심으로", 〈한국사회학〉, 36권 3호, 131~156쪽.

차명제, 1999, "한국 시민운동의 현황과 과제", 〈한국사회과학논총〉, 9권, 235~261쪽.

차종천, 1988, "지역주의적 선거와 유권자: 제13대 대통령 선거 후보지지에 대한 로짓분석", 〈한국사회학〉, 22권 겨울호, 143~159쪽.

채오병, 2007, "민족형식과 민족주의: 제국문화와 반식민문화의 상동성", 〈한국사회학〉, 41권 4호, 1~32쪽.

_____, 2008, "지구화를 통한 지역화: 남한의 탈식민국가문화", 〈경제와 사회〉, 80권, 224~247쪽.

최장집, 1985, "노동조합에 대한 조합주의적 통제", 변형윤 외, 《분단시대와 한국사회》, 까치.

_____, 1988, 《한국의 노동운동과 국가》, 열음사.

_____, 2009, "한국 민주주의를 이해하는 방법에 관한 하나의 논평", 〈경제와 사회〉, 85권, 93~102쪽.

최재석, 1974, "한국의 초기사회학", 〈한국사회학〉, 9집, 5~29쪽.

최재현, 1987, "사회변동과 사회이념", 〈한국사회학〉, 20권 겨울호, 1~14쪽.

최정기, 2008, "국가폭력과 트라우마의 발생 기제: 광주 '5·18' 피해자를 대상으로", 〈경제와 사회〉, 77권, 58~78쪽.

최종숙, 2009, "민주노동당의 당내 민주주의 분석: 원내진입시기에서 분당국면까지(2004.6~2008.3)", 〈경제와 사회〉, 83권, 169~197쪽.

최 현, 2003, "대한민국과 중화인민공화국의 국민정체성과 시민권제도", 〈한국사회학〉, 37권 4호, 143~173쪽.

_____, 2008, "탈근대적 시민권 제도와 초국민적 정치공동체의 모색", 〈경제와 사회〉, 79권, 38~61쪽.

_____, 2010, "한국사회 진보의 주체: 민중, 노동자계급, 시민, 다중과 정체성

집단", 〈경제와 사회〉, 86권, 95~124쪽.

한상진 편, 1984, 《제3세계 정치체제와 관료적 권위주의: 종속적 발전에 따른 정치사회변동》, 한울.

한상진, 1983, "관료적 권위주의하에서 민주주의의 전망", 《한국사회 어디로 가고 있나》, 현대사회연구소.

_____, 1990, "사회변혁운동의 민중성에 관한 이론적 경험적 고찰", 《한국사회의 비판적 인식》, 나남.

_____, 2005, "한국과 영국의 노동연계 복지체계에 관한 비교연구: 국가-지방자치단체-비영리조직의 관계를 중심으로", 〈한국사회학〉, 39권 2호, 196~225쪽.

_____, 2013, "삼척시 원전유치 도시레짐을 둘러싼 반핵운동의 대응과 환경정의: 스케일 관점에서 본 원전 레짐과 탈핵", 〈경제와 사회〉, 98권, 77~105쪽.

한석정, 2003, "지역체계의 허실: 1930년대 조선과 만주의 관계", 〈한국사회학〉, 37권 5호, 55~79쪽.

_____, 2004, "폭력에 관한 근대성 테제의 한계", 〈한국사회학〉, 39권 3호, 34~50쪽.

한완상, 1978, 《민중과 지식인》, 정우사.

_____, 1980, 《민중과 사회》, 종로서적.

홍성태, 2008, "촛불집회와 민주주의", 〈경제와 사회〉, 80권, 10~39쪽.

_____, 2012, "사회운동과 리더십: 운동리더십의 이론화를 위한 시론적 모델", 〈한국사회학〉, 46권 2호, 1~33쪽.

홍일표, 2009, "'네트워크 코디네이터(network coordinator)'의 등장: 2008년 미국 대선과 진보 싱크탱크의 역할 확장", 〈경제와 사회〉, 83권, 284~312쪽.

_____, 2011, "진보개혁진영의 지역정책 생산: 6·2지방선거 이후 광영시도연구원과 광역의회 변화를 중심으로", 〈경제와 사회〉, 90권, 103~132쪽.

홍태영, 2008, "프랑스 68혁명의 계기와 한국의 2008", 〈경제와 사회〉, 80권, 118~139쪽.

황진태, 2011, "2008년 촛불집회시위의 공간성에 관한 고찰", 〈경제와 사회〉, 90권, 262~289쪽.


Cho, Dae-Yop, 2011, "Outlooks on a civil society-initiated unification of the korean peninsula", *Korean Journal*, 51(2), pp. 70-104.

Kang, Jin-Yeon, 2013, "The korean war and post-war politics in japan and korea: The formation of conservative democracy and authoritarian political system", *Korean Journal of Sociology*, 47(3), pp. 1-24.

Kim, Doo-Sik, 2009, "Determinants of public opposition to siting waste facilities in korean rural communities", *Korean Journal of Sociology*, 43(6), pp. 25-43.

Kim, Kyung-Mi, & Park, Youn-Min, 2011, "New form of citizen participation in south korea: 2008 Candlelight protest and 'Convergence Participation'", *Korean Journal of Sociology*, 45(3), pp. 155-170.

Kim, Sang Jun, 2008, "Democracy and reflexive consensus", *Korean Journal of Sociology*, 42(4), pp. 49-69.

Kuk, Min-Ho, 2010, "Consolidation of the developmental state and Chaebols in korea: After the 1997 economic crisis", *Korean Journal of Sociology*, 44(3), pp. 111-128.

Seong, Kyoung-Ryung, 2008, "Strategic regionalism and realigment of regional electoral coalitions", *Korean Journal of Sociology*, 42(8), pp. 13-38.

# 3

## 경제사회 · 조직 연구의 동향과 전망

한 준

## 1. 머리말

경제사회학(經濟社會學)과 조직사회학(組織社會學)은 1990년대에서 2000
년대 사이에 사회학의 여러 분야 가운데 많은 주목과 관심을 끄는 분야
중 하나이다. 경제사회학과 조직사회학이 사회학에서 중요한 분야로 급
부상하게 된 것은 비교적 최근의 일이다. 1990년대 이전까지 조직에 대
한 사회학적 연구는 수적으로도 적을 뿐 아니라 관심의 범위도 공적 조
직에 제한됐다(박찬웅, 2004). 한국에서 조직에 대한 사회학적 연구의
오랫동안의 부진은 미국, 유럽뿐 아니라 일본도 포함한 외국과 비교해
볼 때 다소 의외이다. 따라서 최근의 변화는 그동안 한국 사회학에서
오랫동안 비었던 자리를 채우는 과정으로 볼 수도 있다.
　그동안 한국 사회학은 몇 차례 지배적 패러다임 혹은 이론적 유행의
부침을 겪었다. 해방 이후부터 1970년대까지의 구조기능주의와 근대
화론, 1980년대에서 1990년대 초까지의 종속이론과 국가론, 사회구
성체론과 계급론, 산업 및 노동사회학, 역사 및 비교사회학, 1990년

대 이후의 정보사회학, 후기 구조주의와 문화이론 등 경제 및 조직사회학은 이러한 일련의 흐름 가운데 비교적 최근인 1990년대 이후의 현상이다.

그런데 이러한 이론 및 시각의 부침이 과연 한국 사회학의 발전에 얼마나 많이 기여했을까를 생각해 보면 긍정적 기여 못지않게 부정적 폐해도 크다. 과연 경제 및 조직사회학도 앞선 이론이나 분야와 마찬가지로 일시적으로 지나쳐가는 흐름이 될 것인가? 이러한 질문에 대한 진지한 고민이 필요하다.

이 글에서는 경제 및 조직사회학을 한국 사회학 연구의 흐름 속에서 먼저 살펴보고 현재 경제 및 조직사회학의 연구 현황을 개괄한 뒤 비판적 성찰과 평가를 할 것이다. 이어서 향후 예상되거나 이미 진행되는 경제 및 조직현실의 변화를 살펴보면서 앞으로의 연구를 전망하고자 한다.

## 2. 경제와 조직 연구의 전개: 1960~1990년대

송복(1991)은 그의 저서인 《조직과 권력》 개정판을 내며 한국에서 조직사회학에 대해 다음과 같은 관찰 및 해석을 적었다.

> 한국 대학들의 사회학과에서 조직론을 강의하기 시작한 것은 1970년대에 들어서였다. 그로부터 20년이 지난 오늘날(1990년대 초)에 와서도 조직론을 본격적으로 강의하는 대학은 몇 개의 대학에 불과하다 … 대학의 사회과학 강의는 그 연구대상이 반드시 있어야 한다. 조직론 강의는 그 연구대상인 조직들이 발달해있어야 하고, 사회학 강의는 개인과 국가 사이에 있는 그 중간지대, 즉 사회의 역할이 활

성화하고 있을 때 실체를 강의하는 것이 된다. 그렇지 않을 때는 인구나 가족, 계층, 농촌사회 등이나 강의하는 것이 사회학의 거의 전부가 된다.

그의 관찰과 해석은 교육과 강의뿐 아니라 연구에도 마찬가지이다. 연구대상이 존재해야 연구할 수 있기 때문에 조직이 사회에 만연해 있고 활발하게 활동할 때에야 본격적인 연구가 이루어질 수 있다.

〈그림 3-1〉은 한국사회에서 개인과 법인의 수적 변화를 보여준다. 지난 50년간 개인 인구가 2배 이상 크게 증가했지만, 법인의 수는 그보다 훨씬 빠르게 기하급수적으로 증가했다는 것을 볼 수 있다. 또한 법인의 수가 급격히 늘어나기 시작하는 변곡점은 1980년대 말과 1990년대 초였다는 것도 발견할 수 있다.[1]

1960년대에서 1970년대에 이르기까지 경제와 조직에 대한 연구는 수적으로 보나 관심의 범위로 보나 제한적이었다. 당시의 상황은 시장, 기업 등 경제제도와 생산, 소비 등 경제행위를 연구대상으로 삼기보다는 어떻게 근대화를 이룩해서 근대적 경제제도와 경제행위가 확산되도록 할 것인가라는 경제사회적 발전에 대한 관심이 더 컸다고 볼 수 있다. 사회학의 관심이 주로 농촌, 인구, 가족 등에 집중되고 산업화의 본격적 진행과 함께 산업과 노동에 대한 연구가 등장한 반면, 조직 자체에 대한 관심은 미약했다.

1960년대와 70년대에 경제사회에 대한 연구가 거의 없었던 것에 비해 조직에 대한 관심과 연구는 적은 수이나마 있었다. 김진균은 문리대 사회학과가 아닌 상대 소속으로 〈경제논집〉, 〈경영논집〉 등의 학

---

1 법인과 조직을 동일시하기에는 무리가 있다. 법적으로 법인이 아닌 조직도 있을 수 있기 때문이다. 송복은 앞서 인용한 글에서 1990년대 초반에 조직의 수가 2백만에 가깝다고 보았는데 〈그림 3-1〉에서 당시 법인의 수는 10만에 채 못 미친다. 법인은 조직 중에서 법적 지위를 획득하고 안정성과 책임성, 신뢰성을 지닌 조직이라고 할 수 있다.

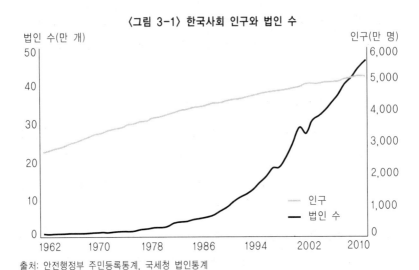

〈그림 3-1〉 한국사회 인구와 법인 수

법인 수(만 개)                                              인구(만 명)

출처: 안전행정부 주민등록통계, 국세청 법인통계

술지에 조직행동에 관한 논문을 게재했으며, 김일철(1970)은 조직행
위라는 관점에서 '뇌물행위'에 대한 연구의 계획을 제시하기도 했다.
고영복이 동료들과 편역한《조직 속의 인간》(1974)은 대중사회의 등
장을 조직과 연결시켜 문명비판의 관점에서 현대사회 문제들을 분석
한 밀즈(C. W. Mills)의 화이트칼라, 화이트(W. F. Whyte)의 조직인
에 대한 글 등을 수록하였다. 오갑환(1975)은 "한국의 재벌"에서 대기
업가의 사회적 배경과 관계에 대한 경험적 연구를 수행하기도 하였다.
  이 시기의 조직에 대한 연구는 주로 신고전주의 조직이론에 입각
해서 공식조직의 통제구조에 집중하는 한편, 기업경영에서 근대적
의식과 규범, 행위가 어떻게 뿌리내릴 수 있을까에 대한 합리성 중심
의 논의를 전개했다고 보인다. 이런 관심을 정리해서 교과서적으로
저술한 것이 김진균과 신유근(1974)의《경영조직론》이었다. 한편 이
러한 관점과 조금 다른 정치사회학적 관점에서 베버 혹은 미헬스 등
이 제기한 조직 내 권력의 집중 혹은 과두제와 민주화의 긴장을 중심
으로 한 송복(1980)의《조직과 권력》역시 같은 시기에 출간되었다.

1980년대 사회학에서는 학생운동과 노동운동의 성장 및 그에 따른 비판적 사회과학의 영향력 확대가 두드러졌다. 근대화이론 대신 종속이론이 관심을 모았고, 산업과 노동에 대한 관심 역시 계급 불평등을 중심으로 높아졌다. 경제에 대한 관심은 이전보다 높아졌지만 마르크스주의 정치경제학을 중심으로 대기업 혹은 재벌과 중소기업의 불평등, 노동시장에서의 저임금과 불평등 등에 관심이 집중되었다. 또한 종속이론의 영향으로 '비공식 부문'에서의 빈곤에 관심이 몰리면서 '공식부문'으로서의 조직에 대한 관심은 상대적으로 덜 중요해졌다.

하지만 이러한 전반적 분위기 속에서도 1980년대 후반에는 해외유학을 마친 연구자가 국내로 돌아오며 조직과 경제에 대한 관심이 보다 활발해지기 시작했다. 노동시장에서의 임금결정과 노동이동 그리고 노동관리 등 산업노동 연구와 조직에 대한 관심을 결합시키려 했던 김성국(1983, 1987)과 이향순(1987)의 연구와 함께, 기업의 경영이념이나 자본가의 연줄망을 다룬 배규한(1986)과 서재진(1988)의 연구도 있었다. 보다 전통적 조직이론의 관심을 반영해서 조직구조와 효율성 혹은 근로자의 소외의식을 다룬 손장권(1987)과 유홍준(1989)의 연구 또한 발표되었다.

한편 이 시기에는 저항적 시대의 분위기 속에서 비판적 조직이론을 연구하는 경향도 등장했다. 경영학의 오세철(1986, 1993)과 김진균(1987)은 조직을 자본주의적 통제 및 그에 대한 저항이라는 틀 속에서 보고 분석하는 이론적 작업을 진행하였다. 경제보다는 조직에 대한 연구가 더 활발했으며 이전에 비해 관심의 폭과 깊이가 더해졌다고 할 수 있다. 하지만 대부분의 연구가 개별 조직을 단위로 하고 조직에서의 통제와 구조에 초점을 맞추었다는 점에서는 이전 문제의식의 연장선에 있다고도 볼 수 있다.

1990년대에 들어 경제와 조직에 대한 연구는 보다 활발하게 이루어지기 시작하였다. 특히 과거에 비해 다양한 이론적 시각을 소개하고 토론하기 시작하였다. 김용학과 염유식(1991)은 조직생태학을, 이재열(1994)은 제도주의를 소개하면서 조직사회학의 이론적 폭을 넓히는 데 기여하였고 공유식, 김혁래, 박길성과 유흥준(1994)은 신경제사회학의 다양한 이론적 시각을 편역해서 소개하였다. 이들에 비해 상대적으로 주목을 덜 받았지만 최은봉(1994) 역시 블록(F. Block)의 경제사회학 연구서를 번역해서 소개했다.

한편 조직사회학의 교과서들 또한 이창순(1994)과 유홍준(1993)에 의해 출간되었다. 1970년대 후반에서 1980년대까지 쏟아져 나온 경제 및 조직사회학에서의 이론적 혁신과 성과들이 10년의 간격을 두고 들어오기 시작한 것이다. 따라서 1990년대에는 조직 및 경제사회학에서 이전에 비해 양적으로만이 아니라 내용적으로도 상당한 변화가 나타났다.

이 시기에는 경험적 연구에서도 많은 변화와 진보가 있었다. 우선 경제사회학 분야에서는 임금을 중심으로 한 노동시장 연구(송호근, 1990; 이재열, 1996a) 이외에도 생산물 시장에 대한 연구(유홍준, 1995; 이재열, 1996b)가 함께 이루어졌다. 기업 내에서의 네트워크와 개인의 성과에 대한 연구(이장원, 1995; 박찬웅, 1999)와 함께 제도주의 관점에서 동아시아의 기업조직을 비교한 김혁래(1992)의 논문도 이 시기에 발표되었다.

기업 이외에도 정당의 흥망성쇠에 대해 조직생태학의 모형을 적용한 성경륭(1993)의 연구 또한 주목할 만하다. 1990년대 경제 및 조직사회학의 경험적 연구는 이론과 대상, 방법론의 측면에서 이전 시기와 차이를 보인다. 이론적으로는 1990년대 초반에 활발하게 소개된 새로운 이론을 활발하게 적용하고 검증하려는 시도를 보였으며, 대상의 범위 또한 다양한 조직과 시장에 대한 분석과 설명이 시도되었다.

　마지막으로 방법론적으로도 정교한 계량적 모형(사건사 분석이나 연결망 분석, 다수준 분석 등)이 적용되어 복잡한 가설을 엄밀하게 검증할 수 있었다.


## 3. 경제와 조직 연구의 최근 현황과 성찰


2000년대에 들어 경제와 조직에 대한 사회학적 연구는 전성기를 맞이하였다. 김두섭과 은기수(2002)는 1992년부터 2001년까지 〈한국사회학〉에 실린 논문 가운데 경제 및 조직에 대한 연구논문의 비중이 가장 높다고 보고하였다. 또한 한국사회학회는 2000년과 2001년에 각각 춘계와 추계 특별 심포지엄을 경제사회학(21세기 시장과 한국사회, 2000)과 조직사회학(변화하는 사회환경, 기업의 대응, 2001)을 주제로 하여 개최하였다. 각각 6편과 9편의 논문이 발표된 이들 심포지엄에서는 최근의 이론적 동향에 대한 토론과 함께 경험적 연구의 결과가 발표되었다.

　1999년부터 자발적으로 모임을 갖기 시작한 경제 및 조직사회학 연구자의 모임은 월례발표회를 지속하며 2006년까지 지속되었다. 경제 및 조직사회학 연구자 모임에 참여했던 연구자는 1970년대 후반과 1980년대 학번의 연구자가 대부분이었다.

　이 모임에 참여한 연구자들은 조직생태학(한준, 김태영), 제도주의(이재열, 장용석, 김영수, 박길성, 이상민), 네트워크 이론(김용학, 이재열, 장덕진, 박찬웅) 등 다양한 이론적 입장을 대변하였으며 기업의 회생과정, 기업 간의 인수합병, 벤처기업의 자원동원, 재벌의 소유구조, 기업의 흥망성쇠, 제도적 요소들의 확산, 시장에서의 불확실성에 대한 대응, 기업의 사회적 책임 등 최근 경제와 기업에서의 중요한 변화현상을 다루고 분석했다.

2000년대의 밀도 높은 학문적 상호작용과 상호자극의 결과 1990년대 경제 및 조직사회학 연구를 본격화시킨 연구자의 연구성과도 잇달아 등장했다. 김용학과 동료들의 기업집단의 다각화에 대한 네트워크 분석 연구(2002)와 함께 박길성과 이택면의《경제사회학 이론》(2007), 그리고 유홍준과 정태인의《신경제사회학》(2011) 등 다수의 저서가 등장하였다. 이들은 다양한 이론적 입장에도 불구하고 몇 가지 기본적 전제를 공유했다.

경제에 대한 이론적 전제는 그라노베터가 요약한 대로 시장과 같은 경제제도가 사회적으로 구성되었으며, 기업조직이나 개인의 경제행위는 사회적으로 배태되었다는 것이다. 또한 조직에 대한 이론적 전제는 조직이 환경에 대해 폐쇄된 체계가 아닌 개방된 체계이며 환경에 조직이 적응하는 데에는 네트워크 제약, 구조적 관성, 제한된 합리성, 정당성 추구 등의 다양한 요인으로 인한 한계가 존재한다는 것이다.

이러한 전제를 공유하며 연구가 진행되었기 때문에 다양한 현상을 분석하고 설명하면서도 유사한 경향이 나타났다. 하나는 개별조직보다는 다수의 조직에 주목하고 이들 조직 간의 경쟁적 혹은 협동적 상호작용을 주로 다루었다는 것이다.

즉, 조직군의 생태지위, 조직의 장 혹은 시장을 배경으로 해서 맺어지는 조직 간의 관계와 함께 그 속에서 취하는 행위에 분석의 초점이 주어졌다. 또 하나는 대부분의 연구들이 종단적 혹은 구조적 특성을 갖는 복잡한 통계자료를 활용하여 고급의 양적 연구방법을 적용하였다는 점이다.

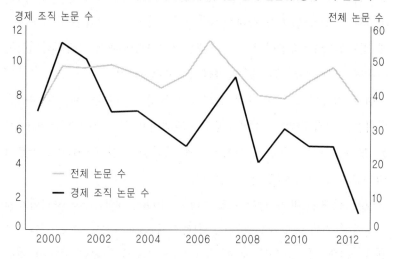

〈그림 3-2〉 2000년대 〈한국사회학〉에 게재된 전체 논문과 경제조직 논문 수

1990년대부터 2000년대에 걸쳐 활발한 연구와 토론을 지속한 경제 및 조직사회학의 학문적 성과에도 불구하고 최근에는 이 분야에서 정체 혹은 위기의 신호가 보인다. 〈그림 3-2〉는 2000년대 〈한국사회학〉에 실린 논문의 수와 경제 및 조직사회학 분야의 논문 수를 보여준다. 해마다 게재되는 40~50개의 논문 중에서 경제 및 조직사회학 논문은 장기적으로 감소추세를 보인다.

2000년대 초까지 활발하게 이루어졌던 경제 및 조직사회학 연구모임이 2007년 이후 실질적으로 중단되었고, 최근 몇 해 동안은 한국사회학회의 분야별 정규 세션 구성이 어려운 경우도 있었다. 개별 연구자 가운데에는 여전히 활발한 연구 및 학술활동을 지속하는 경우도 있지만 연구자의 상호작용과 모임은 더 이상 활발하게 이루어지지 못하는 것이 현실이다. 이러한 상황은 최근 활발하게 모임을 갖는 사회학이론이나 문화사회학 분야와는 사뭇 대조되는 분위기이다.

과연 정체나 위기는 연구성과의 양적 측면에만 국한되는 것인가? 이 시점에서 우리는 그동안의 경제와 조직에 대한 사회학적 연구의 성과를 비판적으로 성찰해 볼 필요를 느낀다. 후기 실증주의에서는 과학과 학문의 발전이 문제해결을 위한 이론적, 방법론적 혁신능력에 좌우된다고 주장한다. 그렇다면 경제사회학과 조직사회학에서는 이론적, 방법론적 혁신을 얼마나 잘 수행했는가?

현재 경제와 조직에 대한 사회학적 연구를 이끄는 이론인 자원동원이론, 조직생태학, 신제도주의, 거래비용이론, 네트워크이론 등은 모두 조직과 환경의 상호작용에 초점을 맞춰 1970년 중반부터 1980년대에 걸쳐 등장한 이론이다.

앞서 살펴본 바와 같이 이들 이론은 1990년대에 한국 사회학계에 소개되어 경험적 연구의 방향을 정했으며 현재까지도 주도적 역할을 한다. 이들 이론이 미국에서는 40년, 한국에서는 30년 가까이 영향력을 유지하는 것이다. 그렇다면 이러한 상황은 이론적 정체는 아닌가? 이들 이론이 대부분 연역적 접근에 기반을 둔 일반이론적 지향을 갖는다는 사실은 문제를 더욱 심각하게 만든다.

이론적 혁신의 지체와 함께 생각해 볼 문제는 경제 및 조직에 대한 연구가 대체로 시장 및 조직의 합리성과 효율성에 초점을 맞춘 보수적 경향을 갖지는 않은가하는 점이다. 페로우(Perrow, 2000)는 조직연구에 관심의 편향이 있으며 그것은 조직연구의 조직적 맥락과 환경 탓이라고 본다.

그에 의하면 조직연구가 다루어야 할 문제는 3가지이다. 첫째는 조직의 등장, 즉 조직사회로 변모하게 된 과정과 조직의 생성 및 소멸이다. 둘째는 조직의 운영, 즉 조직의 내적 역동성은 어떠하며 조직 운영의 개선방안이 무엇인가이다. 마지막은 조직의 사회적 영향이다.

페로우는 이 셋 중에서 특히 마지막 문제는 거의 다루어지지 못한 반면, 둘째 문제가 거의 전적으로 조직연구를 장악했다고 말한다. 조직의 기원과 결과를 보지 않고 운영과정에만 집중함으로써 조직

연구를 보편적 합리성과 효율성의 기준이 주도하게 된 것이다. 한국의 경우 이러한 사정은 경제 및 조직사회학이 본격적으로 활성화된 1990년대의 이념적 상황과도 관련성이 있다. 이전의 1980년대까지도 활발했던 비판적 조직이론의 시도나 정치경제학에 대한 관심이 1990년대 이후에는 크게 약화되었기 때문이다.

2010년을 넘어서면서 경제 및 조직에 대한 사회학적 연구가 다소 주춤하기는 했지만 그 활력이 전적으로 약해졌거나 영향력을 잃어가는 것과는 거리가 멀다. 여전히 젊은 연구자들이 꾸준히 충원되어 활발한 연구활동이 이루어진다. 따라서 현재 중요한 것은 이론적으로 중요하고 현실적으로 적합한 연구주제를 발굴하고 현실에 대한 분석과 비판의 건강한 균형을 적절히 유지하는 것이다. 이러한 노력이 지속될 때 경제 및 조직에 대한 사회학적 연구는 이론적 혁신의 가능성에 한 걸음 더 가까이 다가설 수 있을 것이다.

## 4. 경제와 조직 연구의 전망과 과제

앞으로 경제 및 조직에 대한 사회학적 연구를 주도해갈 이론적 방향이나 연구주제는 어디에서 찾을 수 있을까? 이 질문에 답하는 것은 결코 쉬운 일이 아니다. 하지만 현재 두드러지게 나타나거나 진행되는 현실의 변화흐름과 학문적 논의의 방향을 짚어보면 잠정적인 대답을 할 수 있을 것이다.

먼저 경제부터 살펴보자. 경제에서 가장 두드러진 변화 가운데 하나는 경제전반, 특히 시장을 둘러싼 불확실성이 높아진다는 점일 것이다. 그동안 경제사회학에서는 시장의 외면적 등락에도 불구하고 시장구조 자체는 안정적 *(stability of market)* 이라는 주장이 지배적이었다. 하지만 2008년의 위기와 이후 지속되는 불안정성 *(volatility)* 의 증가는 과연 가까운 미래에 시장의 급변이 기다리는 것은 아닌가하는 의문을 갖게 한다.

한국의 경우 2000년대에 들어서 주식을 포함한 금융시장 전반과 외환시장에서의 불안정성이 높다는 진단이 많다. 이러한 진단에는 수출을 포함해서 대외의존도가 높다는 점이 고려되기도 하고 급격한 신자유주의적 제도개혁에 따른 결과라는 시각도 있다. 또한 한국 경제주체의 체계에 대한 불신의 정도가 높다는 점도 작용할 것이다. 과연 불안정성과 불확실성이 높아진 경제와 시장 속에서 경제 주체가 어떻게 적응하고 자신의 생활 터전을 구성하는지 *(niche construction)* 에 대한 관심을 경제사회학적으로 발전시키는 것은 매우 흥미로울 것이다.

경제의 불확실성을 높이는 중요한 요인이 되었던 것은 경제전반의 금융화 *(financialization)* 이다 (Davis, 2009; 윤상우, 2013). 2000년대를 중심으로 패러다임이 생산에서 투자로 전환되며 경제와 시장의 성격이 크게 바뀌었을 뿐 아니라 경제주체의 행위에도 큰 변화가 있었다. 이제 금융은 경제활동의 윤활유가 아닌 연료의 역할을 맡아서 새로운 시장기회를 적극적으로 창출한다. 하지만 그 이면에서는 모든 경제제도, 관계, 행위가 금융적 질서로 재편되는 변화가 진행된다.

경제의 금융화와 함께 나타난 현상 가운데 하나가 부채의 급증이다. 이제는 부채가 위기의 상황에서 도움을 받기 위해 손을 벌리는 예외적 경우가 아니라 일상적 경제현실의 일부로 자리 잡았다. 결과적으로 부채는 국가 수준에서도, 가구 수준에서도 계속 쌓여간다. 이러한 부채 급증의 원인과 결과 그리고 문제에 대해서도 연구가 필요하다. 경제인류학에서는 최근 늘어나는 부채에 대해 학문적 관심을 갖고 분석을 시도한다 (Graber, 2011). 사회학에서도 부채에 대한 관심을 가져볼 때가 됐다.

최근 들어 시장은 불안정해졌을 뿐 아니라 모호해지기도 하였다. 과거 시장에서 자주 거래되지 않던 대상이 시장에 편입되는 경우가 늘면서 이에 대한 계량적 가치의 평가(commensuration)가 중요해지는 동시에 어려워진다. 시장의 포괄범위가 어디까지인가는 시대와 사회에 따라 달라질 수 있다. 명확한 기준이나 근거가 부족한 상태에서 시장의 확대는 혼란을 가져올 수도 있기 때문이다.

시장에서의 모호성(模糊性) 증가는 반대로 모호성을 줄이려는 시도를 낳지만 때로는 모호성에 적응해야 할 경우도 있다. 시장의 유형을 나누고 가치평가는 어떻게 이루어지며, 모호성에 어떻게 대처하는가 등에 대해 관심을 가져볼 필요가 있다. 경제 및 시장에서의 불확실성과 모호성이 높아지면서 대안적 경제원리를 추구하고자 하는 시도가 늘어난다. 대안적 경제원리에 어떤 것이 있으며 이와 시장경제를 체계적으로 비교하는 작업도 시도할 필요가 있다.

위에서 살펴본 경제 혹은 시장 현실의 변화를 사회학적으로 연구하는 데 도움이 될 수 있는 이론적 자원을 최근의 수행성(performativity) 이론 혹은 관행(convention)의 경제학 등에서 제공한다. 시장을 경제주체 간의 역할 혹은 네트워크의 구조로 보는 관점에 더해서 인지와 문화의 역할을 강조하는 이들 이론에 대한 관심이 높아질 것이다. 또한 구조 혹은 행위에 대한 일방적 강조가 아닌 구조와 행위가 서로 맞물리며 행위의 창조성(Joas, 2009)을 강조하는 프래그머티즘의 입장에서 출발해서 이론적 혁신을 이룰 필요도 있다.

한국사회의 경제와 조직이 직면하는 많은 문제는 압축적 성장과 발전의 결과 서구사회가 걸은 길을 뒤따라가는 과정이 아닌 새로운 경로의 창출을 통해서만 해결할 수 있는 것들이 많기 때문이다.

경제와 시장에서 많은 변화가 있는 만큼 조직에서도 근본적으로 중요한 변화가 나타난다. 첫째, 조직의 경계가 모호해지거나 약해진다. 한 예로 정규직에 비해 비정규직의 비중이 빠르게 높아질 뿐 아니라 그 대상이 하위직급에만 한정되지 않고 핵심 전문직들에게도 확대되어 이른바 슈퍼템프(supertemp)가 증가한다.

둘째, 2000년대 들어 한국 대기업들의 기술전략이 추격형에서 선도형으로 바뀌면서 연구개발직의 비중이 전체 직원의 절반 가까이 되었다. 이는 지식노동자의 확대를 의미한다.

셋째, 여성이 기업인력의 30%를 넘어서고 글로벌 인력이 유입되는 등 기업 내 다양성이 높아지면서 다양성에 대한 대응이 절실하게 필요해졌다. 마지막으로 스마트 기술의 발전과 함께 스마트 인력과 스마트 워크의 중요성이 높아질 것이다. 스마트 워크에서 핵심은 과거 부분적으로만 실시되던 원격근무가 전면화될 가능성이 높다는 점이다. 이러한 변화는 조직 자체의 의미를 바꾸어버리는 완전히 새로운 세계를 가져올 수도 있다.

이제 한국사회 조직의 생태계도 매우 풍성하고 다양성이 높은 생태계로 변모해간다. 기업조직만이 아니라 다양한 분야에서 비영리 조직이 등장했다. 또한 현재의 주도적 형태의 조직 외에도 대안적 형태의 조직 ― 예컨대 사회적 기업, 대안학교, 사회운동단체 등 ― 이 끊임없이 생겨난다. 이러한 대안적 조직은 기존조직과 다른 제도적 논리를 가지며 정체성을 달리한다.

결국 이러한 생태계의 확장(niche expansion)은 대기업과 같은 특정 형태의 조직만이 아니라 다양한 조직에 대해 관심을 갖고 연구가 이루어질 필요가 있음을 역설한다. 그러면 이처럼 변화무쌍한 경제와 조직의 현실을 분석하고 설명하고자 할 때 어떤 이론적 입장이나 혹은 전략이 필요할지 살펴보겠다.

첫째로 필요한 것은 학제 간의 교류와 소통이 중요하다는 것이다. 조직은 대표적으로 여러 학문이 참여해서 함께 연구하는 분야이다. 조직에 대한 연구가 하위분야로서 학문적 정당성을 확보하는 학문분야만 꼽더라도 사회학, 경제학, 정치학, 행정학, 경영학, 심리학 등 사회과학의 주요 분야를 망라한다. 이들 분야가 모두 동일한 형태의 조직을 대상으로 삼는 것은 아니다. 정치학과 행정학은 주로 정부조직을, 경제학과 경영학, 심리학은 주로 기업 조직을 대상으로 한다. 물론 이러한 구분이 절대적인 것은 아니다. 이처럼 넓은 범위에 걸친 다양한 형태의 조직들을 이제까지 조직사회학에서는 나름대로 일관된 — 물론 입장에 따라서는 서로 다르지만 — 개념과 이론의 틀을 갖고 설명했다.

따라서 어찌 보면 조직사회학은 거시적 사회현상에 관심을 갖는 다양한 사회학 분야와 서로 소통할 수 있는 기회가 풍부하다고도 할 수 있다. 하지만 이러한 가능성이 충분히 활용되지는 않는 것 같다. 점점 다양해지는 조직을 분석하고 설명하려면 학문 간의 장벽을 넘어서려는 노력이 필요하다. 앞서 우리는 조직사회학의 이론들에서 혁신의 지체가 나타난다고 했다. 새로운 혁신이 일어나지 않더라도 이론들 간의 대화와 연결(*forging ties*, Haveman, 2000)을 통해서 보다 생산적인 아이디어를 많이 생산할 필요가 있다.

둘째로 필요한 것은 중범위적 이론을 추구하는 것이다. 앞서 경제 및 조직사회학의 많은 이론이 연역적 접근에 기반을 둔 일반이론을 지향하는 경우가 많다고 했다. 하지만 빠르게 변화하는 경제 및 조직 현실과의 긴장의 끈을 놓지 않으려면 이론이 경험적 연구를 이끌고, 경험적 연구가 거꾸로 이론의 구성과 재구성의 기초가 되는 중범위적 이론이 요구된다. 중범위이론은 법칙을 추구하기보다는 상황에 따라서 작동하기도 하고 안 하기도 하는 메커니즘(Davis, 2005)을 발견하고 이를 바탕으로 설명하고자 한다. 물론 중범위이론을 추구하는 것이 사후적 설명으로 빠져서 이론적 설명에 대한 포기로 이어져서는 안 된다. 중범위이론에서 핵심적인 것은 현실로부터 지속적으로 혁신의 계기를 찾아내고자 하는 이론적 노력에 있기 때문이다.


## 참고문헌

고영복, 1974, 《조직 속의 인간》, 편역, 태극출판사.

공유식·김혁래·박길성·유홍준, 1994, 《신경제사회학의 이해》, 역사비평.

권경우, 2012, "소비주체와 부채경제, 그 욕망의 사회학", 〈문화과학〉, 69호, 131~138쪽.

김성국, 1983, "노동시장에서의 계층과 조직의 문제: 분절론의 비판적 적용을 위하여", 〈한국사회학〉, 17집, 44~73쪽.

_____, 1987, "조직의 통제체계와 헌신이 이직에 미치는 영향에 관한 연구", 〈한국사회학〉, 21집 여름호, 149~185쪽.

김용학·박찬웅·이경용·장덕진, 2002, 《한국의 산업구조 변화와 기업집단 다각화 전략: 1960-90년대를 중심으로》, 집문당.

김용학·염유식, 1991, "조직군 생태학 이론: 방법론 비판과 대안 제시", 〈한국사회학〉, 25집 여름호, 113~141쪽.

김일철, 1970, "뇌물행위에 대한 개념적 분석: 장래의 조사연구를 위한 이론정립의 일시도로서", 〈한국사회학〉, 5집, 41~45쪽.

김진균, 1968a, "공업화 과정의 사회에서의 전통과 합리성", 〈경제논집〉, 7권 4호, 49~77쪽.

_____, 1968b, "기업체 종사원의 합리적 '시스템'에의 적응평가", 〈경영논집〉, 2권 2호, 100~131쪽.

_____, 1969, "생산조직체의 집합지향적 요소", 〈경영논집〉, 3권 2호, 54~65쪽.

_____, 1970, "경제행위에 대한 사회학적 접근(서설)", 〈경제논집〉, 9권 2호, 83~108쪽.

김진균·신유근, 1974, 《경영조직론》, 법문사.

김혁래, 1992, "국가와 경제조직 비교연구", 〈한국사회학〉, 26집, 겨울호, 1~42쪽.

박길성·이택면, 2007, 《경제사회학 이론》, 나남.

박찬웅, 1999, "경쟁의 사회적 구조: 기업 내 신뢰의 사회적 연결망과 개인의 조직 내 성과", 〈한국사회학〉, 33집 겨울호, 789~817쪽.

_____, 2004, "한국 조직사회학 분야의 구조적 분화와 발전: 인용연결망 분석을 중심으로", 한국문화연구원 편, 《사회학연구 50년》, 이화여대 출판부.

배규한, 1986, "한국의 경제성장과 경영이데올로기", 〈한국사회학〉, 20집 겨울호, 99~116쪽.

서재진, 1989, "한국 자본가계급의 사회적·정치적 연줄망 연구", 〈한국사회학〉, 22집, 47~67쪽.

성경륭, 1993, "한국 정당의 흥망성쇠, 1945-1992-정치사회학적 분석", 〈한국사회학〉, 27집 여름호, 53~86쪽.

손장권, 1987, "한·미·일 조직구조와 효율성에 관한 비교연구", 〈한국사회학〉, 21집, 143~165쪽.

송 복, 1980, 《조직과 권력》, 전예원.

송호근, 1990, "한국노동시장의 구조변화: 제조업 조직부문을 중심으로", 〈한국사회학〉, 23집 여름호, 1~27쪽.

오갑환, 1975, "한국의 재벌: 경제에리트의 사회적 배경, 계층적 상황과 그 영향력에 관한 사회학적 연구", 〈서울대 논문집〉, 20권, 207~232쪽.

오세철, 1986, 《현대사회의 조직과 변동》, 학민사.

_____, 1993, 《맑스주의, 조직의 정치경제학 그리고 한국사회 변혁》, 현상과 인식.

유홍준, 1989, "기술, 조직구조와 노동자 소외의식", 〈한국사회학〉, 23집 여름호, 28~44쪽.

_____, 1995, "한국 제약산업의 시장구조에 대한 신경제사회학적 분석", 〈한국사회학〉, 29집 여름호, 291~319쪽.

유홍준·정태인, 2011, 《신경제사회학》, 성균관대 출판부.

윤상우, 2013, "현대자본주의의 금융화 경향성과 쟁점들", 〈사회과학논총〉, 15집, 57~88쪽.

이장원, 1995, 《한국의 기업 엘리트: 21세기 기업조직혁신의 새로운 도전》, 백산서당.

이재열, 1994, "개인의 합리성에서 제도의 신화까지: 조직과 시장의 사회학",

〈사회비평〉, 11권, 34~64쪽.

_____, 1996a, 《경제의 사회학: 미시-거시 연계분석의 이론과 방법》, 사회비평사.

_____, 1996b, "시장구조와 기업의 조직적 과정에 대한 경제사회학적 연구: 시장과 기업의 수익률을 중심으로", 〈한국사회학〉, 30집 가을호, 493~515쪽.

이향순, 1987, "일본의 노동관리에 관한 구조적 연구: 이중경제론, 노동시장분절론, 거래비용분석론을 중심으로", 〈한국사회학〉, 21집 겨울호, 167~186쪽.


Block, F. L., 1990, *Postindustrial Possibilities*, University of California Press, 최은봉 역, 1994, 《포스트 산업사회: 경제사회적 담론》, 법문사.

Clegg, S., & Dunkerley, D., 1980, *Organization, Class and Control*, Routledge and Kegan Paul, 김진균·허석렬 공역, 1987, 《조직사회학: 조직, 계급, 통제》, 풀빛.

Davis, G. F., 2009, "The rise and fall of finance and the end of the society of organizations", *The Academy of Management Perspectives*, 23(3), pp. 27-44.

Davis, G. F., & Marquis, C., 2005, "Prospects for organization theory in the early twenty-first century: Institutional fields and mechanisms", *Organization Science*, 16(4), pp. 332-343.

Graeber, D., 2011, *Debt: The First 5,000 Years*, Melville House, 정명진 역, 2011, 《부채 그 첫 5,000년: 인류학자가 다시 쓴 경제의 역사》, 부글북스.

Haveman, H. A., 2000, "The future of organizational sociology: Forging ties among paradigms", *Contemporary sociology*, 29(3), pp. 476-486.

Joas, Hans, 1992, *Die Kreativitat Des Handelns*, Suhrkamp, 신진욱 역, 2009, 《행위의 창조성》, 한울.

Perrow, C., 2000, "An organizational analysis of organizational theory", *Contemporary Sociology*, 29(3), pp. 469-476.

# 4

## 산업사회학 연구의 동향과 과제

이 병 훈

## 1. 머리말

산업사회학은 노동세계를 탐구하는 사회학의 세부분야를 지칭한다. 다시 말해, 산업사회학은 우리 사회의 일하는 사람을 둘러싸고 발생하거나 전개되는 다양한 사회적 현상을 분석하는 사회학의 하위 연구분야로 정의해 볼 수 있을 것이다.[1] 칼레버그(Kalleberg, 2009)에 따르면 산업사회학은 노동분업(E. Durkheim), 자본주의적 노동과정(K. H. Marx), 그리고 관료제적 과업체계(M. Weber) 등과 같이 고전사회학자들이 탐구하였던 핵심적 연구주제였으며, 그 이후 사회학 연구에서 줄곧 중심적 탐구주제의 하나로서 자리매김하였다.

실제, 노동이 사회적 생산과 재생산을 위한 인간적 활동으로서 우리 사회의 존립과 변동에 중요하게 투입-작용하는 핵심요인이라는 점에서 그동안 사회학 연구에서 가장 활발하게 논구한 세부분야의 하나로

---

[1] 산업사회학의 정의에 관한 다양한 사회학자의 정의에 대해서는 이병훈(2003)을 참조.

평가되었다. 물론 시대별로 그리고 특정 사회의 정치경제적 및 산업적 상황에 따라 표출되는 노동문제의 발현 양상이나 인과적 메커니즘이 상이하게 표출되는 만큼 그 시대상황에 맞추어 산업사회학의 연구대상이나 분석초점이 변화했다(Eldridge, 2009; Kalleberg, 2009).

우리나라에서도 산업사회학은 1980년대 후반 이후 가장 활발하게 연구활동이 이뤄진 사회학 분야의 하나로 손꼽을 수 있다(이병훈, 2003). 특히 1987년의 정치민주화를 배경으로 노동자들의 노조 조직화와 분쟁행위가 폭발적으로 증가함에 따라 당시 노동문제에 대한 사회학 연구가 크게 늘기 시작하였으며, 그 이후 1998년의 외환위기를 거쳐 최근에 이르기까지 노동문제가 지속적으로 우리 사회의 핵심적 관심사로 부각됨으로써 이에 맞추어 산업사회학 분야의 연구성과도 양적으로 확대되었을 뿐 아니라 그 질적 내용 역시 심화-발전되었다.

이 글에서는 지난 40여 년 동안 국내 산업사회학의 전반적 연구흐름을 살펴보고 지난 10년 동안(2003~2013)의 주요 연구성과에 대해 좀 더 구체적으로 검토하고자 한다.[2] 선행연구인 이병훈(2003)의 예를 준용하여 이 글에서는 7개의 주요 학술지에 게재된 산업사회학 관련 연구논문들에 대해 문헌지 내용분석(*bibliographic content analysis*)을 실시하여 통시적 연구동향을 파악-논의한다.

검토 대상의 학술지들에는 사회학 또는 사회과학 분야의 3개 종합 학술지(한국사회학회 발간의 〈한국사회학〉, 비판사회학회 발간의 〈경제와 사회〉, 한국사회과학연구소 발간의 〈동향과 전망〉), 노동분야의 3개 전문학술지(한국산업노동학회 발간의 〈산업노동연구〉, 한국고용노사관계 학

---

2 이 글은 필자에 의해 2003년에 작성된 "국내 산업사회학 연구의 동향과 향후 과제"의 후속작업으로 수행된 것이며, 2002년까지의 산업사회학 연구성과에 대해서는 상기 비평논문에서 검토한 바 있어 여기서는 2003년 이후의 연구성과를 대상으로 검토하기로 한다.

<표 4-1> 학술지별 산업사회학 관련 연구논문 수

(기간: 1968~2013년 상반기)

| 학회지 | 논문 수 |
|---|---|
| 〈한국사회학〉 | 174 |
| 〈경제와 사회〉 | 187 |
| 〈사회와 역사〉 | 64 |
| 〈동향과 전망〉 | 98 |
| 〈산업노동연구〉 | 172 |
| 〈산업관계연구〉 | 20 |
| 〈노동정책연구〉 | 22 |
| 합계 | 737 |

회 발간의 〈산업관계연구〉, 한국노동연구원 발간의 〈노동정책연구〉) 그리고 1개의 사회사 전문학술지(한국사회사학회 발간의 〈사회와 역사〉)로 구성된다.[3] 〈표 4-1〉에서 예시하듯이 7개 학술지에 2013년 상반기까지 발표된 연구논문의 총수는 737편에 달한다.

이 글의 2절에서는 1970년대 이후 2013년 상반기에 이르는 기간에 걸쳐 산업사회학의 연구추이를 개괄적으로 살펴보고, 3절에서는 2003년 이후의 최근 10년 동안 발표된 산업사회학 관련 연구문헌 중에서 주목할 만한 주요 학술성과를 간추려 논의한다. 그리고 결론의 4절에서는 산업사회학 분야의 학술연구를 지속적으로 활성화시키기 위해 2~3절의 검토를 통해 도출되는 몇 가지 과제를 제언키로 한다.

---

3 이병훈(2003)이 검토한 7개의 학술지에는 〈산업과 노동〉, 〈노동경제논집〉을 포함하여 분석하였다. 그런데 전자의 학술지는 2002년 이후 발간이 중단되었으며, 후자의 경우에는 2003년 이후 사회학자의 연구논문이 더 이상 발표되지 않았다. 따라서 이런 사정을 감안하여 이들 두 개 학술지를 〈산업관계연구〉와 〈노동정책연구〉로 대체하여 분석하였던 것이다. 물론 산업사회학 관련 연구성과로는 학술지 게재논문 이외에 저서나 연구보고서 등도 있겠으나 이들 연구문헌의 소재를 제대로 파악하기 어려울 뿐 아니라 2000년대에 들어 연구자들이 연구업적 평가 등의 이유로 이들 연구성과의 주요 내용을 학술지 논문으로 발표하는 경향을 보여 학술지 논문의 내용검토를 통해 그 시기의 연구동향을 파악하는 데에 대체로 무리 없을 것으로 판단된다.

## 2. 산업사회학의 연구동향

1987년 이전에는 권위주의적 개발 국가체제하에서 시행된 노동통제 정책에 의해 노동문제의 사회적 표출이 엄격히 억제되었던 만큼 이러한 정치-사회적 상황에 눌려 그 당시 산업사회학 분야의 연구도 매우 제한되었다. 하지만 1987년의 노동자 대투쟁을 계기로 노동자 집단행동과 노조 조직화가 폭발적으로 전개되면서 노동문제가 사회적 핵심이슈로 부각되고 노동현장에 대한 소장 사회학 연구자의 관심이 높아짐에 따라 산업사회학의 연구성과가 크게 늘어났다.

〈그림 4-1〉에서 예시하듯이 1986년까지 연평균 0.74편에 불과하던 산업사회학 분야의 연구논문 수가 1987년 이후 급격하게 늘어나 1990년대에는 연평균 20편(1992년 제외)을 상회하였다. 이같이 산업사회학 연구논문들이 크게 늘어난 배경에는 1980년대 말의 정치사회적 사회변동을 맞이하여 당시 신진 연구자 주도의 새로운 학술단체(예: 한국사회사연구회, 한국산업사회연구회, 한국사회연구소, 한국산업노동학회 등)가 설립되었을 뿐 아니라 이들 단체에 의해 연구성과를 발표할 수 있는 여러 학술지의 발간이 이뤄진 점이 주요하게 작용하였던 것으로 볼 수 있다(이병훈, 2003; 조돈문, 2005). [4]

지난 20여 년 동안 산업사회학 분야의 연구논문 추이를 살펴보면 1989~2000년 동안 연도별로 17~28편(평균 23.8편)이 발간되었으며, 2001~2007년 동안 35~41편(평균 37.4편)으로 늘어났다가, 2008~2012년에는 26~34편(평균 29.8편)으로 다소 줄었다.

---

4 이병훈(2003)이 1975~2002년 사이에 발간된 산업사회학의 연구성과에 대해 상세하게 검토하므로, 이 글에서는 중복 논의를 피하기 위해 2003~2013년(상반기)의 최근 기간과 2003년 이전 기간 사이의 변화 흐름을 드러내는 방식으로 서술함을 밝혀둔다.

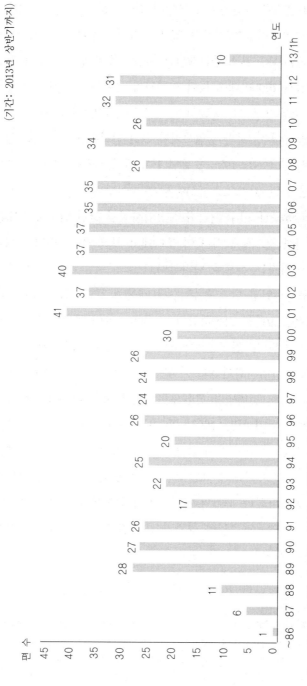

〈그림 4-1〉 산업사회학 연구논문의 연도별 발간 편수

(기간: 2013년 상반기까지)

주: 1968~1986년의 기간에는 유일한 사회학분야 학술지인 〈한국사회학〉에 14편의 산업사회학 관련 연구논문이 게재되어 연평균 0.74편이 발표된 것으로 계산됨.

2000년대에 산업사회학 분야의 연구논문이 크게 증가한 것은 1998년의 외환위기를 배경으로 전개된 노동시장과 노사관계의 구조변동과 더불어 대두된 노동문제와 노사갈등을 다루는 연구가 활발하게 이뤄진 점과 2000년대에 들어 사회과학 분야의 학술지원을 활용한 집단적인 노동연구5가 활발하게 추진된 점에 의해서라고 설명된다.

지난 40여 년 동안 산업사회학 관련 연구논문을 집필한 연구자 수를 살펴보면, 1968~1986년 동안 17명에 불과하던 연구자 수가 1987~1992년 동안 60명으로 3.5배 넘게 늘어났다. 〈그림 4-2〉에서 보여주듯이 1990년대 이후 최근까지 산업사회학 관련 연구자의 수가 꾸준하게 증가한 것으로 드러나 이 분야에서 신진 연구인력의 재생산이 그런대로 이뤄지는 것으로 나타났다.

연구자 1인당 발간 논문 수를 계산해 보면 2003~2007년 동안 가장 높은 1.9편을 기록하였다가 2008년 이후에 1.5편으로 줄어든 것으로 확인된다. 연구실적에서도 드러나듯이 최근 들어 (그 이전 시기에 비해) 산업사회학 연구가 다소 하락세의 조짐을 보여준다.

그리고 최근 10년을 중심으로 산업사회학 분야에 여성연구자의 학술활동을 살펴보면, 2003~2007년에 34명(전체 35.4%)의 여성연구자가 46편(25.0%)의 논문을 발표하였으며 2008년~2013년(상반기)에는 29명(27.9%)이 41편(25.8%)을 출간하였다. 따라서 최근 10년 동안 산업사회학 분야의 연구활동에 참여한 여성연구자의 수는 줄어들었으나 연구자 1인당 성과가 1.35편에서 1.41편에서 약간 늘어난 것으로 나타났다.

---

5 예를 들어 2000년대에 학술진흥재단 등으로부터 연구지원을 받아 집단적 노동연구를 수행한 대표적 학술팀으로는 경상대 사회과학연구소, 성공회대 노동사연구소, 전북대 지역노동사연구팀, 중앙대 사회학과 등을 손꼽을 수 있다.

〈그림 4-2〉 산업사회학 분야 학술논문의 참여 연구자 수

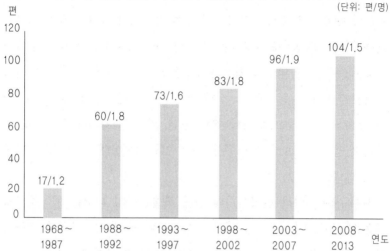

(단위: 편/명)

편
120

100    104/1.5
96/1.9
83/1.8
80    73/1.6
60/1.8
60
40
17/1.2
20
0
1968~   1988~   1993~   1998~   2003~   2008~
1987    1992    1997    2002    2007    2013    연도

주: 산업사회학 관련 연구논문의 저술에 참여한 사회학 전공의 연구자 수를 산출한 것임. 첨부표에는
각 시기별로 연구자 1인당 발표한 연구논문 수를 계산하여 명기한 것임.

〈표 4-2〉 주요 연구범주와 세부 내용구성

| 연구범주 | 세부 연구내용 | 논문 편수 |
|---|---|---|
| 생산체제 | 노동 과정(제조업 & 서비스부문), (탈)포드주의생산방식, 신기술·자동화·정보화, 생산합리화 및 조직혁신, 작업조직, 생산네트워크, 노동 인간화, 직무감시 등 | 78 (10.6%) |
| 노사관계 | 노동 정치(국가-노동의 상호관계), 단체교섭 구조, 노무관리전략/체제, 경영 참가, 고용관계, 작업장정치 등 | 147 (20.0%) |
| 노동시장 | 노동시장분절구조, 구직/직업탐색, 실업문제, 고용차별, 비정규고용, 이주노동, 지역노동시장, 임금구조, 일자리 이동, 직업구조, 고용 질/직업위세, 노동시장정책 등 | 171 (23.3%) |
| 노동운동 | 노동조합의 활동·조직구조, 정치세력화, 지역 노동운동, 노동운동 전략, 노조정치 등 | 107 (14.6%) |
| 노동자 실태 | 노동자 생활조건, 고용/근로조건, 정체성·사회의식·가치관·노동태도, 노동자 문화 등 | 114 (15.5%) |
| 노동사 | 일제 강점기부터 1960~1970년대까지의 노동자 실태, 노사관계, 노동운동, 노동정책 등에 대한 역사적 분석 | 71 (9.7%) |
| 산업연구 | 국내외 다양한 산업의 구조개편과 변동과정 등 | 46 (6.3%) |

주: 검토 대상의 연구논문 중에서 산업사회학의 연구동향을 다루는 3개의 논문(심윤종, 1984; 이병훈, 2003; 조돈문, 2005)을 상기 분류의 대상에서 제외하였음.

〈표 4-2〉에서는 1968~2013년(상반기)에 발간된 산업사회학 연구 논문의 내용을 검토하여 크게 7개 분석 범주로 분류하여 정리-제시하였다. 6 연구주제별로 살펴보면 산업사회학 분야의 분석 범주 중에서 노동시장에 관한 연구가 가장 큰 비중(23.3%)을 차지하였고 이어서 노사관계(20.0%) > 노동자 실태(15.5%) > 노동운동(14.6%) > 생산체제(10.6%)의 순으로 나타났다. 한편, 특정 산업의 구조변동을 다루는 산업연구(6.3%)와 노동사 연구(9.7%)는 상대적으로 낮은 비중을 보인다.

시기구분에 따라 산업사회학 관련 학술논문이 다루는 연구주제와 내용을 살펴보면 〈표 4-3〉에서 예시하듯이 당시 시대상황에 맞물리면서 흥미로운 변화를 보여준다. 1987년까지의 시기에는 산업노동자들의 의식구조와 직무태도 등과 같은 노동자 실태를 조사-분석하는 연구논문이 가장 큰 비중(36.8%)을 차지한 반면, 당시 권위주의적 정권의 개입주의적 노동정책에 따라 노조활동이 미약하고 자유롭지 못한 정치상황을 반영하듯 노동운동에 관한 연구는 전무하였다.

하지만 1988~1992은 노동자 대투쟁의 국면 이후 노조운동의 팽창기였던 만큼 노동운동에 관한 연구가 크게 늘어나 가장 높은 비중(25.9%)을 차지하였으며, 한국사회사연구회를 중심으로 노동사연구가 활발하게 이뤄져 이 분야의 연구성과가 두드러지게 늘어나기도 하였다.

1993~1997년은 당시 문민정부의 집권시기와 맞물려 노사관계의 재편과 제도적 개혁이 활발하게 추진됨에 따라 이를 둘러싼 연구관심이 크게 확대되어 가장 높은 비중의 연구성과를 산출하였으며, 그다음으로 기업들이 추진한 생산과정의 합리화와 신기술 도입 그리고

---

6 산업사회학의 연구범주 구분에 대해서는 필자의 선행연구(이병훈, 2003)를 참조할 것이며 이에 따라 연구논문의 내용을 검토하여 7개 범주 중의 하나로 분류하였던 것이다.

<표 4-3> 연구주제별 논문발간 추이

[단위: 편 수(%)]

| 연구범주 | 1978~1987 | 1988~1992 | 1993~1997 | 1998~2002 | 2003~2007 | 2008~2013 |
|---|---|---|---|---|---|---|
| 생산 체제 | 1(5.3) | 13(12.0) | 20(17.1) | 20(13.4) | 8(4.4) | 16(10.1) |
| 노사관계 | 4(21.1) | 15(13.9) | 38(32.5) | 34(22.8) | 33(18.1) | 23(14.5) |
| 노동시장 | 3(15.8) | 11(10.2) | 14(12.0) | 46(30.9) | 44(24.2) | 53(33.3) |
| 노동운동 | -(0.0) | 28(25.9) | 16(13.7) | 15(10.1) | 30(16.5) | 18(11.3) |
| 노동자 실태 | 7(36.8) | 20(18.5) | 20(17.1) | 17(11.4) | 22(12.1) | 28(17.6) |
| 노동사 | 3(15.8) | 19(17.6) | 2(1.7) | 6(4.0) | 26(14.3) | 15(9.4) |
| 산업 연구 | 1(5.3) | 2(1.9) | 7(6.0) | 11(7.4) | 19(10.4) | 6(3.8) |
| 합계 | 19(100) | 108(100) | 117(100) | 149(100) | 182(100) | 159(100) |
| 해외연구 | 3(15.8) | 16(14.8) | 36(30.8) | 39(26.2) | 49(26.9) | 35(22.0) |
| 공동연구 | 2(10.5) | 9(8.3) | 15(12.8) | 27(18.1) | 31(17.0) | 44(27.7) |

주: 해외연구는 외국의 자료를 활용하여 분석한 논문을 지칭하는 것이고, 공동연구는 2인 이상의 저술논문을 뜻함.

대안적 생산방식의 모색 등에 관한 생산체제 관련연구가 크게 늘어난 점이 특기할 만하다.

1998년의 외환위기를 거치면서 정부의 노동시장 구조개혁과 기업의 고용구조 유연화가 추진됨에 따라 비정규직 노동과 일자리 등의 고용문제가 사회적으로 크게 부각됨에 따라 자연히 1998년 이후 최근까지 노동시장에 관한 연구가 크게 늘어나 전체 연구성과에서 단연 큰 비중(29.1%, 143편)을 차지한다. 구조조정을 둘러싼 노사갈등과 산별노조 등장에 따른 교섭, 구조재편 등이 전개됨에 따라 1998~2002년(전체 논문의 22.8%)과 2003~2007년(18.1%) 동안 노사관계의 성격변화에 관한 연구가 활발하게 이뤄지기도 하였다.

또한 노동운동의 연구범주에는 2003~2007년 동안 당시 산별노조로의 조직전환과 노조운동의 당면문제 등을 진단-분석하는 상당수의 연구논문(전체 논문의 12.1%)이 발표되었다. 같은 시기에 성공회대 노동사연구소를 중심으로 1960~1970년대의 노동자생활사 연구가 집단적으로 진행되면서 노동사 연구성과(26편의 논문, 전체의 14.3%)의 출간은 이전 시기보다 크게 늘었다.

노동자 정체성이나 그들의 직무태도 등을 파악-분석하는 노동자 실태에 관한 연구가 1998년 이후 꾸준하게 증가하는 가운데, 산업연구의 경우 공공부문의 구조개편과 정보통신·지식산업 등의 신산업의 부각에 대한 학술적 관심사를 반영하여 특히 2003~2007년 사이(19편, 10.4%)에 크게 늘어났다. 생산체제 관련연구는 특정 산업(특히 자동차산업)의 생산방식 변화와 작업조직 혁신 및 생산네트워크 등에 대해 1998~2002년(20편, 13.4%)과 2008~2013년(16편, 10.1%) 사이에 일정 수의 논문을 발표하기도 하였다.

요컨대 1987년의 민주화, 1998년과 2008년의 경제위기 그리고 두 번의 정권교체 등으로 대변되는 거대한 사회변동과 더불어 우리나라의 노동세계 역시 크나큰 변화를 겪으면서 표출되는 핵심적 노동문제가 각 시기 국면에 따라 달라짐에 따라 산업사회학의 연구도 그 시기마다 논구 주제의 비중이 바뀌었다는 점이 여실히 드러난다.

덧붙여 〈표 4-3〉에서 예시하듯이 산업사회학 분야의 학술논문 중에서 해외국가의 사례연구와 비교연구가 1987년 이전부터 일정 비중을 차지했으나 1990년대 이후 그 수가 크게 늘어나 1993~2013년 동안 해외연구 논문은 연평균 7~9편이나 되었다. 그 가운데 해외 사례연구를 넘어서 국가 간 비교분석을 심도 있게 다루는 논문 수가 해외연구의 30%에 육박하는 것으로 파악된다.

또한 1990년대 이후 사회학 연구자 간의 그리고 더러는 다른 사회과학 분야 연구자와의 공동연구(2인 이상 연구자 참여)가 지속적으로 늘어나 2008~2013년 동안 전체 연구논문의 27.7%를 차지한 것이 특기할 만하다.

## 3. 2003~2013년 산업사회학 분야의 연구성과 검토

이 절7에서는 2003~2013년(상반기)까지 산업사회학과 관련해 최근 10년 동안 발표된 343편의 학술논문을 검토하여 주목하거나 특기할 만한 연구성과를 중심으로 살펴보기로 한다. 우선 이 기간 동안 가장 많이 다룬 분석대상은 비정규직에 관한 것이었다. 이는 1998년의 경제위기를 배경으로 비정규직 고용이 급증하고 (정규직에 비해) 차별적 근로조건과 제도적 사각지대에 놓임에 따라 우리 사회의 핵심적 노동 문제로 부각된 점과 무관치 않을 것이다.

실제 지난 10년 동안 비정규직 노동에 관한 연구논문은 무려 47편 (전체 논문의 13.7%)에 달하였으며, 이들 논문이 다루는 주제 및 내용 역시 노동시장을 비롯해 노사관계·노동운동·노동자 실태 등의 여러 범주를 망라한다.

구체적으로 비정규직 노동에 관한 연구논문들을 살펴보면 비정규직 노동의 개념정의와 규모추정방식으로부터 차별과 배제 등의 고용조건 문제 실상, 비정규직 인력활용의 결정요인, 비정규직 노동의 작업장 노사관계와 노동자 연대, 비정규직 보호의 노동권과 정책해법, 비정규직의 의식성향과 직무태도 그리고 비정규직 노동의 역사적 형성과정에 이르기까지 실로 다양한 주제를 논구한다. 8

---

7 필자의 선행연구(이병훈, 2004)에서 산업사회학의 7개 연구범주별로 2002년까지의 주요 연구성과를 검토-논의함으로 2003년 이전의 연구비평에 대해서는 이를 참조할 것. 아울러 조돈문(2005)은 1987~2004년까지 〈경제와 사회〉, 〈동향과 전망〉, 〈산업노동연구〉의 3개 학술지에 게재된 노동 관련 연구논문을 대상으로 노동운동·노동통제·노동정책·노사관계·노동시장 등의 주제별로 진보적 관점에서 비평한다. 다만, 그의 비평논문에는 검토 대상이 사회학 연구자로 국한되지 않았다.

8 조돈문(2011)은 비정규직 노동의 실태진단과 노동자계급성, 노조 전략 그리고 정책·

이들 비정규직 관련논문에서는 사내하청·파견·임시일용직·파트타임(시간제)·특수고용직 등과 같이 우리 노동시장에, 그리고 제조업·서비스업 및 공공부문에 널리 존재하는 다양한 비정규 고용형태들을 다룰 뿐만 아니라 일본을 비롯해 스페인·스웨덴·영국·독일과 같은 주요 선진국에서의 비정규직 노동문제를 검토하는 해외연구가 일정하게 이뤄지기도 하였다. 또한, 비정규직 노동에 관한 학술논문에서는 사례분석·통계분석·비교분석·정책평가 등의 다양한 연구방법이 적용됨을 확인할 수 있다.

이처럼 비정규직 노동문제가 지난 10여 년 동안 우리 사회의 핵심 이슈로 대두되었던 만큼 적잖은 수의 사회학 연구자에 의한 열띤 산업사회학적 탐구의 대상이 되었던 것이다.

노동시장 연구의 또 다른 화두는 날로 심각해지는 노동 양극화 또는 노동시장 분절구조에 대한 것이다. 구체적으로 노동시장 분절성에 대한 최근 연구에서는 그 양극화 추세를 비롯하여 고용형태·기업 규모·성별·출신 지역·직업훈련 등과 같은 영향요인 분석, 그리고 분단노동시장에 따른 사회적 파급효과 등에 대해 분석한다.

이처럼 지난 1998년의 외환위기 이후 우리 노동시장의 질적 구조 변동의 전개에 대해 적잖은 연구가 제출되었지만 그 가운데 정이환(2006, 2011, 2013)의 연구가 단연 독보적인 것으로 높게 평가할 만하다. 그는 일련의 저술을 통해 노동시장제도와 고용체제에 대한 이론적 검토와 국가 간 비교분석을 제시함과 동시에 우리나라 노동시장 구조의 최근 변화추이에 대한 문제진단과 대안모델 모색을 시도해 사회학자로서 노동시장에 대한 이론·실증·정책을 집대성하는

---

제도적 대안 등과 같이 다양한 주제를 다루는 발표논문들을 포괄-종합하는 연구저술로 특기할 만하다.

역작의 연구성과를 내놓은 것으로 주목된다.

아울러 지난 외환위기 이후 전개된 노동시장 구조변동, 즉 '평생직장'의 내부 노동시장체제로부터 '평생직업'의 외부 노동시장체제로 전환됨에 따라 일자리 이동에 관심이 크게 높아져 이에 대한 연구논문이 상당수 발표되었다. 이들 논문에서는 청년층의 학교-직장 이행을 비롯해 중고령 경력자의 직장이동 및 전문직의 취업경로 그리고 일자리 이동의 동학과 계급적 성격 등에 대해 주로 국내 노동 자료를 활용하는 실증분석의 결과를 제시한다.

또한 중앙대 사회학과의 주관하에 임금결정 메커니즘에 대한 사회학적 이론관점에서 국내 실태와 해외사례연구를 수행하여 일련의 연구성과(예: 신광영·이병훈, 2010; 윤진호·이병훈, 2012)를 발간한 것 역시 특기할 만하다.

최근 10년 동안에 노사관계에 관해 매우 다양한 연구주제를 다룬 66편의 논문이 발표되었는데, 그중에서 사회적 합의체제와 산별교섭에 대한 연구가 당시의 노동지형과 맞물리며 주목할 만한 것으로 살펴볼 수 있다. 사회적 합의체제 또는 코포라티즘에 관한 연구는 참여정부 시절 노사정위원회에 대한 민주노총의 참여 여부를 둘러싼 논란이 빚어지는 상황에서, 그리고 지역노사정협의회의 모델이 정책적으로 추진되는 배경 위에서 발표된 것으로 주로 국가의 통제 또는 포섭전략의 일환으로 간주하고 조직노동의 실질적 정책개입이 여의치 않은 노사정치지형을 비판적으로 지적하는 내용을 담고 있으며, 일부 연구는 사회적 합의체제에 대한 스페인·멕시코·브라질·독일 등의 해외사례를 검토한다.[9]

---

9 노중기(2008)는 노동개혁을 위해 노사관계개혁위원회와 노사정위원회 중심으로 전개된 국내의 사회적 합의모델에 대해 신자유주의적 노동체제를 확고히 하기 위한 국

한편 1998년 보건의료노조가 산별노조로 전환한 이래 여러 산별노조가 연이어 등장함에 따라 국내 노사관계 판도에는 산별노조의 새로운 교섭방식을 둘러싼 노사갈등이 초래되면서 자연히 산별교섭에 대한 연구관심이 높아져 당시 산별교섭 구조의 추진현황을 파악하고 평가하고 독일 및 미국 등의 해외 산별교섭 사례를 소개하는 여러 편의 연구가 발표되었다.

노동운동에 관한 연구는 2003~2013년 동안에 48편이라는 적잖은 성과를 산출하였다. 이들 연구논문에서 큰 비중을 차지하는 것으로 산별노조운동, 노동운동 위기극복 그리고 노동운동의 정치세력화를 손꼽을 수 있다. (앞서 언급하였듯이) 2000년대에 들어 산별노조가 노조운동의 새로운 흐름으로 등장함에 따라 주요 산별노조(예: 금속노조, 금융산업노조, 보건의료노조, 공공연맹)의 조직운영·교섭전략·운동정체성 등에 대한 현황분석과 발전전략을 논의하는 10여 편의 연구논문이 발표되었다.[10]

또한 노동운동의 전반적인 침체상황을 맞이하여 이러한 위기상황의 원인진단을 시도하거나 노조 재활성화(union revitalization)를 위한 새로운 운동노선으로서 '사회운동적 노동조합주의'의 전환 가능성을 검토하는 연구가 제시되었다. 또한 노조정치의 난맥상을 극복하기 위한 내부 민주주의의 발전방안을 모색하는 연구가 발표되기도 하였다.[11] 그리고 2000년 중반 이후 진보정당의 분열-침체를 맞이하여

---

가의 통제전략으로 비판하는 대표적 저술로 손꼽을 수 있다.

10 경상대 사회과학연구원에서는 2003~2008년 동안 금속노조 등의 산별노조에 대한 집단연구를 지속적으로 수행-축적하여 정진상 외(2003)를 비롯해 8권의 연구총서를 발간하였다는 점이 특기할 만하다.

11 조효래(2010)는 작금의 노조운동 위기를 초래하는 핵심적 문제원인으로 지적되는 노조내부의 정파갈등문제를 집중적으로 분석하고 이에 대한 극복대안을 강구하려는 연구성과를 묶어 출간한 저술로서 높게 평가할 만하다.

노조운동과 노동자 정당 간의 상호관계를 진단-평가하는 일련의 연구논문이 제시되기도 하였다.

노동사(勞動史) 분야에서는 지난 10년 동안 성공회대 노동사연구소와 전북대 지역노동사연구팀의 집단연구가 양적으로 많은 성과를 산출하였다. 특히 성공회대 노동사연구소는 1960~1970년대 산업화 시대의 노동자 생활세계에 대해 구술조사방법에 의거하여 다양한 주제의 역사적 탐구를 시도한 집단연구를 수행하여 상당수의 학술논문을 발표하였을 뿐 아니라 이종구 외(2004)를 비롯한 6권의 노동사 연구총서 시리즈를 출간하는 돋보이는 성과를 남겼다.[12]

또한 전북대 지역노동사연구팀은 전북지역을 중심으로 1970년대 이후 지역수준의 노조운동이 전개한 역사적 궤적을 살피는 집단연구를 수행하여 남춘호 외(2009)를 비롯한 3권의 전북지역 노동사 연구 총서를 발간한 것 역시 노동사 분야의 주목할 만한 성과로 평가된다.

노동자 실태에 대해서는 2003~2013년 동안 50편의 연구논문이 발표되었으며 이들 논문에서는 실로 다양한 연구주제를 분석-논의 했다. 이들 논문이 주요 연구초점으로 다루는 내용 중에서 특기할 만한 것으로는 노동자의 계급적 정체성, 신자유주의적 구조조정에 따른 노동자의식 변화 그리고 서비스산업의 노동자 특성 등을 손꼽을 수 있다.

구체적으로 노동자의 계급적 정체성에 관한 연구논문은 문화적 실천, 정치투표행위, 거주공간의 영향, 보수화 경향 등을 분석하며 노동자의식에 대한 신자유주의 구조조정의 영향을 연구하는 논문에

---

12 성공회대 노동사연구소는 최근에도 구로공단지역의 산업구조조정과 노동자 생활세계 변화에 대한 집단연구를 수행하여 《산업과 지역 연구 총서》 2권을 2012~2013년에 걸쳐 연이어 출간했다.

서는 특히 고용조정을 경험한 노동자의 계급의식이나 사회관계 태도 및 정신건강에 어떠한 변화를 보여주는지를 파악하려 시도한 점이 주목할 만하다.

또한 우리 경제와 노동시장에 서비스산업이 차지하는 절대적 비중을 고려할 때 이 산업부문에 종사하는 노동자의 감정노동이나 직무태도 등에 대한 연구가 그동안 일천하였다고 볼 수 있는데, 지난 10년 동안에 서비스 노동에 대한 여러 편의 학술논문이 발표된 것은 산업사회학연구의 긍정적 진전으로 평가된다.[13]

생산체제와 산업부문의 연구에서는 국내외 자동차산업에 대한 연구성과가 단연 큰 비중을 차지한다. 특히 조형제(2005)의 연구는 자동차산업을 대표하는 현대자동차에서 고유한 한국적 생산방식, 즉 현대주의적 생산체제(Hyundaism)가 갖는 특징적 성격과 내재된 한계점 등에 대한 돋보이는 분석을 제기한다.

최근 10년 동안 생산체제에 대한 연구에서 노동감시와 생산가치사슬(productive value chains) 또는 외주네트워크(outsourcing network) 등과 같은 새로운 주제가 탐구되기도 하였다. 또한 산업연구에서는 이 기간의 정책논쟁이 되어온 공공 부문의 신자유주의적 구조개혁에 대해 여러 편의 비판적인 연구논문이 발표되었다. 이에 더하여 콜센터산업·항만산업·문화/영화산업 및 지역산업단지 등과 같이 새로운 산업 분야로 확장되기도 하였다.

---

13 특히 신광영과 이병훈(2008)은 중앙대 사회학과의 연구팀이 중심되어 서비스 노동체제에 대한 본격적 실태파악과 특성분석을 시도하여 산출한 연구성과라는 점에서 특기할 만하다.

## 4. 맺음말: 산업사회학 연구의 향후 과제

산업사회학의 학술활동은 지난 1987년 이후 사회학 분야 가운데 가장 활발하게 활동했다고 해도 과언이 아닐 것이다. 이상에서 학술지 발표논문을 중심으로 살펴본 바에 따르면, 산업사회학 분야의 연구성과가 1990년대와 2000년대 전반기에 양적으로 두드러진 성장세를 보여주다가 2000년대 후반기 이후에는 다소 하락세를 나타내지만 지난 30여 년 동안 이 분야의 연구에 참여하는 연구자 수는 꾸준히 증가하며 연구주제 역시 폭넓게 확대되는 것을 확인할 수 있다.

특히 최근 10년 동안의 산업사회학 연구동향을 검토하면 우리 사회가 당면하는 주요 노동문제에 대응하여 비정규직 노동·노동시장 분절구조·일자리 이동(노동시장), 사회적 합의·산별교섭(노사관계), 산별노조·노동운동 재활성화·노동자 정치세력화(노동운동), 1960~1970년대 노동자 생활세계·전북지역 노동운동사(노동사), 노동자 계급정체성·신자유주의적 구조조정의 노동자태도 영향·서비스산업의 노동자특성(노동자 실태), 현대생산방식·공공 부문 구조개편(생산체제 & 산업연구) 등에 대한 돋보이는 연구성과를 축적해온 것으로 평가된다.

산업사회학 분야의 향후 연구활동 추이에 대해 예상하기는 쉽지 않으나, 우리 사회의 계속되는 구조변동과 더불어 새롭게 등장하는 노동문제와 변화하는 노동세계에 대한 산업사회학 분야의 탐구는 활발하게 유지될 것으로 기대한다. 이 같은 낙관적 전망에도 불구하고 산업사회학 연구의 지속발전을 위해 여러 과제가 제기될 수 있는바, 이 글의 결론으로서 몇 가지 제언을 밝히는 것으로 마무리하고자 한다.

첫째, 그동안 산업사회학 분야에 적잖은 연구성과가 축적된 것은 사실이지만 그럼에도 우리 사회의 노동세계를 이해-설명-개선하려 함에서는 아직도 연구 공백이 크다고 해도 과언이 아닐 것이다. 물론 기존 연구에서 충분히 다루지 못한 산업사회학의 탐구 주제와 대상은 무척 많을 것이다.

그 가운데 우리 사회의 시대적 변화와 당면한 노동문제 등을 감안하여 앞으로 좀더 논구해야 할 주요 연구주제로는 서비스·지식·문화산업의 노동체제, 비공식 부문과 근로빈곤층, 무노조/미조직부문의 고용관계, 노동체제의 지역공간성(local spatiality), 탈산업·세계화 시대의 노동운동 재활성화와 노동자 연대, 저출산-고령화 사회의 노동인구 변동, 일-가족 양립의 산업적 규범, 산업재해·직업병·직무스트레스, 노동시장 분절구조와 일자리 이동, 기업구조 변화와 고용구조 재편, 불안정 노동의 사회적 배제 등을 열거해 볼 수 있을 것이다.

이에 더하여 그동안의 연구에서 소외된 노동시장의 직종·업종·기업부문에 종사하는 노동자(예: 영세기업, 정부기관, 고용주·자영자 및 무급 가족종사자, 프리랜서 등)에 대한 실태를 파악-분석하고 기존 노동사 연구에서 다루지 못한 시대와 지역에 대해 역사적 고찰이 계속 확대되어야 할 것이다.

둘째, 산업사회학 연구의 활성화를 위해서는 (2000년대에서 활발하게 수행되었던) 집단연구가 이후에도 유지-확대될 필요가 있을 것이다. 집단연구는 특정 연구주제에 대한 연구자의 공동연구를 통해 양과 질을 크게 확대-개선하는 데에 이바지할 뿐 아니라, 연구자 간에 문제의식이 공유-확장되고 신진 연구자에 대해 학습과 훈련의 기회를 제공한다는 중요한 이점을 갖기 때문이다.

향후 집단연구를 기획-추진함에 있어 노동문제가 사회변동, 계층/계급, 성과 가족, 사회운동, 인구구조 등의 사회학 연구주제뿐만 아니라 경제·산업구조, 교육훈련, 사회복지, 정치/정책, 산업/조직심리 등과 긴밀하게 상호영향을 준다는 점을 감안하여 산업사회학 분야의 울타리를 넘어서 다른 사회학분야와 사회과학의 연구자와 학제적 공동연구를 다양하게 모색하는 것이 요망된다.

셋째, 사회학의 기본 책무가 탐구하는 사회현상의 보편적 법칙성을 파악하여 이론화(theorizing)하는 데에 있다고 한다면, 그동안 국내 산업사회학 연구에서 이론화의 성과는 매우 미흡한 상태에 있다고 해도 과언이 아닐 것이다. 실제 산업사회학의 연구논문은 한국사회에 발생-제기되는 주된 노동문제에 대해, 특히 서구이론을 활용-의거하여 해설하거나 검증하는 수준에 머무른 것으로 평가된다.

따라서 이제는 우리 산업사회학의 시계를 한국사회를 넘어서 동아시아, 더 나아가 세계적 수준으로 넓혀 우리의 노동세계로부터 도출되는 논증의 성과를 보편타당한 이론으로 발전시키는 연구심화를 바란다. 다행히 최근 국내 산업사회학자에 의한 해외 학술발표가 점차 늘어나는 점14이 희망적인데, 이후 산업사회학 관련의 해외 연구자(예: 세계사회학학회 노동분과 RC30와 노동운동분과 RC44)과의 국제 학술교류가 더욱 확대되기를 기대한다.

아울러 산업사회학 분야의 이론화에 대한 접근이 확대됨에 있어 개별 노동자의 일터와 삶터로 구성되는 미시적 심급과 국가 수준의 정치경제과 고용체제를 포괄하는 거시적 심급을 상호연계시켜 노동세계의 다층적 인과구조를 밝히는 이론적 논증이 활발히 이뤄질 필요가 있겠다.

넷째, 그동안 산업사회학의 연구에서는 우리 사회의 노동현상에 대해 객관적 실태분석과 더불어 비판적 문제제기를 해왔다. 하지만

---

14 이 글은 국내 학술지에 발표된 연구논문만을 대상으로 분석한 것이다. 최근 국내 연구자가 연구논문을 해외학술지에 게재하는 빈도가 부쩍 늘어나는데 이를 반영하지 못한 연구한계를 안고 있음을 밝혀둔다.

비정규직과 노동 양극화 등에 잘 드러나듯이 우리의 노동문제가 날로 악화된 점을 고려할 때 산업사회학 연구의 문제제기로는 이러한 문제의 해결과 개선을 이루기에 충분치 않았다는 점을 부끄럽게 자평하지 않을 수 없다.

따라서 향후 산업사회학의 연구에서는 우리 노동현실을 개선-발전하는 데에 사회적 개입과 영향을 보다 확대-강화할 필요가 있으며, 구체적으로 노동/고용문제의 해결을 위한 정책과 제도의 개선과 사회적 담론과 운동 전략의 강화-확충에 적극적으로 이바지하는 것이 요망된다.

마지막으로 산업사회학 연구의 지속발전을 위해서는 후속세대의 왕성한 재생산이 요구된다. 이를 위해 산업사회학 연구분야에 신진 연구자의 유입을 권장하고 이들에 대한 학회 및 연구단위 차원의 체계적 학술연구 지도-훈련을 강화-발전시켜야 할 것이다.

최근 들어 일부 학회에서는 대학원생 대상의 노동연구자 여름캠프를 개최하거나(예: 한국산업노동학회 주도하에 2012년부터 시행 중), 학술지의 편집방침으로 신진 연구자를 위한 학술논문지면을 배당하는(예: 한국고용노사관계학회) 등 노동연구의 후속세대 육성을 위한 적극적 노력을 기울이는 것을 높게 평가할 만하고 이러한 노력이 지속됨과 더불어 신진 연구자가 주도하는 모임이 만들어져 그들 간의 학술교류가 활발하게 이뤄지길 바란다.

# 참고문헌

남춘호·이성호·노중기·진양명숙·김재훈·김명아·주종섭·조문익, 2009, 《전 북지역 노동운동의 역사 다시쓰기》, 한울.

노중기, 2008, 《한국의 노동체제와 사회적 합의》, 후마니타스.

신광영·이병훈, 2008, 《서비스사회의 구조변동: 노동체제의 전환과 생활세계의 변화》, 한울.

_____, 2010, 《일의 가격은 어떻게 결정되는가? I: 한국의 임금결정기제 연구》, 한울.

심윤종, 1984, "산업 및 노동연구의 회고와 전망", 〈한국사회학〉, 18집 겨울호, 90~106쪽.

윤진호·이병훈, 2012, 《일의 가격은 어떻게 결정되는가? II: 해외사례연구》, 한울.

이병훈, 2003, "국내 산업사회학 연구의 동향과 향후 과제", 〈한국사회학〉, 37집 4호, 199~214쪽.

_____, 2004, "산업사회학 연구의 동향과 쟁점", 이화여대 한국문화연구원 편, 《사회학연구 50년》, 혜안, 189~238쪽.

이종구·김 준·정승국·신원철·김삼수·김영수·김귀옥·허상수·정영태, 2004, 《1960년~1970년대 한국의 산업화와 노동자 정체성》, 한울.

정이환, 2006, 《현대 노동시장의 정치사회학》, 후마니타스.

_____, 2011, 《경제위기와 고용체제》, 한울.

_____, 2013, 《한국고용체제론》, 후마니타스.

정진상·김재훈·이종래, 2003, 《금속노동자의 생활과 의식》, 한울.

조돈문, 2005, "민주노조운동의 동학과 노동문제 연구의 추세: 강화된 전문성, 약화된 실천성", 〈경제와 사회〉, 65호, 12~50쪽.

_____, 2011, "비정규직 주체형성과 전략적 선택", 〈매일노동뉴스〉.

조형제, 2005, 《한국적 생산방식은 가능한가?: Hyundaism의 가능성 모색》, 한울.

조효래, 2010, 《노동조합 민주주의: 노동조합 내부정치와 비정규노동》, 후마니 타스.

Eldridge, J., 2009, "Industrial sociology in the UK: Reminiscences and reflections", *Sociology*, 43 (5), pp. 829-845.

Kalleberg, A. L., 2009, "Rethinking the sociology of work, workers and the workplace", *Labour & Industry*, 19 (3), pp. 29-48.

# 2부

## 역사 · 발전 · 통일

# 5

# 한국 사회사학 30년의 성과와 과제

정 근 식

## 1. 머리말

2013년 12월, 한국사회사학회의 학술지인 〈사회와 역사〉가 100호를 발간하게 되었다. 공교롭게도 비판사회학회의 학술지인 〈경제와 사회〉도 똑같이 100호를 맞았다. 사회학계의 경우 사회학회의 기관지인 〈한국사회학〉을 제외한다면 〈사회와 역사〉와 〈경제와 사회〉가 모두 1980년대 중반에 창간되어 약 30년간 비교적 안정적으로 간행되어 온 학술지라고 할 수 있다. 이들의 역사는 한국 사회학계의 변화에 대한 흔적이자, 1980년대 사회학이 사회과학이나 인문학 전반에 미친 영향을 생각한다면 한국 지성사의 일부이기도 하다.

1980년대 전반기 한국 사회학계의 커다란 변화 흐름의 하나인 한국비판사회학회(구 산업사회연구회)의 학술지인 〈경제와 사회〉가 처음에는 〈산업사회연구〉라는 제호로 1985년에 창간된 것에 비해, 한국사회사학회의 〈사회와 역사〉는 1986년 《한국사회사연구회 논문집》이라는 형식으로 5권을 동시에 발간한 이후 27년 만에 100권의 학술지를 거의 동시에 발간하게 되었다.

1986년부터 1996년까지 발간된 사회사연구회 논문집 50권은 학술지와 단행본을 겸하는 형식으로 1997년부터 지금까지는 반연간지와 계간지로 50권을 발행하였다. 권수로만 보면 전반기 50권을 출간하는 데 11년, 후반기 50권을 출간하는 데 16년이 걸린 셈인데, 후반기가 전반기에 비해 더 긴 것은 반연간지로 발행한 9년의 기간이 포함되었기 때문이다.

처음부터 규모가 크고 기반이 튼튼한 학회가 학술지를 계간지로 발행했을 경우 100권을 발행하려면 총 25년이 걸리는데 훨씬 기반이 취약했던 상황에서 새롭게 형성된 학회가 불과 28년 만에 100권의 학회지를 발행했다는 것은 그만큼 학회 회원들의 열성, 또는 열성회원의 헌신이 컸다는 것을 의미한다.

한국사회사연구회나 이의 후속인 한국사회사학회가 1980년 조그만 연구모임으로 시작하여 학술단체로서의 모습을 갖추기까지 대체로 10년 주기로 학회와 학술지의 발전을 위한 논의의 장이 있었고, 그때마다 학회 출범 당시의 주축 멤버였던 사람들의 회고와 평가가 있었다 (김필동, 1990, 1995, 1997; 박명규, 1985, 2006; 박명규·김경일, 1995; 지승종, 2001; 정근식·공제욱, 1995; 신용하, 2010).

가장 최근에는 학회 출범 30주년이던 2010년 학회 발전의 궤적을 검토하는 논의가 있었다. 김백영(2011)은 사회사학회의 활동을 역사문제연구소의 활동에 견주어 비교분석하였고, 채오병(2011a, 2011b)은 미국 역사사회학의 흐름에 견주어 한국 사회사학의 특성을 파악하려고 하였다.

이 글은 〈사회와 역사〉 100권 발행을 맞이하여 학회의 형성과 발전과정의 의미를 되새기고, 학자에게 더 많은 연구성과 생산을 요구하는 분위기 속에서 한국 사회사학이 어떤 방향으로 나아가야 할 것인지를 반성적으로 논의하기 위한 것이다. 여기에서 필자는 학회의 형성과정, 한국사회를 바라보는 시각과 연구방법의 발전에서 사회사학 또는 역사사회학의 기여 그리고 학회 및 학술지의 발전을 위한 과제를 중심으로 다룰 것이다.

## 2. 1980년대의 한국사회사연구회에 대한 회고

1980년대 전반기는 한국의 인문사회과학의 중요한 전환기였다. 1970년대 유신체제하에서 싹튼 비판적 인식이 1980년 5·18 민주화운동을 계기로 심화되고 대학에서 해직된 교수의 활동이 젊은 대학원생의 열정과 결합하여 새로운 학풍이 형성되기 시작하였다. 이런 전환을 정부의 대학 정책, 즉 졸업정원제를 매개로 한 대학 규모의 확대와 복제기술의 발전에 기초한 출판업이 떠받치고 있었다.

사회학 영역에서의 변화는 서울대 사회학과와 그 주변에서 시작되었다. 신용하 교수를 중심으로 한 하나의 흐름이 한국사회사연구회로 발전하고, 김진균 교수를 중심으로 한 다른 하나의 흐름이 산업사회연구회로 발전했다. 이 두 흐름은 항상 간접적 상호작용 속에서 자기발전을 도모했고 나아가 사회학계 전반에 새로운 자극을 주었다.

### 1) 연구회의 출범

1980년 봄은 짧은 격동의 시기였다. 당시 대학원에 갓 입학한 필자는 4월, 신용하 교수가 주도하고 대학원생이 함께하는 '한국사회사연구회'라는 이름의 모임에 참여하였다. 그러나 대학 안팎에서 정치적 사회적 격동이 일었고 5월의 폭풍이 더 이상의 모임을 허락하지 않았다. 학교가 가을부터 다시 서서히 정상화되자 이 모임이 재개되어 프랑스와 영국의 토지제도사를 함께 읽었다.

이 시기에 모임을 주도한 신용하 교수는 "한국사회사의 대상과 '이론'의 문제"라는 제목의 논문(〈한국학보〉, 25권, 1981)에서 자신의 문제의식을 밝혔다. 사회사연구모임의 구성원은 이런 문제의식을 보다 진전시키기 위하여 1982년 봄에 프랑스의 아날학파나 독일의 사회사를 소개하는 글을 선정하여 번역하고 출간하는 작업을 하였다. 이 결과가 1982년 9월 창작과 비평사에서 출간된 《사회사와 사회학》이었다.

이 책의 출간은 매우 중요한 지성사적 의미를 지닌다. 이 책의 출간을 준비하는 과정은 한국사회사가 사회학 내의 한 분야(discipline)로 정착하고 사회사연구회가 하나의 연구모임으로 비교적 뚜렷하게 형성되는 과정이다. 이 책에서 신용하 교수는 한국사회사의 시각, 방법과 내용을 규정함으로써 이를 하나의 학문분야로 제도화하는 초석을 놓았다. 이와 아울러 한국 학계에 프랑스 아날학파의 연구방법과 성과를 체계적으로 소개하여 역사학계나 사회학계의 이후 연구에 큰 영향을 주었다.[1]

1980년 한국사회사연구회의 출발은 사실 1975년 서울대의 종합화와 관악캠퍼스로의 이전과 사회학과 내에 한국사회사라는 과목이 설치되어 약 5년간 지속된 강의의 성과라고 할 수 있다.

1978년 1학기로 기억한다. 한국사회사 강의의 첫 시간에 신용하

---

1 한국의 서양사학계에서는 이민호 교수가 독일의 사회사학을 소개하는 저서를 《현대사회와 역사이론》이라는 제목으로 1982년에 출간하였고 이거스(G. G. Iggers)의 책 《현대사회사학의 흐름: 역사주의에서 역사적 사회과학으로》를 번역하여 1984년에 출간하였다.

교수는 이 강의의 지적 기원을 설명하면서 이 강의가 오래전에 이루어진 이상백 선생의 조선사회에 대한 연구, 특히 조선건국이나 신분사에 관한 연구성과를 계승하는 것이라고 주장하였다.2 이 강의에서는 조선시대의 신분제도를 4신분설로 설명하고 일제 강점기 초기의 토지조사사업을 '수탈론'의 관점에서 다루었다.

한국사회사연구회가 만들어질 수 있었던 제도적 기반은 1975년부터 서울대에서 개설된 강의와 함께 새롭게 만들어진 대학원 제도와 1979년 대학원에 도입된 수업조교(TA) 제도 등이었다. 이를 뒷받침한 것이 대학원 과정에서 한국사회사연구나 한국사회사상사연구의 개설이었다. 여기에서 신채호와 박은식, 장지연 등 한국의 근대적 지식인의 사회사상이 다루어졌다. 강의 외에 사회학과에서는 1978년에 학부생 필독도서 제도를 도입했다. 여기에 《목민심서》나 《열하일기》 등을 포함해 학부 학생을 사회사로 인도하는 조그만 통로 역할을 했다.

서울대 사회학과의 강의 이름이 '역사사회학'이 아니고 '한국사회사'였다는 점이 주목할 만하다. 이 '한국사회사'라는 명칭은 연구회의 명칭에 반영되었다. 또한 1980년대에 접어들어 전국의 주요 사회학과는 역사적 지향을 갖는 사회학적 연구를 교과목으로 제도화하기 시작하였는데,3 이 과정에서 교과목의 명칭으로 '한국사회사'가 '역사사회학'과 함께 정착되었다. 이 또한 한국사회사 강의가 미친 영향이라고 할 수 있다.

고려대의 경우 사회사적 관심은 최재석 교수에 의해 제도화되었

---

2 김필동(1995)은 이상백과 김두헌 등을 1세대, 김영모, 박영신, 신용하, 최재석, 최홍기 등을 2세대로 규정하였다.

3 지승종(2001)에 따르면 2000년을 전후한 시기에 전국의 40개 대학 중 한국사회사가 개설된 대학은 12개 대학, 역사사회학이 개설된 대학은 18개 대학이었다.

다. 최재석 교수는 1966년부터 1991년까지 가족 및 친족연구, 농촌연구 그리고 한국사회사와 사회인류학을 강의하였다. 그의 한국사회사는 주로 한국의 전통적 가족제도사 중심으로 이루어졌다.[4]

연세대의 경우, 사회사적 관심은 사회학과 박영신 교수가 강의한 뒤르켐의 사회학이나 사회운동론을 통해 형성되었고 연세대의 오랜 국학적 전통이 여기에 결합되어 발전하였다. 특히 김용섭 교수의 내재적 발전론은 사회학과와 역사학계에 미친 영향이 상당히 컸다.

한국사회사 연구의 제 2세대로 지목되는 김영모 교수는 중앙대 사회사업학과에 재직하면서 많은 사회사적 연구성과를 만들어냈으나 사회사학회에는 참여하지 않았다.

1980년대 초반의 한국사회사연구회 초창기에 참여자의 관심은 현재의 관점에서 보면 그렇게 다양한 것은 아니었다. 역사학과 사회학의 관계에 관한 논의는 많이 이루어졌지만 '현재에 관한 역사적 조망' 보다는 '가까운 과거에 대한 조망'이 더 우세하였다. 1970년대 후반기와 1980년대 초반기에 걸쳐 역사학과 사회학계에서는 이른바 '분단시대'론이 제기되었고, 또한 《해방 전후사의 인식》(1985)이 출간되면서 해방 직후부터 6·25 전쟁기까지의 사회변동에 관한 관심이 크게 고조되었다. 그러나 사회사연구모임은 일제 강점기에 더 많은 관심을 두며 부분적으로 현대의 국가 형성에 관심을 두었다.

역사사회학은 1980년대 후반부터 미국의 역사사회학 및 비교사회학의 영향 아래 여러 대학에서 사회학 교과목이 설립되었다. 무어(B. Moore), 스카치폴(T. Skocpol), 틸리(C. Tilly), 앤더슨(P. Anderson) 그리고 톰슨(E. P. Thompson)이나 홉스봄(E. Hobsbawm), 엘리아스

---

4 최재석 교수는 2009년 《한국사회사의 탐구》(2009)라는 제목의 책을 출간하였는데, 이의 주요 내용은 한국 고대의 가족에 관한 것이다.

(N. Elias)의 저작들이 주로 역사사회학의 이미지와 교과 과정을 형성시키는 지적 자원이었다.

1990년대 중반부터는 점차 푸코(M. Foucault)나 가타리(F. Guattari), 부르디외(P. Bourdieu) 등의 저작이 더 큰 영향을 미치기 시작하였다. 이른바 지식권력이나 지식의 사회적 구성론이 사회사 연구를 넘어 여러 학문 분과에 영향을 미쳤다.

## 2) 한국사회사연구회의 발전

한국사회사연구회는 1984년 11월에 재창립되었다. 정확하게 말하면 연구모임에서 보다 공식적인 연구회로 전환한 것이다. 이때 회장, 이사 등 임원을 선출하고 정례적 연구발표회를 가지기로 결정하였으며 연구발표회를 통해 축적된 논문을 연구회논문집으로 간행할 것을 결정하였다. 이 시기에 연구모임에 도움을 준 사람이 한국정신문화연구원에서 '한국사회사 대계'를 구상하던 김한초 교수이다. 그러나 유감스럽게도 일찍 고인이 되었고 '한국사회사 대계' 구상도 실현되지 못했다.

연구회는 기존의 《사회사와 사회학》(1984)의 뒤를 이어 1986년에 아브람즈(P. Abrams)의 역사사회학을 10명의 참여로 공동번역하여 문학과 지성사에서 출간하였고, 1986년 말에 이르러 의욕적으로《한국사회사연구회 논문집》을 처음으로 출간하였다. 이때 출간된 논문집은 제 1집 《한국의 근대국가 형성과 민족문제》, 제 2집 《한국의 근대농촌사회와 일본제국주의》, 제 3집 《한국의 사회신분과 사회계층》, 제 4집 《한국전통사회의 구조와 변동》, 제 5집 《해방 후 한국의 사회변동》 등이다. 여기에는 사회학계의 원로였던 최재석 교수의 글을 포함하여 총 25편의 논문이 포함되었다.

논문집 발간 첫해에 논문집 5권이 동시에 출간된 것은 사회사연구회 출범 당시의 열기를 단적으로 보여주는 것이다. 이후 연구회논문집은 매년 거르지 않고 4~5권씩 출간되었다.

이 《한국사회사연구회 논문집》은 한편으로는 학술지이지만 다른 한편으로는 특정 주제로 묶이는 단행본의 성격을 갖는 것이었다. 이런 형식은 매우 독특한 것으로 1980년대 중반의 학술적 생산과 출판의 조건이 서로 어울린 결과였다. 이 논문집은 한편으로 단행본으로 간주되어 지속적으로 판매되기도 하고 다른 한편으로는 연간 학술지로 간주되기도 하였다. 연구회 출범과 함께 연구회 회원은 연구회의 방향을 제시한 신용하 교수의 논문 외에 한국사회사의 전통을 밝혀보려는 노력을 지속적으로 수행하였다(박명규, 1985).

초창기 한국사회사를 하나의 학문 분야로 정립하려는 노력은 사회사 연구의 이론과 방법론에 대한 관심으로 나타났다. 이런 문제의식은 논문집 제 10집 《사회사 연구의 이론과 방법》(1988), 제 31집 《사회사 연구와 사회이론》(1991) 등에 표현되었다. 제 10집에는 아리에스(P. Ariès)의 심성사와 중국사회사 연구동향이 소개되었고, 제 31집에는 〈망탈리테(mentalité) 사(史)〉에 관한 연구가 소개되었다. 또한 과거의 사회사적 전통에 대한 연구회원들의 관심이 1993년에 출간된 논문집 제 40집 《한국사회사 연구의 전통》에서 잘 드러난다. 이 제 40집은 백남운, 손진태, 이상백, 김두헌, 이능화에 대한 연구를 담았다.

1990년에는 연구회 창립 10주년을 맞아 '한국 근현대의 민족문제와 계급문제'라는 주제의 학술대회를 개최하였다. 이 발표의 성과는 연구회 논문집 제 23집으로 묶여 출간되었다. 이 시기에는 정례적인 학술대회를 열 수 있는 여건이 충분히 갖추어지지 않았다.

1993년에는 충남대에서 '한국사회사 및 역사사회학 강의에 관한 워크숍'을 개최하여 전국 대학의 주요 사회학과에서 이루어지는 관런 강의를 어떻게 질적으로 고양할 것인가를 논의하였다. 이 모임이 아마도 사회사 교육과 관련한 최초의 논의였을 것이다. 또한 연구회 결성 이후 최초로 한국정치외교사학회와 함께 흑룡강대에서 '동북아시아 질서의 형성과 변화'라는 심포지엄을 개최하기도 했다.

한국사회사연구회의 활동이 활발해지고 저변이 확대됨에 따라 1994년 12월의 총회에서 연구모임의 형식을 연구회에서 학회로 전환할 것을 결정하고, 1995년부터 연구회의 공식명칭을 '한국사회사 학회'로 전환하였다. 이에 따라 학회 회장에 신용하, 부회장에 이병혁, 정진성 교수를 선임하고, 편집위원회를 박명규가, 운영위원회를 정근식이 맡아 꾸려가는 체제로 바꾸었다.

논문집의 명칭도 〈한국사회사학회 논문집〉으로 전환하였지만, 일단 학회 논문집 체제는 그대로 유지하도록 하여 제45집부터 제50집까지 출간하였다. 학회의 명칭은 바뀌었으나 학회논문집 발간 체제는 그대로 유지했다는 점에서 1995~1996년의 2년간은 일종의 과도기에 해당한다.

1995년은 정기적인 논문집 이외에 최초의 학회 연구총서로 《한국사회사의 이해》를 출간하였다. 이 책은 일종의 교과서로 활용될 것을 기대하고 편집한 것으로, 제1부를 '전통사회의 구조와 변동', 제2부를 '근대사회의 형성과 전개'로 구성하고 총 17명이 참여하였다. 이 책은 원래 1993년 2월에 충남대에서 열린 '한국사회사 강의에 관한 워크숍'에서 교과서가 시급하다는 논의에서 출발한 것으로 약 2년간의 노력 끝에 결실을 맺은 것이었다.

이와 함께 1995년은 사회학회와 공동으로 광복 50주년 기념 학술발표회를 가진 해였다. 여기에서 얻은 성과는 1997년 사회사 연구총서 제3권 《한국현대사와 사회변동》이라는 제목으로 출간하였다. 이 책에는 총 13편의 논문이 실렸으며 신용하 교수 화갑기념 논총을

겸했다. 1996년에는 한국역사연구회와 공동으로 '식민지 근대화론의 비판적 검토'라는 제목의 심포지엄을 열었다.

사회사연구회의 활동에서 특기할 만한 것은 과거의 한국사회사의 연구전통에 대한 지속적 관심과 연구회의 운영에 대한 주기적 비판과 성찰이 이루어졌다는 점이다. 그 대표적인 예가 1995년 〈한국학보〉에 실린 3편의 사회사 연구동향에 관한 글이라고 할 수 있다(지승종, 1995; 박명규·김경일, 1995; 정근식·공제욱, 1995).

1986년부터 1996년까지 11년간 발행한 논문집 50권은 한국사회사연구회 출범 후 불과 11년 만에 이룬 큰 성과였다. 총 155명의 저자들이 280편의 논문을 기고하였는데 이 중 47명은 2편 이상의 논문을 기고하였다.[5] 이는 신용하 교수의 지도력과 문학과 지성사의 적극적인 도움이 있었기에 가능한 성과였다.

1996년 말의 총회에서는 사회사학회 논문집 50집 출간을 맞아 이의 성과를 정리하는 기회가 있었다. 김필동 교수가 이 성과를 비판적으로 정리하였고(김필동, 1997), 2001년에는 월례발표회 제100회를 맞아 지승종 교수가 "한국사회사의 학문적 상태와 지향"을 통해 학회의 연구성과와 교육실태를 자세히 발표하였다.

1994년 한국사회사연구회가 한국사회사학회로 전환한 것은 사회학계의 또 다른 학술모임인 산업사회연구회에 영향을 미쳤다. 산업사회연구회는 1984년 출범해 1996년 '한국산업사회학회'로 개칭하였고 2007년 '비판사회학회'로 전환하였다. 1988년 이전까지 〈산업사회연구〉로 발간되던 학회지의 명칭을 1988년 이후부터 〈경제와 사회〉로 전환시켜 발간 중이다.

---

5 한국사회사연구회 논문집에 대한 더 자세한 평가는 김필동(1997)을 볼 것.

## 3. 정기 학술지 체제로의 전환과 성과

한국사회사학회는 1996년 12월의 총회에서 학회운영과 학회지 발간 체제를 일신하는 중요한 결정을 하였다. 학회논문집이 50권에 이른 것을 계기로 연구회 창립과 학회로의 전환을 주도하면서 17년간 학회를 이끌었던 신용하 교수가 새로운 세대가 학회를 이끌어갈 것을 강력하게 희망하였다. 이에 따라 회장단과 편집위원회, 운영위원회를 새롭게 구성하고 학회 논문집을 본격적인 학술지로 개편하기로 결정하였다.

이에 따라 회장에 박명규, 부회장에 김필동, 조성윤을 선임하고 편집위원장에 정근식, 운영위원장에 김영범을 위촉하였다. 편집위원회가 학회기관지를 책임지고 운영위원회가 월례발표회와 기타 학술회의를 책임지는 체제로 바꿀 것을 결정하였다.

1997년 상반기에 새로운 학회지 체제로 전환할 때 제호, 편집체제, 간행주기, 권호수 표기 등이 중요한 쟁점이었다. 제호는 '한국사회사'와 '사회와 역사'를 두고 논의한 끝에 학회명과 학회지 명칭이 굳이 동일한 필요가 없다는 의견에 따라 후자를 선택하였다. 편집체제는 특집논문과 일반논문, 연구동향, 서평 등으로 구성하기로 했으며, 발간 주기는 반연간지로 결정하였다.

발간주기를 결정하는 것은 어려운 문제였다. 당시의 연구회 논문집은 연말에 회원이 제출한 논문을 적절하게 분류하여 여러 권의 '논문집'으로 출간하는 체제였으므로, 접수된 논문 수에 따라 몇 권으로 출간할 것인가를 결정할 수 있었다. 학회의 연구능력으로 보면 계간지도 가능하나 일정한 간기를 갖는 학술지는 사전에 편집계획을 세우고 접수된 논문을 엄밀하게 심사하여 게재하여야 하므로 곧바로 계간지 체제로 가는 것은 위험부담이 있었다.

이런 신중한 판단이 반연간지 체제를 만들었다. 또한 권호수를 결정하는 데 있어서 창간호(제1호)로 할 것인가 아니면 기존의 논문집 권수를 계승할 것인가를 두고 논의한 끝에 기존의 성과를 계승해야 한다는 합의를 하였다. 이렇게 하여 1997년 6월에 출간된 〈사회와 역사〉는 '혁신호'라는 이름하에 '통권 제51집'으로 표시되었다. 출판은 변함없이 문학과 지성사가 담당했다.

논문집 체제에서 전문학술지 체제로의 전환은 학회에서 발간하는 논문의 질을 고양시키는 계기로 작용하였다. 논문이 접수되면 일정한 절차를 거쳐 심사하고 논평자의 의견을 반영하여 수정하는 제도를 도입하였기 때문이다. 이 제도를 도입한 1997년은 한국에서 학술지 원체제가 정비되는 시기로 한국학술재단의 연구비 지원규모가 확대되고 학계에서 출간되는 학술지들을 본격적으로 관리하게 되는 시기이기도 했다. 한국연구재단(당시 한국학술진흥재단)은 국내에서 발행되는 각종 학술지들을 일정한 심사를 거쳐 재단 등재지로 정하여 지원하는 제도를 도입했다.

사회사학회의 학술지 발간 혁신은 한국학술진흥재단의 정책과 정확하게 맞아떨어져 〈사회와 역사〉는 1998년 하반기에 한국연구재단의 심사를 거쳐 2년 후에 등재지가 되었다.

학회의 활성화는 학회지 〈사회와 역사〉에 원고게재를 희망하는 논문의 증가로 나타났다. 이 결과 2004년과 2005년에 발간된 학회지는 권당 게재논문 수가 늘어남에 따라 전체 분량 또한 늘어나게 되었다. 이에 따라 2005년 연말 총회에서 학회지를 반연간지에서 계간지로 전환하기로 결정하였다. 이 전환에서 발생한 어려움은 학회지의 최종 편집과 출판을 담당한 출판사가 겪는 어려움이었다. 당시 한국의 출판사는 1997년 이후로 많은 어려움을 겪으며 구조조정 중이었

〈표 5-1〉 한국사회사학회 30년의 주요 변화

| 시기 | 학회 명칭 | 학회지 | 주요 성과 | 회장단 |
|------|----------|--------|-----------|--------|
| 1980~1984 | 한국사회사 연구회(모임) | | 《사회사와 사회학》 | |
| 1985~1994 | 한국사회사 연구회 | 《한국사회사연구회 논문집》(1-44) | 연구의 축적 | 신용하 |
| 1995~1996 | | 《한국사회사학회논문집》(45-50) | 광복50주년 기념 심포지엄 | 신용하 (이병혁, 정진성) |
| 1997~2005 | 한국사회사학회 | 〈사회와 역사〉 (반년간) | 학술진흥재단 등재지 | 박명규, 조성윤, 김필동, 안호용, 정근식 |
| 2006~2013 | | 〈사회와 역사〉 (계간) | 사회사연구총서 9권 발간 | 박찬승, 김경일, 공제욱, 황경숙, 이종찬, 김 준 |

고 문학과 지성사도 예외는 아니었다. 2006년 학회장을 맡게 된 박찬승 교수는 사회사학회의 학술지를 담당하는 인력문제로 인하여 학회지를 자체 출판하기로 결정하였다. 연구회 출범 시부터 학회를 10년간 물심양면으로 지원해준 문학과 지성사와의 관계를 아름답게 정리하는 계기가 되었다.

한국사회사학회는 문학과 지성사로부터 물심양면의 지원을 받아 발전했는데 이것은 학회지의 출간뿐 아니라 사회사 연구총서의 출간에서도 나타난다. 사회사학회의 연구총서는 학회회원들의 공동연구와 회원 개인의 연구를 반영한 것으로, 박명규의 《한국 근대국가 형성과 농민》(2권, 1997), 김필동의 《차별과 연대》(4권, 1999), 신용하의 《한국 근대의 민족운동과 사회운동》(5권, 2001) 및 《일제 식민지정책과 식민지 근대화론 비판》(8권, 2006), 김경일의 《한국 근대 노동사와 노동운동》(6권, 2004), 김백영의 《지배와 공간: 식민지도시 경성과 제국 일본》(9권, 2009) 등의 개인 저서와 함께 학회가 편집한 《한국 현대사와 사회변동》(3권, 1997), 《지식변동의 사회사》(7

권, 2003) 등이 모두 문학과 지성사에서 출판되었다.

2006년부터 사회와 역사는 계간지가 되어 제69호(2006년 봄)를 발간함으로써 명실공히 한국 학계의 최고 수준의 학술지의 하나로 거듭나게 되었다. 계간지로의 변화는 단순히 학회지 게재논문의 증가뿐 아니라 다변화와 학회운영 주체의 세대적 변화를 반영하기도 한다. 이때부터 새로운 세대의 연구자가 학회의 운영책임을 실질적으로 맡기 시작하였다.

새롭게 출발하는 계간지는 이전에 비해 더 많은 논문심사와 편집작업을 필요로 했는데 이 추가된 부담은 주로 편집위원장을 맡은 은기수 교수와 부위원장을 맡은 김백영, 조형근이 담당하였다.

한편 사회사학회는 월례발표회를 창립 시부터 꾸준히 지속했다. 일반적으로 2개 논문의 발표와 토론으로 구성되는 월례발표회는 회원 상호 간의 진지한 토론의 장이자 새로운 논문을 생산하는 장으로 기능하였다. 초기에는 연 7~8회를 개최하였으나 한국사회학회의 연 두 차례의 사회학대회에서 사회사 분과를 두고 이 분과를 실질적으로 사회사학회가 조직함에 따라 이 행사와 겹치는 것을 피하기 위하여 연 6회로 조정되었다. 2011년 12월에 열린 월례발표회가 160회였다.

사회사학회의 주요 토론의 장은 월례발표회 이외에 연 1회의 학술대회와 연 1회의 여름 워크숍이 있다. 1997년에 학회 운영방식을 바꾼 이래 새롭게 도입한 제도가 하계토론회 제도였다. 이 해에 아카데미하우스에서 '한국사회사연구의 최근 쟁점과 과제'라는 제목으로 토론하였다. 이후 여름 워크숍은 가끔 이루어지지 않은 해도 있지만 원주, 인천, 군산, 목포, 부산, 안동 등 지방의 주요 도시에서 지역의 사회문화에 관한 발표와 토론 그리고 현지답사를 위주로 하는 프로그램으로 자리 잡았다.

학술대회는 1998년부터 활성화되고 대규모화되었다. 1998년의 학술대회의 주제는 '한국 유교문화의 지속과 변용'이었다. 이것은 당시의 한국사회 발전을 설명하는 하나의 패러다임으로서의 유교자본주의론을 염두에 둔 것이었다. 1999년에는 특별 심포지엄과 정기 심포지엄 제도가 도입되어 상반기에 대전의 정부 기록보존소에서 '국가기록의 활용과 한국현대사 연구'라는 심포지엄과 하반기에 '20세기 한국인과 한국사회'라는 큰 규모의 심포지엄을 치루면서 2000년을 맞았다.

2000년에는 한국정신문화연구원에서 '한국 가족의 사회사적 연구' 그리고 제주도에서 '바다와 섬의 사회사'라는 두 차례 의미 있는 심포지엄이 열렸다. 여기에서 제기된 문제의식은 가족연구가 좀더 역사적 경험과 현실에 충실한 분석이 되어야 한다는 것과 지방적 관점의 중요성에 관한 것이었다.

2001년도에는 충남대 사회과학연구소와 함께 '지식변동의 사회사'를 주제로 학술대회를 가졌다. 여기에서 발표된 글을 수정 보완하여 2003년에 《지식변동의 사회사》라는 제목으로 사회사 연구총서 7권으로 출간하였다. 2002년도에는 한국학중앙연구원에서 '사회사 연구의 새로운 방향'을 주제로 학술대회를 개최했는데 이 학회에는 인접분야의 역사학자가 다수 참석했다.

2003년에는 고려대에서 '음과 식의 사회사'라는 제목의 심포지엄을 열었는데 특히 인류학과 민속학 연구자들이 많이 참여하여 심포지엄의 내용이 많이 풍부해졌다. 2004년의 정기 심포지엄은 한림대에서 열렸는데 주제는 '한국인, 몸의 사회사'였고, 2005년에는 특별 심포지엄으로 '일본 제국주의의 지배와 일상생활의 변화', 정기 심포지엄으로 '문화와 소통의 사회사'라는 주제를 선택하였다. 여기에서 알수 있듯이 2000년대 전반기에는 사회사학회의 관심이 문화사적 지향을 많이 드러내면서 인접 학문들과의 소통에 많은 힘을 기울였고 그결과 다른 학문 분야에 많은 자극을 준 시기였다고 생각된다.

2005년 말 정기총회에서 그동안 사회학과의 사회사학자가 맡아오던 회장을 처음으로 역사학 출신의 사회사학인 박찬승 교수가 맡게 되었다. 2006년에 이루어진 심포지엄의 주제는 '식민지 공공영역의 형성과 경험', '전환기의 한국 가족' 등이었고, 2007년에 이루어진 심포지엄의 주제는 '교육과 시험의 사회사'였다.

2008년에는 특별 심포지엄으로 '감성과 사회: 근대의 감각과 식민지 조선사회'라는 주제로 국문학자와의 토론이 이루어졌고 정기 학술대회로 '한국사회 위기담론의 사회사'를 토론하였다. 2009년에는 '민족공동체의 현실과 전망: 분단, 디아스포라, 정체성의 사회사'를 주제로 하는 심포지엄이 열렸다.

2010년 학회는 공제욱 회장의 주도로 창립 30주년 기념 워크숍과 함께 특별 심포지엄으로 '한국 근현대 100년, 일상생활의 변화'에 관하여 논의하였고, 정기 학술대회에서는 한국과 일본의 100년의 관계를 검토하였다. 2011년 학회는 황경숙 회장의 주도로 특별 심포지엄의 주제를 '장애와 문화'로 잡았으며, 정기 학술대회의 주제는 '동아시아의 평화와 21세기'였다.

2012년 학회는 의사학자인 이종찬을 회장으로 선출하고 특별 심포지엄에서 보다 다양한 주제를 학회에서 다루려는 변화를 시도하였다. 심포지엄의 주제는 '동아시아 냉전체제와 국가형성', '공업도시와 사회공간', '한국사회의 세계적 접속' 등이었으며, 정기 학술대회의 주제는 '한국의 의료사'였다.

2013년의 정기 학술대회는 법의 사회사를 다루었다. 이는 1990년대 후반부터 시민사회가 활성화되면서 시민사회의 주도로 법률 제정 사례가 증가하고 2000년대 중반부터 한국의 법학교육이 전문대학원 체제로 바뀌면서 상대적으로 법사회학이나 법인류학적 관심이 증대된 결과라고 할 수 있다.

여기에서 보듯이 최근 10년간의 심포지엄의 주제는 비교적 참신하고 시의적절한 것이어서 매우 의미 있는 것이었다고 판단된다. 이런 심포지엄을 통하여 다른 학문분야의 연구자들과의 교류를 확대하고 동시에 학계전반에 대해 새로운 연구의제를 제시하는 기능을 수행하였다.

2000년 이후의 학회 활동에서 두드러진 성과는 2003년 2월 신용하 교수의 정년을 계기로 나남 출판사에서 출판된 4권의 책이다. 《한국사회사 연구》, 《한국사회사상사 연구》, 《한국 민족운동사 연구》, 《한국사회발전 연구》 등의 출간에 참여한 필자가 총 68명으로 여기에는 학회구성원뿐 아니라 신용하 교수가 재직했던 독립운동사연구소 관계 연구자들도 포함되었지만 학회의 역량을 보여준 중요한 업적이었다.


## 4. 학술적 성취에 대한 반성


### 1) 학회의 위상

2007년 한국사회학회가 50년사를 편찬할 때, 파악된 한국사회학회의 분과학회는 10개 학회로 이 중 인구도시연구회가 맨 처음인 1985년, 한국문화사회학회가 맨 마지막인 2006년에 창립되었다. 참여유관학회는 7개 학회로 한국가족학회가 1977년, 한국사회사학회가 1980년에 창립되었으며, 한국과학기술학회가 2000년으로 마지막에 창립되었다. 독립유관학회는 7개 학회로 한국인구학회가 1976년, 한국조사학회가 1999년 마지막으로 창립되었다.

한국사회학회와 직접적으로나 간접적으로 관련이 있는 학회가 총

23개인 셈인데, 한국사회사학회는 창립 순으로 보면 한국인구학회, 한국가족학회에 이어 세 번째였고 부정확한 것이지만 회원 수로는 다섯 번째 큰 규모였다. 이 중 학술지를 계간지로 내는 학회는 4개 학회이므로 한국사회사학회는 사회학계에서 5대 학회의 하나인 셈이다.

한국사회사학회는 한국사회를 역사적 관심하에서 연구하지만 역사학대회에 참여하는 회원단체도 아니다. 그러나 〈사회와 역사〉에 논문을 기고한 필자는 사회학자와 역사학자뿐 아니라 인문·사회과학의 여러 분야의 학자를 포괄한다.

1980년에 사회사연구회가 출범하였고, 이로부터 다시 35년이 되는 시점이 2015년이다. 사회사연구회가 출범한 이후 가장 중심적 연구대상이 된 시기는 일제 강점기의 식민지체제에 관한 연구였다. 최근에 이르러 근대성에 대한 탐구와 함께 포스트 콜로니얼리즘이라는 이론적 흐름에 영향을 받으면서 관심의 초점이 6·25 전쟁과 이후의 냉전 혹은 발전국가의 경험으로 서서히 옮겨간다.

대략 35년 전후를 한 세대로 본다면 사회사적 연구의 초점이 되는 시기는 대략 한 세대부터 두 세대 정도의 시간적 거리가 있는 과거라고 할 수 있다. 자신이 직접 경험한 당대에 관한 연구가 사회학적 연구의 주된 대상이라면 사회사적 연구는 자신이 직접 경험하지 않은 과거 중에서 가장 가까운 시기가 주요 연구대상이 되는 경향이 있는 듯하다. 그런 점에서 원로교수는 자신의 제자가 자신의 청년시절에 겪었던 사회적 사건이나 일상적 경험을 연구하는 것을 자주 목도하게 된다.

사회사학의 1세대를 일제 강점기하에서 연구했던 이들로 규정하고 또 해방 후 1950년대 한국의 대학이 제도화될 때 수학한 이들을 2세대로 규정한다면 이들은 조선 후기의 관료제나 신분제, 일제 강점기 초기의 토지제도 변화, 가족 및 인구변동에 대한 관심이 압도적으로 높았다. 1960년대에 대학에 입학한 세대는 근대화와 사회이론적 관심이 강했다면, 사회사학의 3세대는 대체로 1970년대와 1980년대 초반에 대학에서 한국사회사를 배우면서 성장한 세대를 말한다. 이들의 주된 관심은 일제 강점기 때였고 일국사적 접근을 취했다.

현재의 사회사학의 주체는 최근 10년간 새로운 세대가 크게 성장하여 많은 변화를 보인다. 이들을 굳이 사회사학의 제4세대라고 표현한다면 이들은 1980년대와 1990년대 대학에서 한국사회사 및 역사사회학을 배우고 또한 푸코나 세계체제론 그리고 포스트모던 사회이론의 세례를 받으면서 성장한 세대라고 할 수 있다. 이들은 일제 강점기뿐 아니라 탈식민 국가 형성과 1960~1970년대 박정희 시기를 좀더 본격적으로 다루려고 한다. 또한 아들의 관심은 동아시아적 지평으로 확대된다.

물론 사회사학의 발전을 설명하는 데에 세대별 접근은 상당한 한계를 가진다. 세대의 구분이 모호하고 학문적 관심의 스펙트럼이 넓기 때문이다. 따라서 연구대상 시기에 따른 설명이나 주제별, 연구대상이 되는 지역별 접근이 필요하다. 그동안 한국사회사학회가 학계에 공헌한 연구주제는 신분제나 사회조직을 포함한 조선 후기 사회에 관한 분석, 신용하 교수를 중심으로 한 식민지근대화론 비판이 있다. 근래의 10여 년간은 주로 식민지 규율권력론과 지식사회론, 식민지 근대성을 포함하여 근대성에 관한 이론적 탐구, 민족형성론과 민족사회학, 기억사회학과 구술사, 디아스포라 연구, 노동의 사회사, 6·25 전쟁과 국가형성에 관한 연구, 국가폭력과 제노사이드에 관한 연구 등이었다.

현재 학회의 실질적인 회원은 약 2백여 명이다. 여기에서 실질적인 회원이란 학술지를 받아보는 사람을 말한다. 그러나 근래로 올수록 학회의 경계가 모호해지는 경향이 있다. 사회사학회 회원만의 연구가 아닌 사회학회나 비판사회학회의 문제의식과 구별할 수 없을 정도로 혼합되고 또한 역사학이나 한국문학, 문화연구자와의 교류와 협력이 강화된다. 그러나 다른 한편으로는 신진 연구자의 합류가 약화되면서 과거의 소그룹주의에서 벗어나지 못한다는 비판적 진단도 가능하다. 이런 상황에서 한국사회사 또는 역사사회학의 정체성을 다시 세우는 것은 쉽지 않은 과제이다.

그렇다면 역사학계, 또는 한국사학계의 사회사 연구와 사회학계의 사회사 연구는 어떻게 다른가? 이를 꼭 구분해야 하는 것은 아니지만 사회학계의 사회사 연구는 서구적 이론이나 개념에 좀더 민감했고 근현대의 사회변동에 더 많은 관심을 기울인 반면 역사학계의 사회사 연구는 아무래도 조선시대 중심의 연구, 문헌자료 의존형 연구방법이 많았다. 근래에 역사학계도 사실규명을 넘어서서 이론적 관심이 증대되나 여전히 사회학계의 사회사 연구는 이론적 의제설정 기능이 중요하고 이를 유지해야 할 필요가 있다.

지금까지 한국사회사 연구는 명시적으로 표현된 것은 아니지만, '현재를 만들어온 경로나 궤적'에 대한 거시적 연구보다는 '현재와 구분된 과거', '적어도 한 세대 이전의 한국사회에 대한 연구'로 이해되었다. 이제는 사회사적 연구에 대한 정의나 시각을 전환할 필요가 있다. 사회사적 연구는 과거로부터 내려오다가 적당한 시점에서 연구를 종료하는 것보다는 현재로부터 거슬러 올라가는 연구 또는 현재가 만들어진 경로에 대한 종합적(societal) 연구로 이해할 필요가 있다.

일제 강점기의 한국사회에 관한 사회사적 연구는 대체로 개별 사례연구에 해당하며 연구의 스케일은 조선에 국한되는 경향을 보였다. 조선을 포함한 일본제국 스케일의 연구나 제국 내 지역 간 비교연구는 상대적으로 발전하지 못했다. 해방 후 한국사회에 대한 연구도 마찬가지였다.

그런 점에서 공간적으로는 연구의 스케일의 조정이 필요하다. 조선사회는 청(淸)을 중심으로 한 '중화' 제국의 질서에 영향을 받았다. 19세기 후반부터는 세계적 열강의 동아시아 침략과 일본식민주의의 직접적 영향권 속에 있었다. 또한 20세기 중반 이후의 동아시아 질서 속에 한반도의 분단 및 한국의 사회변동이 위치한다. 동아시아의 전후질서는 안보-군사적 차원, 정치적·경제적 차원, 사회문화적 차원으로 구분되는데, 지역차원의 문제가 일국 내의 문제와 밀접히 연관되었다.

그런 점에서 사회사 연구는 한국(남한)의 사회변동에 국한할 것이 아니라 남북한을 동시에 고려하는 연구와 한국을 포함한 동아시아의 사회변동 또는 지구사 속의 한국사회라는 틀에 좀더 충실할 필요가 있다. 이런 맥락에서 유력한 연구주제는 식민지 비교연구와 일본 제국/식민지 연구와 탈식민 국가형성 및 발전주의 국가연구 그리고 20세기 전쟁연구이다.

최근의 한국사회사 연구는 분단국가의 형성과 6·25 전쟁, 1950년대 전후사회, 4·19 혁명을 비롯한 사회운동, 박정희 시기의 발전국가 및 사회통제, 베트남 전쟁 등을 연구의 대상으로 삼는다.

특히 6·25 전쟁 연구는 이것이 내전이자 국제전이었고 중국혁명과 6·25 전쟁의 연속성에 기초하여 연구의 스케일 또한 한국을 넘어설 가능성을 열어준다. 또한 전쟁 후의 한국사회는 세계적 냉전과 동아시아적 냉전의 틀 속에 놓였으므로 이 시기에 대한 연구는 틀림없이 동아시아의 사회변동에 대한 비교연구나, 지역 단위의 연구를 자극하거나 유도한다. 이미 동아시아 전체를 시야에 넣고 지역이나 도시 간의 연결망이나 변경의 시각을 탐구하는 연구가 상당히 활성화되고 있다.

## 2) 제도적 환경

학회의 환경은 학회구성원들이 소속된 대학이나 연구소 이외에 국가 학술 지원기관, 민간 지원기관, 해외 학회 등으로 구성된다. 이 중에서 압도적인 영향을 미치는 환경요인이 대학이나 연구소의 충원정책 그리고 연구재단의 학회 지원정책이다.

학회가 발전하려면 학회구성원이 안정적 연구환경에 놓여야 하고 특히 대학이나 연구소의 일자리가 충분히 제공되어야 한다. 특정 학문 및 분과의 발전은 대학원 정책과 대학의 교수충원 제도가 큰 영향을 미친다. 대학원의 경우 한국 대부분의 학문이 1960년대 이후 미국 학문에 크게 의존하였고 대학교수의 충원도 마찬가지였다. 서울 주요 대학의 대학원 제도는 1970년대 후반부터 체계적으로 운영되기 시작하였다. 사회학의 경우 이론이나 방법론은 미국에 의존하지만 한국사회에 대한 분석, 특히 거시적이고 역사적 지향을 갖는 사회사적 분석은 한국의 대학원 박사과정이 핵심적 인력양성의 장이었다.

1980~1990년대의 학회의 발전은 대학의 팽창과 사회학과 내에서의 사회사 전공의 충원에 힘입었다. 그러나 이 시기에 사회학과에서의 충원이 꼭 사회사나 역사사회학이라는 이름으로 이루어진 것은 아니다. 상대적으로 종합적이고 이론적 지향의 학자를 충원하는 경우 사회사나 역사사회학 전공자가 우월한 경쟁력을 가졌다. 이들은 대체로 한문이나 일본어, 또는 영어로 쓰인 자료를 읽고 분석능력을 기반으로 연구활동을 하였다.

그러나 최근 한국 대학의 규모 확대가 정지되고 국제 학술지를 중심으로 한 연구능력과 영어 중심의 강의능력이 중요한 충원기준이 됨에 따라 국내에서 성장한 연구자의 대학 취업기회가 제한된다. 대학은 국제 학술지에 게재된 논문이나 영어로 강의할 수 있는 능력을 요구한다. 하지만 이런 요구가 한국 학계를 발전시키는 데 필수적인 것인지, 아니면 치열한 취업시장에서의 '구별 짓기'의 원리로만 작용하는 것인지에 대한 검토가 필요하다. 장기적으로 보면 이런 요구는 국내의 대학원 과정의 혁신을 요구하는 것이지만 동시에 국내 대학의 박사과정의 공동화를 가져오며 한국사회에 필요한 정책의 수립이나 시민사회와의 소통에 부정적으로 작용할 위험이 있다.

한국연구재단의 정책은 학회의 가장 중요한 환경에 속한다. 최근 인문사회계열의 대부분 학회가 그렇듯이 학술지 발간지원과 학술대회 지원이라는 두 가지 방식으로 지원을 받았다. 전자의 경우 1990년대 후반부터 학술지 등재사업을 실시하여 논문심사제도의 도입, 정시 출간제도의 정착을 유도하였다. 이는 장기적이고 규모가 큰 연구나 단행본 출간보다는 짧고 규모가 작은 논문중심의 연구풍토를 정착시켰다. 한국사회사학회는 이런 한국연구재단의 정책에 비교적 빨리, 적절한 방식으로 적응하였다고 할 수 있다. 〈사회와 역사〉는 이 제도의 실시 초기에 등재 후보지를 거쳐 등재지가 되었다. 현재 이 학술지의 논문게재율은 대체로 70% 전후로 파악되며 논문평가가 상당히 엄격하다.

사실 연구재단의 학회 지원사업은, 한국경제의 급속한 성장을 가능케 한 따라잡기 모델의 학술영역에서의 적용이었다고 할 수 있다. 한국연구재단은 약 10년간의 등재지 사업으로 어느 정도 학술지 발간체제를 제도화하고 연구자의 연구 생산성을 높이는 데 성공했다. 거의 모든 학회와 대학의 연구조직이 이 제도에 편입되었고 일부 대형 출판사나 시민운동단체만이 이의 구속을 받지 않는 잡지를 발간할 수 있었다. 이들이 발간하는 잡지는 학술지보다는 종합적 문학잡지이다.

그러나 한국연구재단으로 대표되는 국가의 후원은 연구의 급속한 발전이 가능한 터전이기도 했으나 동시에 학회운영이 국가에 과도하게 의존하는 모습을 만들어내기도 하였다. 인문사회계열의 경우 개인연구 지원 중심, 공동연구나 학술대회 지원 중심으로 진행되어 상대적으로 학회의 학술대회나 공동연구의 조직책임자의 편집권이 별로 인정되지 않았으며 학술대회의 성과가 출판되는 것에 대한 관심도 약화되었다.

특히 등재학술지 제도는 학자의 연구활동이 논문중심으로 이루어지고 이들에 대한 평가를 양적 성과로 측정하도록 유도하였다. 경쟁력의 지표가 국제 학술지나 한국연구재단의 등재학술지의 논문 수나 수혜연구비, 인용지수 등으로 측정되는 상황에서 학자의 자유로운 탐구는 점차 속박된다. 인용지수는 그 자체가 논문의 수월성이나 가치를 표현하는 것이라기보다는 해당 분야의 연구자 규모와 학술지의 생태계에 따라 좌우된다.

이런 가운데 근래에 연구재단은 지원정책을 학회의 국제화 우선으로 바꾸어 학술대회 지원에서 외국인 학자 초청을 장려하고 다른 한편으로는 학회가 지속적으로 증가함에 따라 재정적 부담이 되자 선별적 지원정책을 강화하였다. 또한 학술지의 영향력을 고려하여 선별적 지원제도를 도입할 것을 고려한다.

학술지의 영향력을 판단하는 기준으로 인용지수가 떠오른다. 현재 〈사회와 역사〉의 인용지수는 크지 않은 것으로 나타난다. 인용지수는 지명도와 함께 특정 분야의 경계가 뚜렷할수록 높아지는 경향이 있다. 자연과학과는 달리 인문사회계열의 학문은 언어별로 주제별로 세분화되었으며 각각 세분화된 분야의 연구자 수효가 그렇게 많지 않은 상황에서 인용지수는 그다지 신뢰할 만한 것이 못될 수도 있다.

## 5. 과제

한국사회사학회는 지난 30여 년간 꼬박 한 세대를 거쳐 한국사회에 대한 사회사적 접근을 개척하였고 나아가 한국 사회학계와 한국 학계를 구성하는 중요한 학회가 되었다. 이 학회와 학회지를 통해 수많은 논문과 저서가 생산되었고 연구의 주제도 다양하고 풍부해졌다. 그러나 최근 10년간 학계의 전반적 지형과 문화가 크게 변화되고 이에 따라 학회의 위상도 많이 달라졌다.

초창기에는 한국사회학회를 비롯하여 활발한 활동을 하는 학회가 소수였지만 현재는 보다 세분된 전문학회가 크게 증가되었다. 또한 한국연구재단의 영향력이 눈에 띄게 강화되고 논문 중심의 업적평가제도가 주도적 영향력을 행사한다. 또한 국내의 한국학 관련학회가 모두 마찬가지이지만 국제화가 강조되면서 본질적으로 한국어를 학문적 언어로 사용하는 분야의 어려움이 가중된다. 사회사학회가 속한 지식생태계는 점차 과도한 생산력주의의 심화와 함께 지속적 발전을 위한 사회적 조건이 악화되는 것으로 보인다.

이런 다양한 도전 앞에서 사회사학회의 비중이나 학회의 학회회원에 대한 구심력이 상당히 약화되는 경향이 발생한다. 그렇다면 앞으로 한국사회사학회가 직면한 어려움을 어떻게 극복하면서 새로운 전통을 세울 수 있을 것인가? 연구와 교육, 국내외적 교류의 측면에서 학회의 활동을 어떻게 수행해가는 것이 바람직한가에 대한 명확한 해답은 없지만 다음과 같은 점이 논의될 필요가 있다.

우선, 가장 큰 과제의 하나가 의제설정 능력의 강화이다.

한국사회사학회는 사회학이나 역사학, 또는 한국학의 발전을 위해 꼭 필요한 문제제기와 의제설정을 좀더 적극적으로 수행할 필요가 있다고 생각한다. 지난 30년간 국내외적으로 세계화의 진전에 따라 이론적 초점이 급속하게 변화되었고 이런 변화가 학회활동에 반영되었지만 새로운 의제설정이나 비판에 학회가 적극적으로 참여한 경험이 많지 않다. 연구와 교육이 보다 더 개별화되는 상황도 유의할 필요가 있다. 학회의 의제설정 능력을 키우려면 문제의식과 주제를 보다 뚜렷하게 하고 이론적으로 다듬어가는 장치가 만들어져야 한다. 필자는 한국의 사회구조에 대한 총체적 분석과 함께 사회구조와 변동을 규정하는 동아시아 지역질서의 창출과 변화 또는 동아시아 지역 레짐에 관한 연구가 좀더 강화되어야 한다고 본다.

둘째, 연구방법의 측면에서 한국사회사연구는 계량사에 좀더 많은 비중을 두어야 한다.

오랫동안 한국사회사 연구는 계량적 자료와 통계학적 사고에 상대적으로 둔감했다. 이것은 19세기 후반부터 20세기 후반까지 사회적 변동의 폭이 크고 빠른 속도로 진행되었으며 이 과정이 국가형성 및 사회적 통치성의 변화를 수반하는 것이어서 동질적 자료의 체계적 축적이 불가능했기 때문에 발생한 결과이다. 그런 환경에서 연구자의 연구방법에 관한 감각 또한 한쪽 방향으로 발전하였다. 최근에 한국사회에 관한 패널자료가 축적되며 정보기술의 발전에 따라 빅데이터가 축적되므로 계량적이면서도 정성적 연구 또는 혼합적 접근이 시도될 수 있다.

셋째, 사회사나 역사사회학의 교육의 제도화가 좀더 진전되어야 한다.

오랫동안 한국사회사나 역사사회학은 자유로운 역사적 상상력을 강조하면서 한국사회를 조망하도록 교육되었다. 이에 따라 표준적 지식을 제공하는 교과서는 상대적으로 그 중요성이 간과되었다. 그동안 사회사학회가 만들어온 연구성과 중에 교과서로 사용할 수 있는 훌륭한 것들이 있지만 실제로 이들이 교과 과정에서 어떻게 활용되는지에 관해서는 논의된 바가 별로 없다. 따라서 우선 사회사 또는 역사사회학을 개설한 대학에서 한국사회사 또는 역사사회학을 담당하는 교수가 두루 참여하여 기존의 교육경험과 교과서를 점검해야 한다. 아울러 필요하다면 오랫동안 쌓아온 연구성과를 정리하며 각 분야별로 이론적 과제를 제시하는 새로운 교과서를 구상할 필요가 있다. 최근 비판사회학회나 한국사회학회에서 사회학 교육에서의 교과서의 중요성을 다시 인식하고 적절한 교과서 편찬에 많은 노력을 기울인다. 한국사회사학회도 한국사회학회의 협조하에 교과서 편찬을 준비하며 가까운 시일 내에 그 성과가 나타날 것이다.

넷째, 한국사회사학회는 창립초기부터 사회학과 역사학의 학제적 문제의식을 강하게 가졌다.

지난 30년간 학계 전체에서 학제 간 연구는 지속적으로 강조되었지만 이의 결과는 매우 이중적인 듯하다. 이를 뒷받침할 만한 지원체계는 크게 개선되지 않았고 학문 간, 대학 간, 학과 간 구획은 여전히 강고하다. 사회사학회는 학제적 실천을 위해 적극적으로 노력했지만 이에 대한 노력이 더 강화되어야 한다. 이런 노력은 오랫동안 학회의 방침으로 지켜 내려온 '실사구시'에 바탕을 둔 중범위적 이론화로 연결되어야 한다. 이런 문제의식은 소재주의로 흐를지도 모르는 현재의 경향을 균형 잡는 지침이 될 수 있다.

다섯째, 사회사학회가 쌓아온 심포지엄과 워크숍 제도를 좀더 발전시켜 이를 체계적이고 생산적 결과를 낳는 장치로 변화시킬 필요가 있다.

심포지엄을 통해 아주 훌륭한 문제 제기를 하고 상당수의 논문이 학회지를 통해 특집논문으로 게재되지만 훌륭한 단행본으로 발전하는 경우가 드물다. 가급적 단행본으로 발전시켜 학회의 연구업적을 좀더 축적할 필요가 있다.

여섯째, 한국사회사학회는 형성주체의 특성상 강력한 국내적 네트워크를 발전시켰으나 국제적 교류는 상대적으로 소홀하였다.

공식적으로 논의한 적은 없으나 사회사학회가 학문의 토착화 명제를 충실히 이행하려는 집합적 의식을 가졌다고 생각된다. 따라서 연구주제나 연구활동 두 측면 모두에서 국제화와 세계화에는 상대적으로 소홀하였고 또한 해외의 성과에 대해 둔감한 측면이 있었다. 이제는 좀더 개방적인 태도로 한국 사회사학의 성과를 국제적으로 알리는 작업과 해외의 동향을 적극적으로 수용하는 쌍방향적 작업이 필요하다.

또한 연구의 범위나 스케일을 넓혀야 하며 일국중심적 시각에 대한 반성도 함께 이루어져야 한다. 워크숍 제도를 활용하여 가까운 지역에 대한 공동 답사나 조사를 실시하는 것도 이를 위한 한 가지 방안이 될 것이다. 2011년에 대련이나 심양, 단동 등 요동지역을 답사하였고 2013년에는 블라디보스토크를 중심으로 한 연해주지역을 답사했는데, 좀더 답사지역의 전문연구자와의 협력을 강화하는 동시에 공동의 답사활동이 연구성과로 나타나도록 노력할 필요가 있다. 또한 학회의 국제화를 위해 동아시아 사회학회에 적극적으로 참여하고 나아가 동아시아 역사사회학회의 결성을 구상해 봄직하다.

# 참고문헌

강성현, 2012, "한국 사상통제기제의 역사적 형성과 보도연맹 사건, 1925-50", 서울대 대학원 박사학위 논문.

공제욱·정근식, 2006, 《식민지의 일상: 지배와 균열》, 문화과학사.

김경일, 2003, 《한국의 근대와 근대성》, 백산서당.

_____, 2004, 《한국 근대 노동사와 노동운동》, 문학과 지성사.

_____, 2011, 《제국의 시대와 동아시아 연대》, 창비.

김귀옥, 2008, 《전쟁의 기억 냉전의 구술》, 선인.

김귀옥 외, 2009, 《동아시아의 전쟁과 사회》, 한울.

김동노, 2003, "거시구조이론에서 미시사건사로: 미국 역사사회학의 경향과 과제", 〈사회와 역사〉, 63권, 86～122쪽.

_____, 2006, 《일제 식민지 시기의 통치체제 형성》, 혜안.

_____, 2009, 《근대와 식민의 서곡》, 창비.

김동춘, 1997, 《분단과 한국사회》, 역사비평사.

_____, 2000, 《전쟁과 사회: 우리에게 한국전쟁은 무엇이었나?》, 돌베개.

김백영, 2009, 《지배와 공간: 식민지도시 경성과 제국 일본》, 문학과 지성사.

김수진, 2009, 《신여성, 근대의 과잉: 식민지 조선의 신여성 담론과 젠더정치, 1920-1934》, 소명출판.

김영범, 1991, "망탈리테사: 심층사의 한 지평", 〈사회와 역사〉, 31권, 258～335쪽.

_____, 1998, "집합기억의 사회적 지평과 동학", 《사회사연구의 이론과 실제》, 한국정신문화연구원.

_____, 1999, "알박스(Maurice Halbwachs)의 기억사회학 연구", 《사회과학연구》, 6권 3호, 557～594쪽.

김진균, 1983, "한국 사회학, 그 몰역사성의 성격", 《한국사회연구》, 1, 한길사.

김진균·정근식 편, 1997, 《근대주체와 식민지 규율권력》, 문화과학사.

김필동, 1990, "최근 한국사회사 연구의 성과와 과제: 방법론적 반성", 〈한국사회사연구회 논문집〉, 24집, 11～43쪽.

_____, 1995, "해방 후 한국사회사 연구의 전개", 〈한국학보〉, 21권 3호, 2～28쪽.

_____, 1997, "사회와 역사를 잇는 학문적 탐구의 새 길을 찾아서: 한국사회사학

회 논문집의 학문적 성과", 〈문학과 사회〉, 10권 1호, 349~363쪽.

박명규, 1985, "한국사회사연구 40년: 사회학계의 연구성과를 중심으로", 〈한국
사회학〉, 19권 여름호, 27~48쪽.

_____, 2006, "한국사회사연구의 최근 동향과 이론적 쟁점", 〈역사비평〉, 75권,
76~91쪽.

박명규·김경일, 1995, "한국 근대사회와 사회사연구", 〈한국학보〉, 21권 3권,
66~98쪽.

박명규·서호철, 2003, 《식민권력과 통계: 조선총독부의 통계체계와 센서스》,
서울대학교 출판부.

박찬승, 1994, "분단시대 남한의 한국사학", 조동걸·한영우·박찬승 편, 《한국
의 역사가와 역사학(하)》, 창작과 비평.

_____, 2007, 《민족주의의 시대: 일제하의 한국 민족주의》, 경인문화사.

서호철, 2007, "1890-1930년대 주민등록제도와 근대적 통치성의 형성: 호적제도의
변용과 '내무행정'을 중심으로", 서울대 대학원 박사학위 논문.

신용하, 1981, "한국사회사의 대상과 이론의 문제", 〈한국학보〉, 7권 4호, 2~
24쪽.

_____, 2010, "한국사회사 연구의 방법과 방향: 한국사회사학회 창립의 회고",
한국사회사학회 창립 30주년 기념 워크숍 발표문.

신용하 편, 1982, 《사회사와 사회학》, 창작과 비평.

정근식 외, 2011, 《식민권력과 근대지식: 경성제국대학 연구》, 서울대 출판문화원.

_____, 2013, "한국에서의 사회적 기억의 연구, 그 궤적을 따라서", 《민주주의와
인권》, 전남대 5·18 연구소.

정근식·공제욱, 1995, "한국 현대사회와 사회사연구", 《한국학보》, 21권 3호,
99~123쪽.

정일균, 2000, 《다산 사서경학 연구》, 일지사.

정준영, 2009, "경성제국대학과 식민지 헤게모니", 서울대 대학원 박사학위논문.

조성윤 편, 1982, 《현대 사회사 이론과 역사인식》, 청아출판사.

조형근, 2003, "한국의 식민지근대성 연구의 흐름", 공제욱·정근식 편, 《식민지
의 일상: 지배와 균열》, 문화과학사.

지승종, 1995, "전통사회와 사회사연구", 《한국학보》, 21권 3호, 29~65쪽.

_____, 2001, "한국사회사의 학문적 상태와 지향", 한국사회사학회 제100회 월
례발표회 발표문.

채오병, 2011a, "이행과 번역: 한국사회사의 역사사회학", 〈한국사회학〉, 45권 5호, 168~196쪽.

_____, 2011b, "이행과 번역: 그림자 근대성 이해를 위한 방법론적 소고", 〈경제와 사회〉, 89권, 46~70쪽.

최재석, 2009, 《한국사회사의 탐구》, 경인문화사.

한국사회학회, 2007, 《한국사회학회 50년사 1957-2007》, 한학문화.

한국학술단체협의회 편, 1998, 《한국인문사회과학의 현재와 미래》, 푸른숲.


Abrams, P., 1986, *Historical Sociology*, Cornell University Press, 신용하 외 역, 1992, 《역사사회학》, 문학과 지성사.

Kim, Baek Yung, 2011, "Korean studies between the social sciences and historical studies: Debates over modern and contemporary korean history", *Korean Journal* 51(3), pp. 104-139.

# 6

# 거시이론에서 사건사로, 그리고 다시 거시이론으로?

## 역사사회학의 연구경향과 새로운 길의 탐색 *

김 동 노

## 1. 들어가는 말

사회학은 사회과학의 다른 학문 분야에 비해 비교적 늦게 출발했다. 정치학이나 경제학이 오래전부터 사회과학으로 자리 잡은 이후 19세기 들어서야 비로소 새로운 학문분과로 인정받게 되었다. 물론 콩트 이전에 사회학적 생각을 제시한 생시몽(Saint-Simon)이나 심지어 루소(J. J. Rousseau)와 같은 사상가까지 거슬러 올라간다면 그 기원을 조금 더 늘려 잡을 수도 있겠지만 여전히 다른 사회과학에 비해서는 늦게 탄생한 '근대의 학문'으로 여겨지는 것이 일반적 경향이다.

새로운 학문으로 제도화되기 위해서 사회학은 이론과 방법론에서 다른 사회과학과는 구별되는 독특한 특성을 보여주기 위해 노력하지 않을 수 없었다. 그런 점에서 마르크스와 베버, 뒤르켐은 헤겔과 칸트 그리고 루소의 철학적 인식론을 이어받으면서도 이를 사회에 관

* 이 글은 〈사회와 역사〉 100집에 게재되었음.

한 '과학'으로 전환시키기 위해 애썼고 이들의 노력은 사회학을 새로운 학문영역으로 만드는 데 필요한 기반을 마련해주었다.

고전사회학자는 서로 다른 존재론적, 인식론적 기반 위에 서 있으면서도 공통적으로 근대성이라는 시대의 과제를 풀기 위해 사회학 이론을 세우고 이를 통해 경험세계를 연구했다. 이들의 문제의식은 새롭게 나타난 근대적 세계를 어떻게 분석할 것인가였다. 이들은 역사적 접근을 통해 이를 해결하려 했다. 물론 당시에는 진화론의 영향으로 역사적 접근은 사회학뿐만 아니라 학문 전체에서 공통적으로 나타난 현상이기도 했지만, 고전사회학자는 역사적 접근과 '과학적' 연구방법을 접목하는 방식으로 독특한 사회이론과 방법론을 제시함으로써 새로운 학문영역을 개척했다.

사회학이 제도화되면서 다양한 주제를 다루는 연구가 진행되었고 이에 따라 사회학 안에서도 영역분화가 일어났다. 사회학이 하나의 학문분과로 틀을 잡기 위해서는 이론과 방법론에 대한 끊임없는 논의가 있어야겠지만 사회학이 '과학'이 되기 위해서는 구체성을 띤 다양한 경험적 연구가 필수적으로 요청되었다.

이러한 과정을 통해 이론/방법론과 경험적 연구가 결합됨으로써 사회학 안에서 다양한 하부영역이 개척되었고 역사사회학은 그 가운데 가장 나중에 나타났다. 이는 마치 사회과학 내에서 사회학이 차지하는 위치만큼이나 뒤늦은 발현이며 사회학이 사회과학 내에서 제도화되기 위해 노력했던 만큼이나 역사사회학은 사회학 내의 하위분과로 인정받기 위해 여러 가지 애를 쓰지 않을 수 없었다. 역사사회학이 고전사회학의 정신을 충실히 이어받았다는 정당성이 있었음에도 불구하고 새로운 이론의 개척과 방법론의 도입은 어쩔 수 없이 받아들일 수밖에 없었지만 반드시 필요한 사항이기도 했다.

이 글은 이러한 학문적 상황 속에서 분과학문으로서 역사사회학이 어떤 과정을 거쳐 제도화되었고 어떻게 변화되었으며 앞으로 어떻게 나아가야 할 것인지를 살펴보려고 한다. 이를 위해 우선 사회학의 중심을 이루는 유럽과 미국에서 역사사회학이 자리 잡아간 과정과 시간의 흐름에 따라 변해가는 모습을 검토하려고 한다.

이어서 이러한 제도화와 변화의 과정이 한국의 학문적 상황에서는 어떻게 반영되었는지를 알기 위해 한국에서 역사사회학이 형성되고 변화한 과정을 경험적 분석을 통해 살펴보려고 한다. 더 나아가서 앞으로 역사사회학은 어떠한 방향으로 나아가야 하며 이러한 새로운 방향의 모색에 있어 한국의 역사사회학이 기여할 수 있는 방안은 무엇인지 탐색해 보는 것이 이 글의 목적이다.


## 2. '사회사'에서 '사회에 관한 역사연구'로 그리고 '역사사회학'으로


학문의 뿌리를 찾아 시간을 거슬러 올라가면 역사사회학의 기원은 사회사에서 찾아져야 할 것이다. 한국에서 널리 사용되는 '사회사'라는 용어의 의미와는 달리 외국에서 사회사는 사회학의 분야이기보다는 역사학의 하위분야로 간주된다. 역사학에서 오랫동안 가장 주된 위치를 차지했던 것은 정치사였다. 일정한 시점에 이르러 정치사로부터 경제사가 분리되었고 이어서 경제사로부터 사회사가 분리되었다(Burke, 1991: 1-3). 역사연구에서 정치사가 중심에 위치함에 따라 국가가 주된 분석단위가 되었고 지역(local)이나 초국가적 현상은 부차적인 것이 되었다.

사회사가 정치사와 경제사로부터 분리되어 독자적 영역으로 자리

잡는 과정에서 사회사는 정치사와 경제사를 제외한 잔여범주의 의미
로 받아들여지기도 했다(Hobsbawm, 1974: 3). 특히 사회사가 독자적
영역으로 분리되기 전에는 경제사와 연계되었던 만큼 상당수의 연구
가 경제적 주제와 관련된 경우가 많았다. 사회사가 경제사를 벗어나
독립성을 갖게 된 것에는 페브르(L. Febvre)와 블로크(M. Bloch) 등
이 주도한 아날(Annales)학파의 공헌이 절대적이었으며 그로 인해 일
상생활을 중심으로 하는 사회사의 영역이 개척되었다. 매너나 관습에
관한 연구가 첨가되면서 전통적 정치사는 물론이며 경제사와도 구분
되는 사회사의 연구영역이 만들어진 것이다.

그 이후 사회사 연구가 획기적 전환점을 맞게 된 것은 1950년대
후반과 1960년대에 들어 사회과학 전반에 걸쳐 역사에 대한 관심이
나타나면서였다. 이 시기에 사회의 구조적 변화에 대한 관심이 높아
지면서 역사에 대한 반감까지는 아니더라도 대체로 역사에 무관심했
던 여러 사회과학 분야에서 역사로 눈을 돌리기 시작했다. 이렇게
되면서 '사회에 관한 역사연구'(history of societies)가 새로운 경향으로
떠오르게 되었다(Hobsbawm, 1974: 4).

역사학의 한 분야로서의 사회사가 아니라 사회구조나 사회 전체,
특히 자본주의 사회의 전체적 모습과 변화를 연구대상으로 하는 '사
회에 관한 역사연구'가 나타난 것이다. 이는 곧 역사학과 사회과학
특히 사회학의 접합을 의미한다. 사회과학에서 널리 사용되던 포괄
적 법칙 모델(covering law model)과 같은 보편적 법칙, 즉 시간과 공
간을 초월한 이론을 역사연구에 적용하려는 시도도 나타났고 사회학
에서 발전된 다양한 이론적 자원을 활용하려는 시도도 있었다. 이는
마치 헤겔이나 마르크스가 시도했던 보편사(universal history) 연구를
새롭게 재현하려는 시도로 해석될 수도 있다.

상당히 견고해 보이던 역사학과 사회학의 접목이 1960년대 후반 들

면서 무너지게 되었다. 그 이유는 역사학이 보편적 법칙정립 시도에서 벗어나 다시 개별 사건의 독특성에 관심을 두고 역사학의 독특한 방법론으로 내러티브(narrative)를 채택한 것에서 찾을 수 있다(Mink, 1987). 사회학이 이론에 근거한 일반성을 추구하는 방향으로 진행된 반면, 역사학은 개별 사건이나 현상의 독특성을 중심으로 하는 학문으로 나아감에 따라 둘 사이가 분리되었다. 두 학문 사이에 간극이 생기면서 역사연구에 이론적 접합을 시도하는 것은 사회학의 몫으로 돌려졌다.[1]

이러한 흐름과 더불어 사회학 내에서는 파슨스(T. Parsons)에 의해 주도된 구조기능론의 몰역사성에 관한 문제가 제기되면서 역사에 기반을 둔 이론구축의 필요성이 강력하게 그리고 설득력 있게 제시되었다. 시간과 공간을 초월한 이론이 아니라 시간과 공간의 맥락 속에서 구성된 이론의 중요성이 사회학에서 강조되고 이를 반영한 이론이 만들어지기 시작한 것이다. 이러한 흐름들이 결합되어 마침내 1970년대 들어 역사사회학이 사회학의 새로운 하위분야로 개척되었다.

그런 점에서 역사사회학은 사회학의 이론구축을 새롭게 시도하려는 학문적 운동의 의미를 지녔던 만큼 실천적 지향과 이론적 지향이 결합된 특징을 가졌다(Calhoun, 1996: 306-308).[2] 역사사회학자는 다시 고전사회학, 특히 마르크스와 베버에게로 눈길을 돌렸고 마르크스와 베버의 재발견을 통해 둘 사이의 상호보완성을 찾으려는 새

---

1 물론 역사학의 연구 자체가 이론적이라는 주장도 제기되었다. 특히 역사연구가 사회 전체의 구조를 밝히려고 하는 경우 이론적일 수밖에 없다는 것인데(Hobsbawm, 1981), 그럼에도 불구하고 이런 역사연구가 역사학의 주류를 형성한 것으로 보기에는 무리가 있다.

2 해외 역사사회학의 경향에 관한 이하의 논의는 필자의 이전 연구(김동노, 2003)의 일부를 수정·보완한 것이다.

로운 시도가 상당히 성공적으로 진행되었다. 초기의 역사사회학이 지나칠 정도로 고전적 문제들, 가령 자본주의체제와 국가구조에 매달리게 된 것도 바로 이러한 이유에서 비롯되었다.

그 결과 1970년대 이후 사회학에서 구축된 대부분의 이론이 역사사회학 분야에서 이루어졌고 이 이론은 대체로 고전사회학의 전통을 이어받은 거시이론이었다. 거대구조와 거시적 과정에 대한 비교에 근거하여 이론이 만들어졌고, 이론의 주제로는 근대 사회의 핵심을 이루는 자본주의 형성과 베버의 영향을 받은 국가 연구와 그 외의 일부 다른 분야를 포함한다(Tilly, 1984: 15). 가장 대표적인 것으로는 계급론에 입각한 브레너(Brenner, 1976)의 자본주의 기원에 관한 연구, 시장경제론에 입각한 월러스틴(Wallerstein, 1974)의 세계체제론, 사회혁명을 국가와의 연관성에서 분석한 스카치폴(Skocpol, 1979)의 연구, 서유럽의 국가 형성에 관한 틸리(Tilly, 1990)의 연구를 꼽을 수 있다. 3

역사사회학이 사회학의 주류로 성공적으로 편입되기 위해서는 이러한 이론적 노력에 더하여 엄격한 방법론의 규칙을 세워야 했는데, 이 규칙은 흔히 보편적 법칙과 일반화를 통한 과학성의 확보를 의미한다. 과학적 방법을 도입하려는 역사사회학의 시도는 한편으로는 독특한 방법의 모색으로, 다른 한편으로는 주류 사회학으로부터 이 방법을 인정받도록 하는 노력으로 표현되었다.

실험을 통한 인과관계의 설정이 어렵고 대체로 질적 자료에 의존하는 경향이 있는 역사사회학에서 거시이론 구축을 위한 가장 효과적인 수단은 비교의 방법이었다. 특히 사례의 수가 많지 않고 인과

---

3 이들 범주에 포함되지는 않지만 역사사회학의 초기 저작 가운데 주요한 업적으로 평가될 수 있는 몇몇 연구가 있다. 가령 인구학적 접근을 시도한 골드스톤(Goldsotne, 1991)의 혁명연구와 종교와 국가 형성의 관계를 연구한 스완슨(Swanson, 1967)이나 우스나우(Wuthnow, 1985)의 연구가 대표적이다.

관계를 구성하는 변수의 수는 많은 경우에 비교의 방법은 통계적 다변수 분석에 상당하는 효과를 거둘 수 있다(Skocpol, 1979: 36).[4] 이런 방식으로 역사사회학이 비교의 방법과 결합됨에 따라 역사사회학을 흔히 '비교·역사사회학'으로 부르기도 하고 실제로 미국 사회학회에서는 하위분과로서 역사사회학을 이렇게 부른다.

그러나 다른 한편에서 역사사회학의 이러한 시도는 역사연구의 독특한 방법론 정립에 실패했을 뿐만 아니라 오히려 역사연구의 분석적 장점을 포기했다는 비판이 제기되었다. 이 비판의 핵심은 역사사회학 연구에 사용된 설명변수가 역사적 상황으로부터 분리되었고 이로 인해 각 사례의 독특성은 포기되고 모든 사례들이 이론으로부터 추론된 논리에 따라 재구성되는 식으로 변형되었다(Somers, 1996: 81)는 것이다. 따라서 역사연구가 초역사적 인과관계 정립을 위한 도구가 되어버렸고 결국 몰(沒)역사적 연구로 전락하고 말았다는 것이다.

1980년대 이후 새롭게 나타난 역사연구의 경향은 바로 이러한 역사연구의 몰역사성을 극복하려는 시도로 이해되는데 그 대표적인 두 흐름이 사건사 연구와 문화에 대한 관심이다.

사건사 연구란 이전의 역사연구에서 나타난 총체적 접근과 추상화된 간결성의 접근에서 벗어나 비환원론적 방식으로 역사를 연구하려는 시도이다(McDonald, 1996: 9). 물론 여전히 인과관계를 추구하지만 이전과 같이 예측이나 일반화의 의미는 없으며, 오히려 각 사건

---

4 물론 역사사회학에서 비교의 방법이 널리 사용되게 된 것에는 이러한 방법론적 전략과 함께 역사사회학에서 다룬 주제가 대체로 거시적 비교를 필요로 하는 이유도 있었다. 다양한 목적에 입각한 서로 다른 비교의 방법에 관해서는 틸리(Tilly, 1984: 80-86)의 논의를 참고할 수 있다.

이 가진 우연성을 중심으로 인과관계가 정립된다. 그런 점에서 새로운 접근에서는 인과관계가 곧 법칙과 동일시되지 않으며 개별 사건의 역사적 의미를 찾는 것이 반드시 인과관계의 배제를 의미하지도 않는다. 오히려 이 시도는 두 대조적 접근을 종합하여 개별 사건의 의미구조를 인과관계로 정립하려고 한다.

이전의 연구에서 사건이란 주로 구조적 조건이 만족되면 자연스럽게 일어나는 것으로 인식되었던 것에 비하여 새로운 접근방식은 사건을 중심으로 역사를 새롭게 기술해야 됨을 의미한다. 우연성을 지닌 사건들이 구조를 변화시키는 힘으로 작용하게 되면 구조적 분석에서와 같이 각 사건을 독립적으로 간주하지 않고 인과관계도 경로의존성 (*path dependency*)에 따라, 즉 먼저 일어난 사건이 연관관계를 갖고 나중에 일어나는 사건에 영향을 미치는 것으로 구성되어야 한다.

따라서 이 경우에 역사연구의 방법으로 활용할 수 있는 것은 내러티브를 통한 서술이다. 이런 방식으로 사건 분석을 실시한 대표적인 경우는 트로고(Traugott, 1985)와 굴드(Gould, 1995)의 연구이다.

사건사 중심의 역사사회학 연구와 함께 새롭게 나타난 경향은 문화에 대한 관심이다. 물론 이전에도 역사사회학에서 문화연구가 전혀 없었던 것은 아니지만, 대체로 문화의 중요성은 크게 인식되지 못했고 행위자 없는 문화연구가 주된 경향을 이루었다.[5]

그러나 1980년대와 1990년대 들어 문화연구의 새 경향이 나타났는데 이 전환은 이전의 문화연구에서 주도적 위치를 차지했던 기어

---

5 따라서 문화적 이데올로기를 연구하는 경우에도 이데올로기의 생산과 선택 그리고 제도화 과정에는 관심을 두면서도 이 과정에 개인의 의도가 어떻게 개입되었는가는 무관심했다. 문화연구의 이런 경향을 잘 보여주는 글 가운데 하나는 유럽의 종교개혁과 국가 형성에 관한 우스노우(Wuthnow, 1989)의 연구이다. 이러한 문제 제기에 관해서는 칼훈(Calhoun, 1996)을 참조할 수 있다.

츠(C. Geertz)를 선택적으로 재발견하여 활용하려는 시도에 힘입어 이루어졌다. 이때 말하는 기어츠는 문화가 하나의 단일한 중심구조를 지닌다고 주장하는 그런 기어츠나, 문화기술지를 통해 발견되어지기를 기다리는 단일한 문화의 실체가 있다고 믿는 그런 기어츠가 아니라, 문화는 사회적 사건이나 행위 혹은 제도를 이해가능 하도록 만들어주는 하나의 문맥(context)이고 따라서 이 문화는 깊이 있게 서술(thick description)되어야 한다고 주장하는 그런 기어츠를 의미한다(Biernacki, 1999: 63-64). 따라서 새로운 문화연구에서는 문화가 만들어지고 전달되는 과정은 물론이고 문화적 생산물에 내재된 의미를 해석해내는 것이 중요하다.

이를 통해 문화가 더 이상 객체의 위치에 있는 것이 아니라 문화가 사회를 변화시킬 수 있는 주체가 될 수 있으며, 문화는 다른 무엇에 의해서 설명되는 것이 아니라 다른 무엇을 설명할 수 있게 되었다. 한편으로 문화가 독립변수의 위치를 차지하고 다른 한편으로 문화의 역사적 문맥을 강조하게 되면서 문화적 사건이나 사례의 중요성이 부각되었다. 역사사회학 전반에서 거시구조적 시각을 포기하고 사건사 중심의 역사연구로 전환한 것에 힘입어 사례중심의 문화연구는 역사 사회학 안에서 이루어지는 문화연구의 새로운 경향으로 자리 잡았다. 특히 1990년대 들어 이러한 경향은 '문화로의 전환'(cultural turn)이 본격화되면서 더욱 가속화되었다(Ragin, 2000: 2).

연구자는 이제 단순히 시간과 공간에 대한 감수성을 가져야 한다는 정도가 아니라 사례와 이론의 관련성이 크지 않음을 인식하게 되었다. 이론의 도움 없이도 역사적 사건이나 문화적 사례를 이해할 수 있다는 생각이 퍼졌다. 따라서 연구자는 이전보다 이론에 대해 훨씬 유보적 태도를 가지게 되었다. 각 사건이나 사례 속에서 개인의 사회적 생활이 어떻게 작동하는가를 검토하는 것이 더 중요하다는 인식이 퍼짐에 따라 이론 자체를 포기하거나 아주 제한적으로 적용하는 경향을 보이는 것이다. 따라서 이전의 역사사회학 연구에서는 각 사례들이 이론을 매개로 서로 연결된 것에 비해 최근에 나타난 문화에 대한 역사적 접근에서는 각 사례가 이론으로 매개되지도 않고 서로 연결되지도 않는 경향이 나타난다.6

## 3. 한국 역사사회학의 연구경향

지금까지 역사사회학의 일반적 연구경향을 살펴보았다. 이제 한국에서 이루어진 역사사회학 연구가 어떤 특징을 지니는지 검토하기로 한다. 이미 이 주제에 관한 중요한 기존연구가 있으며(예를 들어, 김필동, 1990; 박명규, 2006; 채오병, 2011), 본 연구에서 찾아낸 주된 경향도 기존 연구결과와 크게 다르지 않을 수도 있으나 몇 가지 중요한 지점에서 새로운 발견을 추가할 수 있을 것으로 기대된다.

한국 역사사회학의 연구경향을 분석하는 데 가장 우선적으로 마주친 어려움은 사회사와 역사사회학을 어떻게 구분할 것인가의 문제이다. 역사학의 한 분야로서의 사회사와 사회학의 한 분야로서의 역사사회학은 연구주제나 방법론의 차별성으로 인해 비교적 쉽게 구분될 수 있으나, 한국 학계에서 사회사는 역사사회학의 지향을 어느 정도 공유하기 때문에 둘 사이를 구분하기 어려운 문제가 있다.

가령 '한국사회사학회'를 창립하고 이를 이끌어온 신용하는 학회

---

6 이러한 경향의 근원에는 포스트모더니즘의 영향도 무시할 수 없다. 특히 역사연구에서 내러티브를 구성하는 방식에 있어 이 영향력이 분명하게 나타나는데, 이에 관해서는 할트넌(Halttunen, 1999)을 참조할 수 있다.

창립의 의미를 역사학과 사회학 특히 사회학 이론의 접합에서 찾았고(신용하, 1982), 그를 비롯한 학회의 주도적 학자들이 실제로 그 이후 외국의 이론을 소개하는 데 상당한 노력을 기울였기 때문에 사회사와 역사사회학을 단선적으로 나누기는 어렵다. 그럼에도 불구하고 1980년대 후반 이후 새로운 역사사회학 이론의 훈련을 받은 사회학자가 나타나기 시작했다. 이들은 강한 이론적 지향을 지닌다는 점에서 이 글에서는 편의적으로 이론지향성의 정도에 따라 두 분야를 구분하기로 한다. [7]

한국 역사사회학의 연구경향을 검토하기 위한 분석대상은 〈한국사회학〉과 〈사회와 역사〉(한국사회사학회 논문집 포함, 이하 〈사회와 역사〉로 표기)에 실린 연구논문으로 한정하고, 〈한국사회학〉의 경우 1990년 이후 출판된 논문을 그리고 〈사회와 역사〉의 경우 《한국사회사학회 논문집》이 발간된 1986년 이후 게재된 논문을 선택했다.

이들 학술지에 게재된 논문 가운데 일차사료에 담긴 '사실 찾기'(*fact findings*)를 위주로 하는 연구는 제외하고 이론적 지향이 강한 글을 뽑아 분석하기로 했다. 이런 기준에 근거하여 이들 학술지에 실린 77편의 논문을 분석대상으로 선정했다. 그 가운데 20편(전체의 26%)이 〈한국사회학〉에 실린 글이며, 57편(74%)이 〈사회와 역사〉에 실린 글이다. 실제 논문 편수는 77편이나 세부영역을 분류하면 두 개 이상의 영역에 걸쳐진 글이 있기 때문에 이를 중복 계산하면 총 105편의 논문이 분석대상이 된다. [8]

우선 논문 총수의 면에서 보면, 매년 쓰인 역사사회학의 논문이 3

---

7 이론지향이 강한 글을 역사사회학의 연구업적으로 분류한다는 것은 상대적 분류의 개념이고 따라서 주관적 판단이 어느 정도 개입될 수밖에 없다.

8 가령 한 논문이 정치지향성의 사회운동을 다룬 경우 이 논문은 정치사회학과 사회운동이라는 두 분야로 중복 분류될 수 있다.

편에도 미치지 못한다는 점에서 뚜렷한 한계를 보여준다. 1990년대 후반 들어 상당히 활발하게 역사사회학의 연구가 이루어졌으나 그 이후 다소 침체를 보이다 다행스럽게도 2010년대 들어 논문 수가 상당히 증가한다. 이러한 사실은 〈표 6-1〉에서 확인할 수 있다.

그런데 이 연구실적은 이전 연구에서 밝혀낸 사회사 전체의 연구경향에 비해 상당히 저조한 것으로 평가될 수 있다. 특히 〈사회와 역사〉에 실린 연구논문 전체를 분석대상으로 삼은 채오병(2011: 175, 178)의 연구에 의하면 1986년 이후 매년 평균 23편의 논문이 쓰이는 것으로 나타났는데, 그 가운데 역사사회학 연구로 간주될 수 있는 논문의 수는 상당히 제한적임을 알 수 있다.

역사사회학 연구가 1990년대 후반과 2010년대에 뚜렷한 증가추세를 보이는 경향은 역사사회학 분야 연구자의 활동 주기와 관련된 것으로 보인다. 1980년대 미국에서 역사사회학이 전성기를 이루던 시기에 역사사회학을 공부했던 학자가 1990년대 초중반에 박사학위를 받으면서 1990년대 후반에 논문을 생산해내기 시작했고, 다시 이들로부터 역사사회학을 배운 후속세대가 2010년대 들어 연구결과를 게재하기 시작한 것이 이러한 추세로 표현된 것 같다.

한 가지 눈길을 끄는 사실은 2000년대 후반 들어 〈사회와 역사〉에 실린 글의 수는 상당히 증가하는데(채오병, 2011: 178), 역사사회학 분야 논문의 수는 1990년대 후반에 비해 오히려 감소한다는 점이다. 이 시기에 사회사 연구가 활성화된 것에 비해 역사사회학은 침체되는 엇갈린 현상이 나타난 것을 알 수 있다.

역사사회학 논문의 세부영역을 살펴보면 상당한 편중성을 찾을 수 있다. 〈표 6-1〉에서 나타나듯이 정치사회학 분야의 글이 압도적으로 많고 지식/문화 사회학과 사회운동 그리고 경제사회학이 거의 비슷한 양적 생산성을 보이면서 그 뒤를 잇는다. 정치사회학 분야는 거

<표 6-1> 출판시기와 분과영역에 따른 역사사회학 연구결과의 분류

[단위: 빈도(%)]

| 논문 출판 시기 | 사회학의 세부 분과영역 | | | | | | | | | | 전체 |
|---|---|---|---|---|---|---|---|---|---|---|---|
| | 정치 | 경제 | 사회운동 | 이론/방법론 | 정책 | 가족 | 조직 | 지식/문화 | 노동 | 인구 | |
| 1986~1989 | - | 4(57.1) | 2(28.6) | - | 1(14.3) | - | - | - | - | - | 7(100) |
| 1990~1994 | 7(46.7) | 1(6.7) | 1(6.7) | - | 2(13.3) | - | - | 2(13.3) | 2(13.3) | - | 15(100) |
| 1995~1999 | 9(40.9) | 4(18.2) | 5(22.7) | 1(4.5) | - | - | 1(4.5) | 1(4.5) | 1(4.5) | - | 22(100) |
| 2000~2004 | 6(40) | 1(6.7) | 2(13.3) | 1(6.7) | - | 1(6.7) | 1(6.7) | 3(20) | - | - | 15(100) |
| 2005~2009 | 8(44.4) | 1(5.6) | 3(16.7) | 1(5.6) | - | - | - | 5(27.8) | - | - | 18(100) |
| 2010~2013 | 14(50) | 1(3.6) | - | 1(3.6) | 4(14.3) | - | - | 6(21.4) | - | 2(7.1) | 28(100) |
| 전체 | 44(41.9) | 12(11.4) | 13(12.4) | 4(3.8) | 7(6.7) | 1(1) | 2(1.9) | 17(16.2) | 3(2.9) | 2(1.9) | 105(100) |

<표 6-2> 출판시기와 논문주제에 따른 역사사회학 연구결과의 분류

[단위: 빈도(%)]

| 논문 출판 시기 | 논문 주제 | | | | | | | | | 전체 |
|---|---|---|---|---|---|---|---|---|---|---|
| | 국가 | 계급 | 민족 | 경제 발전 | 세계 체제 | 근대성 | 문화/이데올로기 | 유교/종교 | 조직 | |
| 1986~1989 | 1(14.3) | 6(85.7) | - | - | - | - | - | - | - | 7(100) |
| 1990~1994 | 6(40) | 4(26.7) | 1(6.7) | - | 1(6.7) | - | - | 3(20) | - | 15(100) |
| 1995~1999 | 7(31.8) | 3(13.6) | 2(9.1) | 2(9.1) | 2(9.1) | 1(4.5) | 3(13.6) | 1(4.5) | 1(4.5) | 22(100) |
| 2000~2004 | 6(42.9) | 2(14.3) | 1(7.1) | 2(14.3) | - | 1(7.1) | 2(14.3) | - | - | 14(100) |
| 2005~2009 | 2(13.3) | 1(6.7) | 3(20) | 1(6.7) | 1(6.7) | 2(13.3) | 2(13.3) | 2(13.3) | 1(6.7) | 15(100) |
| 2010~2013 | 16(61.5) | - | 3(11.5) | - | 1(3.8) | 1(3.8) | 5(19.2) | 6(6.1) | 1(6.7) | 26(100) |
| 전체 | 38(38.4) | 16(16.2) | 10(10.1) | 5(5.1) | 5(5.1) | 5(5.1) | 12(12.1) | 6(6.1) | 2(2) | 99(100) |

의 전 시기에 걸쳐 고르게 논문을 생산하는 데 반해 사회운동과 경제사회학은 시간이 지날수록 논문 수가 줄어들고 지식/문화사회학은 최근 들어 논문 수를 상당히 활발하게 늘려간다. 이러한 전환은 점진적으로 이루어지나 주로 1990년대 후반과 2000년대 초반에 시작되어 꾸준히 이어졌다.

연구분야에 있어 상위 3개 영역이 차지하는 비중이 압도적 상황인 만큼 연구영역의 집중성은 학문영역의 고른 발전을 위해서 심각하게 고려해 보아야 할 문제이다. 특히 〈한국사회학〉에 실린 글의 대부분(65%)은 정치사회학 분야인 반면 문화에 대한 관심은 상당히 약한 편인 데 반해, 〈사회와 역사〉에서는 여전히 정치사회학의 비중(32%)이 가장 크기는 하나 논문의 분과영역이 상대적으로 고르게 분포되었고, 특히 2010년대 들어 문화 분야의 연구는 정치사회학에 버금가는 중요성을 보여줄 정도로 높은 위치를 차지한다.

이전 연구와 본 연구에서 사용한 세부영역(혹은 주제)의 분류방식이 다르기 때문에 직접 비교는 어렵지만 전반적 경향은 크게 다르지 않는 것으로 짐작된다. 특히, 거시사 연구에서 미시사 연구로의 변화와 문화사 분야의 성장은 이전 연구에서 공통적으로 지적하는데(박명규, 2006: 78~79; 채오병, 2011: 180~181), 이러한 경향은 본 연구에서도 확인된다.

역사사회학 논문의 분과영역 분류에서 정치사회학이 줄곧 가장 높은 위치를 지켜오는 것은 강한 국가가 지속되는 한국의 사회적 환경이 상당한 영향을 미친 것으로 짐작된다. 이는 실제로 논문을 연구주제별로 분류하면 어느 정도 확인된다. 역사사회학의 연구분야에서 어떤 주제가 주된 관심대상이 되었는지를 찾아보기 위해 논문을 연구주제별로 분류했으며 그 결과를 〈표 6-2〉에서 확인할 수 있다. 〈표 6-2〉에서 보듯이 역사사회학 연구에 있어 국가는 전체적으로 가장 중요한 연구주제로 떠오른다. 이는 역사사회학의 세부 영역 가운데 정치사회학에 포함되었던 대부분의 글이 국가에 관한 연구임을 알 수 있게 해준다.

또 하나의 고전적 주제인 계급에 관해서도 꽤 많은 연구가 이루어졌지만 이는 대부분 1990년대 초반까지의 연구결과이며 그 이후 급격히 줄어듦을 알 수 있다. 이 자리를 메꾼 것은 문화와 이데올로기를 주제로 하는 연구였다. 또한 주제별 분류에서는 영역별 분류에 비해 중심성이 조금 약화된 것을 알 수 있다. 정치사회학의 가장 주된 주제인 국가가 여전히 가장 높은 비중을 차지하지만 그 편향성은 조금 약화되었고 계급이나 민족, 문화와 같은 주제에 대한 관심도 어느 정도 고르게 나타난다.

이러한 양적 변화 못지않게 중요한 사실은 근대성이나 민족을 주제로 하는 연구가 일정한 정도로 꾸준히 이루어지는 것이다. 그러나 전통적으로 중요성을 차지하던 이 주제에 대한 접근방식에서 이전과는 상당히 다른 변화의 모습을 찾을 수 있다. 근대성과 민족이라는 주제에 대한 일방적, 긍정적 태도에서 벗어나 다양한 방식의 논의로 전환되었고 근대는 곧 진화를 의미하며 민족은 곧 선(善)한 실체라는 일원론적 논의에 맞서는 주장도 나타났다.

근대의 다양성과 민족의 복합성을 주장하는 연구가 나타났다는 것은 이전의 역사사회학 연구에서 새로운 방향으로 전환이 일어난 것인 만큼 긍정적으로 평가할 수 있다. 그럼에도 불구하고 근대성에 관한 모든 연구가, 민족에 관한 연구의 70%가 일제 강점기를 대상으로 한다는 점에서 시기적 편향성은 지나칠 정도로 높다. 물론 식민지 근대성을 둘러싼 논쟁이나 일제 강점기에 일어난 민족주의의 발현에 높은 관심이 모아지는 현실을 감안하면 이 상황이 이해될 수도 있다. 하지만 근대성과 민족이라는 개념은 오래 기간의 역사적 과정을 통해

<표 6-3> 연구대상 시기에 따른 역사사회학 연구결과의 분류

|  | 논문 수 | % |
|---|---|---|
| 조선시대 | 8 | 7.6 |
| 일제 강점기 | 42 | 40 |
| 미군정기 | 2 | 1.9 |
| 이승만 시기 | 3 | 2.9 |
| 박정희 시기 | 5 | 4.8 |
| 그 이후 | 7 | 6.7 |
| 통시적 연구 | 38 | 36.1 |
| 합계 | 105 | 100 |

끊임없이 구성·재구성된다는 점에서 이 주제에 대한 연구대상 시기의 확대는 역사사회학의 이론적 구축을 위해 보다 바람직한 결과를 가져올 것으로 기대된다. 이런 방식으로 근대성과 민족이라는 실체를 고정된 것이 아니라 가변적이며 유동적인 것으로 인식함에 따라 이에 대한 보다 역동성을 지닌 이론구축이 가능해질 것이다.

연구대상 시기는 압도적으로 일제 강점기가 많은 비중을 차지한다. 이는 <표 6-3>에서 확인할 수 있다. 물론 이승만 이후 현대 시기에 대한 관심도 적지 않았으나 이승만과 박정희 그리고 그 이후 시기를 모두 합해도 15편(14.4%)에 불과했다. 오히려 두 시기 이상에 걸친 통시적 연구가 일제 강점기 다음으로 많은 비중을 차지했다. 이는 이전 연구의 결과와는 어느 정도 차별성을 보여준다.

이전 연구에서는 현대사 분야와 일제 강점기의 연구가 가장 주된 부분을 차지했으며(박명규, 2006: 79~80), 특히 현대사에 대한 연구가 일제 강점기보다도 많은 비중을 차지한 것으로 발표되었다(채오병, 2011: 184~185). 아마 이들 연구는 사회사 전체의 연구경향을 밝히기 위해 <사회와 역사>에 실린 모든 글을 분석대상으로 삼고 다른 한편으로는 <한국사회학>에 실린 글은 제외했기 때문에 이러한 차이가 나타난 것으로 보인다.

통시적 연구가 많았다는 것은 한국 역사사회학 연구에서 거시적 경향의 연구가 상대적으로 많았음을 의미하는데, 두 학술지를 비교해 보면 〈한국사회학〉에 실린 글이 이 경향을 보다 강하게 드러냈다. 9 또한 이를 논문의 출판 시기와 연계해서 검토하면 1990년대에 실린 논문의 상당수(20편/38편, 54%)가 통시적 연구였던 반면, 그 이후 이는 급격히 줄어든다. 이를 대신하여 일제 강점기에 관한 연구와 특히 현대사에서 박정희에 대한 연구가 상당한 정도로 증가하는 현상을 보여준다.

거시적 연구의 경향을 보여주는 또 하나의 지표인 비교연구에서도 거의 비슷한 추세를 찾을 수 있다. 전체 논문 가운데 20%(20편) 가까운 연구가 비교의 방법을 사용했는데, 비교연구를 수행한 논문의 75%(15편/20편)가 1990년대에 쓰인 글이었고 그 이후 비교의 방법은 거의 활용되지 않았다.

이러한 연구경향을 종합적으로 보면, 1990년대 후반을 기점으로 상당히 중요한 변화가 일어남을 알 수 있다. 연구영역에서는 정치사회학이, 연구주제에서는 국가가 지속적으로 핵심적 위치를 차지하지만, 다른 분야와 주제는 1990년대 후반과 2000년대 초반 이후 일정한 변화를 보여준다. 문화 분야의 연구가 이전보다 상당히 늘어나고 이에 따라 지식, 문화, 이데올로기와 같은 주제가 중요한 의미를 차지하게 되었다. 연구분야에서는 중요한 의미를 차지했던 경제사회학과 사회운동의 영역, 그리고 연구주제에서는 계급을 대신하여

---

9 〈한국사회학〉에 실린 31편의 글 가운데는 15편이 통시적 연구여서 거의 절반(48%)에 가까웠던 반면, 〈사회와 역사〉에 실린 글은 31%(23편/74편)가 통시적 연구의 경향을 보여주었다.

새롭게 떠올랐다.

또한 이전에 주로 다루었던 주제의 접근방식도 상당한 변화가 일어나 다원성과 복합성의 경향을 보여준다. 연구대상 시기도 거시적 변화를 보기 위한 통시적 연구가 1990년대 후반을 정점으로 줄어들고 비교의 방법도 뚜렷한 하향세를 보여준다. 그렇다면 한국 역사사회학에도 완전하지는 않다고 하더라도 1990년 후반과 2000년대 초반을 전후하여 거시구조적 연구에서 문화를 중심으로 하는 미시적 연구로, 필연성보다는 우연성과 다원성을 주장하는 사건사 연구로 방향을 바꾸어갔음을 알 수 있다. 미국 역사사회학에서 동일한 전환이 1980년대 들어 일어났던 것에 비추어보면 한국 역사사회학의 이러한 변화는 10여 년 이상 뒤쳐진 것으로 이해될 수 있다.


## 4. 역사사회학의 나아갈 길


해외, 특히 미국 역사사회학이 겪었던 변화의 방향을 일정한 정도로 시차를 두고 우리 학계도 거쳐 간 것으로 확인된다. 두 학술지의 분석을 통해 거시구조 이론이 이전보다 약화되고 미시사건사나 문화에 대한 관심이 이전보다 강해진 것을 알 수 있었다. 물론 미국의 역사사회학과 같이 전환의 폭과 깊이가 크지는 않지만 같은 방향으로 움직이는 것은 분명하다.

이러한 전환에는 여러 요인이 작용했을 것으로 짐작된다. 세계적으로 번지는 자본축적 과정의 변화와 신자유주의의 영향력 확대, 그에 따른 개인의 개별화가 학문에 투영된 것으로 볼 수도 있다. 다른 한편으로는 외국에서 일어난 학문경향의 변화가 '번역'을 통해 우리

학계에 도입된 것으로 볼 수도 있을 것이다(채오병, 2011).

그러나 이러한 변화를 설명하는 데 또 하나 고려해야 할 것은 학문 내부의 논리적 구조에서 일어나는 변화의 추동력이다. 현대 사회학 이론의 경향을 장기적 관점에서 볼 때 발견되는 거시이론과 미시이론 사이의 순환·연결 체계가 바로 이에 해당된다.[10] 1970년 초반까지 시간과 공간을 초월하는 기능론이 파슨스에 의해 주도되며 사회학은 물론 사회과학 전반에 걸쳐 널리 퍼지면서 이 이론에 대한 반론이 다양한 시각에서 제시되었다.

그 하나는 이미 우리가 살펴본 역사사회학의 탄생이다. 거시이론의 틀을 이어받으면서 사회학의 이론구성에 시간의 개념을 넣으려는 시도가 역사사회학을 통해 나타난 반면, 고프만(E. Goffman)의 민속방법론(*ethnomethodology*)이나 호만스(G. Homans)의 교환이론과 블루머(H. Blumer)의 상징적 상호작용이론은 거시적 틀을 벗어나 미시의 영역으로 연구의 초점을 옮긴 것으로 이해될 수 있다.

마찬가지로 역사사회학에서도 사회이론의 역사성을 추구한 거시구조이론이 오히려 몰역사적이라는 비판을 받으면서 미시적 관점으로 관심이 모아졌다. 사회학 이론의 주도권이 거시이론과 미시이론 사이를 오가는 이러한 순환적 경향은 이전의 주도적 이론이 가진 한계를 극복하기 위한 시도가 계속됨을 보여주는 것이기도 하다.

그렇다면 거시구조이론이 미시적 관점으로 전환되면서 나타난 문제는 무엇인지 그리고 이 문제를 극복할 수 있는 방안은 무엇인지를 검토함으로써 역사사회학이 앞으로 나아갈 방향의 실마리를 얻을 수

---

10 거시이론과 미시이론 사이에 나타나는 순환·연결 체계는 때로는 거시에서 미시로 혹은 미시에서 거시로 바뀌는 형태로 나타나기도 하지만 때로는 거시와 미시의 이론체계가 계속 공존하는 가운데 둘 사이의 상대적 중요성이 바뀌는 형태로 나타나기도 한다.

있을 것이다. 역사사회학에서 일어난 거시에서 미시로의 전환은 연구주제와 연구방향의 다양성을 가져옴으로써 새로운 가능성을 열기도 했지만, 다른 한편으로는 역사사회학이 하나의 학문영역으로 존재하는 데 필요한 공통의 기반을 무너뜨림으로써 학문의 파편화와 단절을 초래한 문제도 있다(Clemens, 2006: 38).

모든 연구자가 자신만이 알 수 있는 이론적 언어로 역사를 재현하게 되면 모두가 모두로부터 소외되는 결과를 가져올 것이다. 이러한 경향이 극단화되면 역사사회학 안에서 학문적 담론이 심각한 어려움에 처하거나 심지어 소통이 불가능해질 수도 있다(Amenta, 2000).

개별 사건에 대한 지식이 축적된다고 하더라도 이 지식이 사회현상에 대한 일반적 논의로 연결되지 않는다면 학문적 담론으로서의 한계는 분명하다. 가령, 러시아 혁명이나 프랑스 혁명에 관한 분석이 각 사건에 관한 것으로만 국한된다면 사회적 현상으로서 혁명에 대해 우리가 갖는 지식은 제한적일 수밖에 없다. 또한 개별 국가에 관한 지식이 축적되더라도 이것이 국가에 관한 일반적 담론으로 연결되지 않는다면 사회학적 지식으로서의 가치는 줄어들 수밖에 없다.

대부분의 사회학자가 공유할 수 있는 사회현상에 관한 이론구축이 더 이상 시도되지 않음에 따라 역사사회학이라는 학문적 공동체를 하나로 묶는 공통분모가 무엇인가에 대한 의문이 제기된다. 더 나아가서는 이러한 경향이 사회학 전체로 확산되면서 사회학이 하나의 학문적 공동체로 유지될 수 있는가에 대한 중요한 도전 역시 우리에게 던져졌다(Turner, 2006: 27). 역사사회학이 사회학 이론구축에서 중요한 역할을 해온 것에 비추어보면 역사사회학 이론의 위기는 사회학 전체의 위기를 가져온 것이기도 하며, 다른 한편으로는 이 위기를 반영하는 것이기도 하다.

그러나 연구주제와 방법의 다양화가 현실적으로 학문 내의 파편화를 가져오기도 했지만 다른 한편으로 이전과는 다른 새로운 가능성을 열어주기도 한다는 점에서 대안적 이론구축을 기대할 수도 있다(Clemens, 2006: 38). 이러한 대안적 방법의 모색은 사건의 개별성 혹은 우연성과 이론의 일반성을 연결하는 과정을 통해 찾을 수도 있다. 개별성과 일반성의 두 극단을 배제함으로써 개별성이 일반성으로 발전되고, 일반성에 근거한 개별성을 추구하는 노력이 결국 새로운 이론구축을 가능하게 만들 것이다.

이러한 이론구축을 통해 역사사회학이나 사회학 전체에서 나타난 파편화의 위기를 넘어설 수 있을 것이다. 물론 역사사회학에서 미시적 전환이 일어난 것은 시공간을 탈맥락화(decotextualize)시킨 이론구축에서 비롯된 만큼 거대이론 구축이 가진 위험성에 특히 유의할 필요가 있다. 하지만 같은 학문분과 내에서 의사소통을 가져오는 데 필요한 정도의 수준에서 이루어지는 이론구축은 학문분과의 통합성을 유지하기 위한 핵심조건이기도 하다.

예전에는 이론에서 출발하여 이 이론을 입증해줄 수 있는 경험적 사실을 찾아갔다면, 새로운 이론구축에 있어 중요한 전략 가운데 하나는 사건에서 출발하여 이론으로 나아가는 것이다. 보다 구체적으로는 사회학자의 공통 관심사가 될 만한 중요한 사건을 선택하고 이 사건에 대한 여러 타당한 해석을 내린 후 이를 종합하는 방식으로 이론구축을 시도하는 것이다. 이처럼 이론구축의 대상이 되는 사건의 범위를 확장하면서 사건사에 관한 여러 미시적 이론이 축적되고 이를 바탕으로 보다 높은 차원의 이론으로 나아가는 것이 하나의 현실적 대안이 될 수 있다.

궁극적으로는 이런 방식으로 사건사에서 시작하여 구조에 관한 이론으로 나아갈 수 있는 가능성이 열리게 된다. 사건성(eventfulness)을 강조하는 역사사회학 연구에서도 우연성을 중심으로 하는 사건성이 결국 사회구조의 변화를 가져오는 것으로 본다(Sewell, 1996: 262)는 점에서 이 가능성이 실현될 수 있는 여지가 크다. 물론 사건에 대한 지식의 단순한 종합이 이론으로 직결되는 것은 아니기 때문에 사건과 이론의 관계는 단선적이지 않다. 사건사에 기반을 둔 이론구축과 이론을 매개로 하는 사건사의 연구가 순환적으로 연결되는 체계가 형성되어야 할 것이다. 이러한 사건과 이론의 연결에서 특히 중요한 것은 사건을 역사적 사회적 '상황으로부터 분리시키지 않으면서'도 동시에 사건의 발생과 과정 그리고 결과를 '과학적 인과관계로 구성'할 수 있어야 한다는 사실이다.

이러한 조건을 만족시키기 위해서는 역사사회학에 적절한 방법론에 대한 검토가 필요하다. 역사사회학을 위한 새로운 방법론의 개발은 결코 쉬운 일이 아닌 만큼 기존의 방법론 논의에서 출발하여 새로운 방안을 모색할 수밖에 없을 것이다. 이런 시각에서 볼 때 새로운 방법론 개발의 단서가 될 수 있는 것은 역사연구의 여러 변수를 역사적 상황 속에 둔 채로 이들을 총체적으로 묶어 하나의 인과관계 연결망(causal chains)을 구성하고 이 연결망을 다른 유사한 사건에서 구성된 인과관계망과 비교하는 방법이다(김동노, 2003: 118).

'다분기적(conjunctural) 분석' 방법이라고도 불리는(Ragin, 1987) 이 방법을 통해 변수를 개별화시키지 않고 각 변수를 상황 속에 넣어 전체를 '하나의 묶음'으로 비교하게 되면, 한편으로 기존 거시비교에서 나타난 몰역사성을 극복할 수 있고, 다른 한편으로 여러 사건에 함축된 인과관계의 일반성을 높일 수 있을 것이다. 이렇게 변수들의 관계를 서로 묶는 과정에서 각 변수에 대한 설명은 내러티브를 활용할 수 있을 것이다. 그렇게 함으로써 역사적 맥락을 놓치지 않으면서 사건과 구조를 하나로 묶어낼 수 있을 것이다.

역사사회학의 이러한 일반적 발전방향에 근거하여 볼 때 한국의 역사사회학이 기여할 수 있는 가능성도 엿보인다. 한국의 역사사회학이 사회사에 비해 이론적 지향이 강하다고 주장함에도 불구하고 여전히 충분히 이론적이지 않음은 반성의 여지를 남겨둔다. 이를 넘어서기 위해서는 좀더 이론적 지향을 강화할 필요가 있으며, 특히 한국적 역사현실에 기반을 둔 이론구축은 한국을 넘어 세계 학계에 기여할 수 있는 가능성을 열어준다. 이는 마치 남미의 사회적 상황에 근거하여 종속이론이 만들어졌고, 인도의 식민/탈식민의 과정으로부터 탈식민주의 이론이 형성된 것과 같은 맥락에서 이해될 수 있다.

이런 관점에서 볼 때 관심의 초점이 되는 것은 '식민지 근대성'의 주제이다. 이 시기와 이 주제에 관한 연구가 일정한 정도로 지속성을 갖고 유지됨에도 불구하고 아직 우리 학계는 식민지 근대성에 관한 믿을 만한 이론을 제시하지 못했다. 기존연구의 상당수가 민족주의 입장과 근대화론 입장에서 제시한 양분법적 대립구도를 넘어서려 애쓰지만 여전히 대부분은 식민지성이나 근대성 가운데 한편에 치중하는 한계를 드러낸다. 이 주제를 둘러싸고 민족주의 사학자와 식민지 근대화론자 사이에 수시로 벌어지는 논쟁에도 불구하고 이들 사이에 접합점은 찾아지지 않는다. 또한 새로운 대안을 제시하려는 시도도 있었지만 대부분 식민지성과 근대성을 융합하지 못한 채 둘이 병존하는 모습을 보여주는 것으로 그쳤을 따름이다.[11]

식민지 근대성을 이론화하는 데 있어 핵심은 식민지성과 근대성이 나란히 공존하는 것이 아니라 둘이 융합되어 '식민지 근대성'이라는 하나의 통합된 독특한 실체를 구성하는 것이다. 근대성이 식민지성과 결합되면서 각각에서는 찾아지지 않는 어떤 특성이 발현되는지,

---

11 가령, *Colonial Modernity in Korea*에 실린 글들이 이에 해당된다.

이는 궁극적으로 다른 시공간에서 나타나는 근대성과는 어떤 차이를 드러내는지를 찾아내는 것이 이 이론화에서 추구해야 할 과제이다. 식민지 근대성은 바깥에서 이식된 것과 자생적으로 내려온 요인의 공존과 결합이며 동시에 전통과 근대의 공존과 결합을 의미한다. 그런 만큼 이는 시공간의 중층성에 근거하며 다른 사회에서 비동시적으로 나타났던 것들이 동시적으로 존재하는 '비(非)동시성의 동시성'을 반영하는 것이기도 하다.

이러한 '식민지 근대성'의 특성이 함축된 중요한 역사적 사건을 선별하고 이에 대한 다양한 이론을 축적하고 동시에 선택된 사건의 범위를 확장하면서 전체적으로 식민지 근대성에 관한 이론적 틀을 확대·심화한다면 '식민지 근대성'의 실체를 파악할 수 있을 것이다. '식민지 근대성'이 어떻게 형성되었으며 일제 강점기 이후 어떻게 탈식민화되는지를 적절히 찾아내어 이론화하면, 이는 한국을 뛰어넘어 역사사회학 전체에 커다란 공헌이 될 수 있다. 이른바 '학문 선진국'이라는 대부분의 국가는 식민과 탈식민의 경험이 없기에 이러한 역사적 경험과 유산을 가진 곳에서 이론화가 보다 유리하게 이루어질 수 있을 것이다.

식민과 제국에 관한 대부분의 연구가 제국의 관점에서 이루어지며 피식민의 관점에서 이 주제를 바라보는 이론적 연구는 많지 않다. 그런 점에서 인도의 일부 학자가 시도한 탈(脫)식민주의 연구는 크게 주목받을 만한 가치를 지녔다. 그렇지만 이들 탈식민주의자의 이론을 그대로 우리 현실에 적용한다는 것은 또 다른 몰(沒)역사성 혹은 탈(脫)맥락화된 이론을 지향하는 결과를 가져올 수 있다. 그런 점에서 우리 역사에 근거한 식민/탈식민화 과정에 관한 이론화가 필요하며, 이러한 시도는 기존의 탈식민주의 이론과 대비되면서 역사사회학의 새로운 이론화에 기여할 수 있을 것이다.

물론 통치방식이나 식민에 대한 접근방식에 있어 각 제국주의가 서로 다른 특성을 보여주는 만큼 우리 역사의 경험을 그대로 일반화하여 이론구축으로 나아갈 수 있는 가능성은 제한적일 수도 있다. 그러나 우리의 경험에서 나타난 '식민지 근대성'을 다른 식민 경험이 있는 국가에서 나타난 '식민지 근대성'과 비교함으로써 이론적 구축의 심화와 확대가 가능할 것이다. 이런 과정을 통해 궁극적으로 서구와는 다른 근대성, 그리고 식민지 내의 다양한 근대성을 찾아냄으로써 근대성의 다양성과 복합성을 이론화할 수 있을 것이다.

마치 역사사회학의 탄생이 이전의 몰역사적 사회학 이론의 문제를 극복하려는 실천적 관심에서 비롯되었던 것과 마찬가지로 이러한 시도는 최근 들어 나타난 역사사회학의 파편화를 극복하려는 새로운 실천성을 지향하는 방안이기도 하다.

이러한 연구에 있어 방법론적으로 고려해야 할 한 가지 사항은 연구주제는 물론, 연구대상도 역사적 상황 속에서 맥락화(contextualize)시켜야 한다는 것이다. 특히 한국 역사사회학 연구가 대부분 국민국가를 단위로 이룬다는 점에서 분석대상의 다양화와 함께 시공간의 맥락화는 중요한 의미를 갖는다. 국가 단위에서 벗어나 때로는 국가를 둘러싼 국제적 환경에 대한 연구도 필요하며, 때로는 국가를 구성하는 하위단위로서 지역에 대한 연구도 필요하다. 보다 중요한 것은 국민국가를 대상으로 연구하더라도 국가를 넘어서는 국제적 맥락 속에서 이를 분석할 필요가 있고 때로는 국가의 하위영역인 지역(local)과의 연계성 속에서 분석하는 것이 바람직하다.

식민지 근대성에 관한 연구에서는 이 필요성이 더욱 크다. 앞에서 언급했듯이 식민지 근대성은 시간과 공간이 중첩되는 여러 특징을 포함하기 때문에 분석단위의 맥락화는 필연적으로 요청된다. 이렇게 함으로써 단순히 국가나 지역을 하나의 독립된 단위로 볼 때 인식할 수 없었던 새로운 측면을 찾을 수 있을 것이며 이는 역사사회학의 새로운 이론구축에 있어 중요한 고려요인이 되어야 할 것이다.


## 5. 끝내는 말


사회에 대한 연구를 역사적으로 접근했을 때 어떤 강점을 가질 수 있는지는 이미 많은 기존연구를 통해 밝혀졌다. 시간의 개념이 들어가지 않는 연구가 가질 수 있는 위험성을 극복하는 데 역사사회학이 도움을 준 것은 물론이며, 보다 넓게 보면 사회에 대한 심층적 이해도 사회의 형성과 변화에 대한 역사적 접근을 통해 가능하다. 그럼에도 불구하고 최근 들어 역사사회학은 단편화되고 파편화되는 또 다른 위기를 맞이한다.

이 위기는 역사사회학이 사회학 내의 분과 학문으로 성립되기 위해 노력하는 과정에서 거시구조이론을 구축하고 역사적 상황으로부터 탈맥락화된 비교의 방법을 도입함으로써 나타난 결과이다. 이 문제를 극복하기 위한 노력으로 문화와 사건사에 관한 미시적 분석과 내러티브의 방법이 제시되었고 국내외에서 모두 이러한 방향으로 역사사회학의 연구가 전환되는 뚜렷한 모습을 찾을 수 있다.

사회의 중심 구조를 부정하고 자본주의 경제와 국민국가의 형성이라는 근대성의 획일적 모습에서 다원화된 사회의 모습을 새롭게 재구성한다는 점에서 이러한 전환이 가지는 긍정성은 분명 인정될 수 있다. 그러나 이러한 흐름이 극단화되면서 우연성이 역사사회학 연구를 주도하게 되고 다원화를 넘어 파편화되는 상황으로 나아가게 되어 학문적 정체성의 위기를 맞이하게 된 것도 또한 분명하다. 이는 비단 역사사회학에만 국한되는 문제는 아니며 사회학 전체에서 나타나는 현상이기도 하다. 새로운 고급 통계기법의 사용에만 지나치게 집착하면서 "영혼 없는 사회학"이 사회학을 지배하게 되었다는 비난이 사회학 전반에 걸쳐 퍼진 상황이다. 사회학을 공부하는 사람이 나누어 가지는 정체성을 세우기 위해서는 무엇보다 공통된 학문적 기반이 필요하다. 중심 주제와 이를 접근하는 방식에 대한 최소한의 공감대가 형성되었을 때 왜, 그리고 무엇 때문에 사회학을 공부하는지에 대한 답을 찾을 수 있을 것이다.

이제 이러한 위기에 대한 답을 제시하는 것이 역사사회학에게 맡겨진 임무이다. 마치 1970년대까지 사회학을 주도했던 기능론의 심각한 문제에 대해 가장 직접적으로 도전하고 대안을 찾아낸 것이 바로 역사사회학이었듯이 사회학이 맞이하고 있는 새로운 위기에 대해 고민하고 이를 해결하기 위한 탐색을 시작해야 하는 것도 역사사회학의 몫으로 여겨진다. 이를 위한 새로운 이론구축과 방법론의 모색이 요청되는 상황에서 국내외에서 이루어진 역사사회학의 전개과정과 연구동향을 두루 살펴보면서 역사사회학은 어떻게 새롭게 나아가야 할 것인지를 찾아야 할 것이다. 이 새로운 길은 기존 연구가 가진 단점들을 버리고 장점들을 묶어 하나의 총체적 결합으로 나아가는 것에서 찾아질 수 있다. 구조와 사건, 분석과 내러티브라는 서로 대립되는 지향의 변증법적 통합이 하나의 해결책이 될 것이다.

# 참고문헌

김동노, 2003, "거시 구조이론에서 미시 사건사로: 미국 역사사회학의 경향과 과제", 〈사회와 역사〉, 63권, 86~122쪽.

김필동, 1990, "최근 한국사회사연구의 성과와 과제: 방법론적 반성-한국사회사연구 논문집(제1집-21집)의 분석을 중심으로", 《한국사회사연구회 논문집》, 24, 11~43쪽.

박명규, 2006, "한국사회사연구의 최근 동향과 이론적 쟁점", 〈역사비평〉, 75권, 76~91쪽.

신용하, 1982, "한국사회사의 대상과 '이론'의 문제", 신용하 편, 《사회사와 사회학》, 창작과 비평사, 561~588쪽.

채오병, 2011, "이행과 번역: 한국사회사의 역사사회학", 〈한국사회학〉, 45권 5호, 168~196쪽.


Amenta, E., 2000, "Case research and scholarly dialogue", *Comparative and Historical Sociology* (Newsletter of the ASA Comparative and Historical Sociology Section), 13(1), pp. 4-5.

Bonnell, V. E., Hunt, L., & Biernacki, R., 1999, "Method and metaphor after the new cultural history", In Victoria Bonnell & Lynn Hunt (Eds.), *Beyond The Cultural Turn: New Directions in the Study of Society and Culture* (pp. 62-92), University of California Press.

Brenner, R., 1976, "Agrarian class structure and economic development in pre-industrial europe", *Past and Present*, 70(1), pp. 30-75.

Burke, P., 1992, "Overture: The new history", In Peter Burke & University Park (Eds.), *New Perspectives on Historical Writing* (pp. 1-23), Pennsylvania State University Press.

Calhoun, C., 1996, "The rise and domestication of historical sociology", In Terrence J. McDonald (Ed.), *The Historic Turn in the Human Sciences* (pp. 305-337), University of Michigan Press.

Clemens, E. S., 2006, "Sociology as a historical science", *The American Sociologist*, 37(2), pp. 30-40.

Goldstone, J. A. , 1991, *Revolution and Rebellion in the Early Modern World*, University of California Press.

Gould, R. V. , 1995, *Insurgent Identity: Class, Community, and Protest in Paris from 1848 to the Commune*, University of Chicago Press.

Halttunen, K. , 1999, "Cultural history and the challenge of narrativity", In Victoria Bonnell & Lynn Hunt (Eds.), *Beyond the Cultural Turn* (pp. 165-181), University of California Press.

Hobsbawm, E. , 1974, "From social history to the history of society", In M. W. Flinn & T. C. Smout (Eds.), *Essays in Social History* (pp. 1-22), Clarendon Press.

_____, 1981, "The contribution of history to social sciences", *International Social Science Journal*, 33(4), pp. 624-649.

McDonald, T. J. , 1996, "Introduction", In Terrence J. McDonald (Ed.), *The Historic Turn in the Human Sciences* (pp. 1-14), University of Michigan Press.

Mink, L. , 1987, *Historical Understanding*, Cornell University Press.

Ragin, C. C. , 1987, *The Comparative Methods: Moving beyond Qualitative and Quantitative Strategies*, University of California Press.

_____, 2000, "The place of case study research", *Comparative and Historical Sociology* (Newsletter of the ASA Comparative and Historical Sociology Section), 13(1), pp. 1-2.

Sewell Jr. , W. H. , 1996, "Three temporalities: Toward an eventful history", In Terrence J. McDonald (Ed.), *The Historic Turn in the Human Sciences* (pp. 245-280), University of Michigan Press.

Shin, Gi-Wook, & Robinson M. E. , (Eds.), 1999, *Colonial Modernity in Korea*, Harvard University Asia Center.

Skocpol, T. , 1979, *State and Social Revolutions*, Cambridge University Press.

Somers, M. R. , 1996, "What is sociology after the historic turn", In Terrence J. McDonald (Ed.), *The Historic Turn in the Human Sciences* (pp. 53-89), University of Michigan Press.

Swanson, G. E. , 1967, *Religion and Regime*, University of Michigan Press.

Tilly, C. , 1984, *Big Structures, Large Processes, Huge Comparisons*, Rusell Sage

Foundation.

_____, 1990, *Coercion, Capital, and European States AD 990-1990*, Basil Blackwell.

Traugott, M. , 1985, *Armies of the Poor: Determination of the Working Class Participation in the Parisian Insurrection of June 1848*, Princeton University Press.

Turner, J. H. , 2006, "American sociology in chaos: Differentiation without integration", *The American Sociologist*, Summer, pp. 15-29.

Wallerstein, I. M. , 1974, *The Modern World-System I: Capitalist Agriculture and the Origins of the European World-economy in the Sixteenth Century*, Academic Press, Inc.

Wuthnow, R. , 1985, "State structure and ideological outcomes", *American Sociological Review*, 50 (December), pp. 799-821.

_____, 1989, *Communities of Discourse: Ideology and Social Structure in the Reformation, the Enlightenment, and European Socialism*, Harvard University Press.

# 7
## 지역연구의 동향과 전망 *

### 김 영 정

## 1. 서 론

사회학계에서 지역문제에 대한 연구가 본격적으로 태동한 시기는 언제쯤 될까? 지방대학에 사회학과가 집중적으로 창립되기 시작했던 칠말팔초(七末八初, 1970년대 말 1980년대 초) 쯤으로 잡아도 무리는 없을 듯하다. 당시 공식적으로 내세웠던 '사회학과 신설의 필요성'은 '지역현실에 대한 사회학적 탐구를 통한 지역사회 발전에의 기여'라는 실천적 사유였다. 그러나 불행하게도 창립 이후 부임한 학자는 상당 기간 동안 이 본연의 임무를 충실하게 수행하지 못했다. 연구역량이나 문제의식이 부족했기 때문이 아니라 지역연구에의 몰입보다 훨씬 급박한 임무가 따로 부과되었기 때문이었다.

* 이 글은 경남대 사회학과 창립 20주년 기념 지역사회학회 대회(2002년 4월 26~27일, 경남대) 발표문을 보완한 논문("한국 지역사회학의 성립과 발전", 〈지역사회학〉, 4권 1호, 5~18쪽)을 기반으로 이후 10년 넘게 주로 〈지역사회학〉에 게재된 지역 관련 논문에 대한 검토 결과를 종합하여 논의를 확장한 것임을 밝힘.

회상컨대, 칠말팔초의 시대적 상황은 지방 사회학자의 역량과 관심을 지역연구와 지역발전 프로그램 마련에 집중토록 허락할 만큼 관대하지 않았다. 당시 그들은 10·26사태와 5·18민주화운동 이후 10년 넘게 지속된 폭압적·반민주적 통치체제에 대항하고 사회변혁을 주도해야 하는 시대적 임무를 거부할 수 없었다. 자신이 속했던 공동체와 지역현실에 대한 탐색과 분석보다는 한국사회 전체를 흔들었던 거시적 문제—독재, 종속, 계급, 국가, 혁명, 민족 등—의 본질을 파헤쳐내기 위한 역량을 키우고 왜곡된 정치질서와 만연된 사회모순을 타파키 위한 실천운동의 기수로서 해야 할 역할을 외면하기 어려웠다. 혼란이 없었던 것은 아니지만 그들은 당시의 사명을 성공적으로 완수했다. 그때 그들이 주조한 사상과 이론은 차후 사회과학 전반의 폭발적 성장을 받쳐준 기반이 되었고, 한국사회의 민주화를 이끈 여러 부문 운동의 초석이 되었다.

지방의 학자는 전두환 정부와 노태우 정부가 물러가고 전체 사회가 상대적 안정을 찾기 시작했던 1990년대 초반에 들어서야 비로소 자신이 몸담은 지역의 현실을 관찰하고 연구하는 임무로 회귀할 수 있었다. 이후 20년 넘게 폭넓게 쌓인 연구업적은 지역연구의 지평을 넓혔고 지역 활성화를 위한 다양한 교본으로 활용된다.

이 글은 주로 1993년 지역사회학회가 출범한 이후 20여 년 동안 일궈낸 '지역연구'의 동향과 특징을 살펴보기 위한 것이다. 이것은 한국 지역사회학의 미래의 방향과 정체성 확립에 기여할 수 있는 작업이다. 이를 위해 분석대상으로 삼은 텍스트는 〈지역사회학〉에 게재된 지역관련 연구논문이며, 필요한 경우 일부 다른 연구실적과 지역사회학회 정기 학술대회 자료집을 참고했다.

그러나 필자에게 주어진 시간 내에 이들의 내용을 샅샅이 검토하는 것은 불가능했기 때문에 연구자들의 관심영역과 그들이 다룬 연구주제를 중심으로 동향과 특징을 살피기로 했다. 따라서 애석하지만 상당수의 의미 있는 업적의 구체적 내용이 언급되지 않았을 가능성이 높다. 한편 검토대상의 범위를 1990년대 초반 이후의 실적물로 한정한 것은 그 이전의 경향에 대한 검토가 이미 여러 차례 이루어진 바 있기 때문이다.[1]

## 2. 지역연구의 대상과 범위

다음과 같은 이은진의 지적은 지역사회학적 연구의 대상, 범위와 학문적 정체성 등에 대해 한번쯤 고심해 본 적이 있는 학자에게 깊은 위안을 준다.

> 지역(사회)연구는 사회학계에서 그 연구분야의 정체성에 대한 합의가 이루어지지 않고 있다. 독특한 이론과 독특한 방법론을 지닌 것도 아니다. (그렇기에) '지역사회학'이란 말이 과연 존재할 수 있는가에 대해 문제제기를 하는 이도 있다. 그러나 사회학의 연구대상은 고정되지 않고 끊임없이 변화되어 나타난다. 1950년대 공장사회에 대한 관심이 증대하면서 산업사회학이 성립되었듯이…(이은진, 1999: 105).

---

[1] 해방 이후 농촌사회학의 동향을 살핀 왕인근(1984)의 논문과 1960년대 중반 이후 약 20년 동안의 도시사회학 동향을 살펴본 권태환(1984)의 연구가 대표적이다. 또한 해방 이후 지역 간 불균등 발전과 지역갈등의 전개를 연구사와 쟁점을 중심으로 살핀 정근식과 이준식(1995)의 논문과 지역사회학의 역사와 사회학 연구에서 지역의 위치를 검토한 이은진(1999, 2009)의 논문은 그동안의 지역연구의 동향을 살핀 의미 있는 글이다. 필자가 다루지 않은 1990년대 이전의 동향은 이들 논문을 참고하기 바란다.

그의 설명은 원칙적으로 옳다. 그렇다고 하더라도 지역사회학의 연구영역으로 다루어져 온 '물리적 경계를 지닌 삶의 현장으로서의 특정한 지리적 장소(place)'를 지칭하는 3가지 개념 — '지역'(region), '지방'(local) 그리고 '공간'(space) — 에 대해 면밀히 살펴볼 필요가 있다. 일상적 용어로 쓰일 때 상호호환이 가능한 이 개념이, 학술적 용어로 쓰일 경우에는 각각 상이한 관점과 의미를 함축하기 때문이다.

통상 '지역'이라는 개념은 '지리적으로 위치 지워진 사회적 활동의 물리적 장'이라는 가치중립적 의미를 갖는다. '지역'을 이런 뜻으로 사용할 때 사회학의 전통적 연구영역인 '지역사회' 연구는 사회활동의 장으로 물리적 경계(한계)를 지니는 '공동체'에 대한 연구를 뜻한다. 반면 '지방'은 '중앙'과 대비되는 개념으로 (중앙)권력이 행사되는 장소를 이른다. 따라서 '지방'은 중립적 개념인 '지역'과는 대비되는 (피)권력의 속성을 내포한 개념으로 이해된다(이은진, 1999b: 106).

그러나 실제적으로는 '지방'의 현실을 다루는 경우라도 그것을 '지방'문제라고 개념화하지 않고 '지역'문제라고 개념화한 경우가 매우 많다. 이런 경향은 그동안 지역연구의 대부분을 지방(대학)의 사회학자가 주도한 사실과 관련이 있는 것처럼 보인다. 그들의 거주 '지역'이 바로 '지방'이었기 때문에 두 용어의 차이를 구별하지 않고 사용한다고 해도 별다른 혼란을 주지 않고, 가치중립적 개념을 사용하는 것이 혹시라도 불러올 수 있는 '연고(장소) 귀속적 오해'를 불식시켜 줄 수 있다는 기대(의식적/무의식적이었던 간에) 때문에 그러한 관행이 굳어진 것은 아닐까 싶다. 양자를 상호호환이 가능한 용어로 사용하는 관행은 다음을 참고하면 학술적으로도 용납이 가능할 것처럼 보인다.

region은 본래 물리적인 것을 일컫지만, 정치적으로는 하나의 행정구

역, 다시 말해 커다란 정치단위의 일부를 일컫는 용어로 쓰이기도 한다. 역사적으로 중앙집권적인 국민국가가 힘을 얻게 되면서 'region'은 커다란 정치단위의 일부일 뿐만 아니라 그에 예속되어 있는 지역을 일컫는 의미도 갖게 됐다(김성기 외 역, 2010: 403).

이럴 경우 'region' = 'local'이 성립한다. 그러나 'region'과 'local'이 정책개념으로 사용될 때, 양자는 해당 정책의 공간적 적용 범위는 물론 정책이 추구하는 이념적 정향의 차이까지를 함축하는 명확히 다른 개념으로 정의된다. 특히 영국의 경우 'region'은 '광역의 행정·경제·환경·복지정책 등이 구현되는 단위'(대지역 또는 광역)를 뜻하는 물리적 장소 개념으로, 'local'은 그보다 규모가 작은 공간적 정책단위(소지역)를 의미하는 개념으로 사용된다.

어느 정당이 집권하느냐에 따라 지역정책의 방향과 내용이 확연하게 달라졌던 영국에서 역대 정부의 공간정책의 차이를 설명하는 개념으로 양자는 뚜렷한 의미차이를 가진다. 역사적으로 보수당이 집권할 경우 중앙정부는 대체로 'local', 즉 소지역 단위의 지역정책을 추구하며(이를 localism(소지역주의)라고 함), 노동당이 집권한 시기에는 'region', 즉 광역단위의 지역정책이 추진되는 관행(이를 regionalism(대지역주의)라고 함)이 확립되었다.

보수당이 'localism'을 선호하는 이유는 사회정책의 근간이념으로 시장에 기초한 개인의 자유와 창의성을 존중하며 지역적으로 잉글랜드 남부 농촌지역의 지지를 받기 때문이다. 반면 시장실패의 가능성과 그에 대한 정부의 교정을 사회정책 이념의 근본으로 삼고, 대도시 지역의 노동자와 서민들의 지지를 받아온 노동당이 'regionalism'을 선호하는 것은 당연한 일이다(정준호, 2013).

2010년 5월 총선에서 승리한 보수당(자유당과 연정)이 노동당 정부의 핵심가치인 'regionalism'을 강력하게 추진하기 위해 법적 기구로 설립했던 RDA(Regional Development Agency: 광역지역개발청)를 해체하고, 임의기구인 LEP(Local Enterprise Partnerships: 소지역사업파트너쉽)를 설립한 것은 그들의 이념인 'localism'을 실현하기 위한 것이다.

한편 '지역' 및 '지방'과 더불어 지역연구의 또 다른 대상으로 부상한 '공간'이라는 개념은 정치경제학적 지역연구의 관점을 함축하는 것으로 공동체적 생활양식은 물론 자본주의적 법칙이 창출되고 구현되는─때로는 물리적 경계를 넘어서는─영역이라는 의미로 사용된다. 공간의 문제에 대한 사회학적 관점(공간사회학)에 가장 큰 영향을 미친 학자는 르페브르(H. Lefebvre)이다.

공간의 사회성을 강조하는 그는 공간구성의 기본 요건으로 '공간의 표현', '구현된 공간', '공간적 실천' 등 3요인을 든다. '공간의 표현'은 도시학자, 도시계획가, 건축가 등의 도시전문가에 의해 개념화된 공간을 의미하고, '구현된 공간'은 실제 우리가 체험하는 물리적 공간을 의미한다. '공간적 실천'은 공동체 참여자의 행태와 삶의 양식을 규정하고 창출하는 생산적 공간을 의미한다.

그는 공동체 성원의 생활양식은 물론 자본주의 사회의 지배이데올로기나 정치권력까지도 '공간적 실천'을 통해 창출되는 것으로 보았다(진양교, 1998: 14 재인용). 하비(D. Harvey)에 따르면, 자본주의 사회의 '공간적 실천'을 통해 창출되는 대표적인 법칙의 예가 '불균등한 지리적 발전'이다(이은진, 1999: 108 재인용).

궁극적으로 '지역연구'는 크게 보아 일정한 범위의 지리적 장소의 문제를 ① 가치중립적 입장에서 접근하는 'region 연구', ② 중앙과의 비대칭적 권력 관계에 기초하여 문제를 바라보는 'local 연구', ③ 정치경제학적 공간이론의 관점에서 문제에 접근하는 'space 연구' 등 3가지 형태로 나눌 수 있을 것 같다. 이것은 지역문제를 바라보는 연구자의 관점과 이론적 지향의 차이를 반영한 분류체계이다.

구체적으로 한국 사회학계의 지역연구 성과물을 이 프레임에 기초하여 분류한다면, ①인구 및 인간생태학적 관점에서 도시 및 농촌문제를 다룬 초기의 (도시/농촌) 사회학적 성과물은 'region 연구'의 범주에 속하며, ②특히 지방자치 실시를 계기로 표출된 전국 방방곡곡의 정치·경제·사회·문화·환경 등의 제반 지역문제를 대내외적 권력의 비대칭적 관계의 관점에서 설명하는 연구실적물은 'local 연구'의 부류에 해당한다. 마지막으로 ③'region'의 문제이건 'local'의 문제이건 주제의 종류와 범주에 관계없이 해당 문제가 (한국 및 세계) 자본주의 발전과정에서 배태된 계급 및 권력블록의 (모순적) 산물이라고 보는 정치경제학적 관점에 근거한 연구는 모두 'space 연구'에 귀속되는 것으로 분류할 수 있을 것 같다.


## 3. 연구동향


### 1) 관심과 관점의 변화

1990년대 초 지방 사회학자들의 관심을 지역으로 회귀시킨 원인은 팔말구초(八末九初)의 시대적 변화, 즉 독재정권의 퇴진과 형식적 민주화의 달성이었다. 그러나 보다 직접적 원인이 있었다. ①지방자치제도의 전면적 실시(1991)와 그에 따른 지방 시민사회의 성장에 대한 기대, ②김영삼 정부가 내세운 '세계화' 담론(1993)에 대한 조응 논리로서의 '지방화' 담론확산과 ③지방(대학) 사회학자의 관심과 의지가 결집된 김해결사(1993)[2]를 통한 '지역사회학회' 탄생이었다. 말하자면 이 3사건이 한국의 지역연구를 본격적으로 태동시킨 촉진제였던 셈이다.

그 이후 20여 년간 축적된 지역연구의 성과는 양적으로 놀랍다. 그 동안 어떠한 주제를 중심으로 연구가 이루어졌는가를 살펴보기 위해 주로 〈지역사회학〉에 게재되었던 논문과 지역사회학회 정기 학술대회 때 다루어진 주제를 중심으로 살펴보았다. 그 결과를 정리한 것이 〈표 7-1〉이다.

이는 앞서 언급한 지역연구의 3가지 유형을 기준으로 지역사회학 자의 관심 주제를 분류한 것이지만 경계 구분이 모호한 분야가 적지 않다. 특정한 주제를 다룬다고 하더라도 다중적 관점에서 접근하는 경우가 많기 때문이다. 특히 'local 연구' 영역과 'space 연구'의 경계 구분이 쉽지 않다. 'local 연구'의 기본가설이 'space' 연구가 지향하는 정치경제학적 관점의 일부분에 해당하기 때문이다.

이러한 이유 때문에 본 연구에서는 중앙-지방의 위계적 관계의 관 점에서 문제를 다루는 연구를 일단 'local 연구'로 분류했고, 국가-계 급-시민사회의 관계의 관점에서 문제를 다루는 연구를 'space 연구' 영 역으로 귀속시켰다. 특히 2000년 이후 폭발적으로 성장한 정책관련 연구를 양자의 경계에 위치하는 것으로 보았다. 정책연구는 속성상 두 가지 관점을 모두 받아들이는 경우가 많기 때문이다.

---

2 김해결사란 1993년 10월 10일 밤 김해 신어산 동림사 선방에서 열렸던 지방 사회학자 의 모임을 이른다. 인제대 강신표 교수 초청 모임으로 김성국, 김두식, 설광석, 이은진, 김종덕, 김영정, 성경륭, 최태룡, 박재묵, 조주현, 최협, 이종오, 김석훈, 김석준(부산 대), 박형준, 이재열 등이 참여했다. 그들은 사회학자로서의 자신들의 위상과 자세를 허심탄회하게 고백하고 지역연구의 미래의 방향과 주제 등에 대해 토론했다(강신표, 1999: 16; 이은진, 1999: 254). 이 모임을 계기로 '지역사회학회'가 창립되었고, 강신표 는 초대 회장으로 추대되었다. 이보다 앞서 1989년 가을, 지리산에서 영호남 사회학자 들이 비슷한 목적으로 모인 바 있다. 그러나 불행하게도 이 모임 이후 어떠한 집단적 추수조치도 뒤따르지 않았다. 그렇기 때문에 필자는 김해결사를 '지역사회학회' 탄생 의 원동력으로 본다.

**〈표 7-1〉 지역연구의 유형 및 주제**

| 유형＼내용 | 연구주제 | |
|---|---|---|
| (1) 'Region' 연구 –'지역'사회학적 관점 | 근린 공동체/삶의 질/산업화와 도농문제/도시 종주성/자원봉사/정보화와 정보격차/지역 시민사회와 NGO/사회자본/다문화 가족/외국인 노동자/로컬푸드/생협운동 | 이론과 방법론/ 지역사/ 연구동향/ 지역학자 역할/ 한류/ 해외지역연구 |
| (2) 'Local' 연구 –'지방'사회학적 관점 | 지역감정/지역정체성/지방선거 및 투표성향/지역문화 | |
| | 중앙집권/지방분산/지방분권/도시정치/지방정치와 지방행정/자립적 지방화/수도권 성장 및 규제(완화)/혁신클러스터/산업지구/기업도시 | |
| (3) 'Space' 연구 –'공간'사회학적 관점 | 지역격차/지방화 논쟁/낙후성과 특성화 발전/지역(마을, 도시, 농촌희망, 문화유산)만들기/ | |
| | 불균등 발전/균형발전/지역혁신체계/지역 거버넌스/지역 레짐/지속가능발전/도시재생(재개발)/지역 여성/지역 노동/환경문제와 환경정치 | |

주: 지난 20년(1993~2013)간 〈지역사회학〉 게재논문들의 연구주제를 유형화한 것임.

〈표 7-1〉로부터 지난 20년간의 지역연구 동향과 관련하여 몇 가지 의미 있는 특징을 발견할 수 있다. 우선 전통적인 지역연구분야인 *region* 연구영역의 주제가 기존의 농촌/도시사회학의 관심영역을 넘어 크게 다양해지는 점이 확인된다. 이것은 2000년대 이후 한국사회 변화의 큰 흐름을 반영하는 정보화,[3] 시민사회,[4] 다문화,[5] 외국인 노동자,[6] 사회자본,[7] 자원봉사,[8] 먹거리 및 로컬푸드,[9] 생

---

[3] 김원동(2000), 장원호(2000), 이시화(2000), 조주은(2003, 2004) 등 참조.

[4] 김종덕(2003), 김영정(2004), 이해진(2008), 이수철(2011), 유팔무(2011), 강희경(2011), 정태석(2013) 등을 참조.

[5] 설동훈(2002, 2006), 설동훈 외(2011), 염미경(2008) 등 참조.

[6] 설동훈(2003a, 2003b, 2013), 설동훈 외(2004), 김철효 외(2006), 임경택 외(2006) 등 참조.

[7] 이재열(2003, 2006), 김명아(2003), 이애란 외(2004), 정동일 외(2010), 김영범 외(2010) 등 참조.

활공동체운동10 등의 문제가 지역차원에서 논의되고 분석될 필요가
있었기 때문에 나타난 당위적 결과로 볼 수 있다.

다음으로 연구자의 관심이 'region 연구관점'에서 'local 및 space
연구관점'으로 급격하게 이동한다는 점이 드러난다. 지방자치가 도
입되었다고는 하지만 실질적인 제도정착이 불가능할 정도로 열악하
고 모순적인 현장을 매일매일 목도하는 지방학자에게 그 실상을 고
발하고 설명하기 위한 새로운 관점과 프레임이 필요했던 현실이 반
영된 결과일 것이다.

특히 후자에 근거한 규범적 연구가 쏟아져 나온 것은 '지방이 세
워준 아마추어 정권'이라고 조롱받았던 참여정부가 이 문제를 정면
으로 다루었고, 뒤이어 MB정부 그리고 현 정부까지도 주요 국정과
제로 다룰 수밖에 없는 지방 대 중앙의 대결국면이 장기화되면서 정
책친화적 관점이 활황을 누렸던 덕분이다.

정책연구의 호황기가 오랫동안 지속될 수 있었던 것은 연구자의
시각이 인구학적-인간생태학적 관점으로부터 정치경제학적 관점으
로 크게 이동하는 패러다임의 이동현상이 뒷받침되었기 때문이었다.
1960년대 이후 줄잡아 거의 한 세대 동안, 지역관련 연구는 인간생
태학적 관점에 근거한 농촌 및 도시사회학이 주도했다.11

---

8 노병일 외(2003) 등 참조.

9 김종덕(2002, 2008, 2010), 이해진 외(2012), 김철규 외(2012) 등 참조.

10 김종덕(2009), 김흥주 외(2013) 등 참조.

11 본래 도시 및 농촌사회학의 성립근거는 '농촌(도시)과는 대비되는 도시(농촌)만의 독
특한 사회현상의 확장과 일상화'에 있다. 인간생태학에 기초한 당시의 도시(농촌) 사
회학의 주된 관심은 지역사회 내의 제반 변화를 산업화, 도시화 그리고 인구변동의
문제와 관련시켜 설명하는 것이었다. 인간생태학의 원초적 관심은 인간이 어떠한 방
식으로 자신의 주변 환경 변화에 적응해나가는가를 밝히는 것이다. 인간생태학이 밝
히고자 하는 인간과 환경의 완성된 적응형태를 우리는 커뮤니티(community)라고 불

그러나 1990년대 초반 이후의 사회변화는 새로운 시각으로 지역문제를 바라보고 해석해야 할 당위성을 제공했다. 당시 상황은 '자유경쟁과 자율적 조종 메커니즘에 근거하여 커뮤니티가 변화하고 성장한다'는 인간생태학의 기본 가설이 적용되기 어렵다는 것을 보여주기에 충분했다. 그 결과 젊은 사회학자들은 새로운 이론탐색의 등정에 올랐고 도달한 종착점은 서구에서 유행하던 정치경제학적 이론이었다.

　　정치경제학적 이론은 다양한 지류이론을 갖는다. 자본순환이론, 집합적 소비이론, 네오-베버리안이론, 구조조의 마르크시스트 시각, 네오-리카디안의 시각, 공간노동이론(labour theory of location), 사회적 공간관계 분석의 시각 등이다.[12] 하지만 이들이 지역문제(특히 공간조직)에 대한 접근방식은 각각 상이하다. 예컨대 네오-리카디안과

---

렀다. 인간의 주변 환경에 대한 적응은 개인적 차원에서 완성되는 것이 아니라, 그들 사이에서 발달된 다기화된 분업적 조직(생계 및 직업조직)에 의하여 완결된다. 따라서 적응은 집합적 산물이며, 그것을 설명하려는 인간생태학의 우선적 관심 단위는 개인들의 집합체인 사회집단의 특성과 변화와 관계를 다루는 데 있었다(김영정, 1993). 당시 학자들의 지역관련 연구가 주로 농촌/도시사회학적 베이스에서 이루어져 왔던 것은 인간생태학의 영향력이 그만큼 컸음을 의미한다.

12 이들은 공통적으로 다음과 같은 가정에 근거하기 때문에 정치경제학적 시각으로 통칭되었다.

(1) 모든 사회적 상호작용은 서로 적대되는 사회관계(antagonistic social relationships)에 의하여 지배된다. 따라서 사회는 외부영향에 의하여 변화하는 생물학적 단일 공동체가 아니라 내재적 모순, 균열, 그리고 불균등 발전 — 이것들은 자본주의적 생산양식 그 자체의 논리로부터 나타난 현상들임 — 등을 그 특성으로 하는 고도로 분화되어있는 층화된 조직형태이다.

(2) 사회발전은 적대적 소유관계를 갖는 사회 내부의 모순을 반영한다. 발전의 모순과 성장의 격차(inequities)는 적대감정을 유발시키고, 정치활동의 성격을 규정한다.

(3) 권력의 불평등은 사회관계의 기본적 요인이며, 권력의 행사가 사회발전의 결정요인의 하나이다.

(4) 모든 사회분석은 과거의 역사 또는 세계적 맥락을 준거로 이루어져야 한다. 그렇지 아니한 사회분석은 아무런 의미도 갖지 못한다(Gottdiener & Feagin, 1988: 174).

공간노동이론은 지역내부의 사회공간적 관계를 자본과 노동력의 필연적 결합의 산물로 파악하며 자본순환이론은 지역공간의 물리적 특성이 자본의 순환과정 중에서 결정되는 것으로 파악한다.

더불어 집합적 소비수단이론과 구조주의 마르크시스트들은 지역공간의 변동과 발전이 집합적 소비수단의 재생산 과정과 국가-자본 간의 상호관계 속에서 결정되는 것으로 파악한다. 또한 사회공간관계분석의 시각은 생산력과 생산관계, 상대적 자율성을 갖는 국가관리의 행동, 공간배열(spacial configuration: 특정한 상황에서 나타나는 모든 사회적 활동의 양태와 위치)이라 불리는 사회공간관계의 분석이 지역발전의 속성을 이해하기 위한 첩경이라고 주장한다(Gottdiener & Feagin, 1988).

이들 중 가장 큰 인기를 누렸던 것은 구조주의 마르크시즘이었다. 이는 지역문제를 포함한 모든 자본주의사회 문제가 궁극적으로는 국가권력과 계급의 영향에 의하여 창출되고 변화한다고 본다. 이 주장은 '모든 국가의 시책과 사회정책의 결과는 항상 친자본주의적'(the pro-capitalist outcomes of the state policies)이라는 가정에 근거한 것이다(김영정, 2002: 9). 이러한 주장을 과감하게 받아들인 젊은 사회학자는 국가가 시행하는 모든 지역정책은 항상 자본가와 기득권층의 이익실현을 위하여 입안되고 추진된다고 보기 때문에 지역주민의 이해관계와 많은 부분에서 상충될 수밖에 없다는 관점에서 지역문제를 바라보고자 했다.

다양한 방식으로 진화를 거듭하는 정치경제학적 관점은 한국의 지역문제를 설명하는 중요한 위치를 점유한다. 지역문제를 '계급, 자본, 역사, 체제, 구조의 문제로 돌아가서 보아야 한다'(정근식·이준식, 1995)[13]고 강제하는 이 관점은 분명 옳은 지적이기는 하나, 실천

---

13 정근식과 이준식(1995)의 논문은 1987~1990년 초반 사이에 사회학계에서 집중적으로 논의되었던 지역 문제(지역감정, 지역격차, 불균등 발전 등)를 바라보는 관점을 보수주

적 관점에서 볼 때 문제해결을 위한 구체적 시사점을 제공하지 못하고 반증 가능성도 없어 이론적 자기위상이 허약하다.

## 2) 실천적 연구의 폭발

1990년대 초반, 지방 사회학자들이 맨 처음 관심을 갖고 다룬 연구주제는 지방자치와 자립적 지방화의 가능성 문제였다. 비록 단체장 선거가 유보된 미완의 상태로 출발하긴 했지만 1991년 30년 만에 부활된 지방자치제도는 해방 이후 심화된 중앙집권의 파행과 정치적 권위주의를 청산하고 전체 사회의 민주화와 지방의 자립화를 이룩해낼 수 있을 것이라는 기대를 갖게 했다.

물론 제도시행과 더불어 중앙집권과 권위주의가 바로 청산되고 자립적 지방화가 단시간 내에 성취될 것이라고 믿었던 사람은 없었다. 그러나 지방자치의 부활이 그러한 문제에 대한 본격적인 연구의 필요성을 제공한 것은 사실이다.

지방자치의 가능성과 한계에 대한 최초의 지역사회학적 연구의 성과물은 〈춘천리포트〉(1991)이다. 이 연구의 목적은 춘천 시민의 생활 전반에 관한 일반조사(*general survey*)와 춘천시에 존재하는 자발적 결사체(중간집단)들의 조직구성, 활동 연결망 구조 등을 조사함으로써 지역사회의 권력구조와 정치구도의 특성을 파악하는 것이었다. 더불어 30년 만에 부활된 지방자치가 그러한 구조에 어떠한 영향을 미칠 수 있는가를 파악하는 것도 연구목적의 하나였다. 〈춘천리포트〉는 연구진이 기대했던바 그대로 한국의 미들타운(Middle Town) 연구로 평가받기에 충분했고 이후 제주, 원주, 성남, 부천 연구 등 구체적 지역

---

의적 시각, 자유주의적 시각, 그리고 급진적 시각으로 나누어 연구동향을 분석한다.

사례연구를 추동했다.

지방자치제도에 대한 관심은 자연스럽게 1960년대 이후 지속적으로 심화된 지역 간 불균등 발전의 문제에 대한 이해와 해결책을 찾으려는 규범적 연구를 촉발시켰다. 이를 간과하고는 지방자치의 최종목표인 자립적 지방화가 불가능하다는 인식이 넓게 퍼져있었기 때문이었다. 여전히 진행 중인 이 문제는 지역감정은 물론 지역 간 정치적 대립구조와 맞물린 채 우리 사회 전체를 수십 년 동안 혼돈의 소용돌이 속으로 몰아넣는다. 이제 그 전선은 영/호남의 대립구도를 넘어 수도권/비수도권 간의 대립으로 확장되었다.

정치적 부담을 느낀 역대 정부는 예외 없이 출범과 더불어 '지역 간 불균형 해소'를 중요한 정책과제(수도권 정비사업, 거점개발 중심의 지역발전전략, 정주생활권 개발중심의 지역발전전략, 서해안 개발 사업계획 등)로 다루었다.

이를 최고의 국정과제로 다룬 것은 참여정부이다(성경륭, 2013).[14] 참여정부가 정권의 명운을 걸고 추진한 '국가균형 발전전략'은 국가의 간섭과 조정에 의한 지방화의 근간을 마련하기 위한 정책이었다.

이를 위한 구체적 실천사업으로 수도권 성장관리, 세종시-혁신도시-기업도시 건설, 혁신클러스터 조성, 지역혁신체계 구축, 신활력 사업, 살기 좋은 지역 만들기 사업 등이 추진되었고, 이들 정책과 연관 있는 직간접 사업을 소개, 분석, 평가하는 많은 연구가 출현했다. 성경륭(2013), 성경륭과 박준식(2013), 정동일과 성경륭(2010), 박준식과 정동일, 성경륭(2009), 김영정(2008, 2011), 염미경(2005, 2010, 2011), 김흥주(2011), 김태란과 인태정(2009), 이은진(2006), 이기홍(2005) 등이 대표적 연구이다.

---

14 참여정부의 균형발전정책의 구체적인 내용과 평가는 성경륭(2013)을 참고할 것.

또한 자립적 지방화의 실현을 목표로 삼는 이들 사업을 성공적으로 추진하기 위한 제도적 조건으로 중앙으로부터의 권력, 권한, 재정의 독립을 가능하게 해줄 '지방분권' 실현을 위한 조치가 강구되었고, 이와 관련된 연구(김영정, 2011)도 나타났다.

참여정부의 전략은 '1960년대 이후 갈수록 심화되는 지역 간 격차 해소를 통한 균형사회 건설을 위해서는 국가의 적극적 개입과 조정에 근거한 지방화 전략이 수립되고 실천되어야 한다'는 진보적 학자의 주장에 기초한 것이었다.[15]

이와 같은 실천적 연구뿐만 아니라 1990년대 전후에 쏟아졌던 많은 경험적 연구가 밝혀낸 지역감정 및 지역격차의 추세가 오늘날까지도 지속되는가의 여부와 그 추세와 특성이 어떻게 달라졌는가에 대한 연구도 발표됐다(박준식 · 김영범, 2013; 이강익, 2011).

특히 김영정(2009)은 신산업 분야의 특화육성을 핵심내용으로 삼

---

15 그러나 참여정부가 물러가고 MB정부가 들어서자마자 균형발전정책은 철저하게 비판받았다. '정치적 계산에 근거한 포퓰리즘적 정책, 수도권과 국가경쟁력을 저하시키는 하지하책(下之下策), 지역 및 국가 발전을 하향 평준화시키는 저급의 실책, 국가재원을 1/n씩 나눠먹자는 부도덕한 정책, 선진국에서 이미 폐기된 시대착오적인 정책, 전국의 땅값만 높인 한심한 정책, 실현 불가능한 목표를 쫓는 미망(迷妄)의 정책' 등 헤아리기 어려울 정도로 많은 비판이 쏟아졌다. 이것들은 보수언론, 정치인, 학자 등 보수적인 '중앙집중의 수혜자'의 주장이다.

반면 진보적인 지방학자는 균형발전정책은 뒤돌아볼 여유를 허용치 않은 채 앞만 보고 돌진한 '조국 근대화'의 과정에서 소외되고 탈진해버린 '지방을 살리자'는 운동의 차원으로 이해될 필요가 있다고 여전히 주장한다. 절대빈곤 시기에 농촌을 해방시켰던 '새마을 운동'처럼, 고도성장의 폐해로부터 자력갱생을 위한 어떠한 기술도, 재원도, 인력도, 기업도 존재하지 않은 텅 빈 지방에 발전의 기초 여건(자립적 지방화의 기본조건)을 마련하고, 지역 간의 삶의 질 격차를 개선(national minimum)하기 위한 국민운동의 차원으로 이해되어야 한다는 뜻이다. 진보주의자는 궁극적으로 각 지방을 개성 있는 지역으로 키워 살기 좋은 고장으로 만드는 것은 국가와 중앙정부의 의무라고 주장한다(김영정, 2011).

는 국가산업구조 고도화전략이 본궤도에 오른 1990년대 중반 이후 지역격차가 더욱 심화되었음을 실증적으로 밝히고, 2000년대 이후 지역성장격차의 유발요인은 한국 경제를 지탱한 신산업 부문의 지역 간 배열의 차이라는 사실과 그러한 차이(즉, 발전 경로의 지역별 차이)가 갈수록 공고화되면서 앞으로도 지역격차 문제가 결코 해소되기 싶지 않다는 점을 밝힌다.

## 4. 성찰과 전망

'지역'은 삶의 역사적 현장이자 문화표출의 장(場)이며, 경제적 생산 현장이자 사회발전의 공간적 기본단위이다. 또한 지역은 권력을 가진 이가 누구이며 그 힘을 어떻게 행사하는지를 말해주는 권력의 체계이고, 누가 누구와 어떠한 관계를 맺고 어떻게 영향력을 주고받는지를 보여주는 의사소통과 관계망의 체계이다. 따라서 지역은 권력과 저항, 가치와 몰가치, 신념과 배신, 호의와 질투 등이 아로새겨진 텍스트이다.

　'지역연구'의 목적은 이러한 여러 층위와 그것들의 구성 내용을 '구체적으로' 밝혀내고 그려내는 것이다. 그러나 정책적-규범적 연구에 치우쳤던 지난 20년간의 연구는 이 점에 충실하지 못했다. 이 점을 비판하는 것은 당연하지만 우리의 '지역' 현실이 지닌 정체성의 한계 때문에 비롯된 것임을 지적하지 않을 수 없다.

## 1) 지역 및 지역연구의 정체성 문제

한국의 '지역연구가 독립적 분과학문 영역으로서 정립될 수 있을까? 이에 대한 부정적 시각이 적지 않다(이은진, 2009). 이를 극복하기 위해서는 도시사회학의 성립이 '농촌과 구별되는 도시'의 출현에 근거했듯이 '특정의 지역'과 구별되는 '또 다른 지역'이 확인되거나 확인할 수 있어야 한다. 그러나 정보와 커뮤니케이션의 광역화, 이동과 교류의 일상화 그리고 비슷한 생활양식의 공간적 확산 등으로 지역의 정체성은 급속히 약화된다.

> 본래 지역(성)은 일정한 범위 안에서 논의되던 개념이었다. 그러나 이제 상황이 변했다. 커뮤니케이션의 물리적 근접성과 빈번함은 (특히 정보화 영향의 결과) 사람들의 상호작용에서 더 이상 필요가 없게 되었다(Bauman & May, 2011: 177).

지역의 실종은 지역연구 자체를 미망에 빠져들게 만들었다. 단지 수도권과 지방, 대도시와 농촌의 차이가 인정되고 확인될 뿐, 그 밖의 지방과 지방, 농촌과 농촌, 도시와 도시, 마을과 마을의 차이가 경험적으로 두드러지게 확인되질 않는다. 삶의 물리적 환경과 경관마저도 급속히 동형화된다. 그동안의 지역관련 연구에서 '지역'이 변수로 채택된 연구가 거의 없었던 것은 이 때문이다.[16] 이와 관련하여 낙후지역(농촌지역) 간의 발전 차이를 객관적으로 확인하는 것이 얼마나 어려운 것인가를 구체적으로 보여주는 연구의 대표적 예가 정동일과 성경륭(2010)이다.

이 연구는 낙후지역 20개 군(郡)을 대상으로 '그룹 지니어스'(*group*

---

[16] 이은진(2009)도 지역의 독립변수로서의 취약성에 대해 지적한다.

*genius*)의 창출 목적으로 실시한 정부사업(신활력 사업)이 지역발전의 성과에 영향을 주었는가를 밝히는 것이다. 이를 위해서는 의당 '신활력 사업이 착수된 이후 대상지역의 (계량적) 발전성과'를 종속변인으로 삼고 '그룹 지니어스'의 과정이 그에 영향을 미쳤는가를 확인해야 한다. 이 경우 분석 단위의 일치를 위해 독립변수 역시 사업대상 지역의 상태를 반영하는 것이어야 한다.

그러나 이미 동질화된 농촌지역 간의 차이를 확인할 수 있는 길이 막연하다. 그렇기 때문에 연구자들은 지역주민(응답자들)의 '개인' 의식을 종속변수로 삼는 연구모형을 채택했다. 지역연구에서 '지역'을 분석단위로 삼는 것이 얼마나 어려운 작업인가를 보여주는 상징적 연구의 하나이다. 그동안 '지역'을 (독립)변수로 활용하여 유의미한 분석결과를 얻은 경우는 '선거와 투표행태' 연구가 거의 유일한 것 같다.

이러한 문제점을 넘어 지역연구의 정체성을 확립할 수 있는 길 가운데 하나는 지역 내부문제로 시야를 좁혀 '현장의 문제'를 중심으로 사례연구를 활성화하는 것이다. 이미 이와 관련된 괄목할 만한 연구가 나타난다. 예컨대 지방자치 이후 지역내부의 정치, 권력, 시민사회 문제 등에 맞춰 사례연구를 진행한 한상진(1999), 강희경과 민경희 (1998), 염미경(2000), 백두주(2001), 이해진(2010), 강희경(2011), 장세훈(2012), 윤일성(2012)의 업적 등이 그것이다.

한상진의 연구(1999)는 성남시 사례를 중심으로 지역사회의 권력 구조와 지방정치에 대해 살핀 것이다. 성남시에 존재하는 지배집단 (지방정부 자문단체, 체제수호단체 등)과 중간집단(이익, 친목, 봉사단체), 그리고 하층계급(노동자, 도시빈민)의 지방정치에의 참여과정을 검토함으로써 지역의 성장연합과 반성장연합의 구성경로 연구를 위한 중요한 토대를 만들었다고 평가해도 좋을 것이다.

강희경과 민경희의 연구(1998)는 청주지역 사례를 중심으로 지역사회의 권력 회로를 추적하고 권력자원의 이용방법과 역할을 분석함으로서 지역의 성장 대 반(反)성장연합의 문제를 파헤쳐내는 분석틀과 토대를 만든 연구로 평가된다. 대기업이 주도하는 울산과 포항의 정치적 관계를 비교분석한 박재욱(1999)은 대기업의 지역헤게모니가 선거정치를 통해 어떻게 표출되며, 지역시민사회의 성장에 따라 등장하는 반성장연합에 의해 어떻게 제한받는가를 분석한다.

염미경(2000)의 연구는 일본 미이라쿠 지역 사례를 중심으로 관광개발을 통한 지역활성화 정책에 개입되는 지역주체 간의 상호역학관계를 분석한 것이며, 백두주(2001)의 연구는 삼성자동차 부산유치 및 매각과정을 성장정치의 관점에서 분석하는 괄목할 만한 논문이다.

지역주민과 주민운동이 주도하는 지역개발에 주목한 이해진(2007)은 지역개발 정치과정을 구조, 행위주체의 상호작용, 전략의 차원으로 세분화하여 그 역동적 과정을 분석한다. 즉, 지역개발정치의 구조와 동학을 주민운동의 역할 및 그 변화과정을 통해 분석했다.

강희경(2011)은 청주시 개신 오거리 고가차도 건설 사업이라는 매우 구체적인 내부사례 분석을 통해 '강한 시장'(强市長)이 모든 것을 결정하고 지배하는 우리나라 도시정치의 현실에 서구의 도시정치이론이 전혀 들어맞지 않는다는 것을 엄중하게 주장한다. 부산시 불량주택 재개발의 사례와 해운대 관광리조트 사례분석을 통해 도시정치의 특징을 분석하는 장세훈(2012)과 윤일성(2012)의 논문도 이 분야의 괄목할 만한 업적이다.

이러한 연구는 방법론적 편협성의 함정에 빠진 사회학적 지역연구의 정체성 제고를 위한 선구적 업적이다.

## 2) 지방자치 연구 문제

우리와 같이 좁은 단방형 국가에서 각각의 지역이 특화된 지역으로 발전하여 고유의 정체성을 갖추기란 여간 쉽지 않은 일이다. 불가능할 것 같은 이 일을 가능토록 만들어보기 위해 국가가 도입한 장치가 지방자치제도이다. 물론 지방자치제도의 정착이 지역정체성 형성을 결정짓는 절대요인은 아니다. 그러나 필요조건인 것만은 확실하다. 실천적 관점에서 볼 때 지방자치 연구가 지역연구의 중요한 부분이 되어야 하는 것은 이 때문이다.

1990년 초반 이후 연구동향에서 그러한 추세가 확인되고 앞으로도 지방자치 공고화와 그것이 미칠 영향을 분석하는 데 연구의 초점이 맞추어질 것이 확실하다. 사실 그렇게 하는 것이 지역연구의 정체성을 확립하는 빠른 경로일지도 모른다. 그렇다면 현재 지방자치의 실상과 관련 연구의 실태는 어떠한가?

지방자치의 최종 목표는 국가통치체제의 분권적 전환을 통한 '특화된 지역발전'을 구현하고 '주민거버넌스 모형'(citizen governance model)의 주민자치 구현을 통한 지역사회의 연대적 공존, 생활 민주주의의 일상화 그리고 특성적 발전을 실현하는 것이다. 지방자치제도 도입의 성년을 바로 넘어선 현재, 우리는 이러한 목표의 실현을 위한 정상궤도에 진입하기는 한 것인가? 여전히 안개 속을 헤매는 것인가? 아예 궤도를 이탈한 채 붕괴 직전의 상황에 몰린 것인가?

극단적으로 부정적 진단을 내리는 경우는 드물지만 그렇다고 긍정적 평가를 내리는 경우도 드물다. 현재 혼란과 갈등이 지속된다는 뜻이다. 이것이 사실이라면 그러한 모순의 실태와 원인을 연구/진단하고 조정과 통합의 길을 모색하는 연구가 진척되어야 할 것이다.

실제로 1991년 지방자치제도의 도입은 장기간의 중앙집권적-관료적-개발독재체제하에서 자립의 동력과 자원을 모두 소진해버린 지방 사회에 '프라이비티즘'17이라 개념화되는 '개인과 패거리 이익중심주의'가 무차별적으로 확산되는 계기가 되었다(Kweit & Kweit, 1990: 14, 28). 연대와 공익을 중시하는 공동체주의, 자율과 책임을 전제한 자치주의, 복지와 환경을 중시하는 생태주의적 발전관에 대한 아무런 학습도 훈련도 되지 않은 상황에서 도입된 지방자치제도는 독재체제에 오랫동안 억눌렸던 주민의 잠재적 '프라이비티즘'을 일시적으로 폭발시킨 도화선이 되었다.

지역의 도약과 발전을 위해 도입된 제도가 오히려 지역사회 전체를 혼란으로 몰아넣는 모순된 결과를 가져왔다는 의미이다. 이런 현상을 필자는 '자치의 패러독스'라고 부를 수 있다고 본다.

제도 도입의 절차적 공정성의 문제, 도입 이후의 정책자원의 생산과 분배의 공정성 문제, 제도 도입과 더불어 변화된 지역주민의 정체성 혼돈이 그러한 현상을 보다 심화시켰다. 혼란을 바로잡기 위해 지

---

17 '자치 패러독스' 현상은 지방자치제도가 몰고 온 "프라이비티즘"(privatism)의 확산과 직접적 연관이 있다. 본래 워너(Warner, 1968: 3-4)에 의해 제시된 이 개념은 개인화된 미국의 도시사회에서 공공행정이 추구해야 할 방향(public purpose)에 대한 주민들의 기대와 가치 정향을 설명하기 위한 것이다. 개인주의와 시장자본주의 전통에 길들여진 미국의 도시주민들은 행복의 근원을 '불간섭주의'(personal independence)와 '부의 추구'(search for wealth)에서 찾는다. 따라서 공공행정의 목표는 다른 어떠한 분야보다도 자신들의 경제적 이익을 극대화하는 데 맞추어져야 하며, 지역의 정치는 주민이 돈을 벌 수 있는 기회와 환경을 만드는 데 기여해야 한다고 생각한다. 워너는 이러한 주민의 성향을 "프라이비티즘"으로 개념화했다.

지방자치제도의 도입 이후 우리나라의 지역사회에서도 비슷한 양상이 나타나는 것 같다. 미국의 도시사회의 경우 이것이 타인의 행동에 대한 '불간섭주의'와 더불어 나타나기 때문에 극단적 대립과 갈등이 외현화되는 경우는 드물다. 그러나 우리의 경우 지역사회는 이해관계에 따라 합종연횡하는 개인과 패거리의 각축장이 되고 있다. 필자는 이를 제어할 문화적 자산도, 정제된 도덕률도 존재하지 않기 때문에 지역사회의 갈등과 소란은 깊어간다고 본다.

방자치를 반납하고 중앙집권체제로 회귀해야 한다든가, 소규모 자치
단위를 광역 단위로 통폐합하여 통치의 효율성을 높여야 한다는 등의
주장이 제기되기도 한다(신도철, 2010; 김성배, 2008 참고). 그러나 이
것들은 모두 '자치 패러독스'의 산물이다. 다행히도 제도 도입 이후
나타나는 지역사회 내부 문제에 대한 분석적 사례연구가 축적되어간
다. 앞서 소개한 한상진(1999), 이해진(2010), 강희경(2011), 장세훈
(2012), 윤일성(2012) 등이 대표적 연구이다.

## 3) 정책관련 연구문제

앞서 소개한 것처럼 지난 20여 년 동안은 정책관련 연구의 호황기였
다. 이를 걱정스럽게 보는 시각도 있다. 그러나 비판할 일은 아니
다. 모든 정책은 당대의 필요성에 따라 결정되기 때문에 그 자체가
의미 있는 연구의제로 부각되는 것은 당연하다. 참여정부 이후 현
정부에 이르기까지 논란이 거듭되고 그렇기 때문에 가장 많은 관련
연구물을 쏟아냈던 지역불균등 및 지방화정책 논쟁을 예로 들어 정
책적-규범적 연구가 얼마나 중요한지 살펴보기로 하겠다.[18]

　격심한 지역 간 발전격차, 수도권의 비대, 지방의 공동화(지방재
정, 대학, 인력, 기업, 문화의 사막화) 등의 이슈가 국민적 관심으로부
터 멀어지거나 정치적 쟁점의 대상이 되지 않을 때 지방화정책 논쟁
은 의당 소멸되고 관련 연구는 잠잠해질 것이다. 그러나 여전히 한국
사회 최대의 갈등 이슈가 '지방 공동화'와 '지역 간 성장격차' 문제라는
것은 모두가 인정하는 이슈이다. 그렇기 때문에 이의 해소를 궁극적
목표로 삼는 '지방화 정책'에 대한 연구가 갖는 의미는 각별하다.

---

18 아래 내용은 김영정(2011: 219~220)에서 재인용.

그러나 앞으로 상황이 바뀌면 달라질 수 있다. 예컨대, 우리나라 국민소득이 4만 달러를 넘나들 즈음에는 어떻게 될까? 그때 균형발전의 가치와 정책연구의 필요성은 현저히 저하될 수 있다. 그 시대에도 지역격차는 여전히 존재하겠지만 국민적 관심을 끌지 못하는 이슈가 국정의 어젠다로 떠오를 리 없기 때문이다. 실제 국민소득 4만 달러가 넘는 선진국의 경우에도 지역불균등 발전은 존재하지만 그것을 최고의 국정과제로 다루는 경우는 찾아보기 쉽지 않다.

지역균형발전과 지방화정책을 비판하는 학자는 한번쯤 '지방의 시각'에서 이 문제를 성찰해 볼 필요가 있다. '중앙의 관점'과 '시장과 성장중심의 논리'로 지방문제를 바라볼 때 논쟁의 종결점에 도달할 수 없다.

우리나라와 같이 작은 나라에서는 "수도권 성장을 통한 국가경쟁력 강화"만큼이나, '전국토의 자원화 정책'도 중요하다. 스웨덴은 1㎢ 내에 단 한 사람밖에 살지 않는 오지 중의 오지도 결코 정책적으로 버리지 않는다(김영정, 2000: 17). EU의 지역정책은 낙후도에 따라 지역을 구분하고 순위가 낮은 지역에 구조기금(*structural fund*)을 가중 지원하는 원칙(Objective 1, 2, 3 사업 등)을 지켜오고, 부자 회원국도 그 원칙을 존중한다(김영정 외, 2007: 38~47). '시장 없는 사막'(지방)에 '특색 있는 시장'을 조성하여 '특색 있는 성장과 자치'를 이루는 데 국가의 조정 의지와 구체적 정책의 방향을 논의하는 정책연구는 (공공)사회학의 임무 중 하나이다.

지방분권에 대한 논란도 지금까지 지속된다. 중앙의 권한과 재정을 지방에 전폭적으로 이전해야 한다는 점에 대해서는 모두가 같은 입장을 보이지만 분권의 단위에 대해서는 학자마다 서로 다른 주장을 내세운다. 보수주의자는 초광역 자치제도를 도입(예컨대, 인구 천만 명 단위의 4대 초광역 단체와 100개 기초단체로의 개편)할 것을 주장한다. 영국의 보수당이 소지역주의를 지방화 정책의 근간으로 채택한 것과는 참 대조적이다.

초광역 자치체제가 구축되고 중앙정부의 권한이 전폭적으로 이전될 경우 수도권 집중화 현상은 지금과는 비교할 수 없을 정도로 강력하게 진행될 수 있다. '규제로부터의 완전한 자유'를 갖게 될 '서울 및 수도권 광역정부'는 보수정치인이 주장해온 '대(大)수도론'을 확실하게 밀어붙일 수 있게 되고, 수도권은 보수정권의 통치 거점으로 공고하게 자리 잡을 수 있을 것이다. 이때 일극 중심의 초집중화는 더 심화되고 지방과의 발전격차는 더 벌어진다.

보다 근본적인 문제점은 보수주의자가 '현재의 기초지자체를 통폐합'을 거침없이 주장한다는 점이다(김성태, 2007). 이는 지방자치의 근본을 해치는 일이다. 지방자치의 최종목표는 '자치의 공고화와 실질 민주주의 달성'이다. 이를 위해 읍면동까지 (준)자치제를 실시하여 '동네민주주의'가 작동할 수 있도록 하는 것이 필요하다. 지방자치 선진국들은 하나같이 자치단체 세분화를 통해 동네민주주의를 보장한다. '비용 대비 효율이 낮다'는 이유로 현재의 기초단체를 통폐합하거나 광역화하자는 방안은 목표와 수단이 전치된 하책(下策)일수 있다(김영정, 2011).

그러나 자치권역의 범위, 특히 광역자치권역의 설정 문제에 대해서는 진보적 학자 사이에서도 주장이 갈린다. 수도권 일극 지배체제와 수도권 경제에 대응할 수 있는 강력한 초광역 경제권 및 연방체제에 준하는 높은 수준의 자치권을 갖는 초광역 정부 구축이 필요하다는 주장(성경륭, 2013)이 있는가 하면, 초광역권의 필요성을 인정하지만 영국의 진보정권이 채택한 RDA 제도와 같은 방식을 도입하여 '광역적 생활권' 내부에서 지자체 간 공동으로 처리해야 할 과제(지역 간 합동개발, 공간계획, 경제정책, 기술과 고용, 교통, 관광, 폐기물, 환경, 생물다양성 보호 등)를 협의적으로 해결하는 것이 지방자치를 훼손하지 않는 길이라고 주장(김영정, 2011)하기도 한다. 이러한 문제에 대한 진지한 정책연구가 필요한 이유는 미래의 지역발전을 결정하는 엄중한 실천적 과제이기 때문이다.

### 4) 국가(중앙)-지방의 관계 [19]

정책적-규범적 지역연구의 최종적 관심은 '어떻게 하면 지역의 자생적-내생적 발전(자립적 지방화)이 가능할 수 있을까'에 대한 해답을 찾는 것이다. 진보적 학자는 그것이 가능하기 위해서는 '국가의 적극적 개입'이 필요하다고 주장한다. 그들의 주장대로 국가가 자립적 지방화의 기반을 만들어 주면 지방(지역)의 내생적 발전은 실제로 달성될 수 있는 것일까?

이에 대한 회의적 논의가 만만치 않다. 설령 국가의 정책에 힘입어 내생적 지역발전의 기반이 완비된다고 하더라도 지방의 발전은 어쩔 수 없이 종국적으로는 중앙에 의존할 수밖에 없다는 것이다(이용숙, 2003: 152~153). 사실 어느 세력이 정권을 잡던 중앙-지방의 비대칭적 권력 관계를 해체하는 것은 가능치도 않고 타당치도 않기 때문에 회의론이 갖는 의미는 크다. 궁극적으로 이러한 회의론은 미래의 국가-지방관계가 지향해야 할 이념적 좌표가 무엇이며 미래의 지방화 정책을 추진함에 중앙정부가 지향해야 할 이념적 정향이 무엇인지를 지역연구자가 깊이 성찰해 보아야 한다는 문제제기로 받아들여진다. 특히 사회학적 지역연구가 '지방' 발전에 대한 정책적-규범적 연구를 외면할 수 없다면 이 문제에 대해 진지하게 검토해 볼

---

19 아래 내용은 김영정(2009) 44~50쪽을 재정리한 것임을 밝힘.

필요가 있다.

이와 관련하여 필자는 우리나라의 경우 중앙정부는 '신국가주의적 국가-지방관계'의 정립과 그에 기초한 지방화 정책을 장기적 차원에서 추구해야 한다고 본다. 신국가주의(neo-statism)는 기존의 '발전국가론'과 최근의 '신자유주의적 발전론'을 모두 넘어선 이론적 정향으로 '지방을 지배하는 강한 국가'와 '탈국가 규제를 근거로 성립하는 강한 지방' 모두 장기적인 사회경제발전에 도움이 되지 못한다고 암시한다. 대신 국가와 지방은 경쟁적 협력 관계를 맺어야 하며 이를 보장해주는 강화된 시민사회의 존재가 필요하다고 본다.

본래 신국가주의 이론은 웨이스와 홉슨(Weiss & Hobson, 1995: 169-170)이 선진국의 새로운 국가-시장의 관계가 지향해야 할 바를 설명하기 위해 제시한 것이다. 그들의 주장의 핵심은 '(국가에 의해) 조정된 시장과의 상호의존성'(governed interdependence)이 존재할 때 새로운 성장이 가능하다는 것이다. 이 개념은 특히 일본의 국가-시장 관계에 존재하는 '협조적 긴장의 쌍방관계'(two-way cooperative tension)를 설명하기 위하여 그들이 주조한 것이다.

궁극적으로 신국가주의는 '강한 국가'를 전제로 성립한다. 이러한 점에서 신국가주의는 과거의 '발전국가론'과 외견상 유사한 것처럼 보인다. 그러나 본질은 상이하다. 발전국가론이 주장하는 '강한 국가'는 독점적, 강제적, 권위주의적 권력을 소유한 국가를 의미하지만 신국가주의가 상정하는 '강한 국가'는 국가-시장의 상호협력 관계에 의해서 강화된 '협상적' 하부구조 권력(infrastructural power)을 가진 국가를 의미한다.

신국가주의론은 발전국가론이나 신자유주의국가론의 한계를 극복하기 위한 새로운 발전모델이다. 이 이론의 핵심은 국가가 강력한 "협상적 권력"을 갖출 때 새로운 발전을 추동해낼 수 있다는 것을 암시한다. 신국가주의론은 국가-시장 관계에서 유추된 이론이지만 중앙정부-지방과의 관계에도 그대로 적용될 수 있다. 특히 자립적 지방화 전략이 전제하는 분권/분산/분업형 국가모델의 정립이 성공하기 위해서 중앙정부가 지방과 어떠한 관계를 유지하며 어떻게 지방화 정책을 추진해야 하는지를 암시한다는 점에서 관심을 가질 필요가 있을 듯싶다.

## 5) 이론 및 방법론적 문제

지역연구의 활성화를 위해 성찰해야 할 또 다른 과제가 '연구자의 이론적 편협성'에 대한 문제이다. 앞서 지적한 바와 같이 지난 20년간 지역연구는 일방적으로 구조주의 마르크시스트 이론의 영향을 받았다. 정근식과 이준식(1995)은 그 이전에도 마찬가지였다고 지적한다. 구조주의 관점은 확실히 우리의 현실과 높은 친화력을 갖는다. 그러나 그것이 지역연구의 종다양화를 가로막았던 원인으로 작동했던 것도 사실이다. 앞으로 지역연구의 다양성과 내용의 구체성이 확보되기 위해서는 그와 같은 이론적 편향성으로부터 벗어나야 한다.

이와 관련하여 필자는 지역문제에 관한 실천이론가(*praxis theorists*)의 주장을 귀담아들을 필요가 있다고 본다.[20] 그들은 의식, 정치, 그리고 문화 등이 자본축적의 논리로 환원될 수 있다고 믿는 구조주의 마르크스주의자의 결정론적 입장을 비판한다. 그들이 강조하는 점은 사회구조와 인간행위(*human agency*)의 상보적 관계이다.

---

[20] 실천이론가들은 지역 및 도시문제를 계급과 자본축적의 입장에서 설명하는 구조주의 마르크스주의자의 시각을 비판한다. 대표적인 실천이론가는 카스텔(M. Castells)과 스미스(M. P. Smith) 등을 들 수 있다. 특히 구조주의 마르크시스트로 출발한 카스텔의 변신은 매우 흥미롭다.

그들은 인간의 의식과 존재가 사회구조에 의해서 결정된다는 결정론적 입장을 반대하고 사회구조가 인간 의식과 실천의 결과이자 동시에 통로라는 사실을 강조한다. 따라서 사회구조는 유동적이며 끊임없이 변화하는 존재이고 인간의 행위를 반영하는 동시에 방향을 잡아주기도 한다. 그러므로 의식, 정치, 문화는 자본주의 구조의 부수적 요인이 아니라 자본주의 경제와 사회를 구성(재구성)하는 중요한 결정요인이다(Smith & Tardanico, 1987: 89-90). 궁극적으로 실천이론은 지역 문제를 포함한 현대 자본주의 사회의 모든 문제는 그 사회의 정치적, 문화적, 의식적 관행을 반영함을 암시한다. 이는 구체적으로 정치사회학적(특히 지역레짐분석) 시각, 문화사회학적 시각 그리고 지역사회심리학적 입장에서 지역 문제를 간파할 것을 요구하는 것으로 우리가 주목해야 할 정향이다.

이와 관련하여, 특히 레짐이론에 대한 관심이 절대적으로 필요하다. 우리가 지방자치제도의 고도화와 공고화를 염원하는 것은 이웃과는 다른 '우리 지역'의 형성이 가능할 수 있다는 기대 때문이다. 새로운 지역형성 과정의 사례를 정치사회학적 관점에서 분석할 수 있는 도구가 레짐이론의 시각이다. 지방정치의 독특한 전개과정을 가장 잘 설명해줄 수 있는 이 관점이 그동안의 지역연구에서 활성화되지 않았다. 현재와 같은 '강한 시장' 또는 '강한 도지사' 체제가 지배하는 지역에서 이의 적용이 쉽지 않다는 것은 사실이지만(강희경, 2011) 앞으로 지역단위의 시민사회 성장과 대기업의 국지전략화 등이 진척될 때 지역레짐의 형성은 불가피하고 그 영향력은 커질 것이 확실하다. 기존의 장소이미지와는 전혀 어울리지 않게도 현재 전주시가 온 힘을 바쳐 추진하는 신산업(탄소산업) 성장전략을 둘러싸고 나타나는 정치적 레짐현상을 사례 분석한 이경은(2011)의 논문이 그 가능성을 보여준다.

구체적으로 레짐이론은 '누가 지역을 지배하느냐?'의 문제를 규명하고자 했던 기존의 정치사회이론(다원주의, 엘리트이론 등)과는 달리, 지역사회를 위한 공공 목적을 성취할 능력 또는 통치능력을 획득하느냐의 문제에 관심을 갖는다. 이러한 점에서 레짐이론은 '무엇에 대한 권력'(power over)의 문제가 아니라 '무엇을 할 능력'(power to)의 문제를 다루는 이론이며, 더불어 사회적 통제(social control)보다는 사회적 생산(social production)을 성취할 조건을 탐색하는 이론(유재원, 2000: 29)이기 때문에 지방자치 도입 이후 새롭게 전개되는 지역형성 과정을 분석할 수 있는 유용한 관점이다.

　　지역연구에서 이론적 지향의 편향성으로부터 비롯된 연구내용의 "구체성 결여" 문제는 방법론적 경직성과도 관련 있다. 그동안 많은 연구가 2차적 자료(특히 정부자료)에 의존했기 때문에 지역의 삶의 현장을 생생하게 그려내기는 쉽지 않았다. 이러한 한계를 극복하기 위해 미래의 연구는 현지관찰이나 비교사회학적 방법을 활용한 사례연구로 확대되어야 할 것이다.[21] 물론 우리나라의 경우에도 앞서 예

---

21 지역연구의 위대한 고전으로 평가받는 헌터(F. Hunter)의 *Community Power Structure*(1953)는 애틀랜타 사례연구였고, 달(R. A. Dahl)의 *Who Governs?*(1961)는 뉴헤븐 사례연구였다. 린드 부부(R. S. Lynd & H. M. Lynd)의 *Medical Care in Middle Town*(1930)은 미 중부의 소도시 사례연구였고, 갠즈(H. J. Gans)의 *Urban Villagers: Group and class in the Life of Italian-Americans*(1962)는 보스턴 사례연구였다. 고전적 연구뿐만 아니라 현대의 고전으로 각광받는 사례연구 또한 많다. 휴스턴의 성장과정을 정치경제적 시각에서 분석한 바 있는 패긴(J. R. Feagin)의 *Free Enterprise City: Houston in Political-economic Perspective*(1988), 역시 정치경제학적 시각에서 필라델피아의 도시발전 과정을 분석한 아담스(C. T. Adams)의 *The Politics of Capital Investment: The Case of Philadelphia*(1988), 영국 식민지였던 인도의 델리를 중심으로 식민지 도시발전 과정과 특징을 밝힌 킹(A. D. King)의 *The Colonial Urban Development: Culture, Social Power, and Environment*(1976) 등이 그 예이다.

시한 것처럼 괄목할 만한 사례연구들이 착착 쌓여간다.


## 5. 요약 및 결론


지난 20년간의 지역연구 동향을 연구자의 관심과 연구주제를 중심으로 살펴보았을 때 몇 가지 의미 있는 특징이 발견된다. 무엇보다도 전통적 지역연구분야인 '*region* 연구'(가치중립적 지역연구) 영역의 주제가 기존의 농촌/도시사회학의 관심영역을 넘어 크게 확장된다. 이것은 2000년대 이후 한국사회 변화의 큰 흐름을 반영하는 정보화, 시민사회, NGO, 자원봉사, 다문화, 외국인 노동자, 로컬푸드 등의 문제들이 지역차원에서도 논의되고 분석될 필요가 있었기 때문에 나타난 당위적 결과로 볼 수 있다.

그러나 이보다 더욱 뚜렷한 동향은 연구자들의 관심이 '*region* 연구 관점'에서 '*local* 및 *space* 연구 관점'(지방 및 공간사회학적 관점)으로 급격하게 이동한다는 점이다. 지방자치가 도입된 지 이미 20년이 넘었지만 여전히 제도정착이 불가능할 정도로 열악하고 모순적인 지역현장을 목도하는 지방학자에게 그 실상을 고발하고 설명하기 위한 새로운 관점과 프레임이 필요했던 현실이 반영된 결과일 것이다.

특히 후자의 관점에 근거한 규범적 연구가 쏟아진 것은 참여정부가 이 문제를 정면으로 다루었고 뒤이어 MB정부와 현 정부까지도 이를 주요 국정과제로 다룰 수밖에 없는 지방 대 중앙의 대결국면이 장기화되면서 정책친화적 관점이 활황을 누렸던 덕분이다.

정부의 정책과제(특히 중앙정부의 국정과제)는 학계의 규범적 연구를 양산시킬 수밖에 없다. 지나간 정부의 경험이 이를 증명한다. 세계화, 정보화, NGO, 여성, 다문화, 녹색성장, 광역권 개발 등의 이슈가 주요 국정과제로 채택되었을 때마다 예외 없이 관련 분야의 규범적 연구가 봇물처럼 쏟아졌었다.

정책적-규범적 연구의 양산은 전통적인 사회학적 지역연구의 정체성을 해칠 수 있다. 그러나 시대를 초월하여 항상 변화하는 '지역' 그 자체가 가진 정체성 위기 때문에 비롯된 현상이기도 하다. 이동과 교류의 일상화, 정보와 커뮤니케이션의 광역화, 비슷한 생활양식의 공간적 확산 등으로 오늘날 지역의 정체성은 급속히 약화되었다. 그 결과 지역연구의 정체성도 미망에 빠져든 것이다. 단지 수도권과 지방, 대도시와 농촌의 차이가 인정되고 확인될 뿐 그 밖의 지방과 지방, 농촌과 농촌, 도시와 도시, 마을과 마을의 차이가 경험적으로 두드러지게 확인되질 않는다. 삶의 물리적 환경과 경관마저도 급속히 동형화된다.

그러나 이것은 오늘날에만 국한된 문제는 아니다. 30년 전에도 똑같은 문제를 지적하며 지역연구의 정체성 위기를 걱정했다.

1980년대 초반 권태환(1984: 3~4)은 도시적 생활의 확장과 획일화는 '공간으로서의 도시'의 제반 현상을 '도시사회'의 속성으로서 보기보다는 산업사회와 대중사회의 속성으로 이해하는 것이 보다 설득력 있음을 주장하며 도시사회학이 '도시적'인 실제의 연구대상을 갖기 어렵고 '도시적'인 이론적 대상도 갖기 어렵다고 심각하게 걱정했다. 왕인근(1984: 41~42) 또한 당시에 이미 '탈농업적, 탈농민적, 탈농촌적' 사회발전이 진전되면서 '농촌'은 점차 실종되고 따라서 '새로운 농촌사회학'이 탄생되어야 한다고 주장하며 농업사회학, 자연자원의 사회학, 개발사회학 등 대안적 관점의 도입이 불가피할 것이라고 내다봤다. 30년 전이나 지금이나 위기의 본질은 마찬가지가 아닌가!

시기와 시대를 가로질러 흔히 나타나는 정체위기를 넘어 지역연구가 나름의 위상을 확립하는 길은 없을까? 아마도 그 방법 중의 하나가 지역의 내부문제로 시야를 돌려 '현장문제' 중심의 사례연구를 활성화 하는 길일 것이다. 권태환(1984)도 도시 내 부문 간 유의미한 차이를 확인하는 연구가 정체위기 극복의 길임을 암시하고, 이은진(2009) 역 시 지역이 하나의 구조적 권력 관계로 배태되었음을 강조하는 것이 중 요함을 지적한다. 최근에 들어 이런 문제에 대한 사례연구가 축적되 는 것은 지역연구의 미래전망을 밝게 해주는 고무적인 일이다.

지역연구의 위상 재정립을 위해 성찰해야 할 또 다른 과제가 '연 구자의 편협한 이론적 지향성'에 대한 문제이다. 지난 20년간 지역 연구는 구조주의 마르크시스트 이론의 영향을 일방적으로 받았다. 그 이전 10여 년 동안에도 마찬가지였다(정근식·이준식, 1995).

30년 동안 변하지 않는 지역학자들의 정치경제학적 전망에 대한 사랑! 참 지독하다. 물론 이것이 우리의 현실과 높은 친화력을 가진 것은 사실이다. 그러나 지역연구의 종(種)다양화를 가로막았던 원인 으로 작동한다는 사실도 부정하기 어렵다. 앞으로 지역연구의 다양 성과 내용의 구체성이 확보되기 위해서는 이론적 편향성으로부터 벗 어나야 한다. 이와 관련하여 필자는 지역문제에 관한 실천이론가의 다양한 관점을 귀담아들어야 한다고 본다.

지역연구의 활성화를 위한 훨씬 적극적인 방법은 각각의 지역(지 방)이 특색 있고 특화된 지역으로 발전하여 나름의 정체성을 가질 수 있는 정책을 제시하는 길이다.

논란이 있을 수 있지만 이에 동의한다면 지연연구가는 의당 지방 자치에 대한 실천적 연구에 관심을 가져야 한다고 본다. 지방자치의 목표가 바로 특색 있는 지역 만들기에 있기 때문이다. 그러나 1991 년 지방자치제도의 도입은 지방사회에 '프라이비티즘'이라 개념화되 는 '개인과 패거리 이익중심주의'가 무차별적으로 확산되는 계기가 되어 지역의 도약과 발전을 위하기는커녕 오히려 지역사회 전체를 혼란으로 몰아넣는 모순된 결과인 '자치의 패러독스'를 가져왔다. 제도 도입의 절차적 공정성의 문제, 도입 이후의 정책자원의 생산과 분배의 공정성 문제, 그리고 제도 도입과 더불어 변화된 지역주민의 정체성 혼돈이 그러한 현상을 보다 심화시켰다. 최근 들어 제도 도입 이후에 나타나는 이러한 내부갈등과 혼돈상황에 대한 분석적 연구가 쌓여감이 미래의 지역연구의 전망을 밝게 만든다.

정책관련 연구에 대한 우려의 목소리가 심심치 않게 들린다. 이를 진지하게 경청해야 하지만 모든 정책은 당대의 필요성에 따라 결정되기 때문에 그 자체가 지역연구의 의미 있는 의제가 되는 것은 당연하다. 지역연구는 지역주민의 보다 나은 앞으로의 삶의 방향을 암시해야 하고, 보다 나은 미래의 지역발전 모습이 무언가를 제시해야 하는 실천적 목표를 무시할 수 없다.

따라서 지역사회학자들은 미래의 삶과 지역발전의 방향을 제시하는 '정책적-규범적 연구'에 관심을 가질 수밖에 없다. 구체적으로 당대에 필요한 정책의 내용, 진행되는 정책 평가, 미래 정책의 방향, 국가와 지방의 관계 등의 실천과제에 대한 연구가 보다 진지하게 이루어져야 할 것이다.

# 참고문헌

강신표, 1999, "한국 사회학 토착화의 길을 찾아서: 지역사회학의 방향", 〈지역사회학〉, 1권 1호, 7~28쪽.

강희경, 2001, "투표행위로 본 충북의 지역정체성", 〈지역사회학〉, 3권 1호, 91~117쪽.

_____, 2010, "지역사회의 재구조화: 지역개발과 공동체", 지역사회학회 2010 춘계 정기학술대회 발표논문.

_____, 2011, "개발정치의 과잉과 미약한 시민사회: 청주시의 경우", 〈지역사회학〉, 13권 1호, 5~40쪽.

강희경·민경희, 1998, "지역사회 권력자의 권력자원에 관한 연구", 한국사회학회, 〈한국사회학〉, 32집 겨울호, 757~786쪽.

고현웅, 2005, "주요국 비정규 주민정책 비교", 〈지역사회학〉, 6권 2호, 167~194.

권태환, 1984, "한국 사회학에서의 도시연구", 〈한국사회학〉, 18집 여름호, 3~26쪽.

김성배, 2008, "수도권 규제의 실상과 해소과제", 자유기업원 리포트(2008.9).

김신열, 2005, "한국과 미국의 지역사회 민간복지기관의 거버넌스 비교", 〈지역사회학〉, 7권 1호, 105~131쪽.

김영래, 2005, "지방정부와 시민사회단체 간의 뉴 거버넌스 관계 연구", 〈지역사회학〉, 7권 1호, 75~103쪽.

김영범·이기원·안동규, 2010, "자발적 결사체 참여와 지역 사회자본", 〈지역사회학〉, 12권 1호, 111~130쪽.

김영정, 1993, "한국 도시지역 경제성장의 영향요인 분석: 1968-1985년", 〈한국사회학〉, 27집 겨울호, 189~218쪽.

_____, 2000, "지역정보화와 지역발전의 관계", 〈지역사회학〉, 2권 1호, 7~32쪽.

_____, 2001, "지역NGO실태와 활성화 방안", 〈지역사회학〉, 3권 1호, 257~278.

_____, 2003, "지역발전과 성장정치", 〈지역사회학〉, 4권 2호, 71~92쪽.

_____, 2004, "지역발전의 기대유형과 지역 NGO의 대응: 전북지역 사례", 〈지역사회학〉, 5권 2호, 117~151쪽.

_____, 2008a, "지역거버넌스와 공동체 운동: 전주시 '전통문화 중심 도시만들기' 운동의 사례분석", 〈지역사회학〉, 9권 2호, 5~33쪽.

_____, 2008b, "상향식 지역발전정책의 성공조건과 과제", 〈지역사회학〉, 10권 1호, 53~70.

_____, 2009, "한국의 지역불균등, 1960-2005년: 지역발전의 경로 탐색", 〈지역사회학〉, 11권 1호, 5~39쪽.

_____, 2011, "한국사회의 지방화 논쟁: 보수의 한계, 진보의 성찰", 〈지역사회학〉, 13권 1호, 185~230쪽.

_____, 2012, "신산업의 지역불균등 발전과 경로의존 경향: 1990-2010년", 〈정보통신기술을 활용한 지역사회 통합방안 연구보고서〉, 사회통합위원회.

김영정·박준식·송미령·모성은·김현호, 2007, 《신 활력 사업》, 국가균형발전위원회 엮음, 코리아 프린테크.

김영정·이경은, 2012, "유역공동체 조성사업과 환경정치-'만경강 살리기 사업'의 사례: 레짐 vs 거버넌스", 〈지역사회학〉, 14권 1호, 73~116쪽.

김원동, 2000, "지방자치단체의 홈페이지를 통한 지역정보화: '강원도 인터넷 도정종합안내 시스템' 사례연구", 〈지역사회학〉, 2권 1호, 51~82쪽.

_____, 2012, "강원도민의 투표행위와 정치의식: 4/27도지사 보궐선거를 중심으로", 〈지역사회학〉, 13권 2호, 295~337쪽.

김종덕, 2002, "패스트푸드의 세계화와 슬로푸드 운동", 〈지역사회학〉, 4권 1호, 87~106쪽.

_____, 2003, "아시아 식량문제와 비정부 기구의 대응", 〈지역사회학〉, 4권 2호, 123~152쪽.

_____, 2008, "우리나라 로컬푸드 정책의 방향", 〈지역사회학〉, 9권 2호, 85~113쪽.

_____, 2009, "천안의 지산지소 운동에 관한 연구", 〈지역사회학〉, 10권 2호, 109~135쪽.

_____, 2010, "먹을거리의 탈정치화와 대응에 관한 연구", 〈지역사회학〉, 12권 1호, 131~157쪽.

김철규·김진영·김상숙, 2012, "대안 먹거리 운동과 한국의 생협-한살림을 중심으로", 〈지역사회학〉, 14권 1호, 117~143쪽.

김철효·설동훈·홍승권, 2006, "인권으로서의 이주노동자 건강권에 관한 연구" 〈지역사회학〉, 7권 2호, 93~129쪽.

김태란·인태정, 2009, "부산지역의 마을만들기 유형과 특성", 〈지역사회학〉, 11권 1호, 145~169쪽.

김홍주·이현진·김철규, 2013, "생협운동의 변화와 생협복지주의-울림두레생협을 중심으로", 〈지역사회학〉, 15권 1호, 187~221쪽.

김홍주, 2011, "한국 농촌에서 새로운 희망 만들기", 〈지역사회학〉, 12권 2호, 109~137쪽.

노병일·김세원, 2003, "지역의 주민자치센터를 통한 자원봉사의 실태와 활성화 방안: 대전광역시 서구를 중심으로", 〈지역사회학〉, 5권 1호, 117~148쪽.

박재욱, 1999, "대기업 도시 울산시와 도요타시의 기업권력과 지방정치: 한일 간 자동차 생산도시의 비교연구", 〈한국과 국제정치〉, 15권 1호, 97~129쪽.

박준식·김영범, 2013, "지역격차 문제의 인식 지형과 변화의 전망: 영호남에서 수도권, 비수도권 균열로", 〈지역사회학〉, 14권 2호, 83~103쪽.

박준식·정동일·성경륭, 2009, "지역 낙후성의 구조와 전환을 바라보는 이론적 접근", 〈지역사회학〉, 10권 2호, 31~62쪽.

백두주, 2001, "부산지역 성장정치에 관한 사례연구: 삼성자동차 부산유치 및 매각 과정을 중심으로", 〈사회연구〉, 14, 경남대 사회학과.

변용환·류종현·전태영, 2011, "수도권 규제완화에 대한 관찰과 함의", 〈지역사회학〉, 13권 1호, 149~184쪽.

석현호, 1997, 《한국사회의 불평등과 공정성》, 나남.

설동훈, 2002, "세계도시와 문화적 다양성", 〈지역사회학〉, 4권 1호, 53~86쪽.

_____, 2003a, "대만의 외국인력 정책", 〈지역사회학〉, 4권 2호, 227~253.

_____, 2003b, "한국의 외국인 노동자 제도 개혁, 2003년: 산업연수제도와 고용허가제도", 〈지역사회학〉, 5권 1호, 149~167쪽.

_____, 2013, "중소기업관리자의 외국인에 대한 사회적 거리 분석", 〈지역사회학〉, 14권 2호, 203~229쪽.

설동훈·이계승, 2011, "여성 결혼이민자 부부의 결혼 만족도와 이혼의향에 영향을 미치는 요인 분석", 〈지역사회학〉, 13권 1호, 117~147쪽.

설동훈·임경택, 2004, "일본의 외국인 노동자 고용관리체계", 〈지역사회학〉, 5권 2호, 177~232쪽.

_____, 2006, "일본의 국제결혼 중개업체 관리체계", 〈지역사회학〉, 8권 1호, 179~210쪽.

성경륭, 2013, "지역불평등의 정치동학과 지역정책 분석: 노무현 정부와 이명박 정부의 비교", 〈지역사회학〉, 14권 2호, 5~45.

성경륭·박준식, 2013, "지역경제의 위기와 창조적 균형발전 전략의 모색", 〈지역사회학〉, 15권 1호, 91~112쪽.

신도철, 2010, "보수의 시각에서 본 균형발전정책과 지방분권", 사회통합위원회 주최 '21세기 국가전략과 사회통합' 세미나 발표논문(2010. 7).

염미경, 2000, "도서지역의 활성화와 정체성 정치: 일본 미이라쿠의 역사마을 만들기 사례를 중심으로", 〈한국사회학〉, 34집 가을호, 747~782쪽.

_____, 2005, "지역혁신체계 구축 현황과 문제점", 〈지역사회학〉, 6권 2호, 5~28쪽.

_____, 2008, "산업유산과 도시만들기", 〈지역사회학〉, 10권 1호, 95~115쪽.

_____, 2010, "근대 산업유산의 활용과 지역활성화", 〈지역사회학〉, 12권 1호, 159~182쪽.

_____, 2011, "제주옹기의 문화유산 만들기 과정과 이해갈등", 〈지역사회학〉, 12권 2호, 265~293쪽.

염미경·김규리, 2008, "제주여성결혼이민자들의 결혼이주, 딜레마와 적응", 〈지역사회학〉, 9권 2호, 151~182.

염미경·한석지, 2004, "농촌개발과 지역거버넌스", 〈지역사회학〉, 5권 2호, 5~23쪽.

왕인근, 1984, "농촌사회학연구의 40년사", 〈한국사회학〉, 18집, 27~45쪽.

유팔무, 2011, "현대 미국 시민사회의 갈등구조와 그 변화에 관한 연구", 〈지역사회학〉, 12권 2호, 225~263쪽.

유재원, 2000, "한국의 지방정치와 도시권력구: 청주시 사례", 박종민 편, 《한국의 지방정치와 도시 권력구조》, 나남.

윤일성, 2012, "해운대 관광리조트의 도시정치학: 탐욕과 불의의 도시개발", 〈지역사회학〉, 13권 2호, 47~83쪽.

_____, 2013, "부산 북항 재개발의 쟁점들 : 토건사업인가 시민을 위한 사업인가?"〈지역사회학〉, 15권 1호, 113~151쪽.

이강익, 2011, "부의 역외유출로 인한 지역불균등발전", 〈지역사회학〉, 13권 1호, 91~115쪽.

이경은, 2011, "지역 도시레짐의 형성과 변화에 관한 연구: 전주시 도시개발사례의 비교분석", 전북대학교 대학원 박사학위 논문.

이기홍, 2005, "혁신클러스터 정책에 대한 이론적 검토와 OCSN 모델의 제안:

네트워크 구조를 중심으로", 〈지역사회학〉, 7권 1호, 193~215.

이수철, 2011, "지역 시민사회의 연대와 갈등: '성남시립병원 건립 조례제정 운동'의 전개양상을 중심으로", 〈지역사회학〉, 12권 2호, 193~224쪽.

이승협, 2012, "19대 총선을 통해 본 대구·경북의 지역주의와 권력의 물질성", 〈지역사회학〉, 14권 1호, 209~235쪽.

이시화, 2000, "경남지역정보화의 자리매김: 이론과 현실의 조화를 위하여"〈지역사회학〉 2권 1호, 33~50쪽.

이애란·김영기, 2004, "사회적 자본과 장애아 어머니의 삶의 질: 사회적 연결망에 관한 사례연구", 〈지역사회학〉, 6권 1호, 69~99쪽.

이용숙, 2003, "지역혁신체제론의 비판적 재검토: 무엇을, 누구를 위한 지역혁신체제인가", 〈동향과 전망〉, 59호, 141~182쪽.

이은진, 1999a, "지역사회학 역사", 〈지역사회학〉, 창간호.

_____, 1999b, "지역사회연구의 현황과 쟁점", 〈지역사회학〉, 창간호.

_____, 2006, "마을 만들기 운동의 현황과 과제", 〈지역사회학〉, 8권 1호, 5~31쪽.

_____, 2009, "사회적 연구에서 지역의 위치", 〈지역사회학〉, 10권 2호, 5~30쪽.

이재열, 2003, "사회적 자본과 시민의식: 서울시와 자치구의 정책결정과 집행에 주는 함의", 〈지역사회학〉, 5권 1호, 41~81쪽.

_____, 2006, "지역사회 공동체와 사회적 자본", 〈지역사회학〉, 8권 1호, 33~67쪽.

이종열, 1998, "도시정치권력이론의 비교론적 고찰: 레짐이론을 중심으로", 한국정치정보학회, 《정치정보연구》, 1권 1호, 99~134쪽.

이해진·이원식·김흥주, 2012, "로컬푸드와 지역운동네트워크의 발전: 원주사례를 중심으로", 〈지역사회학〉, 13권 2호, 229~262쪽.

이해진, 2007, "지역개발과 주민운동의 정치과정 연구: 강원도 고한·사북 지역의 지역개발과정을 중심으로", 고려대 대학원 박사학위 논문.

임경택·설동훈, 2006, "일본의 결혼이민자 복지정책", 〈지역사회학〉, 7권 2호, 5~68쪽.

장세훈, 2012, "도시 재개발의 정치사회학: 부산시의 불량주택 재개발 정책을 중심으로", 〈지역사회학〉, 13권 2호, 5~46쪽.

장원호, 2000, "서울시 지방전자정부 구현실태: 각 구청 홈페이지 비교를 중심으로", 〈지역사회학〉, 2권 1호, 83~99.

정근식·이준식, 1995, "해방이후 지역 간 불균등 발전과 지역갈등의 전개: 연구

사와 쟁점을 중심으로", 한국사회학회 및 학국사회사학회, 《해방후 한국의
구조적 변동과 사회발전》, 광복 50주년 기념학술대회 발표 논문.

정동일·허목화, 2010, "낙후지역에서 사회적 자본 형성의 전략과 그 함의: 인제
군 마을리더교육에 대한 탐색적 연구"〈지역사회학〉, 12권 1호, 43~80쪽.

정동일·성경륭, 2010, "창조적 지역발전과 그룹 지니어스: 신활력사업 대상 낙
후지역을 중심으로", 〈한국사회학〉, 44집 1호, 60~97쪽.

정준호, 2013, "영국 지역정책 거버넌스의 변화", 〈지역과 발전〉, 봄호, 지역발
전위원회.

정태석, 2013, "독일과 한국에서 핵에너지 정책 결정과정에서의 국가: 시민사회
관계 비교와 전문성 정치의 함의", 〈지역사회학〉, 15권 1호, 31~56쪽.

조주은, 2003, "정보격차가 사회에 미치는 영향"〈지역사회학〉, 4권 2호, 45~
69쪽.

_____, 2004, "정보격차의 기술적 요인-한국과 미국의 보편적 관계"〈지역사회
학〉, 6권 1호, 101~125쪽.

지역사회학회, 1993~2002, 각 년도 정기 학술대회 발표논문 자료집.

한림대 사회조사연구소, 1991, 《춘천 리포트》, 나남.

한상진, 1999, "지역사회의 권력구조와 지방정치", 《도시와 공동체》, 한울.


Bauman, Z., & Tim, M., 2001, *Thinking Sociologically*, B. Blackwell, 박창호
역, 2011, 《사회학적으로 생각하기》, 서울경제경영.

Gottdiener, M., & Feagin, J. R., 1988, "The paradigm shift in urban
sociology", *Urban Affairs Quarterly*, 24(2), 163-187.

Smith, M. P., & Feagin, J. R., 1987, "Urban theory reconsidered:
production, reproduction and collective action", *The Capitalist City:
Global Restructuring and Community Politics*, B. Blackwell.

Warner, S. B., 1968, *The Private City: Philadelphia in Three Periods of Its
Growth*, Univ. of Pennsylvania Press.

Weiss, L., & Hobson, J. M., 1995, *States and Economic Development: A
Comparative Historical Analysis*, Polity Press.

Williams, R., 1983, *Keywords: A Vocabulary of Culture and Society*, Oxford
University Press, 김성기·유리 역, 2010, 《키워드》, 민음사.

# 8

## 성찰적 통일론의 모색

조 한 범

## 1. 서 론

한국은 전후의 다른 신생 독립국가와 달리 특징적인 경제성장과 아울러 민주주의 및 시민사회 영역에서도 일정한 성과를 도출했다. 그러나 한국사회의 발전은 분단체제라는 비정상적 상황에서 이루어졌다는 점에서 한계를 내포한다. 남북한은 분단과 냉전적 대립을 기반으로 국가발전을 추구했으며, 자본주의와 사회주의 가치체계를 배타적으로 형성시켰다. 북한은 전체주의 독재체제를 평등주의로 포장했으며, 한국에서는 압축적 성장과 발전지상주의 논리가 지배했다. 그 결과는 위기국가 북한과 신뢰의 위기에 직면한 한국의 현실이라고 할 수 있다.

한국사회의 발전은 세계가 주목할 만한 성과와 아울러 동시에 많은 문제점을 내포한다. 일반적인 선진국의 경험은 경제성장과 아울러 자살률이 감소하는 경향을 보여준다. 그러나 한국은 경제적 성장과 아울러 자살률이 동반 상승하는 경향을 보인다는 점에서 예외적 경우에 해당한다. 이는 오늘날 한국사회 발전의 이면을 특징적으로 보여주는 현상이다.

무엇보다도 한국사회는 분단체제와 냉전문화에 의해 왜곡된 발전을 정상화해야 하는 과제를 지녔다. 한국의 발전은 자본주의의 불완전성과 분단체제의 비정상성이라는 이중적 차원의 문제에 대한 성찰을 요구받는다.

통일의 과정 역시 성공한 체제가 실패한 체제를 수렴하는 방식이 아니라 한국사회의 자기발전을 위한 성찰의 계기가 되어야 한다. 많은 한계에도 불구하고 한국은 변화를 위한 주체적 능력을 배양했다는 점에서 위기국가 북한과 동일시될 수 없다. 그러나 북한의 실패가 한국이 절반의 성공에 안주하는 것을 정당화하는 근거가 될 수는 없다. 한국사회는 분단체제에서 진행된 근대화의 이중적 한계를 정상화해야 하는 과제를 안았다. 통일문제 역시 같은 성찰적 관점에서 해석되어야 한다.

분단체제의 비정상성을 내재한 남북한 간의 산술적 방식의 통일은 분단체제로부터 비롯된 모순을 증폭시켜 스스로 근대화를 완성시킬 기회를 박탈하는 결과를 초래할 수 있다. 통일은 분단체제 근대화의 정상화 과정이어야 하며, 따라서 성찰적이어야 한다.


## 2. 분단체제의 근대화: 발전과 냉전문화


남북한은 사회주의와 자본주의 진영 간 냉전체제의 최전선에서 이념 간의 극단적 대립을 기반으로 각각의 방식을 통해 근대화를 추구했다. 북한은 계획경제를 근간으로 하는 폐쇄적 사회주의 경제체제를

선택했으며 정치적으로는 공산당 일당독재와 유일지배체제를 구축
했다. 개인의 사적 영역과 자율성은 억제되었으며 전체주의적 특성
이 사회를 지배했다.

한국사회의 발전 역시 분단체제의 특성으로부터 자유롭지 못했다
(조한범, 2006: 7~18). 세계적 차원에서 형성된 냉전적 대립구조의
최전선을 담당한 한국에게 안보와 체제경쟁은 가장 중요한 국가적
목표였으며, 민주주의 발전과 자율적 시민사회의 형성은 부차적 의
미를 지녔다. 장기간 한국의 민주주의와 시민사회의 발전에 대한 요
구는 국가안보와 개발독재에 기반을 둔 압축적 성장의 필요성에 우
선순위를 양보해야 했다.

분단체제의 비정상성을 바탕으로 진행된 발전의 결과는 남북한 사
회의 전 영역에 걸쳐 투영됨으로써 한계를 드러낸다. 사회주의적 발
전을 추구한 북한은 총체적 인간안보 위기를 포함하여 체제의 미래를
담보할 수 없는 구조적 한계에 직면했다. 전후의 성공한 발전모델로
서 세계가 주목하는 한국은 압축적 성장의 한계와 아울러 전 사회적
차원에서 신뢰의 위기에 직면했다.

경제적 발전에도 불구하고 한국의 권위주의 정치문화는 해소되지
않으며 시민사회는 진영 간 배타적 대립구조를 형성한다. 한국의 권
위주의 정권은 냉전체제의 대립구조에 기반을 두고 선택과 집중을 통
한 압축적 발전으로 고도성장을 달성했다. 민주주의와 다원주의 문
화의 형성 그리고 분배에 대한 요구는 장기간 국가발전이라는 목표에
가려졌다.

세계적 냉전구조와 진영 간 대립은 남북한 사회 내부에 직간접적
으로 투영되었다. 분단체제는 한국사회 내에 냉전문화가 구조화되
고 일상화되는 원인으로 작용했다. 냉전문화는 세계적 냉전구조와
분단체제의 내적 표현이었으며 장기간 한국사회에 지배적 영향력을

행사했다. 세계적 냉전구조 속에서 반공진영의 최전선에 위치한 한국은 친미(親美) 반공주의라는 강요된 선택에 직면했으며, 북한 역시 사회주의와 유일지배체제를 배타적으로 강화했다.

냉전체제는 공고한 한·미 동맹체제를 탄생시켰으며, 친미 반공주의는 한국사회 지배문화의 중심적 가치체계를 형성했다. 냉전체제의 첨예한 대립구조는 남북한 사회 내에 이념적 자유와 문화적 다원성의 형성을 극단적으로 제약했으며 결과적으로 '배제'와 '강요'를 특성으로 하는 냉전문화가 배양되는 원인으로 작용했다.

장기간 한국사회에서 친미 반공주의에 대한 문제제기는 원천적으로 불가능했다. 특히 6·25 전쟁의 경험과 냉전체제에서 진행된 남북한 간의 군사적 대립은 '친구로서의 미국'과 '적으로서의 북한'이라는 이미지를 형성하는 강화기제였다.[1] 세계적 냉전구조의 심화에 따라 한국사회의 친미 반공주의는 강화되었으며, 지배문화의 핵심적 요소로 자리 잡았다.

분단체제의 구조화에 따라 냉전문화는 한국사회의 거의 모든 영역에 걸쳐 다양한 방식으로 재생산되었다. 민주주의에 대한 요구와 진보정당의 제도화는 장기간 억제되었다. 안보와 국가발전이라는 목표의 당위성은 정당성을 결여한 권위주의 정권이 활용할 수 있는 효율적 명분이었다. 압축적 성장의 효율성은 분배에 대한 요구를 억제했으며, 고도의 군사적 위협에 직면한 한반도의 현실에서 친미 반공주의는 금단(禁斷)의 영역이었다. 친미 반공주의는 권위주의 정권에 대한 정치적 도전을 억제하는 효율적 수단으로도 사용되었다. 단적

---

1 1980년대 이전 한국사회 대부분의 공개적 담론에서 북한은 북괴(北傀)로 표현되었으며 학술논문의 경우에도 마찬가지였다. 북한에 대한 그 어떠한 이해와 동조도 이적행위와 다를 바 없었다.

으로 대중적 기반을 지닌 정당이나 지도자에 대한, 이른바 '색깔론'의 제기는 진위를 떠나 문제제기 자체만으로도 선거와 대중적 지지도에 치명적 영향을 줄 수 있는 파급력을 지녔다.

친미 반공주의는 시민사회의 일상영역에서 다원주의적 요구를 억제하는 기제로 작용했다. 생산현장의 노동운동은 정치적 행위로 다루어졌으며, 민중문화운동은 체제저항 행위로 취급되는 경향을 보였다. 공안기구를 포함하여 한국의 많은 국가기구는 친미 반공주의에 배치되는 행위를 억제하기 위해 많은 노력과 자원을 할당해야 했다. 한반도의 무력 적화통일을 지향하는 북한의 존재는 한국사회에 친미 반공주의 가치의 확산과 냉전문화의 일상화를 가능케 하는 배경으로 작용했다. 광복 이후 6·25전쟁을 포함하여 좌우익 간의 극단적 유혈충돌과 대립을 경험한 한국사회에서 이념적 포용성과 문화적 다양성의 발현은 근본적으로 어려운 일이었다.

친미 반공주의를 중심가치로 하는 한국사회의 지배문화는 배제와 강요라는 냉전문화의 형식을 통해 이해와 관용의 지형을 협소화시킴으로써 공격적인 대항문화를 형성하는 원인으로 작용했다. 친미 반공주의의 배타적 형성과정은 동시에 공격적인 반미(反美) 민족주의를 내용으로 하는 저항문화가 배태되는 과정이었다. 친미 반공주의는 정당성의 결여라는 태생적 한계를 지닌 한국의 권위주의 정부가 정권안보를 위해 활용할 수 있는 효과적 자원이었다. 이는 한국의 반독재 민주주의 진영이 반미 민족주의를 권위주의 정권에 대항하는 가치체계로 선택하는 원인으로 작용했다.

특히 5·18민주화운동의 진행과정에서 미국의 역할에 대한 문제제기에 따라 5·18민주화운동의 세력은 미국을 신군부와 동일한 연장선상에서 비판하기 시작했다. 광주민주화운동은 그동안 확고하게 자리 잡았던 '친구로서 미국'이라는 고정적 이미지에 대한 재해석의 계기로 작용했다. 1980년대 초 미문화원 방화사건은 이와 같은 맥락에서 해석될 수 있다.

군사독재와 권위주의체제에서 반미 민족주의는 은밀한 저항문화의 형태로 발전되는 경로를 거쳤다. 이 같은 반미 민족주의의 경로적 특성은 결과적으로 공격적이고 배타적인 저항문화의 속성을 강화하는 기제로 작용했다. 반미 민족주의의 형성에 대한 억제와 이에 저항하는 공격적 성향의 강화는 한국사회의 진영 간 배타성을 배양하는 토양으로 작용했다.

친미 반공주의와 반미 민족주의는 공히 세계적 냉전체제의 해체와 한국 민주화의 진전과 남북한 간 체제경쟁의 사실상의 종식으로 인해 새로운 변화의 요구에 직면했으면서도 일정한 관성을 유지한다. 남북 정상회담 이후 급속하게 확대된 남북관계 개선으로 금단의 영역이었던 북한은 한국사회 일상의 일부로 자리 잡았으며, 이는 '적으로서 북한'이라는 이미지에 의미변화를 요구한다.

동서진영 간의 대립은 의미를 상실했으며, 이념은 더 이상 국제관계를 지배하는 주요 기준이 아니다. 국제관계는 국익이라는 실용적 차원에 의해 지배되며 한반도의 상황 역시 마찬가지이다. 단적으로 과거의 적이었던 중국은 한국의 제1무역국이며, 대중(對中) 수출은 미국과 일본 그리고 EU를 모두 더한 것보다 많은 규모이다.

한·미 관계 역시 새로운 관계정립이라는 요구에 직면했다. 과거 이념적 동질성에 기반을 둔 동맹에서 양국의 이익을 실현할 수 있는 새로운 관계를 형성해야 하는 상황에 놓였다. 냉전구조의 해체와 남북관계의 패러다임 전환은 새로운 질서의 구축과 적응을 요구한다. '적으로서의 북한'과 '친구로서 미국'이라는 도식에 변화가 야기된다.

냉전문화는 한국사회를 배타적 진영으로 양극화했다는 점에서 문제가 있다. 배제와 강요의 지배문화와 공격적 저항문화의 형성은 공히 문화적 다원성과 이념적 포용성의 형성을 억제했으며, 한국사회의 다양한 갈등구조에 중첩적으로 투영되어 증폭되었다. 분단체제에 기반을 둔 이분법적 대립구조의 형성에 따라 한국의 사회갈등들은 대화와 타협이 아닌 배제와 강요의 형식으로 해결되는 경향을 보였다. 대북정책, 한미관계, 사회의 제반 이슈 등을 둘러싸고 나타나는 여론의 양극화와 보혁(保革) 진영 간 극단적 대립이 반복되는 현실의 기저에는 한국사회의 냉전문화가 자리한다.

배제와 강요를 특성으로 하는 한국사회의 지배문화와 저항문화 간의 배타적 적대관계는 사회갈등의 해소와 사회적 합의를 구조적으로 제약함으로써 사회적 고비용 구조를 형성한다. 진영 간의 근본적 불신구조는 한국사회 신뢰의 위기의 원인으로 작용한다. 사회 내에 해소되기 어려운 불신구조가 내재해있을 경우 절차적 민주주의를 통해 집권한 세력이라 하더라도 반대진영의 내적 동조를 유도해내는 데 한계를 보인다. 그럼에도 불구하고 한국의 집권세력 대부분은 반대진영의 협력과 동조를 유도하는 것보다 자신들의 가치와 목표를 일방적 방식으로 관철하는 데 주력하는 경향을 보였다.

〈1박 2일〉과 〈진짜 사나이〉는 인기와 대중성을 확보한 한국의 대표적 연예프로그램이라고 할 수 있다. 두 프로그램은 승자독식(勝者獨食)의 '복불복'과 '명령과 복종'이라는 병영(兵營) 문화를 주요 내용으로 한다는 점에서 분단체제에서 진행된 압축적 성장과정의 특징을 상징한다. 복불복 게임에서 승자독식과 아울러 분배보다는 선택과 집중이 정당시되며, 병영문화에서는 다양성과 창의성이 아닌 목표에 대한 일사불란한 행동의 통일이 중시된다.

배제와 강요라는 형식의 가치전달체계가 일반화된 분단상황에서 한국사회의 각 진영은 대화와 타협, 관용과 이해의 문화를 관습화하는 데 성공하지 못했다. 이념과 가치를 달리하는 상대진영은 포용의 대상이기보다는 극복해야 할 적으로서 인식되는 경향을 보였다. 이 과정에서 대화와 타협을 통한 신뢰문화의 공간은 협소화되었다.

사회는 다양한 견해와 의견이 존재하는 복합적 공간이며, 차이의 인정과 관용은 민주주의와 시민사회의 핵심가치이다. 분단체제의 냉전문화는 사회적 관용의 확산과 일상화를 억제했고 한국사회 양극화의 원인으로 작용했다. 사회적 이슈는 내용을 불문하고 종종 전 사회적 갈등으로 확산되어 진영 간 대립구도를 형성하는 경향을 보였다. 특히 북한·통일문제는 한국사회 구성원의 미래에 영향을 주는 공통분모가 아니라 한국사회 갈등의 중심적 축을 형성해왔다는 점에서 문제가 있다.

## 3. 자본주의 합리성 증대와 민족 패러다임 약화

한국사회의 발전과 세계화의 진전에 따라 자본주의적 합리성이 증가하는 반면 민족주의적 특수성이 약화되는 경향이 나타난다(조한범, 2013a: 127~129). 한국은 "원조를 받는 나라에서 원조를 주는 나라로 전환한 최초의 사례"이자, "2차 세계대전 이후 탄생한 신생국 중 민주화와 시장화를 동시에 성공시킨 독특한 사례"에 해당한다. 한국이 제2차 세계대전 이후 독립한 신생국 중 성공한 상징적 사례로 인정받는 반면 북한은 미래를 기약할 수 없는 위기국가로 전락했다. 한국의 정치·경제·사회 발전과 북한 위기구조의 심화에 따라 남북한 체제경쟁은 사실상 의미를 상실했으며 남북관계의 지형은 근본적으로 변화한다.

한국의 자본주의체제 편입과 세계화는 급속하게 진전되었으며 이에 따라 한국사회 내 자본주의체제의 합리성과 행위규범이 확산되었다. 한국사회의 발전과 자본주의 합리성의 증대는 지배적 행위규범이 민족적 특수성보다는 보편성에 기반을 둔 세계적 기준으로의 변화를 의미한다. 오늘날 한국사회의 구성원은 평양에서 발생하는 사안보다 미국이나 유럽의 경제상황 변화에 더 민감하게 반응한다.

자본주의 합리성 증대와 민족 패러다임의 약화추이는 통일담론에도 영향을 준다. 통일의 당위성에도 불구하고 통일의식의 변화추이는 긍정적이지 않은 경향을 보인다. 특히 북한에 대한 피로감은 통일의식에 영향을 주는 민감한 요인이다. 진보와 보수 정권의 성향을 달리하는 대북·통일 정책에도 불구하고 북한의 태도는 변화하지 않았다.

통일 미래에 대한 불확실성과 통일비용 부담도 통일담론의 확산에 부정적 영향을 미치는 요인이다. 실업 및 양극화, 복지체제의 미비 그리고 높은 사회갈등 지수 등 한국사회 발전의 한계도 긍정적 통일담론의 형성에 영향을 미치는 요인이다.

그러나 통일담론 약화의 보다 구조적인 배경은 한국사회의 자본주의적 발전과 세계화라는 근본적 요인이라고 할 수 있다. 자본주의 편입과 세계화의 진전은 통일 및 북한 문제라는 민족주의 특수성의 담론보다 세계적 보편성을 강요하는 상황의 도래를 의미한다. 이 같은 상황은 구조적 성격을 지닌다는 점에서 통일담론의 약화는 일시적 현상으로 보기 어렵다. 한국사회의 구조적 변화는 남남갈등과 통일문제 정쟁화 구도와 함께 긍정적 통일담론의 형성에 부정적 영향을 미친다는 점을 주목할 필요가 있다. 이는 통일문제에 대한 새로운 인식의 정립을 요구한다.

## 4. 성찰적 통일론

### 1) 성찰적 통일인식

한국사회의 발전은 양적 성장에도 불구하고 분단체제의 비정상성을
내포한다는 점에서 다양한 성찰성의 문제에 직면했다(조한범, 2013b:
258~264). 분단체제에 기반을 둔 한국의 권위주의 정권은 장기간 국
가발전이라는 목표의 달성을 위해 이념적, 문화적 다양성을 극도로
제약했다. 권위주의 정권은 저발전 상태의 대중적 상실감과 이념적
대립을 최대한 활용하여 성장 지상주의로 포장된 압축적 발전을 시도
했으며, 그 결과 유례를 찾기 힘들 정도의 빠른 산업화를 달성할 수
있었다.

미국은 한반도가 냉전체제의 최전선에 위치해있다는 점에서 한국의
적극적 후원자로 기능했으며, 권위주의 정권은 강압적 통제방식을 활
용하여 압축적 성장모델의 논리를 충실히 적용했다. 압축적 성장이
한국사회에 가져온 물질적 풍요에 대해서는 정당한 평가가 필요하다.
그러나 한국사회의 압축적 발전과정과 병행하여 '압축적 문제'가 발생
했다는 점에 주목해야 한다. 선택과 집중의 방식으로 진행된 발전은
불균형적 성장을 야기했으며 분배의 요구는 장기간 배제당했다. 사회
의 다양성은 통제되었으며 시민사회의 정당한 요구는 종종 반정부 혹
은 반체제적 행위로 억압되었다(조한범, 2004: 48~50).

한국은 동서진영 간 대립의 최전에서 반공의 보루역할을 수행해야
했다. 냉전체제에서 한국에게 부여된 가장 중요한 역할은 동북아에
서 사회주의 진영의 영향력을 막는 방어선이라는 점이었다. 미국을
중심으로 하는 자본주의 진영은 한국이 이 같은 역할에 충실해줄 것

을 원했으며, 이는 민주주의와 시민사회의 형성이라는 한국사회의 다양한 자기발전적 가치에 우선했다. 특히 한국의 국내정치적 안정은 민주주의 발전보다 중요하게 취급되었다. 이 같은 냉전구조 및 분단체제에서 진행된 압축적 성장과정은 시민사회와 민주주의의 발전에 불균형을 초래했다.

같은 분단국가였던 서독에 대한 국제정치적 요구는 한국과 달랐다. 서독 역시 유럽에서 동서진영 간 대립의 최전선에 해당했으며, 소련에 대항하는 미국의 전략적 거점이었다는 점에서 한국과 유사성이 있었다. 그러나 미국을 중심으로 하는 서방세계는 전후 처리과정에서 나치즘의 요소를 근본적으로 제거하기를 원했으며, 이 과정은 서독의 계몽과 성찰을 위한 새로운 계기로 작용했다. 나치즘의 청산과정은 외부에서 강요되었다는 점에서 타율적이었으나 서독 사회는 이를 내면적 자기발전을 위한 계기로 활용했다. 이 과정에서 서독의 시민사회는 빠른 속도로 성장했으며 투명한 민주주의 제도가 정착되었다. 라인 강의 기적은 경제성장과 민주주의 발전의 동반성장이라는 점에 특징이 있다. 서독은 패전과 분단의 상처를 딛고 단기간에 유럽의 주요 국가로서 새로운 위상을 확립했다.

서독의 정치경제적 발전은 예기치 않은 통일을 순조롭게 진행할 수 있었던 근본적 원인이었다. 독일은 준비 없이 진행된 통일과정의 진통에도 불구하고 유럽의 지도적 국가로 위상을 정립하고 있다. 독일 통일은 페레스트로이카와 동서 냉전체제의 구조적 변화라는 국제정세와도 관련 있다. 그러나 가장 중요한 것은 서독이 단기간에 경제적 발전과 아울러 민주주의 및 시민사회의 동반성장을 도출했다는 점이다. 분단체제에서 서독은 철저한 자기성찰을 바탕으로 정치, 경제, 사회적 발전을 이루어냈으며, 이는 급작스럽게 다가온 통일의 지난한 과정을 순조롭게 완수할 수 있었던 저력이었다. 서독은 전후

유럽의 국제정치적 특성을 기반으로 분단체제에서 스스로 성찰의 기회를 만들었으며 이를 사회발전의 중요한 자산으로 활용했다.

한국은 서독의 나치즘 청산과정과 같은 근본적 성찰의 기회를 갖지 못했다는 점에서 한계가 있으며, 장기간 지속된 권위주의와 냉전문화의 한계에서 완전히 탈피하지 못했다. 한국 역시 경제적 성과를 바탕으로 민주화를 지향하는 노력을 지속하며 시민사회 역시 점진적으로 성장한다는 점에서 긍정적 평가가 가능하다.

그러나 분단체제의 한계가 지속된다는 점은 구조적 한계로 작용한다. 분단체제는 사회적 관용과 대화, 타협의 공간을 협소하게 만들었으며, 배제와 강요의 문화형식 그리고 다양성을 압도하는 획일성이 장기간 한국사회를 지배했다. 고용과 복지 없는 성장은 한국발전의 이면이며, 시장경제, 사회복지, 법치주의와 민주화의 완성, 문화적 다원주의 형성 등은 한국사회가 해결해야 할 과제들이다.

한국사회가 직면한 가장 중요한 근본적 과제는 분단체제로 비롯된 '근대화의 비정상성'을 해소하는 것이라고 할 수 있다. 분단체제의 사회발전에 대한 성찰적 고민과 자기반성을 통해 근본적 대안의 모색이 필요한 시점이다. 이를 위해 성찰적 근대화[2]의 개념을 주목할 필요가 있다. 성찰적 근대화는 자본주의 발전의 불완전성에 대한 반성과 대안의 모색을 내용으로 한다. 현대사회의 문제는 근대화의 기획이 완성되지 못했다는 점에 기인하며, 따라서 성찰적 노력을 통해 한계의 극복과 아울러 근대화 기획의 완성을 지향해야 한다는 것이다.

예를 들어 기든스는 지구화의 심화 및 탈(脫)전통 질서의 등장,

---

2 기든스, 벡 등 '성찰적 근대화'를 강조하는 논자는 자본주의적 근대화와 발전의 한계에 주목하고 비판적 대안을 제시한다(Beck, Giddens & Lash, 1994).

그리고 사회적 성찰성을 현대사회의 3가지 주요 발전경향으로 제시한다. 그에 따르면 현대사회는 기존의 진단과 처방으로 해결될 수 없는 새로운 위험을 수반하며, 사회주의와 신자유주의 자본주의 모두 한계를 지닌 것으로 인식된다. 기든스는 이 같은 근대성의 한계를 해소하기 위해 성찰성을 주목하며 대안으로 '제 3의 길'(Giddens, 2000〔1999〕/2001)을 제시했다. 기든스가 강조하는 제 3의 길 정치의 주요 특징은 '열린 사회, 대화민주주의와 자율적 개인, 역동적 시민사회, 효율적 정부' 등이다. 성찰적 근대화 개념은 인류가 달성한 근대화의 다양한 한계와 문제에도 불구하고 근대화 자체에 대한 비관적 전망에 머무르지 않는다는 점에 특징이 있다. 기존의 근대화는 의도된 기획의 절반에 불과하며 성찰적 노력을 통해 나머지를 채워나갈 수 있다는 점에서 근대화에 대한 긍정을 기반으로 한다.

성찰적 근대화 개념은 분단체제의 압축적 성장과정에서 다양한 문제에 직면한 한국사회에 함의가 있다. 한국의 급속한 발전과 물질적 풍요의 이면에는 대형재난, 분배구조의 왜곡, 획일주의, 진영 간 대립과 사회갈등 등 다양한 문제가 자리 잡았다.

가장 중요한 문제는 한국사회가 분단체제와 냉전문화에 기반을 둔 신뢰의 위기에 직면했다는 점이다. 세계 최고수준의 자살과 이혼율은 한국이 성공했으나 행복하지 않은 나라인 현실을 극명하게 보여주는 지표이다. 타의 추종을 불허하는 OECD 1위 수준의 노인 우울증과 자살률은 한국사회 삶의 질과 복지체제의 한계를 입증하는 극명한 사례이다. 한국의 사회갈등 역시 OECD 27개국 중 가장 높은 수준에 해당한다. 특히 다른 나라의 사회갈등이 종교(터키), 빈부격차(폴란드), 재정위기(이태리) 등 단일 요인에 기반을 두는 데 비해, 한국의 사회갈등은 계층·노사 및 이념갈등을 중심으로 세대와 지역, 성별 등 다수의 영역과 연계되었다는 점에서 중층적이고 복합적

이다(이재광, 2014: 1~2). 한국의 언론자유는 세계 68위로 언론자유
국가가 아닌 부분자유국가에 그친다(Freedom of the Press, 2014).

근대화의 불완전성과 분단체제는 한국의 발전을 이중적 차원에서
제약했다. 과대 성장한 국가권력과 권위주의, 시민사회의 미발달,
이념과 문화적 획일주의, 사회적 관용의 결여 등은 분단체제와 직간
접적 관련을 맺는다. 이 같은 문제의 해소와 한국사회의 자기완성을
결여한 통일과정은 새로운 문제의 시작일 수 있다는 점을 주목해야
한다. 오늘날 한국사회가 직면한 문제는 분단체제에서 진행된 근대
화의 복합적 결과라는 점에서 한국사회 발전의 불완전성에 대한 근본
적 자기성찰을 필요로 한다. 분단체제 근대화의 한계에 대한 성찰에
입각한 새로운 대안의 모색이 필요하며, 이를 '성찰적 통일론'으로 개
념화할 수 있을 것이다(조한범, 2004: 47~56, 2006: 48~54).

성찰적 통일론은 통일에 대한 인식과 노력을 분단된 남북 양자관
계가 아니라 남북한 사회의 내적 차원으로 확대할 필요성이 있다는
점을 강조하는 것이다. 따라서 분단구조의 남북한 양 체제의 내적
비정상성을 주목하고 이를 정상화하는 노력이 무엇보다 중요하다.
이 같은 성찰적 노력의 필요성은 남북한 양측 모두에게 적용된다.
그러나 위기국가 북한은 자생성을 상실해가며 성찰적 노력을 경주할
수 있는 정치·경제·사회적 자원에 한계를 지녔다. 이는 한국이 통
일을 지향하는 성찰적 노력을 선도해야 한다는 것을 의미한다. 한국
사회 스스로 분단체제 근대화의 비정상성을 회복하는 내적 노력을
강화하고 이를 남북관계에 적용시켜 통일과정을 선도하는 주체적 역
량을 강화해야 한다.

성찰적 인식은 통일에 대한 산술적 패러다임을 넘어서는 것이다.
통일은 남북한의 물리적 통합을 넘어 분단체제에서 진행된 한국사회
발전의 불완전성을 해소하는 화학적 변화를 통해 완성되어야 한다.

통일은 한국사회 발전과정에서 수반된 문제의 해소를 포함하는 근대화의 정상화 과정이자 성찰적 과정이어야 한다. 통일은 스스로의 정상화 노력을 포함하는 '과정'의 성격을 지녀야 한다. 따라서 통일의 시제는 분단 이전으로의 회귀나 현 상태로의 수렴이 아니라 한국사회의 제반 문제들을 해소하는 성찰적 노력을 포함하는 미래완료형이어야 할 것이다.

한국사회의 구성원은 분단체제의 피해자이자 동시에 가해자일 수 있으며 구조적인 냉전문화의 장애로부터 자유롭지 않다. 스스로 장애를 극복하는 노력이 중요하며 이를 통해 통일을 위한 추진력을 확보하는 것이 중요하다. 분단체제의 구조적 한계와 비정상성의 극복은 통일을 통해서만 가능하다는 점을 인식해야 할 것이다.

특히 성찰적 근대화 모델이 제시하는 대화민주주의에 주목할 필요가 있다. 대화민주주의는 동의의 획득보다 대화 자체를 통해 공적 신뢰와 공존의 가능성을 확보할 수 있다는 점을 중시하기 때문이다. 배제와 강요의 배타적 냉전문화 속에서 분열과 고립의 상호단절 구조를 형성하는 한국사회의 보혁 양 진영은 지속적 대화를 통해 대화민주주의를 형성할 필요가 있다. 적대적 진영 간의 대화의 장을 마련하는 과정자체를 통해 중장기적으로 극단적 대립구도를 완화하고 신뢰구조를 형성해나갈 수 있기 때문이다. 보혁 양 진영 간의 대화와 타협이 없이 한국사회에 뿌리 깊게 투영된 분단체제의 비정상과 구조적 문제를 해소하는 것은 불가능하다. 다양한 노력을 통해 진영 간 대화의 공간을 만들어나가고 이를 통해 사회적 합의와 동의의 여지를 확대해야 한다.

성찰적 노력의 출발점은 분단체제의 비정상성과 한국사회 발전의 불완전성에 대한 스스로의 진지한 고민이다. 통일의 여정은 분단체제 사회발전의 한계를 극복하는 새로운 계기이자, 긍정적 미래를 실현하는 과정이어야 한다.

## 2) 한민족 생태계 개념

대북·통일 정책의 패러다임 전환은 '생태계' 개념의 채택을 통해 모색할 수 있을 것이다(임강택·조한범 외, 2013: 613~640). 생태계는 생물과 무기적 환경요인 간의 복합체계이며 따라서 정상적 생태계는 생물과 환경이 지속가능한 공존상태를 의미한다. 이 같은 생태계 개념을 확장할 경우 민족생태계는 역사와 문화를 공유하는 단일 생활권의 민족공동체로서 환경적 요인과 조화로운 관계를 유지하는 상태를 의미한다. 정치, 경제, 사회의 각 구성부분이 유기적 관계를 통해 합목적적으로 작용하는 상태를 정상적인 민족생태계라 할 수 있을 것이다.

그러나 특정한 요인에 의해 민족생태계가 교란될 경우 각 분야에서 유기체적 관계의 단절로 인한 비정상성이 나타난다. 분단체제는 민족생태계의 파괴 및 교란의 전형적 사례라고 할 수 있다. 민족생태계가 파괴될 경우 민족공동체 구성원의 생활세계에 비정상성과 병리적 요소의 증가와 아울러 삶의 질에 부정적 영향을 미친다.

'한민족 생태계'(조한범, 2013c: 2~3) 개념은 분단체제와 통일문제에 생태계 개념을 접목시킨 것으로, 남북한을 민족생태계가 파괴된 비정상적 상태로 인식하는 것이다. 한민족 생태계 개념은 남북관계의 단기적 현안과 이슈를 넘어 한민족 공동체의 단절상태에 주목하며 민족공동체의 생태적 연결을 중시한다. 이 같은 관점에 의할 경우 남북한 사회의 많은 문제들은 한민족 생태계의 단절이라는 구조적 요인과 직간접적인 연관성을 지닌 것으로 이해된다. 따라서 남북한 사회가 내재한 문제의 궁극적 해결은 단기적 처방이 아닌 한민족

〈그림 8-1〉 한민족 생태계 복원 흐름도

| 한민족 생태계 단절 | | 선도형 통일 과정 | | 한민족 생태계 복원 |
|---|---|---|---|---|
| ·북핵 위협 및 군사적 대치<br>·위기국가 북한<br>·한국사회 신뢰의 위기 | → | ·내적 신뢰프로세스 및 신뢰사회 구현<br>·민족공동체 형성<br>·동북아 평화협력 | → | ·분단비용 해소 및 통일 편익 발생<br>·인간안보의 구현 및 정상국가화<br>·세계 선도 국가 |

공동체의 창조적 복원과정을 통해 가능한 것으로 인식된다.

분단은 한반도를 지리적으로 단절시킴으로써 남북한은 지정학·지경학적 차원에서 많은 피해를 감수한다. DMZ는 남북한뿐만 아니라 유라시아 대륙과 태평양 간 문물의 교류를 단절시킨다. 월남 실향민과 이산가족, 북한이탈주민들은 정서적 단절의 직접적 피해자이다. 장기간 지속된 단일 생활권의 역사와 문화 역시 분단으로 인해 남북한 간에 상호 이질적 형태로 존재한다. 전쟁의 상시적 위협과 중무장한 2백여만 명의 병력이 한반도에서 대치하는 상황도 한민족 생태계단절의 직접적 결과이다. 특히 총체적 인간안보 위기에 처한 북한의 상황은 단절된 한민족 생태계의 문제를 극단적으로 상징한다.

세계가 주목하는 경제적 성장을 이룩한 한국이 아직도 전 근대적 이념대립 및 사회갈등으로 신뢰의 위기에 직면해있다는 점도 한민족 생태계의 단절상황과 관련 있다. 남북 대치상황은 사회 구성원이 단일가치를 받아들여야 하는 배경이었으며 사회적 경직성이 커지는 원인으로 작용했다. 진영 간 갈등, 계층 간 갈등, 세대 간 갈등 그리고 지역 간 갈등 등 한국의 주요한 사회갈등 역시 한민족 생태계의 단절상황과 관련 있다. 한민족 생태계의 단절은 한국사회가 당면한 신뢰위기의 근본적 원인이라고 할 수 있을 것이다.

한민족 생태계 개념의 의의는 대북·통일 정책의 목표와 대상을 북한정권에 국한하는 것이 아니라 단절된 남북한 생태계의 연결 및 이를 위한 환경적 조건의 형성으로 확장한다는 점이다. 따라서 북한 주민에 대한 정책의 중요성도 강조된다. 아울러 분단체제를 비정상적인 생태계 파괴의 단계로 이해하며, 분단체제로부터 비롯된 다양한 병리적 현상에 대한 자각과 치유의 능동적 노력을 강조한다. 병리적 현상의 해소와 치료에서 가장 중요한 것은 스스로의 상태에 대한 '인식'이다. '통일 대박' 담론은 통일에 대한 비전 제시라는 긍정적 평가에도 불구하고 한국사회의 불완전성에 대한 자기성찰이 결여됐다는 점에서 한계가 있다. 한국사회의 자기완결성의 추구는 통일 대박 실현을 위한 전제조건이기 때문이다. 통일은 한국사회 스스로의 정상화 과정을 포함하는 한민족 생태계의 미래지향적, 창조적 복원의 과정이 되어야 한다.

### 3) 선도형 통일

한민족 생태계 개념을 적용할 경우 대북·통일 정책은 단절된 한민족의 생태계의 복원을 지향하는 정책의 성격을 지닌다. 그러나 한민족 생태계의 복원이 단절 이전 과거로의 회귀를 의미하는 것은 아니다. 남북한은 70여 년간 서로 상이한 발전과 근대화의 과정을 경유했으며 체제이질성을 배양했다. 따라서 과거지향적인 민족생태계 복원은 실현가능성도 없으며, 새로운 문제를 야기할 것이다.

아울러 남북한은 분단시점인 과거와 달리 지구적 차원의 변화에도 직면했다. 세계적 냉전체제는 해체되었으며, 세계화의 진전으로 한국사회는 더 이상 피의 순수성에 기반을 둔 단일민족국가를 강조하기 어려우며 다문화의 영역도 빠르게 확산된다. 따라서 한민족 생태계의 복원은 미래지향적이며 창조적 관점에서 추진될 필요가 있다. 한민족 생태계 복원은 분단구조와 냉전문화의 해소 그리고 인간안보가 구현되는 21세기 세계를 선도하는 정치·경제·사회적 시스템의 구축을 포함하는 과정이어야 한다.

한민족 생태계의 창조적 복원을 위해서는 '선도형 통일'이라는 새로운 방식의 통일 패러다임에 대한 검토가 필요하다. 선도형 통일은 '모범적 주체에 의한 선도(善導)' 및 '발전적 미래 모델의 지향이라는 선도(先導)'의 의미를 포함하는 복합적 개념이다(김규륜·조한범 외, 2012).

북한은 한민족 생태계의 복원을 선도할 능력과 의지에 한계가 있다는 점에서 한국의 선도적 역할이 우선적으로 중요하다. 위기국가 북한의 현재가 통일국가의 모델이 될 수 없으며 통일을 선도하는 것도 기대하기 어렵다. 한국은 북한에 비해 상대적으로 모범성과 변화를 위한 능력을 확보했다는 점에서 통일을 선도해야 할 권리와 의무를 지닌다. 그러나 한국 역시 성공적 발전의 이면에 내포된 많은 문제를 해결해야 한다는 점에서 통일국가의 이상적 모델로서 한계를 지닌다.

남북한 모두 분단체제에서 진행된 발전의 한계를 극복하는 노력이 필요하다. 한국은 스스로 성찰적 변화와 아울러 통일과정에서 북한 인간안보 위기의 해소를 위해 적극적으로 노력해야 한다. 한국은 북한에 비해 이를 선도할 수 있는 능력과 의지에서 상대적 우월성을 갖췄다는 점에 주목해야 한다. 분단체제의 고착화를 방지하고 한민족 생태계의 파괴라는 병리적 현상의 해소 및 이를 위한 남북한 양자의 긍정적 변화에 대한 선도가 필요하다. 그리고 이를 통해 인간안보가 구현되는 미래지향적 관점에서 한민족 생태계의 복원을 지향해야 할 시점이다.

## 4) 통일문제의 내적 신뢰프로세스: 통일국민협약

한국사회 신뢰의 위기를 해소하는 내적 신뢰프로세스의 추진이 필요하다. '신뢰사회' 담론은 한국사회 갈등의 해소를 지향하는 상위 담론으로서 다양한 하위정책의 구심점의 역할을 수행해야 할 것이다. 특히 내적 신뢰프로세스는 통일문제의 영역에서 중요성을 지닌다. 통일문제와 관련된 한국사회의 내적 신뢰가 형성되지 않을 경우 남북 간 신뢰형성도 어렵기 때문이다. 대북·통일 정책에 관한 여야·진영 간 신뢰관계와 아울러 남남갈등의 해소를 내용으로 하는 종합적인 내적 신뢰프로세스의 추진을 검토할 필요가 있다.

이를 위해 사회협약으로 '통일국민협약'(조한범 외, 2013: 265~275)이 검토될 수 있다. 통일국민협약은 통일문제의 정쟁화를 방지하고 생산적 협력구도를 형성하기 위한 사회협약으로서의 성격을 지닌다. 통일국민협약은 '통일에 대한 국민의 동의', '합의를 통한 정책추진', '통일문제의 정쟁화 방지', '민족차원의 정책추진 원칙' 등을 내용으로 하며 이를 사회협약 형식으로 구체화하는 것이다.

통일국민협약의 체결과정은 시민사회와 정치권, 종교계, 언론계, 노사 등 한국사회의 대표적인 각 진영의 참여를 통해 이루어져야 할 것이다. 우선 진보, 보수 진영의 시민사회 간 대화 및 협의를 통해 통일국민협약의 필요성을 제기하는 것을 출발점으로 삼을 필요가 있다. 아울러 시민사회와 여야의 소장파 등 개혁성향 정치세력이 협력구도를 형성하고 시민사회와 정치권의 공동 제안방식을 채택하는 것이 바람직하다. 통일국민협약의 성공적 체결에 가장 중요한 것은 초당적, 초정파적 추진과정이라고 할 수 있다.

통일국민협약은 일사불란한 합의가 아니며 남남갈등과 민족문제의 정쟁화 구도를 해소하는 사회적 노력으로서 최소주의적 합의를 추구

<표 8-1> 통일국민협약 추진 과정

| 단계 | 제안 | 연석회의 | 체결 | 이행관리 |
|------|------|----------|------|----------|
| 내용 | 시민사회·정치권 주도 협약제안 | • 통일국민협약추진 범국민 연석회의 구성<br>• 본회의 및 실무회의를 통해 협약내용 및 추진논의 | 체결<br>·<br>선포 | • 통일국민협약 실천협의회구성<br>• 협약이행의 감독, 평가 및 백서발간 |

하는 것이다. 민족문제는 특정 정파의 이해관계를 넘어 민족공동체 전체의 안위와 미래와 관계되는 사안이라는 점에서 기본적 합의기반의 형성이 필요하다. 한국사회의 심각한 갈등구조를 감안할 경우 통일국민협약 체결은 시도 단계에서부터 다양한 난관에 직면할 수 있으나 시도 자체로서 남남갈등 해소의 노력으로서 중요성이 있다. 진영간 배타적 대립구조가 상존하는 한 통일과정의 효율적 추진은 가능하지 않으며 정책적 추진력의 확보도 어렵다는 점을 주목해야 한다.

내적 신뢰프로세스의 추진 및 통일국민협약의 체결과정에서 시민사회의 역할은 무엇보다 중요하다. 시민사회내의 보혁 간 대화구조를 형성하고 중장기적으로 남남갈등의 소지를 구조적으로 해소하는 노력이 필요하다. 특히 통일문제가 극단적 견해에 의해 주도되는 것을 방지하고 합리적 시민사회 차원에서 다양한 여론이 형성되도록 할 필요가 있다. 시민사회의 영역에서 진영 간의 다양한 대화의 시도를 통해 사회적 신뢰관계를 관습화하고 통일에 대한 사회적 합의를 유도하는 노력이 경주되어야 할 것이다.

## 5. 맺음말

대박 담론으로 통일문제의 이슈화가 사회 전반에서 진행된다. 분단체제의 비정상성을 감안할 경우 통일문제의 이슈화는 오히려 늦은 감이 있다. 문제는 대박을 실현할 수 있는 우리 사회의 능력과 한계에 대한 진지한 고민과 성찰의 결여라고 할 수 있다. 준비되지 않은 독일 통일이 비교적 순조로운 과정을 통해 성공적인 결과를 도출할 수 있었던 근본적 요인은 서독 사회의 자기성찰과 사회발전이었다는 점을 주목해야 한다. 동일한 분단체제의 발전을 추구했으면서도 한국과 서독은 상당 부분 다른 경로적 특성을 내포한다.

오늘날 한국사회는 성공한 국가로 평가받는다. 그러나 한국의 급속한 성장의 이면에는 다양한 형태의 문제가 잠재했으며, 특히 사회갈등은 오랫동안 한국사회에 부정적 영향을 미쳐왔다. 이념갈등과 지역갈등, 계층갈등, 세대갈등은 한국사회 갈등의 주요 영역이다. 이는 다양한 이슈에 투영되어 재생산됨으로서 사회적 고비용 구조를 형성했다. 장기간 지속된 독재체제는 반독재민주화운동을 잉태했다. 이는 한국사회에 민주와 반민주 그리고 진보와 보수라는 이분법적 지형이 형성되는 기반으로 작용했다. 이 같은 구도가 한국사회 갈등의 기초로 작용함으로써 사회통합을 저해한다. 한국사회의 다양한 이슈는 그 자체의 논리보다는 진보와 보수라는 진영 간 논리에 의해 재단됨으로써 불필요한 갈등을 야기했으며 다양한 이슈와 연계되어 확대재생산되는 경향을 보였다. 한국사회의 많은 문제는 분단체제에서 진행된 발전의 한계를 내포한다.

대박의 추구에 앞서 분단체제 발전에 대한 근본적 성찰이 필요하다. 한국사회 스스로 자기완성을 위한 노력이 경주되지 않을 경우 통일의 과정은 지난(至難)할 것이며 비관적 전망을 낳을 뿐이다. 통일의 가장 우선적 당위성은 분단체제 비정상성의 극복이어야 하며 진정한 인간안보의 구현이어야 한다. 대박은 이를 바탕으로 한 미래 가치의 구현이어야 한다.

'북한체제 붕괴 시 어디로 갈 것인가?'를 묻는 질문에 북한주민이 한국보다 중국을 더 선호했다는 점은 시사하는 바가 크다.3 북한 주민에게 한국은 아직 신뢰할 만한 그리고 매력적인 땅이 아님을 의미하는 것일 수도 있다. 동독 붕괴 시 주민 스스로 자연스럽게 체제를 해체하고 서독을 선택했다는 점을 상기해야 한다. 독일통일은 흡수형 통일이 아닌 동독 주민들의 자발적 선택에 의한 합의형 통일이라고 할 수 있다. 그 원동력은 서독사회의 자기성찰에 기반을 둔 발전이었다. 통일은 우리 스스로 발전의 한계를 극복하고 단절된 한민족 생태계를 미래지향적으로 복원함으로써 근대화의 주권을 회복하는 계기가 되어야 한다.

---

3 '북한 붕괴 시 누구와 손잡겠느냐?'에 대한 질문에 북한 주민의 27.1%가 한국, 31.5%가 중국을 선택했다(〈조선일보〉, 2013.12.20). 2009년 북중 접경지역에서 북한주민 1,000명을 대상으로 한 조사의 결과이다. 아울러 최근 남북관계의 경색 및 대치국면의 영향으로 대남인식이 전반적으로 약화된다. 북한이탈주민을 대상으로 한 조사에서 "남한이 적대 대상이라고 생각했다"는 응답이 2013년도 12.8%에서 2014년도 20.1%로 크게 증가했다 (서울대, 2014).

# 참고문헌

김규륜·조한범 외, 2012, 〈선도형 통일의 경로와 과제〉, 통일연구원.

서울대, 2014, 《2014년 북한사회와 주민의 의식변화》, 서울대 통일평화연구원, 39쪽.

이재광, 2014, "갈등의 사회학", 《이슈진단》, 경기개발연구원, 1~2쪽.

임강택·조한범 외, 2013, "창조경제 기반 문화·환경·산업융합 남북협력 추진 방안", 《창조경제 새로운 아이디어 새로운 시장》, 경제인문사회연구회, 613~640쪽.

〈조선일보〉, 2013. 12. 20, '동토의 왕국 본 지금 우린 무엇을 해야 하나'.

조한범, 2004, 《남북 사회문화공동체 형성을 위한 대내적 기반구축방안》, 통일 연구원.

_____, 2006, 《남남갈등 해소방안 연구》, 통일연구원.

_____, 2013a, "통일문제에 대한 우리 사회 합의와 신뢰형성", 《한반도 신뢰의 길을 찾는다》, 선인, 127~129쪽.

_____, 2013b, 《지속가능한 통일론의 모색》, 한울, 258~264쪽.

_____, 2013c, "한민족 생태계의 창조적 복원을 위한 신뢰 프로세스전략", 〈KINU On Line Series Co 13-14〉, 통일연구원, 2~3쪽.


Beck, U., Giddens, A., Lash, S., 1994, *Reflexive Modernization: Politics, Tradition and Aesthetics in the Modern Social Order*, Stanford University Press, 임현진 역, 1998, 《성찰적 근대화》, 한울.

Freedom of the Press, 2014, Freedom House.

Giddens, A., 2000〔1999〕, *Third Way: The Renewal of Social Democracy*, Polity Press, 한상진·박찬욱 역, 2001, 《제3의 길》, 생각의 나무.

# 3부

## 가족 · 여성 · 범죄

**가족사회학 연구의 동향과 전망**
함 인 희

**한국 사회학에서의 여성연구**
통합과 분리의 이중전략
이 재 경

**국제이주 · 다문화 연구의 동향과 전망**
이 혜 경

**일탈 및 범죄 연구의 동향과 전망**
이 성 식

# 9

## 가족사회학 연구의 동향과 전망

함 인 희

불연속적 사회변동의 시대에 설명적 이론은 진단적 이론을 전제한
다. 친밀성, 사랑, 가족, 남녀 관계, 가사 등에서 관찰된 변화가 개
념적 이론 틀로 의미 있게 묘사되고 이해되는 데 성공한 후에야 비
로소 '왜 라는 질문'이 새롭게 던져질 수 있는 것이다. 그런 후에야
비로소 사랑과 가족의 일상에서 나타나는 새로운 초국적 현실과 그
로 인해 생길 수 있는 미래의 위험에 대해 좀더 잘 대응할 수 있게
된다(Beck et al., 2012: 25 각주 1에서).

## 1. 들어가는 이야기: 가족사회학의 주변화?

지난 50여 년의 가족사회학 연구성과를 정리해 보고 앞으로의 방향을
모색하고자 하는 과정에서 먼저 지난 시기의 성과에 관한 평가를 정리
하면 다음과 같다(최재석, 1976; 한남제, 1984; 이동원 · 함인희, 1996;
김혜경, 2012).

첫째, 가족사회학 분야의 연구는 1970년대 전반까지 완만한 성장

을 보이다가 1970년대 후반 이후부터는 양적 측면에서 괄목할 만한 성장을 보이는 가운데 연구주제의 다양화 및 시기별 부침(浮沈)을 보여준다. 1970년대까지는 가족기능 연구, 전통적 친족제도 및 동족 연구, 가족계획 관련 연구, 신라·고려·조선시대 가족 연구 등이 주를 이루었다.

1980년대 이후부터는 가부장제에 대한 여성학적 논의, 가족주의 연구, 성과 사랑을 주제로 한 연구, 부부중심적 가족관계의 특성 연구, 변화하는 사회에서의 주부의 삶에 대한 관심, 계급별 가족 연구, 가족문제 및 가족정책 전반에 대한 관심, 사회구조와 가족과의 관계 및 가족의 변화양상에 대한 연구, 가족이론 및 방법론에 대한 관심 그리고 북한가족 연구 등이 연구자들의 관심을 끄는 새로운 주제였다.

IMF 외환위기를 거치며 21세기로 들어서면서는 가족을 바라보는 시선이 확장되면서 저출산·고령화와 연계된 위기의식을 반영한 연구, 결혼이주가족의 증가에 주목한 연구, 가족과 시장, 나아가 가족과 국가의 관계에 초점을 맞춘 연구 등이 가족사회학 영역으로 포섭된다. 더불어 사회사 분야의 지속적 발전에 힘입어 가족사 분야의 연구도 성과를 축적하며 보다 비판적, 갈등적 시각에서 가족을 조망하는 연구 또한 다수 등장했다.

다만 사회학 도입초기 주류를 형성하던 가족사회학 영역이 점차 주변화되는 현상이 감지되며, 연구자의 성별이 어느 한 성(여성)으로 집중되는 성별화(gendered) 현상 또한 강화됨(Acker, 1992)은 유감이다. 가족사회학의 주변화는 가족문제의 심화라는 사회적 현실 및 사회적 요구와 충돌하면서 급격한 사회변화 과정에서 파생되는 다종다양의 가족문제 현황을 파악하고 원인을 분석함으로써 유효한 문제해결 방안을 제안해야 하는 가족사회학의 사회적 책임을 유기하는 결과를 가져왔다.

더불어 연구자의 여성집중 현상이 심화되면서 '가족사회학 = 여성
영역'이란 등식이 성립됨에 따라 성과 세대의 동학에 따른 권력불평
등 현상 분석에서 시각의 균형감각을 유지하는 데 일정한 한계를 보
이기도 한다.

연구주제의 변화과정에서 드러나듯이 1960, 1970년대 가족사회학
계를 풍미하던 소수의 가족학자를 중심으로 한 '연구의 독과점 현상'
이 다소 완화된 것은 가족사회학 연구자의 양적 증가와 더불어 연구
주제의 확대 및 연구시각의 다양화 현상에 힘입은 바 크다 하겠다.
이 과정에서 비판가족론을 위시하여 국가와 가족 그리고 계급의 관
계를 규명하려는 논문과 여성의 시각에서 여성의 가족 경험을 토대
로 가족제도의 억압적 측면을 '폭로'하는 연구시각이 도입됨은 주목
할 만한 발전이라 생각된다. 더불어 가족문제를 개별가족의 병리 차
원으로부터 사회구조적 요인으로 인해 파생되는 사회문제로 인식토
록 한 것도 가족사회학 분야의 업적 가운데 하나라 생각한다.

둘째, 가족사회학 영역에서 가장 취약한 분야로 한국 가족의 특수
성을 규명할 수 있는 이론 및 방법론의 결여가 지적된다. 제도사 중
심의 연구(김두헌, 1949, 1969; 최재석, 1970; 이광규, 1983)는 그 자
체로 많은 의미를 가지나 지배계급 중심의 연구이자, 문헌으로 기록
된 사료만을 토대로 하는 연구이기에 가족을 둘러싼 다중적 의식 및
실질적 경험을 역동적으로 보여주기에는 한계를 갖는다.

일례로 해방 이후 한국 현대사를 회고하면 한국의 가족사회학 분야
에서 1945년 이후 1960년에 이르는 사회적 격변기의 사회사 및 가족
사는 현재 공백상태라 해도 과언이 아니다. 분단과 전쟁, 정치적 혼란
과 경제적 궁핍을 헤쳐 오면서 그 누구보다도 열심히 가족을 지켜온
삶이 치열하게 전개되었을 법함에도 불구하고 당시의 기록은 주로 정
치적 격변과 사회적 혼란을 증언하는 데 치중한다(박명선, 1991).

결국 한국 가족만큼 풍부한 이야기를 간직한 경우도 흔치 않을 것이나 그 이야기의 많은 부분이 학계에서 사장된 경우 또한 드물다 하겠다. 농축된 사회변동 과정에서 한국 가족이 겪어온 풍부한 이야기를 고스란히 담은 자료를 다양하게 발굴하는 동시에 우리의 이야기를 적절히 담을 수 있는 방법론적 도구, 개념적 틀을 마련하는 작업이 시급함은 재론의 여지가 없을 것이다. 특히 1970년대 이후부터 서구(주로 미국) 가족연구에서 사용되는 개념 틀, 분석 도구 등을 무비판적으로 수용하여 한국 상황에 적용하는 연구가 주를 이룬 것에 대한 비판적 반성과 대안적 논의가 병행되어야 할 것이다.

셋째, 변화하는 가족 현실과 변화를 논의하는 가족담론 사이에 다양한 괴리 및 간극이 존재함으로써 가족에 관한 고정관념 및 신화를 불식시키기보다 오히려 이를 강화하는 효과를 낳는다.

가족의 변화과정을 연구하는 작업은 그리 간단한 일이 아님은 자명하다. 앤더슨은 '지난 20년간 가족사가에 의해 밝혀진 한 가지 명백한 사실이 있다면, 그것은 16세기 이래 서구 역사 속에서 단선적 가족사를 구성하는 일은 불가능하다는 사실'임을 고백한다(Anderson, 1980). 뿐만 아니라 가족은 같은 사회 안에서도 계급이나 가족의 사회경제적 지위, 인종이나 민족, 지역적 특성, 종교적 배경 등에 따라 다양한 모습을 보이기 마련이다. 같은 가족 성원이라 해도 성과 연령 혹은 가족 주기 등에 따라 가족 경험에는 다양한 차이가 나타나므로 변화를 포착하는 것은 그 자체로 어려울 수밖에 없다.

더욱이 가족의 변화를 해석하는 문제는 연구자의 가치관과 관련해서 극히 미묘하고도 어려운 문제를 제기한다. 실제로 가족영역에서 어떠한 변화가 얼마만큼 진행되었는가를 평가하는 문제는 변화의 기준을 어느 시기로 설정하느냐에 따라 달라진다. 이를테면 오늘날 가족형태의 다양성이 증가한다는 해석에 대해 권태환(1998)은 조선시대

가족 성원의 구성이 훨씬 다양했다는 평가가 가능하다는 주장을 한다. 따라서 향후 가족의 변화를 규명하고자 할 때는 변화의 기준이 되는 시점을 명시함으로써 변화의 방향 및 강도를 추정함에 불필요한 혼란을 방지하도록 해야 할 것이다.

변화에 대한 해석이 야기하는 두 번째 문제는 변화의 메커니즘을 규명하고 이를 평가하는 과정과 관련된다. 실제로 산업화가 가족의 변화를 야기했다는 명제를 두고 보다 구체적으로 산업화의 어떠한 요인이 가족의 변화를 야기한 추동력이었는가를 검증하는 문제와 과연 가족의 변화를 야기한 원인이 산업화인가하는 문제를 놓고 학자 간에 많은 이견이 노출된다. 나아가 가족은 사회로부터 일방적으로 영향을 받기만 하는 수동적이며 소극적 집단인가에 대해서도 의문이 제기된다(이효재 편, 1988).

한편 가족의 변화를 인정한다 하더라도 그 변화를 긍정적으로 해석할 것이냐 부정적으로 해석할 것이냐? 하는 문제가 또 남는다. 예를 들면 지난 50여 년간 이혼율의 꾸준한 증가현상을 어떻게 해석할 것이냐를 놓고[1] 이를 가족의 해체로 보아 사회문제로 볼 것이냐 아니면 불행한 결혼의 해소로 보아 개인(특히 여성)의 권리가 신장되었다고 볼 것이냐 하는 문제는 판단하기 매우 어렵다.

여기에 더하여 가족사회학은 가족 현실의 변화를 포착함에 있어 일정한 시간상의 지체를 보이는 경우가 빈번히 나타난다. 곧 가족사회학 영역에서 관심을 기울이기 시작할 때, 이미 현실은 연구자의 관심

---

1 실제로 이혼은 가족 교과서에서 1970년대까지 가족문제의 하나로 다루어졌으나 1980년대 중반 이후부터는 재혼과 더불어 규범적 가족 현상의 하나로 다루어짐을 관찰할 수 있다. 이는 가족의 변화에 대한 해석이 사회구조적 상황의 변화에 따라 가변적일 수 있음을 보여주는 좋은 예라 하겠다(Skolnick et al., 1971; Skolnick et al., 1997; 여성한국사회연구회, 1995).

을 앞서 나감으로써 문제의 원인진단 및 해결방안 모색은 물론 무엇이 문제인가 하는 현황파악도 현실과의 괴리를 보이는 경우가 허다하다(이동원·함인희, 1993).

마지막으로 한국의 가족연구와 관련해서 학자 사이에 뜨거운 논쟁을 불러일으키는 쟁점이 드물다는 점 또한 심각한 문제이다. '핵가족 보편설'이 한국 가족에도 적용되는가? '핵가족 책임론'에서 벗어나 국가가 사회의 보장기능을 담당할 경우 가족과 국가의 관계는 어떻게 정립될 것인가? 현대 한국 가족은 서구의 부부중심가족과 어떠한 점에서 질적 차이를 보이는가? '가족전략'(family strategy) 개념은 가족의 전략적 적응을 강요하는 사회구조적 모순을 간과함으로써 오히려 보수주의자의 논의와 같은 결론을 도출하는 것은 아닌가? 등 창조적이며 건설적인 논쟁이 진행되지 못했음이 가족사회학의 발전에 걸림돌로 작용했다는 평가는 오늘날에도 유효하다.

이 글의 2절에서는 가족사회학 연구분야의 흐름을 주제별로 간략히 개관하고, 3절에서는 가족사회학 연구의 미래동향을 전망하는 가운데 연구의 활성화를 위한 제언과 더불어 새로운 연구주제의 개척 가능성을 타진해 보기로 한다.


## 2. 가족사회학 연구의 성과와 반성


가족사회학 분야의 연구업적을 개관하면, 연구주제의 변화는 연구대상이 되는 현실의 변화와 일정정도 적합성(relevancy)을 갖는다고 볼 수 있다. 따라서 어느 시기에 어느 주제가 집중적으로 부각되는가와 더불어 동일한 연구주제가 시기에 따라 다양한 방식으로 포착되는 현상에도 주의를 기울여야 한다. 모든 사회현상이 그러하듯 가족 역시도 다면적(多面的) 실재이기에, 어떠한 관점에 서느냐에 따라 드러내는 실재의 모습도 변화하기 때문이다.

한편 연구업적을 정리하는 작업은 변화하는 현실의 궤적(軌跡)을 그려보는 데도 의의가 있으나, 다른 한편으로는 지금까지의 작업을 반성적으로 성찰하는 것도 의의가 있다고 생각한다. 따라서 연구주제 및 관점의 편향성과 더불어 한국 사회학계 내에 가족사회학 연구가 갖는 한계를 비판적으로 검토하고자 한다.

해방 직후부터 1960년대 초까지 우리의 가족과 가족 삶에 대한 기록이 거의 없다는 점은 앞서도 지적했다. 이 기간 중 가족관련 연구의 백미는 김두헌(1949)의 "조선가족제도연구"이다. 가족제도사연구의 '결정판'이라 할 수 있는 이 연구는 1960년대 이후 1970년대 초반까지 한국 가족연구의 주요 흐름을 구성하는 데 결정적 영향을 미쳤다는 평가를 받는다.

당시 논문으로는 이만갑(1950)의 "가족기원론"을 필두로 가족제도에 대한 비판(전일심 외, 1950; 조현경, 1955), 이혼(엄요섭, 1952), 전쟁미망인 문제(정충량, 1953, 1956) 등을 다룬 글이 발표되었다. 흥미로운 점은 이 시기에 이미 가족제도와 여성의 지위 혹은 권리문제를 다룬 글2이(정충량, 1955; 이태준, 1956; 이희봉, 1956; 장경학, 1956; 이봉, 1957) 다수 등장했다는 점이다.

전쟁과 사회적 혼란기는 특별히 가족의 생명과 보호를 일시적이나마 책임져야 했던 여성에게 이중의 의미를 갖고 다가오는 사건이

---

2 이 시기에 이태영(1957)의 《한국이혼제도연구: 특히 여성의 지위를 중심으로》가 출판되는데, 1987년 "한국의 이혼율 연구"에 이르기까지 일관성 있게 이어지는 이태영의 연구는 가족법에 반영되는 가부장적 요소를 비판하는 동시에 일찍이 이혼 문제를 여성의 가족 내 지위와 연결시켜 논의하는 선구적 통찰력을 담았다.

었을 것이다. 곧 전쟁은 가족성원 가운데 누군가의 사망, 실종, 납치, 부상 등을 의미했을 것이며 이로 인해 여성들이 경험했을 고통과 한(恨) 그리고 피해는 그 누구보다 컸을 것이다. 동시에 전쟁은 남성에게 전유되었던 역할을 여성들이 담당할 수 있는 기회를 제공함으로써 전통적 성(性)역할 이데올로기의 신화에서 다소 자유로워질 수 있는 기회를 마련해주었다(함인희, 1995)는 점도 기억해야 할 것이다. 대신 명분상으로는 조국을 위해 참전한 용사를 위해 기꺼이 희생하는 여성성과 여성의 자리는 가족이라는 전통성이 강하게 고수됨으로써 명분과 실리 간의 괴리는 사실상 더 확대되었을 가능성이 있다. 이러한 현실이 가족 내 여성의 지위 및 권리에 대한 관심을 불러일으키는 계기가 되었으리라 짐작된다.

1960년 이전까지의 가족연구는 가족을 대상으로 한다는 점에서는 자료로서의 가치가 있으나, 가족을 사회학적 이론과 방법론을 적용하여 본격적으로 연구하기 시작한 것은 1960년대 이후[3]라 보는 것이 타당할 것이다. 1961년부터 1990년대 중반까지 발표된 가족사회학 분야의 연구업적은 해를 거듭할수록 양적으로 놀라울 만한 성장을 보였음은 이미 밝힌 바 있다.[4]

---

3 이화여대 사회학과(1960)에서 나온 《가족에 관한 대학생들의 태도조사 집계표》는 당시 실증주의적 경험연구의 전형적 사례를 보여준다는 점에서 흥미로운 자료이다.

4 가족사회학 연구 50년을 정리하는 자리에는 논문 559편, 단행본 177권 그리고 번역서 40권이 포함되었다(이동원·함인희, 1996). 당시 분석에 포함된 논문 및 단행본의 출처는 다음과 같다. ① 국회도서관에서 발행하는 〈정기간행물기사색인〉, 1945년부터 1995년 현재 중 사회·노동 분야의 논문, ② 한국여성개발원, 1990 〈소장 여성 관련 정기간행물 기사색인〉, ③ 한남제, 1984 "가족연구의 성과와 문제점" 〈한국사회학〉, 18권 여름호, ④ 이화여대 도서관 주제별 검색자료, ⑤ 기타 자료 등이다.

연도별 양적 성장 추세를 보면, 1960년대 전후반에 각각 18편, 35편이던 것이 1970년대 전후반에는 42편, 71편으로, 다시 1980년대 전후반에는 96편, 101편으로 증가를 보이다가 1990년대 전반에만 이미 196편에 이른다. 1990년대 중반 이후 가족사회학

가족사회학 분야에서 관례적으로 활용된 연구주제 영역5에 따라 정리하면 첫째, 가족제도 연구는 가족구조 및 기능, 가족의 크기와 유형, 가족원의 범위, 가족 주기 등을 중심으로 꾸준히 관심대상이 되었다. 1960년대는 사회학이 자신의 학문적 정체성을 확립하는 과정에서 도입했던 미국의 실증주의적 영향이 가족연구에도 그대로 반영되어 인구센서스 자료나 표본조사를 통해 한국 가족의 크기, 가족의 세대별 구성, 가족원의 범위 등을 실증적으로 규명하는 연구가 주를 이루었다(최재석, 1961, 1962, 1963). 당시 이천읍을 전수(全數) 조사한 연구는(이해영 외, 1968) 현재도 실증적 자료로서 높이 평가된다.

1970년대로 접어들면서는 사회학 전반에 걸쳐 서구식 실증주의에 의존했던 분야가 쇠퇴하는 특징을 보이는데(김경동, 1980) 가족분야 연구가 대표적 예라 하겠다. 이 시기에는 가족의 형태적 측면에 초점을 맞추기보다는 도시가족을 중심으로 산업화로 인한 가족기능의 분화, 전문화 및 축소과정에 초점을 맞춘다(한남제, 1984a, 1984b).

1980년대 들어서는 다시 가족구조 및 크기 등에 대한 관심이 높아지는 한편으로 한국 가족 주기의 특성 및 변화에 대한 실증적 연구(권희완, 1981, 1982; 윤종주, 1983)가 시도되면서 가족 주기를 시계열적으로 추적하면 주기상 한 번은 확대가족을 경험한다는 점, 가족규모

---

분야의 업적을 평가함에는 사회학자의 가족연구에 국한하여 주로 〈한국사회학〉(1964년 창간), 〈가족과 문화〉(1996년 창간), 1998년 〈가족학논집〉(1979년 창간 후 통합됨)과 그리고 〈한국여성학〉(1985년 창간)에 발표된 논문을 중심으로 하였음을 밝혀둔다.

5 가족연구 주제영역을 설정하는 기준은 해방 30주년, 40주년, 50주년을 기해 정리한 논문(최재석, 1976; 한남제, 1984; 이동원·함인희, 1996)에서 사용한 기준을 참고하였다. 그 기준 가족제도, 친족 및 동족, 가족가치관, 사랑과 결혼, 가족 관계, 가족문제 및 가족 정책, 가족과 사회구조의 관계, 가족이론 및 방법론 그리고 지역별·계급별 기타 다양한 집단의 가족 연구 등으로 분류되었다.

의 축소가 그대로 자녀양육기간의 축소로 이어지지 않는다는 점 등이 밝혀지면서 한국 가족의 특수성 일부가 경험적으로 검증된다.

더불어 센서스 자료를 동원하여 산업화가 한국의 가족형태 변화에 미친 영향을 분석한 연구에서는(최재석, 1981a, 1981b), 변화의 방향이 대체로 가족규모의 축소 및 가족세대별 구성의 단순화, 가족유형의 다양화, 가족 주기의 변화로 인한 취업주부의 규범화, 빈 둥우리 가족시기의 출현 그리고 가족의 정서적 유대기능이 강화됨에 비추어 '핵가족화'를 지향하는 것으로 평가한다. 그러나 이 결론에 대해서는 센서스 자료에 내재한 한계 및 가구중심의 분석단위가 갖는 한계를 들어 과연 한국 가족의 '핵가족화'를 지지할 수 있을지에 대한 반론이 강하게 제기되었다(안병철, 1988; 장현섭, 1988).

둘째, 전통사회의 친족 및 동족집단에 관한 연구는 최재석 교수의 연구가 중심을 이루는 가운데 일부 인류학자가 가세한다. 이 분야 연구는 제도사적 관점에서 친족 및 동족의 범위, 친족 및 동족조직의 특성 및 기능, 상속 및 혈연계승에 나타나는 우리나라 친족집단의 특성 등에 대한 연구가 주를 이루고 친족호칭을 통해 친족의 의미를 유추하는 흥미로운 시도(왕한석, 1993)가 있었다.

전통사회의 친족 및 동족집단에 관한 연구는 한국 가족의 역사적 특수성 및 한국사회를 조직하는 구성원리의 뿌리를 규명하는 데 중요한 함의를 가짐은 물론이다. 최 교수는 역사적 사료분석을 통해 조선시대 중기 이후 상속제도, 양자제도 및 혼인제도 등에서 부계혈연중심 가족의 원리가 그 이전 시대에 비해 더욱 강화되었음을 보여준다. 최 교수의 연구 이후 이를 확대 발전시키거나 비판적으로 반증하는 논의가 더 이상 진전되지 않음은 유감이나, 앞으로 인접학문과의 적극적인 교류를 통해 실제로 부계혈연중심의 가족원리가 강화되는 과정이 보다 체계적으로 규명되어야 할 것이다.

312

셋째, 가족사회학의 핵심영역이라 할 수 있는 가족 가치관에 대한 연구는 꾸준히 논의되었다. 주로 전통적 가족규범으로서의 효(孝)나 가(家)의식, 가족의 범위에 대한 관심과 더불어 삼강오륜에 입각한 유교적 규범이 산업화, 도시화, 서구화되면서 겪게 된 변용과정에 초점을 맞춘다(최재석, 1965; 한남제, 1985; 이동원, 1987). 이들 논문은 부부유별(夫婦有別), 부자유친(父子有親) 등과 같은 전통적 유교윤리에 입각한 가족가치가 가족 성원에 가하는 규범적 영향력은 점차 약화되는 한편으로, 조강지처(糟糠之妻) 개념이나 아들을 통해 대를 이어가야 한다는 관념 등은 여전히 강한 규범으로 남은 이중성을 밝혀내면서, 동시에 변화하는 상황에 부응하는 새로운 가족가치의 부재로 인해 일종의 아노미 상태가 야기됨을 지적한다.

1960, 1970년대를 풍미하던 가족계획 관련 연구6의 경우, 사회학자의 관심을 끈 주제는 이상적 자녀 수에 대한 태도 및 남아선호사상에 모아졌다(윤종주, 1967; 이효재, 1971). 가족계획 정책의 실질적 효과에 직접 영향을 미치는 태도요인 검증에 주목한 가족사회학자는 태도를 구성하는 문화적 요인을 밝혀낼 때만이 정책의 효과를 제고할 수 있다는 문제의식에서 출발하여 뿌리 깊은 가부장제(家父長制) 가족원리까지 소급해야 한다는 주장을 폈다.

1980년대 들어서면서 새삼 주목받기 시작한 '가족주의' 연구는 전통사회의 조직원리로서의 가족주의적 특성을 고찰함으로써 한국사회의 변동에 가족주의가 미친 영향을 고찰하는 동시에(조혜정, 1985; 박

---

6 이 글에서 가족계획과 관련된 주제를 가족가치관에 포함시킨 이유는 관련 논의가 주로 인구학 분야에서 다루어졌고 대신 가족사회학 영역에서는 가족의 크기, 이상적 자녀 수 혹은 가족계획 일반에 대한 태도를 다루었기 때문이다. 최근 들어 페미니즘 가족론의 입장에서 가족계획사업을 평가하면서 국가가 여성의 출산권 및 가족의 일상을 어떤 방식으로 통제하였는가에 대한 연구가 진행됨은 주목할 만하다.

영신, 1987), 이들 가족주의적 원리가 현대 산업사회에서 어떠한 변용과정을 겪는지를 적응적 측면과 갈등적 측면에서 동시에 고찰한다 (이동원 외, 1992; 이광규, 1994). 이 시기 가족주의와 사회변동의 관련성 및 가족주의의 현대적 변용에 대한 관심이 증가함은 '농축된 변화'를 경험한 한국사회의 변화과정을 정리하는 과정에서 서구의 변동이론으로는 설명되지 않는 한국사회 특유의 변화요인을 규명하고자 하는 노력의 결과임은 물론이다.

넷째, 사랑과 결혼을 주제로 한 연구는 특별히 1990년대 이후 본격적으로 축적되기 시작했다. 이는 1960, 1970년대 초반 제도적 측면에 대한 관심이 주를 이루던 연구경향과는 좋은 대조를 보인다. 서구의 부부중심적 가족가치관의 영향을 일부 받은 상태에서 한국사회에서도 가족을 조망하는 렌즈가 전통적 관례 내지 제도로부터 '친밀한 관계'로 변화되는 동시에 이전에는 금기시되던 성(性)에 대한 연구가 새로운 연구영역으로 등장함을 반영하는 셈이다.

실질적인 배우자 선택조건이나 의미, 구체적인 혼인거래관행 속에서 한국 가족의 전통적 요소가 자본주의적 시장경제 요소와 결합하여 매우 독특한 양태로 나타남이 밝혀진 것(공정자, 1990; 김모란, 1994)은 특기할 만하다. 곧 배우자 선택에서 부모의 영향력이나 배우자의 가족배경의 중요성이 상대적으로 약화되는 한편, 혼인거래관행이 보다 정교하게 발달됨으로써 혼인을 통한 사회경제적 지위계승이 공고화되는 경향을 보인다는 것이다.

다섯째, 단일연구 주제로서 가장 많은 업적이 축적된 영역은 가족관계 관련연구이다. 이 가운데는 부부관계 연구가 가장 활발히 이루어졌다. 연구의 대부분은 주로 서구의 부부중심적 가족논의에 기초하여 기능론 및 교환론에 입각한 이론 틀 및 개념, 측정방법 및 분석 도구 등을 빌려와 한국 가족의 경우에는 어떻게 나타나는지 검증하는 형식을 취한다.

흥미로운 것은 시기별로 부부관계의 어떠한 측면에 초점을 맞추어 연구할 것이냐 하는 문제의식이 변화되어 1970년대는 제도중심의 이론 틀 안에서 부부간의 역할분업구조에 관한 연구(최재석, 1971; 유시중, 1973)가 주축이었고, 1980년대 후반 이후는 부부간의 권력관계(한남제, 1991; 박민자, 1992) 적응 및 커뮤니케이션(박숙자, 1992), 부부간의 만족도, 부부관계의 질, 안정성(조혜정, 1986; 최신덕, 1986; 권희완, 1992), 부부간의 갈등(변화순, 1987; 1992) 등에 대한 관심으로 연구의 초점이 이동하는 경향을 보인다.

이로부터 잠정적으로 내려지는 결론은, 한국 부부관계는 이른바 부부간의 역할을 중심으로 하는 '제도(institutional) 결혼'으로부터 부부관계의 친밀성이 중심이 되는 '우애(companionship) 결혼'으로 변화되며, 부부간의 역할, 커뮤니케이션 유형 및 권력관계는 '남편우위형', '남편지배형'으로부터 '부부평등형', '부부의논형'을 향해 변화해 간다는 것이다. 그러나 과연 한국의 부부관계가 서구의 부부관계와 동일한 측정기준에 따라 비교 내지 평가될 수 있을 것인지, 한국의 가족도 서구의 부부중심 가족적 특성을 나타내는 방향으로 변화하는지 여부는 다양한 해석의 여지를 남겨놓고 현재로서는 만족할 만한 수준의 대안적 논의는 찾기 어려운 것이 현실이다.

부모-자녀 관계에 대한 연구도 비교적 활발하여 2세대 핵가족의 부모자녀 관계를 다룬 논문(박미령, 1991; 유희정, 1992)과, 시댁·처가와의 관계를 위시하여 노부모-자녀 관계를 다룬 논문(최신덕, 1977; 이동원, 1984; 한남제, 1988)으로 대별된다.

부모-자녀 관계에 관한 논의는 가족 내 사회화 과정에 초점을 맞추어 부모의 자녀관 및 자녀에 대한 역할기대를 다룬 연구가 중심이 되는 가운데, 1990년대 들어서면서 세대 간의 갈등을 다룬 논문(이동원

외, 1991; 한완상, 1991)과 아버지 역할에 대한 관심(안병철, 1993; 이숙현, 1995)의 등장이 눈에 띈다.

현대가족의 친족관계를 다룬 논문은 장남의 분가(分家) 증가를 중심으로 한 분가실태, 고부(姑婦)관계, 부계(父系)제의 약화 및 양계제적 경향의 강화 속에서 나타나는 시댁 및 친정과의 관계변화, 3세대 가족의 만족도 등에 초점을 맞춘다. 이들 연구는 한국 가족의 특수성을 밝혀내는 데 중요한 시사점을 제공할 수 있는 영역이나 전통사회의 친족제도를 다룬 연구와 유기적 연결관계를 갖지 못한 상태에서 연구가 진행된다는 점, 친족관계의 특성을 규명할 수 있는 이론 틀이 취약하다는 점, 아울러 한국 가족의 특수성을 드러낼 수 있는 비교연구의 부재 등으로 보다 많은 연구를 기다리는 영역으로 남았다.

여섯째, 오늘날 한국 가족이 직면한 위기상황 및 가족의 사회적 위상을 상징적으로 반영하면서 거시적 관점에서 가족을 조망하는 가족문제 일반과 가족정책에 대한 관심이 1990년대 이후 눈에 띄게 증가한다. 이들 분야에서는 가족해체의 징표를 보이는 현상에 대한 관심과 더불어 가족성원의 일탈 및 가족폭력에 대한 연구(김홍주, 1994; 변화순, 1994; 윤진, 1994), 편부모가족, 빈곤가족, 장애아가족 등 사회보장제도의 수혜대상 가족의 지원방안에 대한 연구비중이 높아진다(이숙현, 1992; 김인숙, 1994).

가족문제 및 가족의 위기상황에 대한 대부분의 분석은 문제를 야기 시킨 주범이 바로 급격한 산업화 과정이라는 인식에서 출발한다(이만갑, 1972, 1979). 그러다 1980년대 후반부터는 가족문제를 보는 시각이 인접학문 분야와 뚜렷한 차이를 보이며 가족문제를 사회구조적 요인에 의해 파생되는 사회문제로 보고 분석하는 작업이 증가한다(김홍주, 1993). 아울러 국가의 가족정책이 사회변화로 인한 가족의 적응문제를 효율적으로 해결해주지 못함으로써 가족의 위기상황을 고조시킨다는 데 대한 비판도 제기된다(장경섭, 1991).

일곱째, 가족과 사회구조와의 관계를 다루는 분야는 인접학문 분야의 가족연구와는 질적으로 구별되는 영역으로서 사회학적 관점으로부터 많은 통찰력을 제공받는 동시에 한국 가족 및 한국사회의 특수성을 밝혀내는 데 일익을 담당할 수 있는 의미 있는 분야이다.

사회구조와 가족의 변화를 조망하는 논문은 대체로 근대화, 산업화 및 공업화, 자본주의화, 민주화 및 정보화 등이 가족 전반에 미친 영향을 분석하는 데 초점을 맞추고 전반적인 사회변화가 가족에 미친 영향을 분석한 논문, 역으로 가족제도 및 가족 주기의 변화가 사회변화 및 개인의 적응에 미친 영향을 분석한 논문(채중묵, 1974; 문준호, 1989; 윤종희, 1989) 도 등장한다. 나아가 가족을 둘러싼 사회제도와의 관련성 속에서 가족을 고립된 사적 공간으로 규정하는 시각으로부터 탈피해야 함을 역설하는 시도(조은, 1986; 이재경, 1992) 도 병행된다.

다만 사회변화와 가족의 변화를 다루는 논문은 대체로 근대화 혹은 산업화라는 사회변화를 다룸에 있어 어떠한 요인이 구체적으로 가족의 변화를 가져왔는가에 대한 보다 분석적이고 실증적 차원의 연구에 치중하기보다는 사회변화를 하나의 배경변수로 전제하는 경우가 대부분임은 한계로 남는다 하겠다.

여덟째, 가족이론 및 방법론 분야는 1980, 90년대 들어와 1960, 70년대의 구조기능 주의적 접근으로부터 탈피하여 마르크시즘 가족론과 비판적 접근, 여성해방론적 시각과 가족사적 접근 등 관점이 다양화되는 추세를 보인다. 방법론적으로도 소설에 나타난 가족상의 분석(이광규, 1980) 이라든가 가족사적 접근 내지 인류학적 연구방법이 한국 가족을 이해하는 데 동원된다(강득희, 1991; 조옥라, 1991).

가족사회학 분야에서의 이론 및 방법론의 정립은 사회학 이론 및 방법론의 전반적 발전과 흐름을 같이 하며 진행되었다. 서구 가족사회학계에서 기존사회학 이론을 가족 영역에 적용하기보다는 오히려 가족현실로부터 직접 이론을 구성할 수 있는 방안을 강구하자는 논의가 제기됨은 우리에게도 시사하는 바가 크다 하겠다. 즉, 지금까지 가족사회학의 주요 이론적 패러다임이라 할 수 있는 구조기능주의, 교환이론, 상징적 상호작용론, 가족발달론 등은 가족현실을 설명하는 데 기존이론을 빌려온 것으로, 가족관계나 가족의 작동방식을 설명함에 있어 이론과 현실 사이에 일정한 괴리를 노출한 것이 사실이다. 이러한 괴리를 극복하기 위한 방안의 하나로 최근 들어서는 보다 중범위 수준에서 역동적인 가족현실을 명제로 구성하고 이들 명제에 영향을 미치는 요인을 규명하며 나아가 제반 가족현상 간의 관계를 구성해 보려는 시도가 진행된다.

또 다른 한편에서의 비판은 전반적인 가족관련 논의의 보수성과 관련된다(이효재, 1988; 조은, 1990). 가족은 주로 사회의 기본제도로서 사회통합의 기능을 수행하며 가족집단은 안정성을 최우선의 가치로 두고 합리적인 가족의 의사결정이 이루어지는 장으로 그려졌음은 재론의 여지가 없다. 그리하여 가족제도가 성역할 분업구조의 생산과 재생산을 통해 남성 중심의 가부장제를 유지해온다는 점, 계급지위의 재생산 과정에서 가장 중요한 메커니즘으로 작용하는 제도라는 점, 오히려 가족을 무대로 폭력과 범죄적 행동이 빈번히 발생한다는 점 등에 대해서는 상대적으로 관심을 기울이지 않았다는 점이 문제로 제기된다.

마지막으로 모든 가족에 보편적으로 나타나는 공통적 요소를 찾기보다 다양한 가족의 모습을 찾아내는 작업에 관심의 초점이 주어지는 상황에서 특정 지역이나 특정 계급을 기반으로 하는 가족연구 또한 주목을 요한다. 가족의 다양성을 대변하는 특정집단 가족연구로는 농촌가족 연구7를 위시하여, 가족의 계급적 기반이 가족 삶의 내용을 구성하는 결정적 요인임을 규명하는 노동자 혹은 자영업자 가족 연구, 나아가 제주도 가족에 관한 연구 등이 있다.

특히 가족의 계급적 기반에 주목한 연구는 1980년대 후반 이후 여성한국사회연구회 회원을 중심으로(이효재, 1988; 여성한국사회연구회 편, 1990) 활발히 이루어졌다. 이들의 연구는 노동자 가족, 화이트칼라 가족, 자영소상인 가족, 도시빈민 가족 등을 대상으로 마르크시즘 가족론에 입각하여 가족의 계급재생산 기능 및 노동력 재생산 기능과 가족 전체의 생존을 위해 이들 가족이 채택하는 가족전략, 가족 내 성 불평등 상황 등에 초점을 맞춘다.

한편 제주도 가족연구는 주로 최재석 교수에 의해 이루어지는데, 이는 '가족구조의 보편성'에 대한 대안적 논의의 기반을 마련해준다는 점에서 그 의의를 찾을 수 있을 것이다.

이들 특정집단을 대상으로 한 가족연구8는 가족의 다양한 삶의 양식을 규명하는 동시에 가족과 지역사회 혹은 계급구조와의 관련성을 통해 가족에 대한 사회학적 이해의 지평을 넓힌다는 점에서는 긍

---

7 농촌가족 연구의 경우 가족사회학 영역 전반의 연구 흐름과 맥을 같이 하는바 1960, 1970년대는 주로 농촌가족의 구조 및 기능 등에 초점이 맞추어져 오다, 1980년대 이후는 사회변화의 흐름을 반영하여 농촌노동력의 여성화로 인한 농촌 여성의 역할(김주숙, 1981a, 1981b; 정지웅 외 1985)에 관심이 모아짐을 볼 수 있다. 나아가 1990년대 들어서는 농촌사회의 해체로 인한 농촌가족의 문제가 가족복지의 차원에서 논의된다(한경혜, 1992; 김홍주, 1994).

8 이외에 북한가족 및 이산가족 연구 또한 우리의 분단현실이 그대로 반영되는 주제이자, 한국 가족의 특수성을 규명하는 데 시사하는 바가 크리라 짐작된다. 북한가족 연구는 1980년대 이후 꾸준히 연구자의 관심을 끌어오면서(최홍기, 1977, 1982), 사회주의 가족론과 북한식 주체사상에 입각한 가부장적 가족론이 현실 사회주의체제인 북한사회에서 어떻게 가족의 특성을 결정하는지에 대한 규명작업을 시도한다. 또한 이산가족에 대한 연구(박명선, 1991) 및 남북한 가족의 비교 등도 이루어진다.

정적 평가를 내릴 수 있다. 그러나 이들 연구는 현재로서는 서술적 수준에 머물고 있어 계급적 기반 내지 지역사회적 특성을 달리하는 가족 간 비교가 체계적으로 이루어지지 못한다. 일례로 가족의 계급적 기반에 관한 연구는 기존의 계급이론에 통합되지 못한 채 계급은 가족을 이해하는 배경변수로 등장하는 경우가 일반적이라는 점을 지적할 수 있을 것이다.

한편 1990년대 중반 이후 현재에 이르기까지 가족사회학 분야의 연구성과를 개관하는 과정에서 보다 두드러지게 나타나는 특성으로는 서구 페미니즘의 영향 확대, 국가의 통제 및 시장자본주의의 영향에 대한 통찰, 인구학적 위기담론과 연계된 가족정책 담론의 활성화, 다문화 가족연구의 폭증, 사교육 열풍에 대처하는 성찰적 연구의 등장, 사회사 분야의 발전에 힘입은 가족사 연구의 진전, 그리고 고도의 사회통계 기법에 힘입은 연구의 정교화 등을 들 수 있다.

먼저 가족사회학 분야에 반영되는 페미니즘의 영향을 정리하면, 비판적 전통이 취약했던 가족사회학계에 비판적 전통을 가미했다는 점이 눈에 뜨인다. 가부장제의 성격에 대해 기능주의적 시각 및 온정적 요소의 강조에서 벗어나 젠더 정치학의 관점에서 접근하기 시작한 것은 페미니즘 도입 초기로 거슬러 올라가나(조옥라, 1986; 조혜정, 1986) 계속해서 한국 가족에 나타나는 가부장제의 변형과 극복에 초점을 맞추는 동시에(조혜정, 1994) 가족법을 대상으로 여성주의적 시각에서 비판을 활성화하기 시작했다는 점(양현아, 2000, 2002, 2010)은 주목할 만하다.

나아가 가족사회학 영역에서 그동안 관심 밖에 머물렀던 주제를 연구영역으로 포섭하기 시작한 점도 긍정적으로 평가받아야 마땅할 것이다. 가사노동의 성격을 둘러싼 논쟁 역시 페미니즘 도입 초기에 활성화되었고(김애실, 1988; 김혜경 외, 1991), 이후 재생산 혹은 출

320

산을 여성의 경험과 새로운 형태의 노동의 관점에서 조망하기 시작한 점(김은실, 1996; 신경아, 2001), 일상성 혹은 생활문화로 개념화할 수 있는 범주 속에 대입 수험생 어머니의 경험(심영희, 1996) 및 여성중심의 소비문화(이영자, 1996)를 다룬 연구가 시도되었다. 도시 중산층 전업주부의 경험을 권력개념을 활용 '구조적 무권력화와 구성적 권력화'로 개념화한 연구(조형, 1997)도 주목을 받았다.

한국 가족의 근간을 구성하면서도 연구의 사각지대에 머물렀던 모성을 중심으로 본격적 연구가 진행됨(김경애, 1999; 심영희 외, 2000)도 페미니즘의 공헌이며, 혼외관계에 대한 본격적인 연구가 시작되었음(공미혜, 2002)도 같은 맥락에서 평가가 가능할 것이다.

'개인적인 것도 정치적인 것'이라는 의식의 전환하에, 지금까지 극히 개인적 차원의 딜레마로 인식하던 여성 삶의 모순을 사회구조적 원인에서 파생된 정치적 차원의 이슈로 공론화한 것 또한 페미니즘의 공헌이다. 여기에는 자녀양육 및 탁아문제를 공보육 개념으로 전환한 시도(박주현, 1990; 김정희, 2000), 매 맞는 아내에 대한 연구(한영란, 1992), 낙태연구(박숙자, 2001) 등을 포함시킬 수 있다. 기타 '정의' (justice)의 관점에서 가족제도를 분석한 논문(이재경, 1995)은 가족을 새롭게 조망한 점에서 매우 신선한 시도라 하겠다.

페미니즘이 가족연구에 미친 영향과 관련해서도 비판적 반성이 요구된다. 명분으로는 한국여성이 처한 전반적으로 불평등한 현실을 부각시키면서 그 원인을 규명하는 과정에서 보편성과 특수성을 가리는 노력을 내세웠으나 여전히 서구 페미니즘 이론에 대한 의존도가 높다는 점, 이에 따라 관련 담론수준은 매우 추상적인 데 반해 우리의 현실에 적용해 보는 노력은 날 것으로의 경험적 자료수준에 머무는 경우가 빈번했다는 점을 들 수 있다. 더더욱 가족을 하나의 총체적 제도로 접근하기보다는 어쩔 수 없는 반(反)가족 정서를 함유하고 이로 인해 가족 내 여성 경험을 부각시키는 과정에서 역설적으로 가족이 실종되기도 하는 시행착오를 겪는다.

둘째, IMF 외환위기를 겪으면서 가족과 시장자본주의 그리고 가족과 국가의 관계에 주목하는 연구가 활성화된다. 가족은 가족만으로는 보이지 않는다는 통찰을 담은 연구로서 자본주의가 가족에 가하는 제약에 주목하고 실업으로 인한 가족의 고통을 다룬 연구(임인숙, 1998)를 필두로, 일-가족 균형 내지 불균형과 관련된 논의(한경혜·김진희, 2003; 한경혜·장미나, 2009; 김수정, 2007; 우명숙, 2011), 노동시장 내 여성 지위와 가족 역할의 역동성을 다룬 연구(장미혜, 2004; 박경숙·김영혜, 2005) 등이 있다.

국가의 영향력에 초점을 맞춘 연구로는 건강가정지원법의 불건강성에 주목한 연구(강희경, 2005; 안병철, 2009), 국민건강보험 및 가족 관련법에 투영된 정상가족 이데올로기를 분석한 연구(양현아, 2002, 2010; 이미숙, 2008), 국가후원가족주의에 내포된 역설적 결과에 주목한 연구(함인희, 2012) 등이 있다.

셋째, 저출산 및 고령화와 관련해서 인구학적 위기담론을 다룬 연구(은기수, 2001; 공미혜·이수연, 2012; 이민아, 2013)와 이의 해결방안을 모색하는 복지정책에 초점을 맞춘 연구(유해미, 2009; 이민아, 2010; 김수정·김정석, 2011)가 다수 등장한다. 이러한 연구동향에 대해 김혜경(2012)은 가족위기 담론이 가족 해체론으로 연결되면서 1980년대 말 풍미하던 비판가족론의 흐름이 정책연구로 협소화된다는 평가를 내린다.

특히 가족복지 및 가족정책 관련연구는 한국여성개발원 및 보건사회연구원 등 국책연구기관의 연구보고서를 중심으로 활성화된다. 가족복지 및 가족정책 관련연구의 주요 대상으로는 노인부양(이철우, 1996; 김미경, 2000; 박경숙, 2000; 박명선, 2002)과 아동양육이 주를 이루는 가운데, 저소득층 가족 및 한 부모 가족 등 다양한 요보호 집단에 대한 관심(공선영, 2000) 등도 점차 증가하는 추세이다.

넷째, 다문화 가족연구의 폭증현상도 주목할 만한 흐름을 구성한다. 결혼이주가족을 대상으로 이주 경로, 가족구성 과정과 결과, 가족의 초국적성 등을 다룬 연구가 증가추세이고(이성우 외, 2002; 김현미, 2006; 최종렬·최인영, 2008; 공미혜·오세자, 2010; 임인숙 외, 2010), 연구대상 또한 중앙아시아 한인가족(이정옥, 1996), 일본으로 결혼이주한 한국여성(이순미, 2011) 등으로 확대된다.

다섯째, 가족의 지위 재생산과 관련해서 사회문제로 부상하는 가족의 교육기능에 주목한 연구의 증가 또한 눈에 띈다. 가족의 사회경제적 배경과 사교육비 그리고 자녀의 학업성취도 간 관계를 분석한 연구(김은정, 2007; 김현주, 2007; 장상수, 2009)와 더불어 '기러기 가족' 연구(조은, 2004)도 주목할 만하다.

여섯째로 1990년대 이후 활성화되는 사회사 연구에 힘입어 여성사 및 가족사 연구 또한 활발히 이루어짐으로써 가족에 관한 근거 없는 신화 및 고정관념을 불식시키는 데 적극 기여한다. 특히 조선시대 가부장제 연구를 통해 가부장적 질서가 정착되면서 부인권이 약화되는 과정을 증언하고(조은, 2000; 박미해, 1999; 2002), 일제 강점기 가족연구를 통해 한국의 근대성이 식민지적 상황에서 어떻게 구현되는지 규명함은(김혜경, 1999; 김혜경·정진성, 2001) 괄목할 만한 성과라 하겠다. 조선시대 가족 이데올로기 분석에서 양육 가치관이나 이혼사례를 통해 접근하는 이순형(1996, 1997)의 연구도 흥미롭다.

다만 가족사 연구의 경우 당대 가족경험이나 현실을 보다 생생히 증언할 수 있는 사료를 확보하는 문제와 더불어, 다양한 자료에 대해 당대의 역사적 상황과 유기적 연관성을 고려하면서 논리적 해석을 가하는 문제가 해결과제로 남았다 하겠다.

마지막으로는 한국 사회학계에서 점차 두드러지는 통계기법의 정교화에 힘입어 가족사회학 영역에서도 고도의 통계기법을 활용하여 가설검증에 주력하는 연구가 다수 등장한다는 점이다. 이 경우 타당도와 신뢰도를 고루 갖춘 통계자료의 확보가 선행되어야 하는 만큼, 주제에서는 가족이 교육 및 혼인기제를 통해 불평등을 재생산하는 주요 통로임을 밝히는 연구가 주를 이룬다(이정환, 1998; 이미정, 1998; 장상수, 1999, 2000; 방하남 외, 2001; 장미혜, 2002). 인구학 분야에서 출산율 급감 및 고령사회 진입과 관련된 인구 추계 및 이로 인해 야기되는 사회문제를 예측하는 논문(박경숙, 2000; 은기수, 2001)이 등장하며 재가노인의 부양지원 모델을 위한 인과경로 분석(김상욱, 2000), 결혼생활의 공평성 및 만족도 검증(조정문, 1995; 조혜선, 2003), 한국인의 가족 정체성을 중심으로 감정조절이론(ACT)의 수정적용(최샛별 외, 2003) 등 정교한 가설을 검증하고자 하는 시도가 눈에 띈다. 한국사회의 혼인거래 관행(김모란, 1995)을 국가 간 선택혼 추이 비교(이명진, 2000)를 통해 검증에 성공함도 주목할 만하다.

한편, 가족사회학 영역에서 남성 경험의 통합이 이루어짐도 간과해서는 안 될 것이다. 특히 구조기능주의 가족론의 영향을 강하게 받아온 상황에서 가족의 의사결정은 하나의 통합된 과정임을 전제해 오다, 가족 내부에는 성과세대에 따른 권력갈등이 상존함에 대한 인식이 확산되면서 남성경험의 이중성(이숙현, 1995; 함인희, 1997; 임인숙, 2000; 이미숙, 2003)을 분석하는 연구가 나오기 시작하였다는 점에 의미를 두어야 할 것이다. 다만 남성의 가족경험을 연구하는 과정에서 가족연구의 성별화 현상이 걸림돌로 작용하는바, 향후 남성의 시각에서 성과 세대별 권력 역학관계를 재구성하는 작업이 이어지길 기대해 본다. 이외에 새로이 부각되는 주제로서 개념의 정교화에 주력하는 세대연구(박재흥, 1999; 2003), 가족연구의 유효한 접근방법으로서 생애주기 접근법을 활용한 연구(이현송, 1996; 한경혜·윤순덕, 2000; 박수미, 2002) 축적 등이 주목된다.

한 가지, 최근 들어 가족사회학 분야에서 연구자의 독과점 현상이 약화되면서 상대적으로 단행본 업적이 점차 취약한 점은 반성을 요한다. 특히 1990년대 이후 가족사회학자가 참여한 작업으로서 개론 수준의 교재(여성사회연구회 편, 1995; 이동원, 2000) 및 번역서(박숙자 외, 1995; 안호용 외, 1998) 이외에 특기할 만한 업적을 찾기가 어려움은 주지의 사실이다.

이처럼 척박한 풍토에서 나온 단행본 업적으로 모성을 주제로 한 학제적 접근시도(심영희 외, 1998), '증여' 개념을 축으로 장남가족의 지속과 변형을 통해 가부장제의 실질적 약화를 검증한 글(김현주, 2001), 페미니즘 시각에서 한국 가족의 다양한 특성을 정면으로 분석한 시도(이재경, 2002), 나아가 조선시대 가부장제의 정착과정을 치밀하게 추적해낸 업적(이효재, 2003) 등은 그 의미를 적극 되새겨봄이 마땅하다.


## 3. 가족사회학 연구의 전망


최근 서구가족의 급속한 변화를 일컬어 '한 번 스쳐 지나가는 태풍의 습격을 받은 줄 알았는데 실은 강도 높은 지진이 진행 중이었다는' 비유적 평가(쿤츠, 2005)는 한국 가족을 향해서도 그대로 적용되는 듯하다. 영화와 소설을 통해 표상되는 가족 속엔 혼전관계의 규범화, 배우자의 외도 및 혼외 임신, 이혼과 재혼을 통한 복합가족의 등장, 노년의 성과 사랑, 부양의 위기, 더불어 부모의 죽음을 바라보는 가족 구성원의 차가운 시선에 이르기까지, 지금까지 가족을 향해 품어온 이상과 환상을 여지없이 '폭로'한다. 9

　실상 가족은 '무엇을 말해야 하는가?'보다 '무엇을 말해서는 안 되는가'가 보다 발달된 제도라는 주장도 있고, 다양한 신화(myth)에 둘러싸인 신비화된 제도라는 주장도 있고, '문화적 위선'이라는 냉혹한 평가도 있다. 문제는 연구자의 노력이 연구대상의 변화속도를 따라가지 못한다는 사실이요, 그로 인해 연구대상의 실재와 연구결과의 간극이 점차 확대되는 상황이기도 하다. 덕분에 가족사회학 분야는 가족이 정치적 쟁점으로 떠오른 상황에서 연구의 주변화를 경험하면서 가족의 위기를 증폭시키는 결과를 가져왔다.

　이제 가족사회학 분야에서도 연구쟁점을 부각시킴으로써 가족 전반에 대한 사회적 관심을 환기하는 동시에, 주변적 지위로부터 중심적 지위의 복원을 향해 도전해가는 노력을 기울여야 할 것이다.

## 1) 가족사회학 연구의 쟁점

가족사회학 영역에서 학자 사이에 격렬하고도 치열한 논쟁을 불러일으킨 화두가 희소한 영역이다. 가족사회학 분야에 논쟁이 드문 이유

---

9 　가족의 환상과 이상에 물음표를 제기하는 소설로는 박완서(2000)의 《아주 오래된 농담》, 심윤경(2004)의 《달의 제단》, 박현욱(2006)의 《아내가 결혼했다》, 공지영 (2007)의 《즐거운 나의 집》 등이 있다. 영화로는 임상수(2003) 감독의 〈바람난 가족〉, 한재림(2007) 감독의 〈우아한 세계〉, 김태용(2006) 감독의 〈가족의 탄생〉 등이 있다. 한데 정작 논문 혹은 저서의 형태 속에 등장하는 가족의 모습은 우리의 통념을 정교한 통계적 분석에 기대어 확인하는 수준, 아니면 지나치게 추상적 개념의 나열 수준에 머무른 경우가 일반적이며 또한 한국의 가족 연구자에게만 해당되는 고민은 아닌 듯하다. 미국의 가족사회학자 라로사(La Rossa) 역시 영화감독 및 소설가 앞에서 느끼는 연구자로서의 열등감을 솔직히 고백한 바 있다.

의 하나는 연구대상으로서의 가족에 내재된 속성 탓이라 생각된다. 곧 가족의 많은 측면은 '당연시'되었고, 가족은 대부분의 지역에서 유사한 형태를 보이리라 가정되었다. 또한 가족은 기본적으로 조화로운 제도로 여겨졌는가 하면, 전통적 성역할은 필연적이며 필수불가결한 요소로 간주된 동시에 가족의 일상적 현실이 가족에게 부과된 사회적 규범에 따라 조응함이 가정된 점 등을 부인하기는 어려울 것이다.

나아가 가족연구는 연구자 자신의 가장 깊숙이 내재한 느낌을 건드릴 뿐만 아니라, 자신의 가족 및 사회 그리고 본성에 대해서도 깊은 통찰 및 성찰을 요구한다. 덧붙여 가족은 연구자의 내밀한 도덕적 정치적 신념을 드러내도록 암암리에 강요하기에 가족에 관한 한은 철저하게 가치중립적 관점에서 연구하는 것이 불가능할 때가 많다. 일례로 다원주의(pluralism)에 입각하여 다양한 가족형태를 인정하는 입장이나 전통적·전형적 가족논리를 고수함에 따라 정상가족의 존재를 인정하는 입장이나 일정한 가치에 연루되었음은 동일하다. 어떻게 하는 것이 가족을 위한 최선인가에 대한 답 또한 가치로부터 자유로울 수 없음은 물론이다. 그런 만큼 가족연구에 있어 논쟁적이고 비판적(critical) 전통이 취약하다는 현실은 역설적으로 다가온다(Morgan, 1975).

이 자리에서는 가족사회학 분야에서 제기된 쟁점이 희소했음을 반성하면서 제한된 범위에서나마 몇 가지 논쟁점을 제안한다.

### (1) 가족 위기를 둘러싼 해체 및 재구조화 논쟁

오늘날 한국 가족의 상황을 놓고 해체적 위기로 규정할 것인가, 아니면 재구조화 과정으로 진단할 것인가? 또한 흥미로운 논쟁의 축을 형성한다. 다만 이에 답하는 작업은 연구자의 가족 이데올로기에 따라 변화실태에 관한 관찰에서는 대체로 일치하면서도 그 해석에서는 가족이 해체위기에 직면해있다는 우려와 가족이 새로운 환경에 적응하여 '재구조화되고' 있다는 논의가 맞선다. 나아가 재구조화에 주목할 경우에도 단절과 새로운 구조의 형성을 강조하는 입장이 있는가 하면 구조의 '변형'임을 강조하는 입장도 있다.

실제로 안호용과 김홍주(2000)는 지난 40여 년간 급격히 변화한 한국의 가족이 해체 혹은 쇠퇴과정을 겪는 것이 아니라 새로운 원리에 의해 재구조화된다는 입장에 선 반면, 변화순(2000)은 다양한 가족유형의 등장을 가족해체의 관점에서 조망하면서 이들 가족의 복지지원 대책의 시급함을 역설한다.

현재 한국 가족의 변화를 둘러싸고 이를 해체로 보느냐, 재구조화로 보느냐? 하는 논쟁의 담론구조는 핵가족화[10] 내지 다원화를 둘러싼 해석의 차이에 터한 논쟁구도로 이루어졌다. 지나친 단순화의 위험을 무릅쓴다면 서구의 가족위기 논쟁의 축[11]이 근대와 탈근대적

---

[10] 물론 핵가족화의 구조적 특질은 사회에 따라 동일한 형태를 띠지 않을 가능성이 있다. 다만 서구 핵가족의 특질을 분석의 도구로서 하나의 비교 척도로 사용할 경우, 장경섭(1991: 191)은 우리의 가족 변동 상황을 "불균형 핵가족화"로 규정하고 장현섭(1993)은 이념적 형태와 실제적 행동의 차이를 강조하면서 한국의 핵가족화에 강한 의문을 제기한다.

[11] 가족의 변화를 두고 위기로 보는가, 적응으로 보는가는 서구에서도 활발한 논쟁의 대상이다. 서구에서도 가족위기에 대한 관심은 경제적 불황기나 인구구조가 급격히 변화할 때, 그리고 정치적 불안과 격변기에 수시로 나타나는 현상이라 한다(기틴스, 1997: 225). 특히 서구에서는 1960년대 이후 기혼여성의 적극적인 노동시장 진출과 맞물려 출산력의 약화, 이혼율의 증가, 가족 크기의 감소, 미혼모의 증가, 무자녀 가족의 증가 등을 두고 많은 논자는 가족의 위기라 진단한다. 그러나 다른 한편에서는 이러한 위기 진단에 대해 변화 그 자체를 개인 특히 여성의 자유와 평등이 증가한다는 사실을 들어 긍정적으로 평가하기도 한다. 이들은 특별히 가정 내 성별 역할 분업의 변화와 여성의 지위 향상을 긍정의 준거로 삼는다. 이들 서구의 가족위기 논쟁은 양측 모두 가족의 적극적 가치를 인정한다는 공통점을 보인다. 곧 가족의 아동양육과 사회화 기능, 요보호 가족원에 대한 보호 기능 그리고 복잡성과 예측불가능성이 증가하는 사회환경에서 서로 의지하고 신뢰할 수 있는 가족 관계의 가치를 인정하는 것이다. 다만 현재의 가족

현상 사이에 놓여있다면, 우리의 경우는 전통과 근대가 논쟁의 축에 놓여있다는 해석이 가능할 것이다.

가족의 전통성과 근대성의 충돌은 무엇이 정상가족인가하는 신념의 차이에서 기인한다. 전통가족을 중시하는 입장에서는 전통가족 = 정상가족이라는 신념을 고수하면서 외부사회의 변동과정, 특히 산업화 및 도시화 과정에서 정상적인 전통가족이 문제가 있는 핵가족으로 변화함으로써 가족이 위기에 처했다고 진단한다. 이로 인해 가족에 의한 노인부양이 방기되고, 가장의 권위가 약화되며, 가정의 교육기능이 실종되고, 청소년의 일탈문제가 심각해진다는 것이다. 장경섭 (1991)은 이러한 상황을 '가족위기의 핵가족 책임론'으로 규정한다. 곧 전통가족 원리를 대신해 새롭게 형성된 근대적 가족 원리와 그로 인한 근대적 가족의식과 행동이 가족문제의 주범이라는 논의를 일컫는 것이다. 이들은 전통가족의 회복이라는 도덕적 복고주의가 바로 현재의 가족위기를 헤쳐 나갈 수 있는 유일한 통로로 인식한다.

한편 근대의 가족을 지지하는 측면에서는 개인의 자유 내지 성 평등을 지향하는 '근대 핵가족'이 정상가족이라는 믿음을 가진다. 이들은 전통가족의 위계성과 불평등성 그리고 비민주성을 강하게 거부하는 동시에, 민주와 평등이라는 근대적 가치의 확산이 가족의 위기를 극복할 수 있는 대안이라고 확신한다. 이러한 맥락에서 여성의 지위 변화와 성별 역할분담 구조의 해체, 나아가 아동 및 노인 부양의 사회적 책임을 강조한다.

이러한 위기논쟁은 특정한 한계를 보인다. 곧 양측 모두 다양한 가족신화로부터 자유롭지 못한 결과, 가족 해체를 논하는 경우는 전

---

은 이러한 기능이 약화된다는 점에서 문제가 되기에 국가와 사회적 차원의 정책적 지원이 요구된다는 데에는 양편이 합의한다(안호용, 2000).

통가족에 대한 향수가 전제되었을 뿐만 아니라 정상가족 내지 전형적 가족의 신화를 고수한다. 아울러 가족과 사회의 이분법을 무비판적으로 수용한 상태에서 고전적 가족 기능의 중요성에 집착하는 성향을 보인다.

반면 가족의 재구조화에 주목할 경우는 가족내부의 경험이 성과 세대에 따른 권력관계의 축을 따라 구성되는 방식에 대해 지나치게 낙관적인 전망을 담으며 동시에 전통가족의 구조원리에 대치되는 재구조화의 원리에 대한 규명을 결여하는 한계를 보인다. 다시 말해서 어떠한 조직원리에 따라 가족이 재구조화되는지에 대한 논의가 현실보다는 당위에 기울어, 연구자의 이상적·도구적 가족관에 지나치게 의존하는 경향을 보인다.

나아가 논쟁의 축이 전통 대 근대 가족의 대결구도에 모아지면서 가족의 부양문제 및 가장(남성)의 지위에 대한 해석의 차이 등에 관심이 집중된 결과, 최근 급격히 증가하는 다양한 가족생활에 대한 진지한 검토를 소홀히 한다. 그런가 하면 양측의 신념이 지나치게 강한 나머지 가족위기의 본질에 대한 진지한 탐색 내지 이에 대한 대응방식의 사회적 합의를 유도하기 위한 노력이 부재한 상태에서 자신의 것만을 강조하는 정치운동으로 변질된다. 이에 따라 가족의 위기논쟁은 변화에 대한 진지한 성찰과 이의 해법을 찾아가는 과정이기보다는 정치적·사회적 목적을 달성하기 위한 수단이 된다는 평가를 받기도 한다.

결국 한국 가족이 해체적 위기상황에 놓여있는지, 재구조화를 진행해가는지의 여부를 규명하는 작업은 규명하고자 하는 구체적 현실에 대한 귀납적 검증을 거치기보다는 암묵적 합의에서 출발하여 동일한 현상에 대한 해석의 차이로 귀결됨으로써 순환적 논쟁에 빠지는 한계를 드러냈다고 할 수 있다. 따라서 정작 문제는 가족이 위기

상태에 있느냐 아니냐에 있다기보다는 '무엇이' 가족의 위기인가, 나아가 특정 위기는 왜 나타났는가 원인을 진단하고 어떻게 이를 헤쳐 나가야 하는가에 대한 사회적 합의를 이루는 작업이 보다 중요하리라는 절충안(함인희, 2002)이 나온다.

## (2) 전통적 가족주의와 탈근대적 개인화의 충돌

한국 가족의 변화양상에 주목하는 학자 대부분은 가족의 불안정성이 심화되고 더불어 양육과 부양의 위기가 증폭된다는 점에서 '가족이 쇠락한다'는 일종의 '위기의식'을 공유한다. 나아가 IMF 외환위기 이후 가족의 변화가 증폭되었다는 사실에 주목하며 변화의 폭과 깊이가 예기치 못했던 사회구조적 위기국면에 대한 일시적 반응수준을 넘어 새로운 전략을 모색하는 질적 전환의 요소를 함축한다는 사실에도 동의한다. 연장선에서 이젠 가족이 위험사회의 도피처가 아니라 위험사회의 진원지로 등장하게 되었다는 문제의식도 공유된다(김혜영, 2012).

흥미로운 사실은 한국 가족도 서구와 유사하게 가족규모의 축소를 지향하는 미니멀화 전략을 구사하는 것으로 추론되는 가운데, 전통적 가족주의와 탈근대적 개인화 경향이 절묘하게 혼합되면서 충돌 가능성을 내포한다는 점이다.

소비 자본주의와 개인화의 상호작용 결과로 등장한 서구의 '미니멀 가족'은 더욱더 강력한 '개인화'를 지향하면서 개인을 구속하던 가족관계의 끈을 약화시키는 방향으로 간다. 산업화와 핵가족 간에 일련의 선택적 친화성이 발견되던 시기, 친족 및 지역사회로부터 독립성과 자율성을 추구하던 가족은 이제 한 걸음 더 나아가 가족구성원으로서의 책임과 의무로부터 일정한 거리를 둔 채 자유를 갈망하는 개인의 등장을 목격한다.

다만 서구와 비교할 때 여전히 '가족주의'가 강하게 작동하는 한국

사회에서는 가족규모의 축소현상 속에 두 가지 흐름이 상호충돌하며 공존하는 듯하다. 즉, 가족규모의 축소를 통해 가족주의에 내재한 이기적 공리적 성격을 더욱 강화하는 흐름이 그 하나요, 기존의 이념형적 핵가족 내지 전형적 가족으로부터 탈출을 시도함으로써 가족주의의 부담을 회피하고자 하는 흐름이 다른 하나라 하겠다. 각각의 흐름이 기존 가족제도에 던지는 함의와 그 메시지 속에 숨어있는 위기의 징후는 향후 연구를 통해 필히 규명되어야 할 과제라 하겠다.

## (3) 비전형적 가족의 등장이 '가족'에 주는 함의

최근 독신(비혼), 이혼으로 인한 한 부모 가족, 동거 커플, 1인 가구 등의 꾸준한 증가는 우리로 하여금 '과연 가족을 구성하는 요건은 무엇인가?'라는 근본적 질문으로 되돌아갈 것을 요구한다. 나아가 어떤 관계가 가족을 구성하는 적법한 요건으로 인정받을 수 있을 것인지 여부는 개념 정의차원을 훌쩍 뛰어넘어, 과연 누가 근대가족이 표방한 '공동체로서의 가족가치'를 실천에 옮길 것인지를 둘러싸고 심각한 문제를 제기한다.

여기서 가족가치라 함은 가족 구성원 사이의 유대를 규정한 이타주의, 희생과 헌신(commitment), 공유와 협동 그리고 친밀성의 교환 등을 의미한다. 더불어 가족유대는 가족 구성원 사이에 물질적으로나 정서적으로 무한정에 가까운 의존과 의무를 수반함을 전제로 하며, 무조건적 사랑과 배우자를 향한 충성(royalty)을 기반으로 보다 충만하고 영속적인 관계를 지향한다.

한데 시장 합리성이 확대되면서 가족 바깥세상은 무자비하고 비도덕적이며 치열한 경쟁의 세계로, 가족은 상호배려와 협동, 도덕성이 자리한 '무자비한 세상 속의 천국'으로 이분화하는 상호배타적 인식이 고착화되기 시작했다. 그 결과 전형적 가족 이외의 대안을 모색하는 작업은 그 자체로서 가족에 대한 위협으로 간주된다. 가족 이외의 대안이 다양해짐은 전형적 가족의 침몰을 의미하고 사회의 초석인 가족의 약화는 사회적 쇠락을 야기할 것이란 공포를 담는다.

물론 예나 지금이나 가족은 위기에 봉착한 적이 없다고 주장하는 학자도 있다. 실제로 가족을 형성하고자 하는 욕구가 비교적 강하게 잔존한다는 점에서는 가족이 최소한의 안전성은 확보한다고 인정할 수도 있을 것이다. 그러나 현실 속에서 가족을 지속할 수 있는 능력이 감퇴한다는 사실, 더불어 가족가치를 구현할 수 있는 여력이 쇠퇴한다는 사실만큼은 부인해서는 안 될 것이다.

바로 이 점에서 가족의 위기는 개별가족이 경험하는 시행착오에 있는 것도 아니요, 개개인이 선택하는 가족형태 속에 내재하는 것도 아니다. 그보다는 이타적 사랑을 나누고 타인을 위해 헌신하고 희생할 수 있는 우리의 역량을 요구하는 사회적 맥락 자체가 끊임없이 축소된다는 사실 속에 위기가 잠재했다 할 것이다. 만일 전형적 가족이 관례적으로 인식되어온 '가족가치'를 배양하는 주체적 영역이 아니라면, 우리는 어느 곳에서 '가족가치'를 실천할 수 있을 것인가? 이 질문에 답을 구하지 못하는 한 가족을 둘러싼 긴장과 갈등은 계속 팽팽해질 것이요, 우리의 불안 또한 가중될 것이다.

## 2) 가족사회학 연구의 전망

### (1) 학제적 연구모색 및 정책지향성 강화

자레츠키(Zaretsky, 1983)는 자본주의 시장경제가 발달할수록 한편으로는 가족을 낭만화·신비화시키면서, 다른 한편으로는 개별가족 성원을 보호하는 가족 기능이 강조되는 현상을 놓치지 않는다. 이에 따라 자본주의가 발달할수록 가족과 사회제도간의 유기적 관계를 감추는 이데올로기가 더욱 정교하게 발달한다는 것이다.

실제로 가족기능 자체가 노동시장 구조 및 학교제도, 국가의 가족정책 등에 따라 좌우된다는 사실은 공사영역의 이분법에 내포된 허구성을 그대로 보여준다. 노동시장 구조는 맞벌이 부부의 증감 및 취업주부와 전업주부의 기회비용에 영향을 미치며, 이는 부부간의 역할분업 유형을 결정하는 데 일정부분 영향을 미친다. 나아가 노동시장 구조는 부부의 직업지위에 따라 가족의 사회경제적 지위를 결정하며 생활기회를 규정하는 데 결정적 영향요인으로 작용한다.

또한 교육제도의 경우 대학입시 위주의 교육제도를 통해 사회화기능의 왜곡을 초래하기도 하고 현실적으로 자본주의 시장경제가 필요로 하는 인력을 양성하기도 하며 교육을 매개로 가족의 사회경제적 지위계승 기능을 수행하기도 한다(전병재 외, 1994; Voydanoff, 1984; Thorne, 1992).

국가의 사회복지제도 및 사회보장정책이나 가족법의 경우도 가족의 현실을 규정하는 데 중요한 요인으로 작용한다. 일례로 자녀양육 및 노인부양 관련시설 및 프로그램은 수혜대상 가족생활에 직접 연관되며, 이들 시설 및 프로그램의 혜택을 받지 못하는 가족의 경우는 '핵가족 책임론'으로 인한 고통을 감수하지 않으면 안 된다. 결국 가족은 자본주의 시장경제체제에 성공적으로 적응해갈 수 있는 인력을 키워내는 동시에 무자비한 경쟁사회로부터 가족성원을 보호해야한다는 양립하기 어려운 요구를 동시에 받는 셈이다.

신자유주의하에서 가족의 위기상황을 가져오는 요인으로서 자본주의 시장경제와 국가의 권력확장을 들고 있는 라쉬(Rasc, 1977, 1997)의 연구는 우리에게도 시사하는 바가 매우 크다. 그에 따르면 근대적 일상의 특징은 모든 활동영역이 철저한 감시의 영향 아래 놓인다는 것이다. 과학과 합리성의 이름으로 인간의 경험을 이해하게 되고 훈련된 전문가만이 일상의 존재양식을 이끌어갈 수 있다고 간주된다. 이에 따라 전반적인 일의 질 저하(degradation of work)가 진행되며 공사영역의 임의적 분리에 따른 공동체적 문화의 쇠락이 진행된다고 본다.

공사영역의 임의적 이분법은 성역할 분업을 둘러싸고 여성은 남성의 커리어를 질시하고 남성은 여성의 안락함을 동경하는 환상을 키우는 결과를 가져왔다. 물론 이러한 주장이 여성의 취업을 평가절하하거나 필요 없음을 의미하는 것은 아니다. 그보다는 기존 기업경제(corporate economy)의 폐해를 지적하는 것으로 여성의 우호적 협력전략이 남성의 경쟁적 성취윤리 및 도덕적 부정의 요소를 효율적으로 견제하리라는 기대는 환상임을 간파해야 함을 의미한다. 이렇게 보면 시장 자본주의의 논리가 우리의 가족 일상에 침투하는 것 자체가 가족의 공동체적 삶을 근본부터 위협한다는 논리로 성립된다.

한편 벡은 오늘날 가족이 직면한 위기상황의 원인을 인간노동의 '불완전한 상품화', 더 정확하게는 '분열된 상품화'에 기반을 둔 부르주아적 산업사회로부터 끌어낸다(Beck et al., 1999). 곧 임금노동자인 남편은 가사노동자인 전업주부의 존재를 전제로 하며 시장을 위한 생산은 핵가족을 전제로 한다는 것이다. 따라서 완전한 산업화, 완전한 상품화는 성역할 분업에 기반을 둔 핵가족과는 상호 배타적 관계에 놓이게 된다는 것이다.

문제는 산업사회를 가능케 했던 성역할 분업이 노동시장 자체의 발전에 따라 '내파'(內破)된다는 점이다. 노동시장은 끊임없이 전통적인 성역할로부터 벗어나 '일 우선 이데올로기'를 따를 것을 요구한다. 직업에 대한 헌신과 자유로운 이동성, 직업훈련에 대한 끊임없는 투자 등을 요구하는 것이다. 이러한 노동시장의 요구에 따르지 않으면 안 되는 여성의 숫자가 증가하면서 이제 결혼으로 인한 부부역할과 출산으로 인한 부모역할은 협상의 대상이 되어간다. 즉, 역할수행을 둘러싸고 어떻게, 무엇을, 왜 해야 하는지 모든 세부사항에 걸쳐 협상과 타협 그리고 정당화되어야 하는 과정이 필요하게 된 것이다.

이러한 현실을 감안할 때 현재 가족을 둘러싸고 학제적 연구에 대한 요구가 증가함은 자연스러운 현상이다. 결국, 가족을 정확히 이해하려면 가족을 둘러싼 사회구조적 환경에 대한 이해와 역사적 변화과정에 대한 통찰의 요구와 더불어 가족 성원의 내적 심리상태와 가족관계에 대한 이해가 요구된다. 역사학, 경제학, 심리학, 정신분석학 등 다양한 학문분야에서 이루어진 연구결과를 통합하기 위한 노력이 진행되어야 할 것이다.

더불어 가족연구 또한 이론과 실천의 통합이 요구되는바, 이는 가족정책 관련연구를 통해서 실현가능한 공간을 확보하게 될 것이다. 이때 가족과 사회구조적 변화 사이에는 변화속도의 괴리로 인한 다양한 지체현상이 나타남에도 주목할 필요가 있다. 가족이 사회구조적 변화에 탄력성 있게 적응할 경우 가족의 위기논의가 들어설 자리는 없을 것이나, 가족의 변화속도가 지체됨으로써 나타나는 '가족 지체'와 사회의 변화속도가 지체됨으로써 야기되는 '사회 지체'가 빈번하게 나타남(이동원·함인희, 1993)을 간과해서는 안 될 것이다.

이 과정에서 서구이론을 무비판적으로 수용하여 우리의 가족현실에 대입해 보는 수동적 자세에서 벗어나 우리의 가족 실체에 솔직히 직면하려는 노력을 축적해야 할 것이다. 다만 이때 우리 가족 현실의 특수성에 함몰되어 가족제도의 보편성에 대한 감각을 상실할 위험성은 경계해야 할 것이다.

일례로 경제학의 원리를 인간관계에 적용하는 사회교환론의 관점에서 가족을 연구할 경우 개개인이 활용할 수 있는 자원이 매우 중요한 의미를 갖는다. 문제는 무엇을 자원으로 할 수 있는가가 한국가족의 맥락에서 매우 독특한 의미를 갖고 규정되는 것이 연구에서 자주 간과된다는 점, 나아가 인간은 합리적 계산도 하지만 비합리적으로 여겨지는 이타적 행위에 기꺼이 몰입한다는 점 등을 고려함으로써 가족관계를 연구하는 데 교환론의 입지를 정확히 규정하는 작업이 필요하리라 생각된다.

## (2) 가족연구 주제 및 방법론의 지평 확대

가족에 관한 한은 제도로서의 가족이 '해체' 혹은 '몰락'한다는 주장도 하나의 신화요, 안정되고 조화로운 공동체를 상정함 또한 신화이다. 오히려 가족의 경우는 '불확실성'이 증가할 것이며, '친밀한 환경'을 만들어가기 위한 과정으로서의 의미가 강화되리라는 전망이 우세하다.

여기서 '가족의 불확실성'이 증가할 것이라는 의미는 이혼율 급증, 출산율 감소, 고령사회 진입 등의 인구학적 반란과 더불어 다양한 가족형태가 증가하리라는 것과 모든 가족생활 영역에서 과거에는 당연시되던 것이 이제는 의식적 선택영역으로 바뀌었음을 의미한다. 곧, 결혼할 것인가? 한다면 언제 할 것인가? 결혼 전에 출산할 것인가? 몇 명의 자녀를 낳을 것인가? 혹은 낙태를 할 것인가? 결혼을 지속할 것인가? 등이 모두 개인적 선택의 영역으로 들어오게 되었음을 의미한다.

더불어 전반적인 경기침체에 따라 '고실업 사회'로 진입하면서 가족의 양극화와 더불어 하강이동의 폭이 확대될 것이다. 이에 따라 가족의 생활수준 유지를 위해 더욱 많은 노동에 투자하게 될 것이며, 청소년 및 소수집단, 젊은 세대 가족들이 가장 큰 피해를 보게 될 것이다. 뿐만 아니라 가족이 정치적 논쟁의 전면에 등장하게 될 가능성이 높아졌다. 가족해체가 자녀 학대, 아내 구타, 약물 및 알코올 중독, 빈곤, 범죄, 폭력의 증가 등 모든 사회문제를 야기했다는 비난을 받게 되면서 요동치는 가족생활이 가장 폭발적인 사회적 이슈로 등장하게 될 것이다.

가족의 변화에 대해서는 여전히 비관적 전망과 낙관적 전망이 공존하며 맞설 것이다. 흥미로운 사실은 현실에서는 낙관적 견해[12]보다 비관적 주장이 설득력을 확보했듯이 앞으로도 그러하리라는 것이다. 곧, 개인적 자유와 자아실현이 결혼 및 자녀양육이나 부양, 돌봄보다 중요한 가치로 부상하게 되면서 가족은 점차 취약한 제도가 되리라는 주장이 흥미를 불러일으킬 것이다.

그러나 최근 들어서는 낙관론이든 비관론이든 가족의 실제 삶의 복잡미묘한 현실을 정확히 포착하지 못한다는 데서 출발한 제3의 입장이 다수의 지지자를 확보해간다. 이에 따르면 실제 가족은 높은 지구력과 자체 생존력을 보유하되, 수많은 심각한 문제에 봉착함을 인정한다. 현재 가족이 직면하는 자녀 유기, 가출, 가족 폭력, 10대 임신, 기타 사춘기 자녀의 문제 등은 공공정책의 의제이기는 하지만 가족해체의 징후인 범죄, 매매춘, 포르노 등과 혼돈해서는 안 된다고 보는 것이다.

제3의 입장에서는 가족정책이 공공생활의 질을 향상시키는 데 중요한 역할을 한다고 본다. 이들은 아무런 문제가 없다고 보는 낙관론자와도 구분되고 과거를 미화, 이상화하며 시계를 돌리고자 하는 비관론자와도 구별된다. 일례로 맞벌이 부부의 자녀양육 문제를 놓고 보수주의자의 해법은 엄마를 다시 가정으로 보내야 한다고 보는 반면, 낙관론자는 이들 아동의 문제가 생각보다 심각하지 않으며 자녀

---

12 최근 서구에서 주목받는 낙관적 견해의 대표자로는 와텐버그(B. Wattenberg)를 들 수 있다. 그에 따르면 가족은 가정되는 것보다는 변화가 적으며 기존의 변화는 더 나은 (better) 방향으로 진행되고 가족에 대해 파괴적 변화가 진행될 경우 수정작업이 뒤따른다고 주장한다. 와텐버그의 분석틀을 일컬어 *less-better-correcting analysis*라 한다.

에게도 일정한 혜택이 있다고 주장한다. 제3의 입장은 다수의 어린이에게 심각한 해가 됨을 인정하되, 해법이 엄마의 가정 복귀에 있다고 보기보다는 일하는 엄마의 선택 대안이 극히 희소함에 있다고 본다. 곧 기업과 학교가 변화된 가족생활에 대해 적절히 대응하지 못한데 문제해결의 열쇠가 숨었다고 보는 것이다.

결국 가족의 변화는 오랜 시간 진행된 사회구조적 변화에 대한 하나의 반응으로서 지금 산업사회로부터 탈산업사회로 이행 중이기에 가족 또한 적응과정을 겪는다고 봄이 타당할 것이다. 이러한 문제의식으로부터 가족사회학 영역에서 새롭게 부상하게 될 쟁점을 열거해본다면 다음과 같다. 첫째, 가족의 어두운 측면, 곧 자녀 학대, 배우자 구타, 근친상간, 노인 학대, 가족동반 자살 등에 대한 공공의 관심이 증가함에 따라 이에 대한 연구 요구도 높아질 전망이다. 물론 이러한 현상이 새롭게 '발견'된 것도 아니요 최근 들어 더욱 증가하는 것도 아니다. 그보다는 이들 현상을 문제로 보는 공공의 인식이 강화되면서 가족만의 부끄러운 비밀을 공공정책 속에서 다루게된 것이 변화의 요체라 할 수 있다.

둘째, 가족관련 통계에 대한 신뢰도 및 타당도 제고의 요구가 강화될 것이다. 가족관련 통계는 그 자체로 단순하거나 자명한 것은 아니다. 실제로 이혼통계는 개별 커플의 이혼율을 의미하는 것은 아님은 널리 알려진 사실이다. 과거의 통계는 신뢰도 및 타당도가 더욱 낮았었다. 이제 가족문제의 원인을 보다 정확히 진단하고 변화의 방향을 정확히 예측하는 데 대한 요구가 점증하면서 가족관련 통계를 정비하고자 하는 노력 또한 강화될 전망이다.

관련해서 수수께끼를 푸는 것과 흡사한 통계해석에서도 다양한 논의가 활성화될 전망이다. 과거엔 이혼보다 배우자 유기 및 별거가 만연했고 오늘날 이혼으로 끝나는 부부의 다수가 예전엔 배우자의 사망으로 종결되었을 가능성이 있다는 점에서 이혼율 상승이 역사적 트렌드인지, 아니면 가족붕괴의 결정적 지표인지는 여전히 의문이다. 마찬가지로 혼외출산의 증가가 도덕적 해이를 의미하는가, 새로운 도덕규범의 등장을 암시하는가도 의문이며, 출산율 감소가 이기심의 발로인지, 신중함의 표현인지도 의문이다. 이들 의문을 풀어가는 과정에서 새로운 통계기법이 개발되고 의미 있는 사료가 발굴될 것이다.

셋째, 과거 가족학자는 관계가 소멸되는 원인규명에 주력했으나 앞으로는 관계가 지속되는 이유에 관심을 주목하게 될 것이다. 특히 결혼 및 친밀한 관계가 다른 인간관계와 구분되는 속성은 무엇인지, 결혼 및 친밀한 관계를 지속시키도록 하는 수수께끼는 무엇인지 풀기를 희망한다. 친밀한 관계를 유지한다는 것이 얼마나 어려운가에 대한 문제의식이 증가하면서 친밀한 관계의 역설적 본질을 규명하기 위한 노력이 증가하리라 예상된다.

넷째, 무엇을 가족으로 볼 것이냐, 나아가 무엇을 가족문제로 규정할 것이냐 하는 이슈는 계속해서 가족 정치학의 핵심을 구성할 것이다. 결국 모든 사람들은 가족에 우호적이지만 가족을 위해 어떻게 해야 할 것인가를 놓고서는 한 치의 양보도 없는 논쟁을 벌인다. 이들 문제는 무엇을 정상으로 혹은 문제상황으로 볼 것이냐를 규정하는 이념적 논쟁을 수반할 것이며, 향후 이혼 및 재혼, 입양은 물론 출산기술의 발달과 동성애 커플의 등장으로 인해 이 문제를 향한 도전은 거세어질 가능성이 높다 하겠다.

마지막으로 이제 가족은 일국의 경계를 뛰어넘어 초국적 가족연계망을 확산시켜가는 가운데 '세계가족'의 성격을 강화할 것이다. 다문화 가족, 결혼이주가족, 세계가족 등을 이해하고 분석함에 새로운 개념 및 이론의 개발이 요구됨은 재론의 여지가 없을 것이다.

결국 사회학적 패러다임에서 가족을 연구하는 작업은 사회구조적 변화 속에서 적응과 저항을 계속하는 가족의 급변하는 현실 앞에서 자신의 연구영역을 확대할 것이며, 자신의 본질을 가장한 현상 이면에 숨은 실체에 직면하고자 다양한 노력을 계속할 것이다.


## 참고문헌

강득희, 1991, "임씨 가족 3대의 삶", 〈여성 가족 사회〉, 창간호.

공미혜, 2002, "혼외관계에서 나타나는 가부장제 이데올로기", 〈한국여성학〉, 17권 2호, 134~164쪽.

권희완, 1981, "최근 우리나라의 가족생활주기의 변천에 관한 고찰", 〈인구보건 논집〉, 1권 1호, 59~76쪽.

_____, 1982, "가족생활주기와 역할변천", 〈최신덕 교수 회갑기념 논문집〉.

_____, 1992, "부부관계의 인식에 관한 연구", 여성한국사회연구회 편, 《한국의 부부관계》, 35~70쪽.

김경애, 1999, "흔들리는 모성, 지속되는 모성역할: 저소득층 모자가정의 여성 가장", 〈한국여성학〉, 15권 2호, 82~112쪽.

김두헌, 1949, 《조선 가족제도 연구》, 을유문화사.

_____, 1969, 《한국가족제도연구》, 서울대학교 출판부.

김모란, 1994, "한국사회의 배우자 선택 양상의 변화", 《일상의 삶, 그리고 복지의 사회학》, 이화여대 출판부.

_____, 1995, "한국사회의 혼인거래 관행의 의미에 관한 연구", 〈한국사회학〉, 29권 3호, 48~71쪽.

김미경, 2000 "노인복지에 대한 가족사회학적 접근: 노인 부양문제를 통해 본 노인복지와 여성복지의 관계에 대한 시론적 고찰", 〈한국사회학〉, 34권 1호, 63~82쪽.

김상욱, 2000, "재가노인 부양의 태도 및 행위 3: 인과경로 모형의 개발 및 추정", 〈한국사회학〉, 34권 4호, 226~256쪽.

김주숙, 1981a, 《한국농촌여성 연구: 5개 부락 실태조사를 중심으로》, 가톨릭 농촌여성회.

_____, 1981b, "농촌여성 소고", 〈한국사회학〉, 15권, 49~60쪽.

김현주, 2001, 《장남과 그의 아내》, 새물결.

김혜경, 1999, "가사노동 담론과 한국 근대가족: 1920-30년대를 중심으로", 〈한
국여성학〉, 15권 1호, 153~184쪽.

김혜경·정진성, 2001, "'핵가족화' 논의와 '식민지적 근대성': 식민지 시기 새로
운 가족 개념의 도입과 변형", 〈한국사회학〉, 35권 4호, 221~254쪽.

김혜경·오숙희·신현목, 1992, "자본주의적 산업화와 한국가족의 역할 변화",
〈여성과 사회〉, 3호, 278~314쪽.

김홍주, 1994, "한국의 가족문제와 가족복지의 방향: 농민의 가족문제를 중심으
로", 〈한국청소년연구〉, 19호, 34~55쪽.

박경숙, 2000, "한국노인의 사회적 관계: 가족과 지역사회와의 연계 정도", 〈한
국사회학〉, 34권 3호, 119~146쪽.

박명선, 1991, "월남한 가족의 경제생활사", 〈여성 가족 사회〉, 창간호.

_____, 2002, "여성노인의 일과 빈곤: 전북지역을 중심으로", 〈한국사회학〉, 36
권 2호, 181~212쪽.

박미해, 1999, "17세기 양자의 제사상속과 재산상속", 〈한국사회학〉, 33권 4호,
1~15쪽.

_____, 2002, "16세기 부권(夫權)과 부권(婦權)의 존재양식: 〔미암일기〕에 나타
난 유희춘과 송덕봉의 사례를 중심으로", 〈한국여성학〉, 18권 1호, 1~32
쪽.

박민자, 1992, "부부관계의 평등성에 관한 연구", 〈덕성여대 논문집〉, 21권,
3~31쪽.

박수미, 2002, "한국여성들의 첫 취업 진입, 퇴장에 미치는 생애사건의 역동적
영향", 〈한국사회학〉, 36권 2호, 149~180쪽.

박숙자, 1992, "첫 자녀 출생과 부부관계의 변화", 여성한국사회연구 편, 《한국
가족의 부부관계》, 사회문화연구소.

_____, 2001, "여성의 낙태 선택권과 입법과제 연구", 〈한국여성학〉, 17권 2호,
65~94쪽.

박영신, 1987, "한국사회의 변동과 가족주의", 한국사회연구소, 《역사와 사회변
동》, 민영사.

박재홍, 1999, "기성세대의 생애사와 세대차이 인지에 관한 연구: 질적 접근",
〈한국사회학〉, 33권 1호, 1~40쪽.

박재흥, 2003 "세대 개념에 관한 연구: 코호트적 시각에서", 〈한국사회학〉, 37권 3호, 1~24쪽.

박주현, 1990, "탁아문제의 대책과 현실", 〈한국여성학〉, 6권, 153~182쪽.

방하남·김기헌, 2001, "변화와 세습: 한국사회의 세대 간 지위세습 및 성취구조", 〈한국사회학〉, 5권 1호, 1~31쪽.

변화순, 1987, "부부간의 갈등과 해소", 여성한국사회연구 편, 《한국가족의 부부관계》, 사회문화연구소.

변화순 외, 1992, 《가족의식에 관한 한국과 일본의 비교 연구: 서울과 후쿠오카현》, 한국여성개발원.

서선희, 1991, "가족은 유용한 분석단위인가?", 〈가족학논집〉, 3호, 55~68쪽.

심영희, 1996, "시간문화와 여성: 대입 수험생 어머니의 삶에 나타난 전통, 현대, 탈현대", 〈한국여성학〉, 12권 2호, 1~41쪽.

심영희 외, 2000, 《모성의 담론과 현실》, 나남출판.

안병철, 1988, "산업화와 핵가족화에 관한 비판적 고찰: 가족형태를 중심으로" 〈생활과학논집〉, 103~110쪽.

_____, 1993, "대학입시와 가족: 아버지를 중심으로", 〈민족과 문화〉, 1권, 299~ 319쪽.

안호용·김홍주, 2000, "한국 가족변화의 사회적 의미", 〈한국사회〉, 3집, 89~ 132쪽.

양현아, 2000, "호주제도의 젠더 정치: 젠더 생산을 중심으로", 〈한국여성학〉, 16권 1호, 61~89쪽.

_____, 2002, "호주제도 위헌소송에 관한 법사회학적 고찰: '가족'의 변화를 중심으로", 〈한국사회학〉, 36권 5호, 206~236쪽.

엄요섭, 1952, "결혼과 이혼에 관한 연구", 〈사상〉, 1권.

여성한국사회연구회 편, 1990, 《한국가족론》, 까치.

_____, 1995, 《가족과 한국사회》, 경문사.

_____, 1995, 《한국 가족문화의 오늘과 내일》, 사회문화연구소.

왕한석, 1993, "한국 친족호칭 체계의 의미 기술", 〈한국문화인류학〉, 24권 1호, 139~193쪽.

유시중, 1973, "한국 도시가족의 역할: 실제와 기대를 중심으로", 〈논문집〉, 17권, 29~44쪽.

윤종주, 1967, "한국 가족의 남아에 대한 선호도 문제", 《인구문제논집》.

_____, 1983, "우리나라 가족형태 및 가족주기에 관한 조사 연구", 《인구문제논집》.

은기수, 2001, "결혼연령 및 결혼코호트와 첫 출산 간격의 관계: 최근의 낮은 출산력 수준에 미치는 함의를 중심으로", 〈한국사회학〉, 35권 6호, 108~143쪽.

이 봉, 1957, "우리나라 가족제도와 여성의 지위", 〈법정논총〉, 5권, 70~89쪽.

이광규, 1980, "고대문학과 신소설에 비친 고부문제", 〈한국문화〉, 1집, 189~233쪽.

_____, 1983, 《한국가족의 구조분석》, 일지사.

_____, 1994, "한국사회의 가족주의 전통과 그 변화", 〈한국청소년연구〉, 17호, 5~11쪽.

이동원, 1984, "도시 주부의 관계망에 관한 조사: 시가 및 친가와의 관계를 중심으로", 〈한국문화연구원 논총〉 52권, 229~256쪽.

_____, 1987, "가족 가치관에 관한 조사 연구", 〈한국문화연구원 논총〉, 52권, 229~256쪽.

_____, 2000, 《대중매체와 가족》, 양서원.

이동원·조성남, 1991, "부모와 자녀의 세대 차이에 관한 일 연구", 〈한국문화연구원 논총〉, 59권 2호, 101~147쪽.

이동원·함인희, 1992, "한국의 가족주의적 전통이 직장 내 인간관계에 미치는 영향에 관한 연구", 〈한국문화연구원 논총〉, 60권 2호, 47~86쪽.

_____, 1993, "산업화에 따른 가족문제의 실태 및 유형에 관한 연구", 〈논총〉, 62권 2호, 5~28쪽.

이동원·함인희, 1996, "한국 가족사회학 50년의 성과와 반성", 〈가족과 문화〉, 1집 창간호, 1~58쪽.

이만갑, 1950, "가족기원론", 〈학풍〉, 2권 13호, 35~42쪽.

이명진, 2000, "한국사회의 선택혼: 기기별 추이와 국제 비교", 〈한국사회학〉, 34권 2호, 85~112쪽.

이미숙, 2003, "사회적 스트레스와 중년기 남성의 정신건강: 피고용 직장인을 중심으로", 〈한국사회학〉, 37권 3호, 25~57쪽.

이미정, 1998, "가족 내에서의 성차별적 교육 투자", 〈한국사회학〉, 32권 1호, 61~95쪽.

이성식·전신현, 2001, "가부장적 가정과 여자 청소년의 비행: 대립되는 두 가설의 검증을 중심으로", 〈한국사회학〉, 35권 5호, 181~208쪽.

이숙현, 1992, "장애아 가족의 적응에 관한 탐색적 연구", 〈가족학논집〉, 4권, 21~44쪽.

＿＿＿, 1995, "남성의 취업과 가족 상호작용: 대기업 사원을 중심으로", 〈한국 사회학〉, 29권 2호, 24~40쪽.

이순형, 1996, "가족주의, 집합주의, 성취지향성과 양육 가치관의 관계", 〈한국 사회학〉, 30권 3호, 48~75쪽.

＿＿＿, 1997, "조선조 혼인관계의 유지 원리: 〔조선왕조실록〕의 이혼사례 분석", 〈한국사회학〉, 31권 3호, 130~135쪽.

이영자, 1996, "소비사회와 여성문화", 〈한국여성학〉, 12권 2, 42~76쪽.

이재경, 1992, "가족과 사회계층", 〈가족학논집〉, 4권, 115~133쪽.

＿＿＿, 1995, "정의의 관점에서 본 가족", 〈한국여성학〉, 11권, 41~65쪽.

＿＿＿, 1999, "여성의 경험을 통해 본 한국가족의 근대적 변형", 〈한국여성학〉, 15권 2호, 50~81쪽.

＿＿＿, 2002, 《가족의 이름으로》, 또 하나의 문화.

이철우, 1996, "한국사회의 고령화와 노인복지정책", 〈한국사회학〉, 30권 4호, 44~70쪽.

이태영, 1957, 《한국이혼제도연구: 특히 여성의 지위를 중심으로》, 여성문제연구원.

이태준, 1956, "가족제도와 여성의 지위", 〈여성계〉, 5권 1호.

이해영·권태환·김진균, 1968, "가족가치 변용에 관한 일고찰: 중간 도시 이천을 중심으로", 〈진단학보〉, 31권, 143~164쪽.

이현송, 1996, "가족의 생애주기와 기혼여성의 경제활동", 〈한국사회학〉, 30권 4호, 25~43쪽.

이화여자대학교 사회학과, 1960, "가족에 관한 대학생들의 태도조사 집계표", 〈논총〉.

이효재, 1973, "한국인의 아들에 대한 태도와 가족계획", 〈한국문화연구원 논총〉, 21권, 63~72쪽.

이효재 편, 1988, 《가족연구의 관점과 쟁점》, 까치.

＿＿＿, 2003, 《조선조 사회와 가족》, 한울.

이희봉, 1956, "한국가족제도와 여권문제", 〈여성계〉, 5권 8호, 54~58쪽.

임인숙, 2000, "경제위기가 남편의 상실감에 미치는 영향", 〈한국사회학〉, 34권 4호, 293~315쪽.

장경섭, 1991, "핵가족 이데올로기와 복지국가: 가족부양의 정치경제학", 〈경제와 사회〉, 15권, 173~204쪽.

장경학, 1956, "가족제도와 여권", 〈여성계〉, 5권 1호.

장미혜, 2001, "문화자본과 소비양식의 차이", 〈한국사회학〉, 35권 1호, 52~84쪽.

_____, 2002, "사회계급의 문화적 재생산: 대학 간 위계서열에 따른 부모의 계급구성의 차이", 〈한국사회학〉, 36권 4호, 223~262쪽.

장상수, 1999, "한국사회의 교육수준별 혼인 유형과 그 변화", 〈한국사회학〉, 33권 1호, 158~189쪽.

_____, 2000, "교육기회의 불평등: 가족배경이 학력성취에 미치는 영향", 〈한국사회학〉, 34권 3호, 169~208쪽.

장현섭, 1988, "An Experimental Trial for the Recategorization of Family Pattern in Korea", 〈보건사회연구〉, 8권 2호, 181~200쪽.

_____, 1993, "한국사회는 핵가족화하고 있는가", 〈한국사회사연구회논문집〉.

전병재 외, 1994, 《위기에 선 가족: 한국가족의 변화와 전망》, 다산.

전일심 외, 1950, "가족제도의 비판", 〈부인경향〉, 1권 2호, 66~71쪽.

정충량, 1953, "전쟁 미망인의 문제", 〈자유 세계〉, 2권 1호.

_____, 1955, "직업 여성과 가족문제", 〈협동〉, 48권.

_____, 1956, "전쟁 미망인의 미래", 〈새벽〉, 3권 2호.

조 은, 1986, "가부장제와 경제: 가부장제의 자본주의적 변용과 한국의 여성노동", 〈한국여성학〉, 2권, 90~121쪽.

_____, 2000, "가부장적 질서화와 부인권의 약화: 조선 전기 재산상속 분쟁사례를 중심으로", 〈한국여성학〉, 16권 2호, 116~145쪽.

조 형, 1997, "도시중산층 전업주부의 권력: 구조적 무권력화와 구성적 권력화", 〈한국여성학〉, 13권 2호, 189~230쪽.

조옥라, 1986, "가부장제에 관한 이론적 고찰", 〈한국여성학〉, 2권, 4~33쪽.

_____, 1991, "농촌여성의 경제활동 증대가 가족구조에 미친 영향", 《한국의 사회와 역사》, 일지사.

조정문, 1995 "결혼생활의 공평성 인지와 결혼 만족", 〈한국사회학〉, 29권 3호, 72~95쪽.

조주현 외, 1993, 《결혼이라는 이데올로기》, 현실사회문화연구회.

조현경, 1955, "가족제도의 비판", 〈협동〉, 48권.

조혜선, 2002, "기혼여성의 고용지위 결정 요인: 가족과 노동의 결합", 〈한국사회학〉, 36권 1호, 149~154쪽.

____, 2003, "결혼 만족도의 결정 요인: 경제적 자원, 성역할관, 관계성 모델의 비교", 〈한국사회학〉, 37권 1호, 93~118쪽.

조혜정, 1985, "한국의 사회변동과 가족주의", 〈한국문화인류학〉, 17권, 79~96쪽.

____, 1986, "가부장제의 변형과 극복: 한국 가족의 경우", 〈한국여성학〉, 2권, 131~200쪽.

채중묵, 1974, "한국 가족제도가 사회구조의 변화에 미치는 영향", 〈극동논총〉, 2권, 1~59쪽.

최샛별·이명진·김재온, 2003, "한국의 가족관련 사회정체성 연구: 감정조절이론(ACT)의 수정적용을 중심으로", 〈한국사회학〉, 37권 5호, 1~31쪽.

최신덕, 1977, "한국가족의 분가 실태에 관한 연구", 〈농촌문제논집〉, 11~49쪽.

____, 1986, "도시 부부의 결혼생활의 질에 관한 연구", 〈한국문화연구원 논총〉, 49권, 171~200쪽.

최재석, 1961, "한국가족의 크기", 〈아세아 연구〉, 8호, 151~187쪽.

____, 1963, "한국가족원의 범위", 〈진단학보〉, 24호, 100~130쪽.

____, 1965, 《한국인의 사회적 성격》, 일지사.

____, 1970, 《한국가족제도사》, 한국문화사 대계 IV.

____, 1971, "조선 후기 반촌에 있어서의 가족 구성", 〈석주선 교수 회갑기념 민속학 논총〉.

____, 1976, 《한국가족제도사연구》, 일지사.

____, 1981a, "산업화와 가족형태의 변화: 1955년과 1975년의 비교", 〈한국학보〉, 7권 3호, 2~31쪽.

최재석, 1981b, "가족구성의 변화", 《한국문화의 제문제》, 국제문화재단 출판부.

최홍기, 1977, "한국의 전통적 친족제의 조직과 그 기능에 관한 일 고찰", 〈최문환 박사 추념 논문집〉.

____, 1982, "북한 가족제도의 변천", 〈사회과학과정책연구〉, 4권 2호, 215~246쪽.

한경혜, 1992, "농촌가족관계의 변화와 배경", 〈농촌생활과학〉, 13권 4호, 9~11쪽.

한경혜·김진희, 2003, "일, 가족 상호작용에서의 성별 차이: 전이 개념을 중심으로", 〈한국사회학〉, 37권 3호, 58~84쪽.

한경혜·윤순덕, 2000, "떠난 장남, 남은 장남: 생애과정 관점에서 본 농촌 주민 의 거주유형 결정요인", 〈한국사회학〉, 34권 3호, 147~168쪽.

한남제, 1984a, 《한국가족연구》, 일지사.

____, 1984b, "한국인의 가족가치관에 관한 연구", 〈사회정책연구〉, 5권.

____, 1985, "한국가족제도의 변화", 《한국사회의 변동과 발전》, 서울대 사회 과학연구소.

____, 1988, "가족주의 가치관과 변화", 〈일량 고영복 교수 회갑논집〉.

____, 1997, 〈한국가족제도의 변화〉, 일지사.

한영란, 1992, "매 맞는 아내의 경험", 〈한국여성학〉, 8권, 72~95쪽.

한완상, 1991, "한국사회에서 세대 간 갈등에 관한 한 연구: 대항적 대학문화의 중요성에 대한 제고", 〈계간 사상〉, 8권, 248~309쪽.

함인희, 1999, "가족주기의 변화와 주부역할의 딜레마", 〈가족과 문화〉, 11권 2 호, 47~72쪽.


Acker, J., 1992, "From sex roles to gendered institutions", *Contemporary Sociology*, 21(5), pp. 565-569.

Anderson, M., 1980, *Approaches to the history of the western family 1500-1914*, Macmillan Press, 김선미·노영주 역, 1994, 《서구가족사의 세 가지 접근방 법, 1500~1914》, 한울아카데미.

Beck, U., & Beck-Gernsheim, E., 1990, *Das Ganz Normale Chaos der Liebe*, Suhrkamp, 강수영 외 역, 2006, 《사랑은 지독한 혼란: 그러나 너무나 정상 적인》, 새물결출판사.

____, 2011, *Fernliebe: Lebensformen im Globalen Zeitalter*, Suhrkamp, 이재원 ·홍찬숙 역, 2012, 《장거리 사랑》, 새물결출판사.

Gittins, D., 1993, *The Family in Question: Changing Households and Familiar Ideologies*, Macmillan Press, 안호용·김홍주·배선희 역, 1997, 《가족은 없다: 가족 이데올로기의 해부》, 일신사.

Lasch, C., 1977, Haven in a Heartless World: The Family Besieged, the Basic Books.

____, 1997, *Women and the Common Life: Love, Marriage, and Feminism*, W. W. Norton & Company.

Skolnick, A. S., Skolnick, J. H., 1971, *Family in Transition* (1$^{st}$ ed.), Longman.

_____, 1997, *Family in Transition* (9$^{th}$ ed.), Longman.

Stephanie, C., 2005, *Marriage, A History: How Love Conquered Marriage*, The Macmillan.

Thorne, B., & Yalom, M., 1992, *Rethinking the Family: Some Feminist Questions*, Northeastern University Press, 권오주 외 역, 2003, 《페미니즘의 시각에서 본 가족》, 한울아카데미.

Zaretsky, E., 1976, *Capitalism, the Family and Personal Life*, Pluto Press, 김정희 역, 1983, 《자본주의와 가족제도》, 한마당.

# 1. 〈가족과 문화〉

강이수, 2011, "남성 부양자 가족의 균열과 지속", 23권 4호, 123~145쪽.

공미혜·오세자, 2010, "국제결혼 부부의 성역할 태도와 사회적 지지가 결혼만족도에 미치는 영향", 22권 2호, 95~120쪽.

공미혜·이수연, 2012, "무자녀 기혼여성의 무자녀 결정경험", 24권 2호, 39~63쪽.

김경희·홍지수, 2013, "한국과 일본의 가족의식에 관한 비교연구", 25권 3호, 186~213쪽.

김미숙·김안나, 2012, "결혼이주여성의 보유자원이 가족관계와 삶의 만족에 미치는 영향", 24권 2호, 64~100쪽.

김선영, 2008, "한국가족학회지의 가족연구 경향분석", 20권 4호, 143~182쪽.

김수정·김정석, 2011, "노인 부부가구의 빈곤", 23권 3호, 63~91쪽.

김현주·이선이·이여봉, 2013, "초기 성인기의 정체성 구성에 관한 연구: 중요한 타자와의 상호작용", 25권 3호, 54~96쪽.

김혜경, 2012, "1980년대 이후 한국사회 비판적 가족담론의 변화: 비동시성의 동시성", 24권 4, 166~195쪽.

송유진, 2013, "부모의 사회경제적 지위에 따른 청소년의 생활시간 비교", 25권 3호, 31~53쪽.

신경아, 2010, "노인 돌봄 내러티브에 나타난 단절과 소통의 가능성", 22권 4호, 63~94쪽.

우명숙, 2011, "과잉노동사회의 일: 생활의 불균형", 23권 3호, 127~160쪽.

이성용, 2012, "한국의 혼인상태 변동: 1995-2010년", 24권 3호, 34~64쪽.

이숙현·권영인, 2009, "기업의 가족친화적 문화와 아버지의 자녀양육 참여", 21권 1호, 1~28쪽.

이숙현·서혜영, 2013, "자녀의 군입대와 중년 어머니의 적응", 25권 30호, 128~158쪽.

이순미·김혜경, 2009, "남성 노인의 배우자 돌봄에 관한 연구", 21권 4호, 63~94쪽.

이여봉, 2011, "부양 지원과 세대 갈등", 23쪽 1권, 41~76쪽.

―――, 2012, "중년여성의 노후준비에 관한 연구", 24권 1호, 31~70쪽.

이여봉·김현주·이선이, 2013, "어머니와 자녀 간 자원교환의 호혜성에 관한 연구", 25권 1호, 39~76쪽.

임인숙·강충구·전병희, 2010, "국제결혼 경로별 부부권력과 부부관계 만족도", 22권 1호, 35~63쪽.

장경섭, 2011, "'위험회피 시대'의 사회 재생산", 23권 3호, 1~23쪽.

최유정, 2012, "계급과 젠더의 교차를 통해 본 여가의 의미", 24권 4호, 1~44쪽.

최유정·최샛별·이명진, 2011, "세대별 비교를 통해 본 가족관련 정체성의 변화와 그 함의", 23권 2, 1~40쪽.

한경혜·장미나, 2009, "기혼남녀 근로자의 일 가족 균형과 관련요인", 21권 1, 85~115쪽.

함인희, 2012, "국가 후원 가족주의에 투영된 역설: 싱가포르의 가족정책을 중심으로", 25권 2호, 1~28쪽.

## 2. 〈한국사회학〉

강진웅, 2010, "남북한의 국가와 가족: 체제변화와 가족주의의 변형", 44집 5, 139~175쪽.

공선희, 2013, "노인들의 가족돌봄에 대한 기대변화와 정책욕구", 47집 1호, 277~312쪽.

김기헌, 2004, "가족 배경이 교육단계별 진학에 미치는 영향", 38집 5호, 109~142쪽.

김민정·이혜경·정기선·유명기·김민정, 2006, "이주의 여성화와 초국적 가족: 조선족 사례를 중심으로", 40집 5호, 258~298쪽.

김수정, 2004, "복지국가 가족지원정책의 젠더적 차원과 유형", 38집 5호, 209~233쪽.

김수정·김은지, 2007, "한국 맞벌이 가구에서 가사노동과 경제적 의존의 관계?", 41집 2호, 147~174쪽.

김안나, 2003, "가족과 사회연결망: 독일과 한국의 개인관계에 대한 비교연구",

37집 4호, 67~99쪽.

김은정, 2007, "가정의 사회경제적 지위, 사교육비, 부모자녀 관계 그리고 청소
년 자녀의 학업 성취의 관계에 관한 연구: 부모-자녀관계의 매개 역할을 중
심으로", 41집 5호, 134~162쪽.

김현주, 2007, "학업 성취에 영향을 미치는 가족배경과 사회문화적 자원의 다중
상호작용 방식", 41집 6호, 171~203쪽.

김현주·이여봉, 2013, "중학생 및 대학생 자녀와 어머니의 교환관계 유형과 예
측 요인: 상호적 유형과 협상적 유형", 47권 4호, 35~65쪽.

김혜경, 2013, "부계 가족주의의 실패?: IMF 경제위기 세대의 가족주의와 개인
화", 47집 2호, 101~141쪽.

김혜경·남궁명희, 2009, "아들가족에게서의 노부(모) 돌봄 연구: 부부와 노인
의 생애서사를 중심으로", 43집 4호, 180~220쪽.

김혜경·정진성, 2001, "'핵가족 논의'와 '식민지적 근대성': 식민지 시기 새로운
가족개념의 도입과 변형", 35집 4호, 213~244쪽.

김혜순, 2008, "결혼이주 여성과 한국사회의 다문화 실험: 최근 다문화담론의 사
회학", 42집 2호, 36~71쪽.

손병선·장상수, 2005, "가족배경이 학업성적에 미치는 영향", 39집 4호, 198~
230쪽.

송유진, 2005, "한국과 중국 도시가족에서의 성역할분담 비교연구: 아버지의 자
녀양육 참여", 39집 1호, 111~136쪽.

신경아, 2011, "노인돌봄의 탈가족화와 노인의 경험: 재가 노인과 시설거주 노인
의 경험 연구", 45집 5호, 64~96쪽.

안정옥, 2006, "시간준거, 문화생태와 가족체제: 삶의 양식, 제도형태와 주체화
의 관계 함의", 40집 6호, 56~91쪽.

양현아, 2002, "호주제도 위헌소성에 관한 법사회학적 고찰: '가족'의 변화를 중
심으로", 36집 5호, 201~229쪽.

왕혜숙, 2013, "가족 인정 투쟁과 복지정치: 한국의 의료보험 피부양자 제도의
변화과정을 중심으로", 47집 4호, 67~106쪽.

은기수, 2001, "결혼연령 및 결혼 코호트와 첫 출산 간격의 관계: 최근의 낮은
출산력 수준에 미치는 함의를 중심으로", 35집 6호, 105~139쪽.

이미숙, 2008, "국민건강보험에 함의된 가족 규범과 피부양자 제도변천: 30년의
역사", 42집 6호, 38~67쪽.

_____, 2012, "노인인구의 결혼관계와 우울증세: 결혼지위와 결혼만족도를 중심으로", 46집 4호, 176~204쪽.

이민아, 2010, "결혼 상태에 따른 노인의 우울도와 성차", 44집 4호, 32~62쪽.

_____, 2013, "계획적 무자녀 가족: 한국사회에서 아이갖기의 의미와 가족주의의 역설", 47집 2호, 143~176쪽.

이성우·고금석·류성호, 2002, "인종 간 결혼의 결정요인과 결과에 관한 연구: 백인과 결혼한 아시아계 여성", 36집 6호, 137~164쪽.

이정환, 2002, "가족환경, 과외 성적", 36집 6호, 195~213쪽.

장상수, 2007, "가족배경과 고등학교 계열 선택", 41집 2호, 118~146쪽.

_____, 2008, "가족배경, 문화자본, 성적", 42집 3호, 63~85쪽.

조혜선, 2003, "결혼 만족도의 결정 요인: 경제적 자원, 성 역할관, 관계성 모델의 비교", 37집 1호, 91~115쪽.

최샛별·이명진·김재온, 2003, "한국의 가족관련 사회정체성 연구: 감정조절이론의 수정적용을 중심으로", 37집 5호, 1~30쪽.

최선영·장경섭, 2012, "압축 산업화 시대 노동계급 가족 가부장제의 물질적 요소: '남성생계부양자' 노동생계 불안정성의 가족 전이", 46집 2호, 203~230쪽.

최종렬, 2009, "탈영토화된 공간에서의 베트남 이주여성의 행위 전략: 은혜와 홍로안의 사랑과 결혼 이야기" 43집 4호, 107~146쪽.

한경혜·김상욱, 2010) "세대 간 지원교환 설명요인에서 부계와 모계의 비교", 44집 4호, 1~31쪽.

한경혜·김진희, 2003, "일 가족 상호작용에서의 성별 차이: 전이 개념을 중심으로", 37집 3호, 57~81쪽.

Kim, Cheong-Seok, 2012, "Intergenerational living arrangements of young married women in Korea, Japan and China", 46집 3호, 59~72쪽.

Park, Hyunjoon, Jae Kyung, Lee, & Inkyung Jo, 2013, "Changing relationships between education and marriage among korean women", 47집 3호, 51~76쪽.

Song, Min-Young, 2011, "From demographic to normative individualization: A comparative study of family values in Korea and Japan", 45집 6호, 153~174쪽.

# 3. 〈경제와 사회〉

강희경, 2005, "'건강가정' 담론의 불건강성", 65권, 155~178쪽.

김귀옥, 2001, "북한은 이산가족문제를 어떻게 인식해왔을까", 49권, 124~148쪽.

김동춘, 2002, "유교(儒敎)와 한국의 가족주의: 가족주의는 유교적 가치의 산물인가?", 55권, 93~118쪽.

김수정, 2003, "한국의 빈곤정책에서 '부양의무자 기준'의 변화와 쟁점: 가족부양 '범위' 및 '부양비'를 중심으로", 59권, 193~223쪽.

김영미·신광영, 2008, "기혼여성 노동시장의 양극화와 가구소득 불평등의 변화", 77권, 79~106쪽.

김현미, 2006, "국제결혼의 전 지구적 젠더 정치학", 70권, 10~37쪽.

김희자, 2008, "서구의 가족법·가족정책의 변화와 포스트모던 가족 모형", 78권, 194~222쪽.

박경숙·김영혜, 2005, "생애를 통해서 본 여성의 경제활동과 가족역할의 의미", 68권, 133~160쪽.

신경아, 2001, "노동시장과 모성, 가족의 문제: 남성중심적 노동자 모델을 넘어서", 51권, 97~122쪽.

양현아, 2010, "호주제도 헌법불합치 결정에 나타난 성차별 판단의 논증", 88권, 215~255쪽.

오유석, 2001, "북한 사회주의체제의 가부장제", 49권, 72~101쪽.

이순미, 2011, "일본으로 결혼이주한 한국인 여성들의 초국적 삶과 민족정체성 재구성", 91권, 269~308쪽.

이재경·장미혜, 2004, "고용조건이 일과 가족에 대한 태도에 미치는 영향", 64권, 172~208쪽.

임인숙, 1998, "대량실업 시대의 가족 변화", 40권, 167~190쪽.

정미숙, 2001, "여성가구주, 성별화된 빈곤 그리고 일: 어머니냐 노동자냐", 51권, 38~67쪽.

정민우·이나영, 2011, "'가족'의 경계에 선 청년세대", 89권, 105~145쪽.

조 은, 2004, "세계화의 최첨단에 선 한국의 가족: 신글로벌 모자녀 가족 사례연구", 64권, 148~173쪽.

_____, 2006, "분단사회의 '국민 되기'와 가족", 71권, 72~101쪽.

홍찬숙, 2011, "시간제 고용은 일/가족 양립을 지원하는 적합한 방법인가?", 90 권, 363~386쪽.

## 4. 〈사회와 역사〉

강이수, 2009, "가사 서비스 노동의 변화의 맥락과 실태", 82권, 213~247쪽.

강혜경, 2008, "양반여성 종부(宗婦)의 유교 도덕 실천의 의의", 78권, 169~222쪽.

김경일, 1998, "한국 근대 사회의 형성에서 전통과 근대: 가족과 여성 관념을 중 심으로", 54권, 11~42쪽.

김귀옥, 2009, "글로벌 시대 한국 이산가족의 정체성과 새로운 가능성", 81권, 131~168쪽.

김언순, 2009, "18세기 종법사회 형성과 사대부의 가정교화", 83권, 117~156쪽.

김현숙·김수진, 1997, "영화 속의 모성, 영화 밖의 모성", 52권, 231~255쪽.

김혜경, 2000, "식민지 시기 가족에 대한 계보학적 연구: 어린이, 모성의 형성을 중심으로", 58권, 71~105쪽.

_____, 2009, "박정희체제제하 "핵가족", 담론의 변화과정과 이원구조 연구", 82 권, 169~212쪽.

김홍주, 1995, "가족사 연구의 동향과 이론적 쟁점", 46권, 182~212쪽.

문소정, 2002, "현모양처/양처현모 정체성을 통해 본 한일 여성의 일상적 삶의 질 비교", 61권, 250~277쪽.

박미해, 2004, "조선 중기의 혼수·위요·인척 관계: 유희춘 가의 혼인을 중심으 로", 65권, 205~234쪽.

_____, 2005, "조선 중기 이문건가의 천장례(遷葬禮) 준비: 《묵재일기》를 중심 으로", 68권, 137~166쪽.

_____, 2006, "조선중기 천장례에서의 유교적 공순(恭順)", 70권, 179~208쪽.

_____, 2007, "조선중기 수령의 가족부양으로 본 長子의 역할과 家의 범위", 75 권, 187~218쪽.

배은경, 2005, "가족계획 사업과 여성의 몸: 1960~70년대 출산조절 보급과정을 통해 본 여성과 '근대'", 67권, 260~299쪽.

서호철, 2011, "국제결혼 중개장치의 형성", 91권, 99~131쪽.

소현숙, 2007, "경계에 선 고아들", 73권, 107~141쪽.

안호룡, 1996, "조선시대 가족형태의 변화", 50권, 68~95쪽.

안호용, 2006, "유교 상례와 상중의 개인행위 규제", 72권, 131~167쪽.

양현아, 1995, "한국 가족법에서 읽은 세 가지 문제", 46권, 106~140쪽.

_____, 2000, "식민지 시기 한국 가족법의 관습문제 I : 시간의식의 실종을 중심
으로", 58권, 35~70쪽.

은기수, 1995, "생애 과정 연구와 사건사 분석의 결합: 개인, 조직, 제도 연구",
46권, 141~181쪽.

_____, 2001, "한국의 가족과 종교: 부모 세대와 자식 세대의 종교적 동질성",
60권, 130~165쪽.

이연숙, 2007, "양반마을의 문중의례와 종족의식", 75권, 5~38쪽.

이영춘, 1995, "종법의 원리와 한국사회에서의 전통", 46권, 11~70쪽.

이재경, 2000, "조선전기 혼인 규제와 성의 정치", 58권, 11~34쪽.

이정옥, 1996, "중앙아시아 한인가족 구조의 변화: 해체·재결합·분절의 역동
성", 48권, 133~164쪽.

이종서, 2003, "11세기 이후 금혼 범위의 변동과 그 의미", 64권, 47~67쪽.

이창기, 1995, "19세기 말 제주도의 가족 구성: 덕수리 호적중초를 중심으로",
46권, 71~105쪽.

_____, 2002, "동해안 어촌마을의 제사분할: 영덕군 차유마을의 사례연구", 62
권, 204~226쪽.

_____, 2006, "삼성(三姓) 종족마을의 혼인연대", 71권, 251~280쪽.

정지영, 2004, "조선 후기의 첩과 가족질서: 가부장제와 여성의 위계", 65권,
6~42쪽.

조성윤·조 은, 1996, "한말의 가족과 신분: 한성부 호적 분석", 50권, 96~133쪽.

조 은, 1997, "모성·성·신분제: 《조선왕조실록》'재가 금지' 담론의 재조명",
51권, 109~141쪽.

_____, 1999, "모성의 사회적·역사적 구성: 조선전기 가부장적 지배구조의 형
성과 '아들의 어머니'", 55권, 73~102쪽.

_____, 2000, 가족사를 통해 본 사회구조 변동과 계급이동", 58권, 107~158쪽.

조 은·조성윤, 2004, "한말 서울지역 첩의 존재양식: 한성부 호적을 중심으로",
65권, 74~102쪽.

지승종, 2001, "한 가문의 백년 일기에서 추상된 촌락 생활사", 60권, 240~251쪽.

지승종·박재홍·김준형·정진상, 1999, "현대사회의 양반문화에 관한 연구: 양반 가문의식과 양반문화의 잔존형태를 중심으로", 55권, 145~193쪽.

허원영, 2007, "한말 한 종가의 입후(立後)를 둘러싸고 발생한 사건들", 75권, 151~186쪽.

홍양희·양현아, 2008, "식민지 사법관료의 가족 '관습' 인식과 젠더 질서", 79권, 161~195쪽.

## 5. 기 타

박경숙, 2012, "북한사회의 국가, 가부장제, 여성의 관계에 대한 시론", 〈사회와 이론〉, 21권, 327~375쪽.

박민자, 2003, "현대의 가족사회학: 이론적 관점과 쟁점", 〈사회와이론〉, 2권, 293~325쪽.

박형신·이진희, 2008, "먹거리, 감정, 가족 동원: 미국산 쇠고기 수입반대 촛불집회의 경우", 〈사회와이론〉, 13권, 147~183쪽.

안병철, 2009, "건강가정기본법에 대한 일 고찰", 〈사회와 이론〉, 15권, 331~349쪽.

_____, 2010, "한국사회의 성역할 변화", 〈사회와이론〉, 17권, 257~277.

왕혜숙·최우영, 2012, "죽음의 순간에야 확인되는 가족의 문화적 경계", 〈사회와이론〉, 20권, 265~306쪽.

유해미, 2009, "양육 지원 정책에서의 '선택권'", 〈사회와이론〉, 15권, 297~329쪽.

이성용, 2007, "성 선호와 자녀의 가치의 인과성에 대한 이론화 작업", 〈사회와 이론〉, 11권, 123~167쪽

이재혁, 2005, "출산력과 인적자본 그리고 효 규범: 한국의 발전 경험에 대한 이론적 해석", 〈사회와이론〉, 7권, 7~48쪽.

최종렬, 2010, "무조건적 소모의 사회 2: 가부장적 핵가족의 내파와 사회의 에로틱화", 〈문화와 사회〉, 8권, 128~173쪽.

최종렬·최인영, "2008, 국제결혼 이주여성에 대한 문화사회학적 접근", 〈문화와 사회〉, 4권, 147~205쪽.

함인희, 2006, "한국전쟁, 가족 그리고 여성의 다중적 근대성", 〈사회와이론〉, 9권, 159~189쪽.

# 한국 사회학에서의 여성연구 *
## 통합과 분리의 이중전략 **

이 재 경

## 1. 들어가며

한국 사회학에서 '여성사회학'(*sociology of women*)은 1970년대 중반 당시 이화여대 사회학과 이효재 교수의 노력에서 시작되었다. 그 배경에는 이 교수가 1975년 UN의 제 1차 세계여성회의 한국 대표로 참석하였던 것과 미국의 흑인 대학인 휘스크대에서 6개월간 풀브라이트(Fulbright) 방문교수로 체류했던 경험이 있다. 멕시코에서 열린 제 1차 세계여성회의는 국제적인 성 평등에 관한 담론의 장이 열린 역사적인 자리였는데, 평등, 발전, 평화를 주제로 여성 의제를 발굴하고 '여성정책'의 구체적 방향과 전략을 모색하였다. 한편 인종 간 분리교육을 택하고 흑인 학생만을 교육했던 휘스크대에서는 기회의 평등을 근거로 한 어설픈 '통합'보다는 흑인 고유의 정체성을 지키고 2등 시민의

---

* 여기에서 여성연구는 단지 '여성'을 대상으로 하는 사회학 연구를 의미하는 것은 아니며 젠더연구(*sociology of gender*)와 페미니스트 사회학 연구 모두를 포함한다.
** 이 글은 〈여성학논집〉 제 31집 2호(2014)에 게재되었다.

지위에서 벗어나기 위해서는 '흑인학'(black studies)의 발전이나 흑인대학이 바람직하다는 입장을 가졌다.

필자는 이 두 가지 경험이 이 교수로 하여금 한국사회에서 2등 시민의 위치를 차지하는 여성을 위해 '여성학'(women's studies)이 필요하다는 믿음을 갖게 한 계기가 된 것으로 기억한다. 이후 이 교수는 이화여대에서 교양과목인 '여성학' 교과 과정 개발에 핵심적 역할을 담당했을 뿐 아니라 사회학과에 '여성사회학'을 전공교과목으로 개설하였다.

1970년대부터 서구의 여성사회학 또는 페미니스트 사회학은 사회학의 남성중심주의(androcentrism)를 비판했으며, 주류 사회학에서 비가시화되었거나 왜곡되었던 여성의 경험을 재해석함으로써 여성이 처한 사회적 조건을 변화시키려는 노력을 했다. 주류 사회학의 남성중심성은 많은 이론과 분석 개념에서 여성이 '보이지 않는'(invisible) 존재라는 사실에서 확인할 수 있다.

즉, 사회학 연구는 여성의 삶보다 남성의 삶이나 경험에 관련된 주제에 집중했으며, 주로 남성이 연구대상이 되고 여성은 연구대상에서 제외되거나 '과소 대표'(underrepresent)되었다. 그러나 연구결과에서 도출된 이론이나 개념은 성 중립적(gender neutral)인 것으로 여겨지며 인간행위에 대한 보편적 설명으로 수용되었다(Milman & Kanter, 1975; Smith, 1990; 이재경, 2004: 357).

1970년대 이후 지금까지 서구 페미니스트 사회학자의 연구나 학계의 영향력은 괄목할 만한 성장을 하였지만 아직도 주류 사회학의 남성중심성을 해체할 수 있는 페미니스트 혁명은 실현되지 않았다고 평가된다(Ferree, Kahn & Morimoto, 2006; Stacey & Thorne, 1985; Stacey, 2006; Thorne, 2006; Williams, 2006).

1940년대 후반 제도화된 한국 사회학에서 1970년대까지는 '여성'은 학문적 주제로 다루어지지 않았으며, 1980년대에 비로소 여성사

회학 연구가 본격적으로 생산되기 시작하였다. 1980년대 이후 여성
사회학 연구가 증가된 사회적 배경은 다음과 같다.

첫째, 1960년대 시작된 국가주도의 경제개발과 산업화 과정에서
나타난 여성의 경제활동 참여증가는 여성노동에 대한 사회학적 관심
을 불러일으켰다. 둘째, 1970년대 후반 이후 여성학의 도입과 제도
화1는 사회학에서 여성연구가 확산되는 기폭제가 되었으며, 여성사
회학이라는 분과영역을 가시화시키는 계기가 되었다. 셋째, 1980년
대 이후 활발해진 여성운동은 우리 사회의 다양한 성차별의 현실을
담론화하고, 이를 해결하기 위한 법제도나 정책수립에 적극적으로
개입했다. 예컨대 여성노동자운동, 여행원 결혼각서 폐지운동, 여
성조기정년제 폐지운동 등을 펼치고 〈고용평등법〉의 제정을 이끌어
냈다. 이외에도 〈가족법〉 개정, 반성폭력, 반성매매 등으로 통한
남성 중심의 사적 관계를 개선하고자 노력했다. 이 과정에서 여성운
동과 여성학계는 긴밀히 협조했으며 여성연구자들은 성 불평등의 현
실에 대한 이론적 작업을 통해 여성운동을 뒷받침하였다.

마지막으로, 1980년대 중반 이후 여성 연구자들의 증가 추세2는

---

1 한국에서 여성학의 도입은 1977년 이화여대에서 여성학이 교양 선택강좌로 개설되면
서 시작되었으며, 이후 1982년에 대학원 석사과정이, 1990년에 박사과정이 설치되었
다. 2011년 현재 3개 대학에 여성학 대학원이 있고 5개 대학의 대학원에서 여성학 협
동과정이 운영되며, 3개 대학에서 학부 여성학 연계과정이 설치되어있다. 1984년에
는 한국여성학회가 창립되었고 2011년 현재 20여 개 대학에 여성연구소가 있다(이나
영, 2011: 421~423; 이재경, 2004).
2 한국연구재단 박사학위 등록통계에서 사회학 전공 박사학위 취득자 중 여성비율을 보
면 꾸준히 증가함을 볼 수 있다. 2013년 10월 현재 사회학 전공 박사학위 신고자는
총 461명이며, 여성은 146명으로 31.7%에 이른다. 1943~1979년까지는 총 32명 중
여성이 5명으로 16.1%였으며, 1980년대는 21.7%(60명 중 여성이 13명), 1990년대는
29.1%(161명 중 47명), 2000년대는 35.2%(159명 중 56명), 2000~2013년 1월 현재
는 51%(49명 중 25명)에 달한다.

여성관련 주제에 관심을 가지는 연구인력의 확대에 기여하였으며, 1984년 창립된 한국여성학회는 여성사회학자에게 연구와 토론의 장을 제공했다(이재경, 2004: 358~359).

이러한 배경에서 이 글에서는 한국 사회학에서 여성연구의 특성과 한계를 검토하고 향후 여성(또는 페미니스트) 사회학의 발전을 위한 이론적, 방법론적 과제를 논의하고자 한다. 이를 위해 한국사회학회 기관 학술지인 〈한국사회학〉과 한국여성학회 기관 학술지인 〈한국여성학〉을 주된 분석자료로 사용하였다.


## 2. 여성사회학의 연구동향


한국사회에서 여성사회학 연구는 주류 사회학에서 여성연구의 도입과 약진, 그리고 한국여성학회를 중심으로 한 페미니스트 사회학의 발전이라는 두 가지 경로를 통해 성장했다. 통합(integration)은 주류 사회학에서 여전히 주변부이지만 여성사회학 연구의 폭을 넓히는 전략을 구사한 것으로, 분리(segregation)는 주류 사회학의 견고한 남성 중심성에 직접 도전하기보다는 학제적 성격을 가진 여성학계에서 이론적으로 성장하는 우회적 전략을 사용한 것으로 볼 수 있다.

### 1) 주류 사회학에서 여성연구의 시기별 동향

한국 사회학의 제도화는 1946년 서울대의 사회학과가 설립되면서부터이며, 1957년 한국사회학회 창립과 1964년 학술지 〈한국사회학〉 창간으로 연구자 간의 교류와 학술논문의 생산이 본격화되기 시작하였다. 이후 50여 년간 사회학 연구는 양적으로나 질적으로 많은 발전을 했다. 창간 당시 연 1회 발간되던 〈한국사회학〉은 2013년 현재 연 6회 발간되며 창간호에 6편의 논문이 게재된 후 2012년 12월까지 누적 논문 편수가 1,035편에 달한다. 한편 사회학 전공자의 증가, 학술논문 수의 증가 등 양적 측면뿐만 아니라 다양한 세부전공의 분화, 서구 이론의 이식을 넘어선 한국 사회학 연구의 심화 등 질적 변화도 보였다. 1990년대 이후부터는 한국산업사회학회, 한국사회사학회, 한국이론사회학회, 한국문화사회학회 등 세부전공 중심의 유관학회들이 설립되고 학술지를 발간했다.

(1) '여성 부재'에서 여성경험의 가시화까지: 1960∼1990년대

여성연구가 〈한국사회학〉에서 처음으로 발표된 1960년대부터 1990년대까지 여성사회학의 동향과 특성은 다음과 같이 정리할 수 있다.[3]

첫째, 1960, 70년대 한국 사회학은 '여성 부재'의 사회학으로 특징지을 수 있다(이재경, 2004: 361∼363). 이 시기 주류 사회학에서 연구주제로서 여성은 거의 다루어지지 않았다. 1964년부터 1979년까지 총 13회 발간된 〈한국사회학〉에 발표된 논문은 총 118편인데, 이 중 여성에 관한 연구는 단 2편[4]에 불과하였다(〈표 10-1〉 참조). 또한 두 논문 모두 전통적 성역할에 대한 고정관념을 반영하는 전형적인 '여성 더하기'[5]의 접근방식을 취한다. 한편 주류 사회학계에서

---

3 이 시기 여성사회학에 대한 논의는 이재경(2000)과 이재경(2004)을 요약·재구성한 것임. 자세한 내용은 원저를 참고할 것.

4 여성을 주제로 한 첫 논문은 1967년 발표된 박영희와 왕인근의 "Personal and Family Factors Associated with Farm Homemakers' Participation in and Extension Organization"이다. 여성을 주제로 한 두 번째 논문은 10년 후인 1976년 발표된 주경란의 "한국 남녀공학대학교와 여자대학교 여자대학생의 직업관에 관한 연구"이다.

5 '여성 더하기'(*add women and stir*) 또는 '부가적 변수로서의 여성'으로 범주화되는 연

발표되지는 않았지만 1960년대 후반부터 몇몇 여성사회학자는 여성 연구를 진행했다. 이효재 교수를 비롯하여 이화여대 사회학과에 재직하던 여성사회학자들과 동료 사회과학자들은 이화여대에서 발간하던 〈논총〉에 여성관련 논문을 다수 발표하였다. 6 이들 연구는 전통적으로 여성을 가족 내에 위치시키지 않고 근대사회에서 여성의 다양한 역할과 활동을 가시화시키고 사회적 기여를 평가하고 재해석함으로써 이후 여성사회학의 학문적 의제를 발굴하고 구체화하기 시작한 것으로 평가할 수 있다.

둘째, 1980, 90년대는 여성사회학의 본격적 도입과 연구주제로서 여성경험이 가시화된 시기로 볼 수 있다(이재경, 2004: 363~370). 주류 사회학에서 여성연구의 본격적 도입은 1981년 〈한국사회학〉에서 "한국 여성문제의 과제"를 특집호로 발간한 것에서 시작된다. 여성을 주제로 한 논문 4편이 특집으로 게재되었으며, 성별(gender)을 단지 변수로 취급하는 이전까지의 연구와는 달리 여성의 경험에 초점을 맞추고 성차별주의, 성별 권력관계, 생산노동과 재생산노동의 관계 등 새로운 개념과 이론적 관점을 제시하였다. 성역할 사회화 과정을 다루는 윤진(1981)의 논문은 전형적인 '여성 더하기'의 성격을 띠지만 다른 여성 연구자에 의해 집필된 3편의 논문은 이전까지의 여성을 소재

---

구에서는 기존의 서구중심적·남성중심적 인식론이나 이론 틀에 도전하지 않고 성별을 하나의 변수로만 취급한다. 이러한 연구는 성별 차이가 생산/재생산되는 가부장적 사회구조나 남성중심적 지식생산과정에 대한 문제 제기 없이 주로 성역할(gender role)이나 남녀 차이에 주목하기 때문에 기존의 가부장적 편견을 강화할 수 있는 위험이 있다.
6 가족 내 여성의 삶, 여성 단체 및 지역사회활동, 여성 취업 및 노동을 주제로 한 연구들인데, 주부의 사회적 활동에 대한 강조(이효재, 1959; 이효재·정충량, 1970; 이효재·이동원, 1975), 도시 및 농촌 지역에서의 여성의 역할(이효재·김주숙, 1972; 이동원, 1976; 이효재·김주숙, 1977), 여성단체 활동(이효재·정충량, 1969), 일제하 여성노동사(이효재·정충량, 1973), 여성의 경제활동 및 취업 실태(이효재·조형, 1976) 등을 분석하였다.

로 한 연구와는 차별화를 보여주었다.

계층·계급론에 관한 페미니스트 비판(조형, 1981), 부부관계를 권력구조, 권력분배의 관점에서 분석(조혜정, 1981), 그리고 농촌 여성의 다중적 역할과 여성의 낮은 지위를 논의(김주숙, 1981)하는 3편의 논문은 페미니스트 인식론적 지향7을 보여준다. 특히 이들 논문은 근대 공사(public and private) 분리8가 여성의 낮은 지위를 정당화한다는 페미니스트 비판을 수용함으로써 기능주의적 성역할이나 남성중심적 개념 및 이론에 경도된 주류 사회학에 대한 도전을 시작한 것으로 평가할 수 있다.

한편 특집호가 발간된 10년 후 주류 사회학 이론에 대해 페미니스

---

7 페미니스트 인식론적 지향이란 여성의 입장(standpoint)에서 세계를 해석하는 것을 의미한다. 여성연구에서 인식론이 중요한 이유는 연구자의 인식론적 위치가 연구과정을 모양 짓고 구체화하기 때문이다. 학문의 남성중심성은 단지 연구대상으로서 여성이 배제되고 비가시화된 데서 비롯된 것만이 아니라 지식생산 과정에 토대가 되는 전통적인 인식론이나 관점, 학문적 패러다임이 남성중심적이라는 근본적 한계에서 기인한다. 주류 사회과학을 지배해왔던 실증주의(positivism) 패러다임은 페미니스트 인식론자에 의해 비판되는데 특히 실증주의를 구성하는 객관성, 가치중립성, 보편적 진리에 대한 가정이 비판의 초점이 되었다(이재경, 2012: 11~13).
8 자유주의 정치 철학에서는 공적(public) 영역과 사적(private) 영역은 서로 분리된 것으로 가정한다. 공적 영역은 개인들이 보다 넓은 사회에서 임금노동에 종사하고 국가의 지배하에 정치적 권리를 행사하는 것처럼, 다수의 타인들과 공동으로 행하는 활동에 의해 특징지어진다. 반면 사적 영역은 비교적 국가의 지배와 무관하게 특정 관계를 가진 타인들과 함께 이루어지는 활동으로 특징지어진다. 즉, 개인적 관계나 가족 관계의 영역이다. 공·사 이분법(dichotomy)에 대한 페미니스트 학자들의 비판은 그것의 성별화된(gendered) 성격, 즉 남성성과 공적인 것의 결합, 여성성과 사적인 것의 결합에 대한 것이며 이러한 이분법은 남녀차별과 성 불평등을 정당화하는 이데올로기로 기능한다고 본다. 그러나 공적 영역과 사적 영역은 이분법적으로 대립되는 분리된 영역이라기보다는 상호의존적인 사회관계로 보아야 한다. 예컨대, 임금노동에서의 남자들의 유리한 입지는 여성들이 대부분의 가사일과 자녀양육을 수행한다는 사실로부터 분리시켜 이해될 수 없다는 것을 보여주는 것이다(Pilcher & Whelehan, 2004: 124-128).

<표 10-1> 〈한국사회학〉 게재논문 총수 및 여성 관련주제 논문 수

| 연도 | 총 논문 수 | 여성 관련 주제 | |
|---|---|---|---|
| | | 논문 수 | 비율(%) |
| 1964~1979 | 118 | 2 | 1.7 |
| 1980~1989 | 130 | 10 | 7.7 |
| 1990~1999 | 225 | 19 | 8.4 |
| 2000~2009 | 432 | 42 | 9.7 |
| 2010~2012 | 130 | 16 | 12.3 |
| 합계 | 1,035 | 89 | 8.5 |

주: 이재경(2004), 〈표 1〉을 수정·보완하였음.

트 인식론적 비판을 시도한 연구가 게재되었다. 이영자(1991)는 〈한국사회학〉에 "페미니스트 패러다임의 사회학을 위한 시론"을 발표했는데, 주류 사회학의 남성중심적 성격을 비판하면서 인식론적 문제를 제기하였다. 사회학의 몰성주의(gender blind), 여성경험의 비가시성, 젠더의 생물학적 결정론, 성의 이원론적 인식론을 비판하면서 사회학에 구조화된 성별 이데올로기를 드러내야 함을 강조하였다(이재경, 2004: 368).

셋째, 사회학에서 여성연구는 주로 가족과 같은 사적 영역의 여성문제를 논의했는데 1980, 90년대에는 다양한 전공영역에서 여성관련 연구가 발표되기 시작하였다. 1980년대에는 노동시장에서의 성차별을 다룬 산업/노동분야의 연구성과가 진전을 보여주며 가족, 정책/복지, 교육 등 다양한 주제의 논문이 발표되었다. 1990년대에도 1980년대와 유사하게 다양한 주제 연구와 양적 성장추세를 보여준다. 이 시기 〈한국사회학〉에 게재된 총 225편의 논문 중 여성을 주제로 한 연구는 19편(8.4%)으로 1980년대 10편(7.7%)에 비해 2배 정도 증가하였다(〈표 10-1〉 참조). 내용적 측면에서는 1980년대와 유사하게 다양한 영역에서 여성의 경험에 대한 연구가 발표되었

<표 10-2> 연도별·세부 주제별 〈한국사회학〉 게재 여성주제 논문 수

| 구분 | 1964~1979 | 1980~1989 | 1990~1999 | 2000~2012 | 계(%) |
|---|---|---|---|---|---|
| 산업/노동 | | 4 | 4 | 17 | 25(28.1) |
| 가족 | | 2 | 3 | 7 | 12(13.5) |
| 정책/복지 | | 1 | 1 | 8 | 10(11.2) |
| 교육/사회화 | 1 | 1 | | 4 | 6(6.7) |
| 이론/방법론 | | | 2 | 4 | 6(6.7) |
| 계층/계급 | | 1 | 2 | 3 | 6(6.7) |
| 인구 | | | 4 | 2 | 6(6.7) |
| 이주 | | | | 3 | 3(3.4) |
| 여성운동 | | | | 3 | 3(3.4) |
| 기타 | 1 | 1 | 3 | 7 | 12(13.5) |
| 전체 | 2 | 10 | 19 | 58 | 89(99.9) |

주: 이재경(2004), 〈표 2〉를 수정·보완하였음.

다. 산업/노동 분야(4편), 인구학 분야(4편), 가족(3편), 계층/계급 (2편), 이론/방법론(2편) 연구의 순이다(〈표 10-2〉 참조). 이러한 추세는 주류 사회학에서 여성의 다양한 경험이 가시화되고 이론화되어 온 것으로 볼 수 있다.

(2) 주류 사회학에서 여성연구의 성장: 2000~2012년

2000년대 이후 지금까지 여성사회학 연구는 양적으로도 증가하였지만 1990년대에 이어 연구주제와 영역이 확장되었다. 이는 여성사회학자의 증가와 유관학회 설립과 관련 학술지 발간이 증가된 배경과 관련 있다. 이 시기 〈한국사회학〉에 게재된 총 562편의 논문 중 여성을 주제로 한 연구는 2000~2009년에는 42편(9.7%), 2010~2012년에는 16편(12.3%)이었다(〈표 10-1〉 참조). 〈한국사회학〉의 발간 횟수[9]가

9 〈한국사회학〉은 창간 후 연간지로 발간되다가 1984년부터 매년 2회, 1994년부터는 4회, 2001년부터는 격월간으로 발간된다.

늘어나면서 총 논문 수는 크게 증가하였지만 총 논문 수 대비 여성관련 주제 논문 수의 증가폭은 크지 않았다. 한편 세부주제별 논문 수를 보면(〈표 10-2〉 참조), 2000년 이후 연구주제가 다양화되었음을 알 수 있다. 주제별로는 산업/노동(17편), 정책/복지(8편), 가족(7편) 분야의 순으로 나타났다. 이 시기 여성사회학 연구는 이전과 유사하게 산업/노동과 가족연구분야에서 강세를 보이지만 정책/복지 논문의 증가와 이주, 여성운동 등 새로운 연구주제를 다룸이 눈에 띤다.

특히 이 시기 주목할 것은 주류 사회학계에서 '여성연구'에 대한 관심을 보여준 점인데, 몇몇 유관학회의 학술지에서 '여성연구'를 특집으로 다룬다. 2004년 〈사회와 역사〉에서 "조선 후기 섹슈얼리티와 그 근대적 전환"을 특집주제로 선정하여 5편10의 논문을 게재하였다. 한편 2006년 〈경제와 사회〉 70호에서는 "지구화 시대의 젠더정치, 여성 이미지"를 특집으로 국제결혼(김현미, 2006), 글로벌 문화산업의 여성 이미지(이수자, 2006), 초/국적 페미니즘(이나영, 2006)에 관한 논문을 게재하였다. 같은 해 〈경제와 사회〉 71호에서는 "한국전쟁과 여성, 생활세계 변화"를 특집으로 전쟁미망인의 전쟁경험(이임하, 2006)과 가족을 주제로 한 논문 2편을 게재하였다. 또한 2008년에서 2009년 걸쳐 "한국 성매매의 이론과 현실"을 기획시리즈11로 선정하였다.

---

10 한국사회사학회에서 발간하는 〈사회와 역사〉 65권에 실린 특집논문의 저자와 제목은 다음과 같다. 서지영(2004), "식민지 근대유흥풍속과 여성 섹슈얼리티: 기생·카페 여급을 중심으로"; 권희영(2004), "호기심 어린 타자: 구한말·일제시기의 매춘부 검진"; 조은·조성윤(2004), "한말 서울지역 첩의 존재양식: 한성부 호적을 중심으로"; 신경숙(2004), "19세기 일급예기의 삶과 섹슈얼리티: 의녀 옥소선을 중심으로"; 정지영(2004), "조선 후기의 첩과 가족질서: 가부장제와 여성의 위계".

11 2008~2009년에 걸쳐 〈경제와 사회〉에 게재된 기획시리즈 논문의 저자와 제목은 다음과 같다. 조은주(2008), "여성 하위주체에서 '성노동자 운동'으로"; 김애령(2008),

2000년대부터 지금까지 여성사회학 연구는 성장추세로 볼 수 있는데 구체적 내용은 다음과 같이 정리할 수 있다.

첫째, 연구주제와 영역이 확장되었다. 이전에 여성사회학 연구에서 주로 논의되었던 여성노동이나 가족뿐 아니라 성매매를 포함한 섹슈얼리티(sexuality) 연구, 외모와 다이어트 등 몸(body) 연구, 이주 여성 연구, 정책 연구 등 다양한 분야의 연구가 발표되었다.

둘째, 전쟁과 같은 기존에 여성과는 무관한 것으로 여겨졌던 남성적 주제에 대한 여성사회학 연구가 나타났다. 흔히 여성연구는 가족 등 사적 경험을 분석하는 것으로 간주되었으나 전쟁이라는 공적이며 역사적 사건에 대한 여성의 경험을 드러내고 분석하였다는 것은 여성연구가 진일보한 것으로 평가할 수 있다.

셋째, 주제연구뿐 아니라 방법론에 대한 논문이 발표되었다. 페미니스트 학자는 실증주의에 기반을 둔 계량적 방법의 가치중립성은 연구과정과 결과가 성 중립적이라는 가정을 포함함을 비판했다. 또한 계량적 방법이 인간행위의 맥락을 포착하기보다는 변수 간의 인과관계로 설명하고 단순화시킴으로써 현상을 왜곡할 수 있다는 점을 우려하며 여성연구와 질적 방법의 친화성을 강조했다. 이재인(2005)과 이희영(2007)은 여성연구의 방법으로서 구술사를 소개하고 논의하였다.

마지막으로 여러 사회학 학술지에서 여성연구를 특집이나 기획시리즈로 다루었다는 것은 그만큼 주류 사회학에서 여성연구에 대한 저항이 약화된 것으로 이해할 수 있다.

---

"지구화시대의 성매매와 한국의 성매매방지법"; 이나영(2009), "여성주의 '성노동' 논의에 대한 재고".

## 2) 페미니스트 사회학의 발전: 한국여성학회를 중심으로

페미니스트 사회학의 발전은 1984년 설립된 한국여성학회와 매우 관련이 깊다. 대학 내 여성학의 제도화와 한국여성학회의 창립에는 여성사회학자가 주도적 역할을 했으며, 이후 학회를 이끌어온 임원진 중 다수가 사회학자이다. 1985년 〈한국여성학〉의 발간은 페미니스트 사회학의 성장에 중요한 계기가 되었다. 1980년대 다수의 여성사회학자는 〈한국여성학〉에 논문을 발표했다.[12] 1985년부터 2012년까지 〈한국여성학〉에 게재된 논문은 총 349편인데, 이 중 사회학자의 논문은 총 121편으로 34.7%를 차지한다(〈표 10-3〉 참조). 이는 1980년부터 2012년까지 〈한국사회학〉에 게재된 여성주제 논문 수(87편) 보다 많다. 주류 사회학 학술지에 발표된 여성연구와 〈한국여성학〉에 게재된 페미니스트 연구의 차이는 후자가 페미니스트 인식론을 보다 적극적으로 수용한 연구라는 점이다. 이는 주류 사회학의 하위분야로서의 여성사회학이 아닌, 페미니즘[13]을 한국 사회학 지식생산에 도입하고자 한 것으로 볼 수 있다.

〈한국사회학〉 게재 여성관련 논문주제(〈표 10-2〉 참조)와 〈한국여성학〉에 발표된 사회학자의 연구주제(〈표 10-4〉 참조)를 보면, 유사한 점으로는 산업/노동, 여성정책, 가족관련 주제 논문 수가 과반을 차지한다는 점을 들 수 있다. 다른 점으로 〈한국여성학〉에는 섹슈얼리티/

---

12 2000년대 이후 여성학 관련 학술지인 〈페미니즘연구〉, 〈여성학 논집〉, 〈아시아 여성연구〉, 〈여성연구〉가 한국연구재단의 등재학술지가 되었으나, 이 연구에서는 대표적 학술지인 〈한국여성학〉만 분석자료로 사용하였음을 밝힌다.

13 페미니즘이라 함은 여성은 체계적으로 억압당해(oppressed) 왔으며, 젠더관계는 남녀의 생물학적 차이에서 비롯되거나 절대적인 것이 아니며 불평등한 젠더관계를 변화시키고자 하는 정치적 실천(commitment)의 의미를 포함한다(이재경, 2007: 30).

몸(10.7%)을 주제로 한 연구와 이론(9.9%)이나 여성운동(9.1%)을 다룬 논문이 전자에 비해 상대적으로 많은 특징을 보인다(〈표 10-4〉 참조). 특히 주류 사회학에서 적극적으로 다루지 않았던 사적 영역에 주목하는데 성, 가족 내 억압적 모성이나 폭력, 낙태를 포함한 여성의 재생산권 등 연구영역을 확대함으로써 이전에 사회학 분야에서 연구되지 않았던, 즉 비가시화된 여성의 경험을 분석했다.

그러나 〈한국사회학〉에 발표된 연구와 〈한국여성학〉에 게재된 논문은 유사한 주제를 다뤄도 연구방법, 분석개념이나 이론적 입장 등

〈표 10-3〉 〈한국여성학〉 게재논문 총 수 및 사회학자 집필 논문 수

| 연도 | 총 논문 수 | 여성 관련 주제 | |
|---|---|---|---|
| | | 논문 수 | 비율(%) |
| 1985~1989 | 22 | 6 | 27.3 |
| 1990~1999 | 85 | 30 | 35.3 |
| 2000~2009 | 186 | 68 | 36.6 |
| 2010~2012 | 56 | 17 | 30.4 |
| 합계 | 349 | 121 | 34.7 |

〈표 10-4〉 연도별 세부 주제별 〈한국여성학〉 게재 사회학자 집필 논문 수

| 구분 | 1985~1989 | 1990~1999 | 2000~2009 | 2010~2012 | 계(%) |
|---|---|---|---|---|---|
| 산업/노동 | 4 | 5 | 13 | 5 | 27(22.3) |
| 정책/법 | | 5 | 12 | 2 | 18(14.9) |
| 가족/모성 | | 6 | 7 | 3 | 16(13.2) |
| 섹슈얼리티/몸 | 2 | 4 | 5 | 2 | 13(10.7) |
| 이론 | | 4 | 7 | 1 | 12(9.9) |
| 여성운동 | | 2 | 8 | 1 | 11(9.1) |
| 여성사 | | | 5 | 1 | 6(5.0) |
| 이주 | | | 1 | 3 | 4(3.3) |
| 문화 | | 1 | 2 | | 3(2.5) |
| 기타 | | 3 | 8 | 2 | 11(9.1) |
| 전체 | 6 | 30 | 68 | 17 | 121(100.0) |

에서 뚜렷한 차이를 보인다. 첫째, 〈한국여성학〉에서는 주류 사회학에서 분석되지 않았던 주제나 개념을 다룬다. 모성(motherhood), 섹슈얼리티, 성희롱(sexual harassment), 가사노동, 감정노동, 돌봄노동 등 이전의 사회학에서는 사용하지 않았던 개념을 도입했다.

예를 들어 이전에는 성역할의 범주에서 논의되었던 여성의 역할을 '노동'으로 재개념화함으로써 교환가치를 갖는 생산노동 중심의 '노동' 개념에 도전하고 남성중심성을 수정했다. 또한 근대적 모성이나 성별분업에 대한 연구는 가족 내 여성의 불평등한 지위를 재생산하는 젠더관계와 젠더구조를 분석 틀로 사용했다. 한편 주제 면에서는 군위안부, 성매매, 성폭력, 직장 내 성희롱, 여성의 재생산권, 성형과 다이어트, 호주제, 동성애 등 주로 여성의 경험이나 이성애적 젠더관계를 중심으로 연구했다.

둘째, 이전까지 사적인 것으로 간주되었던 문제도 학술적 주제나 공적 의제로 다루어야 함을 설득했다. 1989년에 한국여성학회에서는 한국사회에서 금기시되던 섹슈얼리티를 학문적으로 다루는 작업이 처음으로 시도되었다. 총 5편의 논문 중 3편을 사회학자가 집필했는데, 이중적 성윤리와 성일탈(이영자, 1989), 성폭력의 실태와 법적 통제(심영희, 1989), 여성노동과 성적 통제(조순경 외, 1989)를 논의했다. 특히 조순경 외(1989)는 섹슈얼리티가 노동 통제의 수단이 되며 나아가 여성에 대한 일상적 억압의 수단일 수 있음을 밝혔다. 이러한 논의는 공사(公私) 분리에 관한 근대적 사고에 도전이 된다. 즉, 노동시장의 불평등과 사적인 것으로 간주되는 섹슈얼리티가 동시에 작동되는 현상을 드러낸 것으로 볼 수 있다.

성희롱의 문제도 섹슈얼리티를 젠더관계나 구조 속에서 이해해온 여성학 연구의 성과와 통찰을 작업장에서 여성노동자의 경험과 위치에 관한 이해에 접목시킴으로써 제기될 수 있었다. 노동시장에서 고용이나 승진승급을 통한 차별만이 아니라 섹슈얼리티에서의 성편견이 여성노동자의 노동과 삶을 어렵게 만든다는 해석을 제공한 것이다. 이러한 연구는 많은 여성이 피해를 입음에도 불구하고 사회적 쟁점이 되지 않았던 직장 내 성희롱이나 성폭력 문제를 이해하는 데 필요한 이론적 자원을 제공했다.

셋째, 〈한국여성학〉에 발표된 연구는 주로 심층면접, 구술사, 서사 분석 등 질적 방법을 사용한다. 페미니스트 연구는 지식생산과정에 여성을 불러오고(bring women in), 무시, 검열, 억압되어온 여성의 경험을 찾고, 여성의 다양한 삶을 보이게 하고, 이들의 삶을 보이지 않게 해온 이념적 기제를 드러내는 목적을 가진다. 이러한 목적을 실현하기 위해서 개인적 증언이나 주관적 의미를 파악하는 것이 중요하다(이재경, 2012: 14).

이런 배경에서 페미니스트 연구에서는 사회조사보다는 연구자와의 상호소통을 할 수 있는 질적 방법이 중시된다.[14] 여성의 삶은 주로 사적 영역을 중심으로 이루어져 왔기 때문에 공적 언어나 사고체계, 논리와는 다른 여성 특유의 언어나 표현을 사용하는 경우가 흔하다. 또한 여성의 삶은 성 불평등이 체계화된 사회구조만이 아니라 구조적 제약에 대응하는 개인의 행위를 통해서 구성되는 것이기 때문에 여성의 경험세계를 분석하기 위해서는 행위자의 주관적 해석과 의미부여의 차원에 대한 자료가 유용하다고 볼 수 있다.

---

14 2000~2012년 동안 〈한국사회학〉에 발표된 여성 관련 주제논문 58편 중 심층면접이나 구술사 등 질적 방법을 사용한 논문은 모두 10편(17.2%)이며, 계량적 분석을 한 논문은 28편(48.3%)이다. 한편 같은 시기 한국여성학에 게재된 총 85편의 사회학자 집필 논문 중 질적 방법을 사용한 연구는 25편(29.4%)이며, 순수한 계량적 방법을 사용한 연구는 7편(0.08%)에 불과하다. 두 학술지에 발표된 논문 중 복합적 방법을 사용한 연구나 담론 분석을 한 연구는 제외하였다. 〈한국여성학〉에 게재된 여타의 논문은 주로 문헌을 이용한 이론연구가 많았다.

## 3. 한국 사회학에서 여성연구의 도전과 한계

한국사회학회는 1957년 창립총회를 개최한 후 7년이 지난 1964년에 학술지 〈한국사회학〉 1집을 발간하였다. 이후 50여 년간 여성사회학 연구는 많이 진전했지만 '남성중심적' 사회학이라는 벽을 넘지는 못한 것으로 평가할 수 있다. 페리, 칸과 모리모토(Ferree, Kahn & Morimoto, 2006)는 미국사회학에서 페미니스트 영향을 논의하면서 젠더 정체화 (gender identification)와 젠더 양극화(gender polarization)라는 두 가지 정치적 과정으로 인해 사회학계의 젠더위계와 불평등이 (재)생산된다고 주장하였다. 우리의 현실도 이와 유사하다.

우선 한국 사회학에서 여성연구는 어느 정도 성장했지만 연구주제나 영역 그리고 연구방법을 생물학적 성과 연결시키는 젠더 정체화라는 정치적 과정에 의해 한계를 보여준다. 우리는 흔히 가족이나 여성에 관한 연구나 강의는 '여성'이, 보다 거시적이고 사회적으로 중요한(?) 주제는 남성이 하는 것으로 전제한다. 다른 말로 하면 여성이 하는 연구는 사회적으로나 학문적으로 덜 중요한 '사사로운' 것인 반면, 남성이 하는 연구는 그 반대로 인식되며 '진짜'(real) 사회학으로 여긴다.

젠더화된 전공분야는 생물학적 성과 연결되는데, 사회학이 사회적 사실에 대한 자연주의적 설명을 거부한다는 점을 고려하면 이러한 경향은 흥미롭다. 또한 이러한 젠더 이데올로기는 연구방법에도 적용되어 질적 연구는 여성연구자가, 계량적 방법은 남성연구자가 보다 적합한 것으로 인식된다(Ferree, Kahn & Morimoto, 2006: 32; 이재경, 2004: 371~372). 그러나 여성을 주제로 한 질적 연구는 보편적 설명을 추구하는 사회학의 이론적 논쟁에 개입하는 데 어려움이 따르기도 한다.

다음으로 이러한 젠더화된 세부전공 분야와 연구방법에 대한 젠더 정체화는 사회학의 젠더 양극화를 초래하고 결과적으로 젠더위계와 불평등을 (재)생산했다. 젠더 정체화의 과정은 여성과 남성 사회학자가 학문적 관심과 젠더연구에 대한 공감도가 서로 다르다는 가정을 포함한다. 남성학자는 여성이나 젠더연구에 대한 지적 책임으로부터 면제해주거나, 소수의 여성사회학자의 일로 간주한다. 이는 여성사회학 연구는 아직도 젠더화되었으며 남성다움과 여성다움이라는 젠더 정체성은 연구분야뿐만 아니라 학문공동체의 성별 위계와 불평등과도 연관된다(Ferree, Kahn & Morimoto, 2006: 32).

한국 사회학 공동체 내에서 주변화된 여성사회학자의 지위는 전국 대학교 사회학과의 전임 여교수 비율에서 확인할 수 있다. 1990년대 이후 여성사회학자와 전공 여학생의 수가 확연히 증가하였는데도 한국 사회학 내에서 여성연구나 여성사회학 연구자의 위치는 주변화되어 있다. 2010년 현재 사회학과가 설치된 전국 40개 대학의 총 전임자 251명 중 남녀전임의 비율은 각각 84.1%와 15.9%이며, 6개 대학의 사회학과에는 여성 전임교원이 1명도 없다(이나영, 2013: 435).

한국사회에서는 교수임용 과정에서 여성이 불리한 위치에 있음은 상식적인 일로 여겼으며 여성 교수가 한 명이라도 있는 대학에서는 더 이상 여성을 채용하길 기피한다. 한편 대학에서 여성 교수를 채용할 때에는 여성사회학 또는 가족사회학 전공자를 선호하며 전공 분야가 다른 경우에도 일단 임용되면 여성과 가족에 관한 교과 과정을 책임질 것으로 기대된다. 사회학이 사회적 불평등에 매우 민감한 학문임에도 불구하고 학계에서는 성 불평등의 현실에 개입하지 않는 것을 알 수 있다(이재경, 2000).

천선영(2013)은 자신의 경험을 토대로 젠더 정체화라는 정치적 과정이 생물학적 여성인 사회학자에게 특정한 학문적 경로를 택하도록 강요함을 논의한다. 생물학적으로 여성인 사회학자이면서 여성학 전공자도 아니고 페미니스트도 아닌 그는 여성학 전공자나 페미니스트가 제도로서의 사회학계나 사회학과에서 겪는 것과는 다른 방식으로 '내부적 이방인'(outsider within)을 경험한다고 토로한다.

직업적으로 사회학자의 길을 가는 여성사회학연구자가 때로는 젠더가 비가시화되는 '무성화', 15 때로는 젠더가 가시화되는 '유성화'될 것을 직접적으로든 간접적으로든 요청받아왔으며 결과적으로 여성사회학자의 학문적 경로를 특정한 방식으로 만들어왔다는 것이다. 특히 2000년대 이후는 사회학 전체 지형에서 여성학적 관점이 차지하는 비주류적 상황과 반대로 학계에 진입한 여성사회학자 다수의 전공을 여성연구 쪽으로 한정했다. 결과적으로 젠더가 가시화되는 '유성화'의 현상이 나타났다(천선영, 2013). 이 과정에서 여성사회학자의 위치는 주변화되고 여성사회학자는 특정한 방식으로 재생산되었다.

한편 사회학과에 소속되어 '여성학, 젠더연구, 혹은 페미니즘'을 한다고 자평하는 학문 후속세대의 경험을 분석한 이나영과 정민우(2010)는 대학원에 재학하는 페미니스트 학문 후속세대는 자신의 문제제기를 타자화하거나 배제하는 일상적이고 학문적 제도이자 구조로서 '사회학'을 경험한다고 주장하였다. 대학원 학생은 '사회학' 안에 있는 듯하지만, 실제로는 사회학/여성학이라는 경계와 늘 협상한다고 보면서 궁극적으로 사회학/여성학 경계의 작동방식과 규율

---

15 무성화는 탈젠더화와 유사한 개념인데 1990년 이전에 사회학과 여성 전임교수 중 자신의 전공을 '여성'으로 표시한 사람은 소수에 불과하며, 이를 천선영(2013: 333~336)은 '무성화의 시대'라고 하면서 2000년 이후에 상황이 변한다고 하였다. 그러나 이 시기 무성화는 여성 전임교수들의 전공이 다양했다기보다, 대학에서 여성이나 가족 강의를 전담함에도 불구하고 자신의 주 전공을 전통적 전공 분야로 표시한 것은 '여성' 분야가 본격적으로 가시화되지 않았기 때문으로 볼 수 있다.

과정을 논의한다. 예컨대 교실에서나 학술모임에서 주제로서 페미니스트 쟁점이 주변화될 뿐 아니라 학생됨과 여성됨 사이에서 긴장을 경험했다.


## 4. 한국 사회학에서 여성연구의 전망과 과제


2절에서 언급하였듯이 한국에서 여성사회학 연구는 주류 사회학에서 여성연구의 도입과 확장 그리고 한국여성학회를 중심으로 한 페미니스트 사회학의 발전이라는 두 가지 경로를 통해 성장했다. 그러나 여성사회학 연구의 성장에도 불구하고 주류 사회학 지식생산에 적극적 개입하였다고 보기는 어렵다. 그러나 한국여성학회를 중심으로 활동한 페미니스트 사회학자의 연구성과는 이론적 측면에서 약진하였다고 볼 수 있다. 지금까지의 페미니스트 사회학 연구는 주류 사회학과 의사소통하기보다는 거리를 둔 채 이론적 축적을 꾀함으로서 여성에 대한 지식을 생산하고 확산시켰다는 점에서 긍정적으로 평가할 수 있다(이재경, 2004: 375). 그러나 두 가지 경로를 통한 여성사회학의 발전전략은 주류 사회학에 대한 이론적으로 개입하는 데 한계를 가진다. 이러한 배경에서 앞으로 향후 한국 사회학에서 여성연구가 확장되고 사회학 지식생산에 개입하기 위한 몇 가지 과제를 제안하고자 한다.

## 1) 주류 사회학 분야와의 협동

여성(또는 페미니스트) 사회학자는 기존의 사회학 이론에 대한 비판과 수정작업을 하는 한편 전통적으로 학문적 대상이 되지 않았던 사적 영역에 대한 연구의 중요성을 강조했다. 여성의 삶과 경험은 사적 영역에 대한 탐구 없이 설명할 수 없다고 보며, 특히 최근 여성의 경제활동 참여증가, 서비스 산업의 증대, 소비자본주의의 심화로 이제까지 여성사회학에 연구주제로 간주되었던 사적 영역의 노동16이 사회화, 시장화되면서 사회적 쟁점17이 되었다. 공과 사, 남성과 여성, 생산노동과 돌봄노동,18 일과 가족 등 영역과 역할을 분리하는 근대적 성별분업(*gender division of labor*)은 위기를 맞는 현실이다(이재경·김경희, 2012: 7~9).

한편 2절에서 논의하였듯이 노동시장의 보이지 않는 차별기제이자 노동통제의 수단으로 사용되는 직장 내 성희롱이나 성추행은 섹슈얼리티 연구분야이자 노동사회학의 영역이다. 이는 여성과 관련된 연구주제가 여성사회학의 경계를 넘어 노동사회학, 경제사회학, 사회정책 등의 전공분야로 확산되어야 함을 보여주는 것이다.

예를 들어 최근 감정사회학 관련 연구가 다수 발표된다(박형신·정수남, 2009; 박형신·이진희, 2008; 신진욱, 2007). 후기 근대사회에서

---

16 사적 영역에서 성역할로 규정되어 여성이 수행해온 노동은 가사노동, 감정노동, 돌봄노동 등이다.

17 무상보육의 쟁점이나 '라면 상무' 사건은 감정노동이나 돌봄노동이 가족이나 여성의 문제가 아닌 사회적 문제로 부각된 예로 볼 수 있다.

18 돌봄노동(*care work*)은 가족 내 가사 및 재생산 활동을 말하는데, 좁게는 '노인 아동, 환자와 같이 스스로 자신을 돌볼 수 없는 사람을 돌보는 행위'로 사용되지만, 넓게는 '가족과 사회, 개인과 사회를 연결하는 필수적 활동으로 사회성원들의 유지 및 재생산을 위한 노동'을 의미한다(박홍주, 2007: 217).

감정노동(*emotion work*)이나 감정규칙(*feeling rule*)은 사회문화적 규범
에 의한 감정관리를 통해 수행되거나 내면화된다. 이러한 논의는 이
미 페미니스트 사회학에서 가족 내 여성의 성역할과 여성노동자의
보이지 않는 노동으로서 많이 연구되었다. 그러나 이러한 개념이나
연구가 주류 사회학에서는 '새로운' 주제로 받아들여진다.

　여기에서 지금까지 진행된 여성사회학자의 이론적 통찰은 향후 이
분야 연구와 이론적 논의에 기여할 수 있을 것이다. 촛불의 집합감정
(*collective emotion*)과 젊은 세대의 낭만적 연애를 둘러싼 감정문화는
무엇이 같고 무엇이 다른가? 이것이 의미하는 사회학적 함의는 무엇
인가? 성희롱은 여성사회학의 주제인가 아니면 노동사회학의 주제인
가? 한국사회 도시중산층 형성에 이른바 '전업주부'의 역할과 기여는
어떻게 평가될 수 있나? 즉, 부업, 부동산, 계 등 1960, 70년대 '전업
주부'의 경제활동이 한국의 도시중산층 형성에 기여했음을 논증할 수
있는가?

　이러한 질문들의 답은 한국 사회학에서 세부전공의 경계를 넘어 여
성연구와 주류 분야와의 협력의 필요성을 보여주는 것이다. 학제적
(*interdisplinary*) 성격이 강한 여성연구가 주류 사회학 세부전공의 경
계와 위계에 도전하는 것이 쉽지는 않으며 때로는 페미니스트 연구의
독창성을 포기하도록 강요받기도 하는 것이 현실이다. 그러나 주류
분야와의 협동 전략은 페미니즘의 비판적 통찰력을 견지하면서도 이
론적으로 도전할 수 있는 대안이 될 수 있다.

## 2) 연구방법의 정교화: 이분법을 넘어서

여성사회학 연구에서는 양적 방법보다 심층면접이나 구술사 등 질적 방법을 선호하는 경향이 있다. 그 배경에는 페미니스트 인식론이 자리 잡는데, 페미니스트 인식론에서는 실증주의적 객관성이나 보편성을 지양하고 지식이 상황적이며 부분적이라는 것을 강조한다. 또한 지식생산에서 여성의 경험을 중시하며 지식의 주체와 객체의 이분법을 비판하고 간주관성(間主觀性)을 강조한다. 따라서 페미니스트 학자는 질적 방법이 연구자의 권력과 특권에 의한 왜곡에서 상대적으로 자유롭고 일상적 삶의 상호적이며 맥락적 측면에 대한 분석에 유용하다는 주장을 했다.

그러나 질적 방법을 사용한 연구결과가 때로는 일반화를 추구하는 주류 사회학에서 긍정적 평가를 얻지 못하는 경우가 흔하다. 다시 말해 실증주의 인식론에 근거한 계량적 방법을 선호하는 주류 사회학은 여성의 언어로 여성이 이해하는 '현실'을 드러내고자 하는 질적 방법에 대한 유보적 입장을 가진다. 즉, 질적 연구방법이 학문의 '가치중립성'과 '객관성'을 침해할 수 있다는 우려를 가지는 것이다.

이외에도 질적 방법에 대한 우려는 여성사회학 연구자의 연구과정에서 비롯되는 경우도 있다. 우선 계량적 방법의 훈련을 받은 사회학자 중 질적 방법에 대한 인식론적, 방법론적 고민 없이 심층면접이나 구술사 방법을 택하는 경우이다. 질적 자료는 인과관계를 보여주거나 일반화할 수 없음에도 불구하고 연구결과에 대해 보편적 주장을 하는 것이다. 또한 질적 방법은 개인의 경험이나 사회행위의 맥락에 대한 이해를 높일 수 있지만 이 방법 또한 양적 방법과 마찬가지로 잠재적 편견과 잘못된 사용에 취약하다. 즉, 질적 방법도 연구자의 권력과 특권에 의한 왜곡에서 자유로울 수는 없는 것이다.

이러한 비판과 우려에서 벗어나기 위해서는 첫째, 질적 자료에 대한 분석을 정교화시킬 필요가 있다. 질적 방법을 사용한 여성사회학 연구물이 유사한 사례나 현상에 대한 설명력과 이론적 개념을 중시하는 주류 사회학과 소통하기 위해서는 단순히(?) 면접이나 구술내용을 제시하거나 설명하는 방식이 아니라 개념적 설명이나 이론적 유형을 도출해낼 필요가 있다.

둘째, 질적 방법과 계량적 방법을 결합하는 방식도 대안이 될 수 있다.[19] 여성연구에서 양적 방법의 필요를 강조하는 페미니스트 사회학자(Jayaratne & Stewart, 1991; Reinhartz, 1992; Spague & Zimmerman, 1993)는 계량적 방법이 본래적으로 페미니스트 의제를 실천하는 것을 방해한다고 보지는 않는다. 페미니스트 사회학자의 실증주의나 양적 방법에 대한 거부감은 이해할 수 있지만 정책이나 제도적 변화를 꾀하는 연구에서는 대규모 사회조사나 양적 분석의 요구가 있는 것이 현실이다. 또한 계량적 방법에 대한 페미니즘의 거부감은 통계분석을 하는 여성사회학자를 소외시키며, 이들도 페미니스트 사회학자와의 소통을 두려워(?) 함으로써 여성연구에 대한 학문적 소통과 토론에 장애가 되기도 한다. 질적 방법이냐 양적 방법이냐는 연구목적이나 주제에 따라 하나를 사용할 수도 있고 때로는 두 가지 방법을 동시에 사용할 수 있는 것이다.

---

19 혼합방법(*mixed methods*)에 대한 논의는 헤세비버, 나지와 레비(Hesse-Biber, Nagy & Leavy, 2007)의 9장을 참조할 것.

### 3) 젠더 개념의 재고: 사회적인 것과 생물학의 이분법 다시보기

여성(페미니즘) 연구는 여성차별과 낮은 지위를 정당화하는 생물학적 결정론과 기능주의적 설명을 비판했으며 젠더와 섹슈얼리티가 사회적으로 구성되었다고 주장했다(Connell, 1987; Risman, 1998; West & Zimmerman, 1987). 젠더는 개인적 속성이 아닌 구조이며 남성성과 여성성은 끊임없이 구성되는 젠더수행을 강조하는 사회구성론은 학자 간에 차이는 있지만 사회·문화적 요인을 강조하는 경향이 있었다. 한편 여성다움과 남성다움이라는 기질의 사회적 구성에 대한 설명은 때로는 사회관계보다는 생물학적 요인에 인과적 우위를 부여하기도 한다(Ferree, Kahn & Morimoto, 2006: 25-26).

  그러나 과학기술의 발전으로 인해 생물학과 사회적 구성이라는 이분법이 설득력을 잃어간다. 재생산 기술, 유전공학, 성형의학 기술, 성전환 기술 등은 생물학과 무관한 사회적 구성이 무엇을 의미하는지 묻는다(Stacey, 2006). 인간을 남성과 여성의 범주로 나누고 각각의 범주에 속하는 사람은 동질적이라는 가정이 전제된 성별이분법은 오랫동안 성역할에 대한 기능주의적(또는 생물학적) 설명이라 비판받았다. 생물학인 몸은 젠더 차이의 본질적 토대가 아니라, 젠더가 구성되고 다시 새겨지는 장소이자 젠더가 수행되는 장소이기도 하다(Butler, 1990). 성(sex)과 젠더에 대한 최근의 연구는 성차에 부착된 의미 그 자체가 사회적으로 구성된 것이고 변화가능하다고 보면서 페미니즘이 섹스와 젠더 구분의 지나친 양극화에 의존했음을 지적한다. 성과 젠더, 섹슈얼리티는 상호구성되는 것이라는 후기 근대적 통찰은 여성사회학자로 하여금 이분법적 사회구성론을 넘어서야 함을 말해준다.

## 4) 분리를 넘어서 페미니스트 사회학으로

한국 사회학에서 '여성연구'는 여성사회학, 페미니스트 사회학, 여성 사회학자가하는 사회학 등 다양한 방식으로 이해되었다. '여성'에 대한 학문적 관심이 없는 남성학자는 이들이 다 동일하다고 생각하고 조금이라도 관심 있는 학자는 정치적 입장이 분명한 페미니스트와 '여성' 관련주제를 연구하는 여성사회학자, 여성을 연구하지 않는 여성사회학 연구자로 구별하기도 한다.

사실 이러한 구분은 '여성연구'의 발전에 한계를 부여하는 요인이기도한데 이 글에서는 페미니스트와 여성에 대해 연구하는 사회학자에 한정해서 논의하였다. 서구에서는 여성을 주제로 연구하는 학자는 대부분 페미니스트 사회학자로 정체화하는 반면, 우리 사회에서는 페미니스트와 페미니스트가 아닌 여성사회학자로 구분한다. 주류 사회학에 동화되는 여성사회학으로 발전해야 하는가, 또는 여성의 입장(*woman's standpoint* 또는 *feminist standpoint*)에서 분석하는 페미니스트 사회학으로 발전해야 하는가는 간단히 어느 한 쪽을 선택하기 어려울 수 있으나, 사회학에서 여성연구의 이론적 발전을 꾀하기 위해서는 후자의 전략이 보다 바람직할 것으로 판단된다. 지금부터는 통합과 분리의 이중전략이 아니라 분리를 넘어서 통합의 전략으로 목표를 분명히 할 필요가 있다.

주류 사회학연구에서 나타난 여성의 비가시성의 문제와 남성중심적 오류20를 수정하고자 하는 페미니스트 연구에서 중요한 것은 인식

---

20 비가시성이란 전통적인 사회학에서 공적으로 가시적 상황이나 행위자를 중심으로 연구대상을 한정함으로써, 사적영역의 비공식적 상황이나 행위자인 여성이 사회학 연구에서 체계적으로 제외되거나 무시되어왔음을 의미한다. 그 결과 사회학적 설명에 남성중심적 오류가 나타나는데, 예를 들어 노동개념은 남성이 행하는 생산노동만을

론적 전환과 정치적 실천이다. 사회학 연구가 가치중립적이고 성 중립적일 수 있다는 전제는 더 이상 유효하지 않다. 여성사회학 연구에서는 성역할이 아니라 젠더관계(*gender relation*)를 분석하여야 한다. 젠더관계에 대한 사회학적 분석은 젠더의 사회적 배열(*arrangement*)에 내재한 불평등, 긴장, 모순에 초점을 맞추어야 하며 젠더관계는 절대적인 것이 아니라 변할 수 있다는 믿음과 성 평등한 사회를 만들어야 한다는 정치적 목표에 동의해야 한다. 이런 점에서 한국 사회학에서 페미니즘의 수용이 보다 적극적으로 진전될 필요가 있으며, 이를 통해 주류 사회학의 남성중심성을 약화시키고 이론적 균열이 가능할 수 있다고 전망해 본다.

## 참고문헌

권희영, 2004, "호기심 어린 타자: 구한말·일제시기의 매춘부 검진", 〈사회와 역사〉, 제65권, 101~131쪽.

김애령, 2008, "지구화 시대의 성매매와 한국의 성매매방지법", 〈경제와 사회〉, 제79호, 254~273쪽.

김주숙, 1981, "농촌여성문제 소고", 〈한국사회학〉, 제15집, 49~60쪽.

김현미, 2006, "국제결혼의 전 지구적 젠더 정치학", 〈경제와 사회〉, 통권 70호: 10~37쪽.

박영희·왕인근, 1968, "Personal and Family Factors Associated with Farm Homemakers' Participation in and Extension Organization", 〈한국사회학〉, 제3집, 58~70쪽.

박형신·이진희, 2008, "먹거리, 감정, 가족 동원 미국산 쇠고기 수입반대 촛불

---

이론화해왔으며 사적 영역에서 여성들이 행하는 무급의 재생산노동은 간과되어왔다 (이재경, 2000: 98).

집회의 경우", 〈사회와 이론〉, 통권 제 13집, 147~183쪽.

박형신·정수남, 2009, "거시적 감정사회학을 위하여", 〈사회와 이론〉, 통권 제 15집, 195~234쪽.

박홍주, 2007, "여성의 눈으로 '노동' 다시 보기", 《여성학: 여성주의 시각에서 바라본 또 다른 세상》, 미래 M&B.

서지영, 2004, "식민지 근대 유흥풍속과 여성 섹슈얼리티: 기생·카페 여급을 중심으로", 〈사회와 역사〉, 제 65권, 132~168쪽.

신경숙, 2004, "19세기 일급 예기의 삶과 섹슈얼리티: 의녀 옥소선을 중심으로", 〈사회와 역사〉, 제 65권, 41~73쪽.

신진욱, 2007, "사회운동의 연대 형성과 프레이밍에서 도덕 감정의 역할", 〈경제와 사회〉, 통권 제 73호 봄호, 203~243쪽.

심영희, 1989, "성폭력의 실태와 법적 통제", 〈한국여성학〉, 제 5집, 122~163쪽.

이나영, 2006, "초/국적 페미니즘: 탈식민주의 페미니스트 정치학의 확장", 〈경제와 사회〉, 통권 70호, 63~88쪽.

_____, 2009, "여성주의 '성노동' 논의에 대한 재고", 〈경제와 사회〉, 제 84호, 132~157쪽.

_____, 2011, "한국 '여성학'의 위치성: 미완의 제도화와 기회구조의 변화", 〈한국여성학〉, 제 27권 4호, 37~81쪽.

_____, 2013, "한국 '여성학': 역사적 궤적과 위치성", 한국여성연구학회협의회 엮음, 《여성주의 연구의 도전과 과제: 각 학문 영역에서 이뤄온 여성연구의 과거·현재·미래》, 도서출판 파주.

이나영·정민우, 2010, "한국 '사회학(과)'에서 '여성학하기'란?" 〈한국사회학〉, 제 44집 5호: 176~223쪽.

이동원, 1976, "직업여성의 이중역할에 관한 연구", 〈논총〉, 제 27집, 229~266쪽.

이수자, 2006, "글로벌 문화산업과 젠더역학의 징후적 독해", 〈경제와 사회〉, 통권 70호, 38~62쪽.

이영자, 1989, "성일탈과 여성", 〈한국여성학〉, 제 5집, 80~121쪽.

_____, 1991, "페미니스트 패러다임의 사회학을 위한 시론", 〈한국사회학〉, 제 25집 겨울호, 199~215쪽.

이임하, 2006, "'전쟁미망인'의 전쟁 경험과 생계활동", 〈경제와 사회〉, 통권 71호, 11~39쪽.

이재경, 2000, "사회학에서의 페미니즘의 수용과 영향", 〈여성학 논집〉, 제 17

384

집, 93~114쪽.

_____, 2004, "한국 사회학에서 '여성' 연구의 성장과 도전: 1964~2002", 이화여대 한국문화연구원 편, 《사회학 연구 50년》, 혜안.

_____, 2007, "여성학과 페미니즘 이론", 《여성학》, 미래 M&B.

_____, 2012, "서문: 여성주의 인식론과 구술사", 《여성주의 역사쓰기: 구술사 연구방법》, 아르케.

이재경·김경희, 2012, "여성주의 정책 패러다임 모색과 '성평등'", 〈한국여성학〉, 제 28권 3호, 1~33쪽.

이재인, 2005, "서사유형과 내면세계: 기혼여성들의 생애이야기에 대한 서사적 접근", 〈한국사회학〉, 제 39집 3호, 77~119쪽.

이효재, 1959, "서울시 가족의 사회학적 고찰", 〈논총〉, 제 1집, 9~72쪽.

이효재·김주숙, 1972, "도시가족문제 및 지역적 협동에 관한 연구", 〈논총〉, 제 20집, 1~44쪽.

_____, 1977, "농촌지역사회 발전을 위한 여성의 역할", 〈논총〉, 제 30집, 323~364쪽.

이효재·이동원, 1975, "가외활동 여성의 출산 행위 및 태도에 관한 연구", 〈논총〉, 제 25집, 237~286쪽.

이효재·정충량, 1969, "여성단체 활동에 관한 연구", 〈논총〉, 제 14집, 117~222쪽.

_____, 1970, "도시주부생활에 관한 실태조사: 중류가정을 중심으로", 〈논총〉, 제 16집, 233~286쪽.

_____, 1973, "일제하 여성노동자 취업실태와 노동운동에 관한 연구", 〈논총〉, 제 22집, 307~344쪽.

이효재·조 형, 1976, "여성 경제활동 및 취업에 관한 연구: 1960~70의 추이", 〈논총〉, 제 27집, 267~294쪽.

이희영, 2007, "여성주의 연구에서의 구술자료 재구성: 탈성매매 여성의 생애체험과 서사구조에 대한 사례연구를 중심으로", 〈한국사회학〉, 제 41집 5호, 98~133쪽.

정지영, 2004, "조선 후기의 첩과 가족질서: 가부장제와 여성의 위계", 〈사회와 역사〉, 제 65권, 6~40쪽.

조순경·여난영·이숙진, 1989, "여성노동과 성적 통제", 〈한국여성학〉, 제 5집, 164~186쪽.

조 은·조성윤, 2004, "한말 서울지역 첩의 존재양식: 한성부 호적을 중심으로", 〈사회와 역사〉, 제 65권, 74~100쪽.

조은주, 2008, "여성 하위주체에서 '성노동자 운동'으로", 〈경제와 사회〉, 제 78호, 256~280쪽.

조 형, 1981, "여성지위에의 사회계층론적 접근", 〈한국사회학〉, 제 15집, 9~19쪽.

조혜정, 1981, "부부권력 관계의 변화를 중심으로 본 취업/비취업 주부의 연구", 〈한국사회학〉, 제 15집, 37~46쪽.

천선영, 2013, "한국 여성사회학자에게 있어 '직업으로서의 학문': 여성사회학자들의 '무성화/유성화', '경력의 경로화', 그리고 '중층적 소수성'", 〈사회와 이론〉, 통권 제 22집, 323~350쪽.


Barbara, J. R., 1998, *Gender Vertigo: American Families in Transition*, Yale University Press.

Butler, J., 1990, *Gender Trouble: Feminism and the Subversion of identity*, Routledge.

Connell, R. W., 1987, *Gender and Power: Society, the Person and Sexual Politics*, Stanford University Press.

Ferree, M. M., Khan, S., & Morimoto, S. A., 2005, "Assessing the feminist revolution: The presence and absence of gender in theory and practice", Forthcoming in Craig Calhoun (Ed.), 2006, *Sociology in America: A History*, University of Chicago Press.

Hesse-Biber, S. N., & Leavy, P. L., 2007, *Feminist Research Practice*, Sage.

Jayaratne, T. E., & Stewart, A. J., 1991, "Quantitative and qualitative methods in the social sciences: Current feminist issues and practical strategies", M. M. Fonow, & J. A. Cook (Eds.), *Beyond Methodology*, Indiana Univ. Press.

Millman, M., & Kanter, R. (Eds.), 1975, *Another Voice: Feminist Perspectives on Social Life and Social Science*, Garden City, New York: Anchor Books.

Pilcher, J., & Whelehan, I., 2004, *Fifty Key Concepts in Gender Studies*, Thousand Oaks.

Reinhartz, S., & Davidman, L., 1992, *Feminist Methods in social Research*, Oxford University Press.

Smith, D. , 1990, *The Conceptual Practices of Power: A Feminist Sociology of Knowledge*, Northeastern University Press.

Spague, J. , & Zimmerman, M. , 1993, "Overcoming dualism: A feminist agenda for sociological methodology", In P. England (Ed.), *Theory on Gender: Feminism on Theory*, A. de Gruyter.

Stacey, J. , 2006, "Feminism and sociology in 2005: What are we missing?", *Sociological Problem*, 53, pp. 479-482.

Stacey, J. , & Throne, B. , 1985, "The missing feminist revolution in sociology", *Sociological Problem*, 32, pp. 301-316.

Thorne, B. , 2006, "How can feminist sociology sustain its critical edge?", *Sociological Problem*, 53, pp. 473-478.

West, C. , & Zimmerman, D. H. , 1987, "Doing gender", *Gender and Society*, 1, pp. 125-151.

Williams, C. , 2006, "Still missing?: Comments on the twentieth anniversary of 'The missing feminist revolution sociology'", *Sociological Problem*, 53, pp. 454-458.

부록

# 1. 〈한국사회학〉 여성 관련 주제 논문 목록(1964~2012)

## 1) 1960~1970년대(2편)

주경란, 1976, "한국 남녀공학대학교와 여자대학 및 대학교 여자대학생의 직업
관에 대한 연구", 제 10집, 177~226쪽.

Young Hee Park, & In Keun Wang, 1967, "Personal and family factors associated
with farm homemakers' participation in an extension organization", 3권 1호,
58~70쪽.

## 2) 1980년대(10편)

김미숙, 1987, "성분절 지수에 나타난 한국 취업여성의 지위: 1960-1980", 제 21
집 겨울호, 209~223쪽.

김주숙, 1981, "농촌여성문제 소고", 제 15집, 49~60쪽.

박민자, 1982, "Child care policy and sexual equality: A comparative study",
제 16집, 141~154쪽.

박숙자, 1989, "한국 노동시장에서의 남녀고용차별: 채용기준을 중심으로", 제
23집 여름호, 48~74쪽.

유희정, 1989, "사무직 기혼여성노동에 관한 연구: 대기업 공채여성을 중심으
로", 제 23집 겨울호, 95~114쪽.

윤 진, 1981, "남녀차이에 대한 심리학적 고찰: 성역할 사회화 과정과 그 결과를
중심으로", 제 15집, 21~35쪽.

장상희, 1988, "도시 중년주부의 역할부재와 아노미에 관한 연구", 제 22집 여름
호, 61~89쪽.

조 형, 1981, "여성지위에의 사회계층론적 접근", 제 15집, 9~19쪽.

조혜정, 1981, "부부권력 관계의 변화를 중심으로 본 취업/비취업 주부의 연구",
제 15집, 37~47쪽.

주경란, 1980, "한국 전문직여성의 경제활동 참가요인 분석", 제14집, 87~101쪽.

## 3) 1990년대(19편)

강세영, 1995, "사업체를 중심으로 본 한국노동시장의 성별 분리현상", 제29집
　　여름호, 321~345쪽.
권귀숙, 1996, "제주해녀의 신화와 실체: 조혜정 교수의 해녀론을 중심으로", 제
　　30집 봄호, 227~258쪽.
김영란, 1999, "여성빈곤과 복지국가의 재구조화", 제33집 가을호, 551~583쪽.
김종엽, 1998, "에밀 뒤르켐과 여성문제", 제32집 여름호, 275~309쪽.
김한곤, 1991, "한국여성의 연령군별 무자녀율 변동추이와 그 결정인자에 관한
　　연구", 제25집 여름호, 33~51쪽.
＿＿, 1991, "한국여성의 지위와 출산력: 1966-1985", 제25집 겨울호, 177~
　　198쪽.
김혜순, 1994, "농가의 생산과 재생산에서의 여성노동", 제28집 겨울호, 139~
　　161쪽.
박경애, 1993, "성비가 가족구조에 미치는 영향", 제27집 여름호, 153~166쪽.
＿＿, 1994, "혼인상태가 성별 사망력에 미치는 영향: 이론적 통합", 제28집
　　겨울호, 117~137쪽.
박미해·홍두승, 1994, "계층인식에서의 여성의 기여", 제28집 봄호, 101~120쪽.
방하남, 1996, "여성노동력의 노동시장 전이과정의 동태적 분석: 미국 젊은 여성
　　들의 경우", 제30집 봄호, 93~124쪽.
신광영·조 은, 1998, "성과 계급이동", 제32집 겨울호, 715~735쪽.
이미정, 1998, "가족 내에서의 성차별적 교육투자", 제32집 봄호, 63~97쪽.
이영자, 1991, "페미니스트 패러다임의 사회학을 위한 시론", 제25집 겨울호,
　　199~215쪽.
이현송, 1996, "가족의 생애주기와 기혼여성의 경제활동", 제30집 겨울호, 759~
　　777쪽.
임인숙, 1997, "성역할과 부부권력관계의 재구성: 재미교포 맞벌이 부부를 중심
　　으로", 제31집 겨울호, 817~844쪽.
전숙자, 1995, "북한의 여성상 연구: 혁명성과 전통성의 관점에서", 제29집 여

름호, 373~402쪽.

전신현, 1997, "여성의 구조적 불평등과 귀인유형에 관한 연구", 제31집 가을
호, 625~644쪽.

홍욱화, 1994, "한국여성의 아노미와 종교성에 관한 연구", 제28집 가을호, 143
~162쪽.


## 4) 2000년대(42편)

강현아, 2002, "5·18 민주항쟁과 여성활동가들의 삶", 제36집 1호, 251~252쪽.

강혜원·조영태, 2007, "서울시 남녀노인의 건강불평등: 사회경제적 지위와 사
회통합 요소를 중심으로", 제41집 4호, 164~201쪽.

김수정, 2004, "복지국가 가족지원정책의 젠더적 차원과 유형", 제38집 5호,
209~233쪽.

김수정·김은지, 2007, "한국 맞벌이 가구에서 가사노동과 경제적 의존의 관계:
교환 혹은 젠더보상?", 제41집 2호, 147~174쪽.

김영란, 2003, "한국의 여성운동과 여성복지정책의 변화: 노동과 섹슈얼리티 분
야를 중심으로", 제37집 3호, 187~216쪽.

_____, 2006, "새로운 사회적 위험과 여성빈곤 그리고 탈빈곤정책", 제40집 2호,
189~226쪽.

김혜경·남궁명희, 2009, "아들가족에게서의 노부(모) 돌봄 연구: 부부와 노인
의 생애서사를 중심으로", 제43집 4호, 226~227쪽.

김혜순, 2008, "결혼이주여성과 한국의 다문화사회 실험: 최근 다문화담론의 사
회학", 제42집 2호, 36~71쪽.

민현주, 2007, "엄마의 취업과 자녀터울에 관한 동태적 분석", 제41집 3호, 106
~126쪽.

박기남, 2002, "관리직 여성의 사회적 자본과 성별 직무분리", 제36집 6호, 109
~135쪽.

박명선, 2002, "여성노인의 일과 빈곤: 전북지역을 중심으로", 제36집 2호, 175
~204쪽.

박수미, 2002, "한국여성들의 첫 취업 진입·퇴장에 미치는 생애사건의 역동적
영향", 제36집 2호, 145~174쪽.

박재규, 2005, "17대 총선에서 여성단체의 여성후보 지원활동 분석", 제 39집 4호, 131~161쪽.

송유진, 2005, "한국과 중국 도시가족에서의 성역할 분담 비교연구: 아버지의 자녀양육 참여를 중심으로", 제 39집 1호, 111~136쪽.

신광영, 2004, "계급, 성과 일자리 이동", 제 38집 1호, 25~50쪽.

우명숙, 2006, "한국 여성의 경제적 지위 변화와 국가의 역할: 여성주의 국가론의 국가자율성 논의를 중심으로", 제 40집 3호, 62~90쪽.

유해미, 2006, "젠더 차원에서 본 경제적 세계화의 두 얼굴: 보육정책에 미친 영향을 중심으로", 제 40집 5호, 233~257쪽.

이상문, 2005, "성별에 따른 일탈 행동 성장 경로의 차이: 미국 청소년 패널 조사(NYS) 자료를 중심으로", 제 39집 4호, 162~197쪽.

이성식·전신연, 2001, "가부장적 가정과 여자청소년의 비행: 대립되는 두 가설의 검증을 중심으로", 제 35집 5호, 173~198쪽.

이수인, 2005, "권위주의의 특성과 재생산과정의 성 차이: 대학생을 중심으로", 제 39집 3호, 51~76쪽.

이수자, 2004, "이주여성 디아스포라: 국제성별분업, 문화혼성성, 타자화와 섹슈얼리티", 제 38집 2호, 189~219쪽.

이재인, 2005, "서사유형과 내면세계: 기혼여성들의 생애이야기에 대한 서사적 접근", 제 39집 3호, 77~119쪽.

이주희, 2003, "여성 관리직 진출 기업의 특성: 인적자원관리 관행을 중심으로", 제 37집 5호, 256~257쪽.

이혜경·정기선·유명기·김민정, 2006, "이주의 여성화와 초국가적 가족: 조선족 사례를 중심으로", 제 40집 5호, 258~298쪽.

이혜숙, 2002, "지역여성운동의 형성과 전개: 진주여성민우회를 중심으로", 제 36집 1호, 195~221쪽.

이희영, 2007, "여성주의 연구에서의 구술자료 재구성: 탈성매매 여성의 생애체험과 서사구조에 대한 사례연구를 중심으로", 제 41집 5호, 98~133쪽.

임인숙, 2000, "경제위기가 남편의 권위상실감에 미치는 영향", 제 34집 겨울호, 1105~1127쪽.

_____, 2004, "다이어트의 사회문화적 환경: 여대생의 외모차별 경험과 대중매체의 몸 이미지 수용도를 중심으로", 제 38집 2호, 165~187쪽.

_____, 2007, "한국 대중가요의 외모차별주의: 미인찬가에서 육체 찬미와 조롱

으로", 제 41집 2호, 240~270쪽.

장상수, 2004, "학력성취의 계급별·성별 차이", 제 38집 1호, 51~75쪽.

\_\_\_\_\_, 2006, "여성의 고등교육 이수기회: 누가 왜 딸을 대학에 보냈는가?", 제
40집 1호, 127~156쪽.

장지연, 2004, "복지국가에 대한 페미니스트 관점의 기여와 한계", 제 38집 3호,
177~200쪽.

장지연·양수경, 2007, "승진대기기간의 성별격차와 결정요인", 제 41집 4호,
104~127쪽.

장지연·호정화, 2001, "여성 미취업자의 취업의사와 실업탈출과정", 제 35집 4호,
159~188쪽.

조혜선, 2001, "사회적 성 역할과 노동태도의 형성: 직무만족도와 조직 몰입을
중심으로", 제 35집 3호, 139~168쪽.

\_\_\_\_\_, 2002, "기혼여성의 고용지위 결정요인", 제 36집 1호, 145~169쪽.

\_\_\_\_\_, 2003, "결혼 만족도의 결정요인: 경제적 자원, 성역할관, 관계성 모델의
비교", 제 37집 1호, 91~115쪽.

\_\_\_\_\_, 2003, "과학기술 연구인력 보상체계의 성 차별성", 제 37집 3호, 83~107쪽.

최샛별, 2002, "상류 계층 공고화에 있어서의 상류계층 여성과 문화 자본", 제 36
집 1호, 113~144쪽.

최인이, 2009, "유통 서비스업 여성비정규직 노동의 성격과 차별 양상에 대한 연구:
백화점 간접고용 노동자의 사례를 중심으로", 제 43집 1호, 89~129쪽.

한경혜, 2008, "라이프코스 관점에서 본 은퇴경험의 남녀차이", 제 42집 3호, 86
~118쪽.

한경혜·김진희, 2003, "일·가족 상호작용에서의 성별 차이: 전이 개념을 중심
으로", 제 37집 3호, 228~229쪽.

## 5) 2010~2012년(16편)

김은정, 2012, "1930-40년대 서비스직 여성의 노동경험을 통한 '직업여성'의 근
대적 주체성 형성과 갈등에 관한 연구: 미용사 L의 생애구술을 중심으로",
제 46집 1호, 64~100쪽.

\_\_\_\_\_, 2012, "1935-1945년 코호트 전문직 여성노인들의 일 정체성 형성과정에

관한 연구: 여성 노인 연구의 다양성 제고를 위한 모색 작업 1", 제46집 5
호, 35~78쪽.

류지아, 2012, "종교의 가부장문화에 대한 진보적 여성신자들의 대응 전략: 가톨
릭 A여성단체를 중심으로", 제46집 4호, 45~68쪽.

민현주, 2012, "자녀출산과 양육시기동안의 여성취업 유형화: 집단중심추세모형
(Group-based Trajectory Model)의 적용", 제46집 2호, 61~87쪽.

신경아, 2011, "노인 돌봄의 탈가족화와 노인의 경험: 재가노인과 시설거주 노인
의 경험 연구", 제45집 4호, 64~96쪽.

신광영, 2011, "한국의 성별 임금격차: 차이와 차별", 제45집 4호, 97~127쪽.

우명숙, 2010, "스웨덴 공공부문 여성지배직종의 임금불평등과 노동조합의 대
응", 제44집 2호, 29~58쪽.

이나영·정민우, 2010, "한국 '사회학(과)'에서 '여성학하기'란?: 페미니스트 학
문 후속세대의 경험을 중심으로", 제44집 5호, 176~223쪽.

이성균·김영미, 2010, "한국의 서비스산업 확대는 남녀임금격차에 어떤 영향을
미치는가?", 제44집 1호, 1~25, 242쪽.

이수인, 2010, "일반신뢰와 정부신뢰의 관계와 성별차이에 대한 연구: 민주화를
향한 기대와 사회적 관심 및 정보의 매개작용을 중심으로", 제44집 4호,
162~203, 209쪽.

임인숙·한신원·박지연, 2012, "유급노동과 무급 가사노동의 질이 성인 남녀의
우울에 미치는 영향", 제46집 2호, 176~202쪽.

한내창, 2010, "종교와 성태도 간 관계", 제44집 5호, 114~138쪽.


Cheong-Seok Kim, 2012, "Intergenerational living arrangements of young
married women in Korea, Japan and China", 제46집 3호, 59~72쪽.

Hyeyoung Woo, & Joongbaeck Kim, 2012, "Better to have it all?: Work,
family and their relationships to depression", 제46집 3호, 163~179쪽.

Hyunjoo Min, 2012, "Jobs for women?: Labor market exits and occupational
sex segregation in South Korea", 제46집 6호, 75~93쪽.

Seulki Choi, 2011, "Motherhood and wage discrimination, evidences from
NLSY 1982-2006, United States", 제45집 3호, 49~72쪽.

## 2. 〈한국여성학〉에 게재된 사회학자 논문 목록(1985~2012)

### 1) 1980년대(6편)

심영희, 1988, "노동시장구조의 변화와 여성노동의 실태", 제4집, 101~158쪽.

____, 1989, "성폭력의 실태와 법적 통제", 제5집, 122~163쪽.

이영자, 1989, "성일탈과 여성", 제5집, 80~121쪽.

정진성, 1988, "식민지 자본주의화 과정에서의 여성노동의 변모", 제4집, 49~100쪽.

조순경·여난영·이숙진, 1989, "여성노동과 성적 통제", 제5집, 164~186쪽.

조 은, 1986, "가부장제와 경제: 가부장제의 자본주의적 변용과 한국의 여성노동", 제2집, 95~126쪽.

### 2) 1990년대(30편)

공미혜, 1995, "직장 내 성희롱의 실태와 영향요인", 제11집, 110~137쪽.

____, 1997, "여대생들의 성희롱 경험과 의식의 차", 제13권 1호, 29~50쪽.

김혜경, 1999, "가사노동 담론과 한국 근대가족: 1920, 30대를 중심으로", 제15권 1호, 153~184쪽.

모혜정·이재경, 1996, "여성공학교육과 가부장적 문화", 제12권 1호, 112~137쪽.

박현옥, 1994, "여성, 민족, 계급: 다름과 집합적 행위", 제10집, 53~85쪽.

심영희, 1994, "포르노의 법적 규제와 페미니즘", 제10집, 120~180쪽.

____, 1995, "몸의 권리와 성 관련법의 개선안: 권력과 성의 관계를 중심으로", 제11집, 72~109쪽.

____, 1996, "시간문화와 여성: 대입수험생 어머니의 삶에 나타난 전통, 현대, 탈현대", 제12권 2호, 1~41쪽.

____, 1997, "직장생활과 성문화: 사무직 여성들의 일, 성, 외모에 대한 태도", 제13권 2호, 77~121쪽.

이영자, 1996, "소비사회와 여성문화", 제12권 2호, 42~76쪽.

이재경, 1993, "국가와 성통제: 성관련 법과 정책을 중심으로", 제9집, 8~29쪽.

____, 1995, "정의의 관점에서 본 가족", 제11집, 47~71쪽.

_____, 1999, "여성의 경험을 통해 본 한국가족의 근대적 변형", 제 15권 2호, 55
  ~86쪽.

이혜숙, 1999, "지역여성운동의 현황과 전망: 경남 진주지역 여성단체의 활동을
  중심으로", 제 15권 1호, 103~152쪽.

이효재, 1994, "한국여성학과 여성운동", 제 10집, 7~17쪽.

전방지, 1995, "정보기술, 성, 노조: 은행 노조의 사례", 제 11집, 169~201쪽.

정진성, 1999, "민족 및 민족주의에 관한 한국여성학의 논의: 일본군 위안부 문
  제를 중심으로", 제 15권 2호, 29~53쪽.

정진주, 1999, "캐나다에서 작업환경과 산업재해보상체계의 성 차이에 관한 연
  구", 제 15권 2호, 119~152쪽.

정혜선, 1996, "모성보호의 기업 내 제도화와 노동조합", 제 12권 1호, 45~74쪽.

조순경, 1990, "남녀고용평등법의 한계와 과제", 제 6집, 105~123쪽.

_____, 1994, "고용과 평등의 딜레마?", 제 10집, 181~209쪽.

_____, 1998, "경제위기와 여성고용정치", 제 14권 2호, 5~33쪽.

조 은, 1995, "지식 정보 산업과 여성노동", 제 11집, 138~168쪽.

조정문, 1997, "한국사회 친족 관계의 양계화 경향에 관한 연구", 제 13권 1호,
  87~114쪽.

조주현, 1993, "근친강간에 나타난 성과 권력: 김보은 사건을 중심으로", 제 9
  집, 208~210쪽.

_____, 1996, "여성 정체성의 정치학: 80-90년대 한국의 여성운동을 중심으로",
  제 12권 1호, 138~179쪽.

_____, 1997, "성, 여성주의, 윤리", 제 13권 2호, 7~39쪽.

_____, 1998, "페미니즘과 기술과학: 대안적 패러다임 모색을 위한 헤러웨이 읽
  기", 제 14권 2호, 121~151쪽.

조 형, 1996, "법적 양성평등과 성의 정치: 여성 관련법 제·개정을 중심으로",
  제 12권 1호, 7~44쪽.

_____, 1997, "도시중산층 전업주부의 권력: 구조적 무권력화와 구성적 권력화",
  제 13권 2호, 199~240쪽.

## 3) 2000년대(68편)

강인순, 2007, "마산·창원 지역 여성운동의 현황과 과제", 제23권 4호, 177~213쪽.

강현아, 2003, "대기업 노동조합에서 비정규 여성노동자의 배제양상", 제19권 1호, 81~111쪽.

_____, 2003, "문화적 재현과 젠더 이미지: '5월 연극' 텍스트 분석을 중심으로", 제19권 3호, 117~147쪽.

_____, 2004, "5·18항쟁 역사에서 여성의 주체화", 제20권 2호, 5~40쪽.

공미혜, 2005, "침묵화된 성: 지체장애여성의 성에 대한 인식과 경험", 제21권 1호, 87~124쪽.

김경희, 2005, "여성정책 관점의 재구성을 위한 시론적 연구: 여성발전론과 성주류화 개념의 이해를 중심으로", 제21권 2호, 255~287쪽.

김경희·신현옥, 2004, "정책과정을 통해 본 젠더와 평등개념의 제도화: 양성평등 채용목표제와 국공립대 여성교수 채용목표제를 중심으로", 제20권 3호, 171~206쪽.

김미경, 2001, "이중 사회화과정을 통해 본 한국여성 해방전략의 제한성과 부적절성", 제17권 1호, 101~136쪽.

김수진, 2006, "신여성현상의 세계적 차원과 사회적 차이: 영국, 일본, 그리고 인도와 중국을 중심으로", 제22권 1호, 185~230쪽.

김주희·임인숙, 2008, "한국 비정규직 여성 노동자들의 노출투쟁: 최후 저항수단으로서의 몸", 제24권 3호, 41~76쪽.

김현옥, 2002, "일상생활 속의 군사주의 재생산과 성별경험: 의식, 경험, 행위 간 관계를 중심으로", 제18권 1호, 71~107쪽.

김혜경, 2004, "보살핌노동의 정책화를 둘러싼 여성주의적 쟁점: '경제적 보상 (payments for care)'을 중심으로", 제20권 2호, 75~104쪽.

김혜경·남궁명희·이순미, 2009, "지역에서의 여성학 교육의 현재와 역사적 특성: 전북지역 및 전북대학교를 중심으로", 제25권 3호, 151~193쪽.

마경희, 2007, "성 주류화(gender mainstreaming)에 대한 비판적 성찰: 여성정책의 새로운 패러다임인가? 함정인가?", 제23권 1호, 39~67쪽.

민경희, 2003, "여성의 경제활동참가에 영향을 미치는 요인들: 성역할과 이주를 중심으로", 제19권 2호, 97~143쪽.

박기남, 2009, "기혼 취업 여성의 일·가족 양립을 위한 시간 갈등 연구: 연령계
　　층별, 성역할 태도별 차이를 중심으로", 제 25권 2호, 37~71쪽.

박숙자, 2001, "여성의 낙태선택권과 입법과제 연구", 제 17권 2호, 69~98쪽.

손승영, 2005, "고학력 전문직 여성의 노동 경험과 딜레마: 강한 직업정체성과
　　남성중심적 조직문화", 제 21권 3호, 67~97쪽.

신상숙, 2007, "여성폭력 추방운동의 역사적 맥락과 제도화 과정의 차이: 미국과
　　영국의 사례를 중심으로", 제 23권 3호, 5~42쪽.

＿＿＿, 2008, "제도화 과정과 갈등적 협력의 동학: 한국의 반(反)성폭력 운동과
　　국가정책", 제 24권 1호, 83~119쪽.

안태윤, 2003, "일제말기 전시체제와 모성의 식민화", 제 19권 3호, 75~116쪽.

양현아, 2000, "호주제도의 젠더정치: 젠더 생산을 중심으로", 제 16권 1호, 65
　　~93쪽.

＿＿＿, 2005, "여성 낙태권의 필요성과 그 함의", 제 21권 1호, 5~39쪽.

＿＿＿, 2006, "증언을 통해 본 한국인 '군위안부'들의 포스트식민의 상흔(Trauma)",
　　제 22권 3호, 133~167쪽.

염미경, 2007, "성인지적 지역혁신발전의 가능성: 제주도의 '신 어촌운동' 추진사
　　례를 중심으로", 제 23권 2호, 77~109쪽.

유해미, 2005, "보육정책의 패러독스: 이탈리아의 사례를 중심으로", 제 21권 1호,
　　233~264쪽.

이선미, 2004, "여성의 시민참여와 사회자본: 자원결사체 참여의 성별분리", 제
　　20권 1호, 163~193쪽.

＿＿＿, 2005, "한국 시민사회의 젠더 차원: 실증적 연구", 제 21권 1호, 165~
　　197쪽.

＿＿＿, 2006, "'능동적 시민'과 차이의 정치", 제 22권 1호, 147~183쪽.

이선주, 2006, "국제노동이주와 젠더: 배제와 제한된 포용", 제 22권 4호, 125~
　　155쪽.

이수자, 2004, "디지털문화와 여성주체의 이미지정치학", 제 20권 1호, 57~93쪽.

이영자, 2000, "대안적 패러다임으로서의 페미니즘: 가능성과 딜레마", 제 16권 1호,
　　5~36쪽.

＿＿＿, 2002, "페미니즘의 대중화: 몇 가지 유형에 관한 가능성과 딜레마의 탐
　　색", 제 18권 1호, 37~70쪽.

＿＿＿, 2004, "신자유주의 노동시장과 여성노동자성: 노동의 유연화에 따른 여

성노동자성의 변화", 제 20권 3호, 99~138쪽.

_____, 2006, "몸 권력과 젠더: 푸코적 분석틀에서 본 "날씬한 몸" 관리", 제 22권 4호, 197~233쪽.

_____, 2008, "결혼시장과 젠더", 제 24권 2호, 39~71쪽.

이재경, 2004, "한국 가족은 '위기'인가?: '건강가정' 담론에 대한 비판", 제 20권 1호, 229~244쪽.

이재인, 2006, "서사의 개정과 의식의 변화", 제 22권 2호, 81~120쪽.

이정옥, 2004, "여성인권의 글로벌 스탠더드와 성매매 종사 여성의 인간 안보: 한국 기지촌 여성에 대한 사례를 중심으로", 제 20권 1호, 195~227쪽.

이주희, 2004, "적극적 조치와 여성노동: 사회경제적 효과를 중심으로", 제 20권 3호, 139~170쪽.

이주희·조혜원·인 정, 2006, "여성의 '생산성'에 대한 기업의 평가 및 영향요인", 제 22권 3호, 61~98쪽.

이주희·한영희·성현정·인 정, 2007, "공직의 유리천장: 여성공무원의 승진저해기제 및 제도의 이면효과", 제 23권 3호, 79~115쪽.

이혜숙, 2006, "지방분권과 지역여성의 전망: 경상남도를 중심으로", 제 22권 2호, 121~165쪽.

_____, 2008, "지역여성운동의 조직과 성격: 경남 여성단체연합을 중심으로", 제 24권 4호, 175~218쪽.

임인숙, 2003, "여성의 취업과 용모차별: 기업의 용모차별적 모집 추세와 특성의 변화", 제 19권 1호, 113~144쪽.

_____, 2004, "외모차별 사회의 성형 경험과 의향", 제 20권 1호, 95~22쪽.

_____, 2006, "유방암, 손상된 몸과 여성성의 위기감", 제 22권 4호, 5~46쪽.

장미혜, 2001, "미취업 여자 박사의 경험과 좌절", 제 17권 2호, 157~177쪽.

_____, 2005, "가족: 계급과 성별 불평등의 또 다른 영역: 중간계급과 노동자계급 간 및 계급내의 차이를 중심으로", 제 21권 2호, 105~146쪽.

장지연, 2006, "미국의 적극적조치 논쟁과 시사점", 제 22권 2호, 167~208쪽.

장하진, 2000, "산업구조조정과 여성노동시장의 변화: 금융산업을 중심으로", 제 16권 2호, 35~74쪽.

정진성, 2001, "군 가산점제에 대한 여성주의적 관점에서의 재고", 제 17권 1호, 5~33쪽.

_____, 2003, "전시하 여성침해의 보편성과 역사적 특수성: 일본군 위안부문제

에 대한 국제사회의 인식", 제 19권 2호, 95~122쪽.

정진주, 2002, "여성의 일과 건강: 사무직 여성노동자의 근골격계 질환을 중심으로", 제 18권 1호, 143~172쪽.

조순경, 2007, "여성직종의 외주화와 간접차별: KTX 승무원 간접고용을 통해 본 철도공사의 체계적 성차별", 제 23권 2호, 143~176쪽.

_____, 2008, "여성 비정규직의 분리직군 무기계약직 전환과 차별의 논리", 제 24권 3호, 5~40쪽.

조 은, 2000, "가부장적 질서화와 부인권의 약화: 조선전기 재산상속 분쟁사례를 중심으로", 제 16권 2호, 5~34쪽.

_____, 2005, "유교적 가부장제와 여성호주 가족: 한말(韓末) 한성부 호적 자료를 중심으로", 제 21권 2호, 39~68쪽.

_____, 2008, "신자유주의 세계화와 가족 정치의 지형: 계급과 젠더의 경합", 제 24권 2호, 5~37쪽.

조주현, 2003, "군 가산점제 논쟁과 젠더 정치: 가능성 접근법의 관점에서", 제 19권 1호, 181~208쪽.

_____, 2006, "난자: 생명기술의 시선과 여성 몸 체험의 정치성", 제 22권 2호, 5~40쪽.

_____, 2008, "생명정치, 벌거벗은 생명, 페미니스트 윤리", 제 24권 4호, 35~64쪽.

조 형·이재경·곽진영, 2000, "정치 관련 정보가 여성의 정치의식에 미치는 효과: 집중적 집단토론 방법을 중심으로", 제 16권 2호, 105~143쪽.

조혜선, 2004, "조기교육과 어머니 역할", 제 20권 1호, 123~161쪽.

하정옥, 2008, "페미니스트 과학기술학의 과학과 젠더 개념: 켈러, 하딩, 하러웨이의 논의를 중심으로", 제 24권 1호, 51~82쪽.

함인희, 2004, "동구 사회주의 국가의 붕괴와 성 불평등의 재구조화 과정: 구동독 여성의 경제적 지위 변화를 중심으로", 제 20권 2호, 105~140쪽.

홍찬숙, 2009, "여성의 행복과 성찰성, 정의감각: 비판적 행복연구 방법론을 위한 제안", 제 25권 2호, 99~128쪽.

황정미, 2005, "'저출산'과 한국 모성의 젠더정치", 제 21권 3호, 99~132쪽.

## 4) 2010~2012년(17편)

김영미, 2010, "자본주의 다양성 관점에서 본 젠더와 계급의 교차성", 제 26권 3호, 65~89쪽.

김혜영, 2010, "십대 청소년 미혼모의 출산 및 양육경험: 주체와 타자의 경계에 서", 제 26권 4호, 101~131쪽.

_____, 2012, "기로에 선 가족정책, 어떻게 할 것인가", 제 28권 3호, 63~94쪽.

박기남, 2011, "20-30대 비혼 여성의 고용 불안 현실과 선택", 제 27권 1호, 1~39쪽.

박정미, 2011, "한국전쟁기 성매매정책에 관한 연구: '위안소'와 '위안부'를 중심으로", 제 27권 2호, 35~72쪽.

양현아, 2010, "낙태에 관한 다초점 정책의 요청: 생명권 대(對) 자기결정권의 대립을 넘어", 제 26권 4호, 63~100쪽.

이주희, 2012, "여성의 평등한 노동권을 위한 고용과 복지의 재구조화: 월스톤크 래프트 딜레마의 극복을 위한 대안", 제 28권 3호, 35~62쪽.

이혜숙, 2012, "지역여성운동의 조직과 세력화의 전망: 경남 여성회를 중심으로", 제 28권 4호, 39~83쪽.

임인숙·김민주, 2012, "한국 다이어트 서바이벌 프로의 비만 낙인 재생산: '빅토리'와 '다이어트워'를 중심으로", 제 28권 4호, 1~38쪽.

정이환·김영미·권현지, 2012, "동아시아 신흥 선진국의 여성고용: 한국과 대만 비교", 제 28권 1호, 147~181쪽.

조 은, 2010, "젠더 불평등 또는 젠더 패러독스: 신자유주의 통치성과 모성의 정치경제학", 제 26권 1호, 69~95쪽.

조희연, 2011, "시민사회, '포스트발전국가론', '동원된 근대화', 여성주의: '포스트발전국가론'에 대한 '정당하지 못한 비판'과 '정당한 비판'", 제 27권 2호, 103~144쪽.

하정옥, 2012, "숫자를 (재)생산하는 몸, 도구화된 여성 건강: 저출산 정책으로서의 〈난임(불임)부부지원사업〉에 대한 고찰", 제 28권 1호, 35~69쪽.

홍찬숙, 2011, "독일 통일 후 구동독 출신 여성의 서독 이주와 서독화의 다양성", 제 27권 4호, 83~110쪽.

홍찬숙·김은하·김혜란·배은경, 2010, "실업급여제도의 성별 영향: 실무자 심층면접을 중심으로", 제 26권 3호, 31~63쪽.

황정미, 2010, "결혼이주 여성의 사회연결망과 행위전략의 다양성: 연결망의 유형화와 질적 분석을 중심으로", 제26권 4호, 1~38쪽.

_____, 2011, "초국적 이주와 여성의 시민권에 관한 새로운 쟁점들", 제27권 4호, 111~143쪽.

# 11

## 국제이주 · 다문화 연구의 동향과 전망 *

이 혜 경

## 1. 들어가는 글

이 글에서는 국제이주와 다문화란 주제와 관련하여 국내 학계 및 〈한
국사회학〉 등에 게재된 연구동향을 살펴보고 이를 바탕으로 '한국 사
회학의 미래'를 조망하고자 한다. 국내 사회학의 역사는 해방 후 또
는 1960년대로 거슬러 올라가지만 국제이주와 다문화란 주제가 대두
된 것은 비교적 최근의 일이다. 즉, 1990년대 이후 국제이주와 관련
된 연구가 시작되었고 2006년 이후에는 가히 '다문화 열풍'이라 불릴
정도로 '다문화'와 관련된 논의와 연구가 급증하였다. 그간 국내에서
의 국제이주와 다문화 관련 논의와 연구의 동향을 살펴보기 위해서는
한국언론재단의 통합기사 검색과 한국교육학술정보원(KERIS)의 학
술연구정보서비스(RISS)를 활용하였다. 그리고 한국사회학회 저널과
대회발표집도 살펴보았다.

---

* 본 연구는 고려대 한국사회연구소 〈한국사회〉(2014) 제15집 1호에 발표되었음.

## 2. 국제이주·다문화에 대한 국내 연구동향

그간 우리 사회에서는 국제이주라 하면 우리 국민이 해외로 나가는 것만 생각하였다. 한국인의 해외이민의 역사는 조선시대 말기인 19세기 또는 그 이상으로 거슬러 올라가나, 일제 강점기를 거치면서 중국, 러시아 및 일본으로의 이주가 확대되었다(김두섭 외, 2002: 154~162). 그러나 현대적 의미의 자발적 국제이주는 1945년 대한민국이 독립한 이후에 시작되었다. 1960년대 독일로 광부와 간호사의 노동이주가 시작되었고, 1970~1980년대에는 중동으로의 대규모 노동이주가 있었다.[1]

1965년 이후 미국, 캐나다, 호주 등의 〈이민법〉 개정과 함께 아시아인의 이민을 받아들이기 시작하면서 이들 국가로의 이민물결도 확대되었다. 그러나 우리 국민의 해외이주는 1980년대까지 절정을 이루다가 1980년대 중반부터는 감소하였다. 대신 1980년대 말부터 외국인 노동자가 국내로 들어오는 새로운 현상을 겪었다. 즉, 한국은 1980년대 말을 기점으로 '노동 송출국'에서 '노동 이민국'으로 '이민 변천'(migration transition)을 겪은 국가이다(Park, 1991; 이혜경, 1994; Lee, 1997). 이러한 현상을 반영하여 국제이주에 대한 국내 연구는 우리 국민의 해외취업에 대한 연구로 시작하여 국내로 유입된 외국인에 대한 연구로 변한다.

---

[1] 내국인의 해외취업과 영주 이주 규모에 대해서는 이혜경(2010b)을 참조할 것.

## 1) 내국인의 해외취업에 관한 연구

내국인의 해외취업과 관련된 연구는 성균관대 경제개발대학원의 석사논문(이문종, 1961)을 시작으로, 이후 정부 관련연구소(예: 한국정경연구소)나 정부기관(예: 한국해외개발공사)과 부처(예: 노동청)에서 먼저 시작되었고 곧 학계에서도 이와 관련된 연구가 시작되었다.

학술지 논문으로는 중앙대 경영대학 논집에 김행용(1966)의 논문이 최초이다. 김행용은 해외취업을 국내 인구정책, 경제정책(실업 및 외화획득 정책), 사회정책(국제협력 및 국위선양 등) 등의 차원에서 살펴보고 한국 해외취업의 효시인 1962년 브라질 등 남미 이민(인력수출)이 실패한 이유를 분석하였다. 1960년대 말 고려대 노동문제연구소에서는 해외취업자의 산업별 직업병(허정, 1968)과 노동행정과 해외취업에 대한 논문이 필사본으로 출간되었다. 그 이후 경제학, 간호학, 경영학, 의과대학 등의 논문이 출판되었다.

1970년대와 1980년대에는 당시 한국외대 등 중동관계 학과나 중동문제연구소 등에서 중동취업과 관련된 연구가 나왔다. 이문종(1961)의 석사논문 이후에는 행정학, 무역학, 정치학 등의 학위논문이 해외취업을 다루었다.

사회학계에서는 1984년 이화여대 이재순(1984)의 석사학위 논문과 1985년 성균관대 정기선의 석사학위 논문이 이 분야 최초에 해당한다. 학술지 게재논문으로는 이혜경(1988)의 미국 내 한인 이민여성에 대한 연구와 이혜경(1990)의 미국 〈이민법〉 개정과 동양계 이민에 대한 연구가 초창기 연구에 해당한다.

한편, 1960년대 말 이후에는 해외한인에 대한 연구도 시작되었는데 1970~80년대에는 주로 해외에 있는 한인(공동체)에 대한 연구가 주를 이루었으나 1980년대 말부터 조선족의 귀환이동과 함께 국내 조선족과 재외교포에 대한 연구가 크게 증가하였다. 재외한인에 대한 연구는 1988년 '재외한인학회'의 창립과 함께 활발해졌고 《재외한인연구의 동향과 과제》라는 저서(윤인진 외, 2011)로 잘 정리되어 있다.

## 2) 외국인의 국내유입에 관한 연구

〈그림 11-1〉은 한국언론진흥재단 홈페이지에서 1990년대 이후 우리 사회의 뉴스 등 언론과 미디어에서 '국제이주' 및 '다문화'란 용어가 어느 정도 나오는가를 검색한 결과이다. '국제이주'란 용어는 해외의 이주 현상, 중동문제와 체첸사태 등 해외뉴스를 소개하면서 1990년대 초반 이미 200여 건 정도였다.

1992년 중국과의 국교재개를 앞두고 이미 1991년 조선족 관련 뉴스가 289건이었고 외국인 노동자 관련 기사는 해외사례를 포함하여 52건이었다. 그러나 '다문화'라는 용어는 1991년 1건, 1992년 9건에 불과하였다.

그러나 2007년 이후 국제이주, 조선족과 외국인 노동자에 대한 기사는 소폭으로 증가하였음에 비해, 다문화 관련 기사는 큰 폭으로 증가한다. 2000년대 초 몇몇 사회단체가 '국제결혼', '혼혈아' 등의 차별적 용어 대신에 '다문화 가족'과 '다문화 가족 2세'로 용어를 변경하자고 제안한 이후, 특히 2006년 정부가 국제결혼 가정을 다문화 가정이라고 부르기 시작하면서 이들에 대한 정책을 쏟아내기 시작하자 각종 언론 매체에서 다문화 관련 기사가 폭증한 것이다.

즉, 2006년 452건이었던 다문화 관련 기사는 2007년 1,868건으로, 2011년 21,699건으로 정점에 달하고 2012년 19,458건으로 약간 주춤한다. 그러므로 〈그림 11-1〉은 1990년대 국제이주에 대한 관심이 증가하다가 2007년 이후 '다문화 열풍'으로 변하였음을 보여준다.

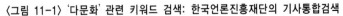

〈그림 11-1〉 '다문화' 관련 키워드 검색: 한국언론진흥재단의 기사통합검색

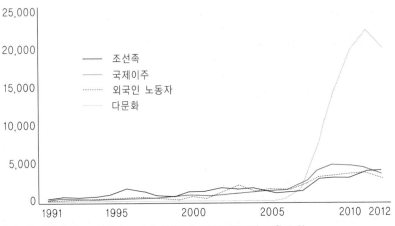

출처: 한국언론재단(www.kinds.or.kr) 홈페이지. 접근일 2013년 10월 21일.

## (1) 외국인근로자에 대한 연구 [2]

우리 사회로의 외국인근로자의 유입은 1980년대 말 조선족(중국 교포)의 유입과 함께 시작되었다. 1987년부터 친척방문 등의 이유로 들어온 중국 교포는 중국과의 관계개선이라는 정치적 변화로 한국을 방문하다가 국내 건설업계의 극심한 인력난으로 취업기회를 얻었다.

한편, 1980년대 중반 이후 중동 노동시장의 변화와 동남아시아인 노동자들의 '일본러시'로 1990년대 초부터 필리핀인과 방글라데시인 등 동남아시아인의 유입도 시작되었다(이혜경, 1994: 98~99; 이혜경, 1997: 509~510). 1993년 말 정부가 '산업기술연수생제도'를 선택하여 14~15개 아시아 국가로부터 외국인연수생이 공식적으로 유입되기 시작하면서 국내 외국인 노동자의 국적은 더욱 다양해졌다. 2000년대 이후 외국인 노동자에 대한 정책은 2004년 고용허가제의 도입과 2007년 방문취업제의 도입으로 큰 변화를 겪었다.

---

2 아래 부분은 이혜경(2010b)에서 일부 발췌하였다.

국내 외국인 노동자에 대한 연구는 1990년대 초부터 시작되었다. 행정대학원 논문(김시평, 1990)을 효시로, 한국노동연구원 및 몇 편의 초기연구가 나왔다(한국노동연구원, 1991; Park, 1991; 박호환, 1992; 서울여성노동자회 외, 1992; 설동훈, 1992; 박래영, 1993; 송병준, 1993; 한국천주교주교회의 정의평화위원회 편집부, 1993). 이들 초기 연구는 외국인 노동자 유입논란에 대한 것이 대부분이었다. 그 후 언론을 통해 외국인 노동자의 열악한 노동조건 등이 소개되면서 중국 교포, 필리핀인, 방글라데시인 노동자에 대한 실태조사가 이루어지기 시작했다(박래영, 1993; 한국천주교주교회의 정의평화위원회 편집부, 1993; 이욱정, 1994; 이혜경, 1994).

한편 1994~2003년 사이에 학계의 주요한 변화 중 하나는 1996년 KMRN(Korea Migration Research Network)의 태동이다. 이는 당시 호주 울릉공대에 재직하던 카슬 교수에 의해 주도된 APMRN(Asia Pacific Migration Research Network)의 태동과 직접 관련 있다. APMRN은 1995년 UNESCO-MOST의 지원을 받아, 당시 호주 울릉공대에 재직하던 스티븐 카슬(S. Castles) 교수와 아이데일(R. Iredale) 교수에 의해 조직되어 환태평양 여러 국가에 국가별 조직을 유도하였다. 1995년부터 2003년 사이 APMRN의 활동에 참여한 국가는 17개 국가이다(이혜경, 2010b).[3]

그 일환으로 카슬 교수는 1996년 한국사회학회와 접촉을 시도하여 당시 성균관대에 재직하던 석현호 교수가 KMRN의 한국지부를 구성하였다. KMRN은 1997년부터 UNESCO-MOST의 지원을 받아 "국내외 한국기업에 취업한 외국인 근로자의 노사관계와 사회적 적응에 대

---

3 APMRN 참여국은 ① 동아시아[한국, 일본, 중국, 대만(비공식멤버), 몽골], ② 동남아시아(베트남, 캄보디아, 인도네시아, 말레이시아, 싱가포르, 태국), ③ 남아시아(방글라데시, 인도, 스리랑카), ④ 태평양 연안국[호주, 뉴질랜드, 피지(태평양제도 대표함)]이다.

한 비교연구"를 수행하였다. 그 결과는 《한국사회와 외국인 노동자: 그 종합적 이해를 위하여》(1998)와 《외국인 노동자의 일터와 삶》 (2003) 등 저서와 여러 편의 논문으로 출판되었다(이혜경, 2010b).[4]

한편 1990년대 중반 이후 외국인 노동자, 소수자, 해외교포 등 이민 관련 연구가 본격적으로 시작되었다. 이러한 여러 연구 가운데 '고용허가제'로의 제도변화에 가장 직접적 영향을 미친 사회학자는 설동훈 교수이다. 설동훈은 박사과정 학생이었던 1992년 이후 이 분야에서 꾸준히 발로 뛰었으며 1990년대 말부터 2000년 사이 노동부와 당시 여당이었던 새천년민주당의 '고용허가제 안'의 기본골격 작성에 크게 기여하였다(임현진·설동훈, 2000).

2003년 참여정부가 시작되자 당시 출입국관리국에서 이민업무를 담당하던 공무원이 2004년 전기 한국사회학대회를 방문하여, 당시 한국사회학회 차원에서 처음으로 구성된 '국제이주 및 소수자 분과'에 참석하였다.

그 이후 2004년 7월 법무부 산하에 '이민행정연구위원회'가 조직되고, 당시 서울대 부총장이었던 송병락 교수가 위원장으로 경제학, 사회학(이혜경, 박경태, 윤인진, 설동훈) 등 학계와 기업계, 변호사 그리고 시민단체('샬롬의 집'의 이정호 신부)가 위원으로 참석하였다. 이 위원회는 여러 차례 워크숍과 세미나 등을 개최하였고 2005년 5월에 열렸던 세미나에서는 한국사회도 '다문화사회'에 적응해야 한다는 주장과 함께, 발표자의 한 사람이었던 설동훈(2005)은 더 나아가 "한국(은) 벌써 이민국가로 들어섰다"라는 주장을 하였다.

2006년 5월에는 국무총리실 산하에 '외국인정책위원회'가 신설되었고, 2006년 5월 26일 제1회 외국인정책회의에서 '외국인 정책 기

---

4 석현호 외(2003, 2007), 이정환 외(2004), 이혜경 외(2002) 등.

본방향 및 추진체계'를 발표했다. 법무부는 2006년 12월 〈재한 외국인 처우 기본법〉을 국회에 제출하여 2007년 4월 국회를 통과하여 7월부터 시행되었다(이혜경, 2010b).

2000년대에 들어와 눈에 띄는 변화는 시민단체 대표와 학자가 정부 주요 위원회의 자문위원으로 참여하였다는 점이다. 이러한 변화는 2004년 참여정부 이후에 더욱 활발해져서 2004년부터 2007년 사이의 많은 중요한 변화는 '관-민-학' 합작품이라고 부르기도 한다(김혜순 외, 2007: 23; 이혜경, 2007; 윤인진, 2007). 그러나 2008년 이후에는 대통령 직속 각종 위원회는 물론 중앙부처 각종 위원회에서 외국인 노동자를 지원하는 시민단체의 대표가 소외되기 시작하였다.

이러한 정치·사회환경의 변화와 함께 사회학, 인류학, 행정학, 법학, 지역학, 언론학, 여성학 등 여러 학문영역에서 외국인 노동자, 화교, 조선족, 유학생, 북한이탈주민, 결혼이민자 등 개별 이민자 집단에 대한 연구가 활발해졌다.5 한편 2006년 이후 우리 사회에 다문화 열풍이 불면서, 국제이주에 대한 연구 역시 결혼이민자를 포함한 이들 다문화가정에 대한 연구가 주류를 이루었다.

(2) 결혼이민(자) 연구에서 다문화 연구로

국내에서 '다문화' 관련연구의 시작은 김종석(1984)의 "미국 다문화교육"에 관한 연구가 효시로, 이를 포함하여 1980년대에는 2편의 논문

---

5 이주노동자(김순양 외, 2008; 설동훈, 2008, 2009; 이규용 외, 2007; 한건수, 2003, 2005, 2008; 김종열 외, 2013), 결혼이민자(김두섭 외, 2007; 김민정 외 2006; 김현미, 2006, 2008a, 2008b; 김혜순 외, 2006, 2007; 윤형숙, 2005; 이혜경, 2005; 한건수, 2006; 이정희, 2012), 북한이탈주민(정병호 외, 2006; 윤인진, 2009; 김성경, 2013), 유학생(교육과학기술부 외, 2008) 개별 종족적 소수자 집단에 대한 연구가 축적된다.

이 발표되었다.[6] 1990년대에는 국내학술지 논문이 35건이었는데, 이러한 초기의 연구들은 대부분이 교육학 차원에서 다문화교육을 소개하는 내용이었다. 그 밖에는 인문학(정상준, 1995), 경영학(백용창, 1995)의 관점에서 다문화주의를 소개하는 논문이 있다. 사회과학계에서는 정치학(김비환, 1996; 임성호 2000), 인류학(한승미 2003; 문옥표, 2003), 역사학 등에서 관련연구가 나오기 시작했다.

한편 외국인 노동자의 증가와 함께 우리 사회도 '다문화사회'에 대비해야 한다는 주장이 1990년대 말 인류학, 사회학 등에서 제기되었다(유명기, 1997; 함한희, 1997). 2000년대에 들어오면, 2003년 당시 한국민족연구원의 이재정 박사는 고용허가제 논의를 중심으로 외국인정책의 일환으로서 다문화주의를 모색하였다. 한편, 당시 고려대 한국사회연구소 선임연구원이었던 천선영(2003)은 한국사회학대회에서 "'다문화사회' 담론의 역설"을 발표하였다.

한편, 1990년대 말 이후 시민단체와 학계에 의해 제기되었던 국제결혼 가정의 문제는 2000년대 초 농촌지역 국회의원의 주목을 받았다. 2004년 몇몇 국회의원이 보건복지부에 국제결혼 가정의 실태파악을 의뢰하였다. 그 결과 보건복지부의 용역사업으로 2004년 12월부터 2005년 6월 사이 이들에 대한 첫 번째 전국적 실태조사가 수행되었다(설동훈 외, 2005).

한편, 2005년 4월 당시 노무현 대통령의 지시로 '빈부격차·차별시정위원회'에서는 외국인의 사회통합 정책을 준비하기 시작했다. 이위원회는 복지부 실태조사 결과를 바탕으로, 2006년 4월 26일 '여성결혼이민자 가족의 사회통합 지원대책' 등을 발표하였다.

---

6 한국사회의 '다문화'(multiculture)란 용어 범람의 배경에 대해서는 이혜경(2007, 2009)을 참조하시오.

2006년 이후 보건복지부, 여성가족부 등에서 '다문화 가족'과 관련된 여러 가지 지원정책이 마련되기 시작하면서, 특히 이들 부처에 의한 '다문화 가족센터'가 증가하기 시작하였다. 중앙정부의 관심이 '다문화 가족'으로 옮겨지면서 '외국인정책위원회'의 활동은 미약해지고 대신 2009년 12월에 국무총리실 산하에 '다문화 가족정책위원회'가 신설되었다.

한편, 2000년대에 들어와 학계의 중요한 변화는 다문화 및 이민관련 학회의 태동·확대된다는 점이다. 우선 KMRN의 멤버(주로 사회학)들은 경제학, 법학, 인류학, 정치학 등 여러 학문분야의 학자와 함께 2007년 범학문적인 '한국이민학회'를 설립하였다. 2008년 이후에는 '한국다문화학회', '한국다문화교육학회', '이민인종학회' 등 여러 학회가 생겨나고, 한국사회학회, 한국인구학회는 물론 한국가족학회, 한국여성학회, 한국행정학회, 사회복지학 등 여러 분야의 기존학회에서도 이민 및 다문화 관련 연구와 활동이 활발해졌다(이혜경, 2010b).

한국교육학술정보원에서 제공하는 한국연구정보서비스(www.riss.kr)에서 주제어가 '이주' 또는 '이민'인 연구를 검색한 결과는 〈그림 11-2〉에 그리고 '다문화'가 제목과 주제어에 동시에 들어간 연구를 검색한 결과는 〈그림 11-3〉에 제시하였다. 〈그림 11-2〉와 〈그림 11-3〉을 비교하면 이주 또는 이민을 다루는 연구는 다문화를 다루는 연구에 비해 그 수가 적고, 2006년 이후에는 결혼이주와 관련된 연구가 많아져서 다문화와 국제이주 연구의 경계가 모호한 실정이다.

한편 다문화와 관련된 연구는 2006년 이후 가히 폭발적으로 증가하여 2011년 피크에 도달하고 2012년 약간 감소하였다. 다문화를 다룬 연구는 교육과 관련된 연구가 압도적으로 많아서 2009년까지는 학위논문의 86%와 학술지의 65%정도가 교육관련 연구였다(이혜경, 2010a).

이와 같이 '교육'영역에서 '다문화'와 관련된 연구가 많은 이유는 비교적 일찍부터, 즉 1990년대 중반 이후 교육영역에서 '세계화' 및 '국제이해교육' 관련연구가 '다문화'란 이름으로 시작되었기 때문이다. 이는 1990년대 이후 전 세계적으로 '세계화'가 주요 이슈가 되면

〈그림 11-2〉 주제어가 '이주' 또는 '이민'인 연구들

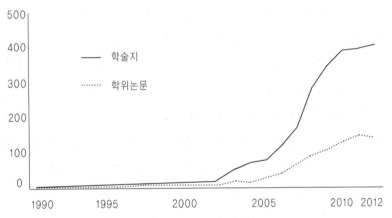

출처: 한국연구정보서비스(RISS, www.riss.kr) 홈페이지. 접근일 2013년 10월 16일.

〈그림 11-3〉 주제어와 제목에 '다문화'가 들어간 연구

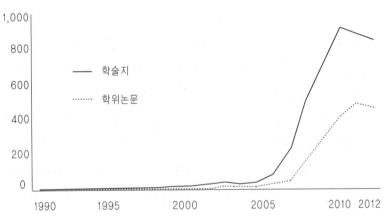

출처: 한국연구정보서비스(RISS, www.riss.kr) 홈페이지. 접근일 2013년 10월 16일.

〈표 11-1〉 2012년 이주 이민연구(국내 학술지)의 연구대상

(단위: %)

| 연구대상 | 비율 |
|---|---|
| 결혼/이민여성 | 40 |
| 외국인 노동자 | 17 |
| 다문화(담론) | 12 |
| 재외한인 | 7 |
| 이주민 | 6 |
| 내국인 | 5 |
| 국가/정책 | 5 |
| 다문화자녀 | 3 |
| 화교 | 2 |
| 조선족 | 2 |
| 탈북인 | 1 |
| 총 | 100 |

출처: 한국연구정보서비스(RISS, www.riss.kr) 홈페이지. 접근일 2013년 10월 21일.

서, 그리고 국내에서도 특히 1997년 김영삼 정부가 '세계화'를 화두로 삼으면서 이에 대한 연구가 활발해졌기 때문이다. 즉, 다른 나라를 이해하자는 '외향적 국제화' 관련연구로 시작되어 최근에는 우리 사회 '다문화' 열풍과 함께 '내향적 다문화' 연구로 이어지는 것이다.

이상과 같이 국내에서도 이민(또는 종족) 연구에서, 그리고 교육 영역에서 각각 '다문화' 관련연구가 진행되다가 최근 인문학 및 사회과학 내 다양한 학문영역에서 이에 대한 연구가 활발해진다.[7]

〈표 11-1〉는 2012년 1년 동안 이주 또는 이민을 주제어로 한 국내 학술지 논문을 그 연구대상으로 나누어본 것이다. 이주 또는 이민을 주제어로 하는 연구도 절반 이상(55%)이 다문화와 관련된 연구(다문

---

7 행정학, 가정학, 문학 등 여러 인문·사회과학 분야에서 '다문화'에 대한 연구가 증가한다(김이선 외, 2007; 김영옥, 2007; 김혜순 외, 2006, 2007; 김희정, 2007; 문경희, 2006; 엄한진, 2006, 2007; 오경석 외, 2007; 이선주 외, 2008, 2009; 정유훈, 2009; 한건수, 2006; 최종렬·최인영, 2013).

<표 11-2> 2012년 다문화 연구(국내 학술지)의 연구대상

(단위: %)

| 연구대상 | 비율 |
| --- | --- |
| 다문화 | 21 |
| 다문화가정 | 20 |
| 다문화 아동 청소년 | 20 |
| 내국인교사 | 20 |
| 국가/정책 | 8 |
| 내국인 | 5 |
| 외국인 | 4 |
| 화교 | 1 |
| 디아스포라 | 1 |
| 탈북인 | – |
| 총 | 100 |

출처: 한국연구정보서비스(RISS, www.riss.kr) 홈페이지. 접근일 2013년 10월 21일.

화담론, 다문화가정 및 자녀 등)이다. 외국인 노동자나 이주민을 다룬 연구는 23%, 재외한인(7%), 조선족(2%), 화교(2%)나 탈북자(1%) 등 그 외 종족적 소수자를 다룬 연구는 12%에 불과하다. 2012년 국내학술지 논문의 24%는 해외이주 현상을 다룬다.

〈표 11-2〉는 2012년 1년 동안 다문화를 주제어와 제목에서 다룬 국내학술지 논문을 그 연구대상으로 나누어본 것이다. 다문화주의, 다문화 담론, 다문화 교육프로그램 등을 다룬 연구가 21%, 다문화가정 (20%), 다문화 아동과 청소년(20%), 다문화와 관련된 교사를 다루는 연구가 20%, 내국인의 다문화 의식 등을 다루는 연구가 5% 정도였다. 한편 국제이주에 관한 국내 석·박사 학위논문은 2012년 408건인데, 이 가운데 사회학 전공의 학위논문은 7건이다. 그리고 다문화에 관한 국내 학위논문은 2012년 460건인데, 이 중 사회학 전공의 학위논문은 3건에 불과한 실정이다. 그러므로 국제이주와 다문화 관련 연구가 폭증하면서 사회학의 상대적 기여는 축소되었음을 알 수 있다.

## 3. 국제이주·다문화에 관한 한국사회학회 관련 연구 현황

국제이주와 관련된 연구가 〈한국사회학〉에 게재된 것은 1994년 이혜경의 논문이 처음이다. 그 이후 〈한국사회학〉에는 국제이주 및 다문화 관련논문이 매년 1~3편 정도씩 실린다.

한국사회학회에서 국제이주와 다문화란 주제가 활발하게 발표되는 시점은 2006~2009년 사이로 9~10편 정도가 발표되었다. 그러나 2010년 이후 이 주제의 발표나 출판은 약간 주춤하는 실정이다 (〈그림 11-4〉).

연구대상별로 나누어 살펴보면 1990년대에는 외국인 노동자나 조선족에 대한 연구였다가 2000년대에는 북한이탈주민, 결혼이민자 그리고 최근에는 내국인에 대한 연구가 나온다(〈그림 11-5〉).

주제별로 살펴보면, 외국인 근로자나 이주민에 대한 연구는 일정한 편이나 2002년 이후 국제이주 현상 및 정책에 대한 연구가 시작되며, 2006년 이후 다문화 관련연구가 증가했음을 알 수 있다(〈그림 11-6〉). 2006년과 2007년 한국사회학회가 당시 동북아위원회의 용역(김혜순 외, 2006; 김혜순 외, 2007)으로 '다문화' 관련연구를 한 것은 학회 내 다문화 연구를 확산시키는 계기가 되었다.

한편, 한국사회학대회에서 국제이주와 관련된 분과가 만들어진 것은 2004년부터이다. 즉, 2004년 전기학회에서 '국제이주/소수자' 분과가 처음으로 만들어졌고, 2006년 전기학회에서는 '국제이주' 분과로 되었다. 2007년 전기학회에서는 '한국적 다문화주의 이론화'라는 통합세션을 열었다. 2008년 '국제이주/소수자/다문화'분과, 2009년 '이민/다문화' 분과였다가, 2010년 이후 현재까지 '이민/다문화/소수자' 분과로 운영된다.

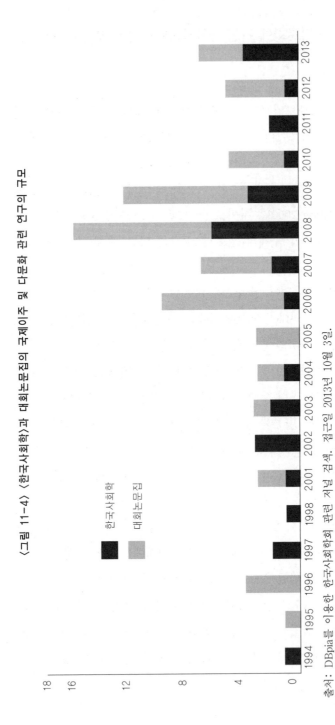

〈그림 11-4〉 〈한국사회학〉과 대회논문집의 국제이주 및 다문화 관련 연구의 규모

출처: DBpia를 이용한 한국사회학회 관련 저널 검색. 접근일 2013년 10월 3일.

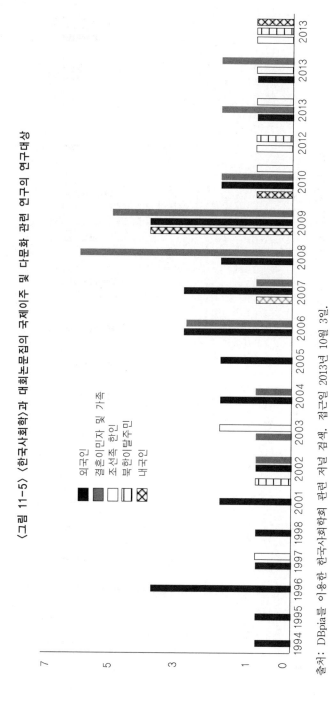

〈그림 11-5〉〈한국사회학〉과 대회논문집의 국제이주 및 다문화 관련 연구의 연구대상

범례:
■ 외국인
▨ 결혼이민자 및 가족
□ 조선족 한인
⊞ 북한이탈주민
⊠ 내국인

출처: DBpia를 이용한 한국사회학회 관련 저널 검색. 접근일 2013년 10월 3일.

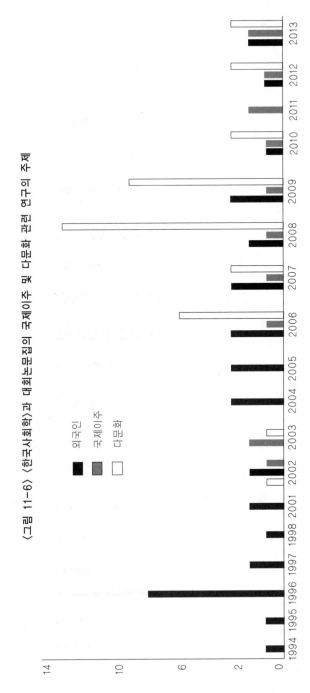

〈그림 11-6〉〈한국사회학〉과 대회논문집의 국제이주 및 다문화 관련 연구의 주제

출처: DBpia를 이용한 한국사회학회 관련 저널 저널 검색. 접근일 2013년 10월 3일.

## 4. 미래 전망: 사회학의 위기 극복 노력을 위해

### 1) 다양한 종족소수자 연구의 확대와 연계

그간 국내 학계에서 국제이주와 다문화 관련연구가 크게 증가하였다는 사실은 고무적이다. 그러나 2012년 기준 141만 명의 이주민 가운데 결혼이주자가 차지하는 비중은 16%에 불과하나, 2012년 국제이주 연구의 55%와 다문화연구의 60% 이상이 다문화, 다문화가정 및 그 자녀의 연구에 집중됨은 지나치다. 이는 결혼이민자 가족을 다문화가정이라고 지칭하면서 마치 다문화에 대한 연구가 이들에 대한 연구인 양, 다문화라는 이름의 연구가 폭증하였기 때문이다. 그러므로 이러한 연구대상의 쏠림에서 벗어나 외국인 노동자, 미등록 노동자, 조선족, 화교, 탈북자 등 국내 다양한 종족적 소수자에 대한 다양한 주제의 연구가 필요하다. 나아가 개별 이주민집단을 넘어서 국내 종족적 소수자 전체를 아우를 수 있는 총체적 시각의 연구도 필요하다.

### 2) 노동이주와 결혼이주의 연계, 그리고 국제이주와 다문화의 연계

국제이주와 다문화 간의 긴밀한 연계에도 불구하고 그간 국내에서는 국제이주와 다문화와 마치 별개의 현상인 양 각각 논의되었다. 결혼이주는 노동이주와 따로 생각할 수 없다. 그 이유는 아시아에서의 결혼이주는 노동이주의 여성버전이기 때문이다. 즉, 탈냉전으로 인한 중국과 베트남 등 구사회주의 국가의 개방, 이들 지역을 포함한 동남아시아 지역에서 여성의 이주바람은 더욱 커졌는데 권역 내 이

주통로는 매우 좁다는 현실이 결혼이주를 부추긴 것이다.

　나아가 최근 다문화주의의 실패와 성공으로 비교되는 '유럽 대 캐나다와 호주'의 사례는 국제이주와 다문화의 연계를 잘 보여준다. 최근 독일, 영국, 프랑스 등 유럽의 주요 정상이 "다문화주의(정책) 실패"를 선언하였다. 이는 9·11 사태 이후 아랍과 이슬람이 미국과 유럽 등에서 국가안보의 위협으로 인식되면서 다문화주의가 약화되는 현상으로 이해되기도 한다.

　한편 캐나다와 호주는 다문화주의적 사회통합의 성공모델로 간주되었다. 그러나 이러한 다문화주의 정책의 실패와 성공은 사회통합정책 자체의 문제가 아니라 선별적 이민정책 때문이라는 분석이 있다(Hartwich, 2011). 이에 의하면 캐나다와 호주는 그간 영어점수와 기술수준 등 '점수제'로 이민자를 선별하였다. 즉, 사회통합이 용이한 이민자만 받아들였기에 가능했다는 것이다. 그러나 독일과 영국 등 유럽의 국가들은 '초청노동자' 정책으로, 이민자를 선별하지 않았기 때문에 결국 복지국가에 큰 부담이 되었다는 것이다. 즉, 사회통합정책의 성패는 이민정책에 달려있다는 것이다. 그러므로 향후 다문화와 국제이주 연구는 더욱 긴밀히 연계될 필요가 있다.

### 3) 국제이주와 민족 연구의 연계

한국 국제이주의 특수성은 두 가지로 요약된다. 하나는 한국 이민정책 패러다임 변화에 결혼이주가 미친 영향이 지대하다는 점이고, 다른 하나는 이주의 두 물결(노동이주와 결혼이주)에 조선족의 역할이 지대하였다는 점이다. 단일민족 신화가 강했던 한국에서 낯선 국제이주 물결을 비교적 쉽게 받아들일 수 있었던 계기는 조선족으로 대표되는 해외한인의 귀환이동 때문이다. 즉, 조선족의 귀환이동은 노

동이주와 결혼이주의 초기흐름을 직접 담당하면서 외국인과의 생활
경험이 거의 없던 한국인이 외국인 노동자와 결혼이주자에 낯설음을
덜 수 있는 교량역할을 수행한 것이다.

최근 다문화에 대한 논의가 폭증하면서 조선족 등 디아스포라의
역할과 의미 등은 축소되는데 한국에서는 국제이주 연구와 민족 연
구가 긴밀하게 연계될 필요가 있다. 더욱이 그간 외국인 이민자 가
운데 가장 큰 집단이 조선족이었음을 생각할 때, 현재 각각 진행되
는 이주연구와 민족연구는 연계될 필요가 있다. 특히 조선족 등 귀
환동포와의 경험은 추후 갑작스럽게 닥칠 통일 이후의 우리 사회의
갈등과 사회통합에 대한 중요한 단서를 제공할 것이다.

## 4) 다문화주의를 넘어서: 한국적 브랜드 모색하기

그간 우리사회에서는 동화주의는 나쁘고 다문화주의는 옳다는 식의
'흑백논리'가 만연하였다. 그러나 동화주의와 다문화주의 모델 간의
구분은 극단적 이분법이 아니라 한 스펙트럼상의 정도 차이로 볼 수
있다(이혜경 외, 2009). 즉, 마르티니엘로(2002)가 지적했듯이 동화
주의와 다문화주의는 이념형적 구별일 뿐 현실적으로는 그 차이가
그리 뚜렷하지 않다.

한편 최근에는 '다문화정책 반대카페'(cafe. daum. net/dacultureNO)
등에서 그간 정부의 다문화 정책을 '한민족 말살 프로젝트'라 하며 다
문화정책에 반대하는 움직임도 활발하다. 이렇듯 국내에서는 다문화
주의에 대한 찬반논쟁이 아직도 뜨겁다.

그러나 서구에서는 최근 다문화주의를 넘어서 '상호문화주의'에 대
한 논의가 활발하다. 즉, 유럽평의회(Council of Europe, 2009)는 그
간의 다문화주의가 의도하지는 않았으나 종족적 소수자 집단의 격리

를 통해 진정한 사회통합에 이르지 못하게 하였다는 점을 비판하고 그 대안으로 상호문화주의를 제안한다. 상호문화주의란 문화적 다양성과 다원주의를 강조한다는 점에서는 다문화주의와 유사하나, 세속주의(secularity)와 통합 그리고 호혜성(reciprocity)을 강조한다는 점에서 다문화주의와 구별된다. 상호문화주의는 유입국 사회의 특정 공용어를 강조하고, 신규 이주민이 자발적·적극적으로 유입국 문화에 통합되는 것을 요구한다. 구체적으로는 문화 간 상호작용(interaction)과 공동체 간(intercommunity) 공동작업이나 활동을 장려한다.

한편 다문화주의건 상호문화주의건 이는 국제이주와 다문화를 둘러싼 국가 간 브랜드 싸움으로 이해할 수도 있다. 즉, 캐나다와 호주는 이민자가 선호하는 미국보다 자국의 개방성을 부각하여 유능한 이민자를 유인하기 위해 '다문화주의'를 자신의 고유 브랜드인 양 사용하고, 유럽연합은 캐나다의 국가적 브랜드와 구별 짓기 위해 유럽연합의 브랜드로 상호문화주의를 강조하는 것이다(김남국 외, 2012: 4).

어떠한 이름을 선호하건 시민적 통합(civic integration)과 인권존중과 반차별 강화(anti discrimination)는 현재 모든 이민국가에서 중요한 과제이다. 이에 한국의 학계는 '다문화주의' 또는 '상호문화주의'(interculturalism)를 넘어서는 새로운 유형의 한국적 다원주의 모색이 절실하다.

## 5) 초국가적 가족, 초국가성, 초국민성 등 초국가주의 연구로

최근 국제이주와 관련하여 초국가주의 논의가 중요해진다. 초국가주의란 '이민자가 고향과 정착지 사회에 모두 연결되는 다중적(multi-stranded)인 관계를 만들고 유지하는 과정'이다(Basch et al., 1994: 6; Kearney, 1995: 548). 그러므로 오늘날 장소(공간)라는 개념은 구획되어진 어떤 특정한 고정적 공간이 아니라, 경계를 구분하기 어려운 유동적인 '사회공간적 관계'(McDowell, 1999: 97)이거나 '초국가적 사회장'(transnational social fields)이 되었다(Basch et al., 1994). 그리고 그 안에서 개인의 '정체성'(identity)은 '혼종성'(hybridity)과 '이산 및 초지역성'(diaspora, translocal)을 특징으로 한다(이혜경 외, 2006).

한국은 1990년대 이후 신자유주의의 확대와 전 지구화의 확산 등으로 기러기 아빠로 대표되는 이산가족 현상은 물론 국내 다문화 가족을 양산하였고, 이는 은퇴이민도 확산시킨다. 한편 조선족 등 740만 명에 달하는 재외한인의 존재는 복수국적 용인과 재외교포의 투표권 등을 통해 탈영토화와 재영토화 이슈도 제기한다. 나아가 국내외 재외한인의 존재는 '누가 한(국)인이냐?'는 근본적인 질문을 제기하여 향후 한인의 경계확장 증 초국민성 논의에 기여할 것이다.

## 6) 사회학의 위기

최근 한국의 대학은 '실용학문'을 강조하는 분위기에 휩쓸려, 사회학은 큰 위기를 맞이하고 있다. 4년제 대학의 수는 1990년 107개에서 2012년 189개로 크게 증가하였음에 비해,[8] 사회학과가 있는 대학의 수는 1980년대 말 34개에서 2012년 현재 38개로 고작 4개가 늘었을 뿐이다.[9]

---

8 4년제 대학의 수는 2012년을 기준으로 교육대학(10개)과 산업대학(2개)을 포함할 경우에는 201개가 되고 이들을 제외한 수는 189개이다. 이 밖에 2012년 기준 전문대학이 142개 있고 전문대학의 수는 2000년 158개를 최고점으로 2000년 이후 약간 감소한다.

9 2012년 사회학과의 수는 38개이다(한국사회학회 홈페이지, 각 대학 사회학과 홈페이지 소개 참조).

사회학의 위기에 대한 경고는 한국사회학회 차원에서 여러 차례 제기되었다. 예를 들면, 1990년대 중반 학부제의 시행으로 사회학의 위기가 가시화되자 지방대학의 교수들이 학회차원의 자구책 마련을 요구한 적이 있다. 이러한 위기를 타개하려는 여러 대책 중의 하나로 당시 '사회조사분석사' 자격증의 신설이 모색되었다. 그러나 이러한 노력은 당시 통계학 관련학과의 발 빠른 대응으로 현재 이 자격증은 사회학보다는 통계학 관련 자격증이 된 듯한 인상이다.

2000년대에 들어와서는 2006년 전기 한국사회학대회에서 사회학의 위기를 공식세션에서 다루기도 하였다. 즉, '사회학 커리큘럼과 취업지원'이란 특별분과를 열어 당시 사회학의 위기와 교육과정 개선 등이 논의되었다. 이 분과에서 김혜순 교수는 사회학과 졸업생 취업대책의 하나로 '다문화사회매개사'(가칭) 자격증 신설을 제안하였다. 현재 국제이주 및 다문화관련 자격증은 법무부의 '다문화사회전문가'와 여가부의 '다문화이해교육 전문강사' 등이 있고, 이는 문화인류학, 사회학, 교육학, 법학, 가정(족)학, 여성학, 사회복지학 등 관련분야 학위 이상 소지자로써 다문화에 관한 강의 및 연구 경력자를 요구한다. 그러나 최근 다문화연구의 양적 확대 속에서 이러한 다문화관련 자격증 역시 가정(족)학과 아동학 등 관련학과 졸업생의 취업대책으로 변모한 느낌이다.

사회학의 위기를 극복하려는 노력의 하나로 국제이주와 다문화관련 연구에서 사회학이 기여할 수 있는 부문을 더욱 발굴할 필요가 있다. 첫째, 국제이주와 다문화를 바라보는 시각을 사회학적 관점으로 전환할 필요가 있다.

둘째, 최근 전 지구화의 확대와 확산으로 국제이주는 사회변동에 더욱 큰 영향을 미치므로 사회동학을 중요하게 다루었던 사회학이 국제이주 현상을 유발하는, 그리고 국제이주가 미치는 사회변화에 좀더 관심을 보여야 할 것이다.

셋째, 다문화현상 역시 현재 한국에서는 국제결혼과 결혼이민의 차원에서 이와 관련된 개인과 그 가족의 문제로 다루어지나, 보다 시야를 넓혀 보편적 차원에서 문화다양성과 문화적 다원주의의 차원에서 새롭게 조명될 필요가 있다. 이때, 다원주의는 사회학의 주요한 주제였던 만큼 사회학은 향후 문화다양성과 문화적 다원주의와 관련된 여러 주제에 주도적으로 적극 관여할 필요가 있다.

넷째, 더욱 다원화되는 사회 속에서 사회통합 과제는 더욱 중요해질 수밖에 없다. 이에 한국사회에 적합한 사회통합의 원칙과 방법에 대해 사회학적 고민이 절실하다. 즉, 향후 한국사회에 적합한 사회통합 방법과 한국적 이론화가 더욱 활발해져야 할 것이다. 갈등과 사회통합은 사회학의 주요한 주제였으므로 다문화주의 논란을 넘어서, 한국사회가 지향할 연대와 통합의 원칙 모색에 사회학의 기여를 기대해 본다.

## 참고문헌

교육과학기술부·법무부·행정안전부·지식경제부·노동부·국가경쟁력강화위원회, 2008, 《글로벌 고급인력 유치방안》, 국가경쟁력강화위원회.

김남국·김경근·김범수·김혜순·문경희·이진영·이철우·이혜경·한승미, 2012, 〈한국의 다문화사회통합 정책: 종합평가와 대안〉, 대통령소속 사회통합위원회 용역보고서.

김두섭·박상태·은기수 편, 2002, 《한국의 인구 1》, 통계청.

김두섭·이명진, 2007, "국제결혼 부부의 사회인구학적 상이성과 결혼 안정성", 〈한국인구학〉, 30권 3호, 33~56쪽.

김민정·유명기·이혜경·정기선, 2006, "국제결혼이주여성의 딜레마와 선택:

베트남과 필리핀 아내의 사례를 중심으로", 〈한국문화인류학〉, 39권 1호, 3~28쪽.

김비환, 1996, "포스트모던 시대에 있어 합리성, 다문화주의 그리고 정치", 〈사회과학〉, 35권 1호, 205~236쪽.

김성경, 2013, "북한이탈주민의 월경과 북·중 경계지역", 〈한국사회학〉, 47권 1호, 221~253쪽.

김순양·이지영·남경선, 2008, "저숙련 외국인 노동자의 사회적 배제와 정책적 대응", 〈아태연구〉, 15권 2호, 1~30쪽.

김시평, 1990, "외국인 노동자 유입에 따른 대책소고", 연세대 행정대학원 고위정책과정 논문.

김영옥, 2007, "새로운 '시민들'의 등장과 다문화주의 논의", 〈아시아 여성 연구〉, 46권 2호, 129~157쪽.

김이선·황정미·이진영, 2007, 《다민족·다문화사회로의 이행을 위한 정책 패러다임 구축 (I): 한국사회의 수용 현실과 정책과제》, 한국여성정책연구원.

김종석, 1984, "미국 다문화교육(Multicultural Education)의 이론적 고찰", 〈미국학논문집〉, 5권, 35~60쪽.

김종열·김창호·하정훈, 2013, "외국인 노동자 관련 범죄의 실태분석 및 대응방안에 관한 연구", 〈한국사회안전학회지〉, 9권 1호, 113~135쪽.

김행용, 1966, "한국의 경제적 사회적 입장에서 본 이민(인력수출)의 필요성 및 그 문제점", 〈경영논집〉, 23권, 39~47쪽.

김현미, 2006, "국제결혼의 전 지구적 젠더 정치학: 한국 남성과 베트남 여성의 사례를 중심으로", 〈경제와 사회〉, 제70호, 10~37쪽.

_____, 2008a, "이주자와 다문화주의", 〈현대사회와 문화〉, 26권, 57~78쪽.

_____, 2008b, "결혼이주여성의 사회통합: 가부장제와 다문화주의 사이에서", 한국이민학회 2008년 정기학술대회 〈다문화사회의 사회통합정책〉 자료집.

김혜순 외, 2006, 〈동북아 "다문화" 시대 한국사회의 변화와 통합〉, 한국사회학회 동북아시대위원회 용역보고서.

_____, 2007, 〈한국적 "다문화주의"의 이론화〉, 한국사회학회 동북아시대위원회 용역보고서.

김희정, 2007, "한국의 관주도형 다문화주의: 다문화주의 이론과 한국적 적용" 오경석 외, 2007, 《한국에서의 다문화주의 현실과 쟁점》, 한울아카데미.

문경희, 2006, "국제결혼이주여성을 계기로 살펴보는 다문화주의와 한국의 다문화현상", 〈21세기, 정치학회보〉, 16권 3호, 67∼92쪽.

문옥표, 2003, "동아시아의 동화와 공생: 재일 한인의 가족생활을 중심으로", 〈일본학보〉, 56권 2호, 271∼285쪽.

박래영, 1993, "외국인 노동자의 유입에 관한 조사연구", 〈노동경제논집〉, 16권, 1∼28쪽.

박호환, 1992, "외국노동자 고용의 경제적 효과: 국내 고용과 임금을 중심으로", 〈노사관계연구〉, 3권, 211∼228쪽.

백용창, 1995, "다문화기업 경영(Multicultural Management)에 관한 교육의 필요성 제기를 위한 연구: 환대산업계 종사원", 〈관광개발연구〉, 11권, 129∼162쪽.

서울여성노동자회·서울노동운동연구소·한겨레민주노동자회준비회·한국여성연구회, 1992, 〈외국인 불법고용, 어떻게 볼 것인가?〉.

석현호·이정환·이혜경·정기선, 2007, 《해외 한국기업과 현지인 노동자: 중국 및 동남아지역》, 집문당, 아산재단 연구총서 제 237집.

석현호·정기선·이정환·이혜경·강수돌, 2003, 〈외국인 노동자의 일터와 삶〉, 미래인력연구원.

설동훈, 1992, "한국의 노동시장과 외국인 노동자", 〈경제와 사회〉, 제 15권, 113∼144쪽.

＿＿, 2005, "이민과 다문화사회의 도래", 김영기 편, 《한국사회론》, 전북대학교출판부, 3∼23쪽.

＿＿, 2008, "한국의 외국인 노동자 현황과 정책", 조정남 편, 《신세기의 민족질서와 한민족》, 백상재단, 457-520쪽.

＿＿, 2009, "한국사회의 외국인 이주노동자: 새로운 '소수자 집단'에 대한 사회학적 설명", 〈사림〉, 34권, 53∼77쪽.

설동훈·김윤태·김현미·윤홍식·이혜경·임경택·정기선·주영수·한건수, 2005, 〈국제결혼이주여성 실태조사 및 보건·복지 지원 정책방안〉, 보건복지부.

송병준, 1993, 〈산업인력의 수급원활화 방안: 외국 인력을 중심으로〉, 산업연구원.

엄한진, 2006, "전지구적 맥락에서 본 한국의 다문화주의 이민논의", 〈동북아 "다문화"시대 한국사회의 변화와 통합〉, 한국사회학회 동북아시대위원회 용역보고서.

＿＿, 2007, "세계화시대 이민과 한국적 다문화사회의 과제", 〈한국적 "다문화

주의"의 이론화〉, 한국사회학회 동북아시대위원회 용역보고서.

오경석 외, 2007, 《한국에서의 다문화주의 현실과 쟁점》, 한울아카데미.

유명기, 1997, "외국인 노동자와 한국문화" 고려대 노동문제연구소, 〈노동문제
　　논집〉, 13권 1호, 69~98쪽.

윤인진, 2007, "국가주도 다문화주의와 시민주도 다문화주의", 김혜순 외, 2007,
　　《한국적문화주의"의 이론화》, 제7장, 251~290쪽.

＿＿＿, 2009, 《북한이주민: 생활과 의식, 그리고 정착지원 정책》, 집문당.

윤인진 외, 2011, 《재외한인 연구의 동향과 과제》, 북코리아.

윤형숙, 2005, "외국인 출신 농촌주부들의 갈등과 적응", 〈지방사와 지방문화〉,
　　8권 2호, 299~339쪽.

이규용·유길상·이해춘·설동훈·박성재, 2007, 〈외국인력 노동시장 분석 및
　　중장기 관리체계 개선 방향 연구〉, 한국노동연구원.

이문종, 1961, "해외이주에 관한 연구: 그 개념정립과 변동사정파악을 중심으
　　로", 성균관대 경제개발대학원 석사학위 논문.

이선주 외, 2008, 〈다민족 다문화사회로의 정책패러다임 구축(II): 여성결혼이
　　민자를 위한 사회서비스 현황과 정책과제〉, 한국여성정책연구원.

이선주 외, 2009, 《다민족·다문화사회로의 이행을 위한 정책 패러다임 구축
　　(III): 다문화사회의 사회통합과 다각적 협력체계 증진방안》, 한국여성정책연
　　구원.

이욱정, 1994, "국내 방글라데시 노동자들의 생활실태와 적응전략에 관한 사례
　　연구", 서울대 대학원 인류학과 석사학위 논문.

이재순, 1984, "해외건설취업이 참여자의 사회이동에 미치는 효과에 관한 연구",
　　이화여대 사회학 석사논문.

이정환·이혜경·정기선·설동훈, 2004, "해외 한국기업 현지종업원의 임금에
　　대한 공정성 인식: 중국 및 동남아시아 지역을 중심으로", 〈국제지역연구〉,
　　8권 2호, 230~247쪽.

이정희, 2012, "일본인 여성결혼 이민자의 생애사 연구", 〈일본근대학연구〉, 35
　　권, 233~253쪽.

이혜경, 1988, "로스엔젤레스 거주 한국 및 필리핀 이민 여성들의 취업률에 관한
　　비교연구", 〈여성연구〉, 통권 제18호, 112~147쪽.

＿＿＿, 1990, "The 1965 U.S. Immigration Policy and Asian Immigration",
　　(1965년 미국 이민법 개정과 동양계 이민), 〈미국학논집〉, 21권, 76~95쪽.

_____, 1994, "외국인 노동자 고용에 관한 연구: 국내 노동시장에 미치는 영향", 〈한국사회학〉, 제 28집, 가을호, 89~113쪽.

_____, 1997, "아시아 태평양 지역의 외국인 노동자 고용에 관한 연구", 〈한국사회학〉, 31권, 497~527쪽.

_____, 2005, "혼인이주와 혼인이주 가정의 문제와 대응", 〈한국인구학〉, 28권 1호, 73~106쪽.

_____, 2007, "이민 정책과 다문화주의: 정부의 다문화 정책 평가", 김혜순 외, 2007, 《한국적 "다문화주의"의 이론화》, 한국사회학회 동북아시대위원회, 219~249쪽.

이혜경·설동훈·이철우·한건수, 2009, 《재한 외국인을 위한 한국사회의 이해》, 한국이민정책발전재단.

_____, 2010a, "한국 다문화 연구의 현안과 과제", 선문대학교 다문화 정책연구소 개소식 및 학술콜로키움 발표문, 2010년 5월 12일, 선문대학교.

_____, 2010b, "한국이민정책사", 정기선 외, 2010, 《한국 이민정책의 이해》, IOM이민정책연구원, 제 1장.

이혜경·정기선·유명기·김민정, 2006, "이주의 여성화와 초국가적 가족: 조선족 사례를 중심으로", 〈한국사회학〉, 40권 5권, 258~298쪽.

이혜경·정기선·이정환·설동훈, 2002, "국내외 한국기업의 외국인력 관리에 관한 비교연구: 한국식 관리방식을 중심으로", 〈한국사회학〉, 제 38집 3권, 47~77쪽.

임성호, 2000, "다(多) 문화적 정체성을 통한 '세계시민민주주의'의 모색", 〈밝은 사회연구〉, 21권 1호, 281~302쪽.

임현진·설동훈, 2000, 〈외국인 고용허가제 도입 방안〉, 노동부 용역보고서.

정병호·전우택·정진경, 2006, 《웰컴 투 코리아: 북조선사람들의 남한살이》, 한양대 출판부.

정상준, 1995, "문화적 다양성과 다문화주의", 〈외국문학〉, 43권, 79~95쪽.

정유훈, 2009, "국내 다문화 현상의 특징과 시사점: 성숙한 다문화사회를 위한 과제 현대경제연구원", 〈경제주평〉, 9권 44호(통권 373호), 1~15쪽.

천선영, 2003, "'다문화사회' 담론의 역설", 한국사회학회 사회학대회 논문집.

최종렬·최인영, 2013, "탈영토화된 공공장소에서 '에트니시티 전시하기': 안산에 대한 관광객의 문화기술지적 단상들", 〈한국사회학〉, 46권 4호, 1~44쪽.

한건수, 2003, "'타자만들기': 한국사회와 이주노동자의 재현", 〈비교문화연구〉,

9권 2호, 157~193쪽.

____, 2005, "국내 아프리카 이주노동자의 유입과정과 실태", 〈한국아프리카학회지〉, 21집, 215~239쪽.

____, 2006, "농촌지역 결혼이민자 여성의 가족생활과 갈등 및 적응", 〈한국문화인류학〉, 39권 1호, 195~243쪽.

____, 2008, "본국으로 귀환한 아프리카 이주노동자의 사회문화적 적응과 정체성에 관한 연구: 가나와 나이지리아 노동자를 중심으로", 〈한국아프리카학회지〉, 제 27집, 225~268쪽.

한국노동연구원, 1991, 〈외국인력 수입과 정책방안〉.

한국천주교주교회의 정의평화위원회 편집부, 1993, "외국인 노동자와 인간의 기본권", 한국 천주교 주교회의 정의평화위원회.

한승미, 2003, "일본의 '내향적 국제화' 와 다문화주의의 실험: 가와사키 시 및 가나가와 현의 외국인 대표자 회의를 중심으로", 〈한국문화인류학〉, 36권 1호, 119~147쪽.

함한희, 1997, "외국인 노동자의 갈등과 적응", 〈노동문제논집〉, 13권 1호, 99~129쪽.

허 정, 1968, "한국의 직업병에 관하여", 고려대 노동문제연구소 간행물, 27~43쪽.

Basch, L. G., Schiller, N. G., & Blanc, C. S., 1994, *Nation Unbounded: Transnational Projects, Post-colonial Predicaments, and Deterritorialized Nation-States*, Gordon and Breach.

Council of Europe, 2009, *Intercultural Cities: Towards a Model for Intercultural integration*, Council of Europe Publishing.

Hartwich, O. M., 2011, *Selection, Migration and Integration: Why Multiculturalism Works in Australia (And Fails in Europe)*, Centre for Independent studies (CIS) Australia, Centre for Independent Studies.

Kearney, M., 1995, "The local and the global: The anthropology of globalization and transnationalism", *Annual Review of Anthropology*, 24, pp. 547-565.

Lee, Hye-Kyung, 1997, "The employment of foreign workers in korea: Issues and policy suggestion", *International Sociology*, 12(3), pp. 353-371.

Martiniello, M., 1997, *Sortir des Ghettos Cultures*, Presses de Sciences Po, 윤진 역, 2002, 《현대사회와 다문화주의: 다르게, 평등하게 살기》, 한울.

McDowell, L. , 1999, *Gender, Identity and Place: Understanding Feminist Geographies*, University of Minnesota Press.

Park, Young-bum, 1991, "Foreign labor in korea: Issues and policy options", Paper prepared for the 2nd Japan-ASEAN forum of international labour migration in east asia, Tokyo, Japan, September, 1991.

# 12

## 일탈 및 범죄 연구의 동향과 전망

이 성 식

## 1. 서 론

일탈과 범죄 연구가 우리나라의 사회학에 소개된 지도 이제 반세기가
지났다. 1960년 이후 급속한 산업화와 정치불안에 따른 사회혼란의
결과로 각종 일탈과 범죄의 문제가 대두되자 그 현상과 원인을 규명
하고자 했던 노력으로 사회학 내 여러 분과 중 하나로 자리 잡기 시
작했고 지금까지도 주요 분과의 하나로 성장하여 발전하고 있다.

  일탈과 범죄에 관한 연구는 전통적으로 사회학의 연구영역이었지
만 복합학문으로서의 성격을 갖는다. 사실 일탈과 범죄분야를 다루
는 학문은 사회학, 법학, 심리학, 형사정책학, 청소년학, 사회복지
학 등 다양하다. 사회학에서는 일탈이라는 보다 폭넓은 용어를 사용
하면서 일탈 혹은 범죄사회학이라는 과목에서 다루지만, 법학에서는
형사정책, 형사정책학에서는 형사정책학 혹은 범죄학, 심리학에서는
범죄심리학, 청소년학에서는 청소년문제론, 사회복지학에서는 청소
년복지나 교정복지 등의 과목에서 다룬다. 우리나라는 현재 형사정

책학과는 없고 그 대신 세부분야인 교정학과, 경찰행정학과, 민간경비학과 등이 있으며 그 안에서 범죄학과 청소년비행론 등을 다룬다.

이처럼 우리나라의 일탈과 범죄 연구의 분야는 다양한 전공에서 다루었고 전공별로 그 관심영역이 어느 정도 다르다고 볼 수 있다. 하지만 이 분야의 초기 이론가가 대부분 사회학자라는 점에서 사회학이 그 주요 이론적 토대를 제공한다. 비록 사회학에서는 주로 원인과 현상 규명, 그 외 분야에서는 대책에 주된 관심을 갖는 점에서 각 분야마다 차이가 있지만 공유하는 부분이 적지 않다.

이 글은 우리나라의 일탈과 범죄 연구를 살펴봄에서 사회학 전공자가 일탈과 범죄 연구에서 관심 가졌던 주제를 통해 그동안의 성과를 살펴보고자 한다. 사실 사회학전공자가 사회학계에만 진출해있는 것이 아니고 경찰행정학과 교정학, 청소년학, 사회복지학 등 다양한 분야에서 활동하기에 그 관심영역도 다양하다.

일탈과 범죄분야의 연구는 1968년도 〈한국사회학〉에서 "일탈행위와 사회학적 이론"(이장현, 1968)이 소개되었지만 실질적으로는 1970년대부터 시작되었다고 볼 수 있다.

그러한 점에서 그동안의 발전시기를 10년 단위로 구분하여 도입기(1970~1979), 부흥기(1980~1989), 도약기(1990~1999), 발전기(2000~2009)로 나누어 그 시기별 성격을 규명하고 아울러 1970년대 이후 2009년까지 국내 사회학 전공자가 어떤 연구에 관심을 가졌고 어느 정도의 연구성과를 발표했는지 알아보기 위해 대표적 저서와 국내 주요 저널에서의 논문을 중심으로 살펴볼 것이다. 또한 최근 3년(2010~2012) 동안의 연구를 아울러 살펴봄으로써 가장 최근의 연구동향도 알아보기로 한다.

이처럼 이 글은 그동안 사회학의 일탈과 범죄 연구분야에서 나타난 발전과정과 연구성과를 중심으로 관심영역과 주제가 무엇이었는지 알아보고 이를 기초로 사회학에서의 주요 관심영역, 그 한계와 문제점 그리고 앞으로의 과제와 전망에 대해 살펴보고자 한다.

## 2. 국내 일탈과 범죄 연구 발전시기

### 1) 도입기(1970년대)

우리나라 일탈과 범죄 연구는 1960년대 이전에는 주로 법학자에 의해 주도되었다. 그리고 1960년대에도 법학에 의해 주도되었다고 해도 과언이 아니다. 그러나 그 수준은 형사정책 과목에서 외국이론이나 제도를 피상적으로 다루는 정도에 그쳤다. 이러는 가운데 사회학계에는 1960년대 중반 이후 이장현 교수의 논문으로 외국의 일탈과 범죄의 원인에 대한 사회학이론이 국내에 처음으로 소개되기 시작했다. 이 시기에 별다른 경험연구는 없었다.

1970년대는 본격적으로 외국의 이론이 소개됨과 아울러 그 이론이 검증되기 시작했던 시기였다. 1970년대 초, 서울대 한완상 교수는 머튼(R. Merton)의 아노미이론을 개인적 수준에서 접근한 조사논문을 발표했으며, 이 논문은 미국 사회학회지(*ASR*)에 게재되기도 하는 등 주목을 받았다. 그럼에도 아직까지 이 시기는 외국의 사회학 이론이 국내에 개괄적으로 소개되는 시기였고 본격적인 이론검증의 연구는 이루어지지 않았다.

1970년대 중반에는 연세대 전병재 교수가 국내에 낙인이론을 소개하기도 하였다. 이장현, 한완상, 전병재 교수 역시 일탈과 범죄 연구분야의 1세대였고 이들의 영향으로 사회학도는 이 분야에 관심을 갖기 시작했다고 할 수 있다. 이 당시 고려대와 서울대 대학원생이었던 고려대 김준호 교수와 한양대 심영희 교수는 국내에서 이 분야에 관한 석사논문을 쓰기 시작했지만 그럼에도 이 시기는 외국이론과 연구가 국내에 도입되기 시작한 시기였다고 할 수 있다.

## 2) 부흥기(1980년대)

1980년대는 외국에서 일탈과 범죄분야 사회학으로 학위를 받은 학자가 국내로 들어오면서 본격적으로 부흥을 맞았던 시기였다. 1970년대 후반부터 1980년대 초반 미국에서 박사학위를 받은 김준호와 심영희가 교수로 부임하면서 1980년대는 본격적으로 연구가 이루어졌으며 이 두 학자는 2세대의 선두주자라 할 수 있다.

이 시기에는 본인의 연구뿐만 아니라 심영희 교수는 한양대와 서울대에서 그리고 김준호 교수는 고려대에서 후학을 양성하기에 이르렀고 이때부터 본격적으로 청소년비행 연구를 중심으로 국내 석사학위자가 나오기 시작했다. 아마도 이 시기에 이 분야에 관심을 갖는 연구자가 등장하고 양성되기 시작하며 부흥의 기반을 마련한 시기라 할 수 있다.

그 외에도 여러 대학에서 이 분야 사회학 후학이 양성되었던 시기이고 일부는 미국 유학길에 오르기도 하였다. 그럼에도 불구하고 사회학에서는 이 분야가 확고한 위치를 자리 잡지 못했고 학회지에도 몇 논문만 게재되는 등 그 기반이 확충되거나 활성화되지는 못했다.

그러는 가운데 1985년도에 일탈과 범죄에 대한 연구를 위해 법학과 형법 및 형사정책 전공자와 사회학과의 일탈 및 범죄사회학 전공자가 주축이 되어 한국형사정책학회가 창립되기에 이르렀다. 이듬해인 1986년 첫 번째 학회지인 〈형사정책〉이 발간되면서 매년 이 분야의 논문이 나왔다.

## 3) 도약기(1990년대)

1990년도 이후부터는 일탈과 범죄 연구의 사회학 분야가 도약의 길
에 들어섰다. 그 도약의 바탕은 1989년도 법무부 산하 국책연구기
관인 한국형사정책연구원이 개원한 것에 비롯된 바가 크다. 한국형
사정책연구원은 당시 법학과 사회학이 주축이 되어 우리나라 범죄를
연구하기 위해 설립된 기관이다. 사회학 분야로는 그 당시 대학원
석사학위자가 연구원에 취업하면서 안정적 직장을 가졌고, 여러 연
구주제를 국가의 재정적 지원을 받으면서 연구할 수 있어 이 분야에
관한 기초적 연구가 수행되기 시작했다.

　이때부터 한국형사정책연구원의 보고서가 기초자료를 제공했고 아
울러 1990년도 한국형사정책연구원의 계간학술지 〈형사정책연구〉의
창간호가 발간되면서부터 앞서 창간한 형사정책학회의 〈형사정책〉과
함께 학술적 연구논문의 기틀을 마련하기 시작했다. 사회학자가 주축
을 이룬 것은 아니지만 1990년도에 한국교정학회가, 그리고 한국피
해자학회가 만들어져 여기에 참여하고 활동하기도 했다.

　이 무렵 일탈과 범죄 분야의 사회학 국내 박사학위자가 등장하기
시작했고, 1980년대 미국 유학길에 올랐던 학생이 박사학위를 마치
고 귀국함에 따라 이 분야의 연구가 활발하게 이루어졌다. 서울대,
고려대, 연세대, 이화여대 출신의 학위자는 대부분 한국형사정책연
구원에서 연구활동을 시작했다. 이처럼 한국형사정책연구원의 사회
학 분야는 초창기 석사학위자로 구성되었던 것에서 발전하여 거의 모
두가 박사학위자로 구성되면서 본격적인 연구가 이루어졌다. 이때 구
성원의 일부는 1990년대 후반부터 2000년대에 이르러 학계에 진출하

기 시작했고 그 일부는 현재 한국형사정책연구원에 남아 주요 직책을 맡고 있다.

## 4) 발전기(2000년대)

2000년대는 일탈과 범죄 연구분야가 발전기를 맞은 시기이다. 이 분야의 전공자 일부는 사회학과의 교수로 임용되었지만 1990년대 후반부터 전국의 많은 대학이 경찰행정학과를 신설하였고, 각 학교 경찰행정학과에서 경찰학 이외에 범죄학 전공자가 필요해져 사회학에서 이 분야로 학위를 받은 사람이 교수직으로 채용되기 시작했다. 당시 한국형사정책연구원에 재직하던 박사가 교수직에 진출했으며 이때에 즈음하여 새로운 국내외 학위자도 그 수가 증가하기 시작했다. 이 시기에 이들은 사회학에 바탕을 두지만 한국형사정책연구원 이외에도 경찰행정학과, 교정학과, 청소년학과 등에 재직했기 때문에 사회학의 주요 관심주제인 일탈 및 범죄원인 분야 이외에 범죄대책 관련 정책연구를 수행하는 등 연구분야가 다양해지기도 했다.

이 시기에는 사회학 이외에 여러 분야의 범죄전문가가 구성한 대한범죄학회가, 그리고 주로 사회학 전공자들이 주축으로 사회학 분과학회의 성격을 갖는 한국범죄비행학회가 만들어져 이 분야가 본격적으로 발전했다. 이 시기는 보다 많은 연구층의 확보로 이 분야의 연구가보다 활성화되고 발전했던 시기였다고 할 수 있다.

## 3. 국내 사회학자들의 일탈과 범죄 연구 현황

### 1) 주요 저서와 저널

#### (1) 저서

여기서는 그동안의 저서와 논문을 살펴보기로 하겠다. 우선 출판된 저서를 살펴보면, 총 16권의 저서가 출판 것으로 파악된다. 1970년 대에는 주요 저서나 역서는 없었고, 1980년대에 6권, 1990년대에 4권, 2000년대에 6권으로 지난 10년씩을 보면 유사한 수의 저서가 발간되었다.

1982년도에 윤덕중 교수의 저서 《범죄사회학》을 시작으로 1988년도 《범죄와 소년비행학》, 1986년도 리스카(A. E. Liska)의 책을 번역한 장상희 교수의 《일탈의 사회학》이 대표적인 개론서이었다. 시대의 흐름에 따라 1980년대 중반 이후에는 갈등 및 마르크스이론 기반의 저서가 등장하여 1987년 심영희 교수의 《비판범죄론》, 1988년 《국가권력과 범죄통제》, 1988년 안진 교수의 《새로운 범죄학의 흐름》 등 비판범죄론 중심의 저서가 발간되었다. 심영희 교수는 1992년 《여성의 사회참여와 성폭력》, 1998년 《위험사회와 성폭력》을 발간하는 등 활발한 저술활동을 하였다. 한국형사정책연구원에서는 1998년 현재 원광대 이순래 교수가 법학과 교수들과 공저로 발간한 《형사정책》이, 그리고 2000년도에는 경기대 민수홍 교수가 에이커스(R. L. Akers)의 저서를 번역한 《범죄학이론》, 2001년도에는 부산대 장상희 교수가 리스카(A. E. Liska)와 메스너(S. F. Messner)의 새로운 버전의 책을 번역한 《일탈과 범죄사회학》을 발간하는 등 한동안 번역서가 출간되었다. 이후 2002년도에는 김준호 외 여러 교수가 《청소년비행론》이

<표 12-1> 시기별 저서/역서 현황

|  | 저서 | 역서 | 총 |
|---|---|---|---|
| 1970년대(1970~1979) | - | - | - |
| 1980년대(1980~1989) | 4 | 2 | 6 |
| 1990년대(1990~1999) | 3 | 1 | 4 |
| 2000년대(2000~2009) | 2 | 4 | 6 |
| 총 | 9 | 7 | 16 |

<표 12-2> 최근 3년의 저서/역서 현황

|  | 저서 | 역서 | 총 |
|---|---|---|---|
| 2010 | - | - | - |
| 2011 | 2 | 2 | 4 |
| 2012 | 1 | 1 | 2 |
| 총 | 3 | 3 | 6 |

라는 공동저서를 발간했고, 2007년도에는 이순래 교수를 포함한 여러 사회학자가 《현대사회와 범죄》라는 책을 공동저술했다. 이후 2008년도에 경기대 이민식과 여러 사회학전공 교수에 의해 시겔(M. Siegel)의 《범죄학》이 출간되었다.

이처럼 그동안의 저술활동을 보면 심영희 교수의 저서를 제외하곤 주로 일탈과 범죄 연구를 개론적으로 소개하는 데 그쳐 보다 심도 있는 연구는 상대적으로 부족했다고 볼 수 있다. 그러나 2000년대 후반 들어 번역서보다는 저서중심의 활동이 이루어진 것이 고무적이었다고 할 수 있다.

한편 최근 3년(2010~2012) 동안의 저술활동을 보면 지난 10년 동안의 저서 수와 같은 6권이 발간되어 비교적 활발한 저술활동이 이루어졌다. 2011년 랩(S. P. Lab)의 책을 번역한 이순래와 동의대 박철현 교수의 《범죄예방론》이외에 숭실대 이성식 교수의 《청소년비행과 범죄연구》와 《사이버범죄학》이라는 보다 전문적인 학술저서가 발간되었다. 2012년에는 이순래 및 사회학자들의 공동역서 《Vold의 이론범죄학》과 전주대 노성호 교수의 공저 《피해자학》이라는 보다 전문적이고 구체적 주제의 저서가 발간되었다.

(2) 주요 저널

이 글에서는 현재 시점으로 한국학술진흥재단에 등재된 한국사회학회지 〈한국사회학〉과 한국형사정책학회지 〈형사정책〉, 한국형사정책연구원의 〈형사정책연구〉 등 총 8개의 저널을 중심으로 그동안의 연구논문을 다루기로 한다. 따라서 그 외의 저널, 즉 등재되었지만 일탈 및 범죄에 관한 전문저널이 아닌 경우나 전문저널임에도 등재후보이거나 등재되지 않은 저널은 본 연구에서 제외하기로 한다.

주요 저널에 게재된 논문은 2009년까지 총 358편인 것으로 파악되었다. 그 논문을 저널별로 살펴보면 한국형사정책연구원에서 발행하는 〈형사정책연구〉에 총 152편의 논문이 게재되어 사회학자가 선호하는 가장 대표적 저널로 나타났다. 그다음으로 피해자학회지 48편, 한국형사정책학회지 45편, 한국공안행정학회지 34편, 한국청소년연구 25편순으로 발표되었다. 대표적 사회학회지 한국사회학회

〈표 12-3〉 주요 저널별 연구논문 수

| 저널명 | 빈도 |
|---|---|
| 〈형사정책연구〉 | 152 |
| 〈피해자학연구〉 | 48 |
| 〈형사정책〉 | 45 |
| 〈한국공안행정학회보〉 | 34 |
| 〈한국청소년연구〉 | 25 |
| 〈한국사회학〉 | 23 |
| 〈교정연구〉 | 23 |
| 〈청소년학연구〉 | 8 |
| 총 | 358 |

〈표 12-4〉 최근 3년간 주요 저널별 연구논문 수

| 저널명 | 빈도 |
|---|---|
| 〈형사정책연구〉 | 26 |
| 〈피해자학연구〉 | 11 |
| 〈형사정책〉 | 10 |
| 〈한국공안행정학회보〉 | 8 |
| 〈한국청소년연구〉 | 4 |
| 〈한국사회학〉 | 2 |
| 〈교정연구〉 | 2 |
| 〈청소년학연구〉 | 7 |
| 총 | 70 |

지에는 24편 그리고 한국교정학회지에 24편이 실렸으며 청소년학회지에는 8편으로 상대적으로 적게 실린 것으로 나타났다.

한편 최근 3년 동안의 연구논문 수를 보면 총 70편으로, 그중 역시 형사정책연구학회지에 26편으로 가장 많았고, 피해자학회지에 11편, 한국형사정책학회지 10편순으로 나타났고 한국사회학회지에는 2편의 논문이 게재되었다.

## 2) 주요 저널의 연구영역별 연구논문

그동안의 주요 저널에서의 연구들의 영역을 크게 구분해 보자면, 첫째는 이론검증 및 원인연구, 둘째는 일탈과 범죄유형별 실태 및 원인연구, 그리고 셋째는 일탈과 범죄대책 연구로 나누어 볼 수 있다.

첫째, 이론검증 및 원인연구는 앞서 제시한 여러 외국의 일탈과 범죄이론에 대한 국내 검증뿐만 아니라 이론 간의 논쟁 혹은 이론의 통합 등 일탈과 범죄원인에 대한 제반 연구를 포함한다. 둘째, 일탈과 범죄유형별 실태 및 원인에 관한 연구는 전체 범죄 혹은 범죄유형별 실태에 관한 연구 이외에 그 유형별로 구체적 원인을 제시하고 검증

<표 12-5> 시기별 연구논문 현황

| | 이론검증<br>원인연구 | 범죄/비행유형<br>실태 및 원인 | 범죄비행<br>대책 | 기타 | 총 |
|---|---|---|---|---|---|
| 1970년대 | 2 | 3 | - | - | 5 |
| 1980년대 | 5 | 1 | 1 | - | 7 |
| 1990년대 | 50 | 25 | 7 | 4 | 86 |
| 2000년대 | 80 | 102 | 59 | 18 | 259 |
| 총 | 138 | 131 | 67 | 22 | 358 |

하는 연구가 포함된다. 여기서는 단순히 이론의 검증보다는 구체적 범죄현상의 이해와 원인파악에 보다 주목한다. 마지막으로 일탈과 범죄대책에 관한 연구는 경찰, 법원 등 형사사법절차 및 교정 처우에 관한 연구, 범죄와 비행예방 등에 관한 연구를 포함한다.

그동안의 연구논문을 연구영역별로 나누어보면 크게 3분야로 이론검증 및 원인연구, 범죄유형별 실태 및 원인연구, 그리고 일탈과 범죄대책 연구로 나눌 수 있다. 〈표 12-5〉에서와 같이 총 358편의 논문 중 이론검증 및 원인연구는 138편, 범죄유형별 실태 및 원인연구는 131편, 범죄대책 연구는 67편 그리고 기타 연구가 22편으로 분류되었다. 이처럼 사회학자의 일탈과 범죄 연구는 그 원인과 이론검증에 관한 연구가 가장 많았고 실태 및 유형별 연구, 일탈과 범죄대책연구 순인 것으로 나타났다.

시기별로 살펴보면 1970년대에는 총 5편의 논문이 발표되었고, 1980년대는 1970년대에서 크게 발전하지 못하고 거의 비슷한 수준의 논문 7편이 발표되었다. 이 시기의 논문은 대부분 일탈과 범죄의 원인에 대한 이론검증의 논문이었다. 그러던 것이 1990년대에 들어 총 86편으로 그 수가 많이 증가하였다. 이 시기에 원인 및 이론검증의 논문이 50편으로 가장 많았지만 일탈과 범죄유형별 실태 및 원인에 관한 연구도 25편으로 이전 년대에 비해 꽤 많이 이루어졌고 일탈과

<표 12-6> 최근 3년간 연구논문 현황

|  | 이론검증<br>원인연구 | 범죄/비행유형<br>실태 및 원인 | 범죄비행<br>대책 | 기타 | 총 |
|---|---|---|---|---|---|
| 2010년 | 8 | 8 | 4 | 9 | 29 |
| 2011년 | 8 | 7 | 5 | 2 | 22 |
| 2012년 | 5 | 8 | 1 | 5 | 19 |
| 총 | 21 | 23 | 10 | 16 | 70 |

범죄대책에 관한 연구도 7편의 논문이 발표되기에 이르렀다. 2000년 대에는 총 259편의 논문이 발표되어 1990년대에 비해 3배가 넘는 논 문이 발표되었다. 이 시기에는 259편 중 원인 및 이론검증의 논문이 80편인 것에 비해 범죄유형별 실태 및 원인에 관한 연구가 102편으 로 오히려 더 많이 발표되었고 일탈과 범죄대책에 관한 연구도 59편 으로 상대적으로 비율이 높아졌다.

이처럼 2000년대에는 3개 영역의 연구가 거의 고르게 이루어진 것으로 나타난다. 이는 1990년대에는 외국의 주요 이론이 국내에 소개되고 검증되는 것에 주력했던 반면, 2000년대에는 그러한 이론 을 범죄유형별로 적용하는 데 관심을 가졌던 것으로 보인다. 사회학 전공자가 경찰행정학, 교정학과 등에 자리 잡으면서 상대적으로 일 탈과 범죄대책 분야에도 관심을 가지기 시작한 데서 비롯되었다고 볼 수 있다. 아울러 2000년대에는 범죄두려움에 관한 연구를 중심 으로, 그 밖의 여러 영역의 연구도 18편을 차지해 연구영역이 다양 해졌음을 알 수 있다.

한편 최근 3년의 논문을 보면 총 70편 중에서 이론검증 및 원인연 구는 21편, 범죄유형별 실태 및 원인연구는 23편, 범죄대책 연구는 10편 그리고 기타 연구가 16편으로 분류되었다. 이 기간의 평균 논 문 수는 23.3편으로 2000년대 10년간의 평균 논문 수 25.9편보다는 적다. 더구나 최근 들어 2010년보다는 연구 수가 점차 줄어든다. 연구활동이 논문 수로 평가되는 것은 아니지만 이는 지난 시기 동안 많은 수의 논문이 발표된 것에 비하면 다소 정체기에 들어간 것이 아닌가하는 우려가 있다. 최근에는 역시 이론검증 연구보다 일탈 및 범죄유형별 연구가 더 활발한 것으로 나타났으며, 범죄대책연구는 어느 정도 수준을 유지하지만 2012년 1편으로 줄어들고 그 대신 범죄두려움 등의 기타 영역의 연구 수가 많았던 것으로 나타난다.

## 4. 주제별 세부 연구 현황

이제부터는 위의 논문들을 3가지 주요 영역별로 나눠 보다 구체적으로 어떠한 주제의 연구논문이 발표되었는지를 다루기로 한다. 여기서는 논문발표가 1990년대와 2000년대에 집중되었기에 시기별로 고려하지는 않기로 한다.

### 1) 이론검증 및 원인

이론검증 및 원인에 관한 연구 총 138편은 크게 5가지 연구로 구분해 볼 수 있다. 첫째는 이론의 전반적 소개에 관한 논문으로 특정 이론의 소개보다는 여러 주요 이론을 개괄적으로 소개하는 논문으로 경험적 검증은 시도하지 않는 논문이다. 이런 논문으로는 초창기에 시도된 것으로 이장현의 1968년도 한국사회학회지의 논문과 김준호의 한국형사정책학회지 창간호(1986)의 논문, 전병재의 한국형사정책연구원의 〈형사정책학회지〉의 창간호에서의 논문(1990) 등 3편이 해당된다.

<표 12-7> 이론검증 및 원인 분야의 논문 현황

| 이론검증 및 원인 연구분야 | 빈도 |
|---|---|
| 이론개요 | 3 |
| 미시이론검증 | 89 |
| 거시이론검증 | 11 |
| 이론 간 경쟁 | 29 |
| 이론통합 | 7 |
| 총 | 138 |

둘째와 셋째는 외국의 특정이론을 구체적으로 소개하고 그것을 국내에 경험적으로 검증하는 논문으로 각각 미시이론의 검증논문과 거시이론의 검증논문으로 구분해 볼 수 있다. 대부분의 이론검증 논문은 개인을 분석단위로 하는 미시이론을 검증하는 논문인데 89편의 논문이 이에 해당된다. 이들 논문으로는 일반긴장이론을 포함한 아노미/긴장이론 검증의 논문이 8편(김준호, 1990; 이성식, 2003; 이철, 2009), 하위문화이론 및 차별접촉/사회학습이론의 검증에 관한 논문은 6편(김준호·이성식, 1987; 황성현, 2006), 그리고 여러 주요 이론 중에서도 사회통제이론을 검증하는 논문이 총 14편으로 많은 수를 차지하는 것으로 나타났다(김준호·김선애, 1996; 이성식, 1995; 김상원, 2007; 전영실, 2007a). 이는 아마도 우리나라에서 부모와의 유대 등 가정요인이 중요한 점 때문에 사회통제이론에 대한 검증논문이 많았던 것으로 보인다.

그 외에도 공식처벌의 효과를 다룬 억제이론에 대한 검증이 6편(이성식, 1998; 신동준, 2009), 그리고 낙인이론(강세현, 1995, 이성식, 2007; 박현수 외, 2009)과 비판범죄론(심영희, 1979)에 대한 논의가 6편, 그리고 권력통제이론의 검증이 6편(김은경, 1996; 이성식·전신현, 2001; 김정규, 2005), 생활양식/일상행위이론 및 합리적 선택이론의 검증은 4편 정도가 시도되었다(최인섭·기광도, 1998).

<표 12-8> 최근 3년간 이론검증 및 원인 분야의 논문 현황

| 이론검증 및 원인연구분야 | 2010 | 2011 | 2012 | 총 |
|---|---|---|---|---|
| 이론개요 | – | – | – | – |
| 미시이론검증 | 7 | 5 | 4 | 16 |
| 거시이론검증 | – | – | 1 | 1 |
| 이론 간 경쟁 | – | 1 | – | 1 |
| 이론통합 | 1 | 2 | – | 3 |
| 총 | 8 | 8 | 5 | 21 |

우리나라 미시연구로는 일반이론과 발전이론에 대한 연구가 가장 활발한 것으로 보인다. 이는 우리나라 범죄연구가 가장 활발했던 1990년대에 일반이론이 발표되었고, 그 이후 발전이론과의 논쟁 등 외국에서도 가장 이슈가 되었던 연구주제였기 때문이다. 일반이론은 총 9편이 발표되었고(민수홍, 2005), 개인의 안정적 성향에 주목한 일반이론과 대조적으로 범죄의 사회환경과 발전과정을 다룬 발전이론 및 범죄경력연구의 연구는 19편으로 가장 활발하게 연구되었다(이순래, 1995; 박철현, 2003; 이순래·박철현, 2000; 이상문, 2007).

우리나라에서는 개인을 분석단위로 하는 미시연구가 거시이론 검증의 연구보다는 더욱 활발했다. 그러나 1990년대 이후 미국에서 거시이론의 인기가 부활되면서 미국에서 학위를 마치고 들어온 신진 교수에 의해 거시연구가 수행되기 시작했다. 사회해체이론으로부터 발전한 지역공동체의 비공식통제 및 집합효율성의 논의에 대한 논문(박정선, 2003) 이외에도 아노미/긴장이론을 거시적 현상으로 접근하는 아노미이론(신동준, 2004; 김상원, 2005) 및 제도적 아노미이론(김상원, 2006)의 검증이 이루어졌다. 하지만 거시연구는 총 11편으로 미시연구에 비하면 부진한 편이었다.

어느 특정한 이론을 검증하기보다 이론 간의 경쟁을 다룬 논문은 총 29편이었다. 주로 미시이론을 중심으로 긴장이론과 사회통제이론

간의 논쟁(김준호·김선애, 1999), 사회통제이론과 차별접촉이론 간의 논쟁(김준호, 1993; 이성식, 1994), 낙인이론과 억제이론 간의 논쟁(이성식, 1997), 일반이론과 차별접촉이론 간의 논쟁(민수홍, 2005), 일반이론과 낙인이론 간의 논쟁(민수홍, 2006), 일반이론과 발전이론 간의 논쟁(노성호, 2007) 등 다양한 이론 간의 논쟁을 다룬 논문이 있다. 한편 이론 간의 경쟁보다는 여러 이론을 통합함으로써 더욱 발전된 통합이론을 시도하려는 논문도 등장하였는데(연성진, 1996), 총 6편밖에 없기에 상대적으로 그 숫자는 적었다.

한편 최근 3년간 이 분야의 논문을 보면 21편 중에서 2010년에 8편, 2011년에 8편, 2012년에 5편으로 줄어들며 그중 대부분인 16편이 미시이론의 검증에 집중했다(기광도, 2010; 김정규, 2010; 박현수·정혜원, 2010; 곽대경·박현수, 2012). 거시이론 검증은 총 1편(박성훈·김준호, 2012)으로 매우 부족했으며 그나마 이론통합의 논문이 3편으로 증가추세를 보였으나 2012년엔 다소 부진했다.

## 2) 일탈 및 범죄유형별 실태 및 원인

두 번째 유형의 논문으로는 우리나라의 전체 범죄추이 및 실태 혹은 일탈 및 범죄유형별 실태와 그 원인을 파악하려는 연구로 총 131편이 있다. 우선 우리나라 범죄 전반에 관한 실태를 파악하기 위한 연구로는 공식통계자료를 통한 범죄추세 분석(기광도, 2003)과 범죄피해자 조사를 통한 범죄실태 파악의 연구(이순래, 2004), 그리고 그들 자료의 비교분석의 연구(황지태, 2009) 등 총 17편의 연구가 있었다.

범죄유형별 실태 및 원인에 관한 연구는 총 121편의 논문이 발표되었다. 이러한 논문은 주로 2000년대에 발표된 것으로, 1990년대에는 유형별로 고려하지 않고 범죄전반의 원인을 파악하는 데 주목

<표 12-9> 일탈 및 범죄유형별 실태 및 원인 분야의 논문 현황

| 일탈 및 범죄유형별 실태 및 원인연구분야 | 빈도 |
|---|---|
| 전체 범죄 실태 | 17 |
| 학원폭력/청소년비행 | 22 |
| 살인/폭력 | 14 |
| 성폭력/성매매 | 13 |
| 재산범죄(강도/절도/사기/도박) | 12 |
| 약물/마약 | 8 |
| 사이버범죄 | 21 |
| 기타 범죄 | 24 |
| 총 | 131 |

했다면, 2000년대에는 보다 구체적으로 범죄유형별 연구를 진행했다고 볼 수 있다. 그중 가장 많은 연구는 청소년범죄/비행 전반에 관한 실태 및 원인(김준호, 1994; 김지선, 2007; 노성호, 2009)이나 학교폭력의 실태 및 원인(김준호, 김선애, 2000; 노성호, 2004)에 관한 논문으로 총 22편이 발표되었다.

그 외에 범죄유형별로 대표적 강력범죄인 살인과 폭력(박순진, 2000, 2006)에 관한 연구가 14편이 발표되었다. 우리나라의 경우 상대적으로 폭력범죄의 심각성으로 이 분야의 연구가 활발했다고 볼 수 있다. 그 밖에 성폭력 및 성매매에 관한 연구(심영희, 1990, 2001; 김은경, 2002)가 13편이 발표되었고, 강도 및 절도(심영희, 1991; 박순진, 2003) 그리고 도박(이태원, 2004)과 같은 재산범죄 논문이 12편 발표되었다. 보다 최근에는 약물/마약범죄 연구(김은경, 2006; 황성현, 2006)가 8편으로 관심이 높아졌고, 사이버범죄에 관한 연구(이성식, 2005)도 21편으로 활발하게 진행된다. 그 밖에 화이트칼라범죄(이태원, 1998), 공무원의 뇌물 혹은 부정부패에 관한 연구(연성진, 2007), 납치유괴범죄(곽대경, 2004)나 외국인범죄(장준오, 1996) 등이 있다.

〈표 12-10〉 최근 3년간 일탈 및 범죄유형별 실태 및 원인 분야의 논문 현황

| 일탈 및 범죄유형별 실태 및 원인연구분야 | 2010 | 2011 | 2012 | 총 |
|---|---|---|---|---|
| 전체 범죄 실태 | 1 | – | – | 1 |
| 학원폭력/청소년비행 | 3 | 2 | 2 | 7 |
| 살인/폭력 | – | – | – | – |
| 성폭력/성매매 | 1 | – | 1 | 12 |
| 재산범죄(강도/절도/사기/도박) | 1 | 1 | – | 2 |
| 약물/마약 | – | – | – | – |
| 사이버범죄 | 2 | 2 | 4 | 8 |
| 기타범죄 | – | 2 | 1 | 3 |
| 총 | 8 | 7 | 8 | 23 |

최근 3년 동안의 이 분야의 연구는 총 23편에서 2010년에 8편, 2011년에 7편, 2012년에 8편으로 연도별로 거의 유사한 수를 나타냈다. 그 중 사이버범죄 연구가 8편(정혜원, 2010)으로 가장 많았고, 학원폭력 등 청소년비행 연구가 7편(이순래·박철현, 2012; 황성현, 2012), 성폭력 등이 2편 등 최근 관심이 높았던 범죄유형이 보다 연구가 되었던 것으로 보인다. 그중 사이버범죄의 연구논문 증가는 최근까지 이어짐으로써 새로운 주요 연구주제임을 나타낸다. 사이버범죄 중에서는 최근 사이버상의 집단괴롭힘(전신현·이성식, 2010)이나 저작권 침해(이성식, 2012)가 연구되었고 재산범죄 중에서 최근의 전화금융사기(김성언, 2010)가 새롭게 다뤄졌다. 그 외에 고령화로 인한 노인범죄(곽대경, 2011)나 다문화사회에서의 외국인범죄(신동준, 2012) 등도 다뤄진다. 살인이나 약물/마약 연구는 최근 들어 부진해졌다.

## 3) 일탈과 범죄대책

사회학자에게 일탈과 범죄대책은 그 원인연구에 비해 그 관심도가 낮다. 하지만 우리나라의 사회학자가 사회학과보다는 경찰행정학과나 교정학과 그리고 국책연구기관 등에서 재직하는 이유로 대책분야에 대한 관심도가 높아졌다고 할 수 있다. 여기서는 일탈 및 범죄대책 분야의 연구들을 형사절차 및 사법분야, 교정 그리고 범죄예방분야로 나누기로 한다. 형사절차 및 사법분야는 경찰, 검찰, 법원과 관련된 분야이고, 교정분야는 범죄자의 처우와 재활프로그램과 관련된 내용을 다루며, 마지막으로 범죄예방은 사후교정보다는 사전예방을 강조하는 것으로 최근 지역사회중심의 범죄예방이나 민간경비 분야가 주목받는다.

일탈과 범죄대책에 관한 연구는 총 67편으로, 그중 형사절차 및 사법에 관한 연구는 25편으로 주로 경찰 및 범죄자 양형에 관한 연구가 주를 이룬다. 사실 이 분야는 전통적으로 법학자에 의해 다루어졌고 현재도 주로 법학자가 관심 갖는 분야이다. 하지만 사회학자는 사회적 요소와 형사사법 간의 관계를 주로 다룬다. 예를 들어 사회변화에 따른 경찰의 변화와 치안활동에 대한 연구(김성언, 2006), 양형의 결정요인으로서 사회적 요인에 관한 연구(이민식, 2005; 윤옥경, 2006) 등이 해당된다.

소년사범 및 범죄자 교정 및 처우에 관한 연구는 사회학자의 주요 관심영역 중 하나였다. 그동안 31편의 논문이 발표되었는데, 교정에 대한 전반적 논의(주희종, 1999; 윤옥경, 2004) 이외에 시설 내 처우가 아닌 사회 내 처우로서 보호관찰제도에 대한 소개 및 실태에 관한 연구(김준호·이동원, 1995; 최인섭·진수명, 1997)가 대표적이다. 그 밖에도 회복적 사법에 대한 연구(노성호, 2002; 김은경, 2007) 등의 여러

**〈표 12-11〉 일탈과 범죄대책 분야의 논문 현황**

| 일탈과 범죄대책 연구분야 | 빈도 |
|---|---|
| 형사사법/절차 | 25 |
| 교정 | 31 |
| 범죄예방 | 11 |
| 총 | 67 |

**〈표 12-12〉 최근 3년간 일탈과 범죄대책 분야의 논문 현황**

| 일탈 및 범죄유형별 실태 및 원인연구분야 | 2010 | 2011 | 2012 | 총 |
|---|---|---|---|---|
| 형사사법/절차 | 3 | 3 | 1 | 7 |
| 교정 | – | 2 | – | 2 |
| 범죄예방 | 1 | – | – | 1 |
| 총 | 4 | 5 | 1 | 10 |

교정프로그램을 소개하는 논문이 있다.

일탈과 범죄예방에 관해서는 총 11편의 논문이 발표되었다. 대표적 예로는 경찰순찰에 의한 범죄예방(이성식, 2001; 김성언, 2006)이나 시민참여에 의한 범죄예방(최인섭, 1994; 전영실, 2007b)에 관한 연구, 그리고 범죄예방 분야에서 CCTV효과(박철현·최수형, 2009)나 민간경비의 역할에 대한 논의(이현희, 2004)가 있다.

최근 3년 동안 일탈 및 범죄대책 분야의 연구는 총 10편으로 그중 2010년에 4편, 2011년에 5편, 2012년에 1편으로 연도별로 최근 줄어드는 추세에 있다. 최근 발표된 논문 수는 1년 평균 3.3편으로 40년 동안 이 분야의 연구가 67편인 것을 보면 그 평균보다는 높지만 2000년대에 59편인 것을 보면 감소함을 알 수 있다. 그중에서도 교정분야 연구가 가장 많았는데 최근 3년을 보면 형사절차 및 사법 분야의 논문이 7편(이동원, 2010)으로 가장 많았고, 교정분야는 2편(윤옥경, 2011)으로 상대적으로 부진했으며 범죄예방 분야는 1편(곽대경·신재헌, 2010)으로 가장 적었다.

그 밖에 기타 연구논문으로는 22편의 논문이 있다. 주로 범죄피해나 두려움에 관한 연구가 많았다(노성호 · 김지선, 1998; 이민식, 2000; 이동원, 2007). 이와 같은 연구는 최근 3년 동안에도 총 16편의 논문이 발표되었는데 그 대부분이 범죄두려움에 관한 연구가 차지한다(박정선 · 이성식, 2010; 장안식 · 정혜원 · 박철현, 2011).

## 5. 앞으로의 전망과 과제

사회학에서의 일탈 및 범죄연구분야는 지난 몇십 년간의 동향에서 파악되듯이 지속적으로 발전하는 분야라 할 수 있다. 특히 1990년대 이후부터 전공자가 많이 확충되었고 여러 학회나 연구기관이 생겨났으며 그러한 기반하에 많은 연구성과가 있었다고 할 수 있다. 이처럼 활발한 연구활동은 당분간 지속될 것으로 보인다. 그럼에도 불구하고 그동안 연구성과의 아쉬운 점이 몇 가지 있다.

첫째, 다양하고 심도 있는 저술활동이 부족했다는 점이다. 그동안에는 개론서 형태의 저서가 몇 권 번역되고 출간되었을 뿐 보다 전문적이고 학술적인 저서가 부족했다. 이는 아직 연구층이 젊기 때문에 논문위주의 활동이 이루어진 점에서 비롯된다고 볼 수 있다. 최근 몇 편의 전문서적이 발표된 것을 계기로 앞으로 좀더 많은 저서활동이 있을 것이라 기대한다.

둘째, 아직까지 우리나라 연구 대부분이 외국이론을 소개하고 검증하는 데 주력한다. 물론 최근에는 하나의 이론을 검증하는 것이 아니라 이론 간의 논쟁이나 통합을 통해 새롭게 접근하는 논문이 많이 나오기도 한다. 그간의 연구축적을 기반삼아 이제부터는 외국이론을 검증하는 수준에서 더 나아가 한국사회에 맞는 새로운 이론이 시도될 때이다. 이를 위해서는 가설검증식의 연구도 중요하지만 귀납적 방법을 적용할 때 한국적 이론이 출현되지 않을까 한다.

셋째, 그동안의 연구는 주로 미시사회적 관점에서 개인을 분석단위로 하는 연구가 주류를 이루었다. 하지만 앞으로의 연구는 개인의 범죄행위보다는 사회를 분석단위로 하는 보다 거시적 관점의 연구가 수행되었으면 한다. 거시연구의 제한으로는 공식통계의 문제나 자료수집의 비용 등의 어려움이 그 이유가 있겠는데, 앞으로는 정부나 연구기관의 지원으로 보다 활발한 연구가 있기를 기대한다.

넷째, 사회학과에서 전공자의 연구인력이 보다 확충될 필요가 있다. 현재 초창기 1세대 교수는 물론 2세대의 교수도 모두 은퇴하여 현재 사회학과에 재직하는 일탈 및 범죄전공 교수는 몇몇을 제외하고는 거의 없다. 그 대신 국내외 학위자 대부분은 현재 사회학과가 아닌 경찰행정학과, 교정학과 혹은 연구원 등에 재직한다. 지금은 이 분야 전공자에 의해 연구가 활성화되지만 앞으로는 사회학 분야 제자 양성의 어려움이 우려되는 부분이다. 일탈 및 범죄분야가 도약기를 넘어 발전부흥기에 들어섰다고는 하지만 사회학과 내에서 이 분야 전공자가 더 확보되지 않는다면 앞으로는 어려움을 겪을지도 모른다. 지금 최근 3년간의 연구활동을 보면 그러한 징후가 나타난다고 볼 수 있다.

다섯째, 그동안의 연구를 보면 공동연구가 부족했던 것으로 보인다. 지금은 사회학 전공자가 각기, 또 너무도 다양한 영역에서 활동하는 것 같다. 물론 그것이 갖는 장점이 많은 것이 사실이긴 하지만 앞으로는 어떤 구심점하에 의견을 나누고 좀더 심도 있는 연구로 나아가야 할 때이다. 이러한 점에서 여러 학회의 사회학 전공자가 한국사회학회를 중심으로 그 구심점 역할을 하면서 더욱 활성화되길 바란다.

# 참고문헌

강세현, 1995, "청소년비행의 비공식통제와 낙인의 효과", 〈한국사회학〉, 29권 147~170쪽.

곽대경, 2004, "납치 및 유괴범죄의 실태와 대책", 〈한국공안행정학회보〉, 17권, 61~95쪽.

_____, 2011, "노인범죄의 원인과 실태 및 해결방안에 대한 연구", 〈한국공안행정학회보〉, 43권, 10~36쪽.

곽대경·박현수, 2012, "청소년의 지속적인 폭력비행에 영향을 미치는 요인", 〈한국공안행정학회보〉, 47권, 46~82쪽.

곽대경·신재헌, 2010, "경찰의 2차 범죄피해 예방을 위한 개선방안에 관한 연구", 〈피해자학연구〉, 18권 2호, 183~213쪽.

기광도, 2003, "한국의 범죄발생 추세에 대한 분석: 1962-2000", 〈형사정책연구〉, 14권 1호, 275~312쪽.

_____, 2010, "청소년비행의 성차분석: 일반이론을 중심으로", 〈형사정책〉, 22권 2호, 145~166쪽.

김상원, 2005, "아노미이론에서 바라본 러시아의 범죄현상", 〈형사정책연구〉, 16권 3호, 375~408쪽.

_____, 2006, "러시아의 사회변동과 범죄: 제도적 아노미이론의 검증", 〈한국사회학〉, 40권 4호, 223~254쪽.

_____, 2007, "아동과 청소년비행의 원인비교: 허쉬의 사회유대이론을 중심으로", 〈형사정책연구〉, 18권 2호, 325~362쪽.

김성언, 2006, "치안활동의 구조변동에 대한 담론의 지형과 쟁점", 〈형사정책연구〉, 17권 1호, 239~300쪽.

_____, 2010, "전화금융사기 범죄에 대한 한국사회의 대응: 대만과의 비교 분석", 〈형사정책〉, 22권 1호, 9~49쪽.

김은경, 1996, "청소년비행에 대한 권력통제력적 접근: 성과 계급을 중심으로", 〈형사정책연구〉, 7권 3호, 159~206쪽.

_____, 2002, "성매매에 관한 페미니즘 담론과 형사정책적 딜레마", 〈형사정책〉, 14권 2호, 37~73쪽.

_____, 2006, "한국 마약류 사용 사범 특성연구", 〈형사정책연구〉, 17권 1호,

301~338쪽.

_____, 2007, "21세기 소년사법개혁과 회복적 사법의 가치", 〈형사정책연구〉, 18권 3호, 1159~1188쪽.

김정규, 2005, "권력과 통제, 그리고 청소년비행", 〈형사정책〉, 17권 2호, 153~183쪽.

_____, 2010, "청소년비행과 처벌의 차별적 억제효과", 〈청소년학연구〉, 17권 8호, 197~224쪽.

김준호, 1986, "범죄사회학의 이론의 흐름", 〈형사정책〉, 1권, 95~121쪽.

_____, 1990, "청소년비행의 원인에 관한 연구: 공부에 대한 압력을 중심으로", 〈형사정책연구〉, 1권 1호, 113~143쪽.

_____, 1993, "친구와 비행 간의 관계에 대한 연구", 〈형사정책연구〉, 4권 3호, 5~43쪽.

_____, 1994, "청소년비행의 실태와 원인", 〈형사정책연구〉, 5권 1호, 63~94쪽.

_____, 1995, "일탈행동론 연구의 성과와 전망", 사회학회 심포지엄 자료집.

김준호·김선애, 1996, "가족의 구조와 기능과 반사회적 행동", 〈형사정책연구〉, 7권 1호, 109~141쪽.

_____, 1999, "공부와 청소년비행", 〈청소년학연구〉, 6권 2호, 123~144쪽.

_____, 2000, "학교주변폭력에 대한 일 연구", 〈한국청소년연구〉, 11권 1호, 89~110쪽.

김준호·이동원, 1995, "보호관찰제도의 실태 및 개선방안", 〈형사정책연구〉, 6권 4호, 53~77쪽.

김준호·이성식, 1987, "청소년비행의 원인에 관한 고찰: 하위문화이론을 중심으로", 〈형사정책〉, 2권, 117~146쪽.

김준호·노성호·이성식·곽대경·이동원·박철현, 2003, 《청소년비행론》, 청목출판사.

김지선, 2007, "청소년범죄의 발생추세와 특성 1966-2005", 〈형사정책〉, 19권 2호, 55~86쪽.

노성호, 2002, "가족회합과 범죄피해자", 〈피해자학연구〉, 10권 1호, 105~135쪽.

_____, 2004, "학교폭력에 대한 기존 연구들의 비판적 검토", 〈형사정책연구〉, 15권 1호, 87~120쪽.

_____, 2007, "청소년비행에 대한 생애과정 이론과 잠재적 특성이론의 경험적

비교", 〈형사정책연구〉, 18권 4호, 243~275쪽.

_____, 2009, "청소년비행의 추세분석과 전망", 〈형사정책연구〉, 20권 1호, 9~ 39쪽.

노성호·김지선, 1998, "범죄의 두려움에 관한 경험적 연구", 〈피해자학연구〉, 6권, 169~205쪽.

노성호·권창국·김연수, 2012, 《피해자학》, 그린.

민수홍, 2005, "낮은 자기통제력의 결과로서의 청소년비행과 학교에서의 징계경험", 〈청소년학연구〉, 12권 2호, 1~25쪽.

_____, 2006, "수형자 교도소내 징계경험: 자기통제이론 대 낙인이론의 경합", 〈형사정책〉, 18권 1호, 229~254쪽.

박성훈·김준호, 2012, "범죄현상에 관한 사회생태학적 접근: 지역요인 간의 관계를 중심으로", 〈형사정책연구〉, 90권, 259~293쪽.

박순진, 2000, "피해자 유발에 의한 살인의 개념과 실제", 〈피해자학연구〉, 8권, 325~356쪽.

_____, 2003, "1990년대 강도 및 절도범죄의 변화추세: 공식통계와 범죄피해 조사결과의 비교", 〈피해자학연구〉, 11권 1호, 107~127쪽.

_____, 2006, "청소년폭력비행에서 피해-가해 연계의 변화", 〈형사정책연구〉, 17권 1호, 47~88쪽.

박정선, 2003, "다수준적 접근의 범죄학적 활용에 관한 연구", 〈형사정책연구〉, 14권 4호, 281~314쪽.

박정선·이성식, 2010, "범죄두려움에 관한 다수준적 접근", 〈형사정책연구〉, 21권 3호, 173~203쪽.

박철현, 2003, "범죄경력의 전문화", 〈형사정책연구〉, 14권 1호, 243~273쪽.

박철현·최수형, 2009, "서울시 강남구의 CCTV 설치가 범죄예방에 미치는 효과", 〈형사정책연구〉, 20권 3호, 213~238쪽.

박현수·정혜원, 2010, "초기 비행청소년과 후기 비행청소년의 비행경로 비교: 비행친구, 부모애착, 자기통제를 중심으로", 〈한국청소년연구〉, 21권 2호, 5~34쪽.

박현수·박성훈·정혜원, 2009, "청소년비행에 있어 낙인의 효과에 대한 경험적 연구", 〈한국청소년연구〉, 20권 1호, 227~251쪽.

신동준, 2004, "살인과 자살의 사회구조원인: 머튼이론의 검증", 〈한국사회학〉, 38권 4호, 33~71쪽.

_____, 2009, "처벌의 효과: 억제이론에 대한 비판적 검토", 〈형사정책〉, 21권 2
　　호, 191~216쪽.

_____, 2012, "다문화사회 범죄문제의 사회적 맥락", 〈형사정책연구〉, 92권,
　　183~217쪽.

심영희, 1979, "비판범죄론의 문제점과 그 대안", 〈한국사회학〉, 13권, 15~28쪽.

_____, 1987, 《비판범죄론》, 법문사.

_____, 1988, 《국가권력과 범죄통제》, 한울아카데미.

_____, 1990, "성폭력의 실태에 관한 연구", 〈형사정책연구〉, 1권 1호, 149~
　　186쪽.

_____, 1991, "강도범죄의 실태에 관한 연구", 〈형사정책연구〉, 2권 2호, 149~
　　219쪽.

_____, 1992, 《여성의 사회참여와 성폭력》, 한울아카데미.

_____, 1998, 《위험사회와 성폭력》, 나남.

_____, 2001, "청소년성매매 담론의 문제와 대책", 〈형사정책〉, 13권 2호, 7~
　　29쪽.

안 진, 1988, 《새로운 범죄학의 흐름》, 한울.

연성진, 1996, "범죄학에서의 이론적 통합을 위한 전략", 〈형사정책연구〉, 7권 4
　　호, 121~141쪽.

_____, 2007, "한국의 공무원범죄 추세분석 1964-2005", 〈형사정책〉, 19권 2호,
　　115~146쪽.

윤덕중, 1982, 《범죄사회학》, 박영사.

_____, 1988, 《범죄와 소년비행학》, 박영사.

윤옥경, 2004, "게재논문 분석을 통해 본 교정학 연구영역과 연구동향", 〈교정연
　　구〉, 22권, 65~89쪽.

_____, 2006, "형벌의 사회맥락: 형벌사회학적 접근", 〈교정연구〉, 30권, 59~
　　82쪽.

_____, 2011, "수형자의 행동과 교도소 문화에 관한 연구: 행동규범과 규율위반
　　행동의 관계를 중심으로", 〈교정연구〉, 51호, 71~95쪽.

이 철, 2009, "가정, 학교, 친구관계에서 발생하는 긴장이 청소년비행에 미치는
　　효과 연구", 〈청소년학연구〉, 16권 3호, 237~257쪽.

이동원, 2007, "범죄피해자 지원센터의 운영 현황에 대한 실태조사", 〈한국공안
　　행정학회보〉, 26권, 219~264쪽.

_____, 2010, "형사조정프로그램의 이상적인 모델구성과 적용방안", 〈한국공안행학회보〉, 38권, 140~169쪽.

이민식, 2000, "범죄에 대한 반응", 〈형사정책연구〉, 11권 4호, 215~254쪽.

_____, 2005, "성과 양형: 마약류 사범을 중심으로", 〈형사정책연구〉, 16권 1호, 155~196쪽.

이상문, 2007, "비행발달 과정에 관한 두 가지 관점의 비교연구", 〈형사정책연구〉, 18권 3호, 1129~1158쪽.

이성식, 2011, 《청소년비행과 범죄연구: 이론들 간의 논쟁과 통합》, 청목출판사.

_____, 1995, "청소년비행론에 있어서 허쉬의 사회통제이론에 대한 수정된 논의", 〈형사정책연구〉, 6권 4호, 183~204쪽.

_____, 1997, "사회 내 처우 비행소년과 시설 내 처우 비행소년의 재범가능성에 대한 비교연구", 〈형사정책〉, 9권, 193~214쪽.

_____, 1998, "공식처벌의 간접손실효과: 확대억제이론의 검증", 〈형사정책연구〉, 9권 3호, 221~246쪽.

_____, 2001, "경찰순찰활동의 범죄예방효과에 관한 경험적 연구", 〈형사정책〉, 13권 1호, 165~191쪽.

_____, 2003, "청소년 폭력비행에 있어 일반긴장이론의 검증", 〈형사정책〉, 15권 2호, 85~105쪽.

_____, 2005, "사이버공간에서의 청소년비행의 원인에 대한 경험연구", 〈형사정책연구〉, 16권 3호, 145~174쪽.

_____, 2007, "청소년비행과 비공식 낙인의 영향: 청소년 패널자료의 분석", 〈형사정책연구〉, 18권 3호, 1105~1128쪽.

_____, 2011, 《사이버범죄학: 원인 유형 대책》, 그린.

_____, 2012, "대학생의 인터넷 저작권 침해행위에 있어 중화의 작용과 이론들의 검증", 〈한국사회학〉, 46권 5호, 211~232쪽.

이성식·전신현, 2001, "가부장적 가정과 여자청소년비행", 〈한국사회학〉, 35권 5호, 173~198쪽.

이순래, 1995, "범죄지속의 원인에 관한 연구", 〈형사정책연구〉, 6권 3호, 107~138쪽.

_____, 2004, "한국의 범죄피해실태에 관한 연구", 〈피해자학연구〉, 12권 2호, 115~159쪽.

이순래·박철현, 2000, "범죄 현상에 대한 새로운 분석틀: 발전범죄학의 대두와 전개", 〈한국공안행정학회보〉, 9권, 81~125쪽.

_____, 2012, "범죄유발적 지식구조와 학교폭력과의 관계에 관한 연구", 〈형사정책연구〉, 92권, 219~255쪽.

이순래·곽대경·기광도·김상원·박정선·박철현·연성진·이성식·이순래·최응렬, 2007, 《현대사회와 범죄》, 청목출판사.

이장현, 1968, "일탈행위와 사회학적 이론", 〈한국사회학〉, 2권, 1~17쪽.

이태원, 1998, "화이트칼라범죄에 대한 최근 쟁점들", 〈형사정책연구〉, 9권 1호, 103~135쪽.

_____, 2004, "카지노 출입자의 사회인구학적 특성: 도박중독 그리고 도박동기와 실태에 관한 연구", 〈형사정책연구〉, 15권 2, 175~216쪽.

이현희, 2004, "민간경비 성장에 대한 인과적 분석: 경제, 범죄율, 경찰력", 〈한국공안행정학회보〉, 17권, 327~350쪽.

장안식·정혜원·박철현, 2011, "범죄두려움에 있어서 성과 연령의 상호작용효과: 범죄 피해-두려움에 대한 새로운 접근", 〈형사정책연구〉, 87권, 291~326쪽.

장준오, 1996, "외국인 노동자의 취업실태와 작업장 이탈에 따른 불법성", 〈형사정책연구〉, 7권 4호, 143~167쪽.

전신현·이성식, 2010, "청소년의 휴대전화를 이용한 사이버 집단 괴롭힘 현상의 원인 모색", 〈청소년학연구〉, 7권 11호, 159~181쪽.

전영실, 2007a, "가족유대와 비행의 관계: 허쉬의 사회통제이론에 대한 수정된 논의를 중심으로", 〈형사정책〉, 19권 1호, 277~304쪽.

_____, 2007b, "시민순찰활동의 운영실태 및 활성화 방안", 〈형사정책연구〉, 18권 3호, 1247~1270쪽.

정혜원, 2010, "청소년단계에서 사이버 비행의 변화에 대한 연구: 일반긴장이론, 자기통제이론, 비행기회이론을 중심으로", 〈형사정책연구〉, 82권, 263~288쪽.

주희종, 1999, "교정이념의 변천과정과 교정정책의 방향", 〈교정연구〉, 9권, 279~311쪽.

최인섭, 1994, "지역사회 범죄예방과 민간인 참여", 〈형사정책연구〉, 5권 3호, 81~130쪽.

최인섭·기광도, 1998, "가구 및 개인절도 피해에 영향을 미치는 요인연구: 일상행위이론과 사회해체이론을 중심으로", 〈형사정책연구〉, 9권 4호, 61~80쪽.

최인섭·진수명, 1997, "보호관찰제도 확대실시의 전망과 문제점", 〈형사정책〉,

9권, 5~43쪽.

황성현, 2006, "낮은 자아통제감, 친구집단요인, 부모요인이 청소년 약물사용에 미치는 영향", 〈청소년학연구〉, 13권 5호, 129~155쪽.

_____, 2012, "초·중·고등학교 청소년의 지위비행에 대한 상호작용론적 연구: 로지스틱 회귀분석을 이용하여", 〈청소년학연구〉, 19권 10호, 23~43쪽.

황지태, 2009, "공식통계와 범죄피해조사의 상반된 결과에 대한 설명", 〈형사정책연구〉, 20권 1호, 279~303쪽.


Akers, R. L., 2000, *Criminological Theories: introduction, evaluation, and application*, Roxbury, 민수홍·박기석·박강우·기광도·전영실·최병각 역, 2011, 《범죄학이론》, 나남.

Bernard, T. J., Vold, G. B., Snipes, J. B., & Gerould, A. L., 2010, *Vold's Theoretical Criminology* (6th ed.), Oxford University Press, 이순래·이성식·박정선 역, 2012, 《Vold의 이론범죄학》, 그린.

Lab, S. P., 2010, *Crime Prevention: Approaches, Practices, and Evaluations* (7th ed.), C. J. Anderson, 이순래·빅철현·김상원 역, 2011, 《범죄예방론》, 그린.

Liska, A. E., 1986, *Perspectives on Deviance*, Prentice Hall, 장상희 역, 1986, 《일탈의 사회학》, 경문사.

Liska, A. E., & Messner, S. F., 1999, *Perspectives on Crime and Deviance*, Prentice Hall, 장상희 역, 2001, 《일탈과 범죄사회학》, 경문사.

Siegel, L. J., 2008, *Criminology: Theories, Patterns, and Typologies* (9th ed.), Thomson/Wadsworth, 이민식·김상원·박미랑 역, 2008, 《범죄학: 이론과 유형》, CENGAGE LEARNING.

# 4부

## 환경 · 의료 · 과학기술

# 13

## '환경과 사회' 연구의 동향과 전망

박 재 묵

## 1. 들어가는 말

환경과 사회 간의 상호작용을 연구하는 환경사회학은 사회학의 여러
분야 중에서 비교적 늦게 제도화된 분야이다. 인간 사회와 물리적·
생물적 환경 간의 관련에 일찍이 관심을 가졌던 선구적 업적은 뒤르
켐, 베버, 마르크스 등의 고전사회학이나 1920~1930년대의 시카고
학파의 인간생태학에서 찾을 수 있지만, 환경사회학이 하나의 독립
된 연구분야로 확립된 것은 이 분야 연구가 가장 일찍 시작된 미국에
서조차도 1960년대 후반 이후의 일이기 때문이다.

1960년대 후반 미국 농촌사회학회(Rural Sociological Society) 안에
서 결성된 자연자원 연구 집단(Natural Resources Research Group)이
환경사회학 분야에서 가장 먼저 출현한 연구자 조직이었다. 1973년
에 결성된 사회문제연구학회(Society for the Study of Social Problems)
내의 환경문제분과(Environmental Problems Division)가 바로 그 뒤를
이었다(Catton & Dunlap, 1978: 41).

비슷한 시기에 환경사회학(*environmental sociology*)이라는 용어도 사용되기 시작했다.[1] 이러한 과정을 거쳐 1976년에 이르러 비로소 미국사회학회에 환경사회학 분과[2]가 조직되었다.

미국에서 1960년대 후반부터 약 10년간에 걸쳐 환경사회학이 등장하게 된 데는 다양한 요인이 영향을 미쳤지만 가장 직접적인 요인으로 두 가지를 들 수 있다. 그 하나는 이 시기에 집중적으로 출판된 환경위기의 심각성을 경고한 환경 저술이다. 당시 사회학자에게 영향을 준 대표적인 과학적 저술로 카슨(Carson, 1962), 코모너(Commoner, 1971), 얼리히 부부(Ehrlich & Ehrlich, 1970), 하딘(Hardin, 1968) 등이다(Catton & Dunlap, 1979: 468).

다른 하나의 요인은 위의 환경저술과 주요 환경사고의 영향을 받아 새롭게 출현한 '근대적' 환경운동이다. 종래의 자연보전운동과는 달리 산업적 · 화학적 오염을 주된 쟁점으로 하여 1960년대 이후 활성화되기 시작한 '근대적' 환경운동의 급속한 확산은 환경문제는 물론 환경운동 자체에 대한 사회학자의 관심을 촉발시켰다. 말할 필요도 없이, 이러한 지적 · 사회적 분위기의 형성에는 산업적 · 화학적 오염을 비롯한 환경문제 자체가 중요한 영향을 미쳤다. 결국 환경위기와 그에 따른 사회 전반에 걸친 환경주의의 확산이 환경사회학 등장의 배경이 되었다.

오늘날 환경문제는 지구인 전체의 주요 관심사 중의 하나이다. 이러한 관심의 확산에는 개별 국가가 당면한 국지적 환경문제와 함께 기후

---

1 해니건(J. Hannigan)에 따르면 환경사회학(*environmental sociology*)이라는 용어를 처음으로 명시적으로 사용한 사회학자는 클라우스너(S. Klausner)이다. 그는 자신의 1971년 저술 *On Man in his Environment*에서 이 용어를 사용했다(Hannigan, 2006: 10).
2 현재는 환경과 기술 분과(Environment and Technology Section)라는 명칭을 사용한다.

변화와 같은 지구환경문제가 크게 기여했다. 이에 따라 이제 환경사회학은 많은 나라에서 사회학의 주요 연구분야로 확립되었고, 국제 학회의 주요 연구주제가 되었다. 국제사회학회(ISA)에서는 1971년 이래 '환경과 사회' 연구위원회가 전체 55개 연구위원회 중의 하나(RC24)로 자리 잡았다. 개별 국가 중에서 환경사회학이 발전된 국가로 국제적으로 알려진 나라는 독일, 네덜란드, 영국 등의 유럽 여러 나라와 호주, 일본 등이 있다.

한국에서 환경사회학의 교육과 연구가 본격적으로 시작된 시기는 1990년대이다. 환경사회학의 제도화 과정과 현황에 대해서는 뒤에서 논의하겠지만 대체로 1990년 이후 약 20년 동안 교육과 연구를 위한 제도적 기반이 갖추어졌다고 할 수 있다. 이러한 과정을 거쳐 한국 환경사회학은 국제사회에서 비교적 잘 알려진 편이다.[3] 한국의 환경사회학이 국제적으로 알려지게 된 계기는 1993년 한국사회학회가 개최한 '환경과 발전'에 관한 국제학술대회 개최, 2004년 국제사회학회 RC24의 국내 개최, 일본, 중국, 대만 등 인근 학자와의 교류 및 동아시아 국제 환경사회학 학술회의 참가 및 개최 등을 들 수 있다.

이 글은 한국 환경사회학 분야의 연구동향을 살펴보고 이러한 고찰을 토대로 향후의 전개방향을 예측하는 데 목적을 둔다. 이를 위해 제2절에서는 그 기초작업으로서 한국 환경사회학의 제도적 확립 과정을 고찰하고자 한다. 여기에서는 연구자 단체의 조직화와 환경사회학 및 그 관련과목의 정규 교육과정 진입을 주로 다루게 된다. 제3절에서는 한국 환경사회학자들의 연구동향을 살펴보고 그 특징

---

3 해니건은 그의 *Environmental Sociology: A Constructionist Perspective*에서 미국 바깥에서의 환경사회학의 제도화를 논하면서 유럽, 일본 및 한국의 사례를 든 바 있다 (Hannigan, 2006: 11-12).

을 도출해 보고자 한다. 이를 위해 단행본과 함께 한국환경사회학회의 학술지 〈환경사회학연구〉(ECO)에 게재된 논문의 주제를 분석한다. 제4절에서는 제3절의 분석을 토대로 한국 환경사회학의 미래 전개 방향을 전망하고 그 과제를 도출해 보고자 한다.

## 2. 환경사회학의 제도화 과정과 현황

다른 나라에서와 마찬가지로 한국에서도 환경 악화 및 파괴 그리고 그에 따른 환경문제에 대한 우려의 확산이 환경사회학의 출현의 배경이 되었다. 1960년대 이후 급속하게 추진된 공업화로 이미 1970년대부터 여천, 울산 등 공단지역에서 대기오염 피해가 나타나기 시작했고 1982년에는 우리나라 최초의 공해병으로 기록된 '온산병'이 발생하였다. 급속한 도시화에 따라 악화된 하천 수질 또한 환경에 대한 우려를 자아내기에 충분했다. 이러한 상황에서 1980년대 초부터 환경운동단체들이 조직되고, 1989년에는 우리나라 최초의 대중적 환경운동 단체인 공해추방운동연합이 출현했다.

### 1) 환경사회학의 정규 교과목 편입

사회학자들이 환경사회학을 정규 교과목으로 가르치기 시작한 것은 1990년부터이다. 지금까지 알려진 우리나라 최초의 환경사회학 강의는 1990년 2학기에 서강대 대학원에서 최재현이 가르쳤다. 서강대, 서울대, 연세대, 이화여대 대학원생 15명 정도가 참여한 이 강의의 명칭은 '환경의 사회학'이었고, 강의의 내용은 환경이론서 읽기

466

와 공해현장 답사 및 실태조사로 구성되었다. 4 학부과정에서는 이시재가 1993년 1학기부터 성심여대(현 가톨릭대 성심교정) 사회학과에서 환경사회학을 강의하기 시작했는데, 이것이 학부에서 이루어진 최초의 강의였다(이시재, 1994: 164). 5

이때부터 다른 대학에서도 환경사회학 강의가 개설되기 시작했으나, 1994년까지만 해도 전국에서 환경사회학을 개설하는 대학은 소수였다. 학부에서 개설했던 대학은 성심여대와 충북대뿐이었고, 대학원에서 환경사회학 및 관련 과목을 개설한 학교로는 성균관대, 성심여대, 충남대 등이 있었다. 반면에 학부과정과 대학원과정에 인간생태학(론) 또는 사회생태학이라는 명칭의 교과목을 개설한 학교가 7개 있었는데(이시재, 1994: 164~165), 이들 교과목은 그 내용의 측면에서 볼 때 오늘날의 환경사회학과는 다소 거리가 있다.

그 후 환경사회학 강의는 점차 확대되어 2013년 현재 전국의 40개 대학 사회학과 및 연관학과의 80%인 32개 학과에서 환경사회학 관련과목을 개설했다(〈표 13-1〉 참조). 강좌의 명칭으로는 대체로 '환경사회학'을 사용하지만 지역사회, 도시, 발전, 인구 등을 환경과 연관시킨 강좌가 일부 있고, 부산대, 서울대, 울산대 등에서는 '생태'를 강조하는 강좌명을 사용한다는 점이 눈에 띈다.

환경사회학의 정규 교과목 진입으로 교재 개발이 뒤따랐다. 우리말로 된 최초의 교재는 학부에서 강의가 처음 시작된 때로부터 2년 뒤에 출판되었다. 최초의 우리말 교재는 양종회와 이시재가 험프리와 버텔 (Humphrey & Buttel)의 *Environment, Energy, and Society*(1982)

---

4 1990년 9월 21자 〈한겨레〉 기사를 참조하였다.

5 이시재는 최근에 발표한 "나의 환경사회학 회고"에서 환경사회학 과목을 1992년에 개설하였다고 밝힌다(이시재, 2013: 50). 따라서 과목의 개설 시기는 1992년이고 실제로 강의한 해는 1993년인 것으로 해석된다.

<table>
<tr><th colspan="3" style="text-align:center;">〈표 13-1〉 사회학과 및 전공에서의 환경사회학 관련 과목의 개설 현황</th></tr>
<tr><th>대학</th><th>학과명</th><th>학부 교과목</th></tr>
<tr><td>가톨릭대</td><td>사회학전공</td><td>환경사회학</td></tr>
<tr><td>강원대</td><td>사회학과</td><td>환경사회학</td></tr>
<tr><td>경남대</td><td>사회학과</td><td>환경사회학</td></tr>
<tr><td>경북대</td><td>사회학과</td><td>환경사회학실습</td></tr>
<tr><td>경상대</td><td>사회학과</td><td>환경사회학**</td></tr>
<tr><td>경희대</td><td>사회학과</td><td>환경사회학</td></tr>
<tr><td>계명대</td><td>사회학과</td><td>환경사회학</td></tr>
<tr><td>고려대 (서울)</td><td>사회학과</td><td>환경사회학</td></tr>
<tr><td>고려대 (세종)</td><td>사회학과</td><td>환경사회학</td></tr>
<tr><td>국민대</td><td>사회학과</td><td>-</td></tr>
<tr><td>대구가톨릭대</td><td>사회학과</td><td>환경과 지역사회</td></tr>
<tr><td>대구대</td><td>사회학과</td><td>환경사회학</td></tr>
<tr><td>덕성여대</td><td>사회학전공</td><td>환경사회학</td></tr>
<tr><td>동국대</td><td>사회학전공</td><td>-</td></tr>
<tr><td>동아대</td><td>사회학과</td><td>환경사회학</td></tr>
<tr><td>배재대</td><td>미디어정보 · 사회학과*</td><td>-</td></tr>
<tr><td>부산대</td><td>사회학과</td><td>환경과 생태의 사회학</td></tr>
<tr><td>서강대</td><td>사회학전공</td><td>환경사회학</td></tr>
<tr><td>서울대</td><td>사회학과</td><td>환경과 생태의 사회학</td></tr>
<tr><td>서울시립대</td><td>도시사회학과</td><td>환경과 도시</td></tr>
<tr><td>성공회대</td><td>사회과학부</td><td>-</td></tr>
<tr><td>성균관대</td><td>사회학과</td><td>-</td></tr>
<tr><td>아주대</td><td>사회학전공</td><td>환경사회학</td></tr>
<tr><td>연세대</td><td>사회학과</td><td>환경과 사회</td></tr>
<tr><td>영남대</td><td>사회학과</td><td>환경과 사회</td></tr>
<tr><td>울산대</td><td>사회 · 복지학전공</td><td>에너지와 생태사회</td></tr>
<tr><td>이화여자대</td><td>사회학전공</td><td>환경사회학</td></tr>
<tr><td>전남대</td><td>사회학과</td><td>환경사회학</td></tr>
<tr><td>전북대</td><td>사회학과</td><td>환경과 발전</td></tr>
<tr><td>제주대</td><td>사회학과</td><td>환경사회학</td></tr>
<tr><td>중앙대</td><td>사회학과</td><td>환경사회학</td></tr>
<tr><td>창원대</td><td>사회학과</td><td>환경사회학</td></tr>
<tr><td>청주대</td><td>사회학과</td><td>환경사회학</td></tr>
<tr><td>충남대</td><td>사회학과</td><td>환경사회학</td></tr>
</table>

〈표 13-1〉계 속

| 대학 | 학과명 | 학부 교과목 |
|---|---|---|
| 충북대 | 사회학과 | 환경사회학 |
| 한림대 | 사회학과 | 인구와 환경 |
| 한신대 | 사회학과 | - |
| 한양대 (서울) | 사회학전공 | - |
| 한양대 (안산) | 정보사회학과 | 환경사회학 |
| 한일장신대 | 사회경제학전공 | - |

* 2014년도에 폐지 예정
** 예비과목으로 설강됨.

를 번역하여 출판한 《환경사회학》(1995) 이었다. 국내 학자가 쓴 교재
는 2000년대에 들어와서 비로소 출판되기 시작했다. 대표적 교재로는
노진철의 《환경과 사회》(2001), 정대연의 《환경사회학》(2002), 한국
환경사회학회 소속 연구자 11인이 공동으로 집필한 《우리 눈으로 보는
환경사회학》(2005) 등이 있다. 환경사회학회 회원 다수가 참여한 교재
공동집필은 환경사회학의 범위와 주요 내용을 표준화하는 데 기여했다
는 의미를 갖는다.


## 2) 연구영역 확립과 독립학회의 조직

'환경'이 사회학계에서 하나의 연구영역으로 확립되기 시작한 시기는
1990년대 초반이다. 사회학대회에서 '환경'이 분과로 처음 등장한 시
기는 사회학회가 분과 확장기에 들어가기 시작한 1991년이다. 1991년
6월 28일 충남대에서 개최된 전기 사회학대회는 12개의 분과로 조직
되었는데, 그중 제 11분과의 명칭이 '집중토론2 - 자연과 환경문제'였
다(한국사회학회, 2007: 204). 여기에서 4명이 발표했고 주요 주제는
안면도 방사성 폐기물 처분장 입지결정을 둘러싼 갈등이었다. 1991년
12월 12~13일 중앙대에서 열린 후기 사회학대회에서는 공식적으로

'환경과 공해 분과'가 조직되었다. 이 분과의 공동주제는 생활쓰레기 처리였다.

사회학대회의 환경사회학 분과는 1990년대 초반까지는 환경사회학 연구자의 유일한 발표의 장이었고, 그 후 환경사회학자가 독자적 연구회 및 학회를 조직한 후에도 이 분야 학자에게 중요한 소통의 장이었다. 1991년부터 2006년까지 환경사회학 분과가 조직된 사회학대회는 1991년 전기 및 후기, 1994년 전기, 1995년 후기, 1996년 전기, 1998년 전기, 1998년 후기, 1999년 전기, 2000년 전기와 후기, 2003년 후기, 2004년 전기, 2006년 전기 및 후기 등이다. 그리고 이들 분과에서 발표된 논문의 수는 55개에 이른다(한국사회학회, 2007: 207~208).

환경문제의 사회적 관련에 관심을 가진 연구자가 점차 늘어나면서 독자적 연구자 모임이 만들어지기 시작했다. 최초의 환경사회학 연구자 모임은 1995년 6월 23일에 결성된 한국환경사회학연구회(회장 권태환)였다. 이 연구회는 규모가 작고 규약조차 없는 느슨한 조직이었지만 회원의 참여의욕이 높아 비교적 활발하게 활동했다. 주요 활동으로는 한국사회학회가 개최한 춘·추계사회학대회에서의 환경사회학 분과조직 및 논문발표, 춘·추계의 정기적 워크숍 개최 및 환경현장 답사6 등을 들 수 있다(한국환경사회학회, 2005: 40).

이 연구회 모임을 기반으로 하여 한국환경사회학회(초대 회장: 이시재)가 2000년 6월 3일에 창립되었다. 창립기념 세미나의 주제는 당

---

6 환경현장 답사는 환경사회학연구회의 특징적 활동이었다. 연구회 창립 이후 2000년 한국환경사회학회로 재창립되기까지 방문한 현장은 광주광역시 광산구 음식물사료화연구시설(1996년 6월), 대구 금호강유역 오염 현장(1997년 6월), 울산 온산공단(1997년 10월), 서산 천수만간척지 및 태안 안면도(1998년 5월), 창녕 우포늪 및 주남저수지(1998년 11월), 영월 동강(1999년 4월), 부안 새만금 간척지구(2000년 3월) 등이었다.

시 주요 사회적 쟁점 중의 하나였던 동강댐(영월댐)이었고, 4편의 논문이 발표되었다. 현재 환경사회학회에는 약 150명의 연구자가 회원으로 참여한다. 회원의 대다수는 사회학자이지만 정치학자, 경제학자, 인류학자 등 다양한 사회과학 분야 연구자도 참여하고 소수이기는 하지만 자연과학 및 공학을 전공한 연구자도 소수 참여한다. 이런 점에서 환경사회학회는 학제적 성격을 지닌 학회라고 할 수 있고, 사회학회의 분과학회의 성격보다는 연관학회의 성격을 더 강하게 지닌다고 할 수 있다.

환경사회학회는 과거 연구회 시절에 수행했던 활동, 즉 춘·추계사회학대회에서의 분과활동, 춘·추계의 독자적 학술회의 개최, 환경현장 답사 등을 대체로 유지하면서 이에 추가하여 공동저술 사업, 국제학술회의 개최, 학술잡지 〈환경사회학연구〉 발행 등의 활동을 전개했다. 환경사회학회가 기획하여 펴낸 공동저술로는 교재 성격을 갖는 《우리 눈으로 보는 환경사회학》(2005)과 '한국 환경사회학 시리즈'의 1, 2권으로 펴낸 《환경사회학 이론과 환경문제》(2013) 및 《환경운동과 생활세계》(2013)가 있다.

환경사회학회가 개최한 주요 국제학술회의로는 2004년 국제사회학회 RC24회의와 2011년 제3차 동아시아 환경사회학 국제학술회의(The 3rd International Symposium on Environmental Sociology in East Asia)가 있다. 반년간(半年刊) 학술지인 〈환경사회학연구〉의 발행(2001년 이후)은 환경사회학회의 가장 중요한 사업이다.

## 3. 한국 환경사회학의 연구 동향

### 1) 연구주제

환경사회학의 연구주제를 파악하기 위해 사회학회의 〈한국사회학〉 및 환경사회학회의 〈환경사회학연구〉에 게재된 논문,7 환경사회학회의 의 학술대회 주제, 사회학자의 환경사회학적 저서 주제 등을 살펴보고 자 한다. 이 중에서 가장 중요한 분석대상은 〈한국사회학〉 및 〈환경사회학연구〉에 게재된 논문이다. 〈한국사회학〉에 게재된 환경사회학 분야의 논문 편수는 9편에 지나지 않으나 〈환경사회학연구〉 창간 이전의 연구동향을 보여준다는 점을 고려하여 분석대상에 포함하였다.

또한 〈환경사회학연구〉는 환경사회학 분야의 대표적 전문학술지라 는 점을 고려하여 창간호(2001)에서부터 제 17권 1호(2013년 상반기)까 지에 수록된 167개의 논문('포럼'으로 분류된 것까지 포함)의 주제를 분석 하였다. 연구주제는 〈표 13-2〉에서 보는 바와 같이 기타를 포함해서 총 19개로 구분하였다.

---

7 환경사회학 분야의 논문은 〈한국사회학〉 및 〈환경사회학연구〉 외에 〈농촌사회〉, 〈경 제와 사회〉 등의 다른 학술지에도 게재되지만, 이들 학술지에 실린 환경사회학 관련 논문의 편수가 많지 않음을 고려하여 이들 논문들은 분석대상에 포함되지 않았다. 분석 대상을 〈한국사회학〉 및 〈환경사회학연구〉에 수록된 논문으로 한정함에 따라 발생할 수 있는 문제점은 환경농업·식량·식품을 다룬 환경사회학자들의 논문이 체계적으로 배제될 수 있다는 점이다. 이 주제를 다룬 논문의 상당수가 〈농촌사회〉에 투고되기 때 문이다.

(1) 〈한국사회학〉 및 〈환경사회학연구〉 게재논문의 주제

〈한국사회학〉에 게재된 논문은 총 9편으로 소수이고[8] 그 주제 또한 〈표 13-2〉에서 보는 바와 같이 다양하지 않다. 〈환경사회학연구〉 창간(2001) 이전, 즉 2000년 이전에는 환경사회학 분야 논문이 주로 〈한국사회학〉에 게재되었기 때문에 이 시기에 발표된 논문의 주제에 주목할 필요가 있다. 이 시기에 발표된 논문의 주제는 '환경운동·환경갈등', '환경의식·환경행동', '환경정책·환경행정' 및 '지속가능한 발전'이다.

〈표 13-2〉에서 알 수 있는 중요한 것은 환경사회학 분야 연구가 시작되던 1990년대 초반에는 '환경의식·환경행동' 및 '환경운동·환경갈등'이 주요 주제였다는 점이다. 〈한국사회학〉에 개재된 최초의 환경사회학 분야 논문은 양종회의 "우리나라 국민들의 환경문제에 대한 의식의 변화 및 사회적 기반"(1993)이었다.[9] 그 뒤를 이어서 환경의식에 관한 김두식의 논문(1995)과 환경운동을 다룬 구도완(1995)의 논문이 발표되었다.

다음으로 〈환경사회학연구〉에 게재된 총 167편의 주제를 살펴보자. 19개로 분류된 전체 주제 중에서 상대적으로 높은 빈도로 다루어지는 주제는 6개이다. 가장 높은 빈도로 다루어진 주제는 '원자력·위험·재난'이다. 이 주제를 다룬 논문은 21편으로 전체 167편의 12.6%를 차지한다.[10] 이 주제를 다룬 논문이 가장 많았던 것은 〈표 13-3〉

---

8 〈한국사회학〉에 게재된 논문의 주제별 분석 자료에 따르면, 환경을 주제로 한 논문은 1964년부터 2006년 사이에 게재된 전체 논문의 1.4% 수준이다(한국사회학회, 2007: 110). 이처럼 〈한국사회학〉에 실린 환경사회학 분야 논문이 적은 이유는 이 분야 연구자들이 보다 전문화된 〈환경사회학연구〉 게재를 선호하기 때문이다.

9 〈한국사회학〉에 게재되지는 않았지만 이보다 먼저 발표된 논문으로는 필자의 "환경문제에 대한 사회학적 이해"(1991)가 있다. 이 논문은 1991년 5월 한국사회학회가 주최한 특별 심포지엄에서 발표되었다.

10 〈환경사회학연구〉 게재논문의 주제어를 분석한 윤순진의 논문에서도 위험·위해·

(기간: 1991~2013)

| 주제 | 논문 편 수 | | | | | |
|------|-----------|---|---|---|---|---|
|  | '91~'95 | '96~'00 | '01~'05 | '06~'10 | '11 이후 | 계 |
| 원자력 · 위험 · 재난 |  |  | 1 |  |  | 1 |
| 환경문제 · 기후변화 |  |  |  | 1 |  | 1 |
| 환경운동 · 환경갈등 | 1 |  |  |  |  | 1 |
| 환경의식 · 환경행동 | 2 |  |  |  |  | 2 |
| 환경정책 · 환경행정 |  | 2 |  |  |  | 2 |
| 지속가능한 발전 |  | 1 |  |  |  | 1 |
| 환경 · 위험거버넌스 |  |  |  |  | 1 | 1 |
| 계 | 3 | 3 | 1 | 1 | 1 | 9 |

주: 주제의 분류 체계는 〈표 13-3〉과 같았으나, 한 편의 논문도 발견되지 않는 주제는 표에서 제외했다.

에서 보는 바와 같이 2007년에 발생한 허베이 스피리트호 기름 유출사고에 대한 연구가 두 차례에 걸쳐 특집형태로 수록되었기 때문이다.

환경사회학자가 그다음으로 자주 다룬 주제는 '대규모 개발사업'으로 총 19편의 논문이 이 주제를 다룬다. 환경사회학자가 동강댐, 새만금 간척사업, 4대강 사업 등 정부가 추진했던 대규모 개발사업에 큰 관심을 기울인 결과이다. 이밖에 환경사회학자가 많은 관심을 보인 주제로는 '환경의식 · 환경행동'(14편), '환경문제 · 기후변화'(12편), '환경운동 · 환경갈등'(12편), '환경정치'(12편) 등이었다. 이 6개의 주제를 다룬 논문은 총 90편으로서 전체 167편의 53.9%를 차지한다.

환경사회학자가 위의 6개 주제 다음으로 관심을 보인 주제로는 '환경정책'(8편), '사회영향평가'(8편), '환경 · 위험거버넌스'(8편), '환경불평등 · 환경정의'(7편), '환경농업 · 식량 · 식품'(7편), '환경사회학

재난으로 분류될 수 있는 주제어가 가장 높은 빈도로 나타나고 여기에 원자력 관련 주제어를 포함할 경우에 '원자력 · 위험 · 재난'과 관련된 주제어의 빈도는 더욱 높게 나타난다(윤순진, 2013: 79~80).

이론'(6편), '지속가능한 발전'(5편), '환경복원'(5편) 등이다. '환경농업·식량·식품'을 다룬 상당수의 논문이 〈농촌사회〉에 수록됨으로써 이 분석에서 제외됨을 감안할 필요가 있다. '에너지·자원'(4편), '생태공동체'(2편), '환경사회학방법론'(1편), '환경사상'(1편) 등의 주제를 다룬 논문은 매우 적었다. '인구'는 당초 주제 분류 시 별도의 주제로 설정하였으나, 관련 논문이 전혀 발견되지 않아 주제목록에서 제외했다. 이것은 환경사회학적 관점에서 인구를 다루는 연구자가 없음을 의미한다.

〈표 13-3〉〈환경사회학연구〉 게재논문의 주제

(기간: 2001~2013)

| 주제 | 논문 수 | | | | | | | | | | | | | |
|---|---|---|---|---|---|---|---|---|---|---|---|---|---|---|
| | '01 | '02 | '03 | '04 | '05 | '06 | '07 | '08 | '09 | '10 | '11 | '12 | '13 | 계 |
| 환경사회학 이론 | 2 | 1 | | 1 | | 1 | | 1 | | | | | | 6 |
| 환경사회학 방법론 | | 1 | | | | | | | | | | | | 1 |
| 환경문제·기후변화 | 2 | 1 | | 2 | | | 2 | 1 | 1 | 1 | 1 | 1 | | 12 |
| 원자력·위험·재난 | | | | 2 | | | | 7 | 6 | 2 | 4 | | | 21 |
| 에너지·자원 | | | | | | | | | | 1 | 1 | 2 | | 4 |
| 환경사상 | 1 | | | | | | | | | | | | | 1 |
| 환경운동·환경갈등 | | 1 | 1 | 2 | 2 | 2 | 1 | | | | | | 3 | 12 |
| 환경의식·환경행동 | | 1 | | 2 | 1 | 1 | 2 | | | 3 | 2 | 2 | | 14 |
| 환경정책 | | 1 | | 1 | | | | 1 | 4 | | | 1 | | 8 |
| 대규모 개발사업 | 3 | 4 | 4 | 1 | 1 | | 1 | | 1 | 2 | 2 | | | 19 |
| 사회영향평가 | | 4 | 1 | 1 | | 1 | | | | 1 | | | | 8 |
| 지속가능발전 | | 1 | | | | | 3 | | | | | 1 | | 5 |
| 환경정치 | 1 | 2 | | 1 | 1 | 1 | 1 | | | 1 | | 3 | 1 | 12 |
| 환경·위험거버넌스 | | 2 | 1 | | 1 | | | | | | 1 | 2 | 1 | 8 |
| 환경 불평등·환경정의 | | 1 | | 1 | 2 | 2 | | | | | 1 | | | 7 |
| 환경복원 | | | 4 | | 1 | | | | | | | | | 5 |
| 환경농업·식량·식품 | | 1 | | 1 | | | | | 4 | | | 1 | | 7 |
| 생태공동체 | | 1 | | | | 1 | | | | | | | | 2 |
| 기타 | | | 2 | 2 | 1 | 2 | 3 | 2 | 1 | | 1 | 1 | | 15 |
| 계 | 9 | 19 | 16 | 15 | 11 | 12 | 13 | 16 | 13 | 11 | 13 | 14 | 5 | 167 |

〈표 13-3〉의 주제 분석 결과는 다음과 같이 요약할 수 있다. 첫째, 1990년대 이래 한국 환경사회학 분야의 논문주제는 점차 다양해졌다. 1990년대에는 '환경의식·환경행동', '환경운동·환경갈등' 등 몇 가지 주제에 관한 소수의 논문이 발표되었으나, 2000년대에 들어와서는 편수의 증가와 함께 주제가 매우 다양해졌다. 현재는 환경사회학의 주요 주제의 대부분이 다루어진다.

둘째, 특정의 1~2개 주제에 대한 쏠림현상이 두드러지지는 않지만 주제별로 논문 편수는 큰 차이를 보인다. '원자력·위험·재난'과 '대규모 개발사업'은 연구자의 관심을 가장 많이 끈 주제인 반면에 '환경사상', '생태공동체', '에너지·자원' 등에 대한 관심은 매우 낮았다.

셋째, 특정 연구주제의 상승이나 하락이 뚜렷이 나타나지는 않는다. 비교적 많은 관심을 끈 6개의 주제를 다룬 논문은 전 기간에 걸쳐 고르게 발표되었다. 다만, '환경사회학 이론', '환경사회학 방법론', '환경사상', '환경복원' 등을 다룬 논문이 최근에는 발표되지 않고, 반대로 '에너지·자원'에 관한 논문은 최근에 와서 주로 발표되기는 하지만 이들 주제를 다룬 사례 수가 많지 않아 경향성을 말하기는 어렵다.

(2) 정기 학술대회의 주제

환경사회학회는 연 2회 춘·추계 정기 학술대회를 개최한다. 학회 창립 이후 개최된 총 26회의 정기 학술대회 중 주제가 확인되지 않은 2회를 제외한 나머지 24회 학술대회의 주제는 〈표 13-4〉와 같다. 정기 학술대회에서 자주 등장했던 주제는 '대규모 개발사업'(5회)이었다. 동강댐(2001년 창립기념세미나), 새만금 간척사업(2001년 추계, 2003년 추계), 4대강 사업(2010년 춘계) 등의 특정 개발사례와 대규모 개발사업 일반(2006년 춘계)이 주제로 등장했다.

〈표 13-4〉 한국환경사회학회 정기 학술대회의 주제

| 연도 | 춘·추계 | 학술대회 주제 | 주제 유형 |
|---|---|---|---|
| 2001 | 창립기념 | 동강댐 건설 문제의 사회문화적 조사연구 보고 | 대규모 개발사업 |
| | 추계 | 새만금 | 대규모 개발사업 |
| 2002 | 춘계 | 지역과 환경 | 기타 |
| | 추계 | 환경친화적 지역사회 개발과 새로운 공동체 운동 | 생태공동체 |
| 2003 | 춘계 | 미확인 | 기타 |
| | 추계 | 새만금 간척사업 | 대규모 개발사업 |
| 2004 | 춘계 | 미확인 | 기타 |
| | 추계 | 환경갈등과 환경정의 | 환경운동·환경갈등/ 환경 불평등·환경정의 |
| 2005 | 춘계 | 사회갈등과 주민참여: 지역 및 환경갈등을 중심으로 | 환경운동·환경갈등 |
| | 추계 | 환경철학과 환경운동 | 환경사상/ 환경운동·환경갈등 |
| 2006 | 춘계 | 대규모 개발사업과 환경정치 | 대규모 개발사업/ 환경정치 |
| | 추계 | 살기 좋은 지역 만들기의 이론과 전략 | 환경정책 |
| 2007 | 춘계 | 대규모 개발사업을 둘러싼 환경갈등과 생태민주 주의의 전망 | 환경운동·환경갈등 |
| | 추계 | 기후변화와 한국사회의 선택 | 환경문제·기후변화 |
| 2008 | 춘계 | 환경재난의 지역사회 영향: 허베이 스피리트호 기름유출 사고를 중심으로 | 원자력·위험·재난 |
| | 추계 | 먹을거리의 환경사회학 | 환경농업· 식량·식품 |
| 2009 | 춘계 | 허베이 스피리트호 기름유출 사고의 사회적·심 리적 영향과 공동체 복원 | 원자력·위험·재난 |
| | 추계 | 환경사회학의 관점에서 본 '저탄소 녹색성장' | 환경정책 |
| 2010 | 춘계 | 4대강 사업에 대한 환경사회학적 성찰 | 대규모 개발사업 |
| | 추계 | 기후변화의 사회학: 일상에서 지구촌까지 | 환경문제·기후변화 |
| 2011 | 춘계 | 구제역을 통해서 본 자본주의시대의 환경과 생명 | 환경문제·기후변화 |
| | 추계 | 환경적으로 지속가능한 동아시아를 위하여 | 지속가능한 발전 |
| 2012 | 춘계 | 지속가능한 발전과 경상남도의 과제 | 지속가능한 발전 |
| | 추계 | 이명박 정부의 환경정책: 평가와 대안 | 환경정책 |
| 2013 | 춘계 | 한국의 생태주의: 사상과 역사 | 환경사상 |
| | 추계 | 한국 환경사회학의 보편성과 특수성 그리고 미래 의 과제 | 환경사회학 이론 |

두 번째로 자주 등장한 주제는 '환경운동·환경갈등'으로 2004년 추계, 2005년 춘계 및 추계, 2007년 춘계 등 4회였다.

그다음으로 자주 등장한 주제는 '환경정책'(2006년 추계, 2009년 추계, 2012년 추계)과 '환경문제·기후변화'(2007년 추계, 2010년 추계, 2011년 춘계)로 각각 3회 나타났다. '환경정책'으로는 노무현 정부의 '살기 좋은 지역 만들기' 정책과 이명박 정부의 환경정책 일반과 녹색성장 정책이 다루어졌다.

이밖에 '원자력·위험·재난'(2008년 춘계, 2009년 춘계), '지속가능한 발전'(2011년 추계, 2012년 춘계), '환경사상'(2005년 추계, 2013년 춘계) 등이 각각 2회씩, 그리고 '생태공동체'(2002년 추계), '환경 불평등·환경정의'(2004년 추계), '환경정치'(2006년 추계), '환경농업·식량·식품'(2008년 추계) 등이 각각 1회씩 등장했다.

## (3) 〈환경사회학연구〉 특집의 주제

〈환경사회학연구〉는 매호 하나의 주제를 정하고 관련 논문을 특집으로 묶어 수록한다. 〈환경사회학연구〉의 특집주제 목록은 〈표 13-5〉 참조에 제시되었다. 특집 주제로 가장 자주 설정된 것은 '원자력·위험·재난'으로 그 횟수는 6회이다. 세부적으로 보면 방사성 폐기물, 원자력 발전 등 원자력 문제(통권 6호, 제 10권 1호, 제 17권 1호)와 재난(제 12권 1호, 제 13권 1호, 제 15권 1호)이 각각 3회씩 다루어졌다. 허베이 스피리트호 기름유출 사고는 두 번이나 특집으로 다루어졌다.

두 번째로 자주 다루어진 주제는 '환경정책'이었다. 환경정책은 5회 (통권 5호, 통권 8호, 제 11권 1호, 제 13권 2호, 제 16권 2호) 등장했다. 구체적으로는 노무현 정부의 환경정책, 녹색국가, 기후변화 정책, 이명박 정부의 녹색성장 정책과 일반 환경정책이 다루어졌다.

세 번째로 자주 다루어진 주제는 '대규모 개발사업'으로 그 횟수는 4

회(통권 1호, 통권 2호, 통권 7호, 제 14권 1호)였다. 동강댐 및 4대강 사업이 1회씩 그리고 새만금 간척사업이 2회 다루어졌다.

이 밖에 '사회적 영향평가'(통권 3호, 제 10권 2호)와 '환경의식·환경행동'(제 14권 2호, 제 15권 2호)이 각각 2회씩 다루어졌고, '환경정의'(통권 9호), '환경복원'(통권 4호), '환경농업·식량·식품'(제 12권 2호), '환경·위험거버넌스'(제 16권 1호), '환경문제'(제 15권 2호) '지속가능발전'(제 11권 2호) 등이 각각 1회씩 다루어졌다.

〈표 13-5〉 〈환경사회학연구〉 각 호의 특집 주제

| 연도 | 주 제 |
|---|---|
| 2001 | • 동강댐의 환경사회학(통권 1호) |
| 2002 | • 새만금 간척사업의 환경사회학(통권 2호)<br>• 사회영향평가 연구(통권 3호) |
| 2003 | • 청계천 복원의 사회학(통권 4호)<br>• 노무현정부의 환경정책 평가(통권 5호) |
| 2004 | • 부안 핵폐기물처리장 문제의 환경사회학(통권 6호)<br>• 새만금 간척사업의 환경사회학II(통권 7호) |
| 2005 | • 한국 국가의 녹색화 연구(통권 8호)<br>• 환경정의: 경험적 연구(통권 9호) |
| 2006 | • 방사성 폐기물 처분장과 민주주의(제 10권 1호)<br>• 도시개발의 사회적 영향: 은평 뉴타운 사례(제 10권 2호) |
| 2007 | • 기후변화정책의 국가간 비교연구(제 11권 1호)<br>• 대안적 발전의 해외사례 연구(제 11권 2호) |
| 2008 | • 허베이 스피리트호 기름유출 사고 연구(제 12권 1호)<br>• 지구화시대 세계 농식품체계의 환경사회학(제 12권 2호) |
| 2009 | • 허베이 스피리트호 기름유출 사고 연구II(제 13권 1호)<br>• 환경사회학적 관점에서 본 녹색성장(제 13권 2호) |
| 2010 | • 4대강 사업에 대한 환경사회학적 성찰(제 14권 1호)<br>• 한국인의 환경가치 지형(제 14권 2호) |
| 2011 | • 환경사회학과 재난관리(제 15권 1호)<br>• 환경문제와 환경의식(제 15권 2호) |
| 2012 | • 위험 사회의 거버넌스(제 16권 1호)<br>• 이명박 정부의 환경정책과 대안(제 16권 2호) |
| 2013 | • 원자력 발전과 시민사회: 비교연구(제 17권 1호) |

## (4) 주요 단행본의 주제

환경사회학자[11]가 저술한 단행본[12]은 비교적 다양한 주제를 다룬다. 2000년대에 들어와서는 저술의 수가 크게 늘어나면서 1990년대에 비하여 주제의 다양성도 크게 증가했다. 1990년대에는 '환경사회학 이론', '환경문제·기후변화', '환경운동·환경갈등', '환경운동·환경갈

<표 13-6> 단행본의 주제

(기간: 1990~2013)

| 주제 | 1990년대 | 2000~2009년 | 2010년 이후 |
|---|---|---|---|
| 환경사회학 이론 | 문순홍(1992)<br>문순홍(1999) | 조명래(2001) | 한국환경사회학회(2013)<br>조명래(2013a) |
| 환경문제·기후변화 | 최병두(1993b)<br>최병두(1995) | 최병두(2003a)<br>최병두(2003b) | |
| 대규모 개발사업 | | 문순홍(2006c)<br>박순열(2009)<br>조명래(2006) | 홍성태(2010)<br>조명래(2013b) |
| 사회영향평가 | | 구자건(2008) | |
| 원자력·위험·재난 | | 홍성태(2000) | 노진철(2010)<br>노진철 등(2010)<br>김도균(2011)<br>홍성태(2012) |
| 환경운동·환경갈등 | 구도완(1996)<br>이득연(1998) | 문순홍(2001)<br>구도완(2009) | 한국환경사회학회(2013) |
| 지속가능한 발전 | | 정대연(2004)<br>문태훈 등(2008) | 이시재 등(2010)<br>정대연(2010) |
| 환경 불평등·환경정의 | 최병두(1999a) | 한상진(2006) | 최병두(2010) |
| 환경정치 | | 문순홍(2006a)<br>문순홍(2006b)<br>이상헌(2003) | 구도완 등(2013)<br>서영표 등(2010) |
| 환경사상 | | 이상헌(2007) | |
| 교과서 | | 노진철(2001)<br>정대연(2002)<br>한국환경사회학회(2005) | |
| 복합 주제 및 기타 | 최병두(1993a)<br>최병두(1999b) | 양종회 등(2002)<br>최병두(2002)<br>홍성태(2006)<br>조명래(2009) | |

등', '환경 불평등·환경정의' 등 4개의 주제영역에 국한되었으나, 2000년대에 들어와서는 '대규모 개발사업' 등 6개 주제에 대한 저술이 새로 출판되었다. 최근 들어 '원자력·위험·재난'에 관한 저술이 늘어남이 주목된다.

1990년대 이후의 전체 기간에서 가장 많은 단행본이 출판된 주제영역은 '환경사회학 이론', '대규모 개발사업', '원자력·위험·재난', '환경운동·환경갈등', '환경정치' 등 5개이다. 이들 5개 주제에 관한 저술은 총 25권으로 전체 저술(46권)의 절반을 넘는다. 이들 5개 주제영역 다음으로 '환경문제·기후변화'(4권), '지속가능한 발전'(4권), '환경불평등·환경정의'(3권) 등의 주제영역에 관한 저술이 많은 편이다.

## 2) 연구방법

〈환경사회학연구〉의 창간호부터 2003년 6월에 발행한 제17권 1호까지 게재된 167편의 논문(포럼 포함)에서 사용되는 연구방법을 9개의 유형으로 구분하면 〈표 13-7〉과 같다. 연구방법을 명시적으로 서술하지 않은 논문이 적지 않고 복수의 연구방법을 사용하는 논문이 많아 유형 구분이 쉽지 않았으나, 필자의 주관적 판단에 따라 모든 논문의 연구방법을 9개의 범주에 배속시켰다.

먼저 논문의 발표 시기에 따른 연구방법의 차이는 드러나지 않는다. 다만 후기로 올수록 이론연구가 줄어드는 경향이 눈에 띌 따름이다.

---

11 사회학을 전공하지 않은 학자로서 한국환경사회학회 회원으로 활동하는 사람은 환경사회학자에 포함시켰다. 단행본 필자로는 구자건, 문순홍, 조명래, 최병두 등이 이 경우에 속한다.

12 번역서는 여기에서 제외하였다. 또한 다양한 분야의 학자들이 공동으로 저술한 책 중에서 환경사회학자의 기여가 크기 않은 저술도 제외하였다.

〈표 13-7〉 〈환경사회학연구〉 게재논문의 자료수집 방법

| 주제 | 논문 수 | | | | | | | | | | | | | |
|---|---|---|---|---|---|---|---|---|---|---|---|---|---|---|
| | '01 | '02 | '03 | '04 | '05 | '06 | '07 | '08 | '09 | '10 | '11 | '12 | '13 | 계 |
| 이론연구 | 2 | 9 | 6 | 4 | 3 | 3 | 1 | 4 | 3 | | 1 | 1 | | 37(22.2) |
| 설문조사 | 2 | 1 | 1 | 2 | 2 | 1 | | 3 | 4 | 4 | 2 | 3 | | 25(15) |
| 문헌·문서자료 | 3 | 3 | 1 | 7 | 4 | 6 | 1 | 5 | 2 | 3 | 3 | 2 | | 40(24) |
| 기존 자료 | | | 3 | | | | 1 | 2 | 1 | | 1 | 2 | | 10(7.3) |
| 면접·심층면접 | 1 | 5 | 1 | 1 | 1 | | 1 | 1 | 2 | | 2 | 2 | 2 | 19(11.4) |
| 내용·담론분석 | 1 | | 1 | 1 | | | 2 | | | | 1 | 1 | | 7(4.2) |
| 사례조사 | | 1 | 2 | | | 2 | 4 | | 1 | 3 | 2 | 4 | 1 | 20(12) |
| 비교연구 | | | | 1 | | | 3 | 1 | | | 1 | | 2 | 8(4.8) |
| 시뮬레이션 | | | 1 | | | | | | | | | | | 1(0.6) |
| 계 | 9 | 19 | 16 | 15 | 11 | 12 | 13 | 16 | 13 | 11 | 13 | 14 | 5 | 167(100.0) |

다음으로 연구방법 간의 빈도 차이는 비교적 뚜렷하게 드러난다. 문헌·문서자료(40편), 이론연구(37편), 설문조사(25편), 사례조사(20편), 면접·심층면접(19편) 등이 자주 사용되는 반면에, 기존 자료(10편), 비교연구(8편), 내용·담론분석(7편), 시뮬레이션(1편) 등은 상대적으로 적게 사용된다. 문헌·문서자료 및 이론 연구가 1, 2위를 차지한다는 점에서 환경사회학자의 독자적인 자료생산 노력이 활발했다고 보기는 어렵다.

마지막으로 〈환경사회학연구〉 게재논문과 〈한국사회학〉 게재논문의 연구방법을 비교해 보면 환경사회학의 연구방법과 사회학 일반의 연구방법 간에 상당한 차이가 있음이 발견된다. 〈환경사회학연구〉 게재논문에서는 문헌·문서자료, 이론연구, 설문조사 등의 순서로 자주 사용된 반면, 〈한국사회학〉 게재논문(〈표 13-8〉 참조)에서는 설문조사(32.3%), 기존 자료(22.8%), 이론(18.6%) 등이 각각 1, 2, 3위를 차지해 중시하는 연구방법이 서로 다를 뿐만 아니라 〈환경사회학연구〉 게재논문에서 비교적 중시된 문헌·문서자료(24%), 사례조사(12%),

<표 13-8> 〈한국사회학〉 게재논문의 연구방법 분석 결과

| 유형 | 이론 | 설문조사 | 집계자료 | 문서자료 | 기존자료 | 인터뷰 | 기타 질적 자료 | 전체 |
|------|------|----------|----------|----------|----------|--------|-----------------|------|
| 빈도 | 123 | 214 | 67 | 62 | 151 | 31 | 14 | 662 |
| % | 18.6 | 32.3 | 10.1 | 9.4 | 22.8 | 4.7 | 2.1 | 100 |

출처: 한국사회학회. 2007: 120.

면접·심층면접(11.4%) 등은 〈한국사회학〉 게재논문에서는 훨씬 낮은 비중을 차지하기 때문이다. 이러한 차이는 결국 일반 사회학자와 비교했을 때 환경사회학자가 양적 자료의 사용이 낮고 질적 자료를 더 많이 사용함을 나타낸다.

## 4. 한국 환경사회학의 특징

한국 환경사회학의 특징을 살펴보기 위해서는 환경사회학자 및 그들의 연구활동의 다양한 측면을 살펴볼 필요가 있다. 여기에서는 연구주제, 연구방법, 이론적 지향, 학제적 연구, 사회적 실천 등의 5가지 측면에서 한국 환경사회학의 특징을 살펴보고자 한다.

### 1) 환경문제의 사회학

흔히 일본 환경사회학자는 미국의 환경사회학을 '환경에 대한 사회학' (*sociology of the environment*) 이라고 특징지으면서, 자신들의 환경사회학을 '환경문제의 사회학'(*sociology of environmental problems*) 이라고 말한다. 이것은 일본의 환경사회학은 구체적인 환경문제가 지역사회, 주민 및 피해자의 생활과 지역사회에 미친 영향에 초점을 맞추는 경향이 있음을 지적하는 말이다. 이러한 일본 환경사회학의 특징은 한국 환경사회학에서도 나타난다. 이시재는 최근 발표한 "한국 환경사회학의 회고와 전망"에서 '한국에서 환경사회학은 환경문제의 사회학으로 출발했다'고 말하고 한국 환경사회학의 특징 중의 하나로 문제해결을 위한 연구를 든다(이시재, 2013: 13, 34~35).

앞에서 우리는 한국 환경사회학의 연구주제가 논문, 특집, 학술대회, 단행본 등에 있어서 어떻게 나타나는가를 살펴보았다. 다양한 연구활동 중에서 환경사회학자의 연구주제 선택경향을 잘 보여주는 것은 사례 수가 가장 많은 논문발표일 것이다. 〈환경사회학연구〉 게재 논문을 기준으로 할 때, 환경사회학자는 기후변화를 포함한 환경문제보다 '원자력·위험·재난', '대규모 개발사업', '환경의식·환경행동'을 더 중요하게 다루는 것으로 나타난다(〈표 13-3〉 참조).

그러나 가장 빈도가 높은 '원자력·위험·재난'과 '대규모 개발사업'은 환경문제에 대한 관심과 밀접하게 연관되어 있다. '원자력·위험·재난'은 독립적인 주제영역으로 설정되기는 했지만 결국 특수한 유형의 환경문제라고 할 수 있고 '대규모 개발사업'에 대한 관심은 개발사업으로 인한 환경문제에 대한 우려에서 비롯되기 때문이다. 따라서 겉으로 드러난 주제영역보다 주제선택에 영향을 미치는 문제의식을 고려한다면, 한국의 환경사회학은 '환경문제의 사회학'의 성격을 강하게 지닌다고 말할 수 있다.

## 2) 질적 자료의 활용

미국에서 환경사회학이 처음 형성되던 시기에 농촌사회학의 영향을 강하게 받았다. 농촌사회학의 영향 가운데 대표적인 것으로 경험적 조사자료를 중시하는 경향이다. 이러한 환경사회학의 전통은 한국의 환경사회학에서도 이어진다. 〈표 13-7〉에서 보는 바와 같이, 환경사회학 연구에서 이론연구의 비중이 22.2%로서 결코 낮다고 할 수는 없지만, 다양한 유형의 경험적 자료를 활용하는 연구의 비중이 이론연구에 비해 훨씬 크다.

경험적 연구방법 중에서 환경사회학자가 일반 사회학자에 비하여 중시하는 자료는 사례조사, 면접조사 등을 통해 얻는 질적 자료이다. 일반 사회학자에 비하여 설문조사, 기존 자료 활용, 집계 자료 등의 양적 자료의 활용은 떨어지는 데 반하여, 사례조사나 면접을 통해 얻는 질적 자료는 더 많이 활용한다. 이런 점에서 연구방법과 관련된 한국 환경사회학의 특징은 상대적으로 질적 자료를 많이 활용한다는 데 있다.

질적 자료의 활용이 활발한 것은 기본적으로 한국 환경사회학자가 연구하는 대상의 특성 때문이다. 동강댐 건설사업, 새만금 간척 사업, 4대강 사업 등의 대규모 개발사업, 허베이 스피리트호 기름유출 사고 및 각종 개발사업과 관련된 지역 환경운동 및 환경갈등이 하나의 사례로 다루어지고 또 이러한 사례연구에서 심층면접이 자료 수집 방법으로 활용되는 경향이 있다.

## 3) 자유주의적 환경개혁론

환경사회학에는 생태학적 설명 대 정치경제학적 설명, 성찰적 근대화론 대 생태학적 근대화론, 실재론 대 구성주의 등의 주요 이론적 쟁점이 있지만(Hannigan, 2006: 16-52), 한국 환경사회학에서는 이러한 쟁점을 둘러싼 논쟁을 찾아보기 어렵다. 또한 독자적 이론을 구성하기 위한 노력도 찾아보기 어렵다. 윤순진이 지적했듯이 '많은 연구는 다른 학문분과에서 구축한 이론을 환경관련 쟁점과 현상을 설명하기 위해 동원하는 양상을' 띠거나(윤순진, 2013: 85) 해외 환경사회학계에서 확립된 이론을 연구의 자원으로 활용하는 데 머무른다.

　그러나 다른 학문분과나 해외 환경사회학에서 확립된 이론을 수용
하여 자원으로 활용하는 경우에도 이론의 선택에는 연구자 자신의 이
론적 지향이 영향을 미치게 된다. 따라서 대부분의 연구에는 명시적
이든 묵시적이든 연구자 자신의 이론적 지향이 깔려있다. 그렇다면
한국 환경사회학에서는 어떤 이론적 지향이 우세하고 그 변화의 방향
은 어느 쪽인가? 말할 필요도 없이 한국의 환경사회학에는 다양한 이
론적 지향, 즉 험프리와 버텔이 말하는 보수적, 자유주의적 및 급진
적 패러다임(Humphrey & Buttel, 1982: 19-21)이 공존한다.

　보수적 패러다임은 환경의식 및 환경행동 연구에서 가끔 나타나지
만 그 영향력은 미미하다. 급진적 패러다임은 원자력 발전, 위험, 환
경정의, 대규모 개발사업(국책사업), 대안적 공동체, 생태민주주의
등에 관한 연구에서 중요한 관점으로 작용하며 보수적 패러다임에 비
해서는 그 영향력이 훨씬 크다.

　이 두 패러다임에 비해 훨씬 큰 세력을 형성하는 것이 바로 국가
개혁과 정책의 전환을 통해 환경위기 극복의 길을 모색하는 자유주
의적 환경개혁론이다. 자유주의적 환경개혁론은 녹색국가, 환경문
제·기후변화, 환경정책, 환경정치, 환경·위험거버넌스, 지속가능
한 발전, 대규모 개발사업 등의 연구에서 나타난다.

### 4) 다양한 전공의 관점 교류

〈환경사회학연구〉 기고를 통해 환경사회학 연구에 참여하는 연구자
의전공은 매우 다양하다. 아마도 사회학 내의 다른 어떤 세부분야에
비해서도 다양할 것이다.

　윤순진의 〈환경사회학연구〉 게재 글13의 저자 분석에 따르면, 총

24개 분야의 학문적 배경을 가진 연구자가 참여한다. 구체적으로 보면, 사회학, 인류학, 행정학, 경제학, 정치학, 사회복지학, 심리학, 지리학, 지리교육학, 도시 및 지역관련 학과, 환경·에너지정책학과, 정치생태학 등의 사회과학 전공자, 철학, 한국학 등 인문학 전공자, 생태학·생태곤충학, 생물학, 지질학, 환경보건학, 과학기술사학, 과학관리학, 생명공학 등의 자연과학 전공자, 토목공학 등 공학 전공자 등이 〈환경사회학연구〉에 글을 싣는다. 물론 전공별로 참여 저자의 수는 크게 다르다. 사회학 전공자가 37명으로 가장 많고, 그 다음으로 도시 및 지역관련 전공자(18명), 인류학 전공자(8명), 행정학 전공자(6명) 등의 순서이다(윤순진, 2013: 80~81).

〈환경사회학연구〉 게재논문 중 공저 논문의 경우, 전공이 서로 다른 연구자가 공동저자로 참여한 경우는 많지 않으며 '거의 대부분이 동일학과 소속 교수와 학생 간의 공저이거나 동일전공 동료 및 선후배 간 공저로 나타났다'(윤순진, 2013: 83). 이런 점에서 볼 때 환경사회학 연구가 실질적인 학제적 연구의 형태가 띠는 것은 아니라고 할 수도 있다. 그러나 적어도 학회 활동과 학회지를 통해서 다양한 전공 간의 관점 공유와 교류가 활발하다고 볼 수 있다.

## 5) 연구자의 환경운동 참여와 운동가의 연구 참여

한국 환경사회학의 두드러진 특징 중 하나는 환경운동에 적극적으로 참여하는 연구자가 많다는 점이다. 환경사회학자 중에는 연구자이면서 환경단체 전국조직의 대표(이시재, 이상헌, 윤순진, 이필렬, 조명래), 지역 환경단체의 대표(박재묵, 노진철, 최병두), 환경단체의 임

---

13 논문 이외의 서평 등의 글도 포함한다.

원(구도완) 등을 맡고 있거나 역임한 사람이 많다. 위에서 거론된 연구자보다 훨씬 더 많은 환경사회학자가 지역 환경단체 등에 임원으로 참여한다. 이와는 반대로 환경단체의 상근 운동가로서 환경사회학회 회원으로 참여하고 논문을 발표하는 경우(이승민, 안병욱, 최예용, 김정수)도 있다.

환경사회학자 연구자의 환경운동참여와 운동가의 연구참여가 활발하게 이루어지는 것은 환경사회학의 특성과 연관된 현상이다. 환경사회학은 기본적으로 환경문제의 근원, 환경문제의 영향 및 환경문제의 해결14에 관심가질 뿐만 아니라 한국의 환경사회학은 특히 '환경문제의 사회학'의 성격을 지니기 때문이다.


## 5. 환경사회학의 전망과 과제


지난 20년 동안 한국 환경사회학은 제도화의 과정을 거쳤다. 환경사회학은 이 기간 동안 많은 학과에서 정규 교과목으로 받아들여졌고 독립된 연구영역으로 인정받았다. 또한 이 분야 연구자가 독자적인 학회를 조직하고 학회가 학술지를 발간함에 따라 연구활동의 기반이 갖추어졌다. 이로써 한국 환경사회학의 제도화가 대체로 완성되었다고 할 수 있다.

지난 20년은 환경사회학의 기반 구축기인 동시에 성장기였다. 성장의 속도는 느렸지만 연구자의 수도 증가하고 학문적 성과도 축적되

---

14 던랩과 마샬은 환경사회학의 최근 연구 초점으로 환경문제의 근원, 환경문제의 영향, 환경문제의 해결 방안 등 3가지를 들었다(Dunlap & Marshall, 2007: 335-339).

었다. 특히 환경사회학자들이 관심을 집중시켰던 원자력·위험·재난, 대규모 개발사업, 환경운동 등의 영역에서는 의미 있는 성과가 있었다. 최근 들어 환경사회학은 침체기에 들어가고 있다. '젊은 층의 충원이 지지부진'하고 대학원에서 환경사회학을 전공하려고 하는 학생도 줄어든다(이시재. 2013: 37). 사회학계 전반에 걸친 침체 분위기가 일정 부분 환경사회학에도 미친다. 미국 환경사회학이 1980년대 초에 겪었던 퇴조 분위기가 한국에서도 나타나는 것 같다.

그러나 이러한 환경사회학의 침체 분위기가 장기적으로 지속되지는 않을 것으로 전망된다. 이렇게 전망하는 근거는 두 가지이다. 그하나는 환경사회학의 태동을 가져왔던 환경문제가 상존하기 때문이다. 기후변화와 같은 환경문제는 향후에도 장기간 지속될 것이 분명하고 유독성 화학물질과 같은 새로운 환경문제도 부상한다. 한마디로 환경문제가 근본적으로 해결되지 않는 한 환경사회학은 존속할 것이다. 둘째로 현재의 침체 분위기는 성장 뒤에 오는 바닥 다지기의 의미가 크다. 따라서 장기적으로 보면 환경사회학은 향후에도 안정적 성장을 지속할 가능성이 크다.

어떤 점에서 환경사회학의 미래는 일정 부분 환경사회학자가 그들에게 주어진 사명을 어떻게 수행하느냐에 달려있기도 하다. 2005년 필자와 환경사회학회가 펴낸《우리 눈으로 보는 환경사회학》의 제1장을 쓰면서 환경사회학자의 사명으로 '사회의 녹색화'와 '사회학의 녹색화'를 설정한 바 있다. 전자는 인간면제주의(人間免除主義) 패러다임에 지배받는 주류 사회학에 인간 생존의 물리적·생물적 기반을 고려하는 관점을 제공하는 것이고, 후자는 환경오염과 파괴의 원인, 그 영향 및 해결방안을 사회학적으로 설명하고 제시하는 것이다.

특히 후자의 사명을 환경사회학자들이 얼마나, 그리고 어떻게 성취하느냐가 환경사회학의 미래에 큰 영향을 미칠 것이다. 학제적 연구의 정착과 현장중심의 연구강화는 환경사회학이 후자의 사명을 수행하기 위해 해결해야 할 당면과제이다.


## 참고문헌

구도완, 1995, "한국의 새로운 환경운동", 〈한국사회학〉, 29권 2호, 347~371쪽.

____, 1996, 《한국 환경운동의 사회학》, 문학과 지성사.

____, 2009, 《마을에서 세상을 바꾸는 사람들: 생태적 대안운동을 찾아서》, 창비.

구도완 등, 2013, 《녹색당과 녹색정치》, 아르케.

구자건, 2008, 《환경갈등과 사회영향평가 방법》, 연세대출판부.

김도균, 2011, 《환경재난과 지역사회의 변화: 허베이스피리트호 기름유출 사고의 사회재난》, 한울아카데미.

김두식, 1995, "환경문제와 환경보호에 대한 시민들의 태도 조사연구", 〈한국사회학〉, 29권 1호, 33~67쪽.

노진철, 2001, 《환경과 사회》, 한울.

노진철 등, 2010, 《태안은 살아 있다: 기름유출 사고 이후 3년 다시 쓰는 태안 리포트》, 동녘.

____, 2010, 《불확실성 시대의 위험사회학》, 한울아카데미.

문순홍, 1992, 《생태위기와 녹색의 대안》, 나라사랑.

____, 1999, 《생태학의 담론》, 아르케.

____, 2001, 《한국의 여성환경운동》, 아르케.

____, 2006a, 《정치생태학과 녹색국가》, 아르케.

____, 2006b, 《녹색국가의 탐색》, 아르케.

____, 2006c, 《개발국가의 녹색성찰》, 아르케.

문태훈 등, 2008, 《지속가능한 사회 이야기》, 법문사.

박순열, 2009, 《불만의 새만금》, 한국학술정보.

박재묵, 1991, "환경문제에 대한 사회학적 이해", 71~83 한국사회학회(편), 〈현대한국 사회문제의 진단과 처방〉(특별 심포지엄 논문집).

서영표 · 영국적록연구그룹, 2010, 《사회주의 녹색을 만나다》, 한울아카데미.

양종회, 1993, "우리나라 국민들의 환경문제에 대한 의식의 변화 및 사회적 기반", 〈한국사회학회〉, 26권 4호, 89~120쪽.

양종회 등, 2002, 《아시아 태평양지역의 환경문제, 환경운동 및 환경정책》, 서울대출판부.

윤순진, 2013, "《ECO》 분석을 통해 본 한국 환경사회학 연구의 흐름", 67~98쪽, 한국환경사회학회(편), 《환경사회학 이론과 환경문제》, 한울아카데미.

이득연, 1998, 《환경운동의 사회학》, 민영사.

이상헌, 2003, 《물: 세상을 움직이는 물의 정치와 정치 생태학》, 이매진.

_____, 2011, 《생태주의》, 책세상.

이시재, 1994, "환경사회학", 한국사회학회(편), 《21세기의 한국 사회학》, 문학과지성사.

_____, 2013, "한국 환경사회학의 회고와 전망", 67~98쪽, 한국환경사회학회(편), 《환경사회학 이론과 환경문제》, 한울아카데미.

이시재 등, 2010, 《생태사회적 발전의 현장과 이론》, 아르케.

정대연, 2002, 《환경사회학》, 아카넷.

_____, 2004, 《환경주의와 지속가능한 발전》, 집문당.

_____, 2010, 《한국 지속가능발전의 구조와 변동》, 집문당.

조명래, 2001, 《녹색사회의 탐색》, 한울.

_____, 2006, 《개발정치와 녹색진보》, 환경과 생명.

_____, 2009, 《지구화 되돌아보기와 넘어서기: 공간환경의 모순과 극복》, 환경과 생명.

_____, 2013a, 《공간으로 사회읽기: 개념 쟁점과 대안》, 한울아카데미.

_____, 2013b, 《녹색토건주의와 환경위기》, 한울아카데미.

조명래 등, 2005, 《신개발주의를 멈춰라》, 환경과 생명.

최병두, 1993a, 《한국의 공간과 환경》, 한길사.

_____, 1993b, 《현대 환경문제의 재인식》, 한울.

_____, 1995, 《환경사회이론과 국제환경문제》, 한울.

_____, 1999a, 《환경갈등과 불평등》, 한울.

_____, 1999b, 《녹색사회를 위한 비평》, 한울.

_____, 2002, 《녹색전망》, 도요새.

_____, 2003a, 《도시속의 환경 열두 달(봄 여름)》, 한울.

_____, 2003b, 《도시속의 환경 열두 달(가을 겨울)》, 한울.

_____, 2010, 《비판적 생태학과 환경정의》, 한울아카데미.

한국사회학회, 2007, 《한국사회학회 50년사: 1957-2007》, 한학문학.

한국환경사회학회, 2005, 《우리 눈으로 보는 환경사회학》, 창비.

_____, 2013a, 《환경사회학이론과 환경문제》, 한울.

_____, 2013b, 《환경운동과 생활세계》, 한울.

한상진, 2006, 《환경정의의 사회학》, UUP.

홍성태, 2000, 《대한민국 위험사회》, 당대.

_____, 2006, 《한국의 근대화와 물》, 한울아카데미.

_____, 2010, 《생명의 강을 위하여: 생태사회학자 홍성태 교수의 4대강 지키기 제안》, 중원문화.

_____, 2012, 《개발과 파괴의 사회학: 위험 사회를 넘어서》, 중원문화.


Buttel, F. H., & Humphrey, C. R., 2002, "Sociological theory and the natural environment", In Riley E. Dunlap & William Michelson (Eds). *Handbook of Environmental Sociology* (pp. 33-69), Greenwood Press.

Catton, W. R., & Dunlap, R. E., 1978, "Environmental sociology: A new paradigm", *The American Sociologist*, 13, pp. 41-49.

Dunlap, R. E., & Marshall, B. K., 2007, "Environmental sociology", In Clifton D. Bryant, & Dennis L. Peck (Eds.), *21st Century Sociology: A Reference Handbook* (pp. 329-340), Sage Publications.

Hannigan, J. A., 2006, *Environmental Sociology* (2nd ed.), Routledge.

Harper, C. L., 2004, *Environment and Society: Human Perspectives on Environmental Issues*, Pearson Education, Inc.

Humphrey, C. R., & Buttel, F. H., 1982, *Environment, Energy, and Society*, Wadsworth Publishing Company.

_____, 1995, *Environment, Energy, and Society*, 양종회·이시재 역, 1995, 《환경사회학》, 사회비평사.

International Sociological Association(RC24), Korean Sociological Association and Korean Association for Environmental Sociology, 2004, Globalization, localization and environment (Proceedings for 2004 ISA RC24 Conference in Seoul).

# 14

# 정보사회학

실현되지 않은 약속

윤 영 민

## 1. 들어가면서

국내에서 정보사회학 분야는 지난 한 세대 동안 크게 두 단계의 시기로 구분될 수 있다. 1990년대 중엽 이전의 연구는 김경동(1986)이 보여주듯이 정보통신기술 발전에 수반될 사회변동이 어떤 모습일지를 내다보는 거시적 전망이 대부분이다. 아마도 그때를 '정보사회론' 단계라고 부를 수 있을 것이다. 이때의 논의는 정보사회의 성격규정, 정보사회에 관한 낙관론과 비관론을 둘러싼 논의, 기술결정론을 둘러싼 논쟁, 정보 불평등, 감시와 통제, 문화지체 등이 대부분이다(정보사회학회, 1998).

1990년대에 WWW(*world wide web*)가 등장하고 1995년 인터넷 상용화 이후 PC통신, 인터넷 혹은 사이버 공간의 사회현상을 다루는 오늘날과 같은 정보사회학 연구가 출현했다(윤영민, 1996; 구자순, 2008). 이때를 '정보사회학' 단계라고 부를 수 있을 것이다. 비로소 정보사회에 관한 연구가 미래전망이 아니라 현재 분석이 되었고 실증적 조사가 뒷받침되는 과학적 연구로서의 모습을 갖추게 된 것이다.

정보사회학의 제도화도 발 빠르게 시작되었다. 1997년 한국사회학회 내에 정보사회학 분과가 생기고 이를 기반으로 한국정보사회학회가 결성되었다. 또한 한양대 안산캠퍼스 사회학과는 학과의 명칭을 정보사회학전공으로 변경하였고, 1998년에는 숭실대에 정보사회학과가 설치되었다.[1]

정보사회학에 대해 대학원생이나 비교적 젊은 사회학자의 관심이 부쩍 높아졌다. 이때 상당히 여러 명의 대학원생이 실제로 정보사회학 연구로 석사나 박사논문을 썼고, 원래 다른 전공이지만 정보사회학 분야로 길을 바꾼 사회학자도 나타났다. 이들이 제 1세대 정보사회학자를 구성했다.[2]

그러나 1990년대 후반까지도 정보사회학이 하나의 학문분과로 발전할 수 있을지는 불투명했다. 한국정보사회학회 회원의 학문적 관심이 크게 분산되었고 전적으로 정보사회학 연구에 매달리는 회원은 지극히 소수에 불과했다. 정보사회학 연구에 필요한 기술적 지식도 빈약했고 사이버 공간의 사회현상에 대한 경험도 일천했다. 게다가 정보사회학을 하나의 학문분야로 발전시키려는 리더십도 부재했다. 1990년대가 끝날 때까지도 새롭게 등장하는 정보사회학 분야가 사회학의 영역이 되어야 한다는 정도의 다소 막연한 공감만 존재했을 뿐이다.

정보사회학과(전공)도 사정이 다르지 않았다. 학과를 개설하기는

---

1 한양대 안산캠퍼스의 사회학과가 소속된 언론정보대학이 학부제로 바뀌면서 학과가 전공이 되었다.

2 정대기, 이근무, 구자순, 김문조, 이건, 백욱인, 박길성, 윤영민, 유홍준, 손연기, 김원동, 서이종, 황승연, 유승호, 김종길, 홍성태, 고영삼, 민경배, 정숙경 등이 그렇게 분류될 수 있을 것이다. 이 학자들이 전적으로 정보사회학 연구만 했다든지 혹은 정보사회학 연구를 계속했다는 의미는 아니다.

했지만 커리큘럼 구성을 위해 참고할 만한 선행사례도 충분하지 않았고 학과 구성원들 사이의 합의 도출도 쉽지 않았다. 학부교육의 목표가 무엇이 되어야 하는지, 정보기술에 대한 공학교육은 얼마나 시켜야 하는지, 또한 어떻게 기존 사회학과와는 다른 프로그램을 만들 것인지 등에 관해 명료한 방향을 잡기 어려웠다. '정보사회론' 과목이 '정보사회학' 학과로 확대되면서 부딪치는 피할 수 없는 문제였다. [3]

그렇다면 지난 20여 년 동안 정보사회학이 학문적으로 혹은 사회적으로 어떤 역할을 수행했고 어떻게 변했을까(혹은 변하지 않았을까)? 이 글에서는 우리나라의 정보사회학을 제도형성이라는 측면에서 성찰해 보고자 한다.

## 2. 분석 틀

정보사회학을 제도적으로 분석하기 위해서는 정보사회학이 배태된 사회학 그리고 더 나아가 대학이라는 제도를 고려해야 한다. 베른트손(Berndtson, 2009)이 정치학에 대해 지적한 것처럼, 사회학도 서구의 근대 대학을 성격지은 3가지 전통의 영향을 받는다.

첫째는 19세기 중엽 영국에 등장한 뉴먼 모형(Newmanian model)이다. 이는 대학이 특정 직업교육을 시키는 것이 아니라 정신을 길러야

---

3 한양대 정보사회학과(전공)의 경우 구성원 중 기존 사회학 전공자가 압도적이기 때문에 선택의 여지가 별로 없었고, 신설된 숭실대 정보사회학과는 그에 비해 비교적 선택의 폭이 넓었다. 때문에 숭실대는 한양대에 비해 정보기술과 정보시스템에 관한 과목이 좀더 많이 포함되었다. 그러나 학과 교수진은 사회학 전공자로만 충원되었고 프로그래밍, 데이터베이스, 소프트웨어 엔지니어링, 시뮬레이션 등과 같은 공학 과목이 거의 개설되지 않았다.

한다는 흐름이다. 교양 혹은 인문교육(*liberal education*)을 강조하는 입장이다.

둘째는 프랑스 대혁명 이후 프랑스에 등장한 나폴레옹 모형(Napoleonic model)이다. 프랑스 대혁명 이후 구 대학제도는 폐지되었고 대신 엘리트 전문교육 기관이 설치되었으며, 연구는 별개의 기관에서 수행되었다. 전문교육을 강조하는 입장이다.

셋째는 19세기 초 독일에 베를린대가 설립되면서 생겨난 훔볼트 모형(Humboldtian model)이다. 이는 대학이 학과장 교수에 의해 자율적으로 운영되고 학문적 자유를 누리며 교육과 연구가 함께 이루어져야 한다는 흐름이다. 또한 대학의 연구가 당장의 사회적 관심사로부터 자유로워야 한다는 입장을 취한다.

게다가 사회학은 나름의 학문적 전통을 지닌다. 막스 베버의 영향을 받은 독일은 다소 다르지만 프랑스와 미국의 초기 사회학은 계량적인 성향의 사회이동, 방법론, 인구, 가족 등과 같은 핵심영역으로 규정되었다(Holmwood, 2010). 그러나 2차 대전 이후 사회학의 연구범위는 형식이론(*formal theory*), 사회심리, 범죄, 조직, 농촌, 도시, 사회변동, 인종, 젠더, 불평등, 노동, 의료, 복지, 미디어, 사회계급, 사회혁명, 역사 등으로 지속적인 확장이 이루어졌고, 사회학은 대단히 이질적인 성격의 하위전공을 포함했다. 사회학은 한 학과(*discipline*)라기보다 그 자체가 학제적(*inter-disciplinary*)이 되었다(Holmwood, 2010). 사회학은 그 누구도 경계를 알 수 없는 학문이 되어버린 것이다.

사회학은 학문 간의 경계 말고 또 다른 차원의 특성을 가졌다. 뷰러워이(Burawoy, 2005)는 사회학의 헤게모니가 전문가를 육성하는 전문적 사회학에서 비판적 지성을 양성하는 비판적 사회학으로 이동했다고 주장한다. 미국에서는 1960년대 이후 반전(反戰), 민권, 여성, 환경 등의 사회운동이 활발해지면서 비판적 사회학에 대한 관심도 함께 증가하였다. 1960년대 후반에는 유럽, 일본, 중남미, 아프리카 등 전 세계적으로 그 흐름이 확산되었고, 비판사회학은 사회학 내에서 확고한 위치를 차지했다.

사회학에는 하나의 학과라고 부르기 어려울 정도로 다양한 혹은 이질적인 주제, 연구방법, 이론, 패러다임이 공존한다. 대학에 따라 정도는 다르지만 서구의 사회학에는 교양교육, 전문교육, 연구와 교육의 결합이라는 대학의 3가지 전통이 투영되었고 거기에 사회비판과 참여라는 전통이 추가된 것이다.

본 논문의 분석에는 이러한 대학과 사회학의 특성이 정보사회학에 미친 영향 외에도 정보사회학이 실제로 수행한 학술적 성과와 사회적 역할 그리고 그것의 제도화 단계가 포함될 것이다. 대학 학문 분과는 학과 설립, 학회 설립, 저널 발간, 국제적 연대로 발전하면서 제도화된다(Berndtson, 2009).

## 3. 우리나라의 대학과 사회학

### 1) 대학과 사회학의 성격

서구사회의 대학과 사회학의 전통은 우리나라의 대학과 사회학의 성격형성에도 상당한 역할을 한 것으로 추정되지만, 우리나라의 대학과 사회학은 자기만의 특유한 전통도 가진다.

미국과 달리 우리나라의 고등교육에서는 인문대학(*liberal art college*)과 전문대학원(*professional school*)이 발달하지 않았고 연구와 교육 중심대학이 분화하지 않은 채, 서구사회의 대학 모형이 혼재되었다. 제도적으로는 2년간의 교양교육과 2년간의 전공교육 그리고 대학원의 연구라는 모습으로 정착되었다.

사실 우리나라의 대학, 특히 인문사회 분야에는 조선시대부터 이어 내려온 지사(志士)적 전통이 흐른다. 그것은 나라와 민족, 국가와 정치에 대한 높은 관심으로 나타난다. 진리추구보다는 사회정의의 실현에 더 큰 비중을 두거나 그 두 가지를 동일시하는 실천적 전통이다. 때문에 오랫동안 대학생은 지성인 혹은 지식인 엘리트로 간주되었고, 대학과 대학인에게는 자연스럽게 '등대' 혹은 '보루'로서의 사회적 책임이 요구되었다.

물론 과거의 전통 중에는 왕정을 위한 관리교육도 있고 실사구시보다는 고전해석과 의례에 집착하는 성균관과 서원의 문화도 들어와 있다. 때문에 한편으로 우리 사회에는 대학이 '상아탑'으로 남아주길 바라면서 다른 한편으로는 대학이 '등용문'이 되어주길 바라는, 대학에 대한 모순적 기대가 동시에 존재한다. 인문사회 분야에서 보이는 일종의 훈고학적 경향도 전통적 요소로 해석될 수 있을 것이다. 자체적 이론을 세우기보다 서구에서 수입된 이론에 크게 의존하는 모습의 연원을 거기에서 찾을 수 있다는 말이다.

해방 이후 주로 미국교육의 영향 아래 시작된 우리나라의 사회학은 초기 인구와 농촌사회 연구에서 점차 역사, 경제발전, 조직, 환경 등으로 확대되었다. 1980년대를 거치면서 노동, 계급, 사회변동, 사회혁명, 정치, 민족 등의 분야로 경계가 확장되었고, 더불어 민주화, 노동, 여성 등의 사회운동과 결합되면서 미국에 못지않은 사회비판과 사회참여의 흐름이 형성되었다.

## 2) 대학과 사회학을 둘러싼 환경변화

1987년 6월 민주화운동 이후 절차적 민주주의가 정착되면서 대학은 사회운동으로부터 어느 정도의 거리를 뒀다. 사회운동의 주도권이 학생에서 노동자, 농민 혹은 도시빈민들 자신의 손으로 넘어가고, 다양한 시민운동이 자생할 수 있는 기반을 갖추게 된 것이다. 대학이 누구의 보호막이 되어주고 학생이 누군가를 대신해서 사회투쟁의 선두에 서야 할 이유가 사라졌다. 게다가 1980년대 말 이른바 공산주의 블록의 종주국인 소련의 갑작스런 해체와 동유럽 정권의 붕괴는 국내의 진보성향의 학자와 사회운동 진영에 감당하기 어려울 정도로 엄청난 충격을 주었다.

1990년대 사회학 내에도 그러한 기류가 반영되었다. 비록 여전히 사회학의 연구주제는 노동, 계급, 민족, 젠더, 국제적 종속, 세계체제, 환경이 주류를 이루었지만 이론과 연구에서는 실천에서 분석으로의 급속한 중심이동이 일어났다. 1980년대부터 우리나라의 인문사회 분야를 휩쓸었던 종속이론, 세계체제론, 사회구성체론을 둘러싼 논쟁의 갑작스런 종결, 그리고 그에 대한 학문적 관심의 증발이 그것을 무엇보다 상징적으로 보여준다.

이러한 변화 속에서 한국사회학회는 1990년대 중반 '위기'를 언급하기 시작했고, 사회학 자체의 미래를 걱정하는 목소리가 대두하였다(한국사회학회, 1994).

1997년 외환위기 이후에는 대학과 사회학의 변신을 강력히 요구하는 환경이 조성되었다. 이미 1980년대 영국에서 시작되어 미국 그리고 전 세계로 확산된 신자유주의가 외환위기를 극복하는 과정에서 우리나라에도 본격적으로 제도화되었다. 국립대학은 물론이고 정부의 재정지원을 받는 사립대학도 엄격한 예산의 편성과 집행이 요구되었고 정부의 감독이 강화되었다. 또한 대학은 산업적 생산 사이클에 직접 기여하기를 요구받았다. 즉, 기업이 필요로 하는 전문인력을 양성하고 대학의 연구는 R&D에 직접 기여해야 한다는 것이었다.

1990년대 우리나라의 사회학은 위와 같은 사회적 요구에 부응할 의사도 능력도 없었다. 사회학은 점점 입지가 축소되는 것을 느꼈다. 사회학 분야의 연구에 대한 예산 축소, 학부제 도입으로 인한 지원자의 감소 등이 눈에 띄게 나타나기 시작했다. 유사한 신자유주의적 요구가 1980년대 영국이나 미국의 사회학에 위기를 가져왔듯이, 1990년대 말 우리나라의 사회학에도 위기의 그늘을 드리웠다.[4]

2000년대에 들어서면서 또 다른 어려움이 사회학을 덮쳤다. 1980~1990년대에 국제적으로는 공산권의 몰락과 신자유주의의 확산, 국내적으로는 정치적 민주화와 급속한 경제발전으로 말미암아 개인주의가 팽배하고 급진적 사회변동이나 사회운동에 대한 사람들의 관심이 크게 줄어들었다. 사람들은 사회적 개혁을 통해서가 아니라 성공이나 출세 같은 개인적 접근을 통해서 삶을 향상시키려고 했다. 예컨대 책방에는 자기계발, 심리학, 경영학 서적이 사회학이나 정치학 서적을 밀어내고 서가의 전면을 차지했다.

최근 미국에서 대학 등록금이 가파르게 오르고 양질의 일자리가 감소됨에 따라 대학졸업자의 취업문제가 심각해지면서, 학부에 직업교육과 훈련에 대한 요구가 강력해진 것과 같은 현상이 우리나라에도 나타났다. 1980년대 들어 늘어나기 시작한 대학 정원은 1990년대

---

4 영국과 미국에서 신자유주의 고등교육 정책이 사회학에 어떤 불운을 가져왔는가에 대해서 홈우드(Holmwood, 2010)를 참조할 것. 그는 신자유주의 정부 아래에서 비판적 사회학에서 전문적 사회학으로 수요가 넘어간 것이 아니라 그 두 가지 모두에 대한 사회적 수요가 감소되었다고 지적한다. 미국에서 사회학의 위기와 대응에 관해서는 윤영민(1994)을 참조할 것.

급속히 증가하였고 2000년대 들어오면서 고등학교 졸업자의 70% 이상이 大学에 진학할 수 있게 되었다.

더구나 신자유주의적 분위기와 급속히 진행된 정보화로 말미암아 지속적인 경제성장에도 불구하고 대졸자가 갈 수 있는 일자리는 크게 늘지 않았다. 이는 결국 대졸자의 심각한 취업난을 초래했고 정부와 대학은 대졸자의 취업을 늘리기 위해 나서지 않을 수 없었다. 그러한 여건에서 분명한 전문영역을 갖지 못한 사회학 전공자는 대부분 산업과 직업에의 구직에 있어 불이익을 감수해야만 했다.

이러한 경향은 기본적으로 사회구조와 불평등을 주요한 연구분야로 하는 사회학으로서는 심각한 도전일 수밖에 없었다. 극소수의 주요 대학을 제외하고는 대학원 프로그램에 학생의 지원이 크게 줄어들었다. 학부제로 인해 신문방송학, 행정학, 관광학 등과 같은 실용적인 사회과학 분야와 경합하며 학생을 받아야 하는 사회학 전공 프로그램의 경우 지망자가 없어 고사 위기에 처했다는 소식이 여기저기서 들려왔다. 주요 대학에서도 대학원과 학부과정 모두 인접 응용학문에 비해 성적이 낮은 학생이 들어온다는 푸념이 나왔다.

정보사회학은 1990년대 후반 대학과 사회학이 이미 어려운 환경에 처한 상황에서 탄생하고 성장했다. 한편으로는 대학과 사회학이 감당해야 했던 고난을 탄생 때부터 안고 가야 했으며, 다른 한편으로는 시대적 요구에 부응함으로써 사회학의 새로운 영역을 확보해야 하는 기대와 부담을 감당해야 했다. 그렇게 탄생한 정보사회학은 무엇을 성취했고 어떤 기대에 부응하지 못했는가?

## 4. 정보사회학 연구성과와 사회적 역할

### 1) 정보사회학 출현의 시대적 배경

1990년 중반 웹의 등장과 함께 인터넷의 상업화와 대중적 확산이 빠르게 진행되었다. 우리나라에서는 주요 일간지와 정부가 정보화에 앞장섰다. 언론은 연일 인터넷에 관한 소식을 보도하였고, 정부는 고속통신망을 구축하고 학교를 비롯한 정부기관에 PC 보급을 서둘렀다. 특히 외환위기 한가운데 등장한 김대중 정부는 경제적 위기를 타개하고, 정부를 개혁하는 수단으로 인터넷을 선택했다. IT산업을 육성하고 지원하기 위한 정책이 쏟아져 나왔고, '전자정부'라는 프레임으로 투명하고 효율적인 정부를 구현하려고 했다(한국전산원, 2003; 전자정부특별위원회, 2003).

민간부문에서도 급격한 변화가 일어났다. 일반인의 인터넷 사용이 급증하면서 통신사가 고속으로 성장하고 인터넷 관련산업이 붐을 이루었다. 1996년 우리나라에서 미국의 나스닥(NASDAQ)과 같은 코스닥(KOSDAQ)이 개설되어 중소기업과 벤처기업을 위한 자금조달 창구 역할을 담당했다. 김대중 정부의 정책적 지원과 국제적 유행을 반영하며 많은 벤처기업이 생겨났고, 1999년 말경에는 이미 약 4백 개 기업이 코스닥에 상장되었고 시가총액은 37조 원에 달했다(〈매일경제〉, 1999. 11. 11).

1999년 한 해 동안 언론에 가장 많이 오르내린 용어는 아마도 'Y2K'일 것이다. 전문가들은 2000년이 시작되면 컴퓨터의 두 자리 연도표시 관행 때문에 생길 컴퓨터 오류로 인해 큰 혼란이 올 수도 있다고 경고했다. 그러나 해가 바뀌어도 'Y2K' 문제는 거의 일어나지 않았다.

진짜 혼란은 인터넷 기업에서 발생했다. 1990년대 말 정보화 선진국이었던 미국과 일본에는 닷컴(dot com)이라고 불리는 벤처기업이 우후죽순(雨後竹筍)으로 출현했고, 그 기업이 주로 상장한 미국의 나스닥에는 거의 투기라고 해야 할 정도로 엄청난 투자가 몰려들었다. '인터넷 거품'이 발생한 것이다.

그리고 2000년 3월 나스닥 지수는 정점을 찍고 곧이어 붕괴했다. 순식간에 수백 개의 벤처기업이 도산(倒産)했고, 아마존, 이베이, 구글 같은 소수의 벤처기업만이 겨우 살아남았다. 우리나라에서도 사정은 다르지 않아 코스닥 지수는 반 토막이 나고 오래지 않아 벤처기업은 대거 도산했다.

인터넷의 등장과 함께 단 몇 년 사이에 도저히 믿기 어려운 일들이 발생한 것이었다. 인터넷의 잠재성과 사회적 함축성에 대한 사회적 관심이 치솟았고 정보사회학적 지식에 대한 관심도 그에 비례해 높아졌다. 닷컴 버블 붕괴를 거치면서 인터넷에 대한 환상이 사라졌고 그에 따라 정보사회학적 지식에 대한 수요도 다소 수그러들었다.

하지만 전국을 잇는 고속통신망이 구축되면서 인터넷 보급이 급증하고 학교와 중앙행정에서 시작된 정보화가 공공부문 전체로 확대되었다. 또한 온라인 게임, e-비즈니스, 인터넷 뱅킹, 인터넷 주식, 인터넷 언론, 온라인 사교육 등으로 인터넷 사용이 확대되면서 정보사회학적 지식과 응용에 대한 요구는 꾸준히 증가하였다.

## 2) 학문적 기여

정보사회학 분야의 저작은 저서, 논문, 연구보고서로 나눌 수 있는데 우리나라에서는 저서의 영향력이 가장 큰 편이다. 학술적 커뮤니케이션의 수단으로서는 당연히 논문도 중요하다. 하지만 정보사회학과 같이 아직 전문저널이 잘 발달하지 않고 여러 학문의 교차지점에 위치한 융합학문의 경우 저널이 차지하는 학술적 혹은 사회적 영향은 비교적 작은 편이다. 전공자가 매우 다양한 저널에 논문을 발표하기도 하고,5 기존에 발표된 논문을 단행본으로 묶어서 다시 발간하는 경향도 강한 편이다.6

인터넷의 상업화와 대중화가 시작된 1995년을 기점으로 현재까지 사회학자에 의해 발간된 정보사회학 분야의 단행본은 20여 권이다. 이를 크게 초기단계(1995~2005)와 성숙단계(2006~현재)로 나누어 살펴보자.

1995년 11월 MIT의 네그로폰테(N. Negroponte)가 출간한 대중서적인 *Being Digital*을 백욱인이 번역하였고, 곧이어 1996년 3월에는 윤영민의 《전자정보공간론》이 출간되었으며, 동년 12월에는 홍성태가 《사이버공간 사이버문화》를 내놓았다.

1997년에 조동기는 웹스터(F. Webster)의 *Theories of the Information Society*를 번역했으며 이건 등은 하라심(L. Harasim)의 *Global Networks*를 번역했다. 홍성태는 《사이보그, 사이버컬처》라는 책을 편집했으며,

---

5 지난 10여 년 동안 대학평가 기관들이 평가지표에서 전문 학술지 발표의 비중을 크게 높임에 따라 학자의 전문 학술지 발표가 대폭 증가하였는데 역설적이게도 전문가 외에 전문 학술지를 읽는 독자는 더욱 줄어들었으며 학술지의 사회적 영향이 오히려 약화되었다는 해석이 있다. 일반적으로 학술지에 발표되는 논문에는 전문가만이 이해할 수 있는 정교한 분석 방법이 적용되고 건조하고 압축적 문제가 사용되기 때문에 일반 독자의 접근성이 낮다.

6 정보사회학 분야에는 1995년 백욱인의 "인터네트와 정보고속도로", 1996년 홍성태의 "정보사회와 문화의 정치경제학", 윤영민의 "전자정부의 구상과 실천에 관한 비판적 접근"이 발표된 이후 많은 논문이 발표되었다. 구자순(2008)은 1997년부터 2007년까지 사이버 공간에 대해 발표된 사회학 논문을 정리하였으며, 이명진과 박현주(2012)는 SNS에 관한 사회학 논문을 검토하였다. 논문을 통한 정보사회학적 성취에 관해서는 두 글을 참고하기 바란다.

삼성경제연구소는 《네트워크 트렌드》를 편집해 출간했다. 권태환과 조형제는 교재 《정보사회의 이해》를 편찬했다.

1998년에는 서이종이 《지식·정보사회학》이라는 연구서를 내놓았고, 윤영민은 권기헌(행정학), 박승관(언론학)과 함께 《정보의 신화, 개혁의 논리》라는 공저를 발간하였으며, 고영삼은 《전자감시사회와 프라이버시》를 출간했다. 학회차원의 저서발간도 추진되어 한국정보사회학회는 《정보사회의 이해》라는 교재를, 한국사회학회는 한국언론학회와 공동으로 《정보화시대의 미디어와 문화》라는 단행본을 펴냈다.

2000년대에 들어와서도 정보사회학 저서가 꾸준히 출판되었다. 2000년에는 홍성태가 이전에 발표한 글들을 묶어서 《사이버사회의 문화와 정치》를 펴냈고 곧이어 정보공유운동 활동가들의 글을 모아 《디지털은 자유다》를 발간했다. 같은 해에 윤영민은 같은 기간에 발표한 논문을 모아 《사이버공간의 정치》를 출간했으며, 구자순은 《인터넷과 사회현실》이라는 책을 편찬했다. 2001년에는 백욱인이 홍성욱(과학사)과 함께 《2001 사이버스페이스 오디세이》를 편찬했고, 박창호는 《사이버공간의 사회학》을 출간했다. 2002년에 유승호는 《디지털 시대와 문화콘텐츠》를 발표하여 정보사회학의 영역을 문화콘텐츠까지 넓혔으며, 윤영민은 포스트모더니즘의 관점에서 국가 정보화를 분석한 에버라드(J. Everard)의 *Virtual States*를 번역했다. 2003년에 윤영민은 자신의 논문집 《사이버공간의 사회》를 펴냈으며, 2004년 강대기는 10여 명의 학자와 함께 《정보사회의 이론과 실제》라는 교재를 발간했다.

초기단계(1995~2005)에 나온 저술은 깊이 있고 체계적 현상분석이라기보다 인터넷을 비롯한 새로운 정보기술의 확산을 이론적 혹은 거시적 관점에서 이해하려는 노력의 결과였다.

또한 정보사회학은 시작부터 몇 가지 특징을 가졌다. 첫째, 앞서 가는 외국의 연구를 소개하면서 독자적 연구를 시작한다는 점에서는 다른 사회과학이나 마찬가지이지만, 정보사회학의 경우는 비교적 일찍부터 국내 학자의 저서가 나오기 시작했다. 이는 정보사회학 분야가 세계 여러 나라에서 거의 동시적으로 진행되는 사회현상을 연구대상으로 함을 시사한다. 둘째, 시작부터 다학문적 성격을 띠고 있었다는 점이다. 사회학자가 전산학, 교육학, 언론학, 행정학, 정보학, 경영학 등의 학자와 함께 연구나 저작을 했다. 이는 사회학으로서는 상당히 낯선 모습이다.

또한 초기단계에 몇 가지 연구주제와 성향이 나타났다. 연구주제와 영역은 다소 확장되었지만 연구성향은 지금까지도 크게 달라지지 않았다. 가장 선호된 정보사회학적 연구주제는 대체로 정보사회이론, 정보 불평등, 정보공유, 인터넷 중독, 정보산업, 정보화정책 그리고 사이버 공간의 역사, 정치, 사회운동, 문화, 공동체, 감시, 프라이버시 등이다.

두 가지 큰 흐름도 나타났다. 인터넷, 사이버 공간 그리고 정보화과정을 바라보는 데 있어 전문적 관점과 비판적 관점이다. 전문적 관점의 학자는 주로 분석적 연구나 정책적 연구를 수행하고 정부의 정책형성과 집행에 참여하기도 했다. 반면에 비판적 관점의 학자는 실천적 함축성이 높은 연구를 수행하거나 실제로 정보관련 시민운동에 참여했다.

이 두 흐름은 섞이는 경우가 별로 없었고 별개의 기반을 갖고 학술적 활동을 전개했다. '전문적' 학자는 한국사회학회, 한국정보사회학회, 한국언론학회, 사이버커뮤니케이션학회 등에서 연구결과를 발표하고 나남출판사, 각 대학출판부, 전통적인 학술서적 출판사 그리고 〈한국사회학〉, 〈정보와 사회〉, 〈사이버커뮤케이션학보〉 등과 같은 학회의 학술지에서 무대를 찾았다.

'비판적' 학자는 한국산업사회학회 그리고 동인 성격의 연구자 모임 혹은 활동가 단체에서 연구를 발표했으며 창작과 비평사, 한울, 문화과학사 등과 같은 출판사와 〈경제와 사회〉, 〈사회비평〉, 〈문화과학〉 등과 같은 학술지에서 발간의 무대를 찾았다.

정보사회학의 성숙단계라고 할 수 있는 2006년부터 현재까지는 이전보다 훨씬 체계적이고 분석적인 저서가 발간되었다. 이 시기는 출간연도 대신에 연구주제별로 살펴본다.

김문조의 저서 《융합문명론》(2013)을 정보사회학에 포함시키는 것에 이견이 있을 수 있다. 그의 논의 층위는 통상적인 정보기술과 사회를 훌쩍 뛰어넘기 때문이다. 그러나 이러한 거시적 시각의 저서를 우리 정보사회학계가 가질 수 있음은 행운임이 분명하다.

벨(D. Bell)의 《탈산업사회의 도래》(1973/2006) 이후 테크놀로지와 사회변동에 관한 사회학적 전통은 거시적 접근을 특징으로 한다. 우리나라에서 김문조는 그 전통에 가장 충실한 독보적인 사회학자이다. 최근에 그는 테크노롤지에 관한 논의를 문명의 수준까지 끌어올린다. 이 책에서 그는 '융합'이라는 시대의 코드를 중심으로 여러 학문분야의 이론과 개념을 꿰어낸다. 그 자체가 우리 학계로서는 대단히 반가운 성과이지만 더욱이 그의 '장기지속'(long-term) 프레임은 현재의 기술-사회 현상뿐 아니라 미래의 테크놀로지의 발전과 사회변동을 예견하게 해준다는 점에서 학문적 가치가 높다고 할 것이다. 2천 년대 이후 정보사회학 연구가 사이버 공간과 소셜미디어에 갇혀 있다고도 할 수 있는데 이 책은 그러한 연구를 전혀 다른 각도에서 바라보게 해주는 일종의 소격효과(verfremdungseffekt)를 거둔다.

다음은 개론서이다. 정보사회학의 개론서는 여러 종이 나왔지만 아마도 가장 충실한 저술은 이항우 등이 공저한 《정보사회의 이해》를 꼽을 수 있을 것이다. 1997년 첫 판을 발행한 이후 몇 차례의 개정판, 신판을 내면서 내용이 현행화되고 책의 짜임새가 더욱 좋아졌다. 2011년에 나온 이 책의 신판은 소셜미디어, SNS, 스마트폰, 집단지성 등에 대한 논의까지 포함한다.

그러나 과연 교재로써 적절한 내용을 담았는가에 대해서는 아쉬움이 있다. 특정한 관점이 교재의 저술에 반영될 수는 있겠지만 그렇다고 동일한 관점으로 써진 저술만 포함되어서는 안 될 것이다. 교재는 해당분야의 연구업적을 최대한 반영해야 하고 다양한 이론과 논쟁이 치밀하게 정리되어야 한다. 그렇지 않으면 교재가 특정한 편견만을 재생산한다는 비판을 피할 수 없을 것이다. 교재를 읽는 독자가 해당분야, 특정 주제에 관해 체계적 지식을 얻을 수 있도록 해야 하고 그 분야 연구의 길을 안내하는 역할을 해야 한다. 그것이 독자가 교재를 읽을 때 거는 기대이다.

사이버 공간을 분석하는 데 있어 가장 수요가 많은 사회학 분야 중의 하나는 사회심리학이다. 그런 점에서 2009년에 출간된 이성식과 전신현의 《사이버공간의 사회심리학》은 시의적절한 저술이라고 할 수 있다. 그런데 이 책은 저술에 있어 객관성을 유지하려고 했다는 장점이 있는 반면 포괄성의 기준을 충족시키지 못한다. 각 주제에 관한 이론과 개념에 대해 간단한 설명이 제시되고 그 이론과 개념을 적용한 연구를 나열하는 수준에서 서술이 멈춘다. 추후 내용이 크게 보강되어야 할 것으로 보인다.

사회심리학적 관점에서 사이버 공간에서의 행동을 다룬 저서로는 이성식의 《청소년비행과 범죄연구》(2011)를 들 수 있다. 이 책은 정보사회학 연구라기보다 청소년학 혹은 범죄학 연구라고 보아야 하겠지만, 사이버 공간에서 문제가 되는 악성 댓글, 인터넷 중독, 비행,

범죄의도 등을 치밀하게 분석한 논문들이 포함되었다. 비행에 관한 논문에서는 오프라인과 온라인의 통합 모형을 시도했다는 점이 특기할 만하다. 동일한 혹은 유사한 사회현상에 관해 오프라인과 온라인의 통합모형을 구성하는 것은 정보사회학의 큰 연구과제 중 하나이다.

2002년 대통령 선거에서 노사모의 활약, 동년의 효선·미선 양 추모 촛불집회, 2004년 노무현 전 대통령 탄핵 반대집회, 2008년 미국산 쇠고기 수입개방 반대집회 등에서 드러난 인터넷의 역할은 정보사회학자로 하여금 사회운동 혹은 현실정치에서 인터넷이 가진 힘에 주목하게 만들었고 이에 관해 많은 수의 논문과 저서가 발표되었다.

그중 아마도 민경배의 《사이버스페이스의 사회운동》(2006) 그리고 홍성태의 《현실 정보사회와 정보사회운동》(2009) 은 언급하고 가야 할 것이다. 민경배는 사이버 공간의 사회적 현안을 바라볼 수 있는 간명한 틀을 제시했으며 온라인 사회운동의 유형, 전개과정, 그리고 평가지표를 창안한 점은 높이 평가되어야 할 것이다. 민경배의 작업은 우리 자신의 사회적 경험이 독창적 이론개발로 이어질 가능성을 보여주었다고 판단한다.

홍성태의 저서는 특히 정보사회의 특징적인 사회운동의 하나로써 정보공유 운동에 대해 심도 있게 분석한다. 본인의 직접 참여를 통한 경험이 이론적 성찰과 결합되어 자신만의 독특한 관점과 분석력을 보여준다. 특히 그의 저서는 기술적 배경지식 없이 다루기 힘든 P2P와 운영체제를 사회학적 연구영역으로 끌어들임으로써 소프트웨어 사회학의 가능성을 보여주었다는 점에서 높이 평가되어야 한다. 접근방법이나 분석시각은 다를 수 있지만 앞으로 소프트웨어의 사회학적 분석은 정보사회학이 개척해야 할 고유영역 중의 하나가 되어야 할 것이다.

이항우의 《클릭의 사회학》(2013) 에도 사회운동에 관한 비중 있는 논문이 포함되었다. 네트워크 사회운동의 사례로 2008년 촛불시위를 분석한 논문과 페이스북 그룹 '함께 점령'을 분석한 논문은 서로 간의 결론이 다소 상충하지만 네트워크 성격의 사회운동에서 집합 정체성의 필요성을 제기하고 그것이 상향식으로 구성될 수 있음을 보여준다. 특히 후자는 페이스북 그룹이 지구적 사회운동의 공간이 될 수 있음을 보여준 점도 언급할 가치가 있다.[7]

정보사회학의 주요한 연구주제 중 하나는 정보 프라이버시와 감시이다. 1998년 고영삼의 저서 이후에 이 주제에 관해서는 적지 않은 저작이 나왔지만 그중 김종길의 《피핑 톰 소사이어티》(2013)가 이 주제에 관한 최근 이론과 쟁점까지 포괄적으로 담는다. 물론 그 책은 세대와 정체성에 관한 부분도 있지만 정보프라이버시 부분이 가장 주목할 만하다. 그는 정보프라이버시에 관한 비교적 최근 이론인 프라이버시 조절이론이나 소통 프라이버시 관리이론에 관한 논의를 통해 프라이버시가 절대적 인권이 아니라 다른 가치와 선택적으로 균형을 찾아갈 여지가 있는 권리라고 주장한다. 하지만 정보 주체 개개인이 그 균형을 어떤 원칙에 따라, 어떤 방식으로 구현할 수 있는가에 대한 대안이 없어 아쉽다. 아마도 법과 제도로만 접근할 때 부딪치는 한계일 것이다.

백욱인(2013)이 한날한시에 내놓은 일련의 모노그래프들은 분량으로나 내용으로 볼 때 한 권의 책으로 간주해도 될 것이다. 그는 시종일관 정치경제학적 입장에서 정보사회학에 접근한다. 이 저서에서 컴퓨터의 역사, 컴퓨터 기업, 사이버 문화, 그리고 빅데이터까지 논의한다. 그의 관심은 인터넷에서 발생하는 잉여(그의 표현으로 비트)를 누가, 어떻게 가져가는가에 있다.

---

7 미국산 쇠고기 수입개방 반대 촛불집회에 관련된 온라인 활동을 미하일 바흐친의 카니발리스크 이론으로 분석한 윤영민(2010)은 이항우와 다른 평가를 내놓는다.

이 책에서 그가 제시하는 3가지 전유모형은 대단히 흥미 있는 이론화이다. 그는 구글로 대표되는 비트 수집·검색기계 모형, 페이스북으로 대표되는 비트 흡수기계 모형 그리고 애플로 대표되는 비트 회수기계 모형을 제시한다.

지난 2~3년 동안 사이버 공간에 대한 사회적 관심은 SNS로 집중되었다. 정보사회학적 저작도 이 부분에 가장 많이 몰렸다. 아직까지 주로 논문의 형태로 발표되었고 독립적인 저서는 거의 없다. 윤영민(2011)의 저서는 독특한 정보사회학적 시도를 보여준다. 그는 페이스북 페이지에서 수행한 일종의 의사-실험(quasi-experiment)을 통해서 온라인 집단지성의 가능성을 검증한다. SNS상의 개방적 대화를 통해서 정보사회학적 주제와 논점을 풀어가는 독특한 접근방식을 취한 것이다. 그는 1년 동안에 걸친 '실험'의 결과를 가감 없이 두 권의 책으로 내놓았고, 그 책은 SNS를 통해서 사용자들의 집단적 학습 혹은 발견이 성공적으로 수행될 수 있음을 보여준다.

## 3) 사회적 기여

사회학자는 학술연구 외에도 정보사회학 분야에 다양한 방식으로 기여했다. 많은 정책 연구보고서를 작성했고 정책의 형성과 집행에 직접 참여하기도 했다. 사회학자에 의해 제출된 연구보고서는 소재를 파악하기가 거의 불가능하기 때문에 정책, 시민운동, 언론 기고만 간략히 살펴보도록 하겠다.[8]

우선 손연기의 기여를 들지 않을 수 없다. 그는 박사 취득 후 정

---

8 연구보고서는 논문이나 책으로 출간되는 경우가 많기 때문에 굳이 검토하지 않아도 정보사회학의 현주소를 파악하는 데 큰 문제가 없으리라 생각된다.

보문화센터(정보문화진흥원으로 개명)에서 오래 근무하였으며 수년 동안 소장(원장)으로 봉직했다. 그 덕분에 상당수의 사회학 전공자가 센터 운영과 정보문화 연구에 참여할 수 있었다. 그의 재임 중 정보문화센터는 정보문화, 특히 정보격차에 관해 대단히 우수한 통계자료를 수집하였으며 인터넷 중독 대응의 제도화에도 기여했다.

홍성태는 정보사회학 분야에서 가장 왕성한 저술을 내놓는 사회학자 중 한 명인 동시에 정보통신운동의 대표적 활동가이기도 하다. 그는 현재 정보공유연대 대표를 맡으며 참여연대와 문화연대에서도 활동한다.

민경배는 함께하는 시민행동의 정보인권위원장으로서 활동하였으며 노무현 정부에서는 청와대 행정관으로 국가행정에 참여하기도 했다. 현재는 시민주권 공동대표를 맡고 있다. 민경배는 신문이나 방송에 가장 자주 인용되는 정보사회학자이기도 하다.

윤영민은 전자정부특별위원회, 교육정보화위원회, 개인정보보호위원회, 스마트 정부 포럼 등의 위원으로 국가 정보화의 정책형성과 추진에 참여하였으며, 현재 한국데이터사이언스학회장과 국가오픈데이터포럼 공동의장을 맡고 있다. 또한 유네스코한국위원회 위원으로 정보격차 해소와 디지털 유산보존을 위해 활동하였으며 언론매체를 통해서도 활발히 활동하였다.

이 밖에도 여러 명의 정보사회학자가 한국정보화진흥원, 정보통신정책연구원, 청소년정책연구원, 한국전자통신연구원 등에서 연구원으로 근무했거나 현재 근무하기도 한다. 이러한 다양한 방식의 현실참여는 사회학이나 정보사회학의 존재감을 심어주는 데 기여할 것이다.

# 5. 제도화의 현재와 미래

## 1) 현재의 문제

앞에서 언급한 것처럼 지금은 대학도 어렵고 사회학도 어렵다. 대학은 신자유주의적 흐름에 따라 전문인력 양성과 생산적 연구라는 새로운 존재증명을 요구받으며, 더구나 학령인구 감소와 대학진학률 저하로 인해 치열한 학생확보 경쟁에 직면했다. 사회학은 실용주의와 개인주의의 대세 속에서 대학 내 인접 사회과학과의 경쟁에서 밀리고 있다.

지나치게 세분화되고 공장의 컨베이어벨트처럼 되어버린 대학에는 숨 쉴 수 있는 영역이 있어야 한다. 세상에 불만이 있는 자, 한 맺힌 자, 세상을 뒤집어엎고 싶은 자, 인종적 소수자, 성적 소수자, 피억압자를 위한 학문을 하고 싶은 자, 좀더 나은 세상을 꿈꾸는 자, 유명 언론인이 되고 싶은 자, 자기의 관심을 어느 학문 분야에서 추구해야 할지를 모르는 자, 그리고 아직 무엇을 해야 하는지를 모르는 자까지 환영해주는 곳이 있어야 한다. 사회학은 그런 당위에서 존재이유를 찾았다. 아직 그런 이유로 사회학의 그늘을 찾는 사람이 있고 앞으로도 그럴 것이다. 때문에 아마도 사회학은 언제까지나 대학 내에서 존재이유를 찾을 수 있을 것이다.

그러나 개별 대학으로 내려오면 사정이 달라진다. 사회학이 그런 해방지대 혹은 잔여범주로서 존재증명을 하기에는 대부분 대학의 형편이 너무 좋지 않다. 사회학이 자신의 효용을 스스로 입증해 보여야만 살아남을 수 있는 상황이다. 그런 절실함을 안고 있는 사회학에 있어 지난 20년 가까운 세월동안 정보사회학은 구원타자의 역할을 잘 수행해왔는가, 그리고 앞으로도 그럴 수 있을 것인가?

이에 대해 어느 정도 긍정적 평가를 할 수 있을 것이다. 정보사회학은 사회학이 정보화라는 새로운 흐름에 잘 적응할 수 있음을 보여주었다. 정보사회학자들 덕분에 사회학은 경영학, 언론학, 교육학 등과 같은 실용적 사회과학에 비하면 다소 늦었지만 정치학이나 인류학은 물론이고 행정학이나 사회복지학과 같은 실용 사회과학에 비해서도 결코 뒤지지 않을 정도로 시대의 변화에 빠르게 대응했다.

그렇다면 현재 수준의 정보사회학은 만족스러운가? 사회학은 구원되고 정보사회학은 밝은 미래가 약속되어 있는가? 결코 그렇지 않다는 데 정보사회학의 고민이 있다. 그렇다면 무엇이 문제인가?

정보사회학이 기대만큼 역할을 다하지 못하고 정체 내지는 퇴보 상태에 있다는 여러 가지 징후가 있다. 무엇보다 정보사회학자의 수가 늘지 않는다. 정보사회학 분야에 논문이나 책을 출간하는 사회학자의 수는 지난 15년 동안 별로 증가하지 않았다. 1년에 평균 1~2권 정도의 저서, 20편 미만의 논문이 나올 정도로 소수의 정보사회학자가 활동한다. 정보사회학자는 대부분 40대 이상이라고 해도 과언이 아니며 학술적 생산을 아직도 제1세대 학자의 기여에 크게 의존할 정도로 신진학자의 배출이 이루어지지 않는다.

참고로 경영정보학의 경우 전국의 4년제 일반 대학은 물론이고 심지어 일부 전문대학에까지 개설된 자리나 학과를 모두 채우고, 상당수의 기업이나 기관에까지 포진할 정도로 많은 박사급 전공자의 공급이 있었다.

둘째, 학과 숫자가 2개로 1998년 이래 동일하며 대학원은 숭실대에 유일하게 설치되었고 그나마 석사 과정만 개설되었을 뿐이다. 이는 경영정보학과 비교하면 참으로 참담한 상태이다. 정보사회학과의 수가 늘지 않으니 정보사회학자에 대한 수요가 늘지 않고, 수요가 없는데 박사 지망자가 나올 이유가 없을 것이다.

초기에 개설된 2개의 정보사회학과가 성공적으로 운영되었더라면 정보사회학과가 더 늘어날 수도 있었을 것이다. 주어진 여건 아래 두 학과 모두 비교적 잘 운영되었지만 어느 학과도 다른 사회학과나 대학이 그 길을 따라오도록 유혹할 정도로 성공하지는 못했다.

예컨대 한양대의 경우 처음에는 언론학전공, 광고홍보학전공과, 나중에는 신문방송학전공과 하나의 학부로 묶인 채 정보사회학전공은 최근까지도 힘겹게 생존해나가야 했다. 인접 전공에 학생을 빼앗기고 학생이 충분히 확보되지 않은 상태에서 교수 정원이 늘어날 수 없었으며 결국 15년 이상 교수 충원이 이루어지지 못했다. 취업률은 다른 대학의 사회학과나 인접 전공에 비해 상대적으로 좋은 편이었지만 워낙 졸업생 수가 적은 탓에 그나마 제대로 인정받지 못했다.

셋째, 정보사회학의 제도화를 끌고 갈 구심점이 없다. 1997년 한국정보사회학회가 창립되었지만 첫 2~3년을 제외하고는 역할을 기대만큼 수행하지 못했다. 첫해에는 사단법인 등록을 하고 월례 세미나를 개최하였으며, 1998년 봄에는 회원이 공동으로 《정보사회의 이해》라는 교재도 발간했다. 2000년에는 학회지인 〈정보와 사회〉를 창간했을 뿐 아니라, 6번의 학술대회나 심포지엄을 개최할 정도로 활발한 활동을 전개했다. 그러나 그 이후로 지금까지 초기의 활력을 회복하지 못했다.

신생 분과학문의 학회가 해야 하는 역할은 첫째, 학자를 조직하여 하나의 학술 공동체로 발전시키고 둘째, 학술대회를 개최하고 학술지를 창간하여 학술활동이 수렴될 수 있도록 해야 한다. 셋째, 표준적 교과내용과 커리큘럼을 개발하여 학과목이나 학과를 개설하는 데 도움을 주고 분과학문의 정체성도 확립해야 한다. 넷째, 분과학문의 물적 그리고 사회적 기반을 확보해야 한다. 정부기관이나 기업 혹은 언론사와의 유대를 강화하여 재정도 확보하고 분야의 인지도를 높이는 노력이 필요할 것이다. 끝으로 국제적 교류에 나서야 한다. 분과학문과 학회의 활동을 국제적으로 인정받는 데 반드시 필요한 활동이다.

그러한 관점에서 보면 한국정보사회학회는 초기에 국제교류를 제외하고 나머지 4가지 역할은 비교적 잘 수행했던 것으로 판단된다. 그러나 한국정보사회학회는 2000년 닷컴 버블이 꺼지면서 불어닥친 위기에 잘 대처하지 못하고 동력을 잃고 말았던 것으로 생각된다. 그 결과 정보사회학자의 학술 공동체를 발전시키는 데 성공하지 못했으며 학회 자체가 활동의 구심점을 잃고 말았다. 정보사회학 과목의 개발이나 학과운영을 위한 노력은 찾아볼 수 없고 분과학문의 물적, 사회적 기반을 구축하는 데도 기여하지 못했다. 학술대회는 꾸준하게 개최하지만 저널은 창간 10여 년이 넘도록 한국학술진흥재단에 등재되지 못했다. 그렇다면 정보사회학은 앞으로 어떻게 변해야 하는가? 무엇을 해야 '약속'을 실현할 수 있을 것인가?

## 2) 미래를 위한 제언

### (1) 고유영역의 확보

어떤 학문이 하나의 제도로서 정착하기 위해서는 자신이 영토라고 주장하고 다른 학문분과나 사회가 그렇게 인정해주는 영역이 있어야 한다. 어떤 영역에 문제가 발생했을 때 남에게 묻지 않고도 일반인이 일차적으로 머리에 떠올릴 수 있는 전문가가 포진해있을 때 그 학문의 고유영역(domain)이 있다고 말할 수 있다.

아직까지 정보사회학의 고유영역은 보이지 않는다. 통신경제학은 통신규제에서, 경영정보학은 정보시스템 관리에서, 정보법학은 저작권 문제와 프라이버시 보호에서, 정보심리학은 HCI에서 고유영역을 찾았다. 그렇다면 정보사회학의 고유영역은 어디에 있는가?

정보사회학이 시작된 지 20여 년이 지났지만 아직도 기업체 인사 담당자, 학부형, 학생들에게 정보사회학은 낯선 학문으로 남아있 다. 정보사회학이 주변화되고 청중을 갖지 못한 이유를 바로 거기에 서 찾을 수 있을 것이다. 정보사회학보다 더 후발주자이지만 문화콘 텐츠학은 컴퓨터 게임에서 자기 고유영역을 찾았지 않는가.

학부에서 정보사회학을 공부하면 어느 분야 혹은 어느 직종에 진 출할 수 있는가? 전공을 살린다면 정보기술을 다루는 기업이나 기관 에 취직하게 된다. 석사나 박사를 받아도 마찬가지이다. IT 컨설팅 업체, SI 업체, 인터넷 비즈니스 업체, 통신사, 언론사, 광고 · PR 대행사, 한국정보화진흥원, 정보통신정책연구원, 한국인터넷진흥 원, 한국정보통신진흥협회, 한국전자통신연구원 등이다.

그런데 그런 곳에 진출하는 데 성공하는가? 별로 그렇지 않다. 학 부 졸업생은 그런대로 성공하지만 석사, 박사로 올라갈수록 성공가 능성이 낮아진다. 그만큼 경쟁이 치열하다는 의미이다. 경영정보학, 통신경제학, 정보심리학, 정보법학 박사 대신에 정보사회학 박사를 뽑아야 할 이유가 분명해야 후발 학문 전공자로서 정보사회학자가 자리를 비집고 들어갈 수 있다.

분명한 정체성을 확보하고 고유영역을 갖기 위해서는 정보사회학이 정보기술의 사회학(sociology of information technology)이 되어야 한다. 즉, 정보기술과 정보시스템, 사이버 공간, 소셜미디어 그리고 데이터 에 관한 사회적 분석을 수행하는 학문이 되어야 한다. 분석도구는 사 회연결망 분석과 데이터 마이닝을 포함한 데이터 과학(data science)이 바람직하다. 현재의 사회통계학이나 사회조사방법의 교과내용만으로 도 충분하지 않다. 정보사회학을 학과로 설치하든, 사회학과 내에 교 육하든 상관없이 이 정의를 공유할 필요가 있다.

결국 정보기술을 잘 이해하는 사회과학도가 정보사회학도의 정체성이다. 정보기술을 잘 이해한다는 의미는 두 가지이다. 하나는 정보기술 자체의 기술성에 대한 이해이고, 다른 하나는 정보기술의 사회성에 대한 이해이다. 물론 무게중심은 후자에 있지만 전자에 대한 상당한 정도의 지식이 뒷받침되어야 한다.

융합의 시대일수록 분과학문의 고유영역이 분명해야 한다. 학제적 협업이란 각 분과학문이 기여할 부분이 분명할 때 협업도 성공하고 각 분과학문의 생존도 가능하다. 분과학문의 고유영역이 불분명하면 학제 간 협업은 오히려 분과학문의 생존에 독이 될 수 있다. 분과학문의 정체성이 모호해지고 결국 분과학문의 입지는 위협받을 것이다.

## (2) 컴퓨터과학 교육의 강화

1986년 김경동은 "정보통신혁명의 사회적 함의"라는 글의 서문에서 다음과 같이 썼다.

다만 기술공학 분야에 대해서는 문외한의 처지인 만큼, 그 방면의 기술혁신 자체를 논의의 대상으로 떠올릴 수 없음을 밝혀 두는 게 옳겠다. 오히려 사회과학도로서 중요시할 쟁점은 그와 같은 기술변동의 사회적 결과라든가, 그러한 기술혁신으로 말미암아 다가올 미래의 사회에 대처하는 데 작용하는 사회적 요인 같은 것을 둘러싸고 제기함직한 것이 될 줄 안다(1986: 3~4쪽).

그는 우리나라의 사회학자 중 누구보다 일찍 정보통신발달에 대해 관심을 가졌고, 한국정보사회학회의 초대 회장이기도 했다. 그럼에도 불구하고 '정보화 사회'를 이해하는 데 꼭 필요한 기술공학 지식을 갖지 못했다.

이는 이미 1974년 《컴퓨터 해방·꿈의 기계》(Computer Lib·Dream Machine)라는 저서에서 민주주의의 장래에 관심이 있다면 컴퓨터를 이해해야 한다고 강조했던 미국의 사회학자 넬슨(T. Nelson)과는 대조적이다. 그는 새로운 시대의 정치를 풀어가려면 컴퓨터의 하드웨어와 소프트웨어를 모두 이해할 수 있어야 한다고 생각했으며, 일반인도 기본적인 컴퓨터 프로그래밍을 배워야 하고 또 배울 수 있다고 주장했다. 오늘날 넬슨의 주장은 더욱 확장되어야 할 것이다. 인간사회와 인간사회의 미래에 관심이 있다면 PC, 컴퓨터 네트워크, 스마트폰 등 정보기술을 기술적으로 이해해야 한다.

우리나라의 사회학계는 최근까지도 정보기술에 대해 김경동과 같은 입장이 지배적이었다. 정보기술에 대해 공학적 지식을 갖지 못한 채 정보사회를 분석하는 사회학자가 거의 대부분이다. 1세대 정보사회학자는 체계적 교육을 받을 수 있는 기회가 없었기 때문에 그러했다고 접어주더라도 2세대, 3세대 정보사회학자에게는 그런 변명이 통할 수 없다. 과연 정보사회학 전공자가 정보기술에 관한 공학적 지식을 얼마나 갖추어야 하는가에 대해서 하나의 기준만 있을 수는 없다. 경영정보학의 경우처럼 거기에 일률적 기준이 있는 것이 아니라 학과에 따라, 프로그램에 따라, 그리고 학자에 따라 다양한 선택이 가능할 것이다. 다만 제로에 가까운 선택은 아닐 것이다.

정보사회학이 다루는 가장 중요한 문제 중 하나인 정보 프라이버시를 보자. 컴퓨터 네트워크, 인터넷 프로토콜, 온라인 데이터베이스, 모바일 통신, 소셜미디어, 데이터 마이닝, 암호체계 등에 관한 공학적 지식 없이 과연 인터넷상에서 정보 프라이버시가 어떻게 침해되고 또 어떻게 지켜질 수 있는지를 이해하고 그에 대해 적절한 해법을 제시할 수 있을까?

정보 프라이버시는 한마디로 정보주체의 자기정보 결정권이라고 할 수 있다(윤영민, 2003). 그런데 과연 법과 제도만으로 정보주체의 자기정보 결정권이라는 법정신이 실현될 수 있을까? 실제로는 기업이나 기관에 의해 정보주체의 자기정보 결정권이 수없이 침해된다. 개인정보 데이터베이스 소유자가 그 안에 담긴 개인정보가 어떻게 이용되는지를 해당 정보주체에게 모두 알려주지 않는 것은 물론이고, 설령 알려준다고 해도 정보주체가 일일이 대응하기란 현실적으로 불가능하다. 결국 정보기술의 사회적 문제는 대부분 제도와 기술의 혼합을 통해서 풀어야 한다.

만약 정부나 기업이 정보 프라이버시 문제를 다루기 위한 태스크포스를 만든다면 과연 정보기술을 이해하지 못하는 정보사회학자가 들어갈 자리가 있을까? 과연 개인정보보호 관리자에 정보기술을 이해하지 못하는 정보사회학 전공자를 고용할 기업이나 기관이 있을까? 만약 정보기술과 관련해서 가장 사회학적 영역이라고 할 수 있는 프라이버시 분야에서조차 역할을 차지하지 못한다면 정보사회학자나 정보사회학 전공자는 현실에서 설 자리를 찾기가 무척 어려울 것이다.

특히 정보사회학이 사회학 내에 하위 전공분야로 있지 않고 독립적 학과로 있는 경우 학부나 대학원은 사회학과 컴퓨터과학을 결합한 철저한 하이브리드 교육과정을 마련해야 한다. 개인적으로 정보사회학자는 자신이 관심을 가진 주제에 관해 논문과 저서를 부지런히 출간하면 어떻게든 살아남을 수도 있겠지만, 학과나 전공은 그렇지 않다. 경영정보학 정도의 교육과정을 갖추지 않고는 생존력을 갖추기 어려울 것이다.

이와 관련해서는 일본의 시즈오카대 정보학부 정보사회학과의 사례를 참고할 필요가 있다.9 정보학부는 1995년에 설치되었는데 정보

9 시즈오카대 외에 분쿄대, 구루메대, 사이타마공대에 정보사회학과가 설치되었다.

과학과(컴퓨터과학과 정보학의 결합)와 정보사회학과가 있다. 정보사회학과는 35명의 교수진을 갖추었으며 교육과정은 미디어(언론정보학)와 커뮤니티(지역사회정보학)로 특화되었다.

교수진의 면면을 살펴보면 문과와 이과, 인문사회과학 전공 사이의 경계가 없다. 사회학자는 4~5명 정도뿐이고, 이공계 전공이 6~7명, 그리고 언어학, 영어학, 중국어학, 인류학, 경영학, 경제학, 철학, 심리학, 법학 등의 학자가 포진했다. 정보학부의 대학원은 학과 구분이 없고 정보학(informatics)으로 단일화되었다. 이는 5명의 교수진을 지닌 인문학부의 사회학과와 대조적이다. 학과 홈페이지에 따르면 정보사회학과는 SE(System Engineer) 배출을 주요 목표로 하며 지난 3년간 졸업생의 취업률은 거의 100%에 이른다.

## (3) 정통성의 확보

학문의 정통성 문제가 시급하지 않은 것처럼 보일지 모르지만 사실은 그렇지 않다. 학문에도 혈통이 중요하다. 학문의 정체성을 굳건히 하는 데는 그 학문이 무엇을 하는지에 못지않게 어디로부터 왔는지를 분명히 하는 노력이 필요하다.

정보사회학이 학문적 정통성을 확보하기 위해서는 사회학이론, 특히 고전사회학 이론과의 접목이 필요하다. 정보사회학도 사회학과 마찬가지로 근본적으로 사회관계에 대한 연구이다. 비록 기술적 환경이 다르기는 하지만 고전은 사회구조나 상호작용을 분석하는 데 풍부한 개념과 영감을 제공해줄 수 있다. 그럼에도 불구하고 정보사회학에서 고전이론을 재해석하거나 확장하려는 시도를 찾아보기 어렵다.

현재까지 보면 정보사회학에서 비교적 다양한 사회학이론이 활용되지만 고전을 본격적으로 오늘날의 관점에서 해독하고 활용되는 경우는 극히 드물다. 에밀 뒤르켐, 위르겐 하버마스와 어빙 고프먼 정도가 활용될 뿐이다(구자순, 2008). 온라인 사회현상에 원용할 수 있는 고전이론이 어디 그뿐이겠는가. 칼 마르크스, 막스 베버, 마르셀 모스, 구스타브 르봉, 가브리엘 타르드 등과 같은 사회학자는 물론이고, 미하일 바흐친, 존 듀이, 마샬 맥루한 등과 같은 이웃 분야의 고전학자도 적지 않다.

사이버 공간이 인류역사상 완전히 새로운 사회환경인 것은 분명하지만 그렇다고 그 위에서 일어나는 사회현상조차 완전히 새롭다고 말할 수는 없을 것이다. 과거 오프라인의 사회현상과 비교해 새로운 점도 있겠지만 동일한 점도 적지 않을 것이다. 그렇다면 고전으로 돌아가 상상력을 빌려오는 것은 대단히 효과적인 이론적 대처방안이 될 것이다. 그렇게 함으로써 우리사회의 경험에 근거한 독창적 이론을 개발할 수도 있을 것이다. 그런데 정보사회학자는 고전의 문을 두드리지 않는다.10 마치 장식품처럼 고전을 단편적으로 인용하는 것이 아니라 고전을 오늘날의 시각에서 다시 읽어내는 노력이 요구된다.


## 6. 나가면서


지식생산이 더 이상 전문가에 의해 독점될 수 없는 시대가 되었다. 지식은 누구에게나 접근가능하고 일반인도 전문가 못지않게 전문적 지식을 창출할 수 있다. 그런데 정보기술 발전에 수반된 바로 이 탈전문직화(*deprofessionalization*)의 파도가 사회학을 궁지에 몰아넣는다.

실제로 누구나 사회학적 조사를 하고 분석할 수 있는 환경이 되었

---

10 윤영민(2011)은 정보사회학연구에 있어 고전적 상상의 유효성을 탐색해 본다.

다. 새롭게 변해가는 대중매체의 모습인 탐사보도, 데이터 저널리즘, 인터렉티브 보도를 보면, 다루는 주제, 인용하는 문헌 정도를 제외하고 사회학과 구분되기 어려울 정도로 사회학적이다. 문제는 사회학 교육을 받지 않아도 그런 역할을 충분히 수행할 수 있다는 데 있다. 인접 사회과학들에서도 사회학 못지않은 — 때로는 사회학보다 더 엄격한 이론과 방법을 교육시킨다 — 교육을 제공하며 심지어 인터넷에는 대학에서 특별한 교육이나 훈련을 받지 않아도 독학으로도 그런 능력을 획득할 수 있을 정도로 풍부한 교육자료를 이용할 수 있다. 게다가 자료수집, 분석, 표현 도구는 누구든 마음만 먹으면 이용할 수 있을 정도로 사용하기 쉽다.

이것은 바로 사회학의 상식화 현상이다. 정보기술 덕분에 탈콧 파슨스가 60여 년 전에 예견했던 사회학의 시대가 된 것이다. 그런데 아이러니컬하게도 누구나 사회학을 한다는 그 사실이 사회학을 위기로 내몬다. 일반인의 눈에는 사회학이 상식과 구별되지 않기 때문이다. 전문성을 인정받지 못하는 학문이 어떻게 학문으로 생존할 수 있겠는가.

홈우드(Holmwood, 2010)의 지적처럼 사회학적 관점, 사회학적 감수성, 사회학적 상상력, 사회학적 연구방법만으로는 충분하지 않다. 사회학의 새로운 방향 설정, 리모델링이 요구됨이 분명하다. 사회학 고유영역의 확보는 어쩌면 대안의 중요한 요소가 되리라 기대된다.

정보사회학이 만약 제도화에 성공한다면, 정보사회학은 사회학의 고유영역 확보에 기여할 수 있을 것이다. 그렇게 되려면 먼저 정보사회학 자체가 굳건히 뿌리내려야 한다. 정보사회학자나 정보사회학도로 자신을 규정하고 정보사회학의 운명과 자신의 학문적 혹은 직업적 성취를 일치시키는 다수의 전문가가 존재할 때 정보사회학의 미래가 있다고 확신할 수 있을 것이다.

## 참고문헌

강대기 외, 2004, 《정보사회의 이론과 실제》, 진한도서.

경희대정보사회연구소·삼성경제연구소 편, 1997, 《네트워크 트렌드》, 삼성경제연구소.

고영삼, 1998, 《전자감시사회와 프라이버시》, 한울.

구자순, 2000, 《인터넷과 사회현실》, 한양대출판부.

＿＿＿, 2008, "사이버공간에 대한 한국 사회학의 연구 동향: 1997-2007", 〈사이버커뮤니케이션 학보〉, 25권 1호, 197~242쪽.

권태환·조형제, 1997, 《정보사회의 이해》, 미래미디어.

김경동, 1986, "정보통신혁명의 사회적 함의", 사회과학연구소 편, 《정보화사회: 도전과 대응》, 서울대출판부.

김문조, 2013, 《융합문명론》, 나남.

김종길, 2013, 《피핑 톰 소사이어티》, 집문당.

민경배, 2006, 《사이버스페이스의 사회운동》, 한국학술정보(주).

박창호, 2001, 《사이버공간의 사회학》, 정림사.

백욱인, 1995, "인터네트와 정보고속도로: 사회적 측면을 중심으로", 〈경제와 사회〉, 통권 제 27호, 8~25쪽.

＿＿＿, 2013, 《네트워크 사회문화》, 커뮤니케이션북스.

＿＿＿, 2013, 《디지털 데이터·정보·지식》, 커뮤니케이션북스.

＿＿＿, 2013, 《정보자본》, 커뮤니케이션북스.

＿＿＿, 2013, 《정보자본주의》, 커뮤니케이션북스.

＿＿＿, 2013, 《컴퓨터의 역사》, 커뮤니케이션북스.

백욱인·홍성욱 편, 2001, 《2001 사이버스페이스 오디세이》, 창작과 비평사.

서이종, 1998, 《지식·정보사회학》, 서울대출판부.

유승호, 2002, 《디지털 시대와 문화콘텐츠》, 전자신문사.

윤영민, 1994, "최근 미국사회학의 위기와 대응: 버클리대와 워싱턴대를 중심으로", 한국사회학회 편, 《21세기의 한국사회학》, 문학과 지성사.

＿＿＿, 1995, "전자정부의 구상과 실천에 관한 비판적 접근", 〈국가 기간전산망 저널〉, 3권 3호, 3~12쪽.

＿＿＿, 1996, 《전자정보공간론》, 전예원.

&#95;&#95;&#95;&#95;&#95;&#95;, 2000, 《사이버공간의 정치》, 한양대출판부.

&#95;&#95;&#95;&#95;&#95;&#95;, 2003, 《사이버공간의 사회》, 한양대출판부.

&#95;&#95;&#95;&#95;&#95;&#95;, 2010, "e-Carnivalesque로서의 온라인 공중 대화", 〈사회와 이론〉, 16권, 145~178쪽.

&#95;&#95;&#95;&#95;&#95;&#95;, 2011, 《Dialogue: 소셜미디어와 집단지성》, 한양대출판부.

윤영민·박승관·권기헌, 1998, 《정보의 신화, 개혁의 논리》, 나남.

이명진·박현주, 2012, "SNS에 관한 사회학 연구의 동향과 쟁점", 〈정보화정책〉, 제 19권 2호, 3~20쪽.

이성식, 2011, 《청소년비행과 범죄연구》, 청록출판사.

이성식·전신현, 2009, 《사이버공간의 사회심리학》, 집문당.

이항우, 2013, 《클릭의 사회학》, 이매진.

이항우 외, 2011, 《정보사회의 이해》, 미래인.

전자정부특별위원회, 2003, 〈전자정부백서〉, 국가기록원.

정보사회학회 편, 1998, 《정보사회의 이해》, 나남.

&#95;&#95;&#95;&#95;&#95;&#95;, 1994, 《21세기의 한국사회학》, 문학과 지성사.

한국언론학회·한국사회학회 편, 1998, 《정보화시대의 미디어와 문화》, 세계사.

한국전산원, 2003, 〈국가정보화백서〉, 국가기록원.

홍성태, 1995, "정보사회와 문화의 정치경제학", 〈문화과학〉, 10호, 13~30쪽.

&#95;&#95;&#95;&#95;&#95;&#95;, 1996, 《사이버공간, 사이버문화》, 문화과학사.

&#95;&#95;&#95;&#95;&#95;&#95;, 1997, 《사이보그, 사이버컬처》, 문화과학사.

&#95;&#95;&#95;&#95;&#95;&#95;, 2000, 《사이버사회의 문화와 정치》, 문화과학사.

&#95;&#95;&#95;&#95;&#95;&#95;, 2009, 《현실 정보사회와 정보사회운동》, 한울.

홍성태·오병일 외, 《디지털은 자유다》, 이후.


Burawoy, M., 2005, "For public sociology", *American Sociological Review*, 70, pp. 2-28.

Erkki, B., 2009, "'Schools of political science' and the formation of a discipline", prepared for presentation at the XXIst World Congress of the International Political Science Association, July 12-16, Santiago de Chile, Chile.

Everard, J., 2000, *Virtual States*, Routledge, 윤영민 역, 《국가@인터넷》, 한양대출판부.

Harasim, L. M. (Ed.), 1994, *Global Networks: Computers and International Communication*, The MIT Press, 박승관 역, 1997, 《글로벌 네트워크》, 전예원.

Holmwood, J., 2010, "Sociology's misfortune: Disciplines, interdisciplinarity and the impact of audit culture", *The British Journal of Sociology*, 61 (4), pp. 639-658.

Negroponte, N., 1995, *Being Digital*, Knopf, 백욱인 역, 《디지털이다》, 커뮤니케이션북스.

Nelson, T. H., 1974, *Computer Lib: You Can and Must Understand Computers Now*; Dream Machines: New Freedoms Through Computer Screens—A Minority Report. Self-published.

Webster, F., 1995, *Theories of the Information Society*, Routledge, 조동기 역, 1997, 《정보사회이론》, 나남.

# 15

## 보건사회학 연구의 동향과 전망 *

조 병 희

## 1. 보건사회학의 형성과 관심 영역의 구성

이 글은 한국에서의 보건사회학 연구동향을 살펴보는 것을 목적으로 한다. 보건사회학은 100여 년의 역사를 갖고 사회학의 성장과 함께 발전했다. 서구에서는 사회학 이론의 대가들이 보건사회학에서도 전 반적으로 연구를 활성화시켰다. 반면 한국에서는 건강과 질병문제가 사회학의 주요 관심사가 되지 못한다. 이 글은 우선 보건사회학 이 론의 전개과정에서 어떻게 관심영역이 구성되었는지 간략히 살펴보 고, 그동안 발표된 한국의 보건사회학 논문을 이러한 관심영역별로 분류하여 그 특징을 살펴볼 것이다.

보건사회학은 사회적 요인과 건강의 관계를 연구한다. 뒤르켐(É. Durkheim)의 1897년 저작인 《자살론》(*Le suicide*)은 사회구조가 개인 의 정신건강에 지대한 영향을 미친다는 것을 잘 보여주었다. 즉, '이

---

* 이 논문은 한국보건사회학회에서 간행하는 〈보건과 사회과학〉 35집에 게재되었던 것임.

기적 자살'이나 '아노미적 자살'은 사회가 개인을 통합하지 못할 때 또는 사회적 해체나 사회적 유대가 감소할 때 개인들로 하여금 자살로 이끈다는 명제를 도출하였다. 여기서 자살을 정신건강으로 바꾸면 사회적 응집 또는 유대(social cohesion)가 구성원의 정신건강에 큰 영향을 미친다는 가설을 세울 수 있게 된다.

터너(Turner, 2003)는 최근 공중보건학계를 중심으로 유행하는 사회자본의 건강영향에 대한 연구가 뒤르켐의 자살론 연구에 기초한다고 보았다. 즉, 건강이나 질병이 개인의 속성이기보다는 사람 간의 사회적 관계와 사회적 연결망의 영향을 받는다는 사회자본론의 주장은 자살이 개인적 속성이 아니라 사회구조적으로 결정된다는 뒤르켐의 주장에서 유래된 것이라는 지적이다. 이와 같이 건강과 질병의 사회적 분포 및 그것의 사회적 영향을 탐구하는 사회역학은 보건사회학의 핵심분야의 하나이고 사회학과 함께 시작되었다.

다음으로 구성된 보건사회학의 관심영역은 질병행동(illness behavior)이다. 질병행동 이론은 파슨스(Parsons, 1951)의 병 역할(sick role) 개념에서 시작되었다. 구조기능론의 대가인 파슨스는 질병을 사회현상으로 규정하면서 병에 걸렸을 때 정상인과 다른 사회적 역할을 갖고 이를 병역할이라 불렀다. 환자는 일상의 역할수행을 면제받는 권리도 갖지만 동시에 치료에 전념하여 빨리 회복되도록 노력해야 한다는 의무도 갖는다. 병 역할이 남용되지 않도록 환자를 통제하고 치료서비스를 제공하는 의사의 역할과 이에 복종하는 환자의 역할은 상보적 관계를 구성하고 이러한 의사-환자 관계가 의료제도를 구성하는 것으로 개념화되었다.

그런데 아플 때 곧바로 병원을 찾아서 진료받고 환자가 되어 치료에 전념한다는 역할모형의 적합성에 대한 비판이 제기되었다. 사회심리학적 관점에서 보면 어떤 상황(신체적 증상 발생)에 대하여 무비판적으로 질병으로 규정하고 병원에 가기보다는 이에 대한 해석과정이 있게 되고 의미를 어떻게 부여하는가에 따라 대응방식에 차이가 있다는 것이다(Radley, 2004). 즉, 질병에 대한 대중의 대응은 다양한 형태를 갖게 되고 여기에는 사회문화적인 여러 요인이 영향을 미친다고 한다. 여기에서 질병행동 또는 도움추구(help-seeking behavior)의 개념이 만들어졌고 이후 관심사가 건강증진 관련행동으로 확대되면서 최근에는 건강행동(health behavior)이란 개념을 더 많이 쓰게 되었다.

파슨스가 제시한 병 역할 및 의사-환자 관계의 개념은 이후 전문직 이론 및 의사-환자 관계 연구로 확대되었다. 전문직 이론은 이론 패러다임에 따라 그 성격이 크게 대비된다. 기능주의 관점에서는 의사가 공익적 목적에서 전문지식을 사용하는 이타적 집단으로 설정되었으나 갈등론적 관점에서는 의사가 집단적 이해관계의 실현과 전문직업성의 구축과정이 분리되지 않는다는 점들이 지적되었다. 최근에는 전문직의 탈전문화나 기업화 현상에 대한 연구가 많다(McKinlay & Marceau, 2002). 전문직의 속성의 변화와 함께 의사와 환자의 관계가 어떻게 변화하는지에 대한 연구도 많이 진행된다. 과거에는 의사의 권위에 복종하던 환자가 최근에는 고객 또는 의료이용자로 묘사되거나 소비자 만족이 중시되는 현상이 연구된다(Rothman, 2000).

1980년대 이후에는 고도로 발전한 의학기술이 인간의 몸을 어떻게 통제하는지에 대한 연구나 의료가 국가의 복지체제에서 부분적으로 벗어나 시장체제로 전환되거나 시장원리가 적용되면서 발생하는 새로운 불평등의 문제가 관심사로 부각되었다. 의료제도와 관련해서 과거에는 '권위의 이중구조' 같은 병원조직의 특수성에 대한 연구가 많았으나 최근에는 의료시장의 성장에 따른 보건의료체계의 권력과 지배구조의 변화 또는 보건의료 정책을 둘러싼 국가와 의사, 대중 간의 관계 등이 관심의 대상이 된다(Light, 1995).

나아가 비교의료제도 및 전 지구적 차원에서의 보건문제나 환자 이동

등도 새로운 연구대상이 된다. 이외에도 의료화 현상에 대한 철학적 문명사적 비판도 꾸준히 연구되고(Szasz, 2007; Conrad, 2007), 의료신기술의 문제(Clarke et al., 2010), 젠더와 의료문제(Bird & Rieker, 2008), 대체의학 운동(Johannessen & Lazar, 2006; Tovey et al., 2004) 등도 보건사회학의 연구대상이 된다.

이 글에서는 한국에서 보건사회학 분야에 특화된 학술지인 〈보건과 사회과학〉에 수록된 논문을 중심으로 보건사회학 연구동향을 살펴보기로 한다. 〈보건과 사회과학〉은 1997년에 창간되어 2013년까지 32집이 발간되었고 수록된 논문은 236편이다. 이 논문을 주제별로 분류하여 연구동향을 분석하기로 한다. 물론 한국사회학회의 공식 학술지인 〈한국사회학〉이나 분과학회지인 〈경제와 사회〉 등에도 보건사회학 연구로 분류할 수 있는 논문이 종종 게재된다. 이 글에서는 〈보건과 사회과학〉에 게재된 논문만을 대상으로 보건사회학 연구동향을 살펴보기로 한다. 다른 학술지에 게재된 보건사회학 논문을 분석에 포함하지 못한 것은 이 글의 한계이고 향후 보완적 연구가 필요할 것이다.

## 2. 사회역학 분야

사회역학(social epidemiology)은 인구집단의 건강상태의 분포를 연구한다. 인구집단의 건강은 유병률이나 사망률 같은 통계치로 요약될 수 있는데 전통적으로 사회역학은 교육, 직업, 소득과 같은 사회경제적 지위가 유병이나 사망에 미치는 영향을 탐구하였다. 최근에는 지역(place)이나 사회적 자본과 사회적 연결망의 영향을 살펴보는 연구가 발표된다. 〈보건과 사회과학〉에서 지난 15년간 가장 많이 발표된 논문의 주제영역도 사회역학이다.

세부적으로는 직무환경과 건강, 노인건강, 정신건강, 자살을 포함한 사망 등이 주로 다루어졌다. 직무환경 논문이 비교적 많은 것은 산업보건과 관련하여 근로자 건강문제를 다루어온 이경용(1999, 2000a, 2000b, 2001)과 한국형 직무 스트레스 척도를 만들어 보급해온 장세진 등(2012)의 기여가 컸다. 사무직 근로자의 스트레스와 조직몰입에 대한 논문은 최근까지 꾸준하게 발표된다(박남수, 2012, 2013).

직무 스트레스 문제가 비교적 고전적 연구주제라고 한다면 고령화에 따른 노인의 건강문제와 급증하는 자살문제는 2000년대 중반 이후에 새롭게 부각된 연구주제이다. 이미숙(1998, 2009, 2010)은 노인건강에 대한 논문을 비교적 일찍 발표하였고 노인의 건강 불평등 및 정신건강과 사회연결망의 효과에 대한 논문을 발표하였다. 노인의 건강문제를 다루는 방식을 살펴보면 노인의 삶의 질이라는 포괄적 의미를 다루는 논문(최아름 등, 2013; 전상남 등, 2009; 진기남 등, 2000)과 우울증 등 정신건강을 다루는 논문(김한곤 등, 2006; 김경숙 등, 2008; 유진영 등, 2007; 김은령, 2013)이 있고, 사회경제적 지위에 따른 건강수준의 차이 또는 건강 불평등을 다루는 논문(우해봉 등, 2001; 김승곤, 2004; 이미숙, 2009)이 있다. 한국 노인의 노령연금 등 사회보장이 취약하고 정신적 신체적으로 불건강한 측면을 주제로 한 논문이 대부분이다. 반면 성공적 노화의 개념에 기초하여 노인이 나름대로 사회적 관계를 유지하면서 적극적으로 건강관리를 하려는 시도를 다룬 논문은 별로 없다.

의학적 관점에서 볼 때 건강상태는 기본적으로 사망과 유병의 두 요소로 구성된다. 사망률이나 이를 기초로 계산되는 기대여명(餘命)은 인구의 건강상태의 기본적 수준을 측정하는 지표가 된다. 즉, 사망률이 낮아져서 기대수명을 높이는 것이 인구의 건강수준의 기본이 된다. 그런데 이 분야는 전통적으로 인구학의 관심대상이었고 최근에는 보건학과 예방의학 분야에서 사망통계 자료를 사용하여 사회경제적 지위와 사망 간의 관계를 분석한 연구업적이 나온다(Jung-Choi et al., 2011a, 2011b; Khang et al., 2005; Cho et al., 2007). 〈보건과 사회과학〉에는 부모의 사회경제적 지위와 어린이 또는 자녀의 사망의 관계를 다룬 2편의 논문이 있다(윤태호 등, 2007; 김상미 등, 2011).

사망 중에서 자살은 최근의 새로운 관심사로 부각되면서 9편의 논문이 발표되었다. 노인, 청소년, 성인, 가족동반 자살 등 비교적 다양한 자살 형태가 연구되었다. 그런데 자살은 우리의 자살률이 세계적으로 유례없이 높다는 점뿐만 아니라, 다양한 계층의 사람이 여러 가지 이유로 자살하기 때문에 이들을 자살로 이끌게 되는 사회적 요인에 대한 연구가 매우 필요한 분야이다. 그렇지만 자살에 대한 체계적 연구는 절대적으로 부족한 것이 현실이다(김정희, 2011).

대부분의 자살연구 논문이 통계청 사망자료를 분석하여 통계적 특성을 밝히거나 사회조사나 건강조사 등의 자료에서 나오는 '자살생각'에 대한 통계적 특성을 분석한다. 그런데 실제 자살자나 자살 미수자 또는 그 가족에 대한 사례연구나 심층면접 등에 의한 자살 경험에 대한 연구는 부족한 실정이다.

신체적 질환보다는 정신건강에 대한 관심이 상대적으로 더 높은 것도 보건사회학계의 특징이다. 정신건강 분야에서는 스트레스와 우울을 많이 다루는 경향이 있다. 여기에 앞서 다룬 자살에 대한 논문까지 포함한다면 모두 24편으로 빈도수가 가장 높은 연구주제가 된다.

보건사회학자들은 왜 정신건강에 더 많은 관심을 보일까? 이것은 아마도 건강문제를 다루기 위한 전문성의 영역과 관련 있을 것으로 보인다. 암이나 뇌졸중 같은 중증의 신체질환의 경우에는 질병의 특

〈표 15-1〉 사회역학 분야 논문의 분류

| 사회역학 세부 주제 | 논문 편 수 | 주요 논문 |
|---|---|---|
| 직무환경과 건강 | 17 | 이경용(1999, 2000a, 2000b, 2001), 장세진 등(2012), 박남수(2012, 2013) |
| 노인건강 | 15 | 이미숙(1998, 2009, 2010), 최아름(2013), 전상남(2009), 진기남(2000), 우해봉(2001), 김승곤(2004) |
| 정신건강 | 15 | 김한곤(2006), 김경숙(2008), 유진영(2007), 김은령(2013) |
| 출생, 사망, 자살 | 14 | 윤태호(2007), 김상미(2011), 김정희, 2011 |
| 실업, 빈곤, 건강 | 8 | 문창진(1998), 이원재(1998), 이미숙(1998), 김광기(1998), 박재규(2003), 이경용(1998), 김영기(2000), 신순철(2008) |
| 가족, 이혼, 청소년 | 7 | 최희옥(2005), 전신현(2007) |
| 지역과 건강 | 5 | 전신현(2003), 정민수(2008), 김준홍(2010), 노병일(2005) |

성을 이해하기 위해서는 상당한 의학적 지식이 있어야 한다. 그런데 스트레스와 우울증은 비교적 쉽게 이해할 수 있다. 또 중증 질환의 경우에는 환자와 직접 접촉하여 자료를 구성하기 어렵지만 스트레스의 경우 환자와의 접촉이 비교적 쉽다.

증상의 발생 및 경과에 대한 개인적 사회적 특성을 연관시키는 것도 정신보건의 경우가 더 수월하다. 예를 들어 부부간 또는 가족 간의 상호이해와 사회적 부조(扶助)에 따라 스트레스 및 우울의 감소는 비교적 눈에 띄게 증가 또는 감소하지만, 신체적 질환의 경우에는 이러한 사회적 요인을 연결시켜 분석하는 것이 쉽지 않다.

정신건강 문제에 대한 논문이 많은 것은 기본적으로는 한국인의 정신건강이 과거보다 악화되는 경향이 있기 때문이겠지만 동시에 관련 연구자료의 구성이나 연구모형 설정 등에서 유리한 점도 작용하는 것으로 보인다. 반면 서양의 보건사회학에서 흔하게 찾아볼 수 있는 유방암 환자에 대한 연구나 류머티즘 환자에 대한 연구주제가 우리나라 보건사회학계에서는 거의 다루어지지 않는다.

사회역학 분야에서 꾸준히 연구되는 주제가 실업 및 빈곤의 건강 영향에 대한 것이다. 보건사회학계에서는 외환위기가 발생했던 1998년에 이 주제로 학술대회를 개최하여 빈곤과 건강(문창진, 1998), 실업과 음주(이원재, 1998), 실업과 가족 해체(이미숙, 1998), 실업과 건강(김광기, 1998) 등의 논문이 발표되었다. 이후에도 여성가구주의 빈곤 문제(박재규, 2003), 기업 구조조정과 건강(이경용 등, 1998), 실직 가능성과 건강(김영기 등, 2000), 고용형태와 건강(신순철 등, 2008) 등의 논문이 발표되었다.

외환위기 이후 평생직장 개념이 사라지고 정리해고 및 비정규직의 등장 같은 노동유연화 정책이 제도화되고 고용의 불안정성이 높아지면서 이것이 근로자의 건강에 어떤 영향을 미치는가하는 점이 사회적으로나 보건학적으로 큰 관심거리가 되었다. 보건사회학계에서는 이러한 사회적 관심이 부응하는 논문이 일부 발표되기는 했지만 아직 미흡한 수준으로 생각된다.

결혼과 가족은 사회적 통합의 제도적 기반이 되며 혼인상태에 있는 당사자에게 심리적 안정감을 제공하고 생활사건으로 인한 사회적 스트레스를 극복할 수 있는 사회적 부조의 기능을 수행하기도 한다. 따라서 서구의 보건사회학에서는 가족 또는 혼인상태와 정신건강을 다루는 논문이 상당히 많다. 그런데 "보건과 사회과학"에서는 가족갈등 또는 이혼이 정신건강에 미치는 영향을 다루는 논문이 각 1편씩 있을 뿐이다(최회옥 등, 2005; 전신현, 2007). 또한 노인건강에 대한 연구는 비교적 많지만 청소년 건강을 다루는 논문은 자살과 관련된 경우를 제외하고는 사회역학적 연구가 거의 없는 것도 특징적 현상이다.

사회역학의 최신경향의 하나인 지역과 건강에 대한 연구가 우리나라에서도 새롭게 시도된다. 지역특성과 건강의 관계를 다룬 연구(전신현, 2003), 지역사회 역량(정민수 등, 2008), 사회자본과 건강(김준홍, 2010), 지역 네트워크와 건강(노병일 등, 2005) 등의 논문이 발표되었다. 서구에서는 1990년대부터 카와치 등(Kawachi etc., 2000)에 의하여 사회자본과 건강연구가 대규모로 진행된 것과 비교할 때 표본의 규모가 상대적으로 제한되고 진행 중인 연구도 많지 않다. 여기에는 지역별 사회자본을 측정하기가 마땅치 않은 점도 작용한다. 그런데 최근 예방의학/보건학계에서 전국 자치단체별로 지역사회 건강조사를 실시하면서 2013년 조사부터 사회자본 변수를 포함시키기 때문에 앞으로는 자료의 제한성은 상당히 극복될 수 있을 것으로 보인다.

## 3. 건강행동 분야

건강행동은 보건사회학의 형성과 함께 연구가 시작되었기 때문에 가장 오래된 주제영역이다. 초창기에는 증상이 발현된 이후에 의료이용 과정을 분석하는 질병행동이 주요 주제가 되었고, 최근에는 건강증진 정책과 관련해서 건강습관을 분석하는 연구가 진행된다. 〈보건과 사회과학〉에서도 건강습관 및 의료이용을 다룬 논문이 각각 21편, 20편으로 비교적 많았다. 건강해지기 위한 주체적 선택을 다루는 건강관리가 8편, 질병에 대한 공포심 등 질병인식 6편, 예방검진 행동을 다룬 논문이 5편이었다.

건강습관 논문은 흡연/금연 4편, 음주/절주 7편, 성행동 3편, 체중조절/외모 2편, 신체활동과 약물남용 각 1편 등의 분포를 보였다. 한국 성인남성의 흡연율이 최근 낮아지기는 했지만 아직도 약 40%의 수준을 유지하고 알코올 소비량이나 문제 음주율도 세계적으로 높은 수준이기 때문에 흡연 및 음주관련 행태에 관심을 갖는 연구가

<표 15-2> 건강행동 분야 논문 분류

| 세부<br>주제 | 논문<br>편 수 | 주요 논문 |
|---|---|---|
| 건강<br>습관 | 21 | 서경현(2003), 황성현(2010), 신성례(2007), 황성현(2012),<br>임정재(2013), 김광기(2003), 이원재(2001, 2004) |
| 의료<br>이용 | 20 | 장동민(1997), 이상이(2003), 장동민(2004), 채수미(2008), 문성웅(2011),<br>김영선(2012), 김성희(2011), 이명구(2004), 이성용(2011),<br>김정선(2000), 이경수(2011), 김준호(2012), 이성란(2001) |
| 건강<br>관리 | 8 | 손덕옥(2002), 김대희(1999), 오현주(2012),<br>강희숙(2012), 이영숙(2004), 장동민(2008) |
| 질병<br>인식 | 6 | 손애리(2007, 2008, 2009), 권관우(2002),<br>김화선(2010), 조병희(2009) |
| 예방<br>검진 | 5 | 김정희(1998), 김상현(2005),<br>김영복(2004, 2005) |

많은 것은 자연스러운 추세라고 할 수 있다. 그런데 흡연의 경우 그 영향요인을 성격(서경현 등, 2003), 부모와 친구(황성현, 2010), 교육환경(신성례 등, 2007), 비행(황성현, 2012) 등 주변환경 및 사회관계 조건에서 찾는 연구가 대부분이었다. 이것은 음주의 경우에도 유사하여 동거형태(임정재 등, 2013), 부모 지위 및 부모와의 관계(김광기 등, 2003), 가까운 사람의 약물복용 및 심리적 특성(이원재, 2001, 2004) 등에 주목한다.

즉, 건강습관을 다루는 논문의 연구대상이 중고생이나 대학생으로 한정되는 경향이 있고, 주제는 음주와 흡연에 영향을 주는 개인(심리)적, 가족적, 사회관계적 요인을 밝히는 데 집중한다.

그런데 유럽과 미주의 34개국이 참여하는 국제 청소년 건강행태 비교연구 집단인 HBSC(Health Behavior in School-aged Children World Health Organization Collaborative Cross-National Survey)와 관련하여 발표된 최근 논문을 살펴보면 그 주제가 매우 다양함을 알 수 있다.[1]

- Life satisfaction among children in different family structure
- Urban and rural differences in sedentary behavior among American and Canadian youth
- The same wild bunch everywhere: early risk behavior and injury
- Subjective health complaints among school children
- Social determinants of aggression
- Physical Activity of children with a long-term illness or disability in Canada and Finland
- Bullying in Italian schools: The role of perceived teacher unfairness
- Different forms of bullying and their association to smoking and drinking behavior in Italian adolescents
- Violent behavior and unfairness in school: Multilevel analysis of Italian schools
- Computer use and internet bullying among U.S. adolescents: Gender and grade differences
- Cyber and traditional bullying: Differential association with depression

청소년의 주변 일상과 건강위험 행동의 관계를 파악하려는 것은 유럽학자의 경우도 크게 다르지는 않다. 그런데 관련요인의 구성에서는 상당한 차이가 있다. 우리는 음주와 흡연을 주로 다루지만 유럽에서는 이외에도 학교폭력 문제가 주요 보건문제로 다루어지고 교사의 불공정성이 연구주제가 된다. 청소년이 인식하는 건강문제는 어

---

1 "Health Behaviour in School-Aged Children World Health Organization Collaborative Cross-national Survey". URL: http://www.hbsc.org/publications/journal/. (Nov. 1, 2013).

떤 것인지를 연구하기도 하고 장애아동의 신체활동, 비활동성 또는 신체활동 부족도 중요한 주제로 다루어진다. 우리나라에도 많이 발견되는 인터넷상의 악성 댓글이나 사이버 폭력문제와 정신건강의 관계도 분석된다. 이런 주제는 우리 사회에서도 충분히 연구가치가 있는 것으로 보이지만 제대로 시도되지 못한다. 연구주제의 편중을 극복하고 연구주제를 다양화하는 노력이 필요할 것으로 생각된다.

건강습관을 기술하는 연구는 비교적 많지만 건강습관을 개선하려는 주체적 건강증진 활동에 대한 연구는 상대적으로 적다. 노인의 건강증진 활동을 다룬 논문이(손덕옥, 2002; 김대희, 1999; 오현주, 2012; 강희숙, 2012) 비교적 많고 성별 지역별 건강관리 활동의 차이(이영숙, 2004), 고혈압 관리(장동민, 2008) 논문이 있다.

의료이용 연구에서는 형평성을 다룬 연구가 많다. 의료서비스의 형평성(장동민, 1997), 소득계층별 의료이용의 형평성(이상이, 2003), 전 국민 건강보험 적용하의 보건의료 형평성(장동민, 2004), 천식환자 의료이용 형평성(채수미 등, 2008), 암 환자 의료비 부담 형평성(문성웅 등, 2011), 노인 의료이용 형평성(김영선, 2012) 등 전 국민 수준에서의 보건의료 형평성은 물론 특정 질환이나 특정 계층의 형평성 문제까지 고루 다루어진다. 여기에는 1990년대 의료보험조합의 통합 관련하여 형평성 문제가 크게 제기된 적이 있고, 또 2000년대 들어와 보건의료 형평성 학회까지 만들어져서 많은 학자가 꾸준히 관심 갖고 연구하는 분야라는 점을 고려할 필요가 있을 것이다.

이 분야의 다른 측면 연구로는 장기요양 서비스(김성희 등, 2011), 암 환자 욕구(이명구, 2004), 만성질환(이성용 등, 2011), 대체의료(김정선 등, 2000), 대학병원 이용(이경수 등, 2011), 생애전환기 의료이용(김준호 등, 2012), 유방암 환자(이성란, 2001) 등 여러 주제를 다룬다. 그런데 의료이용이 보건사회학의 고전적 주제이고 건강보험이 정착되면서 국민의 의료이용이 연 16회에 이를 정도로 의료이용이 과다함을 고려할 때 형평성 문제를 제외하고는 의료이용과 관련된 다양한 주제가 제대로 섭렵되지 못하는 것처럼 보인다.

이에 비하여 암 검진과 관련된 연구는 여러 편이 눈에 띈다. 자궁암 검진(김정희, 1998), 유방암 자가검진(김상현 등, 2005), 위암 검진(김영복, 2004, 2005) 등이다. 이것은 국가적으로 암 검진 지원사업의 진행에 영향을 받는 것으로 보인다. 즉, 건강증진이나 건강검진 등 국가적 사업이 진행되거나 연구용역이 있는 분야에는 그나마 논문이 발간되고 그렇지 않은 일반적 의료이용 분야에서는 관심이 저조하다. 특히 질병경험을 다루는 논문이 거의 없다.

질병인식도 사회학적으로 다루어볼 수 있는 중요한 주제이지만 연구가 많지 않다. 에이즈와 관련된 차별의식을 다룬 연구(손애리 등, 2007, 2008, 2009; 권관우 등, 2002; 김화선 등, 2010) 이외에 광우병 인식(조병희, 2009)을 다룬 논문이 있을 뿐이다. 사스(SARS)나 조류독감, 신종플루 등 유행병이 발생할 때마다 전국적으로 극심한 사회적 혼란이 조성되는 것을 감안하면 이에 대한 사회학적 연구가 너무 부족한 것으로 보인다.


## 4. 의사, 병원, 환자


의사와 병원 등 의료공급자와 환자에 대한 연구에서는 간호사 등 병원직원에 대한 연구와 병원경영에 대한 연구 및 의사와 한의사 등 전문직에 대한 연구가 비슷한 규모로 이루어졌다. 1990년대 이후 종합병원이 양적으로 급성장하였고, 의료체계 전체에서 1차 의료의

<표 15-3> 의사 병원 환자 분야 논문 분류

| 세부 주제 | 논문<br>편 수 | 주요 논문 |
|---|---|---|
| 간호사 및 직원 | 11 | 김서영(2013), 박재산(2006), 이지현(2011), 이윤현(2007),<br>최만규(2003), 양종현(2010), 김정선(1997), 남문희(2010),<br>김미정(2011) |
| 병원 조직과 경영 | 11 | 김정선(1998), 조병희(1998), 신학진(2010), 윤치근(2004),<br>박재산(2004), 정동준(2006), 정종찬(2001) |
| 의사, 한의사 | 10 | 김길용(2011), 최희경(2010), 김상현(2004),<br>김정선(2002), 조병희(2003), 문옥륜(2002) |
| 의료분쟁 | 2 | 조병희(1997), 이정찬(2010) |

비중은 축소되고 3차 또는 4차 의료기관이 차지하는 비중은 계속 증가하는 추세를 보인다. 병원조직과 병원직원에 대한 연구가 증가하는 것은 이러한 추세를 반영한다고 할 수 있다. 그런데 병원에 대한 연구에서 병원조직의 특성이나 조직경영전략 등에 대한 연구는 비교적 오래된 연구만 있다(김정선, 1998; 조병희, 1998). 최근의 연구는 고성과 업무체계(신학진, 2010), 질 향상(윤치근, 2004), 이용자의 인식과 만족도(박재산 등, 2004; 정동준 등, 2006), 일차 진료 기능(정종찬 등, 2001) 등 종합병원 조직의 업무과정을 분석하는 논문이 있다. 한국의 종합병원은 개인의원에서부터 성장 진화하여 종합병원 구조를 띠게 된 경우가 많은데 이러한 병원 경영자의 특성에 대한 연구는 없다. 또한 조직과 환경의 관계 측면에서 병원의 성장을 분석하는 논문이나 경영전략에 대한 세밀한 분석을 시도한 논문도 찾아보기 어렵다.

병원의 조직문화와 관련해서는 주로 간호사의 경우를 중심으로 연구가 진행된다. 간호사와 직원의 직무만족(김서영 등, 2013; 박재산, 2006; 이지현 등, 2011; 이윤현, 2007; 최만규, 2003; 양종현 등, 2010)을 다룬 논문이 비교적 많다. 이외에 간호사의 직업 정체성과 리더십(김정선 등, 1997; 남문희 등, 2010; 김미정 등, 2011)을 다룬 연구가 있다. 병원조직에서 간호사 다음으로 비교적 큰 규모로 존재하는 의료기사를 다룬 연구가 전혀 없는 점이 특기할 만하다. 아울러 의사와 간호사 및 직원 간의 관계를 다룬 논문도 희소하다. 외국의 경우에는 내과와 외과 등 부서별 특성에 따른 의사와 간호사 관계의 다양성을 다룬 논문도 있는데, 우리의 경우에는 부서 간 조직관행이나 문화의 차이를 다룬 논문이 없다.

의사의 경우에는 의사의 신뢰요인(김길용 등, 2011), 이윤추구 동기(최희경, 2010), 여성의사의 지위(김상현, 2004), 의대생의 전문직업성 인식(김정선, 2002)을 다룬 논문이 있다. 약사를 다룬 논문은 없으며 한의사의 경우에도 한의사의 전문직업성이나 직업적 특성을 다룬 논문은 없고 다만 침구사와의 갈등관계를 다룬 논문(조병희, 2003)과 공중보건 한의사의 직무분석(문옥륜 등, 2002) 논문만이 있을 뿐이다. 종합병원 간호사의 경우는 간호부의 협력을 얻어 설문조사를 수행하는 것이 비교적 수월할 수 있지만, 의사의 경우는 설문조사나 면접조사 등을 수행하기 매우 어려운 것이 현실이기 때문에 이에 대한 연구가 부족한 원인이 될 수 있다.

의사와 환자 관계는 갈등과 분쟁을 다룬 논문이 단 2편 있을 뿐이다(조병희, 1997; 이정찬 등, 2010). 의사와 환자가 임상과정에서 어떻게 만나고 어떤 대화와 소통을 하는지에 대한 실증적 연구가 거의 없다. 환자 또는 대중이 의사를 어떻게 생각하는지, 의사는 환자를 어떻게 생각하는지에 대한 체계적 연구도 거의 진행되지 못하고 있다.

## 5. 의료제도와 정책


의료제도와 정책분야에서는 사회보험 및 공적 부조 관련 논문이 많았다. 세부적으로는 건강보험의 제도의 특성 및 운영과 관련된 논문들이 많았다. 예를 들어 보험료 경감(서남규 등, 2011), 진료비 수입(이상이 등 2006), 진료비 심사(권창익 등, 2007), 건강검진사업(이애경 등, 2009), 피부양자 제도(이용갑, 2012), 보험자 업무(김철웅 등, 2001) 등을 들 수 있다. 이외에 보건과 복지의 연계(김양순, 2006; 문재우, 2004), 노인복지정책(이은주, 2013; 최용민 등, 2003; 문창진, 1999), 의료급여제도 평가(장동민, 2001) 등의 논문이 있다.

이러한 논문이 건강보험제도나 노인요양제도 또는 의료급여제도의 구조적 특성이나 제도의 사회경제적 효과를 이해하는 데 도움이 될 것이다. 그런데 보건사회학적 관점에서는 이러한 의료제도에 함축된 사회적 관계를 밝히는 것이 더 중요한 과제일 터인데 이런 측면이 분명하게 드러나지 않는 것처럼 보인다. 건강보험 재정위기의 역사적 분석(이종찬, 2008)이나 의료수가 결정과정의 정치경제(최희경, 2008), 건강보험 인식(박종연 등, 2008), 여성과 건강보험(이미숙, 2008) 같은 논문이 부분적으로 의료제도의 사회관계적 측면을 다룬다. 그런데 건강보험제도가 정착되면서 국가, 국민(환자), 의사(병원) 사이의 사회적 관계가 어떻게 형성되고 변화되었는지, 또는 수가제도가 의사와 환자 사이의 신뢰관계에 어떤 영향을 미치는지 등과 같은 보다 사회학적인 주제는 다루어지지 않는다.

건강보험 이외에 보건정책의 주요 과제로 다루어지는 주제는 건강증진 정책과 의료인력과 의료기술에 대한 규제정책 등이다. 건강증진 목표(윤치근, 2000), 보건교육 전문가 제도(김대희, 2007), 지역사회 보

〈표 15-4〉 의료제도와 정책 분야 논문 분류

| 세부 주제 | 논문 편 수 | 주요 논문 |
|---|---|---|
| 건강보험 | 15 | 서남규(2011), 이상이(2006), 권창익(2007), 이애경(2009), 이용갑(2012), 김철웅(2001), 이종찬(2008), 최희경(2008), 박종연(2008), 이미숙(2008) |
| 질병관리 및 건강증진정책 | 15 | 윤치근(2000), 김대희(2007), 김영복(2003), 이재연(2005), 김광기(2000), 김정희(2007), 서경현(2012), 김광기(2002) |
| 사회보장 | 10 | 김양순(2006), 문재우(2004), 이은주(2013), 최용민(2003), 문창진(1999), 장동민(2001) |
| 제도환경 및 세력관계 | 9 | 조병희(1997, 2000, 2001), 이상이(2002), 박종연(1997), 서남규(2009), 윤형곤(2003) |
| 규제 정책 | 6 | 임문혁(2003, 2004, 2007), 장원기(2004), 김대희(2000), 이승미(2003) |
| 의료기술 | 5 | 최상은(2001), 김정선(2008) |

건교육(김영복 등, 2003), 보건소 홈페이지 콘텐츠(이재연 등, 2005), 지역사회 절주사업(김광기, 2000), 건강 도시(김정희, 2007), 금연 아파트(서경현, 2012), 음주사업 재정확보(김광기, 2002) 등 건강증진과 관련된 논문은 많다. 그런데 한국인의 사망원인 수위에 속하는 암, 뇌혈관 질환, 심장질환 등과 관련된 제도와 정책을 다루는 논문은 거의 없다. 한국사회에서 보건사회학자가 건강증진 담론을 만드는 데는 상당히 기여하지만 질병관리정책에 대한 관심이나 연구참여 기회는 거의 단절된 것처럼 보인다.

의료인력과 병상 및 기술도입 등에 대한 국가의 규제는 의료체계의 합리성과 효율성 제고를 위하여 중요한 정책수단이 된다. 보건의료서비스 우선순위에 대한 논문(임문혁, 2003, 2004, 2007)과 규제완화(장원기, 2004), 의사인력 수급(김대희, 2000), 보건자원 활용(이승미, 2003), 의료기술 도입(최상은, 2001; 김정선, 2008) 등에 대한 논문이 있다.

보건의료제도의 성격 및 형성과정에 대한 논의는 사회학적 관점이 잘 드러나는 연구분야이다. 의료체계의 특성 및 변화과정에 대한 논문(조병희, 1997; 이상이, 2002; 박종연 등, 1997; 서남규, 2009)과 의료개혁 정책을 둘러싼 논쟁을 다룬 논문(조병희, 2000, 2001; 윤형곤, 2003)이 있다. 한국 의료는 의사, 한의사, 약사 간에 지속적 갈등이 있었고, 최근에는 국가, 의사, 제약회사 간에 리베이트를 둘러싼 갈등도 있었다. 대형병원의 의료시장 독과점체제 구축에 따른 의료계의 여러 가지 변화 같은 중요한 이슈가 산적해있으나 충분히 연구되지 못한다.

## 6. 논의와 전망

지금까지 살펴본 한국의 보건사회학 연구의 특징은 다음과 같이 요약할 수 있다. 많은 논문이 사회학 이론에 기초한 연구라기보다 보건정책 또는 보건행정의 현실을 반영한 논문으로 볼 수 있다. 즉, 대개의 논문이 사회학적 보건사회학(sociology of medicine)이라기보다 보건의료에 응용된 보건사회학(sociology in medicine)에 가깝다. 이것은 보건사회학의 성장역사와 관계가 깊다. 1990년대 들어 사회학계에 환경, 정보, 과학기술 등에 대한 연구가 시작되었는데 대부분 사회학 전공자에 의하여 시작되어 발전하였다. 반면 보건사회학 연구는 사회학계 외부에서 시작되었다. 여기에 사회학 전공자가 참여하기는 했지만 보건분야 종사자의 참여가 더 많았고 시간이 지남에 따라 그 경향은 더 강해진 것으로 보인다. 보건사회학 분야 논문이 순수이론적 지향성을 갖기보다는 정책지향성을 갖는 점은 이러한 성장

배경과 관련하여 이해할 수 있다.

한국 보건사회학의 또 다른 특징은 노인건강, 정신건강, 건강형평성, 건강습관, 건강보험 등 몇 가지 주제에 집중하는 경향을 보였다. 반면 서구의 보건사회학에 쉽게 찾아볼 수 있는 주제, 즉 청소년 건강, 암이나 류머티즘 같은 신체질환, 결혼과 가족의 건강효과, 사망, 대학병원 환자 집중 같은 일반적 의료이용 행태, 의료공급자 행태, 의료시장의 구조변화 등은 제대로 다루어지지 못하였다. 이것은 일차적으로 보건사회학 연구자의 규모가 작은 것과 관련이 있을 것이다. 아울러 이들의 정책지향성이 강한 점도 주제선정에 영향을 미치는 것으로 보인다.

한국에서 보건사회학자는 매우 소수이다. 이것은 보건의료체계의 전체적 규모나 건강에 대한 사회적 관심의 급격한 증가양상과 대비되는 측면이다. 사회학과 보건의료계 사이에는 문화적 단절 같은 현상이 존재한다. 저명한 사회학자 터너(Turner, 1992)는 건강과 질병의 사회학이 현대사회학 이론의 최선봉에 설 수 있다고 주장한다. 영국 요크대 사회정책학 교수로 재직 중인 네틀톤(S. Nettleton, 1995)도 현대사회학의 화두인 몸의 사회학이 가장 잘 연구될 수 있는 분야가 보건사회학임을 지적한다.

현대사회에서 건강과 질병을 둘러싼 삶의 방식과 치료행위, 의료기술의 혁신 등에는 새로운 모습의 계급갈등이나 사회적 분쟁이 내재되었고, 동시에 복잡하게 구조화된 건강위험에 대한 개인의 주체적이고 성찰적 대응방식도 함축되었다. 소득이나 생활수준의 향상을 넘어 삶의 질 향상을 지향할 때 건강은 핵심적 지위를 차지하게 되었다. 건강은 이제 새로운 지배 이데올로기처럼 되어간다.

이러한 상황을 생각할 때 사회학이 건강과 질병에 좀더 관심을 갖고 연구해야 할 필요성이 제기된다. 그런데 우리의 현실은 이러한 기대에 미치지 못한다. 보건사회학 분야의 논문 집필자 중 상당수는 사회학적 관점보다는 보건학적 관점을 갖는다. 그러다 보니 사회학적으로 중요한 의미의 논문이 제대로 산출되지 못하는 경우가 많다. 건강위험에 대한 대중의 인식 또는 *lay epidemiology* 문제, 질병 이환과정에서 환자의 주체적 질병경험, 의료의 무차별한 영역확장과 사회적인 것(*the social*)의 의료화(*medicalization*), 국가와 의사의 관계, 병원과 의료시장의 구조변화 문제, 의료신기술이 초래하는 사회관계의 변화 등은 매우 중요한 사회학적 주제이지만 제대로 연구되지 못하는 분야이다.

반면 건강증진과 관련된 행태와 관련정책에 대한 연구는 상대적으로 과잉일 정도로 많다. 이것은 연구자의 분포와 관련이 깊다. 향후 보건사회학은 사회학의 한 분과로서 성장할 필요가 있고 사회이론 전공자가 건강과 질병문제를 함께 연구하는 풍토가 만들어지기를 기대해 본다.

## 참고문헌

Bird, C. E., & Rieker, P. P., 2008, *Gender and Health: the Effects of Constrained Choices and Social Policies*, Cambridge University Press.

Cho, H., Khang, Y., Yang, S., Harper, S., & Lynch, J. W., 2007, "Socioeconomic differentials in cause-specific mortality among South Korean adolescents", *International Journal of Epidemiology*, 36(1), pp. 50-57.

Clarke, A. E., Mamo, L., Fosket, J. R., Fishman, J. R., & Shim, J. K., 2010, *Biomedicalization: Technoscience, Health, and Illness in the U. S.*, Duke University Press.

Conrad, P., 2007, *The Medicalization of Society*, Johns Hopkins University Press.

Johannessen, H. , & Làzàr, I. , 2006, *Multiple Medical Realities: Patients and Healers in Biomedical, Alternative and Traditional Medicine*, Berghahn Books.

Jung-Choi, K. , Khang, Y. , & Cho, H. , 2011a, "Socioeconomic differentials in cause-specific mortality among 1.4 million south korean public servants and their dependents", *Journal of Epidemiology and Community Health*, 65, pp. 632-638.

_____, 2011b, "Changes in contribution of causes of death to socioeconomic mortality inequalities in korean adults", *Journal of Preventive Medicine and Public Health*, 44(6), pp. 249-259.

Kawachi, I. , & Berkman, L. F. , 2000, "Social cohesion, social capital, and health", In Berkman, L. F. , & Kawachi, I. (Eds.), *Social Epidemiology* (pp. 174-190), Oxford University Press.

Khang, Y. , Lynch, J. W. , & Kaplan, G. A. , 2005, "Impact of crisis on cause-specific mortality in south korea", *International Journal of Epidemiology*, 34(6), pp. 1291-1301.

Light, D. W. , 1995, "Countervailing powers: A framework for profession in transition", In Johnson, T. , Larkin, G. , & Saks, M. (Eds.), *Health Professions and the State in Europe* (pp. 24-41), Routledge.

McKinlay, J. B. , & Marceau, L. D. , 2002, "The end of golden age of doctoring", *International Journal of Health Services*, 32, pp. 379-416.

Nettleton, S. , 1995, *The Sociology of Health and Illness*, Polity Press.

Parsons, T. , 1951, *The Social System*, Routledge.

Radley, A. , 1994, *Making Sense of Illness: The Social Psychology of Health and Disease*, Sage Publications, 조병희 · 전신현 역, 2004, 《질병의 사회심리학》, 나남.

Rothman, D. J. , 2000, "Medical professionalism-focusing on real issues", *The New England Journal of Medicine*, 324, pp. 1284-1286.

Szasz, T. , 2007, *The Medicalization of Everyday Life*, Syracuse University Press.

Tovey, P. , Easthope, G. , & Adams, J. , 2004, *The Mainstreaming of Complementary and Alternative Medicine Studies in Social Context*, Routledge.

Turner, B. , 1992, *Regulating Bodies: Essays in Medical Sociology*, Routledge.

# 16

## 과학기술과 사회 연구의 동향과 전망

김 환 석

## 1. 머리말

현대사회에서 과학과 기술이 인간의 삶에 중요하다는 사실을 모르는 사람은 아마 없을 것이다. 아니 누군가가 이른바 '현대사회'가 무엇이며 과거와 구분되는 점은 무엇이냐고 묻는다면 아마도 과학과 기술은 현대사회의 특징 가운데 핵심적인 부분이라 할 수 있을 정도이다. 하지만 정작 과학과 기술이 무엇이며 어떻게 만들어지는가, 만들어진 과학과 기술이 사회에 어떤 결과를 왜 가져오는가에 대해서 체계적으로 이해하려는 노력은 아직 학계와 일반사회에서 매우 부족한 실정이다.

특히 과학기술의 후발국인 우리나라에서는 과학과 기술이 선진국의 상징이자 선진국으로 가는 지름길이라는 단순한 인식하에 경제성장의 유력한 도구로서 과학기술의 발전을 맹목적으로 추구해왔을 뿐 과학과 기술에 대한 보다 깊은 학문적 이해의 필요성은 거의 느끼지 않은 것이 사실이었다. 그 결과 경제성장은 어느 정도는 성공하였을

지 모르지만 과학기술의 발전에 수반되는 엄청난 환경파괴와 위험, 기술적인 각종 재난에 거의 무방비 상태로 노출되었다. 따라서 학문 뿐만 아니라 우리의 미래를 위해 이제라도 과학과 기술이란 과연 무엇이며 왜, 어떤 사회적 결과를 초래하는지에 대해서 보다 깊고 체계적인 이해를 갖추는 것이 시급해졌다고 할 수 있다.

서구에서 과학과 기술 현상에 대한 개별 학문적 접근(역사학, 철학, 사회학 등)의 연구는 이미 20세기 초반에 등장했지만 오늘날 '과학기술과 사회'(STS: science, technology & society 또는 science & technology studies, 이하 STS)로 불리는 학제적 연구분야가 본격적으로 전개된 것은 대체로 1960년대 중후반부터라고 할 수 있다. STS 연구는 과학과 기술을 수많은 인식론적, 정치적, 윤리적 문제를 수반하는 복잡한 사회 맥락적 구성물로 설명하고 분석하는 데 주된 초점을 둔다.

이러한 '맥락적'(contextual) 관점에서 보자면 STS는 과학과 기술을 자체의 법칙에 따라 발전하는 전적으로 자율적인 신비한 힘으로도, 또 그렇다고 아무렇게나 기꺼이 활용될 수 있는 단지 중립적 도구만으로도 간주하지 않는다. 대신에 과학과 기술을 문화적, 정치적 및 경제적 제도에 반영된 인간적 가치에 의해 형성되는 동시에 그러한 가치를 형성하기도 하는 특수한 역사적 맥락에서 발생하는 일종의 사회적 과정이라고 인식한다.

이러한 관점은 자연 또는 물리적 실재에 의해 부과되는 제약을 부정하지는 않지만 자연 및 물리적 실재에 대한 우리의 지식과 이해는 초사회적 무엇이 아니라 사회적으로 매개되는 과정임을 주장하는 것이다. 따라서 STS는 전일적이고 학제적 이해를 지향하며 이를 통해 사회가 과학과 기술을 보다 잘 형성하고 통제할 수 있게 되리라는 희망을 지닌다.

STS가 과학과 기술에 대해 지니는 태도는 맹목적 열광도, 그렇다고 절대적 거부도 아니다. 그보다는 근거 없는 낙관주의와 허무주의적 비관주의의 양극 사이에서 보다 현명하고 신중한 학문적 분석과 실천적 응용을 위한 길을 찾고자 노력한다. 우리는 현대의 과학과 기술이 우리의 지식기반 확대와 일상생활의 향상이라는 면에서 크게 기여하였다는 점에 대해 감사해야 한다.

하지만 우리는 그 과정에서 거의 불가피하게 수반되는 부정적 결과(적어도 일부 사람들에게)가 있었다는 사실에 대해서도 똑같이 인식해야 마땅하다. 오늘날 사회는 정보기술, 생명공학 및 나노기술 등과 같은 과학기술적 발전이 가져다줄 희망과 위험 모두에 직면했다. 이런 과학기술적 발전은 우리의 삶을 좋은 방향으로든 나쁜 방향으로든 (또는 아마 양 방향 모두로) 반드시 크게 바꾸어놓을 것이다. STS는 낙관주의와 비관주의 사이의 변증법적 종합을 제시함으로써 과학기술적 발전이 가져다줄 희망과 위험에 대한 쟁점을 이해하는 데 도움이 될 것이다.

STS는 단지 과학기술의 내용뿐 아니라 그것과 결부된 사회정치적 맥락까지 알려준다. 그럼으로써 각자의 관점이 무엇이든 지구적 기후변화와 같은 쟁점을 우리가 보다 잘 이해하고 다룰 수 있게 만들어주는 것이다. 한마디로 하자면 STS는 사회가 그 자신이 과학기술과 어떤 상호작용을 하는지 성찰하게끔 보여주는 일종의 창(window)이다. 더 나아가서 이 창은 현대의 과학기술에 대해 보다 민주적인 사회적 통제를 구조화할 수 있는 틀을 제공한다.

이 글은 오늘날 사회 속에서 과학과 기술이 갖는 성격과 역할을 체계적으로 이해하는 것을 가능하게 해주는 STS라는 학제적 분야가 어떤 것인지를 소개하는 데 목적을 둔다. 이를 위해 STS가 출현하게 된 배경과 구체적인 전개과정을 소개하고 앞으로 그것이 나아갈 방향을 전망하면서 우리에게 주는 함의에 대해서도 간략히 살펴보고자 한다.

## 2. STS 출현의 역사적 배경

STS 연구는 서구에서 1960년대에 들어서야 하나의 뚜렷한 학문 분야로 처음 출현하였다. 거슬러 올라가자면 그 역사적 뿌리는 18세기 말 과학과 기술의 추구를 통해 사회를 변혁하려는 근대의 기획(=계몽주의)과 이러한 기획에 대한 비판적 반작용(=낭만주의) 사이의 갈등에서 찾을 수 있다. 사실상 19세기에 사회학(사회에 대한 '과학적' 연구로서)도 20세기 초반에 과학사 및 과학철학(사회가 자신의 창조물인 과학을 이해하려는 시도로서)도 이 오랜 문화적 갈등에서 출현했다고 볼 수 있다.

1, 2차 세계대전의 영향으로 과학기술의 군사화와 산업화에 대한 우려가 지식인과 사회 일각에서 제기되었다. 하지만 과학기술을 평화적으로 이용하기만 한다면 인류를 무지와 가난, 질병과 전쟁의 질곡으로부터 벗어나 번영을 누리게 해줄 진보적 생산력이라는 낙관적 믿음이 확고히 유지되었다. 따라서 2차 세계대전에서 연합군의 승리 이후 과학에 대한 정부의 체계적 개입, 즉 과학정책이 본격 출범하고 과학에 대한 자금지원이 획기적으로 증가했다. 이와 더불어 서구에서는 1950년대 냉전 시기에 사상적 검열이 강화되어 '사회적'이란 말은 '사회주의자'임을 내포하는 것으로 여겨, 과학이나 과학자가 사회적 맥락에 관심을 두는 일은 학계에서 공격받고 억제되었다(Sardar, 2000).

그러나 1960년대 중반이 되자 과학-기술-사회의 관계에 대한 견해는 새로운 형태를 띠기 시작했다. 이는 사회로부터 과학과 기술을 둘러싼 사회적 맥락에 대한 보다 철저한 이해가 필요하다는 인식이 급격히 대두되었기 때문이었다. STS는 서구에서 1950년대의 과학기술적 낙관주의와 사회문화적 평온에 대한 반작용으로서 1960년대에 불길처럼 번져간 사회적 반란의 시기에 출현하였다. 비판적 학자와 활동가는 2차 세계대전 후까지 의심하지 않았던 과학과 기술의 유익성에 대해 의문을 제기하고 비판적 견해를 피력하기 시작하였다. 그것은 마치 인류가 과학기술에 대한 새로운 각성처럼 인류 역사상 새 시대의 출범을 알리는 것이나 마찬가지였다. 이러한 변화는 미국과 유럽에서 거의 동시에 그리고 약간은 다른 형태이지만 큰 흐름으로 보아서는 공통적 내용으로 전개되었다.

소비주의, 시민권, 환경 등의 분야에서 공익을 위해 싸우고 베트남전, 다국적기업, 원자력에 저항하는 시위를 주도하였던 활동가 집단이 대체로 이 시기 미국 사회의 일반적 분위기를 형성하였다. 이러한 맥락 속에서 나타난 진보 이념에 대한 비판은 특히 미국의 기준으로 보자면 매우 급진적인 것이었다. 1960년대 중반 과학과 기술을 미국 노동계급의 번영에 기여케 하려는 20년간의 오랜 노력이 수포로 돌아갔음이 분명해지자, 과학과 기술에 대한 막대한 사회적 지출이 지닌 가치를 재평가해야 할 필요성(특히 점점 쌓여가는 부정적 영향의 부담에 직면하여)에 대한 인식이 점점 높아갔다. 이제까지 사회가 일반적으로 믿었던 것처럼 과학과 기술이 과연 순전한 축복인가를 질문하는 목소리가 나타나기 시작하였다. 다양한 관점을 지닌 지식인과 대중적 작가는 과학과 기술의 발전에 수반되는 부정적 함의가 있다는 사실을 제시하기 시작하였다.

대중적 작가 중에 가장 큰 반향을 일으킨 것은 카슨(R. Carson)이었다. 그녀는 1962년에 발표한 책《침묵의 봄》(Silent Spring)에서 DDT와 같은 화학적 살충제가 지니는 위험에 대하여 심각한 의문을 제기하였고 이는 많은 면에서 오늘날 환경운동의 출범을 돕는 큰 자극이 되었다. 비슷한 시기인 1965년 소비자활동가 네이더(R. Nader)가 쓴 폭로물《어떤 속도에도 안전하지 않다》(Unsafe at Any Speed)는 코르베어 차(미국

GM 자동차 회사가 1960년 최초로 개발한 4륜 현가장치 자동차)가 지닌 위험을 고발하고 더 나아가 그 연장선상에서 자동차 산업이 소비자에 대해 지닌 오만한 태도를 비판하였다. 카슨이 환경운동을 활성화시켰듯이, 네이더는 소비자운동을 활성화시키는 데 큰 역할을 하였다.

이어서 1972년 로마클럽의 보고서 〈성장의 한계〉(Limits to Growth)가 발표되고, 같은 해에 스톡홀름에서 UN 후원으로 인간환경회의가 열린 일은 과학기술적 쟁점에 대한 대중의 관심과 개입을 반영하는 것이었다. 활동가 집단은 분자생물학과 유전공학 연구에 대해서도 우려를 나타냈다. 그 결과 1975년 아실로마(Asilomar) 회의에서는 과학자 스스로가 재조합DNA 연구에 대해 자발적 중지를 제안하는 비상한 결론을 내렸고, 1976년 미국 케임브리지에서는 하버드대에서 건설하려던 유전공학 실험실의 안전을 둘러싸고 대중적 논쟁이 전개되었다.

아울러 과학기술에 대한 대중의 이러한 새로운 인식에 부응하기 위하여 정치적 대응들도 나타났다. 미국 정부는 전국 고속도로 교통안전청(NHTSA, 1966)과 환경보호처(EPA, 1969), 그리고 직업안전보건청(OSHA, 1970) 등을, 의회는 기술영향평가국(OTA, 1972) 등을 설립하였다.

유럽에서도 미국과 비슷한 상황이 전개되었다. 영국에서는 과학사학자 프라이스(Derek J. de Solla Price)가 1963년 발표한 책 《작은 과학, 거대 과학》(Little Science, Big Science)이 정부의 과학지원에 대한 논쟁을 촉발하였다. 여기서 그는 과학에 대한 정부의 자금지원이 지수적 성장을 계속한다면 재앙적 결과가 나타날 수 있다고 우려하면서 이 문제를 정확히 알기 위해 '과학의 과학'(science of science) 연구가 필요하다고 역설하였다. 아울러 1960년대 후반 영국에서는 '과학의 사회적 책임'을 추구하는 급진적 과학자단체가 생겨나서 활동을 시작했다.

스웨덴에서는 1970년대에 기술과 노동에 대한 논쟁이 전개되어 결국 '노동생활의 공동결정' 법이 제정되고, 1976년에는 스톡홀름에 노동생활연구센터가 설립되었다. 덴마크에서도 노동조합을 중심으로 기술영향평가에 대한 논의가 촉발되어 이후 의회 차원까지 그 논의가 꾸준히 전개되었다.

마침내 1980년대에 의회 주도로 기술영향평가기구(Danish Board of Technology)가 만들어졌고, 여기서 '합의회의'(consensus conference)와 같은 혁신적인 시민참여 제도가 출현하였다. 네덜란드에서는 1970년대 초에 대학의 젊은 과학기술자가 군사적 목적이나 이윤추구가 아닌 지역사회의 필요에 봉사하는 과학연구를 주창하는 '과학상점'(science shop)을 만들기 시작하여 결국 나중에는 국가의 지원으로 모든 대학에 과학상점이 설치, 운영되었다.

미국과 유럽에서 전개된 위와 같은 일은 모두 결국 현대사회에서 과학기술이 지닌 복잡성에 대한 관심의 증대를 반영하는 것이다. 이는 단지 과학기술의 명백한 유익성뿐 아니라 종종 묵과되는 부정적 역효과에 대해서도 복합적으로 이해할 수 있는, 사회가 보다 학제적 접근을 절실히 요청하게 되었음을 의미한다.

이러한 새로운 접근을 형성하는 데 있어 다양한 관점을 지닌 지식인들이 큰 영향을 미쳤다. 프랑스의 엘룰(J. Ellul)이 쓴 《기술적 사회》(Technological Society, 프랑스판 1954년, 영어판 1964), 미국의 멈포드(L. Mumford)가 쓴 두 권짜리 《기계의 신화》(The Myth of the Machine, 1967, 1970), 로작(T. Roszak)의 《대항문화의 형성》(The Making of Counter Culture, 1969), 그리고 마르쿠제(H. Marcuse, 1964)와 하버마스(J. Habermas, 1968) 등 프랑크푸르트학파의 저서가 학계와 대중에게 과학기술에 대한 비판적 인식을 고취시키는 데 큰 역할을 하였다.

반면에 이와는 다른 관점에서 STS 운동에 큰 지적 자극을 준 지식인은 과학자 출신의 소설가 스노우(C. P. Snow)였다. 그가 1959년 케임브리지대 강연에서 제창한 "두 문화"(Two Cultures) 개념은 과학자의 문화와 인문학자 문화 사이의 의사소통 단절을 지적한 것이다. 이는 이후 STS 분야의 담론과 문제의식을 형성하는 데 있어 준거점의 역할을 하였다. 아울러 과학사와 과학철학 등 개별학문 분야에서도 1960년대부터 큰 변화가 나타나기 시작하였다. 학자는 점점 전통적인 내부주의적 접근에서 벗어나 보다 외부주의적 또는 "맥락적" 접근으로 과학과 기술을 바라보게 된 것이다. 특히 쿤(T. Kuhn)이 1962년에 발표한 《과학혁명의 구조》(*The Structure of Scientific Revolution*)는 이러한 전환의 획기적 계기를 마련했으며 STS의 학제적 접근을 보다 본격적으로 촉발하는 데 크게 기여했다.

이상에서 살펴본 바와 같은 정치적 및 지적 영향을 자양분으로 하여 1960년대 후반부터 미국과 유럽의 대학에서는 다양한 STS 프로그램이 속속 생겨나기 시작하였다. 1950년대의 낙관적이고 무비판적인 과학기술관에 대한 반작용으로 초기 STS 문헌은 상당히 반체제적이고 비판적인 톤이 지배적이었다. 이는 그 시기 동안 STS 프로그램에서 가르치던 교과과정에도 잘 반영되었다. 초기의 주안점은 과학과 공학분야의 학생으로 하여금 그들의 분야가 초래하는 "진정한" 사회적 영향에 대해 교육받도록 하는 것이었다. 따라서 초기의 많은 STS 과목과 교과과정이 이공대 내부에서 자체적으로 출현한 것은 이상한 일이 아니다. 이때 STS 교과는 마치 기술적 교육의 "거친" 표면에다가 문화적 장식을 입히는 일과 마찬가지였다고 할 수 있다.

얼마 지나지 않아 인문학 분야의 학생도 STS에서 다루는 문제에 대해 관심을 갖게 되었고, 이에 따라 모든 학생을 대상으로 한 보다 일반적인 2세대 STS 교과과정이 나타났다. 이 2세대 STS는 과학과 기술을 일종의 사회적 과정으로 해석하는 접근이 중심을 이루었다. 즉, 과학과 기술은 사회적 가치에 의해 형성되고 영향을 받으며 역으로 사회적 가치 역시 과학지식과 기술적 가치에 의해 영향을 받는다는 것이다. 1970년대 중후반에 일어난 이러한 변화는 STS에서 보다 본격적인 학제적 접근이 출현한 것과 밀접히 결부되었을 뿐 아니라, 과학과 기술의 장단점에 대한 단순한 찬반논란을 뛰어넘으려는 노력을 부분적으로 반영한다.

이 학제적 2세대 STS의 돌파구를 마련하면서 이후의 발전을 실제적으로 주도한 것은 이른바 '과학지식사회학'(SSK: sociology of scientific knowledge, 이하 SSK)이라고 불리는 접근이다. 따라서 다음 절에서는 이 접근을 중심으로 2세대 STS의 구체적 흐름을 살펴보도록 하겠다.

## 3. 2세대 STS의 흐름: SSK접근을 중심으로

1920년대와 1930년대에 만하임(Mannheim, 1966)은 지식사회학의 기획을 그 선구자인 마르크스, 뒤르켐, 베버의 유산으로부터 확장시켜, 모든 지식의 존재구속성을 연구하는 학문으로 제창하였다. 하지만 만하임은 용기가 없어서 과학의 내용(즉, 과학의 이론, 사실, 방법 등)에 대한 사회적 연구는 자신의 기획에서 제외하였다.

이후 머튼(Merton, 1973)은 과학의 제도와 사회적 구조에 초점을 둔 과학사회학을 구축하였으나 그 역시 과학의 내용은 블랙박스로 남겨놓았다. 머튼은 과학 공동체에서의 지식생산 과정이 보편주의, 공유주의, 탈이해 관계, 조직화된 회의주의 같은 제도적 규범과 논리 및 실험증거에의 천착 같은 기술적 규범에 의해 지배된다고 가정하였다. 결국 그는 지식생산의 내용은 객관적이고 비사회적이라고 본 것이며 그래서 내용에 대한 이론화는 철학자의 몫으로 남겨놓았던 것이다.

쿤(Kuhn, 1962) 의 《과학혁명의 구조》는 과학철학과 과학사에 큰 변화를 일으킴으로써 의도하지 않게 1970년대에 과학지식사회학(SSK) 이란 형태로 새로운 과학사회학의 길을 여는 걸 돕는 역할을 하였다. 쿤의 '패러다임' 개념은 과학에서 관찰의 이론의존성 (theory-ladenness of observation) 을 지적한 것이다. 이는 독립적이고 객관적인 관찰사실에 의해 과학이론의 선택이 이루어진다는 전통적 과학관을 근본부터 뒤흔들어놓았다. 하지만 쿤은 곧 그의 연구가 지닌 급진적인 철학적 함의로부터 후퇴하였고, 오늘날 많은 이들은 그를 과학지식에 대한 철저한 사회학적 연구의 발전을 저해하였을 수도 있는, 스스로의 주장에 대한 일종의 배신자로 간주한다. 또한 여러 학자(예컨대 Restivo, 1983) 는 과학 공동체를 이상화하였다는 점에서 쿤의 연구가 머튼과 근본적으로 유사하며 일부에서 주장하는 바와 같이 그렇게 혁명적인 것은 아니라고 주장한다.

그럼에도 불구하고 쿤의 영향에 힘입어 과학의 내용이라는 블랙박스는 열렸고, 얼마 지나지 않아 새로운 과학사회학은 보다 믿을 만한 다른 선구적 저작을 찾아냈다. 예를 들자면 플렉(Fleck, 1935) 의 《과학적 사실의 기원과 발전》(Genesis and Development of a Scientific Fact) 은 이제 쿤보다 선구적 업적으로 여긴다. 또한 SSK 연구자는 종종 과학철학 내의 규약주의(conventionalism) 전통을 또한 선구자로 가리킨다. 후자로서 가장 자주 언급되는 것은 뒤엥콰인의 과소결정 명제(Duhem-Quine thesis of underdetermination) 이다. 이는 전체 이론체계 내의 다른 곳에서 충분한 조정만 가한다면 이론적 예측과 모순되는 증거에도 불구하고 원래의 이론이 그냥 유지될 수 있다는 점을 주장하는 것이다(Knorr-Cetina &

Mulkay, 1983: 3).

　마침내 1970년대에는 일군의 영국 과학사회학자가 머튼의 과학사회학과 실증주의/포퍼주의 과학철학의 유산을 해체하는 일을 완료한다. 예를 들자면 반스와 돌비(Barnes & Dolby, 1970), 멀케이(Mulkay, 1976) 등은 머튼적 규범이 사실은 과학자가 자신의 작업을 정당화하는 이데올로기로서의 성격을 지닌다는 사실을 보여주었다. 더 나아가 콜린스(Collins, 1975)는 과학적 사실의 타당성을 입증해주는 근거라고 생각되어온 실험의 재연이 실은 사회적 협상에 의존한다는 것을 자세한 사례연구를 통해 보여주었다. 블루어(Bloor, 1976)는 《지식과 사회의 상》(Knowledge and Social Imagery)에서 과학지식사회학의 공식적 출범을 알리는 '스트롱 프로그램'을 정식화하였다. 그리하여 1970년대 중반에 이르자 마침내 과학사회학은 머튼적 패러다임으로부터 SSK 패러다임으로의 극적 전환이 이루어졌던 것이다.

　이러한 극적 단절 또는 패러다임 전환에 대한 설명은 뜨거운 논쟁거리가 되었다. 제도적 과학사회학자는 머튼적 규범의 해체는 사실상 미국 과학사회학에서 보상과 계층화 연구로의 이행을 공식 선언한 머튼 자신의 논문(Merton, 1957)에서 시작되었다는 점을 지적했다. 이 분야의 대표적 저널인 〈과학의 사회적 연구〉(Social Studies of Science) 1982년 5월호는 스트롱 프로그램이 얼마나 새롭고 추구할 가치가 있는가에 대해 머튼의 제자인 기어린(T. F. Gieryn)과 SSK 학자 사이에 벌어진 논쟁을 다루었다.

　이와 비슷하게 주커만(Zuckerman, 1989)은 "다른 머튼 명제"(The Other Merton Thesis)란 논문에서 프로테스탄티즘과 과학을 다루었던 머튼의 초기저작이 과학 내부 및 과학 사이에서 탐구와 문제의 초점 이동을 논의하면서 이미 구성주의를 예견하였다고 주장하였다. 과학철학자는 이보다 훨씬 더 비판적인 태도를 보였다. 많은 철학자가 새로운 과학지식사회학은 그것이 지녔다고 주장되는 혁명적인 철학적 함의를 결코 갖지 않다고 주장하였다. 그보다 SSK는 단지 급진적 상대주의와 철학적 결함으로 점철되었을 뿐이라는 반응을 보였다(예컨대 Hull, 1988; Laudan, 1990).

스트롱 프로그램의 핵심에는 4가지 논쟁적 원칙이 있다.

① 인과성: 과학의 사회적 연구는 믿음 또는 지식상태를 인과적으로 설명해야 한다.
② 공평성: SSK는 지식의 참/거짓, 합리성/비합리성, 성공/실패에 대해 공평하게 취급해야 한다.
③ 대칭성: 동일한 유형의 원인이 참/거짓 믿음을 설명해야 한다 (다른 말로 하자면, "참" 과학은 자연에 의거해 설명하고 "거짓" 과학은 사회에 의거해 설명해서는 안 된다).
④ 성찰성: 과학에 적용된 동일한 설명이 SSK 자신에게도 적용되어야 한다.

아마도 '대칭성' 원칙이 스트롱 프로그램의 가장 중요한 명제일 것이다. 울가(Woolgar, 1992)에 이어 바이커(Bijker, 1993)는 과학사회학의 지적 역사를 대칭성 원칙의 점진적 확장으로 특징지었다. 즉, 과학과 다른 사회제도들 사이의 대칭성을 주장한 머튼으로부터 참/거짓 지식 사이의 대칭성을 주장한 블루어를 거쳐 나중에는 대칭성이 과학과 기술 사이, 분석자와 분석대상 사이, 인간과 기계 사이, 사회적인 것(= 맥락)과 기술적인 것(= 내용) 사이에도 적용되었다는 것이다.

스트롱 프로그램에 입각한 경험연구의 초기 버전은 반스, 맥켄지, 셰이핀으로 대표되는 이해관계 접근(interests approach)이었다. 블루어와 더불어 그들은 모두 에딘버러대에 몸담았기 때문에 종종 함께 '에딘버러학파'라 불리곤 한다. 이해관계 분석에서는 과학에서의 역사적 논쟁을 이해관계에 입각하여 설명하였는데 이때 이해관계로는 하버마스적인 것으로부터 보다 명시적으로 마르크스주의적인 계급갈등까지 다양한 유형이 포함되었다. 전형적인 설명방식은 경쟁하는 두 이론을 두 개의 갈등적인 사회연결망에 준거하여 설명하고 다시 이를 계급관계에 연결시키는 것이었다(Barnes & Shapin, 1979; Barnes & MacKenzie, 1979).

이해관계 접근은 곧바로 많은 비판에 당면하였다. 심지어 SSK에 대해 대체로 친화적인 학자에게도 비판받았다. 실험실에 대한 현장(인터뷰)연구의 관점에서 보면 에딘버러 학파의 역사적 연구는 심각한 해석상의 문제점을 안고 있는 것으로 보였다. 울가(Woolgar, 1981)는 스트롱 프로그램이 머튼주의가 저지른 원죄로 다시 회귀하는 것이며 다만 이번에는 "규범 대신에 이해관계로 설명할 뿐"이라는 신랄하게 비판했다. 이에 따라 STS 저널들에서는 열띤 논쟁이 전개되었는데 이후에는 계급이해관계에 의한 설명방식이 뚜렷이 퇴조하는 양상을 보였다(Barnes, 1981; Callon & Law, 1982; MacKenzie, 1981, 1984; Woolgar, 1981; Yearley, 1982).

이 논쟁이 중요하였던 이유는 대체로 이 논쟁 이후 계급 또는 거시구조적 이해관계가 과학기술의 내용을 어떻게 형성하는가에 대한 분석이 SSK 의제에서 사라졌기 때문이다. 대신에 이해관계의 개념은 행위자-연결망이론에서 약간 다른 형태로 살아남았는데 이는 아래에서 다시 언급할 것이다.

초기의 경험적 연구프로그램 중 또 다른 것은 '바스 학파'로 불리는 접근이다. 사실상 이 학파는 해리 콜린스(Harry Collins)가 대표하지만 그의 동료이자 제자인 핀치(T. Pinch)와 트라비스와도 연관되었다. 콜린스는 스트롱 프로그램의 대칭성 원칙은 받아들이지만 다른 일부 원칙들에 대해서는 그다지 달가워하지 않는다. 콜린스의 '상대주의의 경험적 프로그램'(EPOR)은 논쟁분석에 있어서 3단계를 제안한다.

① 실험결과에 대한 "해석적 유연성"을 기록하는 것, 즉 어떤 과학적 논쟁에서 "핵심집단" 구성원 간에 어떻게 많은 입장들이 가능한지를 보이는 것.

② "종결"의 메커니즘을 분석하는 것, 즉 핵심집단이 어떻게 동의에 이르는지, 예컨대 실험복제에 대한 협상의 사회적 과정을 통해 보여주는 것.

③ 종결의 메커니즘을 보다 넓은 사회적-정치적 구조에 연관시키는 것.[1]

이후에 핀치와 바이커는 EPOR을 기술에 확장하여 "기술의 사회적 구성"(SCOT: social construction of technology, 이하 SCOT) 프로그램을 제시하였는데 여기서는 "관련 사회집단들"로부터 "안정화"에 이르는 이와 유사한 단계를 상정한다(Bijker, Hughes & Pinch, 1987; Bijker, 1993).

SSK의 3번째 경험연구 영역은 실험실에 대한 현장연구로서 종종 '실험실 민속지'라고 불리며 이것이야말로 본격적인 의미에서 '구성주의'에 해당한다. 라투르와 울가(Latour & Woolgar, 1979)의 《실험실 생활》(*Laboratory Life: The Construction of Scientific Facts*)은 새롭고 중요한 개념을 많이 제시하였다. 아마도 가장 널리 알려진 것은 사실의 구성을 그 사실의 사회적 기원을 나타내는 표식들을 점점 지워나가는 수사적(*rhetoric*) 과정으로 분석한 점일 것이다.

다르게 말하면 사실이란 관념은 어떤 주어진 진술을 제한하는 '양태들'(*modalities*)을 지우는 것으로 해석될 수 있다는 것이다. 그렇다면 사실이란 특수한 사람과 맥락에 연결된 추측으로부터, 교과서에

---

1 그런데 이 3번째 단계는 콜린스 자신이 다루지 않고 에딘버러학파 스타일의 이해관계 분석에 위임하는 경향을 보인다.

서 보는 것 같거나 또는 모두가 그냥 참이라 가정하는 익명의, 당연시되는 지식에까지 다양한 사실의 "유형들"을 가로지르는 이동과정의 역사적 결과로 볼 수 있다는 것이다. 이처럼 사실이 전자에서 후자로 이동하면서 사실은 그 생산자와 사회적 맥락과의 연결이 점차 지워진다는 것이다.

아울러 라투르와 울가의 연구는 또한 발견과정의 "분할 및 역전" (splitting and inversion) 모델을 제시하였다. 이에 의하면 이른바 "발견"은 일단 먼저 발명되고 그 발명자로부터 분할된 다음 마지막으로는 그 발명자의 사회적 세계가 아니라 실재인 자연세계의 생산물로 간주되는 역전과정을 차례로 거친다는 것이다. 더 나아가서 그들의 연구는 과학자를 신용성(credibility)의 투자자이자 신용의 수확자로 보는 과학적 행동의 수정된 경제적 모델을 제시한 바 있다.

크노르세티나(Knorr-Cetina, 1981)의 《지식의 제조》(The Manufacture of Knowledge: An Essay on the Constructivist and Contextual Nature of Science)는 지식의 구성이란 아이디어를 좀 다른 각도에서 전개시켰다. 그녀는 실험실에서의 '발견'과정이 지니는 구성적 성격을 묘사하기 위해 제작(fabrication)과 제조(manufacture)의 은유를 사용하였다. 그녀는 지식생산이 국지적으로 위치 지어진(locally situated) 성격을 지닌다는 점을 강조한다. 이에 의하면 과학적 탐구와 그 산물은 지표적이고 우연적인 결정에 "수태되어"(impregnated) 있다는 것이다. 또한 과학 공동체뿐 아니라 시장모델(공동체에 대한 가정과 유사한 가정을 "시장"에 대해서 가정하는)의 개념을 비판하고 그 대신에 초과학적 분야들(trans-scientific fields)이라는 개념을 제시하였다.

칼롱과 라투르의 행위자-연결망 이론(ANT: actor-network theory, 이하 ANT)은 어떤 의미에서 초기 에딘버러 학파와 바스 학파의 자연주의적 성향으로 돌아가는 것으로 볼 수 있다(Callon, 1980, 1986;

562

Callon & Law, 1982; Latour, 1983, 1987, 1988). ANT는 지식의 참됨과 기술의 성공이란 사회기술적 연결망을 통해 자원을 유통하며 이것이 다시 사회의 변동을 야기하는 사회적 협상과 갈등과정이 수반하는 결과로 본다. 따라서 사회적 맥락(거시적이든 미시적이든)이 과학과 기술의 내용을 형성한다는 사회적 구성주의와는 다르게 ANT는 기술과학과 사회의 '이음새 없는 망' 또는 공동구성(co-construction)을 강조한다.2

ANT에서 지식/기술 구성의 정치적 과정은 새로운 용어로 다시 한 번 개념화되는데 그 대강은 다음과 같다. 첫째, 문제화 과정은 타자로 하여금 자기 자신의 연결망을 '필수통과지점'(OPP)으로 거치도록 해당상황의 쟁점을 규정하는 것이다. 둘째로 이해관계 부여과정으로서, 타 행위자를 자기 자신의 프로그램에 의해서 규정된 역할에 묶어두는 것이다. 셋째, 가입과정은 자기가 타자에 할당한 역할을 실제로 상호연관시키는 전략을 수행하는 것이다. 마지막으로 동원화 과정은 관련 사회집단의 대변인이 되어 그들을 계속해서 대표하고 통제하는 일을 확실히 해두는 것이다(Callon, 1986).

연결망은 '행위소들'(actants)의 이질적 결합체인데 여기에는 사람, 제도, 사물 등이 포함된다. ANT에서는 이들 모두 세계에 효과(영향)를 창출해낸다는 의미에서 행위성(agency)을 지닌다고 본다. 일반적으로 이질적 연결망의 개념은 영향력이 매우 컸다. 이는 ANT뿐 아니라 미국의 기술사 연구에서 비슷한 접근을 제시한 휴즈(T. Hughes)의 기술시스템에 관한 설명도 크게 주목받았기 때문이다. 휴즈 역시 연

---

2 그러므로 필자는 이러한 형태의 분석은 "사회적 구성주의"와 대조되는 "공동구성주의" 또는 인간과 비인간이 결합하여 기술과학을 구성한다고 보는 점에서 "이질적 구성주의"라고 부르는 것이 나을 것이라고 생각한다.

결망으로서의 기술시스템에 대한 연구를 위해 새로운 개념을 도입하였다. 예컨대 연결망의 팽창과정을 막는 병목현상을 가리키는 '역돌출'(*reverse salients*) 개념이 그것이다(Hughes, 1983).

ANT는 기존의 사회과학과는 달리 비인간 사물에까지 행위성을 부여하였다고 하여 일종의 물화, 상품물신주의 또는 심지어 정령주의라는 비판을 종종 받는다. 하지만 엄밀히 얘기하자면 사물에 행위성을 부여하였다기보다는 행위성이 사물에 부여 또는 위임되는 방식에 초점을 맞춘다는 편이 정확하다. 사람들이 비인간에 어느 정도의 행위성을 부여하는 역사적 과정(예를 들면 회사에다가 개인의 법적 지위를 부여하는 것 등)을 연구하는 일은 ANT 접근이 지니는 비판적 잠재력을 드러내줄 수 있다고 생각한다.

ANT와 SCOT 및 기타 접근들을 통하여 SSK는 과학과 기술의 연구에서 최근 성공적인 다양화를 이루었다. 그 결과 유럽에서 탄생한 SSK는 '포스트-머튼적' 미국 과학사회학(예: Cozzens & Gieryn, 1990; Nelkin, 1992)과 사회학의 상징적 상호작용론에서 출발한 안셀름 스트라우스(A. Strauss)의 '사회적 세계'(*social worlds*)를 통해 관심을 두는 쟁점에 보다 가까이 접근하게 되었다. 특히 이 후자의 접근을 취하는 학자는 자신의 사회학적 전통을 SSK 틀에 창조적으로 융합시켰다(예컨대 Clarke & Fujimura, 1992; Fujimura, 1992).

이와 마찬가지로 미국의 민속방법론자는 대화와 텍스트에 대한 조심스러운 분석을 통해 SSK 내의 담론분석/성찰주의 전통과 협력 및 대화를 하게 되었다(Lynch, 1985; Lynch & Woolgar, 1985). 풀러(Fuller, 1993)와 같은 과학철학자는 〈사회적 인식론〉(*Social Epistemology*) 저널을 편집하면서 SSK와의 대화를 발전시켰다. SSK의 팽창과 그 경계의 애매함은 피커링(Pickering, 1992)이 편집한 책 《실천과 문화로서의 과학》(*Science as Practice and Culture*)에서 뚜렷이 드러나는데, 이 책에는 미국의 페미니스트이며 인류학자인 트라웍(Traweek, 1992)의 논문도 포함한 것이 이채롭다.

이상에서 살펴본 바와 같이 1970년대 중반 이후 지금까지 STS를 주도해오는 다양한 SSK접근의 핵심적 특징은 과학과 기술이 단지 자연 및 물리적 실재의 순수한 재현이나 반영이 아니라 복잡한 사회적 상호작용에 의해 매개되어 만들어지는 구성물이라는 점을 경험적 연구를 통하여 보여주는 것이다. 이 면에서 기술뿐 아니라 과학조차 도 '발견'이 아니라 '발명'에 가까운 성격을 지니며 사회는 과학과 기술에 영향을 주는 외적 요소라기보다는 그 내용을 구성하는 필수적 요소라고 간주된다.

따라서 SSK의 이러한 특징을 가리켜 흔히 '사회적 구성주의'(*social constructivism*) 또는 그냥 간단히 '구성주의'(*constructivism*)라는 개념이 사용되었다. 이러한 견해는 전통적인 과학기술관을 벗어났기에 그 출현 당시부터 지금까지 많은 논란을 불러일으켰다.[3] 오늘날 구성주의적 과학기술관은 SSK가 그동안 축적해온 방대한 사례연구에 힘입어 적어도 STS 학계에서는 지배적 관점으로 부상하였다.

---

[3] 그 논란의 가장 극단적인 예가 바로 '과학전쟁'이며, 이에 대해서는 사다르의 책(Sardar, 2000)을 필자와 김명진이 번역한 《토마스 쿤과 과학전쟁》(*Thomas Kuhn and the science wars*, 2002)을 참고할 것.

## 4. 전망: '3세대 STS' 모색과 한국에의 함의

앞에서 2세대 STS의 흐름은 SSK의 복잡한 전개과정을 중심으로 소개하였다. 하지만 2절에서 언급하였듯이 사실 STS에 그러한 흐름만이 있는 것은 아니며 급진과학 및 사회운동에 뿌리를 둔 보다 비판적이고 실천지향적인 1세대 STS의 전통도 최근까지 면면히 존재해온 것이 사실이다.

호주의 STS 연구자 마틴(Martin, 1993)은 "과학비판이 아카데미즘에 빠지다"란 논문에서 바로 이러한 점을 지적하였다. 그는 STS의 뿌리는 1960~1970년대의 급진과학, 페미니즘, 여성보건운동, 시민권운동, 환경운동, 반전평화운동 등에서도 찾을 수 있다고 주장하였다. 그리고 STS가 현실적합성을 가지려면 현재 진행되는 학문적 전문화 경향에서 벗어나 진보적 사회운동에 둔 그 뿌리로 복귀해야 한다고 과감하게 촉구하였다.

헤스는 그의 STS 개론서에서 이 흐름을 가리켜 "비판적 STS"라고 부르면서 그것은 본래 하나로 묶을 수 없는 다양성과 이질성으로 특징지어진다고 지적한다(Hess, 1997). 여기에는 엘룰(Ellul, 1964), 위너(Winner, 1986)와 스클로브(Sclove, 1995) 같은 기술사회 비판, 하딩(Harding, 1991), 롱기노(Longino, 1990), 해러웨이(Haraway, 1991), 루스(Rouse, 1996) 등의 페미니스트/비판적 과학철학 그리고 로즈 부부(Hilary & Steven Rose, 1976), 딕슨(Dickson, 1984), 영(Young, 1977) 등의 급진과학연구, 르원틴 외(Lewontin et al., 1984) 및 하딩(Harding, 1993)의 편저 《과학의 인종경제》(*Not in our genes: Biology, ideology, and human nature*)에 실린 논문으로 대표되는 반인종주의 연구와 브레이버맨(Braverman, 1974), 노블(Noble, 1984) 및 코완

(Cowan, 1983) 으로 대표되는 급진적 노동연구, 카슨(Carson, 1962) 의 《침묵의 봄》(Silent Spring) 과 슈마허(Schumacher, 1973) 의 《작은 것이 아름답다》(Small is Beautiful), 이후 뒤따라 전개되었던 수많은 환경 및 적정기술 연구, 더 나아가서 구나틸라케(Goonatilake, 1984), 사다르(Sardar, 1988), 난디(Nandy, 1988), 알바레스(Alvares, 1991), 비스바나탄(Visvanathan, 1997) 등이 개척한 탈식민적 과학연구 등 현대 과학기술에 대한 다양한 비판적 논의가 포함될 수 있다.

이러한 비판적 STS의 논자는 종종 학문적 SSK의 생각과 주장을 전면 거부하는 경향을 보이곤 하지만(예컨대 Winner, 1993), 그것보다는 SSK를 자원으로 삼아 비판적 STS에 활용하고 재구성하는 것이 더 현명한 전략이라고 생각된다. 그 구체적 예로 스트롱 프로그램의 '공평성' 원칙과 ANT 접근을 들 수 있다. 먼저 '공평성' 원칙은 사실상 스트롱 프로그램이 타개할 적으로 삼았던 실증주의, 가치중립성, 객관성을 또 다른 차원에서 되살리는 것으로 비판받을 수 있다.

1990년대 초반에 있었던 '포획'(capturing) 논쟁은 바로 이 문제를 둘러싸고 벌어진 것이었다(Scott, Richards & Martin, 1990; Martin, Richards & Scott, 1991). 그러나 중립성이나 공평성은 일종의 자원으로서 보다 효과적인 개입을 위하여 전략적으로 이용될 수가 있다. 즉, 어떤 상황에서는 중립적 설명이 특정 입장을 취한 설명보다 더 효과적인 형태의 개입이 될 수가 있다는 말이다.

둘째, ANT에 대해 종종 가해진 비판(예컨대 페미니스트로부터의) 중의 하나는 어떤 사람은 성공적 연결망을 구축할 수 있고 다른 이는 그러지 못하는지 의문을 던지지 않는 경향이 있다는 점이었다. 즉, ANT는 평등한 놀이터에서의 경쟁 또는 아무 원칙도 없는 전면전을 가정함으로써 실제 행위자 사이에 존재하는 구조적 불평등을 무시한다. 따라서 평등과 정의에 관심을 둔 사람에게 결국 쓸모없는 이론이라는 지적이다. 그러나 ANT는 다양한 세력 간의 동맹정치에 관심을 둔다면 유용한 자원이 될 수 있다. 가입이나 필수통과지점(OPP)과 같은 개념은 투쟁의 요새 안팎에서 성공적인 동맹정치를 조직하려는 사람에게 전술, 전략 및 규칙 패키지의 일부로서 매우 유용할 수 있다. 즉, 비록 ANT는 그 분석틀에서 배제된 요소 때문에 문제점을 지니지만 분석틀에서 배제된 요소가 제공하는 개념은 현실에 대한 비판과 개입에 쓸모가 있다는 말이다.

결론적으로 SSK와 비판적 STS는 상호갈등하는 측면도 있는 것이 사실이지만 그보다는 서로 협조함으로써 얻을 수 있는 성과가 훨씬 더 많다고 생각된다. 이를 반영하는 듯 최근 SSK는 자신의 현실적합성과 정치적 함의를 진지하게 탐구하는 방향으로 나아가고 비판적 STS는 자신이 근거로 삼는 사상적 토대에 대한 인식론적 성찰을 통해 보다 유연하고 다원적인 실천의 방향으로 선회한다. 아직 두 흐름이 하나로 결합된다고 예측하는 것은 성급하지만 과거에 비한다면 서로 수렴되고 상호침투하는 현상이 점점 지배적이 되는 것은 사실이다.

두 흐름이 궁극적으로 하나로 결합되든 아니든, 앞으로 STS가 나아갈 방향 내지 지향할 성격에 대하여 몇 가지 특징을 언급할 수는 있다. '2세대 STS'를 주도해온 SSK가 원칙으로 삼았던 인과성, 공평성, 대칭성, 성찰성의 4가지 대신에 보다 비판적이고 실천지향적인 '3세대 STS'의 원칙으로서 권력, 문화, 평가, 개입이라는 4가지 명제를 제시할 수 있지 않을까 생각된다.[4]

첫째, STS 분석은 지식 형성에서의 권력 작용을 연구하는 정치적 성격을 갖는다. 그것은 핵심집단의 합의와 이단자의 저항에 의해 구성되는 지식의 역사에서 권력이 작동하는 방식을 탐구한다. 이때 권

---

4 이에 대해서는 헤스(Hess, 1997: 제6장)와 루즈(Rouse, 1996)의 논의를 참고하였음.

력이란 단지 지식의 구속요인으로서가 아니라 지식의 생산요인으로 간주하는 푸코적 관점을 따른다(Rouse, 1987; Sismondo, 1996: 제 9 장). 이러한 분석의 예를 들자면 헤스는 정치적 관점에서 박테리아와 암 연구의 다양한 궤적을 연구했는데(Hess, 1996) 나중에 주류 암 연구가 된 것으로부터 상당한 양의 선행연구가 체계적으로 배제되었다는 사실을 보여준다.

둘째, STS 분석은 문화연구의 성격을 지닌다. 그것은 위에서 언급된 권력의 역동성에 대하여 세련된 비도구주의적 설명방식을 추구한다. 즉, 위와 같은 지식형성에서의 권력작용을 '이해관계'에 의해서 종종 설명하는 도구주의적 설명은 지나치게 단순하며 이는 이론적 발전과 새로운 연구발견에 대한 일부 내적 통합성, 정치경제에서의 생태학적 변화, 표준화 및 젠더를 포함하는 일반적 문화가치, 대안적 접근을 지지하는 환자와 의사의 문화교차의 흐름 등에 부응하는 연구문화의 성장이라는 보다 복잡한 해석으로 대체된다.

셋째, STS 분석은 경쟁하는 지식주장들의 내용을 구성적 실재론(constructive realism)의 철학적 관점에서 직접 평가한다. 구성적 실재론이란 지식의 구성적 측면과 재현적 측면을 모두 인정하는 입장이다. 지식의 성격은 법학이나 질적 사회과학에서 그러하듯이 증거란 확립될 수 있지만 그것은 탈맥락적 보편성을 갖는 것이 아니라 언제나 교차검토와 해석의 권력을 인정하는 사회적 상황 내에서 그렇게 된다는 점을 인정하는 것이다. 대안적인 연구프로그램을 평가하기 위한 기준을 확립하기 위하여, 특히 페미니스트 과학철학의 논의를 활용한다.

넷째, STS 분석은 특정한 입장을 지닌 일종의 개입이다. 그것은 대안적인 정책적 및 정치적 목표에 대하여 어떤 것이 유익한 제도적 및 연구 프로그램 변화로 귀결될 수 있는지 평가를 제시한다. 사회과학자로서 우리는 분석대상인 논쟁 속에서 어떤 입장을 취하지 않을 수 없으며('포획' 논쟁에서 잘 지적되었듯이), 이때 우리는 다른 이가 우리를 포획하도록 맡길 것이 아니라 우리 스스로 바람직하다고 판단되는 입장을 취하는 편이 더 낫다. 이는 분석자로서의 우리 스스로가 결코 중립적일 수 없음을 인정하는 일종의 '성찰성'이지만 이는 인식론적 성찰성보다 훨씬 더 심원한 의미를 갖는 도덕적, 정치적 성찰성이다.

이상의 논의를 요약하자면, STS는 1960년대의 그 탄생기부터 현재까지 대략 3가지로 시기 구분을 할 수 있는 흐름으로 전개되었다고 할 수 있다. 우선 1세대인 1960년대 중반부터 1970년대 중반까지는 다양한 사회운동의 문제의식과 밀접히 결부된 STS가 대두되었던 시기로서 이러한 접근을 가리켜 '급진적 또는 비판적 STS'라고 부를 수 있지 않나 생각된다. 다음으로 2세대인 1970년대 중반부터 1990년대 중반까지는 이러한 초기의 급진적 성격을 벗어나 STS가 SSK를 중심으로 학문적 체계화와 인식론적 심화에 천착했던 시기로서 이를 가리켜 '학문적 또는 탈정치적 STS'라고 부를 수 있다고 여겨진다. 마지막으로 3세대인 1990년대 중반부터 현재까지의 시기는 위 두 가지의 상이한 접근이 수렴 내지 결합되면서 실천지향적 학문으로서의 STS가 추구되는 중이며 이러한 시도를 필자는 'STS의 재정치화'라 부르는 것이 적합하다고 생각한다.

이렇게 STS는 약 50년 정도의 역사를 지녔지만 과학과 기술이 사회와 맺는 관계에 대하여 다양한 관점과 이론의 역동적 변천을 보여주면서 풍부한 연구성과를 생산했고 이를 통해 바람직한 과학-기술-사회의 관계모색을 위한 실천적 함의도 제시했다.

마지막으로 서구가 아닌 한국사회에서 STS를 연구 및 실천하고자

하는 우리의 지향점에 대하여 필자 나름의 제안으로 이 글을 마치고
자 한다. STS가 보편중립적인 것이 아니라 정치적, 문화적, 평가적,
개입적인 것이라면 서구사회와 다른 맥락과 경험을 지닌 한국사회에
서 행해지는 STS는 그 형태와 내용에서 서구와 차이가 날 수밖에 없
다. 가장 기본적인 차이점은 한국사회가 식민지 경험을 한 과학기술
의 후발 주변국이라는 사실이다. 식민적 피지배하에서 한국인에게
서구의 과학기술은 처음부터 새로운 권력 및 문화로서 체험될 수밖에
없었고 전통적 권력 및 문화를 해체하거나 서로 결합하여 새로운 잡
종적 권력 및 문화를 창출하기도 하였다. 정치적 독립 이후에도 이
상황은 사실상 근본적으로 달라지지 않았다. 다만 이제는 한국인 스
스로의 선택에 의해 서구의 과학기술을 모방한다는 점이 다를 뿐이
다. 그러나 ANT에서 잘 강조하듯이 행위자가 연결망에 포섭되는 것
은 때로는 강요와 폭력, 때로는 동의와 자발적 선택과 같은 다양한
메커니즘을 통해서 이루어진다. 따라서 식민시대 이후 현재까지의
한국의 역사는 서구의 과학기술이 점차 다양한 메커니즘을 통해 연결
망을 확장하면서 지배적 권력 및 문화로 구축된 과정이라 볼 수가 있
다는 말이다.

그러므로 한국의 STS는 무엇보다도 먼저 과거와 현재의 이 과정
을 세밀하게 보여주는 정치적, 문화적 분석이어야 하고 더 나아가서
는 이것이 한국 사회에 미치는 영향과 결과에 대하여 평가하고 바람
직한 실천적 개입을 촉진하는 것이어야 한다. 한국에서 요청되는 이
러한 방향의 STS를 가리켜 넓은 의미에서 '탈식민적 STS'라 부를 수
있지 않을까 생각된다.

서구중심의 세계화에 대한 비판과 저항이 점점 뚜렷한 흐름으로 대두
하면서 보다 평등하고 다원적인, 진정한 세계화의 전망이 지구적으로
형성되는 오늘날 '탈식민적 STS'는 이러한 새로운 흐름에 동참하면서 바

람직한 한국과 세계의 미래를 촉진하는 작은 힘이 될 수 있을 것이다.

또 현재 모색되는 이른바 '3세대 STS'가 주로 서구의 경험에 바탕을 둔 또 하나의 서구 문화로 남지 않고 인류가 보다 평등한 참여를 통해 형성하는 새로운 학문적 실천이 되기 위해서는 한국의 독특한 역사적 맥락에 바탕을 둔 이러한 탈식민적 접근과 같은 비서구의 기여가 그 분석의 틀과 내용을 풍부하게 만들어야 할 것이다.

## 참고문헌

Alvares, C. A., 1991, *Decolonizing History: Technology and Culture in India, China and the West 1492 to the Present Day*, The Apex Press & The Other India Press.

Barry, B., 1981, "On the 'hows' and 'whys' of cultural change", *Social Studies of Science*, 11, pp. 481-498.

Barry, B., & Dolby, R. G. A., 1970, "The scientific ethos: A deviant viewpoint", *Archives of European Sociology*, II, pp. 3-25.

Barry, B., & MacKenzie, D., 1979, "On the role of interests in scientific change", In Roy Wallis (Ed.), *On the margins of science: The social construction of rejected knowledge* (Sociological Review Monograph, 27), University of Keele.

Barry, B., & Shapin, S., (Eds.), 1979, *Natural Order: Historical studies of scientific culture*, Sage.

Bijker, W. E., 1993, "Do not despair: There is life after constructivism", *Science, Technology, and Human Values*, 18, 1, pp. 113-138.

_____, 1995, *Of Bicycles, Bakelites, and Bulbs: Toward a Theory of Sociotechnical Change*, MIT Press.

Bijker, W. E., Hughes, T. P., & Pinch, T. J., (Eds.), 1987, *The Social Construction of Technological Systems*, MIT Press.

Bloor, D., 1976, *Knowledge and Social Imagery*, University of Chicago Press, 김경만 역, 2000, 《지식과 사회의 상》, 한길사.

Braverman, H., 1974, *Labor and Monopoly Capital*, Monthly Review Press.

Callon, M., 1980, "The state and technical innovation: A case study of the electrical vehicle in France", *Research Policy*, 9, pp. 358-376.

_____, 1986, "Some elements of a sociology of translation: Domestication of the scallops and the fishermen of St. Brieuc's Bay", In John Law (Ed.), *Power, Action and Belief: A New Sociology of Knowledge?* (*Sociological Review Monograph*, 32), University of Keele.

Callon, M., & Law, J., 1982, "On interests and their transformation: Enrollment and counterenrollment", *Social Studies of Science*, 12, pp. 615-625.

Carson, R., 1962, *Silent Spring*, Houghton Mifflin.

Clarke, A., & Joan, F., (Eds.), 1992, *The Right Tools for the Job: At Work in the Twentieth-century Life Sciences*, Princeton University Press.

Collins, H., 1975, "The seven sexes: A study in the sociology of a phenomenon or the replication of experiment in physics", *Sociology*, 9, pp. 205-224.

Cowan, R. S., 1983, *A More Work for Mother*, Basic Books.

Cozzens, S. E., & Gieryn, T. F., (Eds.), 1990, *Theories of Science in Society*, University of Indiana Press.

Dickson, D., 1984, *The New Politics of Science*, Pantheon.

Ellul, J., 1964, *The Technological Society*, Knopf.

Fleck, L., 1979, *Genesis and Development of a Scientific Fact* (1935, Reprint.), University of Chicago Press.

Fujimura, J. H., 1992, "Crafting science: Standardized packages, boundary objects, and 'Translation'", In Andrew Pickering (Ed.), *Science as Practice and Culture*, University of Chicago Press.

Fuller, S., 1993, *Philosophy of Science and its Discontents* (2nd ed.), Guilford Press.

Goonatilake, S., 1984, *Aborted Discovery: Science and Creativity in the Third World*, Zed.

Habermas, J., 1968(1971), *Knowledge and Human Interests*, Heinemann

Educational Books.

Haraway, D. J., 1991, *Simians, Cyborgs and Women: The Reinvention of Nature*, Routledge.

Harding, S. G. (Ed.), 1993, *The "Racial" Economy of Science: Toward a Democratic Future*, Indiana University Press.

_____, 1991, *Whose Science? Whose Knowledge? Thinking from Women's Lives*, Cornell University Press.

Hess, D. j., 1996, *Can Bacteria Cause Cancer?: Alternative Medicine Confronts Big Science*, New York University Press.

_____, 1997, *Science Studies: An Advanced Introduction*, New York University Press.

Hughes, T. P., 1983, *Networks of Power*, Johns Hopkins University Press.

Hull, D. L., 1988, *Science as a Process*, University of Chicago Press.

Knorr-Cetina, K., 1981, *The Manufacture of Knowledge: An Essay on the Constructivist and Contextual Nature of Science*, Pergamon Press.

Knorr-Cetina, K., & Mulkay, M., 1983, "Introduction: Emerging principles in social studies of science", In Karin Knorr-Cetina & Michael Mulkay (Eds.), *Science Observed*, Sage.

Kuhn, T. S., 1962, *The Structure of Scientific Revolutions*, University of Chicago Press.

Latour, B., 1983, "Give me a laboratory and I will raise the world", In Karin Knorr-Cetina and Michael Mulkay (Eds.), *Science Observed*, Sage.

_____, 1987, *Science in Action: How to Follow Scientists and Engineers through Society*, Harvard University Press.

_____, 1988, *The Pasteurization of France*, Harvard University Press.

Latour, B., & Woolgar, S., 1979, *Laboratory Life: The Social Construction of Scientific Facts*, Princeton University Press.

Laudan, L., 1990, *Science and Relativism*, University of Chicago Press.

Lewontin, R. C., Rose, S. P. R., & Kamin, L. J., 1984, *Not in Our Genes: Biology, Ideology, and Human Nature*, Pantheon.

Longino, H., E., 1990, *Science as Social Knowledge: Values and Objectivity in Scientific Knowledge*, Princeton University Press.

Lynch, M., 1985, *Art and Artifact in the Laboratory*, Routledge.

Lynch, M., & Woolgar, S., 1985, *Representation in Scientific Practice*, MIT Press.

MacKenzie, D., 1981, "Interests, positivism, and history", *Social Studies of Science*, 11, pp. 498-501.

_____, 1984, "Reply to Yearley", *Studies in the History and Philosophy of Science*, 15(3), pp. 251-259.

Mannheim, K., 1966, *Ideology and Utopia: An Introduction to the Sociology of Knowledge* (1936, Reprint), Harcourt, Brace, and World.

Martin, B., 1993, "The critique of science becomes academic", *Science, Technology, and Human Values*, 18(2), pp. 247-259.

Martin, B., Richards, E., & Scott, P., 1991, "Who's a captive? Who's a victim?: Response to Collins's method talk", *Science, Technology, and Human Values*, 16(2), pp. 252-255.

Merton, R. K., 1957, "Priorities in scientific discovery: A chapter in the sociology of science", *American Sociological Review*, 22(6), pp. 635-659.

_____, 1973, *The Sociology of Science*, University of Chicago Press.

Mulkay, M., 1976, "Norms and ideology in science", *Social Science Information*, 15, pp. 637-656.

Mumford, L., 1967(1970), *The Myth of the Machine* (vol. 1: Technics and Human Development, Vol. 2: The Pentagon of Power), Harcourt Brace Jovanovich.

Nandy, A., 1988, *Science, Hegemony and Violence: A Requiem for Modernity*, Oxford University Press.

Nelkin, D., (Ed.), 1992, *Controversy: Politics of Technical Decisions* (Sage Focus ed.), Vol. 8, Sage.

Noble, D. F., 1984, *Forces of Production*, Knopf.

Pickering, A. (Ed.), 1992, *Science as Practice and Culture*, University of Chicago Press.

Restivo, S., 1983, "The myth of the Kuhnian revolution", In Randall Collins (Ed.), *Sociological Theory 1983*, Jossey-Bass.

Rose, H., & Rose, S. P. R., (Eds.), 1976a, *The Political Economy of Science:*

*Ideology of/in the Natural Sciences*, Macmillan.

\_\_\_\_, (Eds.), 1976b, *The Radicalisation of Science: Ideology of/in the Natural Sciences*, Macmillan.

Rouse, J., 1987, *Knowledge and Power: Toward a Political Philosophy of Science*, Cornell University Press.

\_\_\_\_, 1996, *Engaging Science: How to Understand its Practices Philosophically*, Cornell University Press.

Sardar, Z., 1988, *The Revenge of Athena: Science, Exploitation & the Third World*, Mansell Publishing.

\_\_\_\_, 2000, *Thomas Kuhn and the Science Wars*, Icon Books, 김환석 · 김명진 역, 2002, 《토마스 쿤과 과학전쟁》, 이제이북스.

Schumacher, E. F., 1973, *Small is Beautiful*, Penguin.

Sclove, R., 1995, *Democracy and Technology*, Guilford Press.

Scott, P., Richards, E., & Martin, B., 1990, "Captives of controversy: The myth of the neutral social researcher in contemporary scientific controversies", *Science, Technology, and Human Values*, 15(4), pp. 474-494.

Sismondo, S., 1996, *Science without Myth*, State University of New York Press.

Traweek, S., 1992, "Border crossings: Narrative strategies in science studies and among physicists in Tsukuba Science City, Japan", In Andrew Pickering (Ed.), *Science as Practice and Culture*, University of Chicago Press.

Visvanathan, S., 1997, *Carnival for Science: Essays on Science, Technology and Development*, Oxford University Press.

Winner, L, 1993, "Upon opening the black box and finding it empty: social constructivism and the philosophy of technology", *Science, Technology, and Human Values*, 18(3, summer), pp. 372-378.

\_\_\_\_, 1986, *The Whale and the Reactor*, University of Chicago Press.

Woolgar, S., 1981, "Interests and explanation in the social study of science", *Social Studies of Science*, 11. pp. 365-394.

\_\_\_\_, 1992, "Some remarks about positionism: A reply to Collins and Yearley", in Andrew Pickering (Ed.), *Science as Practice and Culture*,

University of Chicago Press.

Yearley, S., 1982, "The relationship between epistemological and sociological cognitive interests: Some ambiguities underlying the use of interest theory in the study of scientific knowledge", *Studies in the History and Philosophy of Science*, 13(4), pp. 353-388.

Young, R., 1977, "Science is social relations", *Radical Science Journal*, 5, pp. 65-129.

Zuckerman, H., 1989, "The other Merton thesis", *Science in Context*, 3(1), pp. 239-267.

# 저자소개
(가나다순)

## 김동노
**학력**　시카고대 사회학 박사
**경력**　현 연세대 사회학과 교수
　　　　전 캘리포니아대(버클리) 교환교수
　　　　　 베를린자유대 교환교수
**연구분야** 역사사회학, 사회사상, 사회운동
**대표 논문 및 저서**
　　　　2009, 《근대와 식민의 서곡》, 창비.
　　　　2013, "시민운동의 정치 참여를 통해 본 시민운동의 성장과 한계", 〈현상과 인식〉, 37권 3호.

## 김문조
**학력**　조지아대 사회학 박사
**경력**　현 고려대 사회학과 명예교수
　　　　전 한국사회학회 회장
　　　　　 한국이론사회학회 회장
**연구분야** 사회이론, 문화사회학, 과학기술론
**대표 논문 및 저서**
　　　　2008, 《한국사회의 양극화 : '97년 외환위기와 사회불평등》, 집문당.
　　　　2013, 《융합문명론 : 분석의 시대에서 종합의 시대로》, 나남.

## 김영정
**학력**　고려대 사회학 박사
**경력**　현 전북대 사회학과 교수
　　　　전 지역사회학회 회장
　　　　　 전라북도 지역발전협의회 기획위원장
**연구분야** 도시 및 지역발전
**대표 논문 및 저서**
　　　　2009, "한국의 지역불균등 : 1960~2005년 : 지역발전의 경로 탐색", 〈지역사회학〉, 11권 1호.
　　　　2011, "한국사회의 지방화 논쟁 : 보수의 한계, 진보의 성찰", 〈지역사회학〉, 13권 1호.

## 김환석

| | |
|---|---|
| 학력 | 런던대 임페리얼 칼리지 과학기술사회학 박사 |
| 경력 | 현 국민대 사회학과 교수 |
| | 전 대통령 산하 국가생명윤리심의위원회 위원 |
| | 유네스코 세계과학기술윤리위원회 위원 |
| 연구분야 | 과학기술사회학, 현대사회이론 |

**대표 논문 및 저서**

(공저), 2014, 《과학기술학의 세계 : 과학기술과 사회를 이해하기》, 휴먼사이언스.
(편저), 2014, 《생명정치의 사회과학 : 경계 넘기의 사회과학을 위한 탐색과 제언》, 알렙.


## 박재묵

| | |
|---|---|
| 학력 | 서울대 사회학 박사 |
| 경력 | 현 충남대 사회학과 교수 |
| | 전 한국사회학회 회장 |
| | 한국환경사회학회 회장 |
| 연구분야 | 환경사회학 |

**대표 논문 및 저서**

(공저), 2004, 《우리 눈으로 보는 환경사회학》, 창비.
(공저), 2005, 《공공갈등 관리의 이론과 기법》, 논형.


## 신광영

| | |
|---|---|
| 학력 | 위스콘신메디슨대 사회학 박사 |
| 경력 | 현 중앙대 사회학과 교수 |
| | 전 한국스칸디나비아학회 회장 |
| | 한국비판사회학회 회장 |
| 연구분야 | 사회계층과 불평등, 비교사회체제, 사회이론 |

**대표 논문 및 저서**

1999, 《동아시아의 산업화와 민주화》, 문학과 지성사.
2013, 《한국 사회불평등 연구》, 후마니타스.

## 윤영민

학력     캘리포니아대(버클리) 사회학 박사
경력     현 한양대 ERICA캠퍼스 정보사회학과 교수
         한국데이터사이언스학회 회장
         전 대통령 자문 전자정부특별위원회 위원
**연구분야** 정보사회학, 미래학
**대표 논문 및 저서**
      2000, 《사이버공간의 정치: 시민권력과 공동체의 부활》, 한양대학교출판부.
      2011, 《Dialogue: 소셜미디어와 집단지성 1, 2》, 한양대학교출판부.


## 이병훈

학력     코넬대 노사관계학 박사
경력     현 중앙대 사회학과 교수
         전 경실련 노동위원회 위원장
         한국노동연구원 연구위원
**연구분야** 노사관계와 노동운동, 노동시장 분절구조, 비정규직 고용관계, 노동자연대
**대표 논문 및 저서**
      (공저), 2008, 《양극화 시대의 일하는 사람들: 환경미화원에서 변리사까지》, 창비.
      (공저), 2013, 《사장님도 아니야 노동자도 아니야》, 창비.


## 이성식

학력     위스콘신대 사회학 박사
경력     현 숭실대 정보사회학과 교수
         전 대한범죄학회 부회장
         계명대 교수
**연구분야** 일탈과 범죄, 사이버범죄학
**대표 논문 및 저서**
      2013, "소셜네트워크 서비스(SNS)상에서의 불법행동과 그 원인으로 사회자본과
         그 쟁점: 트위터와 페이스북의 비교", 〈형사정책연구〉, 24권 2호.
      (공저), 2015, 《일탈과 범죄의 사회학》, 다산출판사.

## 이재경

학력    미시간대 사회학 박사
경력    현 이화여대 여성학과 교수
        전 한국가족학회 회장
          한국여성학회 회장
연구분야 한국가족, 여성정책
대표 논문 및 저서
        2003, 《가족의 이름으로》, 또하나의 문화.
        (공저), 2012, 《여성주의 역사쓰기: 구술사 연구방법》, 아르케.

## 이혜경

학력    캘리포니아대(UCLA) 사회학 박사
경력    현 배재대 공공행정학과 교수
        전 한국이민학회 회장
          배재대학교 교무처장
연구분야 여성과 노동시장, 이민
대표 논문 및 저서
        2013, "Employment and Life Satisfaction among Female Marriage Migrants in South Korea", *Asian and Pacific Migration Journal*, 22(2).
        2015, "An Overview of International Migration to South Korea", Chapter 6, pp. 81~96, In Stephen Castles, Derya Ozkul, & Magdalena Aris Cubas (Eds.), *Social Transformation and Migration: National and Local Experiences in South Korea, Turkey, Mexico and Australia*, Palgrave Macmillan.

## 정근식

학력    서울대 사회학 박사
경력    현 서울대 사회학과 교수
          서울대 평의원회 의장
        전 한국비판사회학회 회장 및 한국사회사학회 회장
연구분야 역사사회학, 문화사회학
대표 논문 및 저서
        2014, "동아시아의 냉전·분단체제의 형성과 해체 : 지구적 냉전하의 동아시아를 새롭게 상상하기", 임형택 편, 《한국학의 학술사적 전망 2》, 소명출판.
        2014, "일제하 대만 출판경찰과 검열텍스트", 〈사회와 역사〉, 104권.

## 조대엽

**학력**    고려대 사회학 박사
**경력**    현 고려대 사회학과 교수
        고려대 노동대학원 원장
        전 고려대 한국사회연구소 소장
**연구분야**  정치사회학, 사회운동, 공공성
**대표 논문 및 저서**
    2014, 《갈등사회의 도전과 미시민주주의의 시대: 새로운 사회갈등과 공공성 재
        구성에 관한 사회학적 성찰》, 나남.
    2015, 《생활민주주의의 시대: 새로운 정치 패러다임의 모색》, 나남.


## 조병희

**학력**    위스콘신대 사회학 박사
**경력**    현 서울대 보건대학원 보건학과 교수
        전 한국사회정책학회 회장
        한국보건사회학회 회장
**연구분야**  보건사회학, 보건정책, 건강행동, 지역사회역량
**대표 논문 및 저서**
    2006, 《질병과 의료의 사회학》, 집문당.
    2008, 《섹슈얼리티와 위험연구》, 나남.


## 조한범

**학력**    상트페테르부르크대 사회학 박사
**경력**    현 통일연구원 선임연구위원
        전 대통령직 인수위원회 자문위원
        통일연구원 남북협력연구센터 소장
**연구분야**  통일, 체제전환
**대표 논문 및 저서**
    2005, 《러시아 탈 사회주의 체제전환과 사회갈등》, 통일연구원.
    (공저), 2013, 《북한사회 위기구조와 사회변동 전망: 비교사회론적 관점》, 통일
        연구원.

## 한 준

**학력**    스탠퍼드대 사회학 박사

**경력**    현 연세대학교 사회학과 교수

          한국사회과학자료원 원장

        전 한림대학교 사회학과 조교수

**연구분야** 조직사회학, 예술사회학

**대표 논문 및 저서**

    (공저), 2013, "Persistence or Change? Patterns of Work Schedules in Korea, 1990~2010", 〈Korean Journal of Sociology〉, 47권 6호.

    (공저), 2014, "사회적 관계의 양면성과 삶의 만족", 〈한국사회학〉, 48권 5호.


## 함인희

**학력**    에모리대 사회학 박사

**경력**    현 이화여대 사회학과 교수

        *Korea Focus* 편집위원

        전 한국사회학회 편집위원장 및 한국가족학회 부회장

**연구분야** 가족, 생애주기, 세대

**대표 논문 및 저서**

    2013, "'국가후원 가족주의(State-sponsored Familism)'에 투영된 역설: 싱가포르의 가족정책을 중심으로", 〈가족과 문화〉, 25권 2호, 1~28.

    (공저), 2014, 《일상과 예술 속의 커뮤니케이션》, 이화여자대학교출판부.